La Normandie et l'Angleterre
au Moyen Âge

Cet ouvrage a été édité par
les Publications du CRAHM Université de Caen Basse-Normandie.

Il a été réalisé par
le Centre de recherches archéologiques et historiques médiévales
et l'Office universitaire d'études normandes de l'Université de Caen Basse-Normandie.

Il a bénéficié du concours
du Conseil régional de Basse-Normandie
et des Conseils généraux du Calvados et de la Manche.

Nous exprimons notre gratitude
au Centre culturel de Cerisy-la-Salle qui a accueilli notre colloque en octobre 2001
et aux bibliothèques municipales d'Alençon, d'Avranches et de Rouen,
à la British Library de Londres, à la Bodleian Library
et à la Corpus Christi College Library d'Oxford
et à la Dean and Chapter Library de Durham
qui nous ont ouvert leurs collections documentaires.

Nous tenons à témoigner notre reconnaissance à
Anne-Marie Flambard Héricher, présidente des Publications du CRAHM.

Nous remercions tout particulièrement Micaël Allainguillaume
qui a assuré avec une grande compétence la mise en page et la conception de l'ouvrage.

Photo de couverture :
Les visions du roi Henri Ier en Normandie en 1130, insérées vers 1140 par Jean de Worcester
dans la chronique commencée par Florence de Worcester († 1118). Ms. CCC 157, fol. 383v,
Corpus Christi College, Oxford.

ISBN : 2-902685-14-9

Colloque de Cerisy-la-Salle
(4-7 octobre 2001)

La Normandie et l'Angleterre
au Moyen Âge

Actes publiés sous la direction de
Pierre Bouet
Véronique Gazeau

Publications du CRAHM
2003

Avant-propos

Véronique Gazeau[*]

En septembre 1992, à l'occasion de la restauration d'une copie de la Tapisserie de Bayeux exécutée dans le Staffordshire au XIXᵉ siècle et donnée à la ville de Reading, les universités de Cardiff et de Reading accueillaient, à Reading, un colloque sur le thème *England and Normandy in the Middle Ages*, organisé par David Bates et Anne Curry[1]. Trois Français y étaient conviés. Pratiquement dix années après, j'ai voulu que nous puissions faire le point autour de ce même thème «La Normandie et l'Angleterre au Moyen Âge», chacune des deux contrées devant à l'autre une partie de son identité ; un thème dont l'intérêt a été récemment reconsidéré et renouvelé grâce aux travaux des chercheurs américains, britanniques et français. 1066, 1204, 1417, 1450, autant de dates décisives qui donnent le ton aux recherches menées des deux côtés de la Manche. Normandie et Angleterre, le thème n'est pas neuf. En effet, à partir des années 1950-1960, il donna lieu à des rencontres entre historiens : les professeurs Douglas et Le Patourel, tous deux docteurs *honoris causa* de l'université de Caen, Madame Chibnall, les professeurs de Boüard, Lemarignier et Musset, pour la période ducale, les professeurs Allmand, Ormrod, Contamine et Sadourny, pour la fin du Moyen Âge, tous auteurs d'une quantité impressionnante de travaux sur la question. Les Semaines de Droit normand ainsi que les Journées de la Société d'Histoire du Droit et des Institutions des pays de l'Ouest de la France ont réuni alternativement nos collègues autour de questions qui avaient trait fort souvent à l'histoire des échanges entre la Normandie et l'Angleterre. John Le Patourel avait donné en 1971 une conférence à Reading, la *Stenton lecture*, intitulée «Normandy and England 1066-1144». En mai 1981, il vint à Mortain, c'était quelques semaines avant son décès. Battle, lieu du colloque annuel des *Anglo-Norman Studies*, voit se retrouver tous les ans des spécialistes de la Normandie et de l'Angleterre des Xᵉ-XIIIᵉ siècles.

---

[*] *Professeur d'histoire médiévale, Université de Caen Basse-Normandie*, CRAHM et OUEN

1. *England and Normandy in the Middle Ages*, D. Bates et A. Curry (éd.), Londres et Rio Grande, 1994.

Aujourd'hui, les liens entre les chercheurs des deux côtés de la Manche se sont encore renforcés avec la mise en place d'instances universitaires communes d'enseignement et de recherche : un échange Erasmus/Socrates entre les universités de Glasgow et de Caen Basse-Normandie, le séminaire franco-britannique à l'université de Paris IV, où les thèmes des contacts entre la Normandie et l'Angleterre ont été abordés, le GDR, Groupe de Recherches 2136 du CNRS, intitulé «France-îles Britanniques» à l'initiative de Jean-Philippe Genet, professeur à Paris I, qui comporte un pôle «Normandie ducale», enfin, une équipe franco-britannique composée de chercheurs tous présents à Cerisy et qui prépare l'édition des actes de Robert Courteheuse.

L'Office Universitaire d'Études Normandes, pôle pluridisciplinaire de la Maison de la Recherche en Sciences Humaines de l'Université de Caen Basse-Normandie, dirigé par Catherine Bougy, et le Centre de Recherches Archéologiques et Historiques Médiévales, UMR 6577 du CNRS, dont la direction est assurée par Claude Lorren, deux organismes qui, chacun à leur manière, sont des lieux d'excellence des études anglo-normandes à l'Université de Caen Basse-Normandie, se sont associés pour la première fois pour préparer ce colloque. La majorité des interventions s'est rassemblée autour d'un questionnement plutôt centré sur la société politique, sans doute parce que depuis plusieurs années, et davantage à l'initiative de nos collègues britanniques, un effort considérable a été mené pour publier des sources diplomatiques et narratives. Et, dans ce contexte, le colloque fut placé sous la présidence du Professeur David Bates, jeune docteur *honoris causa* de l'université de Caen Basse-Normandie, dont l'édition des *Regesta* de Guillaume le Conquérant constitue une source essentielle pour notre réflexion. Il livre une introduction au colloque qui fait le point historiographique de la question.

La publication des Actes de cette rencontre nous donne l'occasion d'exprimer notre gratitude aux instances qui ont rendu possible la tenue de ce colloque international : la Direction régionale des affaires culturelles, le Conseil régional de Basse-Normandie, le Conseil général de la Manche, le Conseil général du Calvados, la Ville de Caen et l'Université de Caen Basse-Normandie.

Notre reconnaissance est grande à l'égard de l'Association des Amis de Pontigny-Cerisy qui a mis à notre disposition le cadre magnifique et chaleureux de son château. Son accueil et son organisation ont permis des échanges fructueux et sympathiques.

Introduction

La Normandie et l'Angleterre de 900 à 1204

David Bates[*]

Le livre capital du regretté professeur John Le Patourel, *The Norman Empire*, a été publié il y a vingt-sept ans, en 1976[1]. Entre cette parution et le colloque de Cerisy, il y a eu le colloque de Reading en 1992, les nombreuses rencontres et colloques de Battle et de la Haskins Society, des colloques antérieurs de Cerisy-la-Salle, et une foule de publications très importantes. Néanmoins, de nos jours, il ne faut pas oublier la thèse centrale développée dans l'ouvrage ainsi que les articles du professeur Le Patourel : on ne peut pas étudier séparément l'histoire de la Normandie et l'histoire de l'Angleterre. De façon encore plus radicale, il a même lancé l'hypothèse que la création des deux pays, l'Angleterre et la France, ne fut pas inévitable. Il a pu envisager, en des circonstances différentes, la constitution d'un État anglo-normand permanent. Quoi qu'on en pense, ses conclusions méritent réflexion. On ne doit pas oublier que l'histoire de ce qu'il a voulu qualifier un «empire» est un des grands problèmes de l'histoire européenne.

Il faut dire que les idées de Le Patourel doivent beaucoup à Charles Homer Haskins qui s'intéressa beaucoup aux relations et aux échanges d'institutions et d'idées entre les deux côtés de la Manche. C'est lui qui a inventé l'expression «Norman Empire»[2]. Sans les contributions fondamentales de Lucien Musset et de Jean Yver à l'histoire de la Normandie, notre perception des fondements du pouvoir normand serait très différente. Tous deux ont été très conscients de la dimension anglo-normande[3]. Le Patourel a également été influencé par des notions

---

[*] Directeur de l'*Institute of Historical Research*, Londres.

1. J. Le Patourel, *The Norman Empire*, Oxford, 1976. Pour ses articles, *Feudal Empires : Norman and Plantagenet*, Londres, 1984.

2. «The Norman Empire» a été le titre d'un des cours de 1915 de Charles Homer Haskins aux Universités de Harvard et de Californie ; C. H. Haskins, *The Normans in European History*, Boston et New York, 1915, p. 85-115. Les comparaisons entre la Normandie et l'Angleterre sont un des sujets de son livre magistral, *Norman Institutions*, Cambridge (Mass.), 1918.

3. Voir, par exemple, J. Yver, «Le bref anglo-normand», *Revue d'histoire du droit : Tijdschrift voor Rechtsgeschiedenis*, t. 29, 1961, p. 313-330 ; L. Musset, «Y eut-il une aristocratie d'affaires commune aux grandes villes de Normandie et d'Angleterre entre 1066 et 1204?», *Études normandes*, t. 35, n° 3, 1986, p. 7-19 ; *idem*, «Un empire à cheval sur la mer. Les périls de mer dans l'Etat anglo-normand d'après les chartes, les chroniques et les miracles», dans *Les Hommes de la Mer dans l'Europe du Nord-Ouest de l'Antiquité à nos jours, Revue du Nord, numéro 1 spécial hors série - collection Histoire (1986)*, p. 413-424 ; *idem*, «Aux origines d'une classe dirigeante : les Tosny, grands barons normands du xe au xiiie siècle», *Francia*, t. 5, 1977, p. 45-80.

sociologiques comme «colonialism» (colonialisme) et «imperialism» (impérialisme), terminologie héritière de la dissolution des empires coloniaux des XIXe et
XXe siècles[4]. Il a aussi été très attentif aux recherches prosopographiques qui se
sont développées au milieu du XXe siècle.

Il est certain, je crois, que le professeur Le Patourel applaudirait aux progrès
effectués depuis la publication de son livre. Les spécialistes qui ont contribué à
ce volume ont déjà mené à bien ou mènent des projets d'importance capitale. Beaucoup d'autres ont fourni des contributions fondamentales. Nous sommes au cœur
d'une période très productive pour l'histoire anglo-normande, une période, je
dirais, sans pareil. Pour ce qui est de la publication des sources, par exemple, Elisabeth
Van Houts a fait paraître une nouvelle édition des *Gesta Normannorum Ducum*[5]
et il existe pour la première fois une édition des chartes anglaises, normandes et
françaises de Guillaume le Conquérant pour la période 1066 à 1087[6]. Katharine
Keats-Rohan a publié un livre contenant une identification des lieux d'origine de
toutes les personnes citées dans le *Domesday Book*[7]. Une édition des actes d'Henri II
et de sa famille est bien avancée et une édition moderne des rôles de l'Échiquier
normand est en cours, la première par Nicholas Vincent et la seconde par Vincent
Moss. Véronique Gazeau est en train d'achever une prosopographie des abbés
normands des Xe-XIIe siècles. Pierre Bauduin a lancé un projet de recherche sur
les chartes normandes non-ducales du XIe siècle[8]. On a publié de nouvelles édi-
tions de l'*Historia Anglorum* d'Henri de Huntingdon, des *Gesta Regum Anglorum*
de Guillaume de Malmesbury, des *Gesta Guillelmi* de Guillaume de Poitiers, du
Carmen de Hastingae Proelio, de la *Chronique* de Jean de Worcester, du *Libellus*
de Siméon de Durham et de la *Brevis relatio*. Il existe de nos jours des fac-simi-
lés superbes des deux volumes du *Domesday Book*, deux cédéroms très différents,
l'un avec des reproductions du fac-similé du manuscrit, recherche intégrée par
mots clés et bibliographie, et l'autre avec cartes et recherche intégrée par mots
clés et données numériques, et finalement une nouvelle traduction en anglais
des deux volumes[9].

---

4. Pour un commentaire intéressant sur la genèse du «Norman Empire» de John Le Patourel,
F. J. WEST, «The Colonial History of the Norman Conquest?», *History*, t. 84, 1999, p. 222. Voir aussi,
J. C. HOLT, «John Le Patourel, 1909-1981», *Proceedings of the British Academy*, t. 71, 1985, p. 593-594.

5. E. M. C. VAN HOUTS (éd.), *The Gesta Normannorum Ducum of William of Jumièges, Orderic
Vitalis, and Robert of Torigni*, Oxford, 1992-1995, 2 vol.

6. D. BATES (éd.), *Regesta Regum Anglo-Normannorum : The Acta of William I (1066-1087)*, Oxford,
1998.

7. K. S. B. KEATS-ROHAN, *Domesday People : A Prosopography of Persons occurring in English
Documents, 1066-1166, t. 1. Domesday Book*, Woodbridge, 1999.

8. Une recherche intitulée «Données textuelles et production documentaire dans la Normandie
médiévale» a été l'objet d'un dossier «Aide à projet nouveau» agréé par le département des Sciences
de l'Homme et de la Société du CNRS. Il associe M. Arnoux, P. Bouet, B. Fajal, V. Gazeau, J. Le Maho
et D. Rouet. Plus de 600 textes sont déjà rassemblés. La construction d'une base de données est en
projet.

9. D. GREENWAY (éd.), *Henry, Archdeacon of Huntingdon : Historia Anglorum (History of the English
People)*, Oxford, 1996 ; R. A. B. MYNORS, R. M. THOMSON et M. WINTERBOTTOM (éd.), *William of Malmesbury,
Gesta Regum Anglorum*, Oxford, 1998-1999, 2 vol. ; R. H. C. DAVIS et M. CHIBNALL (éd.), *The Gesta
Guillelmi of William of Poitiers*, Oxford, 1998 ; F. BARLOW (éd.), *The Carmen de Hastingae Proelio of
Guy Bishop of Amiens*, Oxford, 1999. R. R. DARLINGTON et P. McGURK (éd.), *The Chronicle of John of*

En 1989, Judith Green et moi-même avons publié, indépendamment, deux critiques des idées de John Le Patourel[10]. Beaucoup de nos conclusions ont été confirmées par les publications des années 90. J'évoquerai en particulier la manière de mettre l'accent sur les différences institutionnelles entre la Normandie et l'Angleterre pendant toute la période anglo-normande, et sur une aristocratie dont les intérêts politiques ont été souvent régionaux, ou même locaux, plutôt qu'anglo-normands. Les recherches de Vincent Moss, par exemple, sur les rôles de l'Échiquier normand ont renforcé la première opinion et l'édition des chartes de Guillaume le Conquérant a démontré que le maintien des différences a marqué la politique de Guillaume dès les premiers temps de l'État anglo-normand[11]. On a beaucoup écrit sur les intérêts régionaux de l'aristocratie et sur la manière dont ils ont pu de temps en temps jouer un rôle dans la dislocation du royaume anglo-normand. Je ne mentionnerai que les recherches de Judith Green, Kathleen Thompson, Katharine Keats-Rohan et David Crouch pour illustrer ce point[12]. On comprend beaucoup mieux l'implantation de la nouvelle aristocratie dans les îles Britanniques et la formation de réseaux de patronage autour des monastères anglais à la suite du livre d'Emma Cownie[13]. La prosopographie de Daniel Power montre la diversité des intérêts de la classe aristocratique normande à la fin du XIIᵉ siècle et suggère, par exemple, que les familles de la partie orientale du duché ont été beaucoup plus sensibles aux possibilités d'une victoire capétienne[14]. On

Worcester, Oxford, 1995-1998 ; D. W. Rollason (éd.), Symeon of Durham, Libellus de Exordio atque Procursu istius hoc est Dunhelmensis Ecclesie, Oxford, 2000 ; E. M. C. Van Houts (éd.), The «Brevis Relatio de Guillelmo nobilissimo comite Normannorum» written by a monk of Battle Abbey (Camden Miscellany, 5ᵉ série, t. 10), Cambridge, 1997 (réimp. avec traduction anglaise dans E. M. C. Van Houts, History and Family Traditions in England and the Continent, 1000-1200, Aldershot, 1999, chap. VII) ; R. W. H. Erskine (éd.), Great Domesday, Londres, 1986 ; A. Williams et G. H. Martin (éd.), Little Domesday, Londres, 2000 ; J. Palmer (éd.), Domesday Explorer (cédéroms), Londres, 2001 ; The Digital Domesday Book (cédéroms), Londres, 2002 ; A. Williams et G. H. Martin (éd.), Domesday Book : a complete translation, Londres, 2002.

10. D. Bates, «Normandy and England after 1066», English Historical Review, t. 104, 1989, p. 851-880 ; J. Green, «Unity and Disunity in the Anglo-Norman State», Historical Research, t. 62, 1989, p. 114-134.

11. V. Moss, «Normandy and England in 1180 : The Pipe Roll Evidence», dans England and Normandy in the Middle Ages, D. Bates et A. Curry (éd.), Londres et Rio Grande, 1994, p. 185-195 ; D. Bates, Regesta Regum Anglo-Normannorum. The Acta of William I (1066-1087), Oxford, 1998, p. 108-109.

12. Voir surtout J. Green, The Aristocracy of Norman England, Cambridge, 1997, p. 254-326 avec une bibliographie. Pour un article très stimulant, D. Crouch, «Normans and Anglo-Normans : A Divided Aristocracy?», dans England and Normandy in the Middle Ages, p. 51-67. Pour des barons et des familles spécifiques, voir, par exemple, K. Thompson, «William Talvas, Count of Ponthieu, and the Politics of the Anglo-Norman Realm», dans England and Normandy in the Middle Ages, p. 169-184 ; idem, «The Lords of Laigle : Ambition and Insecurity on the Borders of Normandy», Anglo-Norman Studies, t. XVIII, 1996, p. 177-199. Pour le rôle des influences ethniques, K. S. B. Keats-Rohan, «The Bretons and Normans of England 1066-1154 : the Family, the Fief and the Feudal Monarchy», Nottingham Medieval Studies, t. 36, 1992, p. 42-78. Voir aussi, B. Golding, Conquest and Colonisation : The Normans in Britain, 1066-1100, Londres, 1994 ; réimprimé, Basingstoke et New York, 2001.

13. E. Cownie, Religious Patronage in Anglo-Norman England, Woodbridge (Royal Historical Society, Studies in History, new series), 1998. Pour une analyse du royaume anglo-normand, p. 185-206.

14. D. Power, «King John and the Norman Aristocracy», dans King John : New Interpretations, S. D. Church (éd.), Woodbridge, 1999, p. 117-136.

doit souligner l'importance des études régionales pour tout l'État anglo-normand. Un article récent, par exemple, a proposé une nouvelle interprétation de la création de la seigneurie d'Annandale, région située au nord de Carlisle[15].

Dans quelle direction peut-on poursuivre ces recherches sur le gouvernement et sur l'aristocratie prétendus anglo-normands ? Je soulignerai que, en mettant l'accent sur les divergences, nous risquons d'oublier les grandes ressemblances, finalement beaucoup plus significatives que les différences. Les conclusions tirées de l'histoire des chartes et des Échiquiers, et, sur le plan ecclésiastique, des chapitres cathédraux, ont renforcé l'idée d'une assimilation anglo-normande et d'une évolution comparable, mais un peu différente[16]. Certes, on a besoin de poursuivre les études régionales de l'aristocratie. La publication et l'analyse très exacte des chartes est absolument nécessaire[17]. Et je crois que l'on doit particulièrement attirer l'attention sur la Normandie du XIIe siècle. Les publications de Katharine Keats-Rohan ont beaucoup précisé le rôle de l'immigration en Normandie avant 1066 et des peuples non-normands dans l'implantation aristocratique dans les îles Britaniques[18]. Mais suis-je seul à croire que nous négligeons un peu les grandes familles aristocratiques, celles qui ont dominé le royaume anglo-normand et dont la politique a garanti sa continuation en toute probabilité ? Depuis le livre de David Crouch sur les Beaumont en 1986, il n'y a pas eu de grande publication[19]. Et certainement on doit approfondir l'analyse des pratiques de succession familiale effectivement commencée par le professeur Sir James Holt dans un article de 1972 qui demeure d'importance fondamentale[20]. Dans ce contexte, même si l'analyse de George Garnett concerne en grande partie la période antérieure à 1066, elle a démontré, d'une manière

---

15. J. G. SCOTT, «The Partition of a Kingdom : Strathclyde 1092-1153», *Transactions of the Dumfriesshire and Galloway Natural History and Antiquarian Society*, 3ᵉ série, t. 72, 1997, p. 11-40.

16. Pour les chartes anglo-normandes et la prétendue «mutation documentaire», voir D. BATES, *Re-ordering the Past and Negotiating the Present in Stenton's 'First Century'*, The University of Reading, 2000 (The Stenton Lecture 1999), p. 9-16, 21 ; *idem*, «La 'mutation documentaire' et le royaume anglo-normand», dans *Les actes comme expression du pouvoir au haut Moyen Âge*, M.-J. GASSE-GRANDJEAN et B. M. TOCK (éd.), Turnhout, 2003, p. 33-49. Pour les Échiquiers, voir l'article de Vincent MOSS, *supra*, note 11. Pour les chapitres cathédraux, voir l'excellent article de D. GREENWAY, «The Influence of the Norman Cathedrals on the Secular Cathedrals in England in the Anglo-Norman Period», dans *Chapitres et cathédrales en Normandie*, S. LEMAGNEN et Ph. MANNEVILLE (éd.), Caen, Musée de Normandie (Annales de Normandie, série des congrès des sociétés historiques et archéologiques de Normandie, t. 2), p. 273-282.

17. «One of the most urgent tasks for historians is the reconstruction of tenurial geography within this political world by the collection and analysis of family charters», J. GREEN, *Aristocracy of Norman England*, p. 272. Voir aussi, D. BATES, *Re-ordering the Past and Negotiating the Present*, p. 22.

18. K. S. B. KEATS-ROHAN, *Domesday People*. Voir aussi, *idem*, «Portrait of a People : Norman Barons revisited», dans *Domesday Book*, E. HALLAM et D. BATES (éd.), Stroud, 2001, p. 121-40 ; *idem*, «Les Bretons et la politique de la colonisation d'Angleterre (c. 1042-1135)», *Mémoires de la Société d'histoire et d'archéologie de Bretagne*, t. 73, 1996, p. 181-215.

19. D. CROUCH, *The Beaumont Twins*, Cambridge, 1986. D. CROUCH, *William Marshal*, Londres et New York, 1990, un livre fondé sur une connaissance approfondie des sources narratives et des chartes des deux côtés de la Manche.

20. J. C. HOLT, «Politics and Property in Early Medieval England», *Past & Present*, n° 57, 1972, p. 3-52. Cet article et tous les autres articles de J. C. Holt pertinents pour le sujet ont été réimprimés dans *Colonial England, 1066-1215*, Londres et Rio Grande, 1997.

convaincante, que les pratiques de succession ducale sont beaucoup plus fluides et disloquantes que Le Patourel ne l'a cru[21]. Ces conditions ont prévalu pendant toute la période jusqu'à 1204.

Jusqu'ici j'ai mis l'accent sur l'historiographie qui a suivi ou développé les pistes identifiées par le professeur Le Patourel. Mais aujourd'hui il faut prendre en compte des méthodes d'analyse très différentes de celles qui ont fondé ses recherches. On a modernisé le discours anglo-normand au cours des années 90 en utilisant l'anthropologie et la sociologie, en étudiant, par exemple, l'identité ethnique, «gender», «la mémoire historique» et l'oralité, sujets sur lesquels il existe déjà des études très importantes[22]. Des publications de ces dernières années nous aident beaucoup en plaçant l'histoire conjointe de la Normandie et de l'Angleterre dans ses contextes franco-britannique et européen. Ces analyses ont pris en compte, et doivent prendre en compte à l'avenir, des relations extérieures culturelles – j'utilise le mot «culturel» dans un sens très large – et l'importance des influences et conditions préexistantes. Finalement, d'une certaine façon, les historiens anglo-normands doivent devenir eux-mêmes moins anglo-normands. Il y a de nos jours de grandes controverses comme «la mutation de l'An Mil», ou «the First European Revolution». Nous devons les assimiler à notre analyse pour dégager les éléments vraiment anglo-normands des éléments d'une histoire plus générale dans une période turbulente[23]. Une illustration de ce qui est possible est fournie par des publications sur le rôle et l'histoire des femmes. Beaucoup de travaux ont contribué à approfondir notre connaissance de l'histoire des femmes du royaume anglo-normand, notamment ceux de Marjorie Chibnall et d'Elisabeth Van Houts[24]. Mais c'est un article très important de Pauline Stafford qui, rejetant l'idée que la conquête de 1066 a été une rupture profonde dans l'histoire des femmes en Angleterre, a ouvert la porte à une discussion anglo-normande qui souligne les ressemblances fondamentales du rôle des femmes et de la manière de définir «gender» des deux côtés de la Manche[25].

Je suis assez convaincu moi-même que la conquête de 1066 a été la conséquence d'un processus très long et qu'elle a été un événement assez typique. Je voudrais qualifier sérieusement l'idée qu'elle a été au fond la conséquence d'un mouvement

---

21. G. GARNETT, «'Ducal' Succession in Early Normandy» dans *Law and Government in Medieval England and Normandy : Essays in Honour of Sir James Holt*, G. GARNETT et J. HUDSON (éd.), Cambridge, 1994, p. 80-110.

22. Voir les notes 24, 25, 39, 42, 45.

23. K. LEYSER, «On the Eve of the First European Revolution», dans *Communications and Power in Medieval Europe : The Gregorian Revolution and Beyond*, Londres et Rio Grande, 1993, p. 1-19 ; R. I. MOORE, *The First European Revolution, c. 970-1215*, Oxford, 2000. Pour la mutation de l'an mil, voir dessous, p. 8-9. On doit également tenir compte des idées de Robert BARTLETT, *The Making of Europe : Conquest, Colonization and Cultural Change, 950-1350*, Londres, 1993.

24. M. CHIBNALL, «Women in Orderic Vitalis», *The Haskins Society Journal*, t. 2, 1990, p. 105-121 ; E. M. C. VAN HOUTS, «L'oralité dans l'hagiographie normande des XIe et XIIe siècles : la valeur des témoignages oculaires des femmes dans les *miracula*», dans *Les saints dans la Normandie médiévale*, P. BOUET et F. NEVEUX (éd.), (Colloque de Cerisy-la-Salle, 26-29 septembre 1996), Caen, 2000, p. 83-94.

25. P. STAFFORD, «Women and the Norman Conquest», *Transactions of the Royal Historical Society*, 6e sér., t. 4, 1994, p. 221-249.

d'expansion normand ou d'un esprit de colonisateur. Le contexte socio-culturel et politique est exactement le même que dans toute autre revendication d'une terre, d'un comté ou d'un royaume. L'argument doit prendre en compte l'histoire des relations entre d'une part, les peuples britanniques et français et d'autre part, les Vikings depuis le IXe siècle, sujet très complexe que je ne peux pas traiter en détail dans un article de cette sorte[26]. Cet argument est soutenu, je crois, par exemple, par la nouvelle datation tout à fait convaincante des *Gesta Normannorum Ducum* de Guillaume de Jumièges proposée par Elisabeth Van Houts, par un article de Christopher Lewis sur les Français en Angleterre avant 1066, et par une étude sur les notions de parenté par Pierre Bauduin[27]. Cet argument ne nie ni l'importance de l'immigration en Normandie avant 1066 de gens d'autres régions de la France et ailleurs, ni le rôle capital que les Normands ont joué en Italie du Sud. Il renforce tout simplement l'opinion bien établie selon laquelle la Normandie a été une principauté territoriale très forte. En rejetant le colonialisme et l'impérialisme, mais en retenant l'idée moins déterminante de colonisation, on doit placer l'histoire conjointe de la Normandie et de l'Angleterre dans le processus de «state formation», en analysant l'acquisition d'un État bien établi par le prince d'un autre et l'évolution de l'union des deux[28].

Une autre donnée contextuelle n'est pas à négliger. Les historiens anglo-normands ne doivent pas ignorer les discussions animées autour de la question de la prétendue mutation de l'An Mil (avec ou sans majuscules)[29]. Je soulignerai seulement deux aspects. On doit considérer sérieusement les arguments soutenant qu'il n'y a pas eu de crise féodale au nord de la Loire (ni probablement ailleurs), et on doit reconnaître qu'on ne traite pas seulement des thèses de Dominique Barthélemy[30]. On doit prendre en compte aussi la réhabilitation du pouvoir des rois capétiens qui a commencé, je crois, avec les études d'Olivier Guyotjeannin sur la chancellerie du roi capétien Henri I[er][31]. Une des conséquences est que nous devrions être toujours conscients de l'intégration idéologique de la Normandie dans le royaume capétien, même au XIe siècle. Une autre est une perception moins

26. La bibliographie sur ce sujet est vaste. Pour un survol, D. Bates, «Britain and France and the Year 1000», *Franco-British Studies : Journal of the British Institute in Paris*, t. 28, 1999, p. 8-14.

27. *Gesta Normannorum Ducum*, E. M. C. Van Houts (éd.), t. 1, p. xxxii-xxxv; C. P. Lewis, «The French in England before the Norman Conquest», dans *Anglo-Norman Studies*, t. XVII, 1995, p. 123-144; P. Bauduin, «Désigner les parents : le champ de la parenté dans l'œuvre des premiers chroniqueurs normands», *Anglo-Norman Studies*, t. XXIV, 2002, p. 71-84.

28. Pour une discussion des termes, F. J. West, «The Colonial History of the Norman Conquest», p. 219-236; B. Golding, *Conquest and Colonisation*, p. 177-193.

29. La bibliographie est vaste. Des publications récentes, je trouve exceptionnellement intéressants les commentaires de P. Bonnassie «Les inconstances de l'An Mil» et Dominique Iogna-Prat, «Consistances et inconsistances de l'an mil», *Médiévales*, t. 37, 2000, p. 81-97.

30. Pour la première contestation, D. Bates, «West Francia : The Northern Principalities», dans *The New Cambridge Medieval History*, t. 3, *c. 900-c.1024*, T. Reuter (éd.), Cambridge, 1999, p. 417-418; B. S. Bachrach, «The Social Origins of the Angevin Castellanate to 1040», *Medieval Prosopography*, t. 21, 2000, p. 1-22. Ces articles donnent des références à beaucoup d'autres études. Pour les idées de Dominique Barthélemy, voir *La mutation de l'an mil a-t-elle eu lieu?*, Paris, 1997, p. 13-28 et *L'an mil et la paix de Dieu : La France chrétienne et féodale*, Paris, Fayard, 1999.

31. O. Guyotjeannin, «Les actes d'Henri Ier et la chancellerie royale dans les années 1020-1060», dans *Comptes rendus de l'Académie des Inscriptions et Belles-Lettres*, 1988, p. 81-97.

juridique des liens féodaux et une reconnaissance des ressemblances sociales et culturelles entre la Normandie et l'Angleterre en 1066, ainsi que des différences. On doit critiquer – je dirais abandonner – la notion que, pour l'Angleterre, la conquête de 1066 a été l'équivalent de la «mutation» de l'An Mil[32]. Mais on doit reconnaître aussi les possibilités uniques offertes par le *Domesday Book* et les sources anglaises pour l'analyse de la prétendue «mutation»[33].

Des contributions récentes à l'histoire de l'architecture ecclésiastique et des manuscrits ont été d'une importance capitale pour notre connaissance de l'évolution de l'histoire conjointe de la Normandie et de l'Angleterre. Au colloque de Reading, Lindy Grant a analysé clairement et d'une manière convaincante comment l'architecture gothique en Normandie et en Angleterre au XIIᵉ siècle a finalement suivi des voies distinctes, influencées par la géographie et par les liens existant avant 1066[34]. Il y a eu certainement des influences réciproques entre la Normandie et l'Angleterre, mais elles tendent à s'affaiblir après les premières décennies du XIIᵉ siècle. On attend avec impatience la publication du livre de Lindy Grant sur l'architecture gothique en Normandie. Eric Fernie a démontré dans un ouvrage magistral que l'architecture ecclésiastique en Angleterre a été influencée par des techniques et des motifs anglais postérieurs à 1066. Les contrastes entre l'architecture dite normande en Angleterre et l'architecture du duché ont été aussi grands qu'avec l'architecture anglo-saxonne. Les dimensions des grandes églises construites en Angleterre après la conquête de 1066 n'ont pas eu d'équivalents en Normandie ou même en Europe[35]. Un autre livre important, celui de Richard Gameson, avec son inventaire des manuscrits conservés rédigés en Angleterre entre 1066 et 1130, va demeurer la base des recherches pendant plusieurs décennies à venir. Il nous fournit des conclusions comparables à celles de l'histoire de l'architecture : une période d'influence normande forte en Angleterre autour de 1100, mais toujours la poursuite d'autres influences et la participation des deux pays à des changements européens plus larges[36].

De ces observations, on discerne des conclusions très importantes pour l'histoire conjointe de la Normandie et de l'Angleterre. Nous pouvons construire, avec une réelle confiance, une évolution chronologique : domination normande et française en Angleterre jusqu'à environ 1090 ; poursuite de cette domination de 1090 à environ 1125, mais avec une accélération des échanges et des activités associées à des conditions plus stables ; relâchement des liens et affaiblissement du dynamisme anglo-normand après 1125. Mais, pendant toute la période, on observe une forte continuité des influences indigènes et des contacts avec d'autres

---

32. D. Bates, «England and the 'Feudal Revolution'», dans *Il feudalesimo nell'alto Medioevo : Settimane di studi del Centro italiano di studi sull'alto Medioevo*, Spolète, XLVII, t. 2, 2000, p. 629-641.

33. Voir, par exemple, A. Wareham, «The 'Feudal Revolution' in Eleventh-Century East Anglia», dans *Anglo-Norman Studies*, t. XXII, 2000, p. 293-321.

34. L. Grant, «Architectural Relationships between England and Normandy, 1100-1204», dans *England and Normandy in the Middle Ages*, p. 117-129.

35. E. Fernie, *The Architecture of Norman England*, Oxford, 2000. Pour ses conclusions, voir p. 299.

36. R. Gameson, *The Manuscripts of Early Norman England (c. 1066-1130)*, Oxford, Oxford University Press for the British Academy (British Academy Postdoctoral Fellowship Monographs), 1999.

régions, influences et contacts qui sont devenus lentement plus importants en relation avec les liens anglo-normands.

Le schéma est certainement trop simplificateur. Les conclusions dépendent de la perspective et du sujet qu'on analyse. Les études relatives à la culture chevaleresque, par exemple, démontrent une unité culturelle vraiment anglo-normande, même si cette unité est effectivement un aspect de la culture aristocratique répandue[37]. Mais le schéma est en général confirmé et approfondi par des études de natures diverses de l'évolution anglo-normande en relation avec les circonstances préexistantes. Ainsi l'ouvrage d'Emma Cownie montre les fortes relations nouées par les nouveaux arrivants, Normands et Français, avec les établissements religieux en Angleterre, et l'abandon simultané des liens avec la Normandie[38]. En utilisant les sources littéraires, l'analyse très souple d'Ian Short de la langue française et du multi-culturalisme en Angleterre démontre que dans les premières décennies du XIIᵉ siècle les Français qui ont habité l'Angleterre se sont identifiés comme des Français qui parlent une variante de la langue française en usage en Angleterre. Un demi-siècle plus tard, s'est opéré un changement ; les Français se sont identifiés comme étant des Anglais et ils sont presque universellement devenus bilingues[39]. Ian Short et John Gillingham ont suggéré que, dans les années 1130, les Normands habitant l'Angleterre ont été conscients des différences entre eux-mêmes et les Normands de Normandie[40]. On ne doit pas simplifier la complexité du multi-culturalisme de l'Angleterre au XIIᵉ siècle, mais il est certain qu'on peut identifier une évolution qui s'appuie sur des différences culturelles croissantes entre les peuples de descendance française des deux côtés de la Manche. Ian Short a même proposé une chronologie de cette évolution[41]. Un processus semblable est souligné par l'analyse de la mémoire historique par Elisabeth Van Houts et des changements idéologiques des historiens normands analysés par Leah Shopkow. Au XIIᵉ siècle, les histoires composées en Angleterre ont commencé à situer la conquête de 1066 dans un passé différent de celui des histoires composées en Normandie[42]. Bien qu'il soit consacré au seul XIᵉ siècle, un article de Mark Gardiner a mis en évidence la continuité des liens économiques entre l'Angleterre et la Flandre à

37. M. Strickland, *War and Chivalry : The Conduct and Perception of War in England and Normandy, 1066-1217*, Cambridge, 1996 ; J. Gillingham, «1066 and the Introduction of Chivalry into England», dans *Law and Government in Medieval England and Normandy*, p. 31-55.

38. E. Cownie, *Religious Patronage, passim*.

39. I. Short, «*Tam Angli quam Franci* : Self-Definition in Anglo-Norman England», *Anglo-Norman Studies*, t. XVIII, 1996, p. 153-175.

40. J. Gillingham, «Henry of Huntingdon and the Twelfth-Century Revival of the English Nation» dans *Concepts of National Identity in the Middle Ages*, S. Forde, L. Johnson et A. Murray (éd.), Leeds, 1995, p. 75-101. Cet article et plusieurs autres études de John Gillingham concernant l'identité anglaise ont été publiés dans *The English in the Twelfth Century*, Woodbridge, 2000.

41. I. Short, «Self-Definition in Anglo-Norman England», p. 173-174.

42. E. M. C. Van Houts, «The Memory of 1066 in Written and Oral Traditions», *Anglo-Norman Studies*, t. XIX, 1997, p. 167-180 ; L. Shopkow, *History and Community : Norman Historical Writing in the Eleventh and Twelfth Centuries*, Washington DC, 1997. Voir aussi, P. Damian-Grint, *The New Historians of the Twelfth-Century Renaissance*, Woodbridge, 1999, p. 189-198.

travers la conquête de 1066 ; apparemment l'union économique de la Normandie et de l'Angleterre n'a jamais été très forte[43].

Bien que nous ayons de nombreuses informations sur l'histoire anglo-normande pendant la période de ce que l'on appelle l'«Angevin Empire», nous manquons d'une perspective assez claire. Il existe de nombreux indices sur les liens puissants entre les deux pays et sur les activités véritablement anglo-normandes. On peut citer des témoignages de la dislocation, des sentiments hostiles exprimés par les stéréotypes ethniques, mais je doute moi-même qu'ils constituent de véritables manifestations de désagrégation[44]. On a créé des nouvelles seigneuries à cheval sur la Manche pendant cette période et la collaboration entre les deux Échiquiers est manifeste. Des études récentes sur les histoires des ducs de Normandie de Wace et de Benoît de Sainte-Maure, qui s'appuient sur une analyse des sources écrites et orales, ont souligné qu'on a conservé une conscience très aiguë du passé normand et des exploits des ancêtres normands[45]. Néanmoins, la guerre du roi Étienne contre l'impératrice Mathilde et le fils de cette dernière, le futur roi Henri II, a certainement disloqué le royaume anglo-normand. Plusieurs grands barons, par exemple, ont été obligés de choisir entre leurs terres anglaises ou normandes. Récemment, David Crouch a renforcé l'idée de John Le Patourel que cette période de guerre civile ait été une vraie rupture dans l'histoire de l'État anglo-normand[46].

Pour approfondir notre connaissance de ces problèmes, il faut certainement concentrer nos efforts sur la Normandie. Véronique Gazeau a très bien posé la question à Reading[47]. Quelles sont les conséquences pour la Normandie de l'union avec l'Angleterre? L'orthodoxie, je crois, est que le royaume anglo-normand n'a pas beaucoup modifié la Normandie. Des études récentes des chartes et du culte des saints, par exemple, ont réduit au minimum l'influence anglaise en Normandie[48]. Ce problème est difficile à résoudre ; il faut estimer les conséquences indirectes. Pour simplifier, on peut se demander si l'effort d'implantation en Angleterre et

---

43. M. Gardiner, «Shipping and Trade between England and the Continent during the Eleventh Century», *Anglo-Norman Studies*, t. XXII, 2000, p. 71-93.

44. En général, D. Bates, «The Rise and Fall of Normandy», dans *England and Normandy in the Middle Ages*, p. 30-33.

45. E. M. C. Van Houts, «Wace as historian», dans *Family Trees and the Roots of Politics : The Prosopography of Britain and France from the Tenth to the Twelfth Century*, K. S. B. Keats-Rohan (éd.), Woodbridge, 1997, p. 103-132 ; P. Damian-Grint, «*En Nul Leu Nel Truis Escrit* : Research and Invention in Benoît de Sainte-Maure's *Chronique des Ducs de Normandie*», *Anglo-Norman Studies*, t. XXI, 1999, p. 11-30.

46. D. Crouch, *The Reign of King Stephen, 1135-1154*, Harlow, 2000, p. 324-325. Sur ces questions, voir aussi, M. Chibnall, «Normandy», dans *The Anarchy of King Stephen's Reign*, E. King (éd.), Oxford, 1994, p. 114-115.

47. Voir surtout, V. Gazeau, «The Effect of the Conquest of 1066 on Monasticism in Normandy : The Abbeys of the Risle Valley», dans *England and Normandy in the Middle Ages*, p. 141-142.

48. D. Bates, *Re-ordering the Past*, p. 11-12 ; J. C. Holt, «The Writs of Henry II», dans *The History of English Law : Centenary Essays on 'Pollock and Maitland'*, J. Hudson (éd.), Oxford, Oxford University Press for the British Academy (Proceedings of the British Academy), t. 89, 1996, p. 54-57 ; M. Chibnall, «Les Normands et les saints anglo-saxons», dans *Les saints dans la Normandie médiévale*, p. 263-268.

les possibilités d'acquérir plus de terres dans les îles Britanniques ont pu affaiblir la Normandie. On doit noter que Lindy Grant a discerné un manque de dynamisme dans l'architecture gothique normande au xiie siècle à la différence de l'Angleterre et des régions voisines[49]. Le début d'une réhabilitation du duc Robert Courteheuse, par exemple, devrait mettre l'accent sur les rivalités princières et aristocratiques et pourrait réduire la signification du dénigrement de ce duc par Orderic Vital, et des idées quasi-sociologiques de ce dernier sur le caractère normand[50]. En conséquence, nous devrions analyser l'histoire du duché de Normandie en termes de vie politique régionale et typiquement d'aristocratie, et non pas la considérer au travers de la personnalité ou de l'image des Normands comme peuple extraordinaire[51]. Ces problèmes nous mettent toujours en face de notre connaissance collective assez faible des chartes normandes, surtout du xiie siècle.

La dernière période de l'histoire conjointe de la Normandie et de l'Angleterre a été le sujet de beaucoup d'études récentes. Toutes mes observations doivent être très provisoires, parce que plusieurs grands projets de recherche sont en cours et n'ont pas encore abouti. On n'a donc pas encore pris directement en considération de façon globale le caractère des relations entre la Normandie et l'Angleterre. Les historiens ont réhabilité d'une manière convaincante la figure de Richard Cœur de Lion[52]. En conséquence, même si on continue à débattre des responsabilités respectives de Richard et de son frère Jean sans Terre dans la perte de la Normandie, de nos jours, on condamne en général surtout ce dernier ; sa réputation chez les Normands fut médiocre, il fut affaibli par la manière dont il accéda au pouvoir, et la qualité de sa stratégie militaire fut mauvaise[53]. L'enquête de Vincent Moss consacrée à la réforme de l'administration financière sous Richard et à l'écroulement de celle-ci sous Jean est fondamentalement neuve[54]. L'étude de Daniel Power relative à l'aristocratie normande, déjà mentionnée, met l'accent sur les erreurs de Jean, mais souligne aussi l'absence d'unité de l'aristocratie normande, élément structurel fondé sur l'histoire du duché depuis son origine. Elle souligne aussi l'importance permanente des conquêtes de Philippe Auguste pendant le règne de Richard[55].

---

49. L. Grant, «Architectural Relationships», p. 124-126.

50. J. Green, «Robert Curthose reassessed», *Anglo-Norman Studies*, t. XXII, 2000, p. 95-116.

51. Voir, J. Green, «Henry I and the Aristocracy of Normandy», dans *La France anglaise au Moyen Âge. Actes du 111e congrès des sociétés savantes*, Paris, 1988, p. 161-173 ; D. Bates, «Normandy and England after 1066», p. 858-859.

52. Voir en dernier lieu, J. Gillingham, *Richard I*, New Haven et Londres, 1999. Pour une perspective un peu moins favorable à Richard, R. V. Turner et R. R. Heiser, *The Reign of Richard Lionheart : Ruler of the Angevin Empire, 1189-1199*, Harlow, 2000.

53. Voir, par exemple, J. Gillingham, «Historians without Hindsight : Coggeshall, Diceto and Howden on the Early Years of John's Reign», dans *King John : New Interpretations*, p. 1-26 ; D. Power, «King John and the Norman Aristocracy», p. 117-136 ; D. A. Carpenter, «Abbot Ralph of Coggeshall's Account of the Last Years of King Richard and the First Years of King John», *English Historical Review*, t. 113, 1998, p. 1210-1230.

54. V. Moss, «The Norman Fiscal Revolution 1191-1198», dans *Crises, Revolutions and Self-Sustained Growth : Essays in European Fiscal History 1130-1830*, W. M. Ormrod, R. Bonney et M. Bonney (éd.), Stamford, 1999, p. 41-61 ; *idem*, «The Norman Exchequer Rolls of King John», dans *King John : New Interpretations*, p. 101-116.

55. Voir, note 14.

Les controverses au sujet des qualités des deux ducs/rois sont beaucoup plus qu'une simple estimation de leurs contributions personnelles à la perte du duché. Si l'on croit, par exemple, que la conquête de Philippe Auguste a été totalement, ou en grande partie, la conséquence des erreurs stupides de Jean sans Terre, on considère aussi que l'union de l'Angleterre et de la Normandie aurait pu continuer sous un souverain plus efficace. Manifestement, c'est plus complexe que cela – les pratiques de succession auraient toujours cassé l'«Angevin Empire», mais probablement pas l'union de la Normandie et de l'Angleterre – mais pour notre propos cette proposition suffira. Concernant la controverse technique sur les revenus comparés des Angevins et des Capétiens, la contribution la plus récente a renforcé les conclusions de Sir James Holt et, avant lui, de Ferdinand Lot et de Robert Fawtier : Philippe Auguste était le plus riche des deux souverains[56]. Daniel Power a analysé de nouveaux documents sur la révolte de Jean, comte d'Alençon[57]. Les publications à venir de Daniel Power et de Vincent Moss enrichiront nos connaissances, tous deux travaillant directement sur les sources. Il en sera de même de la publication des actes d'Henri II par Nicholas Vincent et Sir James Holt. Dans un article devenu classique, le professeur Musset a proposé que la présence en Normandie de marchands et d'administrateurs anglais dans les années 1190 démontre que l'équilibre politique et social entre les deux pays a tourné en faveur de l'Angleterre[58]. Mais il faut souligner qu'il y a eu des Anglais en Normandie beaucoup plus tôt et que leur présence a été la conséquence de l'évolution chronologique de l'histoire conjointe de la Normandie et de l'Angleterre que j'ai déjà évoquée[59]. Pour John Le Patourel, l'année 1144 a marqué la fin de l'Empire normand, parce qu'après cette date l'histoire conjointe de la Normandie et de l'Angleterre doit être analysée dans le contexte plus large de l'«Angevin Empire». Il a eu raison, mais je suggérerais provisoirement qu'il y a aussi des continuités très importantes pendant toute la période de 1066 à 1204 dont il faut tenir compte.

Mentionner le regretté professeur Le Patourel me conduit à ma conclusion. De nos jours, on n'a rien formulé pour remplacer son titre «Norman Empire». Sans doute notre connaissance de l'histoire conjointe de la Normandie et de l'Angleterre pendant la période de 900 à 1204 s'est grandement enrichie depuis la publication de son ouvrage. On connaît surtout mieux les sources et des questionnements nouveaux ont surgi. Les changements sont, je crois, tels que le sujet doit être presque redéfini. Il reste des problèmes négligés. Je mentionne en particulier

---

56. N. Barratt, «The Revenues of John and Philip Augustus revisited», dans *King John : New Interpretations*, p. 75-99. Voir aussi, J. C. Holt, «The Loss of Normandy and Royal Finance», dans *War and Government in the Middle Ages*, J. Gillingham et J. C. Holt (éd.), Woodbridge, 1984, p. 92-105 ; cf, J. Gillingham, *Richard I*, p. 338-339.

57. D. Power, «The End of Angevin Normandy : the Revolt at Alençon (1203)», *Historical Research*, t. 74, 2001, p. 444-464.

58. L. Musset, «Quelques problèmes posés par l'annexion de la Normandie au domaine royal français», dans *La France de Philippe Auguste : le temps des mutations*, Actes du colloque international organisé par le CNRS (Paris, 29 sept.-4 oct. 1980), R.-H. Bautier (dir.), Paris, CNRS, 1982, p. 292-294.

59. V. Moss, «The Norman Exchequer Rolls of King John», dans *King John : New Interpretations*, p. 102.

l'histoire économique et l'histoire ecclésiastique conjointes des deux pays. Il reste beaucoup à faire dans l'étude des structures de parenté et de ses conséquences politiques. Il faut analyser les faiblesses autant que les solidarités, et les conséquences destructives autant que constructives de la recherche de la légitimité qui a caractérisé la création de l'État anglo-normand, ainsi que tous les États de l'Europe. En ce moment de renouvellement et de bonne santé de l'histoire anglo-normande, tous les historiens doivent conserver en mémoire les formulations et les idées des maîtres de notre sujet. Il faut poursuivre les recherches en détail, mais il ne faut pas oublier le fait cardinal, au cœur des réflexions de Charles Homer Haskins, de David Douglas, de John Le Patourel et des autres : tous nos efforts contribuent à la connaissance et à l'interprétation d'un des grands problèmes de l'histoire de la formation de l'Europe.

1ère partie

911-1204

La parentèle de Guillaume le Conquérant : l'aperçu des sources diplomatiques

Pierre Bauduin[*]

La parentèle de Guillaume le Conquérant n'est évidemment pas un sujet vierge. Les biographies consacrées au personnage[1] et les nombreuses études portant sur son règne accordent une place de choix aux rapports familiaux au sein de la dynastie ducale normande et au rôle joué par les membres de la parenté dans le gouvernement du duché de Normandie et du royaume d'Angleterre. Plusieurs des proches de Guillaume ont retenu l'attention des spécialistes, comme Herluin de Conteville et Herlève, Odon de Bayeux, Robert de Mortain et évidemment Mathilde, l'épouse du duc-roi, ainsi que les fils qui lui succédèrent en Normandie et/ou en Angleterre[2]. Les liens des puissants magnats avec la famille ducale ont été aussi repérés et abondamment commentés. La parentèle de Guillaume et, plus généralement, celle des princes normands, a parfois été placée au cœur de la réflexion sur la construction du duché de Normandie et la conquête de l'Angleterre. Dans un ouvrage publié en 1988 Eleanor Searle analysait les ressorts de l'expansion normande sous le prisme d'une «parenté prédatrice», laquelle aurait finalement conduit Guillaume le Bâtard et sa «bande de cousins» à établir leur domination sur l'Angleterre[3]. D'autres approches ont pu restituer de manière plus précise la place tenue par tel ou tel proche du duc dans les structures de gouvernement de l'État normand ou anglo-normand, en particulier les pratiques consistant, en

* Maître de conférences, Université de Caen Basse-Normandie.

1. D. Douglas, *William the Conqueror*, Londres, 1964 ; M. de Boüard, *Guillaume le Conquérant*, Paris, 1984 ; D. Bates, *William the Conqueror*, Londres, 1989, p. 98-108.

2. D. Bates, «Notes sur l'aristocratie normande. 1. Hugues, évêque de Bayeux, 2. Herluin de Conteville et sa famille», *Annales de Normandie*, 23ᵉ année, n° 1, mars 1973, p. 7-38 ; D. Bates, V. Gazeau, «L'abbaye de Grestain et la famille d'Herluin de Conteville», *Annales de Normandie*, 40ᵉ année, n° 1, mars 1990, p. 5-30 ; E. Van Houts, «The origins of Herleva, mother of William the Conqueror», *English Historical Review*, t. 101, n° 399, avril 1986, p. 399-404 ; D. Bates, «The Character and Career of Odo, Bishop of Bayeux (1049/1050-1097)», *Speculum*, t. L, 1, 1975, p. 1-20 ; B. Golding, «Robert of Mortain», *Anglo-Norman Studies*, t. XIII, 1990, p. 119-144 ; C. W. David, *Robert Curthose, duke of Normandy*, Cambridge (Mass.), 1920 ; J. Green, «Robert Curthose Reassessed», *Anglo-Norman Studies*, t. XXII, 1999, p. 95-116 ; W. Aird, «Frustrated Masculinity : the Relationship between William the Conqueror and his Eldest Son», dans *Masculinity in Medieval Europe*, New-York, 1999, p. 39-55 ; F. Barlow, *William Rufus*, Londres, 1983.

3. E. Searle, *Predatory Kinship and the Creation of Norman Power, 840-1066*, Berkeley, 1988.

l'absence du duc, à déléguer l'autorité aux membres de la famille ducale[4]. La publication, par David Bates, des *acta* de Guillaume le Conquérant[5] et de récents travaux réalisés à partir de ce corpus documentaire ont été non seulement l'occasion d'affiner l'analyse, mais aussi d'ouvrir une réflexion méthodologique sur l'usage des documents diplomatiques dans le domaine de la prosopographie[6]. De ce point de vue, l'un des apports principaux a été de souligner les faiblesses d'une démarche partant d'un simple comptage des souscriptions et a contrario de faire ressortir la nécessité de prendre en considération, pour l'interprétation des données recueillies, tant les formes diplomatiques et le contenu des documents que les structures de la société qui les a produits. Cette communication envisagera la parentèle de Guillaume sous l'angle bien particulier des désignations rencontrées dans les actes pour qualifier les parents du duc-roi. Disons-le tout de suite, ce point de départ quelque peu périphérique ne permet pas d'appréhender l'ensemble de cette parentèle, du moins dans le sens que l'on donne habituellement au terme, c'est-à-dire «l'ensemble de ceux qu'un individu donné appelle ses parents et parmi lesquels il lui est interdit de se marier»[7]. Ce sont les relations les plus explicites – celles exprimées directement par la nomenclature de la parenté - qui forment le point de départ de l'enquête, avec l'idée qu'elles ne relèvent pas purement et simplement d'un hasard diplomatique.

Partons tout d'abord du constat. Les relations de parenté ne sont régulièrement exprimées que pour la famille proche de Guillaume, en premier lieu pour ce qui en constitue la cellule de base : le couple ducal et ses quatre fils Robert, Richard, Guillaume et Henri[8]; les filles sont en revanche beaucoup plus rarement mentionnées[9]. Moins systématiquement, mais dans des proportions non négligeables, les membres de la fratrie, Odon de Bayeux et Robert de Mortain, sont qualifiés de *frater* (ou broðer) du duc-roi[10]. Au-delà de ce cercle étroit, les relations de parenté sont peu ou pas exprimées. Du côté paternel, seul Guillaume d'Arques est désigné à trois reprises dans des chartes de Saint-Wandrille comme l'oncle (*patruus*) de Guillaume[11] et Adélaïde de Bourgogne apparaît comme sa tante (*amita*) dans

4. D. BATES, «The Origins of Justiciarship», *Anglo-Norman Studies*, t. IV, 1981, p. 1-12.

5. D. BATES, *Regesta Regum Anglo-Normannorum. The Acta of William I (1066-1087)*, Oxford, 1998 [ci-après D. BATES, *Regesta*].

6. D. BATES, «The Prosopographical Study of Anglo-Norman Royal Charters», dans K. S. B. KEATS ROHAN (éd.), *Family Trees and the Roots of Politics : the Prosopography of Britain and France from the Tenth to the Twelfth Centuries*, Woodbridge, 1997, p. 89-102.

7. *Novum glossarium mediae latinitatis*, Copenhague, 1957-..., fasc. P-Pazzu, p. 333.

8. Les occurrences sont trop fréquentes pour toutes les indiquer ici.

9. L. MUSSET, *Les actes de Guillaume le Conquérant et de la reine Mathilde pour les abbayes caennaises*, Caen (*M.S.A.N.*, t. XXXVII), 1967 [ci-après L. MUSSET, *Abbayes caennaises*], nᵒˢ 2, 25, 27.

10. Pour Odon et Robert, voir *infra* note 50. Adélaïde d'Aumale apparaît dans la grande charte de confirmation donnée à la Trinité de Caen en 1082 (BATES, *Regesta*, n° 59) sans que sa relation de parenté avec Guillaume soit précisée. Elle est en revanche qualifiée de *sororis... Willelmi regis Anglorum* dans la charte de dotation de la collégiale d'Auchy rédigée à la fin du XIᵉ siècle (L. MUSSET, «Recherches sur les Communautés de Clercs Séculiers en Normandie au XIᵉ siècle», *Bulletin de la Société des Antiquaires de Normandie*, t. LV, 1959-1960, p. 32-35).

11. M. FAUROUX, *Recueil des actes des ducs de Normandie (911-1066)*, Caen (*M.S.A.N.*, t. XXXVI), 1961 [ci-après, M. FAUROUX], nᵒˢ 108, 124 et 234 (qui renvoie à l'acte précédent).

La dynastie ducale normande X^e - XIe siècle

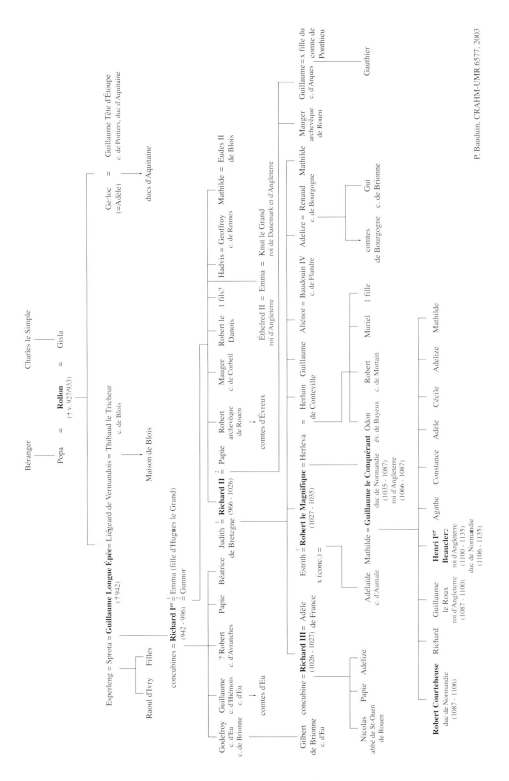

P. Bauduin, CRAHM-UMR 6577, 2003

La parentèle de Guillaume le Conquérant : terminologie rencontrée dans les actes

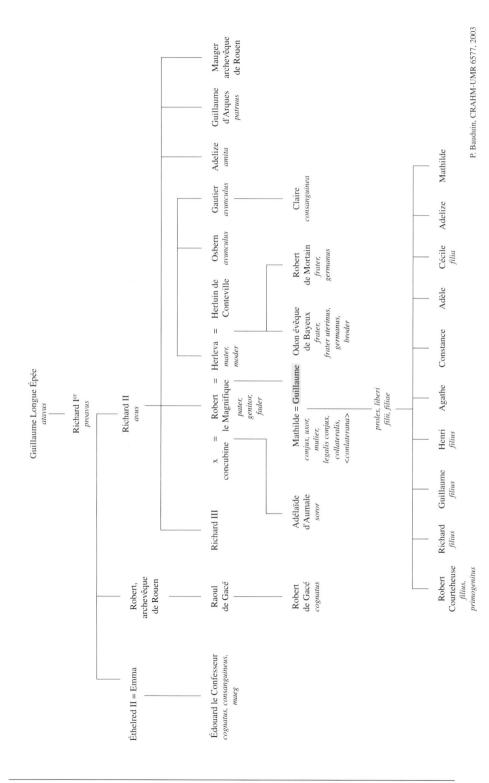

P. Bauduin, CRAHM-UMR 6577, 2003

un acte pour la Trinité de Caen[12]. Les oncles maternels de Guillaume, Osbern et Gautier, les deux frères d'Herlève, sont qualifiés d'*avunculus* dans trois documents[13]. Sauf exception, les relations en ligne collatérale ne sont pas exprimées. Robert de Gacé, arrière-petit-fils de Richard Ier, est cité comme *cognatus* de Guillame le Conquérant dans une donation en faveur de l'abbaye de Saint-Évroult, mais le texte de la charte ne nous est pas parvenu et nous est connu seulement par l'analyse qu'en fit Orderic Vital au XIIe siècle[14]. Une cousine en ligne maternelle, Claire, fille de Gautier, est présentée comme la *consanguinea* du duc dans un acte contenu dans la pancarte de Montivilliers[15]. La seule exception notable concerne Édouard le Confesseur, qui apparaît à plusieurs reprises comme le *consanguineus* ou le *cognatus* – ou un équivalent anglo-saxon (*maeg*) – de Guillaume de Normandie, encore faut-il tenir compte du nombre important d'actes douteux ou faux par lesquels ces désignations nous sont connues[16].

Du côté des ascendants paternels, Guillaume se dit lui-même, ou est dit, fils de Robert le Magnifique dans des actes rédigés tout au long du règne[17]. Mais à l'exception de Richard II, l'aïeul (*avus*) de Guillaume [18], les prédécesseurs plus lointains du duc sont rarement mentionnés dans les actes et seule une charte de confirmation donnée à l'abbaye de Jumièges[19] précise la position généalogique des ancêtres régnants par rapport à Guillaume : il s'agit là d'un document exceptionnel, nous y reviendrons.

Les relations d'affinité, enfin, ne sont pas exprimées par des vocables spécifiques, y compris dans des actes où Guillaume intervient pour des proches parents. Ainsi, une *conventio* conclue sous les auspices du duc entre Adèle, comtesse de Flandre, et l'abbesse de Montivilliers ne précise nulle part que la principale intéressée, Adèle, est la belle-mère de Guillaume[20]. Dans un même ordre d'idées, la pancarte de l'abbaye Notre-Dame de Grestain présente le fondateur de l'établissement, Herluin de Conteville, pourtant le beau-père du duc, comme un *quidam nobilis homo*[21]. L'acte, il est vrai, ne met pas davantage Guillaume en relation avec sa propre mère, Herlève, seulement citée comme l'épouse d'Herluin, ni avec ses demi-frères Robert de Mortain et Odon de Bayeux.

Les donations *pro anima* reflètent assez largement ce premier constat. Guillaume y associe le plus souvent son épouse Mathilde et les enfants du couple (*proles*, *liberi*), y compris ceux à venir. La distinction est parfois faite entre les fils et les

12. D. Bates, *Regesta*, n° 59.

13. M. Fauroux, nos 102 et 134 ; D. Bates, *Regesta*, n° 149.

14. M. Fauroux, n° 155.

15. D. Bates, *Regesta*, n° 212. Sur ce personnage : J.-M. Bouvris, «La renaissance de l'abbaye de Montivilliers et son développement jusqu'à la fin du XIe siècle», dans *L'abbaye de Montivilliers à travers les âges*, (Actes du colloque organisé à Montivilliers le 8 mars 1986), *Recueil de l'association des Amis du Vieux Havre*, n° 46, 1988, p. 43.

16. Nous reviendrons sur ce point.

17. Ex. : M. Fauroux, nos 94, 95, 98, 101, 103, 111, 120, 133, 139, 148, 149, 166, 174, 194, 199, 209, 214, 218, 221, 229 234 ; D. Bates, *Regesta*, nos 62, 149, 158, 162, 164, 166, 176, 198, 212, 217, 282, 284.

18. Ex. : M. Fauroux, nos 115, 234, D. Bates, *Regesta*, nos 148, 162, 164, 261, 262.

19. D. Bates, *Regesta*, n° 164.

20. M. Fauroux, n° 226.

21. D. Bates, *Regesta*, n° 158.

filles, qui sont moins systématiquement présentes dans les intentions du duc. Parfois seuls, mais souvent associés au duc ou à ce noyau familial, les *parentes* forment un groupe mal défini dans les actes, mais qui peut inclure le père et la mère de Guillaume, c'est le cas par exemple dans deux donations en faveur de Marmoutier où ils sont nettement individualisés dans l'intention pour les *parentes*[22]. Les références aux ducs de Normandie ou aux rois d'Angleterre qui ont précédé Guillaume se font le plus souvent par des termes (*predecessores, antecessores*) qui n'expriment pas forcément une relation de parenté[23]. Plus occasionnellement d'autres personnages ou groupes peuvent être partie prenante des intentions du duc-roi : le donateur véritable, lorsque celui-ci n'est pas le prince normand[24], ceux qui ont aidé Guillaume à conquérir le trône[25] ou ceux qui le soutiennent fidèlement[26]. Le changement majeur réside dans l'insertion d'Édouard le Confesseur, dans les intentions de Guillaume, à une place qui précède parfois Mathilde et les enfants du couple ducal[27].

Au total, si l'on s'en tient aux seules désignations de parenté, l'accent est mis sur la famille proche du duc-roi, d'abord son épouse et les fils du couple ducal, puis la fratrie de Guillaume. Les relations sont, par ailleurs, rarement explicitées par les textes, sauf dans le cas d'individualités exceptionnelles, notamment Guillaume d'Arques et Édouard le Confesseur. En dehors d'Odon de Bayeux, aucun évêque ou abbé n'est cité comme un proche parent du duc-roi, y compris des personnages dont, par ailleurs, les sources narratives soulignent les liens familiaux avec le duc, comme les archevêques Mauger et Jean, Hugues, évêque de Lisieux ou Nicolas, abbé de Saint-Ouen de Rouen[28]. La remarque vaut pour la plupart des grands laïques du duché (Guillaume fils Osbern, les comtes d'Eu ou d'Évreux, etc.) dont beaucoup sont issus d'une branche de la famille ducale. On peut bien sûr avancer qu'il n'est pas besoin de préciser les relations unissant ces personnages au duc-roi parce qu'elles sont évidentes et se laissent facilement déduire du contenu de l'acte et/ou des clauses de *laudatio*. L'explication est toutefois insuffisante puisque la relation familiale est exprimée explicitement là où elle est la plus évidente, c'est-à-dire pour le cercle des parents les plus proches.

Avant de pouvoir en tirer des conclusions sur les structures de parenté ou le rôle de telle ou telle individualité, il nous faut revenir sur la documentation dans laquelle ont été recueillis les vocables relevés. Au préalable rappelons aussi que

---

22. M. FAUROUX, n°° 160 et 161 : *pro remedio animae meae parentumque meorum, patris maxime et matris meae, necnon etiam uxoris meae, heredumque meorum.*

23. G. GARNETT, «Coronation and Propaganda : some implications of the Norman claim to the throne of England in 1066», *Transactions of the Royal Historical Society*, fifth series, 36, 1986, p. 91-116, en particulier p. 105-107.

24. M. FAUROUX, n° 220; D. BATES, *Regesta*, n° 176. C'est à ce titre qu'Odon est associé aux intentions de Guillaume (D. BATES, *Regesta*, n° 27).

25. D. BATES, *Regesta*, n° 22 (acte faux).

26. D. BATES, *Regesta*, n° 286.

27. D. BATES, *Regesta*, n°° 144, 176. Dans ce dernier acte, Édouard se trouve également associé au père de Guillaume, Robert.

28. Nicolas, fils de Richard III, apparaît en revanche comme le *cognatus* de Jean, archevêque de Rouen (D. BATES, *Regesta*, n° 245).

le statut du principal intéressé, Guillaume de Normandie, change puisqu'il accède à la dignité royale en 1066. Son règne en Normandie et en Angleterre est également ponctué par des crises internes graves, provoquées ou sur lesquelles viennent se greffer des différends familiaux mettant directement en cause des proches du prince normand.

La documentation réunie ne forme pas un corpus homogène. D'une part, nous sommes en présence de traditions diplomatiques qui diffèrent sensiblement sur le continent et en Angleterre, d'autre part, au cours du long règne de Guillaume, les formes et les pratiques de l'écrit ne sont pas demeurées figées, même si l'on ne peut pas parler de «révolution documentaire»[29]. Il faut, par ailleurs, s'interroger sur les interrelations entre les documents et les structures de pouvoir qui les ont produits. Il s'agit là de problèmes complexes qui nécessiteraient un examen plus détaillé que celui que nous proposons aujourd'hui. Nous nous limiterons à quelques observations, qu'il sera possible de préciser à partir de plusieurs cas individuels.

Une première remarque tient au vocabulaire employé. En dehors des parents les plus proches de Guillaume, l'échantillon disponible n'est pas assez consistant pour se livrer à une analyse sémantique approfondie. Tout au plus on retiendra que la distinction entre les oncles paternels et maternels est maintenue : *avunculus* et *patruus* ne sont pas interchangeables et correspondent bien aux positions généalogiques des personnages désignés par rapport à Guillaume. Les demi-frères de Guillaume sont presque invariablement qualifiés de *frater*; la distinction entre des frères issus de deux lits différents n'est pas opérée sur le plan de la terminologie. Les exceptions ne sont pas significatives. Une seule fois, dans une donation en faveur de la cathédrale de Bayeux, Guillaume parle de son frère utérin (*frater uterinus*) Odon[30]. *Germanus*, employé dans deux documents concernant l'un Robert de Mortain, l'autre Odon de Bayeux[31], est le synonyme de *frater* et ne renvoie évidemment pas à des enfants issus d'un même père.

Quelle que soit la valeur accordée au vocabulaire présent dans notre documentation, l'usage et le contexte de son utilisation doivent retenir l'attention. Nous avons pu observer par ailleurs la rareté du terme *cognatus*, que l'on ne rencontre jamais dans la langue des principaux chroniqueurs du XIᵉ siècle, Dudon de Saint-Quentin, Guillaume de Jumièges et Guillaume de Poitiers[32]. L'emploi est un peu plus fréquent dans les actes de la pratique, mais il reste de toute façon restreint. Paradoxalement, avec vingt-deux occurrences, il se trouve bien représenté dans notre corpus, mais uniquement pour deux personnages ainsi mis en relation avec

---

29. Sur ces points, voir, outre l'introduction des *Regesta* de D. Bates, C. Potts, «The Early Norman Charters : A New Perspective on an Old Debate», dans *England in the Eleventh Century*, C. Hicks (éd.), Stamford, (Harlaxton Medieval Studies, II), 1992, p. 25-40 et D. Bates, «La mutation documentaire et le royaume anglo-normand (seconde moitié du XIᵉ siècle-début XIIᵉ siècle)», dans *Les actes comme expression du pouvoir au Haut Moyen Âge*, M.-J. Gasse-Grandjean et B.-M. Tock (éd.), Turnhout, 2003, p. 33-49.

30. M. Fauroux, n° 219.

31. D. Bates, *Regesta*, n° 207.

32. P. Bauduin, «Désigner les parents : le champ de la parenté dans l'œuvre des premiers chroniqueurs normands», *Anglo-Norman Studies*, t. XXIV, 2002, p. 71-84.

Guillaume : Robert de Gacé et Édouard le Confesseur. Le paradoxe tombe de lui-même dès que l'on considère la documentation où se rencontre le vocable. Le premier cas, pour Robert de Gacé, est connu par une charte en faveur de Saint-Évroult, transmise par Orderic Vital[33], et il s'agit très vraisemblablement d'une précision généalogique apportée ultérieurement par le chroniqueur qui, à la différence de ses prédécesseurs du XIᵉ siècle, utilise régulièrement le terme *cognatus*. La remarque pose évidemment le problème de la transmission des actes lorsqu'ils ne sont pas conservés en original et de leur réécriture quand ils sont insérés par exemple dans une pancarte, une grande charte de confirmation ou, comme c'est le cas ici, dans un récit historiographique[34]. La série, qui concerne Édouard le Confesseur, est plus édifiante encore. Sur les vingt et une occurrences rencontrées, dix-neuf se trouvent pour des actes faux ou réécrits au XIIᵉ siècle, produits pour les abbayes Sainte-Marie de Coventry[35], Sainte-Marie et Saint-Ecgwin d'Evesham[36], Saint-Pierre de Gand[37], Saint-Benoît de Ramsey[38] et surtout de Westminster[39], le grand atelier de faussaires du royaume d'Angleterre, dont l'intérêt était ici de rappeler les liens du sang unissant la dynastie anglo-normande au roi Édouard, inhumé dans l'abbatiale. Survivent donc deux témoins indiscutables, dont l'un revêt la forme particulière d'une lettre adressée par Guillaume à Jean, abbé de Fécamp[40], et n'est donc pas représentatif de la production diplomatique. En revanche, l'autre document, un diplôme en faveur de l'abbaye Saint-Martin de Londres[41], s'avère d'une portée idéologique beaucoup plus forte puisqu'avant de présenter Édouard comme son cognat, Guillaume y décline l'origine de son pouvoir, *Dei dispositione et consanguinitatis hereditate*. Nous reviendrons sur ce document, le seul où Guillaume légitime son pouvoir par la *consanguinitas*; notons pour le moment qu'il date du début du règne (1068) et se trouve être contemporain d'une série de brefs en vieil anglais qui utilisent des expressions équivalentes à *cognatus* ou *consanguineus* pour indiquer la parenté des deux souverains[42].

La nature et la forme des actes dans lesquels sont consignés les termes de parenté méritent également attention. L'expression des relations de parenté ne tient pas la même place d'un type diplomatique à l'autre. Elle est plus fréquente dans les diplômes qui enregistrent les intentions du donateur, les clauses de *laudatio* et présentent une liste plus ou moins fournie de souscripteurs. Lucien Musset et David Bates ont, par ailleurs, souligné le processus de réécriture des documents

33. M. FAUROUX, n° 155.
34. M. CHIBNALL, «Charter and Chronicle : the Use of Archive Sources by Norman Historians», dans *Church and Government in the Middle Ages. Essays presented to C.R. Cheney*, C. N. L. BROOKE, D. E. LUSCOMBE, G. H. MARTIN et D. OWEN (éd.), Cambridge, 1976, p. 1-17.
35. D. BATES, *Regesta*, n° 104.
36. D. BATES, *Regesta*, n° 133.
37. D. BATES, *Regesta*, n° 150.
38. D. BATES, *Regesta*, n° 220.
39. D. BATES, *Regesta*, nᵒˢ 293, 294, 298, 301, 303, 305, 306, 308, 312, 324, 328, 331.
40. D. BATES, *Regesta*, n° 139, p. 466.
41. D. BATES, *Regesta*, n° 181, p. 597.
42. D. BATES, *Regesta*, nᵒˢ 1, 34, 36, 38, 66, 80, 224, 351.

compilés dans les pancartes et les grandes chartes de confirmation du règne de Guillaume[43]. Dans le domaine qui nous occupe, cette transformation des matériaux écrits a pu influencer le contenu des documents originaux, parfois réduit à une seule phrase. Les quatre chartes de Saint-Wandrille où les oncles de Guillaume, Osbern, Gautier et Guillaume d'Arques expressément qualifiés d'*avunculus* pour les deux premiers et de *patruus* pour l'autre[44], se trouvent ainsi considérablement condensées dans une pancarte pour cet établissement commencée avant 1066 et poursuivie dans les années 1080[45]. Dans trois cas, le document fait purement et simplement disparaître les personnages, qui apparaissaient soit parmi les souscripteurs, soit dans les clauses de *laudatio*. Inversement, le rédacteur peut avoir pris soin de préciser, ou de reformuler, une relation de parenté qui n'apparaissait pas comme telle dans le document original. Il faut enfin tenir compte des traditions de chaque établissement. Une pancarte de Jumièges élaborée dans les deux dernières décennies du XIe siècle offre ici un bon exemple[46]. Après avoir rappelé la restauration de l'abbaye par Guillaume Longue Épée, l'acte dresse un récapitulatif des bienfaits donnés au monastère en l'inscrivant dans une véritable *genealogia* qui s'attache à replacer les princes normands dans leur exacte position généalogique par rapport à Guillaume, depuis l'arrière-arrière-grand-père (*atavus*) et homonyme du roi-duc. Les différentes séquences narratives – il s'agit en effet d'un véritable récit – s'organisent autour de la dévolution du *ducatus* dans des passages qui mettent en exergue le modèle de succession héréditaire de la lignée normande. Ce document exceptionnel[47] constitue la forme la plus achevée d'une tradition bien attestée avant le règne dans une confirmation donnée à l'abbaye par Richard II en 1025[48] et dans un diplôme de Robert le Magnifique[49].

Pour autant, une distinction fondée sur la nature et la forme diplomatique des actes ne paraît pas être déterminante. Les frères de Guillaume, Odon et Robert, sont qualifiés de *frater* (ou d'un équivalent) dans des documents très variés : diplôme normand ou anglais, charte de confirmation, record de plaid ou bref[50]. L'impression d'ensemble est donc celle d'une relative imperméabilité aux types diplomatiques. Une analyse un peu plus poussée révèle toutefois que les deux personnages n'y sont pas représentés de manière identique. Odon est qualifié

---

43. L. Musset, *Abbayes caennaises*, p. 25-35 ; D. Bates, «Les chartes de confirmation et les pancartes normandes du règne de Guillaume le Conquérant», *Pancartes monastiques des XIe-XIIe siècles*, études réunies par M. Parisse, P. Pégeot, B.-M. Tock, Turnhout, 1998, p. 97-109.

44. M. Fauroux, n°s 102, 108, 124, 134.

45. M. Fauroux, n° 234.

46. D. Bates, *Regesta*, n° 164.

47. B.-M. Tock, «L'utilité des bases de données diplomatiques pour l'étude des généalogies», *Le Médiéviste et l'Ordinateur*, 36, 1997, p. 11-15 ou 36, hiver 1997, consultable à l'adresse suivante : http://www.irht.cnrs.fr/meto/mo3605.htm

48. M. Fauroux, n° 36.

49. M. Fauroux, n° 74 ; *The Gesta Normannorum Ducum of William of Jumièges, Orderic Vitalis, and Robert of Torigni*, E. Van Houts (éd. et trad.) [ci-après *GND*], t. I, Oxford, 1992, p. XL.

50. Pour Odon : M. Fauroux, n°s 102 (?), 159, 219 ; D. Bates, *Regesta*, n°s 26, 27, 39, 69, 71, 73, 75, 84, 87, 254, 286. Pour Robert de Mortain : M. Fauroux, n°s 102, 140, 146, 209, 230 ; D. Bates, *Regesta*, n°s 181, 204, 205, 207, 215, 218, 235, 262, 254, 286. À cela s'ajoutent un certain nombre d'actes douteux ou faux : D. Bates, *Regesta*, n°s 76, 345 (Odon), 293 (Odon et Robert).

---

de *frater* dans un nombre notable de brefs (sept, dont cinq authentiques), ce qui n'est pas le cas de Robert de Mortain, en dehors d'un faux pour l'abbaye de Westminster. Il faut ainsi prendre en considération d'autres données où interfèrent le statut de l'intéressé et ses rapports avec l'institution concernée. Là encore la comparaison entre Odon de Bayeux et Robert de Mortain n'est pas dénuée d'intérêt. Le second est le «frère» de Guillaume dans des documents adressés à des établissements très divers, en Angleterre (cathédrale de Wells, Saint-Martin de Londres) ou sur le continent en Normandie (Saint-Wandrille, Saint-Désir de Lisieux, Saint-Évroult de Mortain, Saint-Pierre de Préaux, la Trinité-du-Mont de Rouen) et en dehors du duché (Saint-Père de Chartres, Saint-Magloire de Lehon, Coulombs, Marmoutier, Saint-Benoît-sur-Loire, Saint-Denis). Cette dispersion témoigne vraisemblablement d'un usage répandu. Il en va différemment pour Odon, pourtant représenté par un échantillon comparable. Dans plus des deux tiers des cas, sa parenté avec Guillaume est mise en évidence dans les actes en faveur de la cathédrale de Bayeux, de celle de Cantorbéry et de l'abbaye Saint-Augustin de Cantorbéry[51]. Quelle que soit l'explication – avouons qu'aucune ne nous apparaît entièrement convaincante – elle doit tenir compte de trois séries d'éléments. Tout d'abord, il a pu y avoir, dans certains cas, une initiative de l'évêque lui-même : deux des trois actes de la cathédrale de Bayeux dans lesquels Odon apparaît comme le «frère» de Guillaume ont été probablement rédigés dans le *scriptorium* de la cathédrale par un clerc au service de l'évêque[52]. D'autre part, les destinataires des actes concernés sont situés dans des secteurs qui forment les bases territoriales du pouvoir politique et religieux d'Odon, évêque de Bayeux et comte de Kent. Rappelons enfin qu'Odon est le seul dignitaire ecclésiastique pour lequel la documentation diplomatique fait état d'une relation de parenté avec Guillaume. On a le sentiment – mais il faudrait mener une enquête plus large sur ce point – que la dignité spirituelle efface les liens du sang, ou plus exactement leur expression. Dans le monde normand, il n'y a guère qu'un seul précédent auquel le cas d'Odon puisse être rapporté : celui de Robert, archevêque de Rouen et comte d'Évreux, dont plusieurs actes soulignent la parenté par rapport au prince régnant, en l'occurrence son frère Richard II et son neveu Robert le Magnifique. Il s'agit de deux hommes d'Église qui ont, chacun à leur époque, occupé des responsabilités importantes dans le gouvernement du duché ou du royaume d'Angleterre. Bien sûr, le schéma ne déroge pas par rapport à ce que nous montrent les chartes sur le rôle politique de l'épiscopat[53]. Il est remarquable en revanche que cette structure laisse filtrer des formes de pouvoir qui ne relèvent pas, ou pas uniquement, de la sphère publique, mais des relations de parenté.

L'exemple d'Odon de Bayeux montre que l'expression des relations de parenté n'est pas totalement indépendante des liens établis entre l'intéressé et l'institution destinataire de l'acte. C'est également ce que suggère le cas de Guillaume d'Arques,

---

51. Les autres occurrences se rencontrent principalement dans des actes où Robert est lui aussi qualifié de frère du duc-roi (M. Fauroux, n° 102 ; D. Bates, *Regesta*, n°ˢ 264 et 286), ainsi que dans M. Fauroux, n° 159 et D. Bates, *Regesta*, n° 39.

52. D. Bates, *Regesta*, p. 15 et n°ˢ 26 et 27.

53. D. Bates, «The Prosopographical Study », p. 95, 100, 101.

comte de Talou, désigné explicitement comme l'oncle paternel (*patruus*) de Guillaume le Bâtard exclusivement dans des actes en faveur de l'abbaye de Saint-Wandrille[54]. L'explication réside probablement pour partie dans les relations établies par Guillaume d'Arques, l'un des principaux bienfaiteurs de l'abbaye, et cet établissement largement possessionné dans le comté de Talou. De ce point de vue, il est à noter que les moines de Saint-Wandrille ne se sont apparemment pas joints à l'entreprise de démolition de la mémoire de Guillaume, après l'échec de la révolte de ce dernier en 1053-1054 largement relayée par les chroniqueurs contemporains, en particulier Guillaume de Jumièges et Guillaume de Poitiers[55]. L'*Inventio et miracula sancti Vulfranni*, rédigée peu avant la révolte du comte de Talou mais révisée ultérieurement est, à ce propos, significative. Dans le court passage où le récit met en scène Guillaume d'Arques et son frère l'archevêque Mauger, ces deux personnages ne reçoivent pas un traitement identique. Le texte a visiblement été modifié pour suggérer la déposition de l'archevêque, survenue en 1055, mais ne dit rien en revanche de la rébellion et de l'exil de Guillaume[56]. Plus tard, la réécriture de l'une des chartes insérée dans la pancarte de l'abbaye n'occulte pas non plus la relation de parenté entre Guillaume le Conquérant et son oncle paternel.

Au-delà, force est de constater que les expressions utilisées[57] dans les actes reflètent aussi une structure de pouvoir où des proches du duc sont amenés à jouer un rôle de tout premier plan. On sait que le comte de Talou a tenu une place importante dans le gouvernement du duché durant la minorité de Guillaume le Bâtard[58]. Dans les actes établis en son nom et dans les souscriptions, il met en exergue sa filiation avec Richard II[59]. Pour reprendre une formulation rencontrée dans une charte fécampoise de 1047 demeurée inédite, il est «Guillaume, par la grâce de Dieu, comte, fils de Richard II, duc des Normands»[60]. De la même manière, les intentions exprimées dans les donations *pro anima* mettent en évidence les liens du sang du comte de Talou avec les prédécesseurs de Guillaume le Bâtard : dans une charte en faveur de l'abbaye de Saint-Ouen de Rouen où il apparaît avec son frère Mauger, Guillaume d'Arques indique ainsi qu'il est le fils de Richard II et le frère de Richard III et de Robert le Magnifique[61]. Le comte de Talou fait d'abord valoir ses qualités de fils et de frère des trois prédécesseurs de

---

54. M. Fauroux, n⁰ˢ 108, 124, 234.

55. *GND*, VII, 4, t. II, p. 102-104 ; *The* Gesta Guillelmi *of William of Poitiers*, R. H. C. Davis et M. Chibnall (éd.), Oxford, 1998 [ci-après : *Gesta Guillelmi*], t. I, 23-28, p. 32-42.

56. *Inventio et miracula sancti Vulfranni*, § 28, J. Laporte (éd.), Rouen-Paris, Société de l'Histoire de Normandie (*Mélanges*, 14ᵉ série), 1938, p. 45 ; E. Van Houts, «Historiography and Hagiography at Saint-Wandrille : the "Inventio et Miracula Sancti Vulfranni"», *Anglo-Norman Studies*, t. XII, 1989, p. 238.

57. Ex : Fauroux, n° 108, p. 269 : *auctoritatem suam dederunt comes Nortmannorum Willelmus et patruus ejus, idemque comes Archarum Willelmus*; n° 124, p. 294 : *per manus Vuillelmi , Northmannorum marchionis, et Vuillelmi patrui ejus, videlicet Archis tunc temporis comitis.*

58. D. Bates, «The Origins of Justiciarship», p. 9 et *William the Conqueror*, p. 26.

59. Ex : M. Fauroux, n⁰ˢ 100, 128, 129.

60. Fécamp, Musée de la Bénédictine, n° 5 bis : *Ego Willelmus gratia Dei comes, Richardi secundi /Northmannorum/ducis filius…*

61. M. Fauroux, n° 112.

Guillaume le Bâtard et le rappel, dans les actes de Saint-Wandrille, de sa parenté avec le duc régnant, suggère que sa place éminente dans le gouvernement du duché tient d'abord à cette relation de sang. Une place qui, à l'occasion, lui permet d'intervenir en lieu et place du prince normand. Ainsi dans la charte en faveur de l'abbaye de Fécamp déjà évoquée, Guillaume s'intitule comte «par la grâce de Dieu» et traite seul de la restitution des terres de Renaud, vicomte d'Arques, données à l'établissement par Richard II avant d'être injustement usurpées. Nulle part, Guillaume le Bâtard n'est sollicité pour donner son consentement, ni même mentionné dans l'acte, dans une affaire qui concerne des officiers ducaux, sur des terres détachées du domaine ducal et accordées par des ducs normands à un monastère ducal.

Les exemples d'Odon de Bayeux et de Guillaume d'Arques nous ont largement introduits dans les structures politiques du monde anglo-normand pour souligner la prégnance des relations familiales dans l'organisation du pouvoir. Nous voudrions pour terminer revenir sur cet aspect, afin de présenter quelques observations concernant plus particulièrement Édouard le Confesseur et Mathilde.

L'entreprise de légitimation du pouvoir de Guillaume de Normandie en Angleterre a fait l'objet de nombreux commentaires. George Garnett a particulièrement insisté sur le couronnement de la Noël 1066 et la propagande qui a accompagné cet événement[62]. Dans un autre registre, David Bates a pu mettre en évidence la continuité proclamée du nouveau pouvoir, en particulier durant les premières années du règne[63]. Les sources narratives anglo-saxonnes et surtout normandes offrent un exposé plus ou moins complet sur la légitimité des droits de Guillaume au trône d'Angleterre. Le plus élaboré se trouve sans doute dans les *Gesta Guillelmi* rédigés par Guillaume de Poitiers vers 1071-1077. Dans le célèbre récit du couronnement de 1066, le chroniqueur affirme ainsi que Guillaume a pris possession du royaume «autant par droit héréditaire confirmé par le serment des Anglais que par droit de conquête», avant de détailler ensuite la *ratio sanguinis* légitimant l'accession du prince normand au trône[64]. Si elle n'est pas la seule avancée, cette justification est partout présente dans l'œuvre. À plusieurs reprises, Guillaume de Poitiers présente Édouard le Confesseur comme le *consanguineus* de Guillaume, en insistant sur leur *proxima consanguinitate* et le fait que tous deux appartiennent au même «lignage», ou, pour reprendre des expressions du chroniqueur, au même *genus*, à la même *linea consanguinitatis*[65]. Ce discours se retrouve également dans les chartes. Si l'on retranche les documents faux, Édouard le Confesseur y est cité comme le *cognatus* ou le *consanguineus* du nouveau roi au moins quatre fois. Deux ont déjà été présentés : il s'agit de la lettre adressée par Guillaume à Jean de Fécamp en 1075-1076 et du diplôme de 1068 en faveur de Saint-Martin de Londres[66]. Les deux autres,

---

62. G. GARNETT, «Coronation and Propaganda», p. 91-116.

63. D. BATES, *Regesta*, p. 49-50; *id.*, «England and the «Feudal Revolution»», dans *Il feudalesimo nell'alto Medioevo*, Settimane di studio del Centro italiano di Studi sull' alto Medioevo, Spolète, XLVII, t. 2, 2000, p. 629.

64. *Gesta Guillelmi*, t. II, 30, p. 150-152.

65. *Gesta Guillelmi* , t. I, 43, p. 72; t. II, 30, p. 150; t. II, 12, p. 121; t. I, 14, p. 20.

où le terme utilisé est *consanguineus*, sont deux brefs, l'un concernant l'abbaye Saint-Pierre d'Abbotsbury (1066-1078) et l'autre le monastère Saint-Augustin de Cantorbéry, connu en fait par une traduction latine tardive d'une version en vieil anglais rédigée vers 1066-1070. Des termes équivalents (*maeg*) sont également présents dans une série de sept brefs (authentiques) en vieil anglais pour différents établissements ou particuliers[67], soit près de 20 % (18,4) des trente-huit brefs qui nous sont parvenus dans cette langue (ou dans une version bilingue). Ils témoignent ainsi d'un usage qui n'est nullement marginal, mais au contraire paraît assez répandu. Ces documents n'ont pas de datation précise mais tous ont été rédigés, semble-t-il, au tout début du règne, dans les années 1066-1070. Au total, si l'on considère l'ensemble des textes, ils appartiennent pour l'essentiel à une même séquence chronologique qui concerne surtout les quatre premières années du règne et s'étend au plus tard jusqu'aux années 1075-1076. Ainsi, c'est dans les mois ou les années immédiatement postérieurs au couronnement que Guillaume fait valoir les liens du sang l'unissant au roi Édouard. Le message est clair, relayé par le diplôme en faveur de Saint-Martin de Londres que nous évoquions précédemment : il y a continuité dynastique, les Anglais sont gouvernés par des princes issus d'un même lignage. La continuité affirmée du régime, bien mise en évidence par l'examen diplomatique des actes de Guillaume en particulier pour le début du règne, a aussi un fondement dans les liens du sang tissés de part et d'autre de la Manche.

Nous nous attarderons moins longuement sur le cas de Mathilde : l'essentiel a déjà été dit par David Bates qui, partant des travaux de Pauline Stafford, a pu conclure à la continuité du statut de la reine avant et après 1066[68]. Aussi nos remarques porteront principalement sur la période immédiatement antérieure à la conquête. Les choses sont d'abord assez simples jusqu'en 1066. Mathilde est qualifiée d'*uxor*, de *conjux* (exceptionnellement de *mulier*) ou de *comitissa* (une seule fois de *comitissa Nomannorum*). Les deux types de désignation, celles relatives à l'état conjugal et le titre, ne se superposent pas. Mathilde peut apparaître dans deux séquences différentes d'un même acte comme l'épouse et comme la comtesse, mais on ne rencontre pas des formules du type *Mathildis comitissa uxor ejus*, qu'on retrouvera plus tard dans les actes une fois Mathilde devenue reine. La *comitissa* est l'épouse du comte, nul besoin de préciser le lien matrimonial qui l'unit au prince normand[69]. On notera également que le titre est imperméable aux variations de la titulature ducale : sauf une exception rencontrée dans une requête adressée à Mathilde par les moines de Saint-Florent de Saumur[70], *dux* et *marchisus* n'ont pas leur équivalent féminin dans les actes

---

66. D. Bates, *Regesta*, n⁰ˢ 139 et 181.

67. D. Bates, *Regesta*, n⁰ˢ 1, 34, 36, 66 (I et II), 80, 224, 351.

68. P. Stafford, *Queen Emma and Queen Edith. Queenship and Women's Power in Eleventh Century England*, Oxford, 1997, en particulier p. 56-64 ; D. Bates, *Regesta*, p. 92-94 et «La conquête de l'Angleterre et la reine», conférence donnée à Caen, 13 mai 1998. Certaines désignations utilisées pour désigner l'épouse du roi anglo-saxon sont appliquées à Mathide (*legalis conjux* : D. Bates, *Regesta*, n° 193 ; *collateralis* : ibid., n° 254 ; en revanche *collaterana* est attesté dans des actes faux : ibid., n⁰ˢ 290, 305).

69. Notons que le titre se rencontre aussi pour la mère du comte régnant, c'est le cas de Gunnor par exemple : M. Fauroux, n⁰ˢ 19, 21, 29, 32, 43.

---

normands. Le ton des actes change en 1066, et cela antérieurement à la conquête et au couronnement royal de Guillaume. Dans trois actes proches chronologiquement[71], dont l'un en faveur de la Trinité de Caen daté précisément du 18 juin 1066, *uxor* et *conjux* sont revêtus d'épithètes particulièrement révérencieuses (*reverentissima, nobilissima, honestissima*). La charte pour la Trinité de Caen insiste en outre sur l'origine illustre de Mathilde, «fille du très noble duc des Flamands, Baudouin». L'irruption brutale de ce vocabulaire tranche nettement avec la simplicité des formules rencontrées précédemment. Dans les chartes, ces épithètes sont inhabituelles lorsqu'il s'agit de qualifier les comtesses normandes[72]. Elles appartiennent à un double registre. D'une part, celui de la *nobilitas*, et pour Mathilde elle est rehaussée par l'éclat du sang royal, comme se plairont plus tard à le souligner deux documents des années 1080 en précisant que Mathilde est la nièce du roi Henri[73]. D'autre part, la référence à l'*honestas*, chargée de réminiscences classiques[74], s'inscrit dans une tradition bien attestée à l'époque carolingienne, et qui fait de la reine la gardienne de l'*honestas palatii*, du bon ordre du palais, y compris dans le sens moral que l'on peut donner à cette expression[75]. Cette sollicitude à l'égard de Mathilde, appuyée comme jamais elle ne l'avait été auparavant, n'a probablement rien de fortuit. Sans doute reflète-t-elle la promotion sociale et idéologique de l'épouse du comte, selon un processus maintenant bien étudié par les spécialistes, et qui fait de la *comitissa* l'associée du comte, responsable avec celui-ci de l'*honor*[76]. Il est remarquable ici que cette transformation trouve à s'exprimer de manière éclatante à un moment critique de l'histoire du duché, lorsque Guillaume de Normandie prépare l'expédition anglaise et s'apprête à laisser les rênes du gouvernement de la Normandie à son épouse. Cela suggère en tout cas que, sur ce point, les choix décisifs ont été faits dès le printemps 1066 et que la régence de Mathilde, durant l'absence du duc, a été minutieusement préparée.

Il est temps de conclure. La démarche entreprise peut paraître peu orthodoxe. Elle a ses faiblesses. Partant du vocabulaire employé, elle est insuffisante pour atteindre la parentèle de Guillaume. S'il est possible de voir que l'utilisation de cette terminologie ne relève pas des hasards de la diplomatique, les conditions mêmes

---

70. P. Marchegay, «Chartes normandes de l'abbaye de Saint-Florent près Saumur de 710-1200 environ», *Mémoires de la Société des antiquaires de Normandie*, t. XXX, 1880, n° 2, p. 667 : ... *Normannorum marchise M.*

71. M. Fauroux, n°s 229, 230, 231 (= Musset, *Abbayes caennaises*, n° 2).

72. À l'exception peut-être de Gunnor, la *nobilissima mater Richardi comitis* (M. Fauroux, n° 14 bis, p. 93).

73. D. Bates, *Regesta*, n°s 60 et 62.

74. J. Hellegouarc'h, *Le vocabulaire latin des relations et des partis politiques sous la République*, Paris, 1963, p. 387-388, 462-463.

75. J. Nelson, «Les reines carolingiennes», dans *Femmes et pouvoir des femmes à Byzance et en Occident (VIᵉ-XIᵉ siècles)*, colloque international organisé les 28-30 mars 1996 à Bruxelles, S. Lebecq, A. Dierckens, R. Le Jan, J.-M. Santerre (éd.), Villeneuve d'Ascq, CRHEN-O, 1999, p. 122-123, 130.

76. R. Le Jan, «L'épouse du comte du IXᵉ au XIᵉ siècle : transformation d'un modèle et idéologie du pouvoir», dans *Femmes et pouvoir des femmes*, p. 65-73.

de la production et de la transmission des documents introduisent trop de variables pour permettre de dégager des règles. Le risque existe, aussi, de rechercher à tout prix une explication là où il n'y en a pas. Inutile de préciser qu'il convient donc d'être très prudent pour en tirer des conclusions sur le fonctionnement de la famille ducale et, à plus forte raison, sur les structures de parenté dans la Normandie du XIᵉ siècle.

Les chartes se montrent à l'évidence discrètes. De la famille ducale, la terminologie employée fait le mieux ressortir la cellule familiale de base, le couple et ses enfants, les fils surtout, et les membres de la fratrie. L'expression des relations familiales paraît également hiérarchisée. C'est vrai d'abord au sein du couple ducal : Guillaume parle souvent de son épouse, mais l'inverse n'est pas vrai. Jamais, ou presque, Mathilde ne fait référence à Guillaume dans des termes qui relèvent du strict vocabulaire conjugal (*vir, maritus, sponsus*)[77], il est son seigneur (*dominus*) et le roi[78]. Dans la langue des Xᵉ-XIᵉ siècles, l'emploi croissant du premier terme, *dominus*, dans le sens de mari suggère une hiérarchisation croissante du couple. Elle est ici plus nettement exprimée que dans les sources narratives. Si les actes, notamment ceux de la Trinité de Caen, montrent que le couple fonctionne comme une association, il y a bien un seul maître à l'intérieur du *consortium*. La remarque vaut pour d'autres proches de Guillaume. Odon et Robert font fréquemment référence à leur seigneur[79] et il en va de même pour d'autres membres de la famille ducale, dont on ne précise pas dans les actes la parenté avec Guillaume. On peut se demander, en définitive, si cette hiérarchisation affichée, qui est aussi celle du pouvoir, n'occulte pas, dans bien des cas, l'expression des relations de parenté. Guillaume est le duc, puis le roi, et le chef de la Maison de Normandie, et William Aird a récemment souligné son attitude patriarcale[80]. Il lui revient de déléguer son autorité à des proches lorsque le besoin s'en fait sentir. Les chartes montrent l'importance des liens créés par les relations familiales dans les structures de gouvernement, mais expriment aussi une vision très hiérachisée de la maison qui préside aux destinées de la Normandie et de l'Angleterre.

---

77. Les exceptions sont rarissimes : D. Bates, *Regesta*, n° 193 (*vir*), *sponsus* apparaît dans une requête adressée à Mathilde par les moines de Saint-Florent de Saumur (cf. note 70).

78. Ex : D. Bates, *Regesta*, nᵒˢ 59, 63, 239.

79. D. Bates, *Regesta*, nᵒˢ 49, 52, 71, 74, 85, 86, 135.

80. W. Aird, «Frustrated Masculinity».

Le rôle des élites dans la colonisation de l'Angleterre (vers 1066-1135)

Katharine KEATS-ROHAN*

Il y a trente-sept ans, en 1966, John Le Patourel proposa «une grande étude socio-logique», voire prosopographique, de la période de la conquête normande[1]. Aujourd'hui, cet espoir est enfin réalisé avec le «Continental Origins of English Landholders 1066-1166» dit projet COEL, lancé en 1992 grâce aux fonds du trust Leverhulme. Mon livre, *Domesday People*, la prosopographie du *Domesday Book*, a été publié en 1999. Le volume qui lui fait pendant, *Domesday Descendants*, a vu le jour au début de 2002[2]. L'introduction de celui-ci contient une version plus détaillée des idées qui sont esquissées ici. Ce deuxième tome analyse les sources ultérieures comme les «Pipe Rolls» et les *Cartae Baronum* de 1166 : il contient aussi les informations de nombreuses enquêtes et une multitude de chartes pri-vées et publiques qui embrassent la période qui va de 1066 à 1166. Toutes ces informations sont disponibles dans la base de données COEL sur cédérom.

La confiscation et la redistribution d'honneurs sous Guillaume le Roux et Henri Ier d'Angleterre ont produit une discontinuité tenuriale en dépit des reven-dications incessantes des héritiers légitimes[3]. Les rapports tendus qui en résultè-rent furent significatifs à un niveau national aussi bien que local, par exemple, dans la composition des factions lors du règne d'Étienne. Ainsi, Juhel de Totnes et l'évêque de Coutances encoururent la confiscation et l'exil en 1093. Juhel recou-vra la faveur royale d'Henri Ier et reçut l'honneur de Barnstaple perdu par l'évêque,

---

* Linacre College, Oxford.

1. J. LE PATOUREL, *The Norman Empire*, Oxford, 1976, p. 195, et «Norman Barons», dans *Feudal Empires : Norman and Plantagenet*, Londres, 1984, n° VI, p. 27.

2. K. S. B. KEATS-ROHAN, *Domesday People. A Prosopography of Persons Occurring in English Documents 1066-1166. I. Domesday Book*, Woodbridge, 1999 ; *A Prosopography of Persons Occurring in English Documents 1066-1166. II, Pipe Rolls to cartae Baronum*, Woodbridge, 2002.

3. Voir R. H. C. DAVIS, *King Stephen*, 3e éd., 1990, Appendix IV, p. 150-153 ; J. C. HOLT, «Politics and Property in Early Medieval England», *Past and Present*, t. 57, 1972, p. 3-52 ; *idem*, «Feudal Society and the Family in Early Medieval England», *Transactions of the Royal Historical Society*, 5th Series, t. 32, 1982, p. 193-212 ; t. 33, 1983, p. 193-220 ; t. 34, 1984, p. 1-25 ; t. 35, 1985, p. 1-28 ; S. D. WHITE, «Succession to Fiefs in Early Medieval England», *Past and Present*, t. 65, 1974, p. 118-127 ; E. King, «The Tenurial Crisis of the Early Twelfth Century», *Past and Present*, t. 65, 1975, p. 110-117 ; J. Hudson, *Land, Law and Lordship in Anglo-Norman England*, Oxford, 1994, p. 65-153.

---

puisque son propre honneur précédent de Totnes avait été donné dans l'intervalle à l'un des «hommes nouveaux» de Guillaume le Roux, Roger de Nonant. Le fils de Juhel, Alfred, qui continua à revendiquer Totnes, rejoignit Baudouin de Reviers révolté contre Étienne en 1138, alors que Guy de Nonant apportait, au contraire, son soutien à Étienne. L'importance des «déshérités» en tant que groupe ne doit pas être exagérée cependant. Pas plus que la «révolution tenuriale» d'Henri Ier, qui vit la dislocation de plusieurs baronnies monolithiques du *Domesday* en tenures en chef de moindre importance, dévolues, soit aux anciens tenants ayant fait preuve de leur loyauté, soit à de loyaux serviteurs, des «hommes nouveaux»[4]. Comme l'a montré David Roffe, les fiefs et les honneurs qui s'y rattachaient formaient des entités légales relativement stables qui n'ont pas été sensiblement modifiées par la substitution des Normands aux Anglais ou par la réattribution postérieure, après confiscation, à d'autres Normands[5]. L'analyse des 30 000 noms du *Domesday Book* concernant ceux qui ont possédé des tenures en 1086 montre qu'il s'agissait de moins de 2700 personnes. 62 % d'entre eux étaient des Normands et 24 % des Anglais. Des 960 familles identifiables parmi les 96 000 noms que j'ai analysés dans la base de données COEL, 596 ont un ancêtre qui est cité dans le *Domesday Book*. 437 de ces 596 familles, soit 73 %, peuvent être identifiées dans les *Cartae Baronum* fragmentaires, qui datent environ de 1166. Il apparaît ainsi clairement que la colonisation de l'Angleterre conquise a été une affaire remarquablement stable, malgré les crises qui se sont produites régulièrement à partir de 1070 et sur lesquelles nous disposons d'une bonne documentation.

En outre, les grands personnages sans aucun doute allaient et venaient, ou s'ils partaient, ils étaient remplacés. En vue de définir la nature élitiste de la conquête et de la colonisation de l'Angleterre, déjà décrite dans l'introduction du *Domesday People*, nous devons réexaminer ceux qu'on appelle «les hommes nouveaux». Est-ce que les hommes nouveaux du règne d'Henri Ier étaient vraiment nouveaux? Les administrateurs de ce dernier appartenaient-ils vraiment à une nouvelle catégorie d'hommes, ni nobles, ni guerriers, mais à celle des bureaucrates? Les guerres normandes de succession et les confiscations qui en résultèrent en Angleterre ont-elles vraiment changé la nature de l'élite gouvernementale établie par la conquête de 1066? Orderic Vital apporte une réponse claire quand il écrit à propos d'Henri :

«Il a soumis tous ses ennemis par sa sagesse et son courage et a récompensé ceux qui étaient à son service par des richesses et des honneurs. Il a ainsi abaissé beaucoup de grands hommes des positions d'éminence pour leur présomption et les a condamnés à être déshérités pour toujours. D'autre part, il a anobli d'autres d'origine obscure qui l'avaient bien servi ; il les a élevés, pour ainsi dire, de la poussière et, entassant toutes sortes de faveurs sur eux, les a placés au-dessus des comtes et châtelains célèbres. Peuvent témoigner de la véracité de mes dires Geoffroi de Clinton, Raoul Basset, Hugues de Buckland, Guillegrip, Rainer de Bath, Guillaume Trussebut, Haimo de Falaise, Guigan le Marshall, Robert de

---

4. R. W. SOUTHERN, «The place of Henry I in English History», *British Academy Raleigh Lecture* 1962, rémprimé dans R. W. Southern, *Medieval Humanism*, Oxford, 1970, p. 206-233.

5. D. ROFFE, «From thegnage to barony : sake and soke, title and tenants-in-chief», *Anglo-Norman Studies* t. XII, 1990, p. 157-176 ; *idem*, *Domesday : the Inquest and the Book*, Oxford, 2000.

Bostare et beaucoup d'autres, qu'il a rendus très riches et établis généreusement, à une échelle très au-dessus des moyens de leurs pères ; peuvent en témoigner encore les hommes qui, à partir de prétextes fabriqués et injustes, ont été opprimés par les précédents. Le roi a élevé à un haut rang tous ceux-ci et beaucoup d'autres d'humble naissance qu'il serait fastidieux d'énumérer individuellement ; il les a sortis de l'insignifiance par son autorité royale, les a mis au sommet de la puissance, et les a rendus redoutables même pour les magnats les plus grands du royaume »[6].

Ce passage bien connu de l'*Historia Ecclesiastica* d'Orderic Vital est cité dans presque toutes les discussions à propos de n'importe quel aspect du règne d'Henri Ier en Angleterre (1100-1135). Il comporte deux thèmes évidents. D'une part, il touche à la question des nobles opposés aux non-nobles ; de l'autre, il traite de la création délibérée d'une élite, en l'espèce d'une classe d'administrateurs. La reconnaissance de la prérogative royale de pouvoir abaisser ses sujets trop puissants est implicite dans ce passage. De même, il apparaît clairement que le roi a aussi le droit d'anoblir un non-noble en lui conférant des honneurs et la richesse propre à distinguer le noble du paysan. Orderic considère que les grands hommes (*illustres*) qui ont été humiliés et déshérités par le roi avaient mérité leur destin à cause de leur présomption (*pro temeritate sua*). Orderic peut bien mépriser ces hommes nouveaux pour leur naissance présumée obscure, mais ce qu'il critique vraiment, c'est l'arrogance de ces hommes, qu'il accuse d'abus de pouvoir.

Plusieurs études récentes – celles de Jean Durliat et de Philippe Contamine, entre autres – ont défini le service du roi et de l'État, dans ses aspects administratifs et militaires, comme une caractéristique essentielle pour la définition des élites sociales depuis l'Antiquité tardive jusqu'à la période moderne. Les membres de ces élites sociales se définissent eux-mêmes comme nobles (*nobilis*) et membres de la noblesse (*nobilitas*)[7]. Karl Ferdinand Werner nous a offert une nouvelle vision pour la compréhension des élites de l'après-conquête dans son stimulant ouvrage *La naissance de la noblesse*. Il a montré que la terminologie employée par Orderic dans ce passage a une longue tradition qui remonte aux temps romains. Les grands hommes – *illustres* – ont été abaissés du sommet de la puissance – *de sullimi potestate*. Le droit qu'exerce le roi pour juger et administrer ses sujets se fondait sur sa *potestas principis*. Les administrateurs locaux, comme les

---

6. *The Ecclesiastical History of Orderic Vitalis*, M. Chibnall (éd. et trad. angl.), Oxford, 1978, t. VI, p. 16-17 : *Omnes inimicos suos sapientia uel fortitudine sibi subiugauit, sibique seruientes diuitiis et honoribus remunerauit. Vnde plerosque illustres pro temeritate sua de sullimi potestatis culmine precipitauit, et hæreditario iure irrecuperabiliter spoliatos condempnauit. Alios e contra fauorabiliter illi obsequentes de ignobili stirpe illustrauit, de puluere ut ita dicam extulit, dataque multiplici facultate super consules et illustres oppidanos exaltauit. Inde Goisfredus de Clintona, Radulfus Basset et Hugo de Bocalanda, Guillegrip et Rainerius de Bada, Guillelmus Trossebot et Haimon de Falesia, Guigan Algaso et Rodbertus de Bostare aliique plures michi testes sunt, opibus aggregatis et ædibus constructis super omnia quæ patres eorum habuerunt, ipsi quoque qui ab eisdem sepe falsis uel iniustis occasionibus oppressi sunt. Illos nimirum aliosque plures quos singillatim nominare tedio est, rex cum de infimo genere essent nobilitauit, regali auctoritate de imo erexit, in fastigio potestatum constituit, ipsis etiam spectabilibus regni principibus formidabiles effecit.*

7. *Nobilitas. Funktion und Repräsentation des Adels in Alteuropa*, O. G. Oexle et W. Paravicini (éd.), Göttingen, 1997.

comtes et les châtelains, exercent une *potestas publica*, qui leur vient du pouvoir délégué par le prince (ou le roi ou le duc). *Potestas* peut ainsi signifier et le pouvoir en soi et le territoire sur lequel il s'exerce. La *potestas* est le pouvoir étatique, incarné dans les hommes qui, pris collectivement, forment l'État en commun avec le roi, lequel reste le *princeps* suprême de tous[8]. Pour avoir le droit de tenir n'importe quelle charge publique, un homme doit être né noble - *nobilis* ou *uir illuster*. À l'origine, un noble est défini par l'octroi d'un office public, *honor*, qui confère à son détenteur sa *dignitas*, son rang et l'estime des autres hommes. L'exercice d'une charge publique, *honor*, constitue l'essence même de la noblesse. Le même mot, *honor*, a été appliqué à la terre et aux revenus accordés à son détenteur pour lui permettre d'exercer sa charge[9]. Au cours des siècles, les *honores* – dans les deux sens, la charge et la richesse qui l'accompagne – sont devenus héréditaires ; cela signifie que la richesse dont on peut hériter est devenue une caractéristique spécifique de la noblesse transmise par le sang. Néanmoins, l'essence de la noblesse a toujours résidé dans le droit d'exercer une charge publique. Au XIe siècle, ce droit est exercé par les rois, les princes territoriaux, comme le duc de Normandie et le comte d'Anjou et leurs châtelains, les seigneurs. Il est exercé aussi par les fonctionnaires auxquels ceux-ci délèguent ces fonctions administratives, comme les vicomtes, les sénéchaux et les prévôts. Ce droit est, bien sûr, entièrement partagé par la hiérarchie ecclésiastique. Depuis la fin de l'époque romaine, cette noblesse d'administrateurs professionnels formait aussi une élite militaire. Un noble, *nobilis* ou *uir illuster*, était aussi un *miles*, le membre de la *militia principis*, c'est-à-dire quelqu'un tenant un *honor* sous l'autorité d'un dirigeant local. Au XIe siècle, le terme *miles* était devenu ambigu puisqu'il pouvait être porté aussi par des combattants (aussi bien un chevalier monté qu'un fantassin) qui n'étaient pas membres d'une *militia* et qui n'étaient donc pas nobles. Le développement des rituels associés à l'entrée dans la chevalerie a finalement permis de surmonter cette difficulté et, en soulignant la richesse et le statut qui accompagnent la chevalerie, a rétabli la *militia* noble. Les *milites* non-nobles formaient un groupe essentiel mais modeste au sein des états du noble, ainsi que dans ses armées et ses garnisons. Avec le temps, la noblesse s'étant fixée en certaines régions et ayant formé des lignages associés à ces lieux, ces *milites* se sont également forgé des racines. Le service de leurs *domini* leur ont permis de créer des moyens et de l'influence, comme auparavant les détenteurs originaux des *honores* ; à la fin du Moyen Âge, ils forment « la petite noblesse » (*gentry*)[10]. Les nobles et les non-nobles ont ainsi parfaitement fusionné dans la *familia regis* normande[11].

Les événements du haut Moyen Âge, qui ont favorisé l'influence grandissante des fonctionnaires ecclésiastiques dans l'administration et le succès croissant de l'Église romaine dans la distinction entre les sphères du *regnum* et du *sacerdotium*, ont créé une fausse impression à propos des élites militaires du XIe siècle.

---

8. K. F. WERNER, *La naissance de la noblesse*, Paris, 1998, p. 238.
9. K. F. WERNER, *La naissance...*, p. 175-186.
10. K. F. WERNER, *La naissance...*, p. 474-483.
11. J. PRESTWICH, « The military household of the Norman kings », dans *Medieval Warfare*, M. STRICKLAND (éd.), Woodbridge, 1992, p. 93-127.

Les *milites* n'étaient nullement des gens dépourvus d'instruction et, formés à l'art du combat, même s'ils ne possédaient pas de fortune, ils étaient toujours, en premier lieu, membres d'une *militia*, c'est-à-dire d'une noblesse qui a exercé des positions administratives sous des dirigeants locaux, qu'il s'agisse des châtelains, des vicomtes, des comtes, des ducs ou des rois. Jusqu'au xe siècle compris, toute la noblesse, destinée spécifiquement à des carrières laïques ou ecclésiastiques, recevait une éducation commune de type classique jusqu'à un très haut degré[12]. Dans le courant du xie siècle, le savoir s'est progressivement cantonné aux nouvelles élites ecclésiastiques, mais l'éducation secondaire, au moins, est restée la norme pour toute la noblesse. Bien que les preuves soient peu nombreuses et souvent ambiguës, il est clair que – malgré le travail innovateur de Michel Clanchy et d'autres – le niveau d'alphabétisation parmi les élites militaires et administratives du Moyen Âge central a toujours été sous-estimé par beaucoup d'historiens[13]. Le succès instantané des réformes administratives d'Henri Ier est dû à ses administrateurs, qui ne comptaient pas que des ecclésiastiques[14], mais également des laïcs, notamment les shérifs. Certains ont pu être brutaux et rapaces[15], mais ils n'étaient ni illettrés ni incultes et ils avaient de réelles compétences linguistiques[16].

Élite militaire et administrative, la noblesse résulte en Normandie, à partir de 911, de mariages mixtes entre les colons scandinaves et les femmes franques. Ce groupe était certainement beaucoup plus important au xie siècle que ce que les sources nous apprennent. L'augmentation inévitable du contingent nordique à chaque génération a pour conséquence une insuffisance de charges disponibles par rapport au nombre de candidats. Bien que la sophistication croissante des pratiques administratives ait augmenté le nombre de postes disponibles, beaucoup de personnes ayant droit à l'exercice de ces charges n'ont pu les obtenir et furent donc déchues de leur rang dans la société. On doit admettre que nombre des hommes «non nobles» de la liste d'Orderic n'étaient pas des gens «sortis de la poussière», mais plus probablement des membres de ces franges inférieures de l'élite noble.

---

12. K. F. Werner, *La naissance...*, p. 283-290.

13. Voir M. T. Clanchy, *From Memory to Written Record*, Londres, 1979; cf. J. T. Rosenthal, «The education of the early Capetians», *Traditio*, t. XXV, 1969, p. 366-376; V. H. Galbraith, *The Literacy of the Medieval English Kings*, Raleigh Lecture, British Academy, 1935; N. Orme, *English Schools in the Middle Ages*, Londres, 1973; M. B. Parkes, «The Literacy of the Laity», dans *The Medieval World. Literature and Western Civilization*, D. Daiches et A. Thorlby (éd.), Londres, 1973, p. 555-577; H. W. C. Davis, «Henry of Blois and Brian FitzCount», *English Historical Review*, t. 35, 1910, p. 297-303; A. Murray, *Reason and Society in the Middle Ages*, Oxford, 1978; J. Green, *The Government of England under Henry I*, Cambridge, 1986, p. 157-163; *Haut Moyen Âge, Culture, Éducation, Société. Etudes offertes à Pierre Riché*, M. Sot (éd.), La Garenne-Colombes, 1990 et P. Riché, *Ecoles et enseignement dans le haut Moyen Âge*, Paris, 1989.

14. Sur l'importance des clercs dans l'administration royale, voir M. Brett, *The English Church under Henry I*, Oxford, 1975; S. Mooers Christelow, «Chancellors and Curial Bishops : Ecclesiastical Promotions and Power in Anglo-Norman England», *Anglo-Norman Studies*, t. XXII, 2000, p. 49-69.

15. R. Abels, «Lord-Seeking and the Norman Settlement of the South-East Midlands», *Anglo-Norman Studies*, t. XIX, 1997 p. 19-50.

16. M. Clanchy, *From Memory...*, p. 151-174. I. Short, «On Bilinguilism in Anglo-Norman England», *Romance Philology*, t. 33, 1980, p. 467-479; *idem*, «Patrons and Polyglots : French Literature in Twelfth-Century England», *Anglo-Norman Studies*, t. XIV, 1992, p. 229-249.

Néanmoins, il est vrai que des figures obscures, comme celle de Willegrip, pourraient être des exemples d'hommes issus d'une famille de *milites* non-nobles, installés dans les états d'un baron, qui auraient acquis les compétences nécessaires à leur avancement dans le service administratif ou la *familia regis*.

Il n'y a pas de doute que la conquête fut l'affaire d'une élite. Les historiens ont parlé depuis des années d'une aristocratie normande, sans préciser le sens de ce terme. Le groupe de familles puissantes, principalement liées à la parenté de Guillaume le Conquérant, a été formé en Normandie ainsi qu'en Angleterre entre 1040 et 1087. Assurant ses victoires, ce groupe est immédiatement identifiable dans les chroniques, les chartes encore existantes, et dans les grandes baronnies ou «tenancies in chief». Mais étaient-ce les mêmes familles qui avaient façonné la Normandie de Richard Ier et de Richard II[17]? Étaient-ce les mêmes familles qui s'imposèrent plus tard à l'époque de Guillaume le Roux et d'Henri Ier d'Angleterre? Ce ne fut pas souvent le cas. Les changements administratifs sous Henri Ier ont transformé la nature des fonctions des familles baroniales, et, par conséquent, ont modifié la nature de l'accès au pouvoir. De plus amples changements ont eu lieu pendant les longues années de guerre civile sous son successeur, quand une homogénéité de brève durée a été réalisée grâce à des mariages parmi les familles établies. Sous Henri II et ses fils, les individus au pouvoir ne sont pas, pour la plupart, issus de familles aristocratiques au sens moderne du terme. En fait, les développements du XIIe siècle commencés avec les réformes administratives d'Henri Ier sont à mettre en parallèle avec l'ascension des vicomtes dans la Normandie du XIe siècle. Au XIIe siècle, cependant, les nouveaux besoins administratifs et la multiplication des relais du pouvoir ont conduit à un perfectionnement de ce système de recrutement. Dans chaque cas, les hommes concernés sont des hommes dont on peut croire qu'ils ont été des chevaliers, *milites*, et des administrateurs, c'est-à-dire des *nobiles*[18].

La Normandie s'est montrée plus centralisée que ses voisins, sur le plan de son gouvernement, vers 1066, mais, jusqu'à cette date, elle n'avait pas été novatrice dans ses pratiques administratives[19]. À cette époque, le gouvernement normand conservait des racines évidentes du passé carolingien. Cela concerne les gens qui ont tenu et qui avaient le droit de tenir les fonctions officielles. C'était un droit de naissance, la succession par le sang conférant seule la *nobilitas* et l'accès aux charges officielles. Selon K. F. Werner, les aristocraties sont des élites éphémères qui peuvent aussi facilement être des gens qui font les rois que des gens qui font de l'argent à la Bourse. Les noblesses et les aristocraties peuvent également appliquer un principe d'héritage, mais l'essence de la *nobilitas* est

---

17. Cf. D. BATES, *Normandy before 1066*, Londres et New-York, 1982, p. 156-158.

18. Cf. R. H. C. DAVIS, *King Stephen*, 3e éd., Appendix I, Earls and Earldoms, p. 126 : «Finally there is the case of Geoffrey de Mandeville. Round thought it wicked of him to procure for himself the shrievalty and justiciarship as well as the earldom of Essex, but it would seem that this willingness and ability to do all the government jobs in the county made him the very ideal of the new style earls ; he was an administrator as well as a military man, and of good family too».

19. D. BATES, *Normandy before 1066*, p. 147-188. Sur les développements ultérieurs, voir S. MOOERS CHRISTELOW, «A Moveable Feast? : Itineration and the Centralization of Government under Henry I», *Albion*, t. 28, 1996, p. 187-228.

quelque chose d'autre. Comme le rappelle K. F. Werner, «Le propre de la noblesse ne réside pas non plus dans son statut privilégié…, mais dans son caractère public, puisqu'elle dirigeait la chose publique. Elle occupait moins le sommet de la société, avec un statut privilégié ou non, que le sommet de l'État». Cette noblesse a été constituée par le mariage des guerriers scandinaves avec des femmes franques. Jusqu'en 1066 ces unions furent plus nombreuses que nous pouvons le savoir à partir des documents existants. Ce qui est clair c'est que pendant la cinquantaine d'années précédentes, certaines familles sont devenues dominantes, non seulement du fait qu'elles étaient chargées de fonctions, mais aussi en raison de leurs possessions en terres. En plus de la noblesse conférée par leur lignage, ces familles avaient souvent des liens biologiques avec le duc et entre elles. En 1066, quelques-unes avaient un rang comtal, par exemple les comtes de Mortain et d'Évreux. D'autres tenaient des vicomtés, tels Roger de Montgomery et Hugues d'Avranches. D'autres exerçaient des rôles militaires et administratifs plus obscurs, comme les familles Giffard et de Warenne, et faisaient, comme les Montgomery, partie d'un groupe qui se réclamait d'une affinité avec le duc en vertu d'unions avec les sœurs de Gonnor, la femme de Richard Ier.

Il me semble que les hommes qui composèrent le cercle le plus étroit autour de Guillaume, formèrent le seul groupe suffisamment privilégié pour avoir fondé une véritable aristocratie, produite par la Normandie au cours de son histoire[20]. Les autres formaient une noblesse avec un droit, acquis à la naissance, de tenir les offices. Comme la tenue des fonctions officielles était devenue de plus en plus liée à une administration sophistiquée, les administrateurs en vinrent à être vus comme «des hommes nouveaux», et moins comme des nobles ou des élites qu'ils continuaient d'être. Les administrateurs d'Henri Ier venaient souvent des familles qui avaient déjà en leur sein des tenants en chef, c'est-à-dire des barons. Quelques-uns avaient déjà été des shérifs ou des sous-shérifs au début de la période de la conquête. Mais alors que les shérifs antérieurs avaient été des militaires, construisant des châteaux devenus leurs centres d'administration locale, les réformes d'Henri produisirent des shérifs comme le studieux Albéric de Vere, qui était «savant dans la loi», selon le moine Guillaume de Malmesbury[21].

Ce cercle intime du duc qui avait émergé vers 1066 s'était formé au début du principat de Guillaume lorsque celui-ci avait dû, une fois pour toutes, établir son autorité sur la Normandie occidentale, notamment lors de la bataille de Val-ès-Dunes. Au même moment, on assiste au développement rapide et étonnant de Caen comme centre d'administration normande[22]. Vers 1066, les familles de ce petit

---

20. On a attaché trop d'importance à l'idée d'aristocratie dans ces dernières années. Normalement, c'est une idée peu utile dans un contexte médiéval. Beaucoup plus convenable est le terme «noblesse». Néanmoins, il est légitime de distinguer comme «aristocratie» une éphémère élite formée, pour des raisons politiques, autour de Guillaume le Conquérant, identifié comme telle par David Douglas, Lucien Musset, et John Le Patourel. (Cf. J. Le Patourel, *The Norman Empire*, Oxford, 1976, p. 287).

21. Guillaume de Malmesbury, *Historia Novella*, K. R. Potter (éd.), Oxford, 1955, p. 31 et note 92.

22. D. Bates, *Normandy before 1066*, p. 178.

cercle, «l'aristocratie normande», avaient toutes des intérêts dans la région de Caen, ou dans ses centres religieux proches comme Bayeux et Lisieux. (cf. tableau 1). Les évêques de ces deux cités étaient des tenants en chef dans le *Domesday Book*. Il est également frappant que plusieurs hommes devenus les premiers shérifs en Angleterre sont venus de cette région. Entre 1066 et 1100, des centres intellectuels importants furent établis à Bayeux, à Coutances et à Avranches[23]. C'est cette région qui a produit les instigateurs des réformes administratives d'Henri Ier, de la même façon qu'elle a fourni les administrateurs de Guillaume Ier, en Normandie aussi bien qu'en Angleterre. Mon analyse des tenants en chef normands en Angleterre, appartenant à la classe inférieure des grands aristocrates, comme Robert de Mortain, Roger de Montgomery et Odon de Bayeux, montre qu'on peut presque tous les associer, sur le plan de la tenure, aux «aristocrates» de la Normandie. Une analyse de leurs propres tenants, dans le *Domesday Book*, suggère que de tels hommes étaient leurs régisseurs. La tenue d'une fonction aussi bien administrative que militaire trouvait son origine dans leur rôle de tenants en chef des aristocrates en Normandie. Geoffroi de Mandeville, par exemple, était un domestique en vue, peut-être le sénéchal de Guillaume fils d'Osbern, le comte d'Hereford ; Roger Bigod était d'une famille qui servait à la fois Odon de Bayeux et les vicomtes d'Avranches ; Robert d'Ouilly, un membre de l'entourage militaire du duc, était associé à la famille de Montgomery-Bellême, et son frère de sang, Roger d'Ivry, était le frère du sénéchal ducal, Hugues d'Ivry. Leur statut n'est pas précisé par les sources. Une notification de 1075 pour la cathédrale de Rouen a été faite en présence de la reine, de Roger de Beaumont et de beaucoup d'autres hommes nobles : *Quampluribus nobilibus viris*, c'est-à-dire Hugues le sénéchal, Gui d'Ouilly [le frère de Robert], Roger de Blossevilla[24]. Une charte de 1069 mentionne Guillaume fils d'Osbern, sénéchal, comme *comes palatii*. L'acte a été certifié par une assemblée de nombreux nobles (*multorumque nobilium*) parmi lesquels ont signé Guillaume fils d'Osbern lui-même, Guillaume, l'évêque de Londres, Geoffroi, l'évêque de Coutances, Robert fils de Guimar (le père de Swein de l'Essex du *Domesday*), Richard fils de Turstin Goz (le père d'Hugues, comte de Chester), Erfast, aumônier et ensuite évêque (de Norwich) et Hugues de Sillevilla[25]. Il y a de nombreux exemples de ces aristocrates et autres barons en vue, comme le comte Alain, Roger Bigod, Gautier Giffard ou Guillaume de Warenne, qui témoignent dans les actes ducaux et royaux en tant que magnats, barons et *proceres*. Les chroniques et les sources diplomatiques confirment ce même modèle. Deux exemples suffiront. La Chronique d'Hyde rapproche l'histoire de la disgrâce injuste d'Ernulf Ier d'Hesdin (*statura procerus*) et sa décision de quitter l'Angleterre pour la première croisade[26]. Une charte de l'évêque

---

23. GUILLAUME DE POITIERS, *Gesta Guillelmi*, R. H. C. DAVIS et M. CHIBNALL (éd.), Oxford, 1998, p. 90-94 ; D. C. DOUGLAS, «Les évêques de Normandie, 1035-1066», *Annales de Normandie*, 8ème année, n° 2, mai 1958, p. 87-102 ; M. Gibson, *Lanfranc of Bec*, Oxford, 1978.

24. D. BATES, *Regesta Regum Anglo-Normannorum. The Acta of William I (1066-1087)*, Oxford, 1998, n° 229, p. 721.

25. D. BATES, *Regesta*, n° 232, p. 725. Dans l'acte n° 257, p. 777, Richard Goz et son fils Turstin figurent comme *duo nobiles viri de Normannia*.

26. *Liber monasterii de Hida*, E. EDWARDS (éd.), Londres, 1866, p. 301-302.

Guillaume d'Exeter confirme la fondation du prieuré de Barnstaple par le *nobilis uir* Juhel fils d'Alfred de Totnes[27].

Nous avons affaire à une société élitiste ou exclusive. Les aristocrates et leur clientèle noble fournirent les structures militaires et administratives de la Normandie de Guillaume. Les hommes comme Geoffroi de Mandeville et Robert d'Ouilly se détachent parmi les tenants en chef du *Domesday* parce que leurs honneurs anglais dépassent de loin tout ce qu'on leur connaît comme possessions en Normandie au même moment. Pour leur service dans leurs principaux honneurs normands, Breteuil et Montgomery respectivement, ils n'auraient jamais attiré l'attention ou la faveur de leur prince. Cela reste vrai pour tous les hommes qui se sont installés sur leurs fiefs. Certains d'entre eux peuvent n'avoir pas été nobles, et même avoir été de naissance humble. Ils formaient néanmoins une partie intégrante de l'élite. Les administrateurs en vue dans le *Pipe Roll* d'Henri Ier, de 1129-1130, étaient souvent des hommes aux origines identifiables, qu'ils soient des hommes nouveaux ou des hommes issus d'anciennes souches. Beaucoup appartenaient en fait à des familles dont les tenures étaient antérieures à 1086. Bien qu'il y ait quelques cas obscurs dans la liste d'Orderic, Geoffroi de Clinton et Raoul Basset, par exemple, venaient de familles déjà attestées parmi les tenants de 1086, celles de l'évêque de Coutances et de Robert d'Ouilly respectivement. «Guigan Agason», c'est-à-dire le Breton Wigan le Maréchal (*agaso* est le mot latin pour maréchal) avait déjà une charge administrative avant qu'il ne devienne vicomte d'Exmes[28]. Ces hommes nouveaux ont eu une ascension certaine sur le plan du statut personnel et de la richesse grâce à leur service dans l'administration du roi et ont ainsi complètement éclipsé leurs pères. Mais beaucoup étaient sans aucun doute déjà nobles, *nobiles*, dans le sens technique de l'époque.

Orderic, qui méprisait ces hommes nouveaux, a délibérément employé le langage du statut social quand il les décrit comme *ignobiles*. Le mot leur dénie à la fois la noblesse de naissance, telle qu'on l'entendait alors, et le droit qui s'y rattachait d'obtenir des charges. Il concède néanmoins que, au moins temporairement, le roi «a anobli» ces hommes en leur accordant des honneurs, des charges et une rémunération. Deux autres chroniques ont employé un langage identique dans leurs critiques des hommes nouveaux[29]. Cela est important. On comparera le passage dans lequel Orderic décrit les événements qui ont mené Guillaume le Conquérant à l'installation de son demi-frère comme comte de Mortain, face à la déloyauté de ses parents agnatiques : «ainsi il a durement rabaissé les parents prétentieux (*tumidos parentes*) de son père et a élevé l'obscure parenté (*humilesque propinquos*) de sa mère»[30]. Dans ce cas, la traduction du rédacteur pourrait

27. W. Dugdale, J. Caley, H. Ellis et B. Bandinel (éd), *Monasticon Anglicanum*, , 6 vol, Londres, 1817-1830 ; réimpr. 1846, t. IV, p. 199, n° VII.

28. K. S. B. Keats-Rohan, «Wigan the Marshal, *alias* Guigan Algason and Other Bretons in Orderic Vitalis's *Ecclesiastical History*», *Journal of Medieval History*, t. 20, 1994, p. 27-33.

29. *Gesta Stephani*, K. R. Potter (éd.), Oxford, 1976, p. 22-24 ; Richard of Hexham, dans *Chronicles of the reigns of Stephen, Henry II and Richard I*, R. Howlett (éd.), Londres, 1886, t. III, p. 40, discuté dans J. Green, *The Government...*, p. 139-145.

30. Interpolations d'Orderic Vital aux *Gesta Normannorum Ducum*, dans *The* Gesta Normannorum Ducum *of William of Jumièges, Orderic Vitalis, and Robert of Torigny*, E. M. C. Van Houts (éd.), Oxford

être une source d'erreur parce que la langue employée ne se réfère pas au statut social, mais au comportement moral. L'arrogance de la famille paternelle est
comparée défavorablement à l'humilité de la famille maternelle. L'humilité était
la vertu cardinale de cette période et la fierté, le péché cardinal[31]. Ce passage ne
doit pas être compris comme dénigrant les origines sociales de la famille maternelle du duc, mais plutôt comme vantant leur remarquable vertu morale. La référence précise concerne la nomination comme comte de Mortain du demi-frère du
duc, le fils d'Herlève et d'Herluin de Conteville. Quant à l'origine d'Herluin, nous
savons qu'il est appelé *nobilis vir* dans une charte datée des environs de 1082 et
qu'il était *vicecomes*[32].

Orderic semble être coupable d'une forme de snobisme. Les hommes nouveaux profitaient des occasions offertes par le rapide développement de la bureaucratie gouvernementale pour asseoir des carrières administratives. Beaucoup
d'entre eux ne prenaient pas la peine d'acquérir au préalable les attributs traditionnels de l'élite sociale, comme le service militaire. Le passage d'Orderic stigmatise l'horreur que représentaient à son avis ces carrières purement administratives
et les gens qui s'y consacraient. Le bureaucrate professionnel manquait certainement de l'aura de distinction du *miles nobilis*. Orderic, en revanche, a certainement un profond respect pour le statut des hommes que nous identifions
comme les aristocrates de la Normandie, souvent aux dépens de la noblesse. Il
y a quelque ironie dans cela puisque son propre père, Odelerius d'Orléans, était
un clerc de Roger, seigneur de Montgomery, qui n'était pourtant pas suffisamment
important pour être nommé dans le *Domesday Book*. Il avait aussi épousé une
Anglaise, ce que les hommes de rang aristocratique ne faisaient jamais[33]. Il y a néanmoins des exemples de mariages mixtes entre colons et habitants du pays, mariages
qui impliquent presque toujours des familles en vue dans l'administration locale,
souvent au niveau de la *shrievalty*, ou des châtelains des châteaux royaux. Le
modèle est décelable dans la période 1066 à 1135. Aussi frappant qu'il soit, il ne
semble pourtant pas avoir été discuté auparavant[34].

Yves Taillebois, probablement le frère de Raoul Taillebois, un shérif du
Bedfordshire qui mourut vers 1086, fut un administrateur en vue durant tout le
règne de Guillaume Ier et une bonne partie de celui de Guillaume le Roux. Il
semble s'être marié deux fois puisqu'il est l'ancêtre de la famille anglaise sur-
nommée de Lancaster ou Taillebois, issue du *thegn* Eldred, vivant en 1086. En

---

1995, t. II, p. 126-129 : *Sic tumidos patris sui parentes aspere prostrauit, humilesque matris sue propinquos honorabiliter exaltauit.*

31. K. F. WERNER, *La naissance...*, p. 174-175.

32. D. BATES, *Regesta*, n° 158, p. 520.

33. Ce phénomène est noté par A. WILLIAMS, *The English and the Norman Conquest*, Woodbridge,
1995, p. 200, et K. S. B. KEATS-ROHAN, *Domesday People*. Les faibles preuves de mariages mixtes sont
mal comprises jusqu'à présent ; cf. E. SEARLE, «Women and the legitimization of Succession at the
Norman Conquest», *Anglo-Norman Studies*, t. III, 1981, p. 159-170 ; C. CLARK, «Women's Names in
post-Conquest England : Observations and Speculation», *Speculum*, t. 53, 1978, p. 223-251.

34. Il ne s'agit pas des mariages royaux. La seule alliance des nobles anglais et normands à l'époque
de la conquête fut l'union du comte Waltheof et de Judith, nièce du roi, qui n'a presque rien à attendre
de l'un et l'autre parent (K. S. B. KEATS-ROHAN, «Portrait of a people. Norman Barons revisited», dans
Domesday Book, E. HALLAM et D. BATES (éd.), Stroud, 2001, p. 137.

1093 il a une fille Béatrice, ensuite mariée à Ribald de Richmond. Elle mourut vers 1121, quand la veuve d'Yves, Lucie, se maria pour la troisième fois. Lucie et Béatrice, probablement la veuve d'Eldred avant son mariage avec Ribald, étaient des contemporaines ; Lucie devait être la deuxième femme d'Yves. Elle était la fille du prédécesseur d'Yves comme shérif de Lincoln, Turold, dont l'origine anglaise ou normande ne peut être déterminée. Sa mère était, sans aucun doute, d'ascendance anglaise puisqu'elle était la fille de Guillaume Malet, un shérif d'York qui semble avoir eu des ancêtres anglais du côté maternel. Jocelyn, dont le seigneur Alfred de Lincoln épousa une fille de Guillaume Malet, était le père par une femme anglaise de Gilbert de Sempringham[35]. Le successeur d'Alfred, Alfred II, épousa l'héritière d'Hugues, fils de Grippo, le shérif de Dorset, dont il avait hérité le titre de châtelain de Wareham. Guillaume mourut en 1071, mais en 1086 son fils Robert Malet était le shérif de Suffolk et tenant en chef de l'honneur substantiel d'Eye[36]. Son tenant principal, et sénéchal probable, était Hubert de Montcanisy, dont la première femme était une Anglaise selon le Registre St Benet of Holme. Sa deuxième femme était Muriel, la fille de Peter de Valognes, le shérif d'Essex et tenant en chef dans le *Domesday*. Peter avait une autre fille qui épousa un Anglais cité dans le *Domesday Book*, Alfred d'Athleborough. Roger Bigod, le shérif de Norfolk, conclut probablement une alliance avec la famille de son prédécesseur anglais, le shérif Norman. Son fils, Guillaume Bigod, fut shérif sous Henri Ier et un autre fils, Hugues, devint comte de Norfolk sous Étienne. Robert d'Ouilly, châtelain et probable shérif d'Oxfordshire, épousa la fille de Wigod, le seigneur anglais du vaste honneur de Wallingford. En 1084, sa fille épousa Miles Crispin, tenant en chef du *Domesday* et châtelain de Wallingford. Leur fille et héritière épousa le Breton Brien fils du Comte, un homme nouveau et favori d'Henri Ier. Le neveu de Robert, et finalement son successeur à Oxford (en tant que seigneur de la baronnie de Hook Norton), s'appelle Robert II. Sa femme était une Anglaise, Edith, fille de Forne de Greystoke, qui avait été précédemment la maîtresse d'Henri Ier et la mère de son fils Robert fils du roi, futur seigneur d'Okehampton, une seigneurie associée à la *shrievalty* de Devon jusqu'en 1135. Guillaume Pecche avait épousé en premières noces une Anglaise, Ælfwen[37]. Il figure dans le *Domesday* comme un tenant de l'aristocrate et noble Richard de Claire, de Roger Bigod, shérif de Norfolk, et d'Albéric Ier de Vere, dont le fils Albéric II tiendra plusieurs *shrievalties* en 1130 et dont le petit-fils accéda au titre de comte sous Étienne. L'Anglais Édouard de Salisbury, shérif de Wiltshire, épousa en deuxièmes noces une Normande, probablement la fille de Raoul, fils d'Hubert de Crick. De son premier mariage, il avait eu une fille qui devint la femme d'Humphrey II de Bohun de Trowbridge. Son petit-fils devint comte de Wiltshire après 1135. Rainer de Bath, shérif de Lincolnshire en 1128, épousa Godiva, la fille d'Erkelbern, dont le père était un prédécesseur de Roger Pictavensis, cité dans

---

35. *The Book of St Gilbert*, R. Foreville et G. Keir (éd. et trad.), Oxford, 1987, p. 10.

36. K. S. B. Keats-Rohan, « Domesday Book and the Malets : Patrimony and the private histories of public live », *Nottingham Medieval Studies*, t. XLI, 1997, p. 13-56.

37. *Cartularium monasterii de Rameseia*, W. H. Hart et P. A. Lyons (éd.), Londres, 1884-1993, t. I, p. 123-127.

le *Domesday*, le fils de l'aristocrate Roger de Montgomery. Son successeur comme shérif de Lincolnshire en 1130 était l'Anglais Guillaume, fils de Hacon, dont le fils Thomas était le *cognatus* d'Alain de Craon, fils de Guy et d'une fille de Hugues fils de Baudry, shérif de Yorkshire après 1068. Roger, *nepos* d'Hubert, shérif de Londres, avait une belle-sœur à moitié anglaise ; son fils Gervais de Cornhill, shérif de Londres sous Étienne, épousa une Anglaise d'une famille de Londres[38]. Une autre recrue de l'ouest de la Normandie, Ranulf de Merlay, acquit une baronnie grâce à sa femme Juliana de Dunbar, dont le frère Edgar épousa Alice de Greystoke, nièce de la maîtresse anglaise d'Henri, Edith Forne[39]. Une nièce de Roger, l'évêque de Salisbury lui-même, l'architecte de la bureaucratie réformée d'Henri[40], épousa l'Anglais Nicholas, fils d'Harding de Merriott. Les mariages mixtes entre les familles associées à la charge de shérif étaient aussi communs que ceux entre les familles comtales, les premières étant d'ailleurs souvent les ancêtres des secondes. Mais on ne peut pas discerner toujours de lien entre ces familles et leurs prédécesseurs anglais. Ainsi, Hugues de Beauchamp, le puissant shérif du Bedfordshire en 1066, épousa en toute probabilité la fille et principale héritière de son prédécesseur Raoul Taillebois. Au milieu du XIIe siècle, son successeur, Payen de Beauchamp de Bedford, épousa Rohais, la fille d'Albéric III de Vere, comte d'Oxford, et la veuve de Geoffroi II de Mandeville, comte d'Essex, rapprochant ainsi les Bedford Beauchamp de deux familles de shérifs et de comtes.

C'est cette gestion de réseaux familiaux entre shérifs anglais et normands, dès l'époque de Guillaume Ier, qui a assuré la survie et la prospérité de ces familles. Beaucoup des hommes nouveaux d'Henri Ier n'ont pas réussi à s'intégrer dans ces réseaux de sorte que leurs successeurs ont vite retrouvé l'obscurité relative de leurs ancêtres. Rainer de Bath et Willegrip en sont deux exemples. À l'inverse, deux des Bretons d'Henri ont été particulièrement heureux. Guillaume d'Albini Brito a épousé une fille de Roger Bigod, l'héritier de sa mère de Belvoir dans le Lincolnshire. Alain fils de Flaad, l'ancêtre des Fitz Alans et ainsi des rois Stuart d'Écosse et d'Angleterre, connut un destin plus heureux encore. Il épousa une des filles et cohéritières d'Ernulf Ier d'Hesdin. Après la mort de ce dernier, celle-ci épousa Robert fils de Gautier de Caen, tenant important de l'honneur d'Eye et shérif de Suffolk dans les années 1120. Leur fils Guillaume fut shérif au temps d'Étienne.

Une certaine hérédité de la charge de shérif est ainsi perceptible au début de la période normande, mais elle ne s'est pas développée. Le modèle de mariage mixte entre les familles anglaises et non-anglaises des shérifs est si marqué qu'il est nécessairement significatif. Les hommes impliqués étaient souvent des tenants en chef de baronnies importantes et leurs droits de succession apparemment garantis. La raison de ces alliances se trouve probablement dans l'exercice de

---

38. A. WILLIAMS, *The English and the Norman Conquest*, Woodbridge, 1995, p. 206.

39. *Monasticon Anglicanum*, t. V, p. 399, n° II ; W. FARRER (éd.), *Early Yorkshire Charters*, Édimbourg, 1916, t. II, n° 1241.

40. E. KEALEY, *Roger of Salisbury, Viceroy of England*, Berkeley, 1972.

charges plutôt que dans la légitimation de successions territoriales. Les shérifs et leurs hommes étaient les administrateurs locaux et les agents fiscaux d'une couronne relativement forte et centralisée. L'exercice de leurs charges leur ont offert des opportunités considérables d'enrichissement licite aussi bien qu'illicite. Pour consolider et augmenter leur pouvoir, ces nouveaux shérifs normands avaient comme alliés naturels leurs prédécesseurs anglais. Si la haute noblesse anglaise a été balayée en 1066 et après, tel n'a pas été le cas de la classe d'agents du gouvernement, exceptionnellement importante. Les hommes qui la composent sont désignés dans le *Domesday Book* comme les *thegns* du roi et ses *servientes*, ou comme ses *praepositi*, désignations qui les identifient comme hommes pourvus de charges administratives, des *ministri*. Les mêmes désignations peuvent d'ailleurs être presque certainement supposées pour ceux qui ne sont pas spécifiquement désignés ainsi. C'est l'exercice de ces charges qui a permis à cette fraction de la société anglaise de survivre sans dommage à la conquête de 1066 et de maintenir sa position dominante à chaque génération successive[41].

La colonisation de l'Angleterre n'a pas été un phénomène statique. L'analyse du *Domesday* montre que des changements considérables ont eu lieu dans les échelons les plus élevés de la noblesse. Beaucoup de fiefs ont changé de mains ou ont été réorganisés. Guillaume le Roux et Henri Ier ont recruté des hommes nouveaux venus du continent. Néanmoins, la conquête se présente essentiellement comme une affaire stable dans laquelle, si l'on en croit le *Domesday*, la continuité des tenures et la continuité biologique sont beaucoup plus marquées que n'importe quelle discontinuité. Beaucoup de vides restent à combler, mais l'image globale semble assez claire. Le processus de la conquête et de la colonisation a été et est resté un exercice réservé à une élite. Si nous continuons à chercher une aristocratie ou une noblesse d'après des critères sociaux modernes, si nous continuons à considérer ces conquérants comme des guerriers *par excellence*, si nous continuons à considérer ces administrateurs du gouvernement comme, non seulement des hommes nouveaux, mais une nouvelle «race d'hommes», alors nous ne comprendrons jamais l'évolution de la société politique anglaise après 1066. Cette société était composée d'une élite sociale, avec une longue histoire, dont les origines régionales, et donc familiales et tenuriales, avaient une importance primordiale. Cette élite sociale embrassait aussi bien «l'aristocrate», le noble et le non-noble, et était érigée sur des principes hiérarchiques, qui ne sont pas toujours évidents à nos yeux. Par-dessus tout, cette élite était concernée par l'exercice des charges administratives. Le mariage forcé en 1066 entre l'élite

---

41. Voir J. Campbell, «Some agents and agencies of the late Anglo-Saxon State», dans *The Anglo-Saxon State*, Londres, 2000, p. 221 : «The nature of the English state, and above all of its fiscal system, ensure that to separate the study of administration from that of society and the economy is even more than usually misleading. England was run in such a way that a fairly high proportion of the population was involved in administrative activity (on behalf of the king or some other lord) in more than a purely passive sense»; *idem*, p. 223 : «The Normans' capacity to run and exploit England must have owed a very great deal to the availability of numerous English agents of governement in the shires, men such as Domesday allows us sometimes to see doing well out of the Conquest».

opportuniste normande et les restes d'un système administratif local anglais, ancien et sophistiqué, a assuré pour les siècles suivants la primauté de l'Angleterre dans la science du gouvernement.

Tableau I : Provenance des Normands présents dans le Domesday Book
(selon les départements modernes)

Signification des symboles en gras

SL : *Ship List* - see table 2 below
T : tenant-in-chief
S : tenant of Warenne family (earls of Surrey)
G : tenant of Giffard family (earls of Buckinghamshire)
E : tenant of Mandeville (earls of Essex)
F : tenant of Ferrers (earls of Nottingham)
H : tenant of Countess Judith (ancestress of earls of Huntingdon/Northampton)
C : tenant of de Clare (earls of Hertford)
N : tenant of Bigod (earls of Norfolk)
A : tenant of the earl of Chester
M : tenant of Robert de Mortain (most of these men became tenants-in-chief in their own right after 1106)
B : tenant of Odo de Bayeux
U : tenant of Robert comte d'Eu
Y : tenant of Roger de Montgomery, earl of Shrewsbury
W : family of the counts of Meulan, Warwick and Leicester
* sheriff' or member of a shrieval family
= - member of a family allied by marriage with an Englishwoman

Calvados
abbatia de Cadomo, Caen **T**
abbatia de Troarn, Troarn **T**
abbatia Sancti Severi, Saint-Sever   **A**
abbatia sancti Petri de Diua, Saint-Pierre-sur-Dive **T**
ecclesia Lisiacensis, Lisieux **T**
Adam filius Huberti, Ryes, arr. Bayeux **B**
Adelina de Grandmesnil, Grandmesnil, arr. Lisieux **T**
Adelold camerarius, Bayeux **B**
Ansfrid de Valbadon, Vaubadon, arr. Bayeux **B**
Ansketil de Caesarisburgi, Cherbourg
Ansketil de Grai, Graye-sur-Mer, arr. Caen **B**
Ansketil de Herolfville, Hérouville-Saint-Clair, arr. Caen
Ansketil de Ros, Rots, arr. Caen **B**
Ascelina Tailebois, Cristot, arr. Caen **T***
Baldwin de Moles, Meulles, arr. Lisieux **T***
Beatrix de Pomerai, La Pommeraye, arr. Caen
Bigot de Loges, Les Loges, arr. Vire   **A**
Boselin de Dives, Dives-sur-Mer, arr. Pont-l'Evêque **M**
Erneis de Buron, Buron, arr. Bayeux **T***
Eudo dapifer, Ryes, arr. Bayeux **BT**
Fulbert de Doura, Douvres **B**
Goisfrid Marescal, Venoix, arr. Caen **T**
Goisfrid de Ros, Rots, arr. Caen **B**
Gislebert de Salnerville, Sannerville, arr. Caen **Y**
Gislebert episcopus Lexoviensis, Lisieux **BT**
Herbert de Furcis, Fourches, arr. Falaise **Y**

Herve de Campellis al. Legatus, Campeaux, arr. Vire **B**
Hubert de Curcun, Notre-Dame-de-Courson, cant. Livarot, arr. Lisieux **F**
Hubert de Montcanisy, Mont-Canisy, comm. Tourgéville **T=***
Hubert de Port, Port-en-Bessin, arr. Bayeux **T***
Hugo de Berneres, Bernières, arr. Caen **E**
Hugo de Braibof, Brébeuf, arr. Caen **B**
Hugo de Corbon, Corbon, arr. Pont-l'Evêque **N**
Hugo de Grandmesnil, Grandmesnil, arr. Lisieux **T***
Hugo de Hotot, Hotot or Hottot, arr. Falaise **H**
Hugo de Lacy, Lassy, arr. Vire **BT***
Hugo de Montgomery, Montgomery **TY**
Hugo de Port, Port-en-Bessin, arr. Bayeux **BT***
Hugo de Valletorta, Torteval-Quesnay **M**
Humfrid de Cuelai, Cully-le-Patry **N**
Ilbert de Lacy Lassy, arr. Vire **BT***
Ivo Taillebois, Cristot, arr. Caen **T***=
Morin de Cadomo, Caen
Nigel de Burci, Burcy, cant. Vassy **A**
Odo de Berneres, Bernières, arr. Caen **Y**
Odo episcopus Baiocensis, Bayeux **SL**
Osbern de Broilg, Brouay, arr. Caen
Picot de Percy, Percy, cant. Mézidon, arr. Lisieux
Radulf Paganel, Les Moutiers-Hubert, arr. Lisieux **T***
Radulf de Buron, Buron, arr. Bayeux **T**
Radulf de Montpincon, Montpinçon, arr. Lisieux **T**
Radulf de Pomerai, La Pommeraye, arr. Caen **T**
Radulf de Savenai, Savenay, arr. Vire **N**
Radulf de Tilio, Tilly-sur-Seulles, arr. Caen
Rainald de Valletorta, Torteval-Quesnay **M**
Rainfrid de Bretteville, Bretteville
Ranulf de Columbels, Colombières, arr. Bayeux **B**
Ranulf de Maisnilwarin, Pont-Farcy, comm. cant. Saint-Sever **A**
Ranulf de Valbadon, Vaubadon, arr. Bayeux **B**
Ricardus de Clare, Orbec, arr. Lisieux **BT*****c**
Ricardus de Curcy, Courcy, arr. Falaise **T**
Ricardus de Praeres, Presles, arr. Vire **A**
Ricardus de Redvers, Reviers, arr. Caen ***c**
Ricardus de Sackville, Sauqueville-en-Bessin, arr. Caen
Ricardus de Solariis, Soliers, cant. Bourgébus
Ricardus filius Turoldi, Damblainville, arr. Morteaux-le-Couliboeuf **M***
Robert de Glanville, Glanville, cant. Dozulé, arr. Pont-l'Eveque
Robert de Heriz, Hérils, comm. Maisons, cant. Trévières **F***
Robert de Jorz, Jort, cant. Saint-Pierre-sur-Dives
Robert de Nuers, Noyers, arr. Caen **G**
Robert de Oilly, Ouilly-le-Basset, cant. Falaise-Nord **T***=
Robert de Raineville, Reineville, arr. Vire
Robert de Ruellant, Tilleul-en-Auge, arr. Lisieux **A**
Robert de Somerville, Sommervieu, arr. Bayeux
Robert de Tham, Taon, arr. Caen **B**
Roger Bigod, Savenay, arr. Vire **BT***=**c**
Roger Pictaviensis, Montgomery, arr. Lisieux **YT**
Roger comes, Montgomery, arr. Lisieux **SL**

Roger de Abernon, Abenon, arr. Lisieux **C**
Roger de Buron, Buron, arr. Bayeux **T**
Roger de Caisneto, Quesnay-Guesnon, cant. Caumont-L'Evente
Roger de Curcellis, Courseulles-sur-Mer, arr. Caen **BT***
Roger de Lacy, Lassy, arr. Vire **BT***
Roger de Luxonio, Lisieux
Roger de Molis, Meulles, arr. Lisieux
Roger de Oilly, Ouilly-le-Basset, cant. Falaise-Nord ***=**
Roger de Orbec, Orbec, arr. Lisieux **C**
Serlo de Burci, Burcy, cant. Vassy **T**
Serlo de Ros, Rots, arr. Caen
Turgis de Meduana, Meuvaines, arr. Bayeux
Turstin de Giron, Gueron, arr. Bayeux **B**
Walter de Cadomo, Caen *
Walter de Cambremer, Cambremer, arr. Caen
Walter de Lacy, Lassy, arr. Vire **BT***
Wido de Oilli, Ouilly-le-Basset, cant. Falaise-Nord **T***=
Willelm Pantulf, Noron, arr. Falaise **Y**
Willelm de Cahaignes, Cahagnes, arr. Vire **M***
Willelm de Cairon, Cairon, arr. Caen
Willelm de Castellon, Castillon, arr. Bayeux **B**
Willelm de Dives, Dives-sur-Mer, arr. Pont-l'Evêque **M**
Willelm de Faleisia, Falaise **T**
Willelm de Locels, Loucelles, arr. Caen
Willelm de Percy, Percy-en-Auge, arr. Lisieux **T**
Wimund de Taissel, Tessel, arr. Caen
filius Willelmi de Taon, Thaon, arr. Caen **B**
                    Total: 107

Eure
abbatia de Bec, Bec **T**
abbatia de Cormelies, Cormeilles **T**
abbatia de Cruce, La Croix-Saint-Leuffroi **T**
abbatia de Greistan, Grestain **T**
abbatia de Lira, Lyre **T**
abbatia de Pratellis, Préaux **T**
Acard de Ivry, Ivry-la-Bataille, arr. Évreux
Alfred de Ispania, Epaignes, arr. Pont-Audemer **T**
Ansfrid de Cormeilles, Cormeilles, arr. Pont-Audemer **T**
Arnald de Nazanda, Nassandres, arr. Bernay **C**
Berengar de Todeni, Tosny, arr. Louviers **T**
Drogo de Andelei, Les Andelys **A**
Durand de Gloucestre, Pîtres, cant. Pont-de-l'Arche **T***c
Esilia Malet, Tillières-sur-Avre, cant. Verneuil **T***=
Gislebert de Venables, Venables, cant. Aubevoye **A**
Gislebert episcopus Ebroicensis, Évreux **T**
Goscelin de Cormeilles, Cormeilles, arr. Pont-Audemer **T**
Henricus de Ferrariis, Ferrières-Saint-Hilaire, arr. Bernay **T***c
Herbrand de Ponte Audemer, Pont-Audemer **T**
Hugo de Ispania, Epaignes, arr. Pont-Audemer
Hugo de Ivry, Ivry-la-Bataille, arr. Évreux **T**
Hugo de Manneville, Manneville-sur-Risle, arr. Pont-Audemer **m**

Hugo de Montfort, Montfort-sur-Risle, arr. Pont-Audemer **SL TB**
Hugo Maminot, Courbépine, Eure, arr. Bernay **B**
Ivo de Tigerville, Thierceville, arr. Les Andelys
Milo Crispin, Tillières-sur-Avre, cant. Verneuil **T*=**
Odard de Vernon, Vernon, arr. Évreux
Radulf Bainard, Saint-Léger-des-Rôtes, Eure **T***
Radulf de Bachepuis, Bacquepuits, arr. Évreux **G**
Radulf de Bernai, Bernay *****
Radulf de Curbespina, Courbépine, arr. Bernay **B**
Radulf de Tosny, Tosny, arr. Louviers **T**
Ricardus de Vernon, Vernon, arr. Évreux **A**
Ricardus filius Rainfridi, Bournainville, cant. Thiberville
Richer de Andelei, Les Andelys
Robert comes de Mellent, Beaumont-le-Roger, arr. Bernay **WcT**
Robert de Sancto Quintino, Saint-Quentin-des-Isles **F**
Robert de Tosny de Belvoir, Tosny, arr. Louviers **T**
Robert de Tosny de Stafford, Tosny, arr. Louviers **T**
Roger de Bascherville, Bacqueville, cant. Ecouis
Roger de Bellomonte, Beaumont-le-Roger, arr. Bernay **SL TBWc**
Roger de Boscnorman, Le Bois-Norman-près-Lyre
Roger de Candos, Candos, arr. Pont-Audemer **m**
Roger de Ebroicis, Évreux
Roger de Ivry, Ivry-la-Bataille, arr. Évreux **T***
Roger de Livet, Livet-en-Ouche, arr. Bernay **F***
Roger de Mucegros, Mussegros, arr. Les Andelys
Roger de Sancto Germano, Saint-Germain-la-Campagne, cant. Thiberville **C**
Turold de Verly, Vesly, arr. Les Andelys **Y**
Walter de Gloecestria, Pîtres, cant. Pont-de-l'Arche **T*=c**
Walter de Herbercurt, Hébécourt, cant. Etrepagny **S**
Walter de Ispania, Epaignes, arr. Pont-Audemer
Willelm comes Ebroicensis, Évreux **SL T**
Willelm Gulafre, La Goulafrière, cant. Broglie*
Willelm de Ebroicis, Évreux
Willelm de Schohies, Ecouis, arr. Les Andelys **T**
Willelm filius Osbern (killed 1071), Breteuil **SL**
                     Total: 55

Manche
abbatia de Monteburg, Montebourg **T**
abbatia Mons Sancti Micaelis, Mont-Saint-Michel **T**
Corbin de Agnellis, Agneaux, cant. Saint-Lô-Ouest **B**
Drogo de Cartrai, Carteret, arr. Valognes **M**
Goisfrid de Trailly, Trelly, arr. Coutances
Goisfrid episcopus Constantiensis, Coutances **T**
Haimo de Maci, Macey, arr. Avranches **A**
Hugo comes, Avranches **SL T*=c**
Hugo de Bellocampo, Beauchamps, cant. La Haye Pesnel **T***
Hugo de Verly, Vesly, arr. Coutances **E**
Humfrid de Ansleville, Anneville-en-Saire, cant. Quettehou
Humfrid de Bohun, Saint-Georges-le-Bohon, cant. Carentan, arr. Saint-Lô **T*=c**
Humfrid de Cartrai, Carteret, arr. Valognes **M**
Johannes nepos Waleranni, Vains, arr. Avranches **T**

Malger de Cartrai, Carteret, arr. Valognes **M**
Nigel de Albini, Saint-Martin-d'Aubigny, cant. Périers **T**
Nigel de Wast, Le Vast, arr. Cherbourg
Petrus de Valoniis, Valognes **T***=
Ranulf Peverel, Vengeons, arr. Mortain **T**
Ricardus de Surdeval, Sourdeval, arr. Mortain **M**
Robert comes de Moritonio, Mortain **SL**
Robert de Bellomonte, comm. cant. Beaumont-le-Hague **M**
Roger Arundel, La Brehoulière, cant. Subligny **T**
Roger de Margella, Margueray, arr. Saint-Lô
Rogo filius Nigelli, Omonville, arr. Cherbourg
Walter de Omonville, Omonville, arr. Coutances
Willelm Bertram, comm. cant. Briquebec **T***
Willelm de Ansleville, Hémevez, arr. Valognes
Willelm de Lestre, Lestre, arr. Valognes **M**
Willelm de Moion, Moyon, arr. Saint-Lô **T*****c**
Willelm filius Wimund, Avranches * **D**
Willelm Peverel, Turgistorp, cant. Barfleur **T**
                    Total: 32

Orne
abbatia de Almenesche, Almenesches **Y**
abbatia de Fontaneto, Fontenay-le-Marmion
abbatia de Sais, Sées **Y**
Baldric de Lindeseia, Bocquencé, cant. La Ferté-Frênel **SL A**
Bernard de Alencun, Alençon
David de Argentan, Argentan **T**
Gerard de Tournai, Tournay-sur-Dive, arr. Argentan **Y**
Gislebert de Sancto Audoeno, Saint-Ouen, arr. Argentan
Hugo Burdet, Rabodanges, cant. Putanges **N**
Morin de Sancto Andree, Saint-André-de-Briouze, arr. Argentan
Norman Venator, Macé **S**
Picot de Sai, Sai, arr. Argentan **Y**
Radulf Basset, Montreuil-au-Houlme, arr. Argentan
Radulf Chesneduit, Chésneduit, cant. Putanges **M**
Radulf de Buceio, Boucé, cant. Ecouché, arr. Argentan*
Radulf de Roillei, Rouellé, arr. Domfront
Rainald de Balliol, Bailleul-en-Gouffern, cant. Trun, arr. Argentan **Y***
Ricardus Basset, Montreuil-au-Houlme, cant. Briouze, arr. Argentan
Ricardus de Mainilhermer, Le Ménil-Hermei, cant. Putanges **Y**
Ricardus de Montgarolt, Montgaroult, cant. Ecouché, arr. Argentan **Y**
Robert de Braose, Briouze, arr. Argentan
Robert de Montbegon, Mont-Bougon, cant. Exmes, arr. Argentan **Y**
Robert de Pontchardon, Pontchardon, cant. Vimoutiers, arr. Argentan **D**
Robert filius Theobald, Avoine, cant. Ecouché, arr. Argentan **Y**
Roger de Montbegon, Mont-Bougon, cant. Exmes, arr. Argentan **Y**
Turstin de Fontanis, Fontaines-les-Basset, cant Trun, arr. Argentan **Y**
Willelm de Braose, Briouze, arr. Argentan **T**
Willelm de Poillgi, Saint-Léger-sur-Sarthe, cant. Le Mêle **T**
uxor Roberti Burdet, Rabodanges, cant. Putanges
                    total: 29

Seine-Maritime
abbatia de Fiscanno, Fécamp **T**
abbatia de Ultresport, Tréport
abbatia Gemeticensis, Jumièges **T**
abbatia sancte Marie Villarensis, Montivilliers **T**
abbatia sancti Audoeni, Saint-Ouen de Rouen **SL T**
abbatia sancti Victoris, Saint-Victor-en-Caux
abbatia sancti Wandregisil, Saint-Wandrille **T**
ecclesia sancte marie Rotomag', Rouen **T**
Arnald de Busli, Bully, arr. Neufchâtel
Berengar Giffard, Longueville-sur-Scie, arr. Dieppe **T**
Bernard de Sancto Audoeno, Saint-Ouen, arr. Dieppe
Durand Malet, Graville-Sainte-Honorine, arr. Le Havre *=
Goisfrid Martel, Bacqueville-en-Caux, arr. Dieppe * **E**
Goisfrid Talbot, Sainte-Croix-sur-Buchy
Goisfrid de Blanca, Blanques, comm. cant. Fauville **U**
Goisfrid de Floc, Flocques, arr. Dieppe **U**
Goisfrid de Mandeville, Manneville, arr. Dieppe **T*****c**
Germund de Sancto Audoeno, Saint-Ouen, arr. Dieppe **E**
Gerold de Normanville, Normanville, arr. Neufchâtel **U**
Gislebert de Blosseville, Blosseville, arr. Yvetot **N***
Godefrid de Petraponte, Pierrepont, arr. Neufchâtel **W**
Hugo de Bolebec, Bolbec, arr. Le Havre **G**
Hugo de Gurnai, Gournai-en-Bray, arr. Neufchâtel **T**
Hugo de Wancy, Wanchy-Capeval, arr. Neufchâtel **W**
Ingelran de Auco, Eu, arr. Dieppe **U***
Judita comitissa, Aumale **T=c**
Lambert de Buelles, Bouelles, arr. Neufchâtel **E**
Lambert de Roseto, Rosay, arr. Dieppe **W**
Milo de Belefosse, Allouville-Bellefosse, cant. Yvetot
Oilard de Balliol, Bailleul-Neuville, arr. Neufchâtel **CW**
Osbern Giffard, Longueville-sur-Scie, arr. Dieppe **T**
Osbern de Novomercato, Neufmarché, arr. Neufchâtel
Osbern de Wancy, Wanchy-Capeval, arr. Neufchâtel **W**
Osbern filius Goisfridi, Bailleul-Neuville, arr. Neufchâtel
Radulf de Bans, Baons-le-Comte, cant Yerville
Radulf de Caisneto, Le Quesnay, arr. Neufchâtel **S**
Radulf de Hairon, Héron, cant. Darnetal **E**
Radulf de Langetot, Lanquetot, arr. Le Havre **G**
Radulf de Limesi, Limésy, arr. Rouen **T***
Radulf de Mortemer, Mortemer, arr. Neufchâtel **T***
Radulf de Novo Mercato, Neufmarché, arr. Neufchâtel
Rainald de Petrapont, Pierrepont, arr. Neufchâtel
Rainer de Grandcurt, Grandcourt, arr. Neufchâtel **W**
Ranulf de Sancto Walerico, Saint-Valery-en-Caux, arr. Yvetot **T**
Remigius episcopus Lincolniensis, Fécamp **SL T**
Ricardus Gernet, Maupertuis, comm. Gerville, cant. Valmont **E**
Ricardus Talebot, Cleuville, cant. Cany-Barville, arr. Yvetot **G**
Ricardus de Guerres, Gueures, arr. Dieppe **E**
Robert comes de Ou, Eu, arr. Dieppe **SL TU**

Robert de Claville, Clasville, cant. Cany-Barville, arr. Yvetot
Robert de Criol, Criel-sur-Mer, arr. Dieppe **U**
Robert de Dun, Le Bourg-Dun, arr. Dieppe **F**
Robert de Pavilly, Pavilly, arr. Rouen *
Robert de Petraponte, Pierrepont, arr. Neufchâtel **W**
Robert de Sancto Leodegar, Saint-Léger-aux-Bois, arr. Neufchâtel **U**
Robert dispensator, Abbetot, arr. Le Havre **T**
Robert filius Geroldi, Roumare, arr. Rouen **SL T**
Robert Malet, Graville-Sainte-Honorine, arr. Le Havre **T***=
Roger de Boscroard, Bosc-le-Hard, arr. Dieppe
Roger de Bully, Bully, arr. Neufchâtel **T**
Roger de Luvetot, Louvetot, arr. Yvetot
Roger de Raimes, Rames, arr. Le Havre **T***=
Roger de Sumeri, Sommery, arr. Neufchâtel
Rohais Giffard, Longueville/Scie, arr. Dieppe **T**
Saswalo de Bouvilla, Beuzeville, arr. Dieppe **E**
Turold de Chevrercurt, Quiévrecourt, arr. Neufchâtel
Turstin filius Rolf, Le Bec-aux-Cauchois, cant. Valmont, arr. Yvetot **T**
Urso de Abitot, Abbetot, arr. Le Havre **T***
Walchelin de Roseto, Rosay, arr. Dieppe **W**
Walter de Aincurt, Ancourt, arr. Dieppe **T**
Walter de Appeville, Appeville-le-Petit, arr. Dieppe
Walter de Bec, Le Bec-aux-Cauchois, cant. Valmont, arr. Yvetot **G**
Walter de Belmes, Beaumais, arr. Dieppe
Walter de Grandcurt, Grandcourt, arr. Neufchâtel **W**
Walter de Mandeville, Manneville, arr. Dieppe **E***
Walter de Mucedent, Muchedent, arr. Dieppe
Walter de Ricarville, Ricarville, arr. Dieppe *
Walter filius Grip, Bacqueville-en-Caux, arr. Dieppe *
Walter Giffard, Longueville/Scie, arr. Dieppe **SL T Bc**
Wido de Auco, Eu, arr. Dieppe **U**
Willelm Belet, Goderville, arr. Le Havre
Willelm de Arcis, Arques-la-Bataille, arr.Dieppe **B**
Willelm de Boscroard, Bosc-le-Hard, arr. Dieppe
Willelm de Cailly, Cailly, arr. Rouen **W**
Willelm de Fiscanno, Fécamp
Willelm de Gemmetico, Jumièges
Willelm de Malleville, Emmaleville, arr. Le Havre
Willelm de Ou, Eu, arr. Dieppe
Willelm de Sancto Leger, Saint-Léger-aux-Bois, arr. Neufchâtel **U**
Willelm de Septmuels, de Sept-Meules, arr. Dieppe **U**
Willelm de Warenne, Varenne, cant. Bellencombre, arr. Dieppe **T***c
Willelm de Watteville, Vatteville-la-Rue **W**
                    total: 93

Tableau 2 - Ship List

Willelmo dapifero filio Osberni (*died* 1071) (Breteuil, Eure)
Hugone comite de Cestria **A** (Avranches, Manche)
Hugone de Muntfort (Montfort-sur-Risle, Eure)
Romo [Remigius] elemosinario Fescanni postea episcopo
Lincolniensi (Fécamp, Seine-Maritime
Nicholao abbate de sancto Audoeno* [*see* abbatia sancti A.] (Rouen, Seine-Maritime)
Roberto comite Augi **U** (Eu, Seine-Maritime)
Fulcone Dauno* [*see his brother* Baldric de Lindeseia]
Geroldo dapifero* [*see his son* Robert filius Geroldi] **L**
Willelmo comite Deurou (Évreux, Eure)
Rogero de Mungumeri **Y** (Montgomery, Calvados)
Rogero de Baumunt **W** (Beaumont-le-Roger, Eure)
Odone episcopo de Baiocis **B** (Bayeux, Calvados)
Roberto de Morotein **M** (Mortain, Manche)
Waltero Giffard **G** (Longueville, Seine-Maritime)

Tableau 3 - Incidence des inter-mariages entre les familles anglaises
et les familles normandes qui ont exercé l'office de shérif (angl. sheriff*, lat.* vicecomes*)*

Département d'origine	Calvados	Manche	Eure	Orne	Seine-Maritime
% tenants en chef, shérifs royaux ou baroniaux	48.6%	40%	35.7%	10.3%	27%
% shérifs ayant des parents anglais	21.7%	30%	30%	0%	28.6%
% inter-mariages excluant les shérifs	0.9%	0%	1.8%	0%	1%

LE GOUVERNEMENT D'HENRI Ier BEAUCLERC EN NORMANDIE[1]

Judith GREEN*

Lundi 2 décembre 1135 : une escorte importante (vingt mille personnes, selon Orderic Vital) accompagnait le corps du vieux roi Henri Ier Beauclerc de Lyons-la-Forêt où il était mort, à Rouen, où il arriva à la cathédrale. Là, on arracha ses entrailles, qui furent emportées à Notre-Dame du Pré, le prieuré du Bec, bien-aimé d'Henri, fondé par sa mère. Puis l'ensemble des chevaliers, des chapelains et des serviteurs partit pour Caen, et là le corps demeura dans le chœur de l'abbaye Saint-Étienne au moment de Noël[2], pendant presque quatre semaines. Il y avait, en effet, des problèmes : l'embaumement avait été mal effectué de sorte qu'il fallut recueillir dans des récipients le liquide noir qui coulait sur le plancher[3]. Enfin, il fut possible de transporter le corps à travers la Manche et de l'ensevelir à l'abbaye de Reading en grande cérémonie.

Les rois de ce monde pouvaient avoir une triste fin. Mais, c'était aussi la fin d'une époque, parce que, des deux côtés de la Manche, il y eut des émeutes, des révoltes, et, finalement, la guerre. Le moine Orderic Vital se faisait vieux ; ses dernières années furent troublées ; il jette alors un regard rétrospectif sur le règne d'Henri, dont il fait une époque dorée : il dresse un éloge des richesses du roi, de la justice, de la sagesse et de la probité de ce dernier, ainsi que de la grandeur royale qui se manifestait partout. Il n'y avait pas de meilleur prince, il était le meilleur des hommes, amateur serein de la paix et gardien de l'Église[4]. On peut trouver les mêmes sentiments dans les *Interpolations* de Guillaume de Jumièges, écrites au Bec par le jeune moine Robert de Torigni[5].

* Professeur, Université Queen's, Belfast.

1. Je voudrais remercier Evelyn Mullally et Véronique Gazeau pour leur assistance à la traduction de cette communication.

2. ORDERIC VITAL, *Historia ecclesiastica*, M. CHIBNALL (éd. et trad. angl.), *The Ecclesiastical History of Orderic Vitalis*, Oxford, 1978, t. VI, p. 48-50.

3. *Henry, Archdeacon of Huntingdon. Historia Anglorum*, D. GREENWAY (éd.), Oxford, 1996, p. 702.

4. ORDERIC VITAL, *Historia ecclesiastica*, t. VI, p. 450-452.

5. *The Gesta Normannorum Ducum of William of Jumièges, Orderic Vitalis, and Robert of Torigni*, E. VAN HOUTS (éd.), Oxford, 1995, t. II, p. 256-260.

Le gouvernement du roi Henri Ier Beauclerc en Normandie est moins connu que celui de son père, Guillaume le Conquérant. Ce dernier avait la réputation d'être un guerrier, un fondateur et un bienfaiteur d'églises, surtout de l'abbaye du Bec et des abbayes caennaises. Son successeur, le duc Robert Courteheuse, paraît faible et prodigue. Il se racheta par sa participation à la première croisade. En son absence, son frère Guillaume le Roux avait restauré la paix, mais ce fut Henri qui vainquit Robert à la bataille de Tinchebray et qui l'emprisonna pour le reste de sa vie. Henri resta maître du duché jusqu'à sa mort en 1135, presque trois décennies. On dispose de nombreuses sources à son sujet : les chroniques, les cartulaires et les vestiges matériels, notamment la salle du château de Caen, la salle dite de l'Échiquier. On conserve surtout des chartes, des chartes-notices et des brefs. Le recueil des actes normands par Henri Chanteux reste inédit, et il faut étudier tous les actes du roi et pas seulement les actes normands[6]. Mon intervention se propose d'étudier l'idéologie du pouvoir, puis la réalité et les moyens qui permirent à Henri d'être le maître du duché.

Ce fut à l'occasion de l'attaque par Guillaume de Mortain en 1104 des territoires occidentaux du duché qu'Henri visita la Normandie, soit quatre ans après son couronnement comme roi d'Angleterre. Il rencontra son frère Robert et lui reprocha d'avoir rompu le traité qui les liait, parce qu'il s'était réconcilié avec Robert de Bellême, un traître ; le duc avait abandonné la Normandie à des voleurs et à des malfaiteurs ; il lui contesta le titre ducal parce qu'il n'exerçait pas son pouvoir pour protéger l'Église et le peuple. Il était, disait le roi, insensé et sans amis[7]. L'année suivante, Henri rentra en Normandie avec une armée ; il se rendit à Carentan avec ses capitaines et il y écouta l'évêque de Sées, Serlon d'Orgères, qui proclamait dans son homélie que le duc Robert avait dépensé ses richesses à des bagatelles et que ce dernier n'avait plus assez d'argent pour lui-même. Tous les ducs de Normandie depuis Rollon avaient été puissants, et il fallait qu'Henri intervienne pour défendre sa patrie[8]. La question de la capacité d'un prince était cruciale pendant et après la crise entre l'Église et la papauté. On trouve ces idées aussi en Angleterre au XIIe siècle dans quelques recueils que l'on prétendait être l'œuvre des rois anglo-saxons. Celui du roi Édouard, *Leges Edwardi Confessoris*, comportait une phrase disant qu'un roi qui ne défendrait pas son royaume et son peuple devrait abandonner son titre (*nomen regis perdit*)[9]. Et on peut également citer le testament de Robert, comte de Meulan, l'ami du roi Henri : le comte partageait ses terres entre ses fils jumeaux, Galeran et Robert, mais il prévoyait que si l'un n'était pas capable, l'autre lui succéderait : «...si predictus Robertus moritur, vel talis fuerit quod non sit ydoneus ad terram regendam, istud idem hereditamentum Walrano fratris suo concedo, et equo si Walranus moritur vel non sit ydoneus ad terram possidendam, concedo hoc Roberto cum feodo Normannie...».

---

6. *Recueil des actes d'Henri Ier Beauclerc duc de Normandie*, thèse de l'École des chartes, 1932.
7. ORDERIC VITAL, *Historia ecclesiastica*, t. VI, p. 56.
8. *Ibid.*, p. 62-64.
9. B. O'BRIEN, *God's Peace and King's Peace. The Laws of Edward the Confessor*, Philadelphie, 1999, p. 175.

Le roi accordait aux vassaux le même privilège : «… si contigerit quod perderent hereditatem ex hac parte maris vel ultra, tunc concedo et precipio ut sint fratres communes communiter participantes de residuo… »[10].

Dans les coutumes successorales, il y avait une préférence pour le fils aîné, mais cela ne se passait pas toujours ainsi. En 1067, en Anjou, par exemple, le comte Geoffroi fut remplacé par son frère cadet, Foulque, et Geoffroi resta emprisonné pendant toute sa vie. La situation en Flandre, après la mort de Baudouin VI, était presque semblable : son fils aîné, Arnoul, lui succéda, mais il y eut une résistance. Arnoul fut tué, et son oncle, Robert, le fils cadet de Baudouin, lui succéda. En Normandie, dans la famille ducale au xiᵉ siècle, on peut déceler l'idée que les fils cadets comme le fils aîné avaient des droits sur l'héritage ducal[11].

Après 1087, les fils du Conquérant partagèrent l'héritage paternel, mais évidemment ils continuèrent de croire que c'était un ensemble[12]. Guillaume devint le roi d'Angleterre et Robert le duc de Normandie, mais en 1091 Robert et Guillaume commandèrent une enquête des coutumes de l'époque de leur père et firent campagne contre Henri Beauclerc. Ainsi, Robert acceptait que son frère ait le droit d'intervenir dans le duché ; les deux frères avaient accordé des chartes concernant le même don à l'abbaye Saint-Étienne de Caen[13]. Cette situation continua après la mort de Guillaume. Henri n'attendit pas le retour de Terre sainte de son frère Robert, et malgré les protestations de Guillaume de Breteuil, partisan du duc, il reçut le trésor royal et se rendit à Londres où il fut sacré. Robert arriva en Angleterre l'année suivante pour obtenir le royaume. Henri s'approcha de Winchester. Cependant, quand les armées du roi et du duc se trouvèrent face à face, les deux hommes n'engagèrent pas le combat ; ils conclurent un traité de paix : Robert libéra son frère de l'hommage qu'Henri avait pour le Cotentin ; Henri promit de payer une rente et de céder le Cotentin, mais pas le château de Domfront ; les deux frères se promirent une aide réciproque pour récupérer toutes les terres de leur père et ils punirent les malfaiteurs qui avaient fomenté leur désaccord[14]. Après leur réconciliation, les frères passèrent quelques mois ensemble en Angleterre et chacun d'eux donna des chartes à l'évêché de Bath, ce qui démontrait l'intérêt de Robert pour l'Angleterre[15]. Mais cela signifiait qu'Henri avait aussi un intérêt légitime en Normandie.

La victoire de Tinchebray se déroula, selon Guillaume de Malmesbury, lors de l'anniversaire de l'arrivée en Angleterre de Guillaume, le père du roi : «C'était le jugement de Dieu que la Normandie serait soumise par l'Angleterre le jour même

---

10. *Regesta Regum Anglo-Normannorum*. II, *Regesta Henrici Primi*, [ci-après RRAN] C. Johnson et H. A. Cronne (éd.), Oxford, 1956, t. II, appendix I, n° 51.

11. G. Garnett, «Ducal Succession in Early Normandy», dans *Law and Government in Medieval England and Normandy*, G. Garnett et J. Hudson (éd.), Cambridge, 1994, p. 80-110.

12. J. Le Patourel, «Norman Kings or Norman King-Dukes», dans *Droit Privé et Institutions Régionales. Études historiques offertes à Jean Yver*, Paris, 1976, p. 469-479.

13. D. Bates, «Four Recently Discovered Norman Charters», *Annales de Normandie*, 45ᵉ année, n° 1, mars 1995, p. 35-48.

14. Orderic Vital, *Historia ecclesiastica*, t. V, p. 318-320.

15. *RRAN*, t. II, n° 544 ; D. Bates, «A Neglected English Charter of Robert Curthose, Duke of Normandy», *Bulletin of the Institute of Historical Research*, t. 69, 1986, p. 121-124.

où les Normands étaient arrivés pour conquérir l'Angleterre»[16]. Le roi Henri employa des termes sembables dans la lettre adressée à Anselme pour lui annoncer la victoire de Tinchebray : «par la miséricorde de Dieu nous sommes victorieux»[17]. Après la bataille, la propagande de la cour continua à mettre l'accent sur la restauration et la continuité, ainsi que sur la sauvegarde de l'Église. On peut trouver des mots identiques dans la Charte des Libertés en Angleterre en 1100[18].

Henri se donna beaucoup de mal pour prendre des mesures légitimes (ou quasi légitimes). Orderic rapporte qu'en 1102 Henri avait convoqué Robert de Bellême à la cour pour répondre de quarante-cinq chefs d'accusation; deux ans plus tard, il accusait son frère d'avoir rompu le traité qui les liait; et, en 1112, il convoqua à nouveau Robert de Bellême à la cour[19].

Après la bataille de Tinchebray, pendant une certaine période Henri aimait à souligner l'idée qu'il était le gardien du duché. Le petit Guillaume Cliton, fils du duc Robert, avait été conduit près du roi et attendait son père au château de Falaise. On ne se posait pas la question de savoir si le petit garçon serait prisonnier ou marginalisé comme Edgar Aetheling, le prince anglais. Le roi confia à Hélie de Saint-Saëns, son beau-frère, la garde du garçon. Cependant le roi se rendit à Rouen, où les bourgeois le reçurent : il confirma leurs coutumes. À Lisieux, il présida un concile où il déclara la paix et condamna le vol. Il y eut quelques autres grandes assemblées et il réclama à ceux qui disposaient d'une juridiction l'obéissance à ses mandements[20].

Le roi se proclama-t-il duc immédiatement? Sur ce point, Orderic demeure silencieux; son silence s'explique peut-être par le fait qu'il croyait que Robert était resté le duc jusqu'à sa mort en 1134[21]. Peut-être le roi avait-il l'intention que son neveu demeure sous sa garde jusqu'au moment où son fils pourrait devenir duc. Puis le roi donna d'autres terres à son neveu, comme il le fit savoir au pape en 1119[22]. Le pape demanda au roi de libérer le duc Robert et de rendre à ce dernier le duché. Henri répondit qu'il n'avait pas privé son frère du duché mais qu'il avait seulement demandé l'héritage de leur père. Robert et son fils ne le possédaient pas réellement puisque des bandits et des scélérats blasphémateurs le ravageaient totalement. Les ecclésiastiques avaient supplié Henri de les aider; il avait traversé, alors, la Manche, car les Normands avaient réclamé aussi son aide; il avait assiégé Tinchebray, et par la grâce de Dieu il avait remporté la victoire. Enfin, il s'était montré aimable avec son frère et son neveu[23].

Quelle information les actes de la pratique fournissent-ils concernant le titre d'Henri en Normandie? Il est souvent impossible de les dater précisément, et

16. GUILLAUME DE MALMESBURY. *Gesta Regum Anglorum*, R. A. B. MYNORS, R. M. THOMSON et M. WINTERBOTTOM (éd.), Oxford, 1998, t. I, p. 722. Néanmoins, la date de la bataille est discutée.
17. ANSELME, *Epistolae, Opera Omnia*, F. S. SCHMITT (éd.), Édimbourg, 1946-1961, t. V, n° 401.
18. *Select Charters*, W. STUBBS (éd.), H. W. C. DAVIS (9e éd.), Oxford, 1913, p. 117-119.
19. ORDERIC VITAL, *Historia ecclesiastica*, t. VI, p. 20, 56, 178.
20. *Ibid.*, p. 92-94, 136-138.
21. Orderic continuait à évoquer Robert comme «le duc Robert», *Ibid.*, p. 380, 412.
22. *Ibid.*, p. 288.
23. *Ibid.*, p. 286-288.

quelquefois on ne conserve que des copies tardives, dont les formules peuvent ne pas être authentiques. Le chroniqueur Hermann de Tournai écrivait en 1142 qu'après la conquête du duché, Henri avait mandé un nouveau sceau, comme celui de son père, avec les titres *rex Anglorum et dux Normannorum*[24], très probablement immédiatement après 1106. Les actes normands d'Henri continuèrent à employer des titres *rex Anglorum* ou *rex Anglorum et dux Normannorum*, et la date des débuts de l'utilisation du sceau est incertaine. Certains ont suggéré qu'il y eut un nouveau sceau après la mort du fils d'Henri dans le naufrage de la Blanche Nef en 1120, mais cela est difficile à préciser[25]. Il ne reste aussi que très peu d'exemplaires des sceaux qui portent ces titres, et les dates de ces sceaux sont contestées.

En 1108, le roi de France Philippe Ier mourut, et son successeur Louis réclama l'hommage des princes ; mais Henri refusa, au motif qu'il était roi lui-même[26]. C'était dangereux, parce que le roi Louis aurait pu en reconnaître un autre, soit Robert Courteheuse, soit le fils de ce dernier, Guillaume. En 1110, Henri s'inquiéta de la fidélité de quelques-uns de ses vassaux[27] et il fit venir son neveu à la cour, mais le jeune homme s'échappa avec son gardien et ils se réfugièrent à la cour du comte de Flandre, un ennemi du roi[28]. Ce fut donc vraisemblablement aux environs de 1110 ou un peu plus tard qu'Henri prétendit formellement au titre de duc.

Mais la propagande de la cour continuait d'insister sur les idées de tutelle, de restauration et de paix, et Henri continuait de préférer compter sur son autorité royale dans le duché, plutôt que ducale. Même les actes délivrés à des bénéficiaires normands commencent souvent par *rex Anglorum et dux Normannorum*. Comme David Bates l'a montré, Guillaume le Conquérant utilisait aussi quelquefois des titres divers en Normandie, soit *rex Anglorum* soit *rex Anglorum et dux Normannorum*[29]. Évidemment, un roi vaut plus qu'un duc. Il convient de comparer les usages diplomatiques des rois normands avec ceux de Roger le Grand de Sicile. En 1116, par exemple, on trouve le titre «comte de Sicile et de Calabre» (*comes Sicilie et Calabrie, Christiane religionis, auctore Deo, defensor et clipeus*)[30]. Plus tard, on rencontre le titre *dux Italie*[31], et après *rex Sicilie, ducatus*

---

24. *The Restoration of the Monastery of S. Martin of Tournai*, L. H. NELSON (trad. en anglais), Washington, DC, 1996, p. 30.

25. L'étude la plus récente est de P. CHAPLAIS, «The Seals and Original Charters of Henry I», *English Historical Review*, t. 75, 1960, p. 260-275. P. Chaplais suggère que l'introduction du dernier sceau avec les titres *rex Anglorum et dux Normannorum* date d'après la mort du prince Guillaume en 1120.

26. GUILLAUME DE MALMESBURY, *Gesta Regum Anglorum*, t. I, p. 758.

27. *Anglo-Saxon Chronicle*, D. WHITELOCK, D. C. DOUGLAS, et S. I. TUCKER (éd.), Londres, 1961, *sub anno 1110*.

28. ORDERIC VITAL, t. VI, p. 162-164.

29. D. BATES, *Regesta Regum Anglo-Normannorum. The Acta of William I (1066-1087)*, Oxford, 1998, p. 86-91.

30. *Codex Diplomaticus Regni Siciliae sub auspiciis Academiae Panormitanae Scientiarum litterarum et artium. Series prima : Diplomata Regum et Principum e Gente Normannorum*, t. 2.1. *Rogerii II Regis Diplomata Latina*, C. R. BRÜHL (éd.), Cologne et Vienne, 1987, n° 7.

31. *Rogerii II Regis Diplomata Latina*, n° 8, cf. n° 10.

Apulie et pri(n)cipatus Capue[32]. En 1130, le pape le fit roi[33], et on peut trouver *Sicilie et Italie rex*. On doit donc supposer que Roger était roi tout autant en Italie qu'en Sicile[34], mais quelques actes usent des titres *rex Sicilie, ducatus Apulie et principatus Capue*. Après 1139, dans la charte du pape qui gratifie Roger du *regnum Sicilie* et du *ducatum Apuliae*, ce sont les titres les plus habituels. Roger se trouvait dans la même situation qu'Henri Ier et on peut voir comment le vocabulaire des actes des deux princes évolua au rythme des changements de la situation politique.

Henri naturellement voulait que son fils, le prince Guillaume, lui succédât au duché, et en 1120 ce dernier prêta hommage au roi Louis ; quelques mois après, il mourait dans le naufrage. Le roi dut recommencer : il se remaria (sa femme Mathilde était morte presque deux ans avant) et, quand sa fille Mathilde, l'Impératrice, fut devenue veuve en 1125, il proposa qu'elle devînt son héritière. Pendant cette période, son neveu Guillaume Cliton demeura une menace, jusqu'à sa mort en 1128. Robert Courteheuse resta prisonnier et mourut finalement en 1134. Durant presque toutes les années du principat d'Henri en Normandie, on contesta le droit du roi, en dépit de la propagande. L'étude de cette propagande aide à comprendre les paramètres de son gouvernement : Henri tentait de conserver les droits et les revenus de son père et de protéger l'Église. Son but fut toujours de conserver le duché pour le léguer avec son royaume à son héritier. Il faut également considérer par quels moyens il assura son pouvoir sur le duché. Je ne ferai ici que les esquisser. Évoquons le déploiement de ses richesses, ses relations avec les grands seigneurs et les prélats, son influence sur l'Église normande et enfin son administration vigoureuse.

Orderic croyait qu'Henri était le plus riche roi d'Angleterre[35]. Quand le roi mourut, le trésor de Winchester et celui de Falaise étaient considérables. Les ducs normands tiraient des revenus fort importants de leurs domaines ruraux et des villes, des forêts, des droits sur le commerce, des droits de justice, des échoites et aides, ainsi que du monnéage[36]. Il est tout à fait possible que ses revenus se soient accrus au XIIe siècle. On note la croissance des villes normandes et il est évident que le roi Henri cultivait de bonnes relations avec elles. Mais, en Angleterre, les revenus tirés des grands domaines ruraux, du contrôle des villes plus nombreuses qu'en Normandie, du «geld» et du monnéage, et aussi de leurs droits féodaux et des droits de la justice étaient considérables. On conserve un rôle des recettes de l'année 1129-1130[37]. Le roi Henri se servit des espèces anglaises en Normandie, pour la défense du duché. En effet, en 1124, il paya ses chevaliers

---

32. *Rogerii II Regis Diplomata Latina*, n° 8, cf. n° 11.
33. J.-P. MIGNE, *Patrologie latine*, Paris, 1844-1864, t. 179, col. 479.
34. *Rogerii II Regis Diplomata Latina*, nos 15-40.
35. ORDERIC VITAL, t. VI, p. 100.
36. L. DELISLE, «Des revenus publics en Normandie au douzième siècle», *Bibliothèque de l'École des Chartes*, t. 10, 1848-1849, p. 173-210, 257-289 ; t. 11, 1849, p. 400-451 ; t. 13, 1852, p. 105-35.
37. J. GREEN, *The Government of England under Henry I*, Cambridge, 1986, chap. 4.
38. *Gesta Normannorum Ducum*, t. II, p. 236-238.

avec des espèces anglaises, ce dont les chevaliers se plaignirent[38]. Le roi, furieux, commanda à son justicier en Angleterre, Roger, évêque de Salisbury, de faire mutiler les monnayeurs[39].

Henri fortifia les châteaux situés le long de la frontière normande. Ce sujet appelle de longs développements. Il fut un grand constructeur, autant en Angleterre qu'en Normandie[40]. En outre, Henri exigea qu'on lui rende des châteaux, ce qui déplut particulièrement à Thibaud Païen, seigneur de Gisors[41]. Mais Henri refusa de céder les châteaux que sa fille Mathilde aurait dû recevoir en douaire. Cela déplut à Mathilde et à son mari Geoffroi d'Anjou mais le roi ne fléchit pas[42]. En Normandie, la possession des châteaux assura la puissance d'Henri.

Dans ces châteaux, le roi plaça les chevaliers de la famille royale. Comme Marjorie Chibnall et John Prestwich l'ont montré, plusieurs centaines de chevaliers royaux étaient rémunérés[43]. Le roi pouvait les utiliser soit dans les châteaux, soit sur les champs de bataille. Même en 1118, l'année la plus périlleuse de son règne, Henri conserva par-devers lui la possession de tous les châteaux du duché[44].

La cour royale était particulièrement riche et somptueuse. On dispose de brefs aperçus de la vie quotidienne et des grandes assemblées, où le roi portait sa couronne et où l'on chantait les acclamations royales (*laudes regiae*), probablement à Rouen, à Fécamp et à Caen. Les fêtes données à l'occasion de l'adoubement du jeune Geoffroi d'Anjou en 1128 à Rouen durèrent trois semaines. Selon Jean de Marmoutier, qui écrivit de nombreuses années plus tard, le roi donna des vêtements somptueux et des armes à Geoffroi[45]. Trois ans plus tard, on y accueillit le pape Innocent II auquel le roi et les Juifs offrirent des cadeaux[46].

De temps en temps, des banquets étaient donnés à la cour de Westminster, dont Gaimar fournit la description pour l'année 1099 : les centaines de serviteurs étaient tous habillés de vêtements nouveaux[47]. La cour du roi Arthur à Caerleon, décrite par Geoffroi de Monmouth, était évidemment celle du roi Henri[48]. On sait qu'il y avait de la musique, des drames à Pâques, de la vaisselle d'or, comme les gobelets avec lesquels les chambellans de Tancarville avaient servi le roi et qu'ils remirent à l'abbaye de Saint-Georges de Boscherville[49]. Les rites de la cour constituaient

39. *Anglo Saxon Chronicle...*, *sub anno* 1125.

40. J. Yver, «Les châteaux forts en Normandie jusqu'au milieu du XIIᵉ siècle», *Bulletin de la Société des antiquaires de Normandie*, t. LIII, 1955-1956, p. 28-115.

41. Suger, *Vie de Louis le Gros*, H. Waquet (éd.), Paris, Champion, 1929, p. 102-104.

42. Guillaume de Malmesbury, *Historia Novella. The Contemporary History*, E. King (éd.) et K. R. Potter (trad. en anglais), Oxford, 1998, p. xl-xlii.

43. M. Chibnall, «Mercenaries and the *Familia Regis* under Henry I», *History*, t. 62, 1977, p. 15-23 ; J. O. Prestwich, «The Military Household of the Norman Kings», *English Historical Review*, t. 96, 1981, p. 1-35.

44. Orderic Vital, t. VI, p. 222-224.

45. Jean de Marmoutier, *Chroniques des comtes d'Anjou et des seigneurs d'Amboise*, L. Halphen et R. Poupardin (éd.), Paris, 1913, p. 178.

46. Guillaume de Malmesbury, *Historia Novella*, p. 18.

47. Gaimar, *L'estoire des Engleis*, A. Bell (éd.), Oxford, 1960, ll. 5975-6103.

48. Geoffroy de Monmouth, *The History of the Kings of Britain*, L. Thorpe (éd. et trad. en anglais), Harmondsworth, 1966, p. 226-230.

49. Walter Map, *De nugis curialium*, M. R. James, C. N. L. Brooke, R. A. B. Mynors (éd.), Oxford, 1983, p. 490-491.

une manifestation du pouvoir. Pour la quitter, le congé du roi était nécessaire. On pouvait s'y présenter avec une sauvegarde, comme Robert de Bellême en 1112, ou en tant que suppliants, comme Juliane et Eustache de Breteuil sept ans plus tard. Le départ aussi était soumis à des règles : partir sans autorisation était considéré comme un geste de défi. Par exemple, Toustain, archevêque de York, prit soin de solliciter le congé du roi avant de quitter la cour, par crainte de la colère royale[50]. En somme, les visites du roi et de son entourage formaient un symbole de son pouvoir et de sa richesse.

Un aspect de la vie de la cour consistait en l'échange de cadeaux, autre manifestation du pouvoir du roi et de ses richesses. Dans les sociétés du haut Moyen Âge, c'était une marque de l'autorité supérieure quand le roi recevait des cadeaux, et il donnait à son tour à ses visiteurs des objets précieux. Henri donna de l'argent et des gobelets à Guillaume de Tancarville ainsi qu'à son neveu, Thibaud de Blois[51]. La reine Mathilde, la première épouse du roi, donna des chandeliers et des vêtements aux églises[52]. C'était une largesse traditionnelle destinée à fortifier l'amitié entre le roi et la reine d'une part, et les prélats d'autre part.

Sa cour fut aussi une cour de justice. La justice était un aspect fondamental de la royauté ; le roi était juge et arbitre des querelles des grands. Ce n'était pas une question de jugement autant que d'arbitrage entre les parties. Ainsi, en 1107, par exemple, les moines de Fécamp et ceux de Saint-Taurin d'Évreux exposèrent leur différend devant le roi qui trancha en faveur de Fécamp[53]. Pour les ecclésiastiques et les laïques, la justice du roi était sévère, mais efficace. La cour était surtout le cœur de la vie politique. On pouvait s'en absenter, avec le risque d'être abattu par un ennemi. À sa cour, le roi Henri écoutait le conseil des barons et récompensait la fidélité. Et la mise en scène architecturale de la cour était un autre aspect de la culture de l'ostentation.

Henri éprouva bien des difficultés à gagner la fidélité des seigneurs normands, surtout ceux qui ne possédaient pas de terres en Angleterre. Cependant Henri avait été comte du Cotentin (avec une interruption) depuis environ 1088, et pendant cette période, il avait noué des relations amicales avec les seigneurs de cette région[54]. En 1100, quelques grands seigneurs normands d'Angleterre lui prêtèrent hommage, quoiqu'ils attendissent l'arrivée du duc Robert. La résolution du roi, ses droits de seigneur suzerain et les problèmes de son frère lui permettaient de renforcer son influence sur l'aristocratie du duché. Raoul de Tosny, qui devint seigneur de Conches en 1102 environ, lui prêta hommage et il reçut des terres

---

50. HUGUES LE CHANTRE, *The History of the Church of York 1066-1127*, C. JOHNSON, M. BRETT, C. N. L. BROOKE, M. WINTERBOTTOM (éd.), Oxford, 1990, p. 86, 114.

51. SUGER, *De administratione*, E. PANOFSKY (éd.) 2. 11 : voir E. PANOFSKY, *Suger Abbot of Saint Denis 1081-1151. Abbot Suger on the Abbey Church of Saint Denis and its art treasures*, Princeton, 1946, p. 59 ; «S. Bernardi Vita Prima», dans *Patrologie latine*, t. 185, col. 301-302.

52. Mathilde envoya une chasuble à Yves, évêque de Chartres, et plus tard des cloches, *Patrologie latine*, t. 162, col. 125-126, 149-150 ; et à Hildebert de Lavardin des chandeliers, *ibid.*, t. 171, col. 160-161.

53. *RRAN*, t. II, n° 790.

54. ORDERIC VITAL, t. IV, p. 220.

anglaises de sa femme, une des filles du comte Waltheof[55]. En 1104, Robert Courteheuse avait cédé au roi l'hommage de Guillaume, comte d'Évreux[56], parce qu'il voulait se réconcilier avec son frère. Après la victoire de Tinchebray, Henri gagna à sa cause davantage de recrues, en particulier Guillaume le chambellan de Tancarville. Il exerça ses droits sur les héritiers encore mineurs et son influence sur le mariage des filles et des veuves nobles. Henri utilisa surtout sa foule d'enfants illégitimes pour créer des alliances[57]. Il maria deux fils aux héritières de barons normands, Robert, à une fille de Robert FitzHaimon, seigneur de Torigni-sur-Vire et de Creully, et Richard à Amice, la fille de Raoul de Gael et l'héritière de Breteuil. Les filles épousèrent des alliés du roi, hors du duché : Mathilde se maria avec Conan, duc de Bretagne, Mathilde avec Rotrou, comte de Perche, Juliana avec Eustache de Breteuil, une fille anonyme avec Guillaume Gouet, Constance avec Roscelin de Beaumont-sur-Sarthe, Alice avec Mathieu de Montmorency. Il maria peut-être une autre fille à Gui de Laval dans le Maine.

Néanmoins, il faut rappeler qu'il restait plusieurs seigneurs qui n'aimaient pas Henri. Quelques-uns lui restaient fidèles comme les Stuteville ou les Crespin. D'autres avaient des raisons personnelles de mécontentement, comme Richer de L'Aigle en 1118 et Guillaume de Roumare qui avaient demandé leur héritage sans succès. Il y avait aussi des seigneurs dont les terres étaient situées le long des frontières et qui, par conséquent, étaient alliés avec des seigneurs possessionnés en dehors du duché[58]. Enfin, il faut évoquer des seigneuries où les vassaux étaient divisés, comme l'honneur de Breteuil, et où il était difficile pour le roi de maintenir la paix.

En 1105, Henri avait annoncé qu'il allait protéger l'Église et le peuple que Robert, son frère incapable, avait abandonnés. Cette déclaration était un moyen de justifier son invasion de la Normandie, mais elle faisait véritablement partie de ses idées sur le gouvernement. Henri pourtant avait une nette conception des ses propres pouvoirs à l'égard de l'Église, conception qu'on pourrait qualifier de pré-grégorienne. Dans son royaume et dans son duché, il voulait conserver les coutumes de son père : le duc-roi avait le droit de présider les conciles ; il pouvait nommer les évêques et les abbés ; il exerçait les droits d'investiture et d'hommage et aussi le droit de recevoir les revenus des sièges vacants ; il protégeait le clergé et les biens ecclésiastiques ; et il réglait les relations avec Rome[59].

Mais pour Henri il fut difficile de maintenir ces coutumes parce que le courant réformateur de l'Église avait pris de l'ampleur. Il dut céder le droit d'investir les prélats en Angleterre et en Normandie ; au moment même de sa conquête, il

---

55. ORDERIC VITAL, t. VI, p. 54 et note.

56. *Ibid.*, p. 58.

57. Il y a une liste qui laisse à désirer dans *The Complete Peerage*, G. E. C. (éd.), Londres, 1910-1959, t. II, appendice D par G. H. WHITE ; voir les rectifications de K. THOMPSON, « Affairs of State : the Illegitimate Children of Henry I », *Journal of Medieval History*, t. 29, 2003, p. 129-151.

58. P. BAUDUIN, *La frontière normande aux Xe-XIe siècles : origine et maîtrise politique de la frontière sur les confins de la haute Normandie (911-1087)*, thèse de doctorat de l'Université de Caen, 1997-1998.

59. EADMER, *Historia Novorum*, M. RULE (éd.), Londres, Rolls Series, 1884, p. 10.

---

devenait évident que le roi Henri ne pouvait plus se prévaloir de ce droit. En Angleterre, il put conserver l'hommage. En général, en Normandie, il semble que les prélats faisaient habituellement un acte d'hommage, parce que, quand Boson fut élu abbé du Bec en 1124, il le refusa. Le roi se mit en colère, mais l'abbé finit par se soumettre[60].

En 1106, Guillaume Bonne Âme occupait le siège métropolitain de Rouen. Il mourut agé en 1110 et le roi choisit à sa place Geoffroi le Breton, doyen du Mans, qui n'était ni un chapelain royal ni un Normand, mais un homme «éloquent et érudit», selon Orderic Vital[61]. Geoffroi était un homme qui avait une grande connaissance des affaires politiques et un réformateur[62].

Son successeur, l'archevêque Hugues, était un homme d'un esprit différent[63]. Il était originaire de l'Amiénois et un ancien élève du maître Anselme de Laon. En Angleterre, il fut le prieur clunisien de Saint-Pancrace à Lewes. Henri le choisit comme premier abbé de Reading, et il était aussi bien connu à Rome. En 1128, le pape essaya de le retenir à Rome, mais le roi Henri, furieux, menaça de reprendre les dons qu'il avait effectués à Reading[64]. Henri fit le choix d'Hugues à un moment où il se montrait particulièrement généreux envers Cluny, d'une part en faisant des dons d'argent et d'autre part, en nommant des moines clunisiens à la tête des abbayes et des évêchés en Angleterre et en Normandie. Cette générosité avait des mobiles à la fois personnels et spirituels. Henri prenait conscience qu'il vieillissait et qu'il lui restait peu de temps pour achever la réforme ecclésiastique. En outre, le roi prenait en considération des raisons politiques et dynastiques. Hugues, à Rome, était au courant de la situation d'Henri au moment où les affaires du roi fluctuaient dangereusement, le mariage de sa fille Mathilde avec Geoffroi d'Anjou étant menacé de rupture[65].

En Normandie comme en Angleterre, il nomma des chapelains royaux à la tête des évêchés[66], et parfois des parents de prélats anglo-normands. Richard de Douvres, évêque de Bayeux en 1107, était le fils de Samson, l'évêque de Worcester et le frère de Thomas II, archevêque de York, par exemple[67]. Toustain d'York était le frère d'Audin, évêque d'Évreux en 1113[68]. Les familles cléricales étaient très puissantes, mais Henri commença à nommer des évêques d'origine différente,

---

60. «The Life of the venerable Boso, known as The Wise, fourth abbot of Bec», S. VAUGHN (trad. en anglais) dans *The Abbey of Bec and the Anglo-Norman State*, Woodbridge, 1981, p. 129.

61. ORDERIC VITAL, t. VI, p. 172.

62. D. SPEAR, «Geoffrey Brito, Archbishop of Rouen (1111-28)», *Haskins Society Journal*, t. II, 1990, p. 123-137.

63. P. HÉBERT, «Un archevêque de Rouen du XII siècle, Hugues III d'Amiens (1130-1164)», *Revue des Questions Historiques*, t. 64, 1898, p. 325-371 ; T. WALDMAN, *Hugh 'of Amiens', Archbishop of Rouen (1130-1164)*, thèse inédite, Université d'Oxford, 1970.

64. «…possessiones quas… dedi et concessi, in meos proprios usus prorsus retrahere», *RRAN*, t. II, p. 361.

65. J. GREEN, «The Piety and Patronage of Henry I», *Haskins Society Journal*, t. X, 2001, p. 1-16.

66. D. SPEAR, «The Norman Empire and the Secular Clergy, 1066-1204», *Journal of British Studies*, t. 21, 1982, p. 1-10.

67. HUGUES LE CHANTRE, *The History of the Church of York*, p. 46 ; C. N. L. BROOKE, «Gregorian Reform in Action : Clerical Marriage in England, 1050-1200», *Cambridge Historical Journal*, 12, 1956, p. 1-21.

68. HUGUES LE CHANTRE, *The History of the Church of York*, p. 208.

comme l'archevêque Hugues et Algare à l'évêché de Coutances en 1132, lequel avait été chanoine de Bodmin, un prieuré augustinien d'Angleterre[69].

En Normandie, les évêques jouèrent un rôle très important dans le gouvernement du duché. Ils aidaient au maintien de la paix comme gardiens de la trêve de Dieu, certains remplirent même des missions importantes. Jean de Lisieux présidait l'Échiquier normand, comme Roger, évêque de Salisbury, en Angleterre. Audin, évêque d'Évreux, fréquentait souvent la cour, comme le montrent ses attestations au bas des actes du roi. Bien que souvent issus de la chapelle royale, les évêques étaient des réformateurs ; il leur était possible de remplir conjointement les deux objectifs de la fidélité et de la réforme. Jean, évêque de Lisieux, contribua à la réforme de la collégiale de Sainte-Barbe en Auge et promut aussi la réorganisation du chapitre de Sées. En 1135, Audin d'Évreux participa à la fondation du prieuré du Désert et, plus tard, Algare de Coutances apporta son soutien à Saint-Lô[70].

Pour une analyse des relations entre les abbés normands et le roi-duc, nous attendons l'étude de Véronique Gazeau. Les abbés sont moins visibles dans les documents mais, comme Véronique Gazeau l'a montré, cette absence relative ne correspond pas à un manque d'influence. Henri était très lié avec les abbés Guillaume et Boson du Bec selon leur biographe, Milon Crispin[71]. L'abbé Roger de Fécamp était aussi influent : il fut présent au concile de Westminster en 1115, et il obtint quelques actes du roi pendant les dernières années du règne[72].

Henri présida les conciles ecclésiastiques. Il s'intéressa beaucoup à la question du mariage des clercs aussi bien en Normandie qu'en Angleterre. En 1119, l'archevêque Geoffroi, à l'issue du concile réuni par le pape à Reims, décida de mettre fin au mariage clérical en Normandie, mais ce fut un échec[73]. Henri et le légat pontifical Matthieu d'Albano, un moine clunisien, tinrent un concile à Rouen. Parmi les canons de ce concile, le mariage des prêtres fut interdit, mais on fit une exception pour le mariage des diacres. Ceux qui refusèrent de renoncer à leurs femmes ne purent plus tenir de bénéfice. Ils ne purent pas non plus administrer valablement les sacrements[74]. Mais en Normandie comme en Angleterre, on eut beaucoup de mal à imposer le célibat des prêtres.

Les légats du pape posaient aussi un problème très délicat. Henri refusa l'entrée des légats en Angleterre autres que l'archevêque de Cantorbéry. En Normandie, le légat Conon de Palestrina avait mandé les évêques normands au concile de Chalons [-sur-Marne] en 1115, mais ils ne s'y rendirent pas ; il les excommunia[75]. Deux ans plus tard, cependant, Conon put prendre la parole devant le concile de Rouen

69. *Patrologie latine*, t. 156, col. 983.

70. M. ARNOUX (dir.), *Des clercs au service de la réforme. Études et documents sur les chanoines réguliers de la province de Rouen*, Turnhout, 2000, p. 11, 19, 39-55, 65-69.

71. «The Lives of William and Boso», S. VAUGHN, dans *The Abbey of Bec...*, 1981, p. 117-133.

72. *RRAN*, t. II, nᵒˢ 1092, 1579, 1689, 1690 ; il y avait un Roger de Fécamp, qui était probablement un chapelain royal, voir *RRAN*, t. III, p. xii. C. H. Haskins suggérait qu'il était le neveu de l'abbé de Fécamp et trésorier de Normandie, *Norman Institutions*, Cambridge (Mass.), 1918, p. 107, 110.

73. ORDERIC VITAL, t. VI, p. 290-294.

74. *Ibid.*, p. 388-390.

75. EADMER, *Historia Novorum*, p. 234 ; GUILLAUME DE MALMESBURY, *Gesta Pontificum Anglorum Libri Quinque*, N. E. S. A. Hamilton (éd.), Londres, Rolls Series, 1870, p. 129.

et fit part des soucis du pape, réclamant l'aide de l'Église normande. Sa présence était sans doute le signe des difficultés du roi. Mais Conon n'était, selon Orderic, qu'un simple visiteur[76]. Matthieu d'Albano fut apparemment le seul à tenir un concile, en qualité de légat, avec l'assentiment du roi[77].

L'administration royale se caractérise par l'efficacité et la puissance. Comme l'a montré John Le Patourel, le cœur de la monarchie se trouvait dans l'entourage itinérant du roi[78]. Puisqu'Henri était toujours en voyage, il devait déléguer certaines fonctions à d'autres. Deux évêques, Jean de Lisieux en Normandie et Roger de Salisbury en Angleterre, présidèrent les cours des deux Échiquiers où l'on vérifiait les comptes. L'Échiquier anglais est beaucoup mieux connu que son équivalent en Normandie à cause de la survivance des rôles, the *pipe rolls*, mais l'Échiquier normand est tout aussi important et ses origines sont peut-être plus anciennes[79]. La première référence est contenue dans une notice qui n'est pas datée mais qui provient de la fin du règne et qui concerne Bernard, un scribe royal[80]. Il y a quelques années, j'ai proposé l'idée que l'Échiquier pouvait n'avoir été établi qu'à la fin du règne, mais aujourd'hui je suis moins audacieuse, car il manque une preuve décisive[81]. On ne sait presque rien des fonctions de l'Échiquier normand sous Henri Ier, mais il apparaît qu'il s'agissait essentiellement d'une cour ducale présidée par l'évêque Jean et le sénéchal normand, Robert de la Haye[82]. Il est possible que la cour ait été créée pour surveiller les revenus et les redevances ducales, en l'absence du duc.

De nombreux actes du début du règne du roi Henri pour la Normandie étaient rédigés par les bénéficiaires. Il n'y avait pas beaucoup de brefs, mais ceux-ci devinrent plus nombreux, surtout après 1120. Les brefs normands cependant étaient adressés à des individus, plutôt qu'à des officiers, comme c'était le cas en Angleterre, d'après les observations de David Bates[83]; ils étaient aussi comme en Angleterre un lien entre le roi-duc et les régions.

La justice d'Henri en Normandie demeure fort mal connue. Certes, on dispose des actes de la pratique, mais on ne comprend pas comment les ordres étaient exécutés. En 1106, le roi interdit le vol, mais on ignore si cette proclamation fut efficace. Selon l'enquête de 1091, certains plaids étaient réservés aux ducs, et les coupables étaient soumis à la miséricorde de ce dernier (*in misericordia ducis*) pour leur vie (*corpus*), leurs terres (*terra*) ou leurs revenus (*pecunia*). On sait qu'Henri renforça la trêve de Dieu : l'ordalie se tenait à la cour du duc et le justicier ducal devait donner l'amende à l'évêque. Il est fait mention plus souvent des justiciers, *justiciarii*. Ils n'étaient pas des fonctionnaires au sens strict, mais

76. ORDERIC VITAL, t. VI, p. 202.

77. D. SPEAR, *The Norman Episcopate under Henry I, king of England and duke of Normandy 1106-35*, thèse inédite de Santa Barbara, 1982, p. 74-80.

78. *The Norman Empire*, Oxford, 1976, chap. 5.

79. RICHARD FITZNIGEL, *Dialogus de Scaccario. Constitutio Domus Regis*, C. JOHNSON (éd.), Oxford, 1983, p. 14.

80. J. H. ROUND, «Bernard, the King's Scribe», *English Historical Review*, t. 14, 1899, p. 426.

81. «Unity and disunity in the Anglo-Norman State», *Historical Research*, t. 62, 1989, p. 118-123.

82. C. H. HASKINS, *Norman Institutions*, p. 88-105.

83. D. BATES, «The Earliest Norman Writs», *English Historical Review*, t. 100, 1985, p. 274.

ils pouvaient administrer la justice au nom d'Henri, qui leur adressait des ordres. Quelquefois on les a décrits comme *justiciarii Normannie*; on les suppose analogues aux justiciers «de toute l'Angleterre», d'autres avaient des circonscriptions plus limitées[84].

Henri prit à son service des hommes d'origine plutôt modeste qu'il avait promus, des *novi homines*, hommes nouveaux. Orderic nous en dresse une liste bien connue[85]. Ce n'était pas une nouveauté, puisqu'on en trouve à l'époque carolingienne[86]. Ce cas n'est pas propre à l'Angleterre : en France, on critiquait les hommes nouveaux de Louis VI, et, en Flandre, les agents de la famille Erembald ont tué le comte Charles en 1127[87]. On en trouve quelques-uns en Normandie, comme Guigan Algason, vicomte d'Exmes, Guillaume Trussebut, châtelain de Bonneville, et Haimon de Falaise (qui est peut-être devenu châtelain de Falaise)[88]. En Normandie, des hommes purent profiter de leurs relations avec un prince puissant, quoiqu'il y ait peu de détails relatifs à leur carrière.

En conclusion, Henri Iᵉʳ doit être considéré comme un usurpateur qui dut lutter pour s'assurer de la maîtrise du duché ; c'est la raison pour laquelle il promit d'être un bon duc qui maintiendrait les bonnes lois et qui défendrait le duché. Il utilisa ses richesses pour fortifier les châteaux et pour payer ses chevaliers. Il protégea l'Église, promut la réforme et choisit des prélats avec lesquels il avait des relations cordiales. Il protégea les droits et les revenus ducaux en utilisant des «hommes nouveaux», mais il cultiva aussi l'amitié avec les grands seigneurs du duché.

La paix du roi Henri, on peut le supposer, permit la croissance des villes et des nouveaux villages ; pour l'Église elle procurait la sécurité et encourageait la fondation de nouvelles communautés canoniales et cisterciennes. Néanmoins son régime, bon pour le clergé et les paysans, était fondé sur une propagande qui masquait la déposition de son frère et de son neveu. Il convient de ne pas mésestimer la pratique systématique de l'emprisonnement des nobles, de la confiscation des châteaux de ces derniers, d'une justice sévère, dont on sait fort peu de chose. Et pour quel dessein? En 1125, il voulut nommer un successeur, faute d'un fils. Il aurait pu nommer un de ses neveux, Thibaud ou Étienne de Blois, des hommes adultes et capables, mais il préféra, à leur place, sa fille Mathilde. Après sa mort, il y eut une guerre de succession. On peut dire que, malgré tout, il livra la Normandie aux Angevins.

---

84. C. H. Haskins, *Norman Institutions*, p. 93-103.

85. Orderic Vital, t. VI, p. 16.

86. S. Airlie, «Bonds of Power and Bonds of Association in the Court Circle of Louis the Pious», dans *New Perspectives on the Reign of Louis the Pious*, P. Godman et R. Collins (éd.), Oxford, 1990, p. 191-192.

87. E. Bournazel, *Le gouvernement capétien au xiiᵉ siècle, 1108-1180*, Paris, 1975, p. 65-66 ; Galbert de Bruges, *The Murder of Charles the Good Count of Flanders*, J. B. Ross (éd. et trad.), New York, 1967, p. 96-100.

88. K. S. B. Keats-Rohan, «Two Studies in North French Prosopography», *Journal of Medieval History*, t. 20, 1994, p. 26-28 ; Orderic Vital, t. VI, p. 526-528 ; *Early Yorkshire Charters*, t. X. *The Trussebut Fee*, C. T. Clay (éd.), Yorkshire Archaeological Society, Record Series, Extra Series, t. 10, 1955, p. 5-22. On ne sait rien de Guillegrip ni de Robert de Bostare.

LES NORMANDS DE L'ENTOURAGE D'HENRI II PLANTAGENÊT

Nicholas Vincent[*]

L'un des paradoxes de notre profession est que les sujets les moins bien documentés sont souvent ceux qui sont les plus étudiés par les historiens. Inversement, les sujets, sur lesquels nous possédons une abondante documentation, suscitent rarement l'intérêt. L'hérésie des Albigeois constitue un exemple du premier phénomène, alors que les Normands de l'entourage d'Henri II illustrent le second. Les historiens de France et d'Angleterre ont eu accès pendant près de soixante-dix ans au vaste corpus des chartes du roi Henri, rassemblé par Léopold Delisle et publié par son élève Élie Berger entre 1916 et 1927[1]. Près de 400 des 800 chartes publiées par Delisle et Berger se rapportent directement à l'administration d'Henri en Normandie. Pourtant, depuis la publication du *Recueil* de Delisle et Berger, très peu de travaux ont porté sur l'histoire de la Normandie dans la seconde moitié du XIIe siècle. Cette carence s'explique en partie par la vogue historiographique – l'ascendant de l'école des Annales en France après 1914 et, en France comme en Angleterre, l'essor de l'intérêt porté à l'histoire de la Normandie au début de l'époque ducale, et en particulier à l'histoire du royaume anglo-normand après 1066. La Normandie entre 1066 et 1130 a fait l'objet de vifs débats. De même, à la fin de la période anglo-normande, entre 1190 et 1204, les historiens ont versé beaucoup d'encre pour expliquer les causes de ce qui est décrit, selon que l'on se place d'un point de vue français ou anglais, comme la «perte» du roi Jean ou le «gain» de Philippe Auguste[2]. Entre ces deux périodes, le règne d'Henri II, duc

* Professeur, Université d'East Anglia.

Je voudrais remercier Bénédicte Denizet, Véronique Gazeau et Juliet Tyson pour la traduction de cet article.

1. *Recueil des actes d'Henri II roi d'Angleterre et duc de Normandie concernant les provinces françaises et les affaires de France*, L. Delisle et E. Berger (éd.), 3 vol., Paris 1916-1927, précédé par l'*Introduction* de L. Delisle (Paris, 1909).

2. Depuis 1975, voir J. C. Holt, «The End of the Anglo-Norman Realm», *Proceedings of the British Academy*, 1975, p. 223-265 ; L. Musset, «Quelques problèmes posés par l'annexion de la Normandie au domaine royal français», dans *La France de Philippe Auguste : le temps des mutations*, R. H. Bautier (dir.), Paris, 1982, p. 291-309 ; J. C. Holt, «The Loss of Normandy and Royal Finance, dans *War and Government in the Middle Ages : Essays in Honour of J. O. Prestwich*, J. Gillingham et J. C. Holt (éd.),

de Normandie entre 1154 et 1189, fut jusqu'à une époque récente presque entièrement négligé. Sir Maurice Powicke et Charles Homer Haskins, auteurs des deux plus importantes études sur le rôle d'Henri II en tant que duc de Normandie, publièrent tous deux les résultats de leurs travaux en 1913, avant le début de la Première guerre mondiale et une quinzaine d'années avant la dernière publication du *Recueil* de Delisle et Berger[3].

Dans la présentation qui suit, je puiserai principalement dans les preuves qui figurent en supplément des 800 chartes imprimées par Delisle et Berger et dans les 2200 chartes et mentions de chartes d'Henri II qui ont été mises « au jour » depuis cette époque ; parmi celles-ci, une centaine environ provient d'archives normandes ou concerne des bénéficiaires normands. J'ai concentré mes efforts ces dernières années sur la collecte et l'édition de ces textes dont la publication est prévue en 2004. Par conséquent, ce qui suit ne représente qu'une esquisse du gouvernement du duché de Normandie par Henri II. Dans l'ensemble, je me limiterai ici aux témoins normands de ces chartes en vue d'établir qui était, et peut-être plus important encore, qui n'était pas attaché à l'entourage du duc. Exception faite de la thèse de doctorat non publiée de John Lally et du registre biographique des hommes de la cour d'Henri compilé par Delisle – registre qui, il est important de le noter, fut compilé avant la publication des chartes et qui comporte par conséquent de nombreuses mentions de Normands qui n'apparaissent que rarement, et même dans certains cas jamais, à la cour d'Henri – il n'existe pas d'étude prosopographique détaillée de l'entourage du roi en Normandie[4]. Ce qui suit constitue le travail d'approche préliminaire d'une telle étude, qui sera, je l'espère, poursuivie dans l'introduction de mon ouvrage à venir.

Commençons par quelques statistiques sommaires. À l'heure actuelle, nous avons connaissance d'un peu plus de 3000 chartes ou mentions de chartes aujourd'hui perdues d'Henri II[5]. Parmi celles-ci, environ 500, soit une sur six, concernent

---

Woodbridge, 1984, p. 92-105 ; D. BATES, « The Rise and Fall of Normandy, 1066-1189 » et D. CROUCH, « Normans and Anglo-Normans : A Divided Aristocracy ? », dans *England and Normandy in the Middle Ages*, D. BATES et A. CURRY (éd.), Londres et Rio Grande, 1994, p. 19-35, 51-67 ; J. GILLINGHAM, *Richard I*, Yale, 1999 ; N. BARRATT, « The Revenues of John and Philip Augustus Revisited » et D. POWER, « King John and the Norman Aristocracy », dans *King John : New Interpretations*, S. D. CHURCH (éd.), Woodbridge, 1999, p. 75-99, 117-136. On attend la publication de la thèse de doctorat de Daniel Power, *The Norman Frontier in the Twelfth and Early Thirteenth Centuries*, Cambridge University Ph.D., 1994, pour une synthèse plus complète.

3. F. M. POWICKE, *The Loss of Normandy 1189-1204*, Manchester, 1913, 2ᵉ édition 1960 ; C. H. HASKINS, *Norman Institutions*, Cambridge (Mass.), 1918. Notez le rôle relativement faible de la Normandie dans les travaux sur le prétendu « Empire plantagenêt » : J. BOUSSARD, *Le Gouvernement d'Henri II Plantegenêt*, Paris, 1956 ; J. GILLINGHAM, *The Angevin Empire*, Londres, 1984, 2ᵉ édition 2001 ; M. AURELL, *L'Empire des Plantagenêt 1154-1224*, Paris, 2002.

4. L. DELISLE, *Introduction*, p. 351-505 ; J. LALLY, *The Court and Household of King Henry II, 1154-1189*, Unpublished Ph.D. thesis, Liverpool University 1969. De sa thèse, J. Lally n'a publié qu'un court article, « Secular Patronage at the Court of King Henry II », *Bulletin of the Institute of Historical Research*, t. XLIX, 1976, p. 159-184.

5. Les chiffres qui suivent se fondent sur une base de données écrite en File-Maker Pro, valable en octobre 2001. Depuis cette date, quelques autres chartes sont entrées dans les *files*, mais sans affecter les résultats globaux.

---

des bénéficiaires ou sont adressées aux officiers du roi en Normandie, un peu plus de 200 concernent le reste de la France, 50 concernent le pays de Galles et l'Irlande, alors que plus de 2 200 chartes sont émises au profit de bénéficiaires en Angleterre. Comme dans tous les autres domaines de l'espace plantagenêt, la disproportion est grande entre les chartes émises en faveur de religieux et celles qui concernent des bénéficiaires laïcs normands. Nous possédons moins de soixante exemples de ces dernières. La Normandie possède très peu de cartulaires laïcs, et en France plus encore qu'en Angleterre, les chartes du XIIe siècle octroyées à des bénéficiaires laïcs furent rarement conservées dans les *vidimus* royaux qui furent établis par la suite. En Angleterre, de nombreuses chartes destinées à des bénéficiaires laïcs ont subsisté parmi les archives des familles qui prirent possession des domaines octroyés à l'origine par le roi, alors que la révolution de 1789 a tout simplement éradiqué ce type de document en Normandie[6]. Léopold Delisle ne découvrit que deux chartes originales d'Henri II dans les archives seigneuriales normandes, et toutes les deux furent par la suite égarées ou détruites par la guerre[7]. Les chartes fournissent par conséquent une image fragmentée et peu fiable du patronage accordé par le roi aux barons et aux chevaliers normands. De même, l'unique *Pipe Roll* normand plus ou moins complet pour le règne d'Henri, rédigé en 1180, est moins révélateur qu'on ne le souhaiterait pour ce qui est du patronage des propriétaires normands par le roi[8]. Comme cela a été dit, alors que les *Pipe Rolls* anglais jusqu'aux années 1160 fournissent les listes de ceux que leur faveur à la cour exempta du *danegeld*, l'absence d'impôt comparable au *danegeld* en Normandie ne permet pas d'établir aisément qui, en dehors des baillis et des officiers, jouissait de la faveur du duc[9]. Nous n'avons donc pas le choix, nous devons nous tourner vers les listes de témoins des chartes d'Henri pour établir qui faisait partie et qui ne faisait pas partie de l'entourage du duc.

David Bates s'est appliqué à démontrer que les listes de témoins constituent une source traîtresse. Nous courons le risque, en les utilisant à des fins d'analyses statistiques, de tirer des conclusions dénaturées à partir de preuves elles-mêmes gravement altérées[10]. Pour ne citer que le cas le plus flagrant sous Henri II, parmi

---

6. Pour quelques remarques ici, voir «Acta of Henry II and Richard I Part 2 : A Supplementary Handlist of Documents Surviving in the Original in Repositories in the United Kingdom, France, Ireland, Belgium and the USA», N. Vincent (éd.), *List and Index Society Special Series*, t. XXVII, 1996, p. 23-32. Notez aussi le faible nombre des chartes expédiées par Henri II en Normandie pour les villes, en opposition avec le nombre beaucoup plus considérable en Angleterre. Pour quelques réflexions ici, voir L. Musset, «Le problème des chartes de franchises en Normandie (XIe-XIVe siècles) », dans *La charte de Beaumont et les franchises municipales entre Loire et Rhin*, Nancy, 1988, p. 43-57.

7. L. Delisle et E. Berger, *Recueil des actes d'Henri II*, n°s 171, 419.

8. *Magni Rotuli Scaccarii Normanniae sub regibus Angliae*, T. Stapleton (éd.), Londres, 1840, t. I, p. 1-108, avec fragments du *Pipe Roll* pour 1184 dans *Ibid.* p. 109-123 et L. Delisle, *Introduction*, p. 334-344.

9. C. H. Haskins, *Norman Institutions*, p. 177, et pour les autres taxes, comme le fouage, appliquées en Normandie, voir V. Moss, «Normandy and England in 1180 : The Pipe Roll Evidence», dans *England and Normandy in the Middle Ages*, D. Bates et A. Curry (éd.), p. 191-193.

10. D. Bates, «The Prosopographical Study of Anglo-Norman Charters», dans *Family Trees and the Roots of Politics : The Prosopography of Britain and France from the Tenth to the Twelfth Century*, K. S. B. Keats-Rohan (éd.), Woodbridge, 1997, p. 89-102.

---

les 2300 chartes sur les 3000 qui conservent leurs listes de témoins, quatre chartes seulement indiquent Pierre de Blois comme témoin et aucune ne porte le nom de Gautier Map. On pourrait en conclure que Pierre et Gautier ne faisaient pas partie de la cour du Plantagenêt. Or, nous savons que ces auteurs des deux plus brillants récits de la vie à la cour plantagenêt y prirent part à plusieurs reprises, au cours de leur carrière[11]. Les listes de témoins nous fournissent les noms de ceux qui, à la cour, jouèrent un rôle dans l'expédition des ordres administratifs et, dans certains cas, les noms d'une vingtaine de ceux qui furent jugés aptes à témoigner sur telle ou telle charte en raison de leur position à la cour ou de leurs liens personnels avec le solliciteur de la charte royale. Ces listes ne peuvent en aucun cas procurer la liste complète des membres de la cour. Au mieux, et en l'absence de meilleure preuve, elles apportent une indication, faillible, sur la composition de la cour.

En conservant à l'esprit cette mise en garde, passons maintenant aux listes de témoins des chartes d'Henri II. Nous commencerons en fait par la fin, en examinant la clause de conclusion de 2300 des 3000 chartes, qui indique leur lieu d'émission dans la formule «apud X». Le nouvel itinéraire d'Henri II récemment établi par Judith Everard à partir de chroniques et d'autres sources, indique qu'il passa en Normandie au moins treize années de son règne de trente-cinq ans[12]. La Normandie tient une place importante dans l'itinéraire du roi en raison, d'une part, de son intérêt propre et, d'autre part, de sa topographie. En effet, le roi pouvait se rendre, à partir de la Normandie, dans ses territoires au sud et à l'ouest, ou embarquer pour l'Angleterre. Nous savons donc qu'au cours des trente-cinq années du règne d'Henri, la Normandie figure sur son itinéraire tous les ans, sauf pendant quatre années, et ce même si certaines années, seules quelques occasions spécifiques nous permettent de connaître son lieu de passage ou de résidence[13]. Sa plus longue absence du duché ne dura pas plus de deux années, de janvier 1163 à février 1165. En revanche, si Henri se rendit en Normandie en de nombreuses occasions, sa cour, elle, s'y tenait rarement pendant des périodes prolongées[14]. À cet égard, le fait que son séjour le plus long en Normandie, d'avril 1173 à avril 1175, coïncide avec l'une des crises les plus graves de son règne, la grande rébellion de 1173-1174, sur laquelle je reviendrai, est révélateur. Pourtant, même au cours de cette période, sa résidence prolongée est ponctuée d'assauts éclairs contre les barons rebelles de Bretagne, d'Aquitaine et d'Angleterre. Quel

---

11. Cité par N. VINCENT, «King Henry II and the Poitevins», dans *La cour Plantagenêt,1154-1204 : Actes du colloque tenu à Thouars du 30 avril au 2 mai 1999*, M. AURELL (éd.), Poitiers, 2000, p. 107-108.

12. L'itinéraire fait par Judith Everard sera publié en appendix à *The Acta of Henry II King of England (1154-1189)*, J. C. HOLT et N. VINCENT (éd.), 4 vol., Oxford, à paraître 2004, en remplacement de R. W. EYTON, *Court, Household and Itinerary of King Henry II*, Londres, 1878.

13. Apparemment, le roi ne visita pas la Normandie en 1155, 1164, 1176, 1179 ou après octobre 1188. Le roi en fut absent entre janvier 1163 et février 1165 (26 mois), juillet 1171 et mai 1172 (10 mois), et entre juillet 1178 et avril 1180 (22 mois).

14. Apparemment, les périodes de résidence du roi en Normandie les plus prolongées se déroulèrent entre octobre 1159 et novembre 1160 (14 mois), entre avril 1161 et janvier 1163 (21 mois), entre avril 1173 et avril 1175 (24 mois), et entre avril 1185 et avril 1186 (12 mois).

qu'ait été l'intérêt personnel du roi pour la Normandie, ce duché était au centre de son autorité en termes littéraux et spatiaux. Par conséquent, nous devons aborder prudemment le fait qu'un sixième seulement (soit environ 500) des 2 300 chartes pour lesquelles nous connaissons le lieu d'émission provient du duché ; en toute vraisemblance, cela traduit plus un parti pris archivistique que politique. Les bénéficiaires des chartes qui ont été conservées en plus grand nombre sont les monastères anglais. Il y a deux explications à cela : d'une part, cela correspond à la proportion plus importante de monastères en Angleterre qu'en Normandie ; d'autre part, la chancellerie royale d'Angleterre commença à émettre de manière courante à partir des années 1220 des *inspeximus* des actes royaux antérieurs. Cette coutume préserva les textes de plusieurs centaines de chartes du XIIe siècle pour lesquelles il n'existe pas de source équivalente en France. En toute probabilité, les monastères anglais soumettaient au roi leur demande de chartes et d'ordonnances lorsque celui-ci se trouvait en Angleterre, ce qui explique la quantité beaucoup plus importante de chartes émises sur le territoire anglais pour des monastères anglais[15].

Cela dit, les quelque cinq cents chartes émises en Normandie constituent une source respectable qui, présentée sous forme de tableau, fournit les statistiques suivantes :

TABLEAU 1: CHARTES ÉMISES EN NORMANDIE (excluant les lieux où ont été émises moins de quatre chartes)			
Lieu d'émission	*Bénéficiaire normand*	*Bénéficiaire anglais*	*Autre*	*Total*
Rouen	60	71	3	134
Argentan	39	16	4	60
Caen	40	13	3	56
Bur-le-Roi	22	13	2	37
Valognes	24	3	3	30
Lyons-la-Forêt	6	9	5	20
Quevilly	10	8	0	18
Domfront	9	5	2	16
Cherbourg	13	1	1	15
Falaise	4	9	1	14
Barfleur	10	2	0	12
Bayeux	6	2	0	8
Vaudreuil	2	5	0	7
Mortain	3	2	1	6
Montfort	5	0	1	6
Sées	3	1	2	6
Bonneville-sur-Touques	6	0	0	6
Gisors	2	2	2	6
Drincourt	1	3	1	5
Lillebonne	5	0	0	5
Les Andelys	0	5	0	5
Verneuil	1	1	2	4
TOTAL	271	171	33	475

L'image qui en ressort est relativement claire. On remarquera, pour commencer, la prépondérance des chartes émises à Rouen. En combinant les chiffres de Rouen avec ceux de la résidence royale toute proche, Quevilly, nous obtenons 154 chartes, soit près d'un tiers du nombre total des chartes émises en Normandie. Comme l'a souligné David Bates, Rouen était sans aucun doute le principal centre de l'administration plantagenêt, occupant une position comparable à celle de Westminster en Angleterre[16]. Nous trouvons ensuite un nombre significatif de chartes émises à partir des centres d'Argentan et de Caen, suivi par un nombre moindre mais encore révélateur de chartes émises à partir de Bur, Valognes, Lyons-la-Forêt, Domfront, Falaise, Cherbourg et Barfleur –– ces deux derniers lieux correspondent à deux emplacements d'embarquement et de débarquement privilégiés pour la traversée de la Manche, et les affaires normandes y étaient donc expédiées soit immédiatement après l'arrivée du roi d'Angleterre, soit avant son embarquement. Pour le reste, il est clair que la cour traitait toutes sortes d'affaires dans chacun de ses principaux lieux de résidence, comme on pouvait s'y attendre. Un peu moins de 60 % des chartes émises en Normandie concernent des bénéficiaires normands, mais cela laisse un nombre important de chartes pour des bénéficiaires anglais, qui étaient prêts à traverser la Manche ou à envoyer des représentants à la cour ducale afin d'obtenir des lettres du roi lorsque sa cour se tenait en Normandie. Les affaires d'Angleterre pouvaient être expédiées en Normandie, tout comme celles de Normandie pouvaient être traitées alors que la cour se tenait en Angleterre, en Anjou ou en Aquitaine[17]. Cela nous donne une indication de l'étroitesse des liens qui continuaient à unir l'Angleterre et la Normandie après 1154.

Placées dans le contexte plus large des lieux d'origine des chartes dans l'espace plantagenêt, nous voyons que Rouen, Argentan et Caen apparaissent respectivement en seconde, sixième et septième position parmi les centres administratifs à partir desquels le roi émettait des chartes. L'importance de ce classement n'apparaît que lorsque l'on compare les chartes d'Henri II avec celles du premier roi plantagenêt pour lequel nous possédons un registre quasi complet de la correspondance envoyée, le roi Jean. Sous ce dernier, nous pouvons suivre les déplacements du roi dans son royaume au jour le jour grâce aux chartes et brefs émis à partir de chacun des lieux visités par le roi, aussi mineurs ou reculés soient-ils[18].

---

15. Pour quelques remarques ici, voir T. F. KEEFE, «Place-Date Distribution of Royal Charters and the Historical Geography of Patronage Strategies at the Court of King Henry II Plantagenet», *The Haskins Society Journal*, t. II, 1990, p. 179-188. Les chiffres fournis par Keefe doivent être remplacés par les chiffres fournis ici, mais les conclusions de Keefe restent toujours valables.

16. D. BATES, «Rouen from 900 to 1204 : From Scandinavian Settlement to Angevin Capital», dans *Medieval Art and Archaeology at Rouen*, J. STRATFORD (éd.), British Archaeological Association Conference Transactions t. XII, 1993, p. 1-11.

17. Ici voir N. VINCENT, «King Henry II and the Poitevins», p. 109-113.

18. Pour l'itinéraire du roi Jean sans Terre, voir *Rotuli litterarum patentium*, T. Duffus HARDY (éd.), Londres, 1835, appendix à l'introduction. En avril 1203, par exemple, on peut suivre le roi de Rouen à Montfort en passant par Moulineux, Lisieux, Falaise, Vire, La Lande-Patry, Bonneville, Hébertot, Trianon, Le Bec et Verneuil. Parmi ces douze lieux, simplement cinq (Rouen, Montfort, Falaise, Bonneville et Verneuil) figuraient dans la liste des lieux favorisés par Henri II pour l'émission des chartes.

	TABLEAU 2 : LIEUX D'ÉMISSION DES CHARTES D'HENRI II EN ANGLETERRE ET EN NORMANDIE		

Fondé sur les 2 398 chartes
qui comportent l'indication de leurs lieux d'émission sur un total de 3 013 chartes

1.	Westminster	257	(10,7 % sur un total de 2 398 chartes)
2.	Rouen et Quevilly (134 + 18)	152	(6,3 %)
3.	Winchester	141	(5,9 %)
4.	Woodstock	131	(5,5 %)
5.	Northampton	97	(4,0 %)
6.	Argentan	60	
7.	Caen	56	
8.	Windsor	55	
9.	Nottingham	51	
10.	Bridgnorth	45	
11.	York	44	
12.	Londres	43	
13.	Salisbury	42	
14.	Oxford	42	
15.	Chinon	38	

TOTAL   1254 (52,3 %) (Westminster et Rouen totalisant ensemble 17 %)

Environ 33 % des 2 398 chartes étaient expédiées depuis l'un des cinq premiers lieux. Les dix premiers lieux les plus fréquemment nommés constituent 43,5 % du total de 2 398 chartes.

Une telle représentation de l'itinéraire du roi ne se détache pas des chartes d'Henri II. Au contraire, la majorité de ses chartes sont émises non pas sur le bord de la chaussée, si l'on peut dire, mais dans des centres où étaient fixées les activités administratives. Je n'hésite pas à penser que cela nous en dit plus sur les habitudes de la chancellerie sous Henri II que sur la trame des mouvements du roi. Les chroniqueurs et les rapporteurs de la cour relatent les déplacements constants du roi sur ses territoires[19]. La cour était aussi itinérante sous Henri II que sous Jean, et pourtant la plupart des lettres et des chartes furent expédiées alors que le roi résidait dans l'un des quinze principaux centres administratifs de son espace d'autorité. Autrement dit, il semblerait que les fonctionnaires du sceau et de la chancellerie aient été moins mobiles que le roi et que l'émission de chartes et de lettres ait été réservée aux périodes, probablement limitées, pendant lesquelles le roi et la chancellerie résidaient au même endroit[20].

Avant de passer aux témoins eux-mêmes, deux autres points relatifs aux lieux méritent d'être mentionnés. Premièrement, nous remarquons que les principaux

19. Voir ici les citations rassemblées par L. M. PATTERSON, *The World of the Troubadours : Medieval Occitan Society, c. 1100-c. 1300*, Cambridge, 1993, p. 104-106, et pour l'itinéraire plantagenêt voir plus récemment R. BARTLETT, *England under the Norman and Angevin Kings 1075-1225*, Oxford, 2000, p. 134-143.
20. Point mis en évidence par N. VINCENT, « Why 1199? Bureaucracy and Enrolment under John and his Contemporaries », dans *The Birth of Red Tape*, A. JOBSON (éd.), Woodbridge, à paraître en 2004.

centres d'activités en Normandie correspondent tous à des résidences royales, château ou pavillon de chasse. L'époque où le duc résidait pendant une période plus ou moins longue dans les centres ecclésiastiques tels que Fécamp ou Bayeux est révolue. Parmi les sept évêchés normands, nous trouvons que le roi émit 135 chartes à partir de la capitale royale et ecclésiastique de Rouen, mais par la suite, seules 8 chartes sont émises à Bayeux, 6 à Sées, une (non reportée dans le tableau en raison de son peu de signification) à Avranches, Évreux et Lisieux, et aucune à Coutances. Le duc ne cessa pas pour autant de patronner l'Église normande, de même que les évêques normands ne cessèrent de fréquenter la cour du duc. Au contraire, les évêques normands figurent parmi les témoins les plus courants des chartes d'Henri II : ce point fait l'objet d'une étude à paraître de Jörg Peltzer, qui suggère que, quel que soit l'attachement des barons normands à la cour d'Henri, les Plantagenêts disposaient de la loyauté presque universelle de l'Église normande[21]. Les principales résidences du roi étaient cependant dans des centres séculiers plutôt qu'ecclésiastiques, détachés des grands sites épiscopaux et monastiques du duché. En second lieu, et c'est un fait très significatif en ce qui concerne la place de la Normandie dans l'espace plantagenêt et dans l'intérêt personnel d'Henri II, la Normandie tient une place prépondérante par rapport aux autres régions de la France plantagenêt à la fois en termes du nombre de chartes émises pour les Normands relativement aux bénéficiaires angevins et méridionaux, et en termes du nombre de chartes émises à partir des principales résidences du duc en Normandie. Contrairement à l'Aquitaine et au Poitou qui, comme je l'ai démontré ailleurs, semblent avoir été très en marge de l'autorité d'Henri - avec peu de Poitevins et de méridionaux présents à la cour, peu de monastères poitevins et méridionaux sollicitant des chartes du duc, et les quelques chartes émises en faveur de tels bénéficiaires uniquement lorsque le roi lui-même se trouvait au sud de la Loire – il apparaîtrait que la Normandie venait en seconde position après l'Angleterre pour ce qui est de l'attention administrative et du temps que le roi lui consacrait[22].

Je me tourne maintenant vers les listes de témoins proprement dites. Ici, même en dessinant à grands traits les contours d'une prosopographie qui sera publiée en détail en son heure, plusieurs caractéristiques apparaissent clairement. Je commencerai par énoncer une vérité de La Palisse, à savoir que la cour du roi se composait à la fois de Normands et d'Anglo-Normands. Je tiens à distinguer ici ces deux groupes. Comme l'ont souligné David Bates, David Crouch et d'autres, même après 1066 et de plus en plus à mesure que l'on avance dans le XIIe siècle, il existait des familles normandes qui n'avaient que des intérêts périphériques dans les terres et les affaires d'outre-Manche[23]. En tête de la classe des propriétaires,

---

21. J. H. PELTZER, «King Henry II's Relationship with the Bishops of his Continental Dominions», Thèse M. Phil. non publiée, University of Birmingham, 1998.

22. N. VINCENT, «King Henry II and the Poitevins», p. 103-135.

23. D. BATES, «The Rise and Fall of Normandy», p. 32 ; D. CROUCH, «Normans and Anglo-Normans». p. 51-67, et pour la nature de la domination anglo-normande, les facteurs centripètes existent même dans les années 1130, voir D. BATES, «Normandy and England after 1066», *English Historical Review*, t. CIV, 1989, p. 851-880.

certaines familles possédaient des domaines étendus à la fois en Angleterre et en Normandie : parmi ceux-ci figurent les comtes Mandeville d'Essex, les comtes de Gloucester, les comtes Giffard de Buckingham et les comtes Roumare de Lincoln[24]. Même là cependant, et de plus en plus à mesure que l'on descend dans l'échelle sociale, de nombreuses familles n'avaient aucun doute sur la rive de la Manche où résidaient leurs principaux intérêts. Si nous prenons l'exemple du clan Beaumont, dès les années 1140, la grande concentration des domaines des Beaumont en Angleterre et en Normandie avait été divisée inégalement entre un premier groupe contrôlé par les *earls* de Beaumont-Leicester implantés en grande partie en Angleterre, et un second groupe contrôlé par les comtes de Beaumont-Meulan, principalement établis en Normandie et dans le Vexin[25].

Ce sont les Anglo-Normands qui apparaissent le plus souvent comme témoins des chartes d'Henri II : depuis les grands barons tels que Robert II, comte de Leicester, et Guillaume de Mandeville, comte d'Essex, jusqu'aux hommes de moindre stature, mais néanmoins influents, tels que Richard de Lucy, Richard de Canville, Robert de Dénestanville ou Bertram de Verdun[26]. Tous ces hommes figurent comme témoins de 50 chartes royales au moins, et souvent plus. Des quatre hommes les plus notoires de la cour d'Henri II, ces *milites domus regis* que le meurtre de l'archevêque Becket a couverts d'infamie, trois possédaient sans aucun doute des intérêts ancestraux ou terriens en Normandie : Richard de Morville, Reginald Fitz Urse et Guillaume de Tracy. Pourtant, quels que soient les biens que ces hommes aient possédés en Normandie, ceux-ci pâlissent considérablement au regard des baronnies que leurs familles acquirent en Angleterre après 1066[27]. Des hommes tels que Verdun et Canville furent les témoins de chartes et assumèrent des fonctions

---

24. Pour la plupart des grands seigneurs anglo-normands, les biographies fournies dans G. E. Cockayne, *The Complete Peerage*, V. Gibbs, H. E. Doubleday, Lord Howard de Walden et G. H. White (éd.), 12 vol. en 13, Londres 1910-1957 restent assez utiles ainsi que les études de L. C. Loyd, *The Origins of Some Anglo-Norman Families*, C. T. Clay et D. C. Douglas (éd.), Harleian Society, CIII, 1951. Plus récemment, les travaux prosopographiques de K. S. B. Keats-Rohan, *Domesday People* et *Domesday Descendants : A Prosopography of Persons Occurring in English Documents 1066-1166*, 2 vol., Woodbridge, 1999-2002, doivent être utilisés avec beaucoup de précaution.

25. D. Crouch, *The Beaumont Twins. The Roots and Branches of Power in the Twelfth Century*, Cambridge, 1986, ch. 3.

26. Pour les comtes Beaumont de Leicester et Mandeville de Essex, voir *The Complete Peerage*, t. 5, sous «Essex» ; D. Crouch, *The Beaumont Twins*. Pour Richard de Lucy (de Lucé, dép. Orne), les Canville (de Canville-les-Deux-Églises, dép. Seine-Maritime, cant. Doudeville), les Dénestanville (Dénestanville, dép. Seine-Maritime, cant. Longueville-sur-Scie), et Bertram de Verdun (dép. Manche, cant. Pontorson, ham. cne. Vessey), voir les biographies plus ou moins complètes de E. M. Amt, «Richard de Lucy, Henry II's Justiciar», *Medieval Prosopography*, t. IX, 1988, p. 61-85 ; N. Vincent, «Richard de Canville», dans *New Dictionary of National Biography*, Oxford, à paraître ; L. C. Loyd, *Origins*, p. 24, 38-39 ; I. J. Sanders, *English Baronies : A Study of their Origin and Descent 1086-1327*, Oxford, 1960, p. 28 ; L. Delisle, *Introduction*, p. 441 ; R. Dace, «Bertran de Verdun : Royal Service, Land and Family in the Late Twelfth Century' », *Medieval Prosopography*, t. XX, 1999, p. 75-91.

27. N. Vincent, «The Murderers of Thomas Becket», dans *Bischofsmord im Mittelalter*, N. Fryde (éd.), Göttingen, 2003, p. 211-272. Les Morville possédaient des terres à Morville et ailleurs (dép. Manche) ; les Fitz Urse, par mariage, à Sandouville (dép. Seine-Maritime, cant. Saint-Romain-de-Colbosc) et les Tracy en plusieurs endroits en raison de leurs origines comme seigneurs de Tracy en Neuville (dép. Calvados, cant. Vire). Tous les trois, néanmoins, avaient des terres plus considérables en Angleterre ou en Écosse.

administratives aussi bien en Angleterre qu'en Normandie[28]. Au vu de ce que l'on observe dans les listes de témoins, ce sont ces hommes-là qui constituaient la majeure partie de l'entourage du roi. Cependant, en dehors des Anglo-Saxons, un nombre significatif de propriétaires qui possédaient des intérêts terriens plus ou moins importants en Normandie figurent également comme témoins des chartes royales. Parmi ceux-ci, les comtes d'Aumale et d'Évreux, Engelger et Onfroi de Bohon, Jourdain Tesson, seigneur de Saint-Sauveur-le-Vicomte, les connétables Richard et Guillaume du Hommet, Robert Marmion, Jean de Soligny, Robert et Guillaume d'Estouteville, Foulque Painel et, après les années 1170, Richard d'Auffay[29]. La plupart de ces hommes possédaient des terres des deux côtés de la Manche, mais leurs propriétés en Normandie étaient du même ordre de grandeur que celles qu'ils possédaient en Angleterre, quand elles ne les dépassaient pas. C'est en Normandie que plusieurs d'entre eux choisirent d'être inhumés[30].

En associant les preuves des émissions de chartes royales à partir de lieux normands et les preuves fournies par les listes de témoins, on pourrait être tenté de penser que l'Angleterre et la Normandie formaient sous Henri II un mariage heureux. Un point risque cependant de nous échapper si nous nous limitons aux preuves que constituent les chartes d'Henri II. En effet, si nous examinons l'enquête du service féodal de Normandie menée en 1172, on s'aperçoit que la majorité des barons normands énumérés dans cette enquête figurent rarement, et parfois même jamais, comme témoins des chartes royales[31]. Des hommes qui se trouvaient à la tête de la classe des propriétaires normands,

---

28. Bertram de Verdun fut *custos* de Pontorson en Avranchin, shérif de Warwickshire et de Leicestershire en Angleterre, et plus tard sénéchal d'Irlande : L. DELISLE, *Introduction*, p. 359-360 ; R. Dace, «Bertram de Verdun», p. 75-91. Richard de Canville le jeune fut *curialis* d'Henri II, gouverneur de Chypre pendant la troisième croisade, et avant sa mort en 1191 *custos* de Cherbourg, Brix et Valognes : N. VINCENT, «Richard de Canville»; *Magni Rotuli Scaccarii Normanniae*, T. STAPLETON (éd.), t. I, p. 277.

29. Pour Auffay (témoin de 14 chartes d'Henri II), Bohon (Engelger 20 chartes, Onfroi plus de 50 chartes d'Henri II), Évreux (7 chartes), Richard et Guillaume du Hommet (plus de 50 chartes chacun), Marmion (plus de 30 chartes), Soligny (de Subligny, dép. Manche, plus de 30 chartes) et Tesson (plus de 30 chartes), voir L. DELISLE, *Introduction*, p. 364, 385, 399, 401, 424, 429-434, 444, 457-458, 485-486; I. J. SANDERS, *Baronies*, p. 91, 145; C. L. LOYD, *Origins*, p. 8, 16, 52, 60. Pour les familles d'Estouteville et Painel, voir *Early Yorkshire Charters*, t. I-III, W. FARRER (éd.), Édimbourg, 1914-1916, t. IV-X, C. T. CLAY (éd.), Yorkshire Archaeological Society Record Series, extra series, 1935-1955, t. VI (« The Paynel Fee»), t. IX (« The Stuteville Fee»), t. XII (« The Tison Fee»). Pour les comtes d'Aumale (plus de 20 chartes d'Henri II), voir *Complete Peerage*, t. I, p. 351-355; B. ENGLISH, *The Lords of Holderness 1086-1260*, Oxford, 1979.

30. Par exemple, Foulque Painel fut probablement inhumé à Hambye, les Estouteville probablement à Valmont : *Early Yorkshire Charters*, t. VI, p. 19-20; t. IX, p. 47-54. Pour l'inhumation comme signe d'alliance politique anglaise ou normande, voir B. GOLDING, «Anglo-Norman Knightly Burials», dans *The Ideals and Practice of Medieval Knighthood*, C. HARPER-BILL et R. HARVEY (éd.), Woodbridge, 1986, p. 40-48.

31. Pour l'enquête de 1172, voir *The Red Book of the Exchequer*, H. HALL (éd.), Rolls Series, Londres, 1896, t. II, p. 624-647, avec les études de F. M. POWICKE, «The Honour of Mortain in the Norman Infeudationes Militum of 1172», *English Historical Review*, t. XXVI, 1911, p. 89-93; C. H. HASKINS, «The Inquest of 1171 in the Avranchin», *Ibid.*, p. 26-328; J. BOUSSARD, «L'enquête de 1172 sur les services de chevalier en Normandie», dans *Recueil des travaux offert à M. Clovis Brunel*, Paris, 1955, p. 193-208.

tels que les comtes d'Eu, d'Alençon/Ponthieu, de Meulan, Giffard et Roumare, le chambellan Guillaume de Tancarville, Richer de L'Aigle, Jocelin de Crespin, Nigel de Montbrai, Guillaume Patry ou Hugues de Gournay, apparaissent rarement comme témoins des chartes royales, malgré l'étendue de leurs domaines sur les deux rives de la Manche[32]. Nous nous heurtons ici à l'éternel problème de l'utilisation des listes de témoins comme preuve. Si l'on se réfère à ces listes, en effet, Guillaume de Tancarville se trouverait rarement en compagnie du roi, et pourtant une histoire bien connue racontée par Gautier Map suggère que Guillaume était impatient d'assumer ses responsabilités de chambellan à la cour royale. Map nous dit même que Guillaume fut nommé gouverneur plantagenêt du Poitou à la suite du meurtre de Patrick de Salisbury, dans les années 1160, et plus tard le *Pipe Roll* de 1180 nous indique que Guillaume reçut du domaine ducal un paiement annuel substantiel, et ce pendant plusieurs années[33].

Nos preuves sont peut-être dénaturées, mais elles nous éclairent pourtant sur ce qui fut probablement la plus grave crise du règne d'Henri II : la grande rébellion menée par Henri le Jeune en 1173-1174. Si nous dressons la liste des principaux rebelles normands et que nous la comparons avec l'enquête du service féodal de Normandie en 1172 et avec les listes de témoins des chartes royales, il en ressort deux points importants[34].

Premièrement, de nombreux grands seigneurs de Normandie semblent avoir été impliqués dans la rébellion : ces hommes étaient redevables d'une centaine des services féodaux du duché qui en comprenait 750, et disposaient eux-mêmes des services de plus de 550 de leurs propres chevaliers[35]. Deuxièmement, à l'exception de l'évêque Arnoul de Lisieux qui suivit son propre chemin égocentrique dans la rébellion, aucun des barons rebelles ne se trouve, avant 1172, parmi les témoins habituels des chartes royales[36]. Les rebelles des années 1170 figuraient parmi les nombreux seigneurs normands qui ne jouissaient d'aucun lien étroit avec la cour. Plusieurs d'entre eux, parmi lesquels Hugues de Gournay, Richer de L'Aigle, Robert de Meulan et ses alliés, Robert de Montfort et Galeran d'Ivry, subirent des pertes considérables lors de la constitution du royaume anglo-

---

32. Voir tableau 3.

33. Walter Map, *De Nugis Curialium*, M. R. James, C. N. L. Brooke et R. A. B. Mynors (éd.), Oxford 1983, p. 488-493 ; *Magni Rotuli Scaccarii Normanniae*, t. I, p. 68.

34. Pour les rebelles de 1172, nous disposons soit des listes dressées par les chroniqueurs, soit des listes des terres saisies par le roi en Angleterre en 1173 et 1174, spécifiées dans les *Pipe Rolls*. Ces dernières ne sont pas utilisées par la majorité des historiens. Surtout, nous manquons d'une histoire synthétique et complète de cette rébellion.

35. Ici, c'est très important pour les lecteurs anglais d'apercevoir la grande différence, entre les fiefs normands et anglais, signalée par D. Crouch, *The Beaumont Twins*, p. 101-138, où l'auteur suggère que les baronnies de deux fiefs normands doivent être comparées aux baronnies de dix fiefs ou plus anglais, à cause de la grandeur relative des fiefs normands et des obligations limitées des barons normands en relation avec leur duc.

36. Pour Arnulf, voir C. P. Schriber, *The Dilemna of Arnulf of Lisieux*, Bloomington, 1990, p. 113-114, où l'auteur suggère que Arnulf n'était pas rebelle, mais que la rupture entre lui et le roi vint de quelques autres motifs inconnus.

TABLEAU 3 : LES REBELLES DE 1173-1174 ET LEURS FIEFS EN NORMANDIE			
Nom	Fiefs de chevaliers dus au roi/duc en 1172	Arrière-fiefs en 1172	Attestations pour Henri II avant 1172 en Angleterre (A) ou Normandie (N)
Arnoul évêque de Lisieux	20	42	plus que 50 (AN)
Jean, comte d'Alençon	20	111	3 (A)
Robert, comte de Meulan	15	63	0
Henri, comte d'Eu	?	?	0
Hugues de Gournay	12	?	2 (AN)
Hugues, comte de Chester	10	51	(AN)
Robert II, comte de Leicester	10	121	3 (AN)
Guillaume de Tancarville	10	94	2 (N)
Robert de Montfort	7	45	1 (A)
Richer de L'Aigle	5	?	3 (AN)
Nigel de Montbrai	5	11	1 (?A)
Jocelin Crespin	5	32	1 (N)
Gilbert de Tillières	3	4	0
Ralph de Haie	3	6	?1 (Irlande)
Hasculf de St-Hilaire	2	?	0
Thomas de Coulonces	2	2	2 (N)
Eudes Fitz Ernisii	1	3	6 (N)
Guillaume Patry	1	3	2 (N)
Galeran d'Ivry	1	11	0
Gervais Painel	1	4	0

normand d'Henri II après 1154[37]. À partir de cette date, ils se retirèrent, comme les comtes Giffard, Roumare et Reviers, dans ce que l'on peut interpréter comme une sombre séparation d'avec la cour[38]. Tout ceci contredit les conclusions de Jacques Boussard, qui pensait que la Normandie dans son ensemble avait été

---

37. Pour Richer de L'Aigle, qui a perdu le château de Pevensey en Sussex après 1154, voir K. THOMPSON, «Lords, Castellans, Constables and Dowagers : The Rape of Pevensey from the 11th to the 13th Century», *Sussex Archaeological Collections*, t. CXXXV, 1997, p. 213-214 ; K. THOMPSON, «The Lords of Laigle : Ambition and Insecurity on the Borders of Normandy», *Anglo-Norman Studies*, t. XVIII, 1996, p. 191-192. Pour Robert de Montfort, cousin de Robert de Meulan, privé de Montfort[-sur-Risle] après 1161, voir *Magni Rotuli Scaccarii Normanniae*, T. STAPLETON (éd.), t. I, p. CXVIII; D. CROUCH, *The Beaumont Twins*, p. 29-30, 75. Pour Galeran d'Ivry, cousin des Beaumont, voir D. CROUCH, *The Beaumont Twins*, p. 60. Hugues de Gournay fut apparemment fidèle au roi au commencement de la rébellion, mais il fut pris par Henri le Jeune en 1173. Son fils, Hugues de Gournay le jeune, avait reçu la promesse de 50 £ de terre par le roi en Angleterre avant juin 1173. Mais avant septembre 1174, ses terres en Angleterre furent confisquées par le roi, apparemment comme terres d'un rebelle : *Radulfi de Diceto decani Lundoniensis opera historica*, W. STUBBS (éd.), Rolls Series, Londres 1876, t. I, p. 369; *The Great Roll of the Pipe for the Nineteenth Year of the Reign of King Henry the Second*, Pipe Roll Society, t. XIX, 1895, p. 70, 118-119 ; *The Great Roll of the Pipe for the Twentieth Year of the Reign of King Henry the Second*, Pipe Roll Society, t. XX, 1896, p. 39, 86. Ancien ami du roi Étienne, Hugues, le père, avait été privé par Henri II du manoir de Wendover en Buckinghamshire en 1155 ou 1156 : Robert de Torigni, *Chronica*, dans *Chronicles of the Reigns of Stephen, Henry II and Richard I*, R. HOWLETT (éd.), Rolls Series, Londres, 1885-1889, t. IV, p. 169; L. DELISLE et E. BERGER, *Recueil*, t. I, n° 325; *The Great Rolls of the Pipe for the Second, Third and Fourth Years of the Reign of King Henry the Second*, J. HUNTER (éd.), Londres, 1844, p. 21, 24 ; *Calendar of the Charter Rolls preserved in the Public Record Office : II (1257-1300)*, Londres, 1906, p. 34.

---

fidèle à Henri II en 1173 : pourtant il fournit avec cette affirmation une liste des barons normands qui semble démontrer précisément le contraire de ce qu'il avance[39]. La crainte de la défection importante des Normands tendrait à expliquer pourquoi Henri II décida de passer la majeure partie de la rébellion en Normandie, malgré les demandes instantes de ses ministres en Angleterre qui le pressaient de retraverser la Manche[40]. Il fait peu de doute qu'Henri s'appliquait à rallier les barons normands dont l'attachement à la cour avant 1173 avait été lâche, et qui risquaient de l'abandonner pour rejoindre la cause rebelle. Comme nous l'avons indiqué précédemment, le séjour d'Henri en Normandie en 1173-1174 correspond à sa plus longue période de résidence dans le duché pendant son règne entre 1154 et 1189.

Une discussion détaillée des causes et des événements de la rébellion n'est pas mon objet. Il suffit de préciser que les Normands peuvent avoir regardé d'un mauvais œil les réformes administratives mises en place dans le duché après 1171 et avoir jugé qu'Henri le Jeune incarnait un seigneur potentiellement moins oppressif que son père[41]. Je tiens seulement à souligner que, quels que soient les liens qu'entretenaient individuellement les barons normands et anglo-normands avec la cour plantagenêt, il existait un nombre plus important de barons normands qui, au mieux, se tenaient à l'écart de la cour et, au pis, étaient prêts à se rebeller contre leur duc plantagenêt. Dans une étude des Normands dans l'entourage de Richard Cœur de Lion, fils d'Henri II, un auteur récent a relevé un nombre étonnamment moindre de Normands par rapport au nombre d'Anglo-Normands dans les listes de témoins des chartes de ce roi. Il en déduit que cela représente une rupture par rapport aux traditions en vigueur sous Henri II[42]. Au contraire, comme ce bref exposé tente de le démontrer, bien qu'Henri ait passé une bonne partie de son règne dans le duché qu'il utilisait comme centre majeur d'administration et d'expérimentation administrative, on observe de fortes similarités entre l'attachement des Normands à la cour ducale sous Henri II et celui qui, selon Judith Green, existait déjà dans les années 1130 sous le roi Henri I[er 43].

---

38. Avant 1172, le comte Giffard fut témoin de deux actes d'Henri II, les comtes de Lincoln et de Devon le furent rarement. Pour la situation de Richard de Reviers, comte de Devon († 1162), voir *Charters of the Redvers Family and the Earldom of Devon 1090-1217*, R. Bearman (éd.), Devon and Cornwall Record Society, t. XXXVII, 1994, p. 11-12. Pour les Roumare, comtes de Lincoln, voir *Complete Peerage*, t. VII, p. 667 et suiv.

39. J. Boussard, *Le gouvernement d'Henri II*, p. 477-478 : «Une légende qu'on retrouve dans tous les manuels d'histoire, même les plus scientifiques, veut que la révolte ait été générale, qu'elle ait entraîné la plupart des seigneurs et que la Normandie en fût le principal foyer. Rien n'est plus faux».

40. *Diceto*, t. I, p. 381-382, demande provoquant la brève visite du roi en Angleterre en juillet et août 1174, et cf. p. 373-374 : «Rex pater eo tempore morabatur Rothomagi, ut populo videbatur, aequo animo ferens que fiebant in terra».

41. Pour les réformes de 1171 vues par un Normand, voir Robert de Torigni, *Chronica*, dans *Chronicles*, t. IV, p. 251

42. M. Billoré, «La noblesse normande dans l'entourage de Richard Ier», dans *La cour Plantagenêt*, p. 151-166.

43. J. A. Green, «King Henry I and the Aristocracy of Normandy», dans *La France Anglaise au Moyen Âge : Actes du 111e congrès national des sociétés savantes* (Poitiers 1986), Section d'histoire médiévale et de philologie, I, Paris, 1988, p. 161-173.

Quelles qu'aient été les aspirations d'Henri Ier à un *regnum Anglo-Normannorum*, il conserva la plus grande partie du domaine ducal de Normandie et ne fit que quelques aliénations pour attirer le soutien des barons. De même, Henri II semble avoir utilisé ses ressources normandes autant pour récompenser les membres de sa famille – il conféra Dieppe à son frère Guillaume et maria son demi-frère Hamelin à l'héritière de la baronnie de Warenne – que pour acquérir le soutien des Normands[44]. L'un des actes de patronage les plus importants, enregistré dans une charte conservée, l'octroi de Lillebonne à Renaud de Dammartin réalisé à la fin de son règne, ne favorisait pas un Normand, mais un étranger sorti du rang[45]. Sous les deux rois Henri, un gouvernement fort, dirigé par des hommes ayant des intérêts des deux côtés de la Manche plutôt que par les grands seigneurs de Normandie, a compensé l'échec du roi à attirer une majorité des barons normands soit à la cour, soit à son service royal. Replacées dans le contexte de l'analyse plus large fournie dans les dernières années par Judith Green, Warren Hollister, J. C. Holt et David Bates, les chartes d'Henri II semblent nous dire une histoire cohérente avec celle des règnes d'Henri Ier et de Richard. Un roi itinérant et sa cour, aussi itinérante que pouvait être celle d'Henri II, ne pouvaient espérer englober tous les intérêts de ses multiples territoires, et, même en temps de paix, éprouvaient des difficultés à apporter un gouvernement prompt et approprié aux territoires dont le roi avait théoriquement le contrôle. Le mariage de la Normandie et de l'Angleterre, célébré en 1066, devait durer près de 150 ans. Quelques décennies après 1066 pourtant, et définitivement au temps d'Henri II, des tensions y apparaissaient déjà.

---

44. Pour Dieppe et les terres normandes de Guillaume Longue Épée, voir L. DELISLE, *Introduction*, p. 487-490. Pour Hamelin, un bâtard de Geoffroi Plantagenêt de mère inconnue, voir *Early Yorkshire Charters*, t. VIII (« The Warenne Fee »), p. 18-20, 124-125, n° 82.

45. Londres, British Library, ms. Additional Charter 11233, et pour la date de cette charte, en 1189, voir N. VINCENT, « William Marshal, King Henry II and the Honour of Châteauroux », *Archives*, t. XXV, 2000, p. 11.

Reprise et innovations : les rôles normands et anglais de l'année 1194-1195 et la perte de la Normandie

Vincent Moss[*]

Le but de cette communication est de comparer les rôles anglais et les rôles normands de l'année 1194-1195[1]. Après le point critique de l'hiver 1193, au cours duquel Philippe Auguste faisait des incursions militaires importantes dans le duché, le retour de Richard Cœur de Lion de la croisade stimula une reprise qui dura jusqu'à sa mort[2]. Les fondements d'un redressement fiscal sont inscrits dans les comptes de Richard en Angleterre et en Normandie[3]. L'examen de ces comptes révèle des particularités normandes et anglaises qu'on peut comparer aux rôles de l'année 1179-1180 où les Angevins profitèrent de la paix et de la supériorité[4].

D'abord, comparons les revenus totaux dus aux deux trésoreries. Dans le rôle de la trésorerie anglaise de 1194-1195, 361 168. *l.a.* (livres angevines) sont dues, dont 82 736 *l.a.* sont payées alors que les dépenses totalisent 12 384 *l.a.* avec les déductions fixes des fermages qui s'élèvent à 21 056 *l.a.* Il reste donc environ 245000 *l.a.* impayées. Du point de vue des affaires angevines, le revenu anglais n'est pas très impressionnant. C'est à peine plus que la moyenne du règne d'Henri II après 1180 ou de la deuxième partie du règne de Richard[5]. Cependant, comme il y a eu une trésorerie spéciale pour la rançon du roi, il est possible qu'une grande partie des revenus ne soit pas enregistrée sur ce rôle[6]. Néanmoins, étant donné la performance médiocre des revenus anglais de 1190-1193, on peut faire toutes sortes d'hypothèses sur les revenus non enregistrés (100 000 *l.a.* pendant deux

---

[*] Leverhulme Research Fellow, Université de Reading.

1. D. M. Stenton (éd.), *Pipe Roll 1195*, Londres, 1929 ; T. Stapleton (éd.), *Magni Rotuli Scaccarii Normannie*, t. I, Londres, 1840.

2. V. Moss, «The Defence of Normandy 1195-1198», *Anglo-Norman Studies*, t. XXIV, 2002, p. 145-161.

3. *Ibid.*

4. V. Moss, «Normandy and England in 1180 : The Pipe Roll Evidence», dans *England and Normandy in the Middle Ages*, D. Bates et A. Curry (éd.), Londres et Rio Grande, 1994, p. 185-195.

5. V. Moss, «The Norman Fiscal Revolution», dans *Crises, Revolutions and Self-Sustained Growth : Essays in European Fiscal History 1130-1830*, M. Ormrod, M. Bonney et R. Bonney (éd.), Oxford, 1999, p. 40-41.

6. T. Stapleton (éd.), *Magni Rotuli Scaccarii Normannie*, t. I, p. 128.

ans et demi); mais force est de constater que les revenus de Richard en Angleterre dépassent ceux des dernières années du règne d'Henri II. Si les revenus du rôle anglais de 1194-1195 représentent un meilleur recouvrement fiscal, c'est seulement par comparaison avec les années d'absence de Richard. Cela montre surtout que, dans l'Angleterre des années 1190, la monarchie angevine ne sait pas comment augmenter les revenus à un niveau significatif.

La somme totale du rôle normand de 1194-1195 est un sujet de débat. Sir James Holt propose une somme initiale de 88 152 *l.a.* de laquelle il soustrait 23 424 *l.a.* comme paiement de la rançon de Richard et de la libération des otages en Allemagne, 580 *l.a.* qu'il amortit comme pertes de guerre, des pardons à la valeur de 3 220 *l.a.* et des transferts à la chambre de la trésorerie pour la somme 4 968 *l.a.*[7] Cela, selon Holt, laisse 55 968 *l.a.* John Gillingham, sans aucune explication de ses méthodes suggère la somme de 80 000 *l.a.*[8] Bien que ces calculs soient nécessairement obscurs, il apparaît que Gillingham comprend dans ses calculs 23 424 *l.a.* pour la rançon et les otages en Allemagne, mais qu'il soustrait d'autres sommes identiques à celles de Holt. Si tel était le cas, la somme totale de départ serait inférieure de presque mille livres à la somme initiale de Holt.

Ni l'une ni l'autre de ces méthodes ne sont probantes. Gillingham a bien raison de donner les paiements de la rançon comme compris; la libération du roi est une tâche essentielle pour la défense de la Normandie et s'avère donc être une dépense nécessaire[9]. La somme donnée par Holt pour le transfert du revenu de la trésorerie à la chambre n'est pas exacte; elle omet environ 2 400 *l.a.* payées de l'une à l'autre dans le compte spécial à Rouen pour la rançon[10]. La somme pour les pertes de guerre devrait être de 656 *l.a.* Il y a aussi une erreur de soustraction dans ses calculs[11]. Avec les qualifications qui se trouvent dans le paragraphe suivant, la somme totale (sans pardons ni pertes de guerre) atteint, selon moi, 120 976 *l.a.* dues, de laquelle 45 928 *l.a.* sont dépensées et 35 152 *l.a.* payées à la trésorerie ou à la chambre, pendant que les déductions fixes atteignent 2 496 *l.a.* Les transferts de la trésorerie à la chambre sont évalués à 7 200 *l.a.* et il faut les soustraire du total. On arrive ainsi à un revenu total 76 376 *l.a.* et à un revenu à dépenser de 73 880 *l.a.*

Il faut être circonspect, cependant, à cause des difficultés de la reddition du compte fait par Geoffroy, le banquier de Rouen, de la somme de 27 892 *l.a.* prélevée à Caen et présentée à Rouen, qui forme une part du compte évoqué par l'expression *de magnis receptis suis ad deliberationem regis*[12]. Les fonds de Geoffroy viennent certainement de la trésorerie à Caen, et comme la rançon est recouvrée pendant plusieurs années, ils comprennent certainement des sommes payées en

---

7. J. C. HOLT, «The Loss of Normandy and Royal Finance», dans *War and Government in the Middle Ages*, J. GILLINGHAM et J. C. HOLT (éd.), Londres, 1984, p. 96.

8. J. GILLINGHAM, *Richard Cœur de Lion. Kingship, Chivalry and War in the Twelfth Century*, Londres, 1994, p. 72.

9. *Ibid.*

10. T. STAPLETON (éd.), *Magni Rotuli Scaccarii Normannie*, t. I, p. 136, 138, 236, 237.

11. J. C. HOLT, «The Loss of Normandy and Royal Finance», p. 96.

12. T. STAPLETON (éd.), *Magni Rotuli Scaccarii Normannie*, t. I, p. 136-138.

1193-1194. Point significatif, il n'y a pas d'enregistrement des paiements des villes comme Rouen et Falaise dans les rôles de 1194-1195 ; il est possible que ces paiements aient été faits en 1193-1194 et que l'argent ait été transféré plus tard de la trésorerie à Geoffroy. On a déjà soustrait 2 400 *l.a.* de ce compte pour la somme transférée de la trésorerie à la chambre, ce qui nous laisse 25 492 *l.a.* à justifier[13]. Des dépenses enregistrées dans ce compte, 16 000 *l.a.*, sont transférées en Allemagne et il est possible que cet argent soit collecté en 1193 ou en 1194 ; on peut envisager la même chose pour des donations à divers individus pour la valeur de 1700 *l.a.*[14] À peu près 4000 *l.a.* des dépenses peuvent être attribuées à l'année 1194-1195 et 2500 *l.a.* à l'année 1193-1194. Il faut donc soustaire 2500 *l.a.* de la somme totale, ce qui donne un revenu disponible de 71 360 *l.a.* Un peu plus de 10 000 *l.a.* sont payées à la trésorerie comme la taxe pour la libération du roi[15]. Si ces 10 000 *l.a.* sont transférées au compte de Geoffroy, il faut exclure cette somme de notre total (même si elle date de 1194-1195) parce que, sinon, la même somme serait comptée deux fois.

Ces calculs laissent un revenu disponible de 6l 360 *l.a.*, mais avec la déduction de 123 *l.a.* qui sont dues de ce compte, cela laisse 61 237 *l.a.* En plus, on peut théoriquement, d'une part, attribuer 7 700 *l.a* à l'une des deux années, mais, à cause des dépenses importantes, pour l'année 1194-1195, il est bien possible, d'autre part, que la plus grande partie de cette somme date de cette année-là. Donc, pour ces raisons et pour d'autres raisons, qui apparaîtront plus tard, j'affirme que cette somme de 7 700 *l.a.* a été collectée en 1193-1194. Cela donne un revenu total de 63 733 *l.a.* et un revenu disponible de 61 237 *l.a.* En Normandie, les revenus les plus importants sont les prêts forcés des villes et des bailliages, pour une valeur de 1 600 *l.a.* en 1195 et d'environ 20 000 *l.a.* en 1198[16].

En 1194-1195, les autres revenus sont :

– le *regardum* (revenus des assises locales des forêts qui ont lieu à Noël et à Pâques)[17] ;

– le *vinum super venditum* (taxe sur la vente des vins)[18] ;

– le *bernagium* (prélèvement sur les céréales pour payer l'entretien des chiens de chasse du duc)[19] ;

– les vestiges de *forage* (taxe d'habitation triennale associée à la production des pièces de monnaie)[20].

Ces revenus n'ont pas grande signification fiscale. Néanmoins, en temps de guerre quand des centaines de gens paient ces impôts, cela renforce l'impression favorable de la bonne santé fiscale du duché.

---

13. *Ibid*, t. I, p. 136.

14. *Ibid*, t. I, p. 136-138.

15. *Ibid*, t. I, p 166, 172-183, 188, 191, 199, 223, 244, 248, 249, 253, 265.

16. V. MOSS, « The Norman Fiscal Revolution », p. 38-58.

17. C. H. JOHNSON et H. A. CRONNE (éd.), *Regesta Regum Anglo-Normannorum 1000-1135*, Oxford, 1956, t. II, nᵒˢ 59, 321.

18. V. MOSS, *Normandy and the Angevin Empire : A Study of the Norman Pipe Rolls 1180-1204*, Ph. D, University of Wales, p. 20-28.

19. D. BATES, *Normandy before 1066*, Londres, 1982, p. 153, 161, 179, 180.

20. T. BISSON, *Conservation of Coinage*, Oxford, 1979, p. 14-29.

En Angleterre les revenus sont :

– le *murdrum* (des amendes tirées des régions où il y a des meurtres non-élu-cidés)[21] ;

– les droits de régale (au profit du roi qui prend les terres ecclésiastiques quand elles sont vacantes)[22] ;

– les bonnes grâces (paiements pour la faveur du roi) qui fournissent des méthodes de collecte de revenus peu connues en Normandie[23]. Les droits de régale diminuent de 10 % par rapport aux revenus en 1179-1180 pour se réduire à moins de 800 *l.a.*[24] Mais, au contraire, les revenus associés aux bonnes grâces du roi, les droits associés au pouvoir arbitraire de la monarchie angevine montrent une hausse significative du point de vue des revenus demandés et des revenus reçus.

En 1179-1180, 6 244 *l.a.* sont dues dont seulement 432 *l.a.* sont recouvrées à la trésorerie ou dépensées[25]. En 1194-1195, 42 160 *l.a.* sont dues et 6 216 *l.a.* sont recouvrées ou dépensées[26]. Cela représente une multiplication par quinze des revenus et aussi une meilleure méthode de collecte de ces revenus. Il est vrai que les circonstances des années 1180 sont trés différentes. On peut dire qu'Henri II n'a pas besoin de lever de grandes sommes pour ses bonnes grâces. Aussi est-il possible qu'il y ait un avantage à ne pas demander des revenus parce qu'un lien d'obligation s'établit entre les magnats et le roi. C'est aussi peut-être une sorte de protection de la part d'Henri II. Pour être plus pessimiste, on peut suggérer que Richard a plus d'ennemis qui doivent regagner sa faveur, après son retour de la croisade, et que la monarchie est déterminée à leur faire payer leurs actions. Les pouvoirs arbitraires de la monarchie angevine se montrent très différents en Normandie. En Angleterre, ces droits s'exercent contre les membres de l'aristo-cratie. Dans le duché, à deux exceptions près, on les utilise pour tirer des reve-nus des communautés urbaines[27].

On peut diviser 80 % des revenus anglais enregistrés sur le rôle de 1194-1195 en quatre sources – le fermage, les déshérences, les incidents féodaux et la jus-tice. Les sources normandes sont plus diverses. Dans le duché, 90 % des revenus proviennent de six sources : les aides, les taxes et les prêts forcés, le fermage, les déshérences, les incidents féodaux, la justice et les revenus des forêts[28].

---

21. V. MOSS, «Normandy and England in 1180 : The Pipe Roll Evidence», p. 192.

22. M. HOWELL, *Regalian Rights in Medieval England*, Londres, 1962, p. 32-48.

23. V. MOSS, «Normandy and England in 1180 : The Pipe Roll Evidence», p. 190.

24. V. MOSS, «Normandy and England in 1180 : The Pipe Roll Evidence», p. 192 ; D. M. STENTON (éd.), *Pipe Roll 7*, p. 28, 32, 49.

25. V. MOSS, «Normandy and England in 1180 : The Pipe Roll Evidence», p. 190.

26. D. M. STENTON (éd.), *Pipe Roll 1195*, p. 11, 17, 66, 82, 85, 89, 91, 110, 128, 177, 178, 191, 194, 209, 211, 231, 232.

27. T. STAPLETON (éd.), *Magni Rotuli Scaccarii Normannie*, t. II. p. 361, 496.

28. V. MOSS, «The Norman Fiscal Revolution», p. 38-58.

Tableau 1

Sources majeures des revenus anglais en 1194-1195 (*Richard Pipe* 7)

Catégorie	dû	revenu disponible	déductions fixes
Fermes	52876	23952	18976
Déshérences	27064	19304	2288
Justice	125448	18612	
Incidents féodaux	19880	11692	684
Total *l.a.*	225268	73560	21948

Tableau 2

Sources principales des revenus normands en 1194-1195
(*Magni Rotuli Scaccarii Normannie*)

Catégorie	dû	revenu disponible	déductions fixes
Déshérences	9000	7196	
Fermes	12272	6044	2196
Justice	17424	5220	264
Incidents féodaux	6184	3464	60
Taxes	13216	12192	
Forêts	3096	2900	56
Total *l.a.*	61192	37016	2576

Le fermage est la méthode de collecte des revenus la plus commune en Angleterre et en Normandie. Dans les deux pays, il consiste en une somme fixe annuelle appliquée à celui qui tient une ressource ou des terres appartenant au duché ou au royaume, de laquelle l'usufruitier peut tirer profit. Mais on ne peut pas comparer le fermage, en Normandie et en Angleterre. En Normandie, l'équivalent d'un comté, le bailliage, ne possède pas sa ferme distincte. La ferme normande centrée autour d'un château est une entité qui fournit un grand revenu et qui apparaît, après la réorganisation du pouvoir ducal, dans le premier quart du XIe siècle[29]. Il n'y a pas d'équivalent anglais. C'est la même chose pour les fermes de la vicomté, très grandes du point de vue géographique, mais avec un revenu beaucoup moins important, et qui datent de l'époque carolingienne[30]. À ces différences de fermes correspondent aussi des contenus différents. Les fermes normandes ont des revenus qui sont liés à la diversité du fisc carolingien. Les revenus des forêts, de la justice seigneuriale, des fours et des octrois se situent parmi les recettes d'une ferme normande et il n'y a aucune évidence d'une telle diversité dans les revenus d'une ferme en Angleterre[31]. En comparant les revenus

---

29. D. BATES, *Normandy before 1066*, p. 161 ; V. MOSS, *Normandy and the Angevin Empire*, p. 20-28.
30. D. BATES, *Normandy before 1066*, p. 156-158.
31. T. STAPLETON (éd.), *Magni Rotuli Scaccarii Normannie*, t. II, p. 304, 472, 481-482.

d'une ferme en Normandie avec une ferme en Angleterre, on ne fait qu'opposer les moyens de collecter les revenus de sources bien différentes, dans des régions bien différentes, géographiquement et juridiquement.

En 1180, en Normandie et en Angleterre, l'argent des fermes constitue la plupart des revenus. Mais en 1194-1195, ce n'est plus le cas. Les fermes anglaises fournissent à peu près 37 % du revenu (déductions fixes comprises), avec un rendement de 81 % ; en proportion des revenus disponibles, seulement 25 %. En Normandie, le déclin est plus sévère. En 1194, elles ne fournissent que 14 % du revenu disponible (déductions fixes non-comprises) avec un rendement de 67 %. En plus, la valeur des fermes normandes baisse à la fois dans l'absolu et dans la proportion des revenus disponibles en 1197-1198. En comparaison avec 1180, les deux comptes montrent une nouvelle diversité des sources de revenus. Alors qu'en Angleterre les fermes hautement productives des comtés et des villes restent la source la plus importante de revenus disponibles, en Normandie les fermes deviennent une source secondaire.

L'innovation la plus importante de l'administration de Richard, particulièrement méconnue, qui commence en Angleterre en 1193-1194, se poursuit en 1194-1195, et qui se trouve dans le *Pipe Roll* normand de 1194-1195, c'est le recouvrement de revenus grâce à une enquête sur les déshérences (terres tombées en déchéance au duc ou au roi)[32]. En Angleterre, ce revenu est suffisant pour justifier la création d'un nouveau rôle sur le compte des déshérences[33]. En 1194-1195, ce compte fournit 23 % du revenu disponible avec un rendement très élevé de presque 78 %. Le revenu des déshérences en Normandie représente 17 % des revenus disponibles avec un très fort taux de rendement de 79 % [34].

Les enquêtes sur les déshérences montrent une initiative importante et souvent oubliée du système fiscal angevin, déclenchée des deux côtés de la Manche. Mais elles révèlent des formes différentes de recouvrement qui sont déterminées par les conditions politiques différentes. En Angleterre, on voit des recettes de presque tous les comtés, ce qui montre l'effort de recouvrement des terres et des droits royaux. Les comptes normands, au contraire, montrent les incursions et les retraites des Capétiens. Pendant les années 1193-1195, on observe un recouvrement inégal à cause des changements de fidélité des riches. Six des bailliages normands (Caux, Verneuil, Bessin, Cotentin, Mortain et Avranches) fournissent à peu près 90 % des revenus disponibles des déshérences, soit 7 196 *l.a.*, dont presque 3 600 *l.a.* proviennent des bailliages de Caux et de Verneuil, régions assiégées par les Capétiens[35].

En effet, malgré l'importance des droits féodaux et la hausse des revenus des déshérences, l'Angleterre et la Normandie, du point de vue de la fiscalité, divergent. En 1179-1180, plus de 80 % des revenus enregistrés viennent des fermes,

---

32. D. M. STENTON (éd.), *Pipe 3 and 4 King Richard*, Londres, 1926, p. xiv, 135 ; *id.*, *Pipe 7 Richard*, p. 69, 87, 101, 144, 161, 186, 208, 245.

33. D. M. STENTON (éd.), *Pipe 7 Richard*, p. 27- 62

34. T. STAPLETON (éd.), *Magni Rotuli Scaccarii Normannie*, t. I, p. 128, 131,132, 134, 142, 143, 146, 148, 153, 171, 199, 215, 216, 238, 262.

35. *Ibid.*, t. I, p. 128, 131, 132, 134, 138, 142, 143, 146, 215, 216, 238, 262.

de la justice, des incidents féodaux et des prêts. En 1194-1195, plus de 80 % des revenus, en Angleterre, viennent toujours de ces mêmes sources. En 1194-1195, les revenus des fermes de la justice, des incidents féodaux et des prêts ne s'élèvent qu'à un peu plus de la moitié des revenus enregistrés. Cet écart est surprenant. L'enquête sur les déshérences et l'augmentation des revenus féodaux devraient fournir un revenu comparable. En plus, les formes traditionnelles des revenus spécifiques à la Normandie fournissent une proportion plus petite en 1194-1195 qu'en 1179-1180. Le fait qu'il n'y a pas de similarité des recouvrements en Angleterre et en Normandie s'explique par deux raisons :

En Normandie, la modification de la composition des revenus s'explique par la contribution énorme des prêts forcés, des taxes et des aides. Ensemble ces taxes représentent moins de 1 % du revenu de 1179-1180[36]. Les revenus des taxes, des prêts forcés et des aides en 1194-1195 forment plus de 12 000 *l.a.*, presque mille fois plus qu'en 1179-1180[37]. En 1194-1195, ces revenus représentent 30 % des revenus disponibles et fournissent la majeure part des finances du duché.

Du point de vue de l'Angleterre en 1194-1195, rien ne change. Les revenus sont plus divers. L'augmentation des revenus provenant des déshérences, des droits féodaux et de la justice est impressionante ainsi que les paiements pour les bonnes grâces du roi. Cependant, le point central des revenus demeure le fermage et les pouvoirs de la monarchie qui lient les riches au roi. Richard, en Angleterre, cherche à rendre plus efficace la machine fiscale angevine. Mais son attachement aux méthodes traditionnelles fait qu'il ne parviendra jamais à dépasser les revenus de son père ; et il est certain qu'en Angleterre il n'a pas eu la même réussite qu'en Normandie ou que dans la France capétienne des années 1190.

La Normandie de l'année 1195 diffère beaucoup de celle de l'année 1180. Dans un duché, il y a des limites : on ne peut pas tirer de revenu important des droits de régale, mais on est capable, quand même, de doubler les revenus entre 1180 et 1195 et même d'augmenter les revenus de 1198 de 350 % par rapport à 1180[38]. Cette augmentation, comme je le montre ailleurs, s'accomplit par la création de nouveaux centres de collecte, ainsi que par de nouvelles formes de revenus[39]. Le terme «sous-développé» ne peut pas être appliqué à cette structure gouvernementale et fiscale, flexible et efficace[40].

Il y a une continuité dans les nouvelles formes de recouvrement des années 1190 ; il y a quelque chose de «public» dans les taxes et les prêts forcés du duché entier, au lieu des terres privées du duc et des villes, et imposés aux bailliages et aux centres urbains. L'héritage carolingien du pouvoir public fournit un fondement favorable à ces développements[41]. Comme la plupart des revenus normands

---

36. *Ibid.*, t. I, p. 74, 76.
37. V. Moss, «The Norman Fiscal Revolution», p. 38-57.
38. *Ibid.*
39. *Ibid.*
40. V. Moss, «Normandy and England in 1180 : The Pipe Roll Evidence», p. 194-195.
41. D. Bates, *Normandy before 1066*, p. 147-179.

d'origine carolingienne, les taxes, les aides et les prêts ne proviennent pas exclusivement de l'aristocratie terrienne[42]. Certes, le contraste avec l'Angleterre, où les paiements spécifiques sont tirés des grands seigneurs, est profond[43]. Les vastes revenus recouvrés des villes normandes, surtout en 1198, sont le résultat d'une économie fondée sur les échanges et la circulation monétaire[44]. Sans ce dynamisme urbain, il serait difficile de comprendre comment on est parvenu à recouvrer les prêts forcés et les taxes, ou même les revenus des prêts ducaux.

Toutefois, quelque chose de neuf se manifeste. Même en 1194-1195, les taxes, les prêts et les aides sont la source la plus importante des revenus, et le centre de la Normandie devient le puits fiscal du duché. Le recouvrement effectué par Richard en Normandie ne s'explique pas seulement par la réforme du vieux système fiscal angevin. C'est certes le cas, mais il faut ajouter le succès de l'enquête sur les déshérences, ainsi que la hausse des revenus judiciaires et féodaux. En outre, pour l'année 1194-1195, un nouveau système de recouvrement fiscal, d'une qualité supérieure au système des années 1180, est en train d'être mis en place. Le roi Richard était peut-être au courant de cette inégalité frappante de ses revenus fiscaux. Guillaume de Newburgh raconte une histoire extraordinaire au sujet des événements de 1196 qui jette un jour nouveau sur les véritables performances fiscales anglaises et normandes[45]. En bref, il explique comment l'abbé Robert de Saint-Etienne de Caen fut envoyé en Angleterre pour réformer la trésorerie anglaise. Robert persuada le roi de lui accorder cette mission. Néanmoins, on a l'impression que Richard a été conscient du problème et a compris que la solution consistait à nommer un Normand pour y remédier. On peut supposer que l'action du roi était fondée sur sa propre connaissance des réalités fiscales des années 1190. Les problèmes que rencontre Robert dans le système en Angleterre sont précisément ceux d'un homme qui connaissait le système fiscal normand, plus performant. Le pouvoir local dans les mains d'un officier d'État (pas du tout comme en Normandie) peut créer très facilement un écart significatif entre l'argent payé à la trésorerie et les vrais revenus recouvrés. L'abbé de Caen est bien évidemment un officier de la trésorerie normande. Une donation est, en effet, souscrite par l'abbé Robert (preuve de son engagement dans la trésorerie normande) et, en outre, son nom se trouve en tête d'une liste de témoins avant même celui de sénéchal de Normandie[46].

---

42. V. Moss, «Normandy and England in 1180 : The Pipe Roll Evidence», p. 192-194 ; D. BATES, *Normandy before 1066*, p. 147-179.

43. V. Moss, «Normandy and England in 1180 : The Pipe Roll Evidence», p. 194.

44. *Ibid.*, p. 195 ; *id*, «The Defence of Normandy 1195-8», *Anglo-Norman Studies*, t. XXIV, 2002, p. 145-161.

45. *Chronicles of the Reigns of Stephen, Henry II and Richard I*, G. HOWLETT (éd.), Londres, 1885-1890, t. II, p. 464-465.

46. A. L. LÉCHAUDÉ D'ANISY (éd.), *Grands rôles des échiquiers de Normandie*, MSAN, t. XVI, p. 199-202 ; T. Duffus HARDY (éd.), *Rotuli Normannie in turri Londinensi*, Londres, 1835, p. 6-16 ; V. Moss, *Normandy and the Angevin Empire*, p. 112-124.

La réforme par l'abbé du système fiscal de l'Angleterre est une réforme en profondeur. Roger de Howden présente un récit plus précis de la visite de Robert :

> *abbatem de Cadomo in Angliam ad inquisitionem faciendam de prisis justitiarum, et vicecomitum et ministrorum suorum. Cum autem praedictus abbas de Cadomo in Dominico Passionis Domini pranderet cum Huberto Cantuariensi archiepiscopo, totius Angliae summo justitiario*[47].

L'implication des justices et d'autres administrateurs royaux suggère qu'une remise en état du système fiscal anglais est alors en cours. Il est possible que l'enquête sur les performances d'autres officiers (en plus des shérifs) soit une tentative d'obtenir des informations locales d'autres sources. En tout cas, il paraît évident qu'il s'agit d'une réunion très importante et extraordinaire, convoquée pour Pâques. Il vaut la peine de noter aussi que la forte désapprobation affirmée par Guillaume de Newburgh de l'action de Richard ne l'empêche pas de constater que les officiers anglais craignent l'arrivée de l'abbé Robert. Il est bien possible que l'efficacité des Normands en ce qui concerne la fiscalité soit connue au sein de l'élite angevine.

L'abbé dispose d'un pouvoir important. C'est lui qui préside la session de la trésorerie anglaise après Pâques. Ainsi, il usurpe les pouvoirs de justice et il est peu étonnant que l'archevêque de Cantorbéry n'en soit pas content. Sans la mort de Robert, il est probable qu'un Normand désigné aurait essayé de réformer la trésorerie anglaise[48].

Si l'abbé avait pu réformer l'administration fiscale anglaise selon les méthodes normandes, une autre question se serait posée. On ne peut pas croire qu'un seul individu ait pu à lui seul conduire une telle réforme. Le roi Jean obtint davantage de revenus de l'Angleterre[49]. En effet, les chroniqueurs confirment les conclusions tirées des archives fiscales. L'Angleterre, du point de vue des affaires fiscales, avait beaucoup à apprendre de la Normandie.

---

47. *Chronica Magistri Rogeri de Houedene*, W. Stubbs (éd.), Londres, 1871, t. I, p. 5.

48. Cf. La visite bien connue dans le duché, vingt ans auparavant, de l'Anglais Richard of Ilchester, qui réforma probablement la trésorerie normande, C. H. Haskins, *Norman Institutions*, Cambridge (Mass.), 1918, réed. 1961, p. 174-176

49. N. Barratt, «The Revenues of King John», *English Historical Review*, t. CXI, 1996, p. 835-855.

Le patrimoine anglais et l'Angleterre vus à travers les actes du cartulaire de Saint-Pierre de Préaux

Dominique Rouet[*]

Alors qu'en août 1227, un certain Guillaume, moine claustral de l'abbaye Saint-Pierre de Préaux, se trouvait en plein travail de copie du cartulaire de son abbaye, il apprit l'arrivée de son père abbé, nommé Bernard, de retour d'Angleterre après une tournée d'inspection des prieurés administrés par Préaux. Quoique ce micro-événement n'ait marqué la mémoire que d'une poignée de moines normands, il fut jugé digne d'être consigné dans le cartulaire et témoigne de l'existence de liens qui unissaient cette abbaye, à l'instar de beaucoup d'autres monastères normands, avec l'Angleterre, ainsi que de la richesse et de l'originalité du manuscrit qui en a conservé le souvenir.

La présence en Angleterre de prieurés fondés ou administrés par des abbayes normandes constitue un des aspects des riches échanges religieux, culturels ou financiers qui lièrent au Moyen Âge les deux rives de la Manche. L'étude menée par Donald Matthew[1] a donné une vue d'ensemble des processus de constitution et d'organisation des domaines et prieurés appartenant aux abbayes normandes implantées en Angleterre jusqu'à leur dissolution finale. Du fait des difficultés rencontrées dans leur gestion, parfois dues à leur éloignement et aggravées à partir de 1204, une fois la Normandie retournée au domaine du roi de France, les intérêts que les abbayes normandes devaient défendre outre-Manche ont suscité maintes traces écrites dans leurs chartriers.

L'abbaye Saint-Pierre de Préaux fait partie de ces abbayes qui reçurent en don, au lendemain de la conquête de 1066, terres et églises anglaises, points de départ de l'établissement de patrimoines plus vastes. Parmi les vestiges archivistiques de l'abbaye Saint-Pierre de Préaux, le premier cartulaire[2], copié en 1227 et pour-

---

[*] Conservateur adjoint des fonds patrimoniaux, Bibliothèque municipale du Havre.

1. D. Matthew, *The Norman monasteries and their English possessions*, Oxford, 1962; voir aussi E. Cownie, *Religious Patronage in Anglo-Norman England*, Woodbridge, 1998.

2. Cartulaire de Préaux, Archives départementales de l'Eure, H 711. Toutes les références à ce manuscrit seront introduites désormais par cette simple cote suivie de la foliotation et du numéro d'acte dans le cartulaire et dans notre édition (*Le cartulaire de Saint-Pierre de Préaux : étude et édition du manuscrit dans son état de 1227*, thèse dactylographiée, soutenue à l'École des chartes en 1999, à paraître).

suivi jusqu'au XIVe siècle, constitue le document le plus riche. L'Angleterre s'y trouve évoquée sous divers aspects : le copiste y a transcrit des actes de fondation des possessions anglaises de l'abbaye ; on y trouve aussi un censier de la fin du XIIIe siècle détaillant les droits que les moines faisaient valoir sur leurs domaines insulaires ; enfin, d'une manière plus générale, mais non moins informative, il contient également une série de mentions diverses qui font référence au royaume anglais et à ses souverains.

LES MENTIONS DE L'ANGLETERRE DANS LE CARTULAIRE

L'exemple de la datation des notices

Plus qu'un document gestionnaire, le cartulaire est aussi un outil de mémoire ; cet aspect contextuel du document transparaît dans les mentions de l'Angleterre qui émaillent le manuscrit et sont révélatrices de la perception de l'actualité, du contexte politique et local du royaume anglo-normand.

Une partie bien distincte du cartulaire de Saint-Pierre de Préaux regroupe un ensemble de deux cents notices dont les plus anciennes évoquent des donations datant des années 1034-1040 et les plus récentes, des années 1150-1160. Ces notices des XIe et XIIe siècles, rarement datées d'un millésime, sont le support d'allusions à l'Angleterre qui revêtent plusieurs formes : on les trouve en particulier en tête des notices lorsque celles-ci sont datées par l'évocation du souverain régnant[3] ou par l'évocation d'un événement précis. Ces allusions mettent en évidence échanges et voyages, mais aussi le rapport du duché face au royaume d'Angleterre, de la France vis-à-vis de l'Angleterre.

Des événements locaux ou de portée plus générale sont ainsi utilisés : on peut citer une notice de la seconde moitié du XIe siècle qui place l'action qu'elle relate *Mortuo Walterio Pipardo in anglice regionis bello*[4], référence probable à la conquête de 1066. Plus loin, une autre notice situe une donation *Anno quo Willelmus Rufus, rex Anglorum, et Robertus, comes Normannorum, obsederunt suum fratrem Henricum in Monte Sancti Michaelis*[5], autrement dit, l'année du siège mené par le roi d'Angleterre Guillaume II le Roux, durant le Carême 1091 contre Henri Ier Beauclerc.

L'événement que constitua la première cour tenue par le roi Guillaume II le Roux dans sa nouvelle *aula* de Westminster, en 1099, servit également de repère : (...) *confirmavit Willelmus, rex Anglorum, diebus Pentecostes, quando primum suam curiam tenuit in sua nova aula que est apud Westmonasterium*[6]. Les termes

---

3. Voir notamment L. MUSSET, «Sur la datation des actes par le nom du prince en Normandie (XIe-XIIe siècles)», dans *Autour du pouvoir ducal normand...*, Cahier des Annales de Normandie, n° 17, Caen, 1985, p. 5-17. Les actes de Préaux n'ont pas été pris en compte par L. Musset dans cette étude.

4. Arch. dép. Eure, H 711, fol. 135, n° 423/A147.

5. Arch. dép. Eure, H 711, fol. 113v, n° 341/A64.

6. Arch. dép. Eure, H 711, fol. 146, n° 470/A193. Cette notice n'est autre que la confirmation par le roi Guillaume II le Roux de la donation du domaine de Toft Monks (co. Norfolk) faite aux moines de Préaux par le comte de Meulan .

mêmes, employés par l'auteur de cet acte, sont proches de ceux qu'Henri de Huntington a utilisés dans sa chronique[7].

Une notice, qu'il faut dater de 1126, mentionne pour date le retour de Mathilde l'Emperesse en Normandie, après la mort de l'empereur Henri V, son époux : *Illo anno quo imperatrix Alemannorum rediit ad patrem suum Henricum, regem Anglie, in Normanniam*[8]. Le prince y est qualifié de roi d'Angleterre et non de duc de Normandie. Cette titulature qui emploie les termes de *rex Anglie* est bien distincte de la formule *rex Anglorum* utilisée dans les actes diplomatiques officiels.

Le couple Normandie/Angleterre n'est pas le seul à être mentionné dans ce type de référence servant à dater certaines notices dans le cartulaire de Préaux. Ainsi le rapport France/Angleterre est également évoqué dans cet acte indiquant pour date : *Eo anno quo Willelmus puer, Henrici regis Anglie filius, fecit homagium Ludovico, regi Francie*[9]. On peut là encore remarquer dans cette expression l'emploi des termes parallèles *Anglia* et *Francia* qui ne font pas partie à cette époque du vocabulaire diplomatique et qui renvoient plutôt à l'expression narrative. L'événement choisi est d'ailleurs surprenant ; Orderic Vital, comme Robert de Torigni, passent sous silence dans leurs chroniques l'hommage du prince Guillaume Adelin prêté au roi de France Louis VI, peu de temps avant que le naufrage de la Blanche-Nef ne prenne le pas sur tout autre événement dans la mémoire collective[10].

Plusieurs notices sont datées non plus par l'allusion à un événement, mais par une référence au souverain régnant. Après la mort de Guillaume le Conquérant et la dissociation provisoire de la couronne anglaise et du duché de Normandie, deux princes et deux entités politiques sont cités, ainsi : *Regnante Willelmo, filio magni regis Willelmi, in Anglia et Roberto, fratre ejus, ducatum Normannie obtinente*[11]. On notera ici, dans les termes mêmes qui sont employés, la prééminence accordée au roi Guillaume II le Roux devant le duc Robert Courteheuse, l'infériorité du *ducatum obtinente* par rapport au *regnante*. Le roi Guillaume II se trouve cité dans une autre notice, à nouveau qualifié de fils du grand roi que fut Guillaume le Conquérant : *Regnante secundo Willelmo, Anglorum rege, magni regis Willelmi filio qui Anglos bellando adquisivit*[12]. Au XIIe siècle, une fois la Normandie et l'Angleterre réunies, le prince n'est plus mentionné qu'en tant que roi d'Angleterre, par exemple Henri II : *Domini M° C° sexagesimo tercio, Henrico rege Anglie juniore regnante*[13].

---

7. Ce dernier, à l'année 1099, indique : *Junior Willelmus anno XII regni sui, rediens in Angliam, tenuit primum curiam suam in nova aula apud Westmonasterium* (Chronique d'Henri de Huntington, dans *Recueil des Historiens de la France*, t. XIII, p. 32).

8. Arch. dép. Eure, H 711, fol. 103, n° 298/A15.

9. Arch. dép. Eure, H 711, fol. 119, n° 363/A86.

10. Cet hommage eut lieu avant le naufrage et la mort de Guillaume Adelin en 1120 (Chronique de Saint-Martin de Tours, dans *Recueil des Historiens des Gaules et de la France*, Paris, 1781, t. XII, p. 66).

11. Arch. dép. Eure, H 711, fol. 144, n° 464/A187.

12. Arch. dép. Eure, H 711, fol. 146, n° 469/A193.

13. Arch. dép. Eure, H 711, fol. 31v-32, n° 65/B23.

Moines anglais à Préaux et moines normands en Angleterre

D'autres passages du cartulaire témoignent de la présence d'Anglais parmi les familiers et les moines de l'abbaye ; certains personnages, de passage à l'abbaye, rendent compte des voyages entre les deux rives de la Manche. On recense plusieurs *Anglici* parmi les moines : *Garinus, monachus de Anglia*[14], est chargé de remettre à Richard une somme d'esterlins quand celui-ci engage sa terre au profit des moines de Préaux. Plusieurs moines connus au XIIᵉ siècle étaient originaires d'Angleterre, ce qui laisse croire qu'au moins un des prieurés anglais de Préaux était conventuel. On peut citer Robert *de Anglia*, cellérier de Préaux, ou Thomas[15], prieur de Toft Monks, connu pour ses talents de bâtisseur qu'il exerça au monastère de Bury, non loin de Toft vers 1175-1186.

Mais l'Angleterre n'eut pas seulement à profiter du talent de quelques-uns car quelques moines de Préaux accomplirent des méfaits. Dans la chronique de Peterborough, Hugues *Candidus* rappelle que, sous l'abbatiat de Turold (1070-1093), le patrimoine de l'abbaye de Peterborough fut dilapidé : deux moines normands en profitèrent pour s'emparer de la chasuble de l'archevêque Aethelric qui rejoignit, avec plusieurs ornements, l'abbaye de Préaux[16]. Le cartulaire de Préaux garde le souvenir d'un autre objet liturgique venu d'Angleterre en 1227 et déposé sur l'autel de l'abbatiale. En effet, à son retour, l'abbé Bernard et le moine Adam qui l'accompagnait rapportèrent une patène, à moins qu'il ne s'agisse d'une pyxide[17].

Les échanges religieux prirent une autre dimension le 14 septembre 1183, date à laquelle l'évêque Raoul de Lisieux consacra, dans l'abbatiale de Préaux, un autel sous la double invocation de saint Thomas martyr des Anglais et saint Léger. L'association des deux saints prélats n'est pas un hasard, l'un et l'autre furent martyrisés pour des raisons politiques et les bénédictins normands s'enorgueillissaient de conserver l'insigne relique du chef de l'évêque d'Autun[18].

---

14. Arch. dép. Eure, H 711, fol. 109v, n° 326/A46.

15. Garin *de Anglia* est cité entre 1104 et 1123 (Arch. dép. Eure, H 711, fol. 109v, n° 326/A46) ; Robert *de Anglia* fut cellérier vers 1180-1185 (Arch. dép. Eure, H 711, fol. 9, n° 12/B65) ; Thomas, prieur de Toft Monks vers 1175-1186, était aussi anglais : *Thomas fuit Anglicus monachus de Pratellis prior de* Tofftes *qui est cella de Pratellis, suo tempore abbatia sancti benedicti destructa fuit quia fuit in manibus regis ante suum tempus per 7 annos et bene restauravit ecclesiam monasterium dimidiam claustri et refectorii fecit et multa alia bona* (J. H. HARVEY, *William Worcestre itineraries, edited from the unique ms. Corpus Christi college Cambridge 210*, Oxford, 1969, p. 222-223).

16. *The Peterborough chronicle of Hugh Candidus translated by Charles Mellows and William Thomas Mellows*, W. T. MELLOWS (éd.), 1941, rééd. 1966, p. 45. Nous remercions V. Gazeau de nous avoir indiqué cette référence.

17. Arch. dép. Eure, H 711, fol. 63v : *Adam secum abstulit et dedit Deo et ecclesie Sancti Petri de Pratellis eucaristiam ubi corpus Domini debet esse super altare.*

18. Arch. dép. Eure, H 711, fol. 19v, n° 40. Ni Raymonde Foreville ni Ursula Nilgen ne mentionnent cette fondation, qui doit être ajoutée aux huit autres lieux de culte recensés pour le diocèse de Lisieux (R. FOREVILLE, «Le culte de saint Thomas Becket en Normandie. Enquête sur les sanctuaires anciennement placés sous le vocable du martyr de Cantorbéry», dans *Thomas Becket. Actes du colloque international de Sédières, 19-24 août 1973*, Paris, 1975, p. 135-152 et U. NILGEN, «Thomas Becket en Normandie», dans *Les saints dans la Normandie médiévale. Actes du Colloque de Cerisy-la-Salle, 26-29 septembre 1996*, P. BOUET et F. NEVEUX (éd.), Caen, 2000, p. 189-204).

Mais les liens que Préaux entretenait avec l'autre rive de la Manche se justi-
fiaient d'abord par l'existence de plusieurs prieurés qui relevaient de cette
abbaye.

LA MISE EN PLACE DU PATRIMOINE ANGLAIS DE SAINT-PIERRE DE PRÉAUX

Le dossier des notices du cartulaire

Le patrimoine de Saint-Pierre de Préaux outre-Manche trouve son origine presque
exclusivement dans les libéralités de la famille des Beaumont-Meulan, lignage
fondateur du monastère[19]. Ces dons furent ensuite confirmés par les rois Guillaume
le Conquérant et Guillaume II le Roux[20]. Malgré les sollicitations du duc Guillaume,
Roger de Beaumont ne participa pas directement à la conquête ; il resta en
Normandie préférant privilégier ses terres patrimoniales[21]. En revanche, son fils
aîné y prit une part plus active malgré son jeune âge et fit preuve d'une conduite
valeureuse durant la bataille d'Hastings[22] avant de devenir, en 1107, comte de
Leicester. Son frère cadet Henri fut fait en 1089 comte de Warwick, après s'être
vu confier par le roi Guillaume la garde du château de Warwick en 1068[23]. Père
et fils reçurent des possessions en Angleterre : en remerciement de son aide
apportée à la duchesse Mathilde, régente du duché, Roger de Beaumont bénéfi-
cia de terres situées notamment dans le Dorset ; son fils Robert, pour sa conduite
dans la mêlée, en obtint dans le Warwickshire et le Norfolk[24].

Parmi les actes les plus anciens transcrits dans le cartulaire[25] se trouvent regrou-
pées et classées chronologiquement quatre notices qui se rapportent à la fondation du patrimoine anglais des moines de Préaux. Ce petit dossier s'ouvre sur
une charte de Guillaume le Conquérant, datable des années 1066-1086, confirmant les premières donations de biens anglais reçus par les moines : outre les
dons du roi, y sont rappelés ceux de Roger de Beaumont et de ses fils Robert de
Meulan et Henri, ceux d'Arnoul de Hesdin et d'Hugues, fils du vicomte Baudri
d'York[26].

---

19. Sur ce lignage, voir D. Crouch, *The Beaumont twins. The roots and branches of power in the
twelfth century*, Cambridge, 1986.

20. Ed. D. Bates, *Regesta regum Anglo-Normannorum. The Acta of William I (1066-1087)*, Oxford,
1998, n⁰ˢ 218 et 219.

21. Guillaume de Malmesbury, *Gesta regum Anglorum*, R. A. B. Mynors † (éd. et trad.), R. M. Thomson,
M. Winterbottom (éd.), Oxford, 1998, t. I, p. 736, c. 407.

22. *The Ecclesiastical History of Orderic Vitalis*, M. Chibnall (éd. et trad.), Oxford, 1969, t. II, p. 174.

23. *The Ecclesiastical History…*, t. II, p. 218.

24. C. Warren Hollister, « The greatest Domesday tenants-in-chief », dans *Domesday studies. Papers
read at the novocentenary conference of the Royal Historical Society and the Institute of British geographers, Winchester, 1986*, Woodbridge, 1987, p. 219-248.

25. Sur le processus de copie de ce manuscrit et son organisation interne, voir D. Rouet, « Le cartulaire de Saint-Pierre de Préaux : étude et édition du manuscrit dans son état de 1227 », dans *Positions
des thèses soutenues par les élèves de la promotion 1999 pour obtenir le diplôme d'Archiviste paléo-
graphe*, Paris, 1999, p. 342-347.

26. Arch. dép. Eure, H 711, fol. 145v, n° 468/A191 ; éd. D. Bates, *Regesta regum Anglo-Normannorum.
The Acta of William I (1066-1087)*, n⁰ˢ 218 et 219.

Guillaume le Conquérant déclare donner cinq hides de terres situées dans l'Oxfordshire, à Watlington, auparavant tenues par *Alfelinus* et Vuluric. La description faite de ces terres dans le *Domesday book* confirme que Saint-Pierre de Préaux y était *tenens in capite*[27]. Guillaume ajoute la dîme de Sturminster et des terres à Aston Tirrold[28], en échange du domaine normand de Saint-Clair de Bassenneville cédé au comte de Mortain Robert[29]. Le *Domesday book* souligne que Préaux tenait précisément ces cinq hides du comte de Mortain[30].

Le duc-roi confirme aussi le don fait par Roger de Beaumont de cinq hides de terre à Arlescote, ainsi que les libéralités des fils de ce dernier, Robert et Henri, qui avaient donné quatre dîmes : Hill Moreton, Norton, Whitchurch et Harbury[31]. Guillaume confirme ensuite le don d'Arnoul de Hesdin[32] : l'église de Newbury, une charruée de terre et la maison du prêtre desservant ainsi que la dîme des moulins et celle de toute marchandise transitant par le village ; enfin, celui d'Hugues, fils du vicomte d'York : les dîmes de Shaw et de Stratfield[33]. Tous ces biens, entrés dans le patrimoine de Préaux avant 1086, étaient dispersés à travers plusieurs comtés.

Durant la dernière décennie du XIe siècle, Robert de Meulan compléta cette première assise en donnant avec l'accord du roi Guillaume II, qui les confirma en 1099, de nouvelles églises. Les deux notices suivantes copiées dans le cartulaire attestent la donation des églises de Charlton Marshall, Spettisbury et Shopland assorties des dîmes et terres en dépendant[34].

La dernière notice du dossier concerne le manoir de Toft Monks donné également par Robert de Meulan, qui l'avait reçu du roi d'Angleterre entre 1087 et 1099. Ce manoir est déjà cité dans la confirmation du roi Guillaume II en 1099

---

27. *Abbatia Pratellensis tenet de rege V hidas in* Watelintone *terra, IIII carrucas et dimidia. Ibi VII villani cum II bordariis et II servis habent III carucas, ibi VI acras prati, silva VII quarentenarum longi et III quarentenarum lati. Valuit IIII libras modo C solidos. Aelfelmus, liber homo, tenuit tempore regis Edwardi* (*Domesday book seu liber censualis Willelmi primi regis Angliae inter archivos regni in domo capitulari Westmonasterii*, Londres, 1783, t. I, p. 157, n° 12 ; voir aussi D. MATTHEW, *The Norman monasteries*, p. 31).

28. Watlington, co. Oxfordshire ; Aston Tirrold, co. Oxfordshire ; Sturminster Marshall, co. Dorset.

29. Robert de Mortain avait dans un premier temps donné aux moines ses biens situés à Saint-Clair de Bassenneville (dép. Calvados, cant. Dozulé ; Arch. dép. Eure, H 711, fol. 144v-145, n° 465/A188).

30. *Comes de Moritonio tenet* Estone *et abbatia de Pratellis tenet de eo (quod) Anschil tenuit tempore regis Edwardi, tunc pro V hidis, modo pro II hidis. Terra est II carruce. In dominio est una carruca et III villani et III cotarii et VI servi et una ecclesia. Valuit et valet III libras* (*Domesday book*, t. I, p. 60, n° 157).

31. Arlescote, co. Warwickshire ; Moreton Morrell, co. Warwickshire ; Norton-juxta-Daventry, co. Northamptonshire ; Whitchurch, co. Warwickshire ; Harbury, co. Warwickshire. Le *Domesday book* indique que les moines de Préaux tiennent du comte de Meulan cinq hides de terre à Arlescote (*The Domesday Book*, t. II, fol. 240).

32. D'origine flamande, Arnoul de Hesdin partit aux côtés de Robert Courteheuse à la première croisade en octobre 1096 et trouva la mort à Antioche en 1097 ou 1098 (C. W. DAVID, *Robert Curthose, duke of Normandy*, Cambridge, 1920, p. 96, 222 ; voir aussi E. COWNIE, « Gloucester abbey, 1066-1135 : an illustration of religious patronage in Anglo-Norman England », dans *England and Normandy in the Middle Ages*, D. BATES et A. CURRY (éd.), Londres et Rio Grande, 1994, p. 153).

33. Newbury, co. Berkshire ; Shaw, co. Berkshire ; Stratfield, co. Hampshire.

34. Arch. dép. Eure, H 711, fol. 146, n° 469/A192 et fol. 146, n° 470/A193. Charlton Marshall, co. Dorset ; Spettisbury, co. Dorset ; Shopland, co. Essex (?).

mais, entre 1103 et 1118, cette donation initiale fut assortie du droit de juridiction et des coutumes judiciaires que Robert de Meulan possédait[35], libertés confirmées ensuite par Henri II en 1155[36].

Dès la fin du XIe siècle, l'essentiel du patrimoine anglais de Saint-Pierre de
Préaux était constitué : il se composait autant de terres que de dîmes et de droits
de patronage d'églises donnés par Guillaume le Conquérant et les Beaumont ;
les autres bienfaiteurs comme Arnoul de Hesdin ou le fils du vicomte d'York ne
sont intervenus que ponctuellement. Ce patrimoine important était réparti autour
de cinq pôles : les possessions du Dorset, proches de la côte, celles du Berkshire
et de l'Oxfordshire, celles du Warwickshire et le manoir de Toft Monks, dans le
Norfolk. Les trois derniers groupes étant les moins facilement accessibles pour les
moines normands.

Pour achever ce tableau, il faut souligner que certaines dîmes données aux
bénédictins de Préaux ne laissent plus de trace dans la suite du cartulaire, en
particulier celles de Shaw et de Stratfield, si bien qu'on peut croire que les moines
ne les ont pas conservées longtemps. De plus, certaines dîmes n'y apparaissent
même pas : c'est le cas des dîmes de Shapwick et de Keyneston dont on sait, grâce
à une lettre du comte de Leicester Robert III, qu'elles furent perçues au début du
XIIe siècle par les moines de Saint-Pierre de Préaux[37]. Ces dernières doivent peut-
être être identifiées aux vingt livres annuelles à prélever sur les revenus anglais
du comte de Meulan Robert III, revenu aumôné avant 1094 en faveur des moines[38].

L'exemple du domaine de Warmington

À la différence des autres manoirs que Préaux possédait en Angleterre, celui de
Warmington, situé dans le Warwickshire, est totalement absent du dossier copié
dans le cartulaire. On n'y trouve aucune notice ancienne concernant la donation
faite aux bénédictins de ce bien par Henri de Beaumont, comte de Warwick, frère
jumeau du comte de Meulan Robert III. Pour cette raison, on a pu estimer[39] que
l'entrée de ce domaine dans le patrimoine de Préaux et la fondation d'un prieuré
étaient tardives par rapport à la mise en place des autres prieurés de Préaux.

---

35. Arch. dép. Eure, H 711, fol. 146v, n° 471/A194 : (…) *manerium Tostes nomine cum suis appen-
ditiis, adjungens sacam et socam, tol et team similiter et* infagenuntheofe, *exclusa penitus exactione
vel angaria cunctarum consuetudinum.* Sur Toft Monks (co. Norfolk), voir W. Dugdale, *Monasticon
anglicanum*, Londres, 1667 ; rééd., 1817-1830, t. VI, p. 1027.

36. Arch. dép. Eure, H 711, fol. 30v, n° 63/B10 ; L. Delisle et E. Berger, *Recueil des actes d'Henri II
concernant les provinces françaises et les affaires de France*, Paris, 1909-1927, t. I, n° 63, p. 163-164.

37. Cette lettre du comte Robert III de Leicester adressée au pape Alexandre III, vers 1167, révèle
que les moines possédaient ces deux dîmes avant que le comte Robert III de Meulan, son aïeul, ne les
leur échange contre son domaine de Sturminster, localité voisine située dans le Dorset. Étant données
les vexations subies par les moines de la part des prévôts du comte, l'inutilité de ces dîmes avait motivé
cet échange (E. Martène, *Thesaurus Novus Anecdotorum quinque in tomos distributus…*, Paris, 1717,
t. I, col. 477-478). Shapwick, co. Dorset ; Keyneston, co. Dorset.

38. Arch. dép. Eure, H 711, fol. 127v, n° 395 bis/A119 : *uno quoque anno XXti libras Anglice
monete de decimatione reddituum suorum quos ultra mare habet.*

39. D. Matthew place la fondation du prieuré avant 1123, du vivant d'Henri, comte de Warwick ;
il explique sa situation excentrée au regard des autres possessions anglaises de Préaux par une fondation probablement plus tardive (D. Matthew, *The Norman monasteries*, p. 41, n. 2).

De fait, la plus ancienne allusion à ce domaine est contenue dans le privilège du pape Alexandre III, daté de 1179, qui confirme l'ensemble des biens de Préaux. On y apprend que Saint-Pierre possédait les églises de Warmington et Willey : *In episcopatu Cestrensi : ecclesias Sancti Nicholai de Warmintona, Sancti Leonardi de Willeia*. Plus loin, elle précise l'origine de la présence du domaine de Warmington parmi les biens anglais de Préaux : *ex dono Henrici, comitis de* Warwic, *Warmintonam cum omni libertate quam ibidem habebat*[40].

La confirmation générale des biens de Préaux par Henri II, entre 1185 et 1188, corrobore ce fait en le précisant : *ex dono Henrici, comitis de* Warewich, *villam de Warmintona liberam (sic) com omnibus consuetudinibus suis, sicut eam in dominio suo habebat, exceptis birvitis que appendebant illi manerio*[41].

La troisième charte se rapportant à Warmington émane du comte de Warwick Galeran Ier, entre 1185 et 1204 ; celui-ci confirme le don de son aïeul : *totam villam de Warmitona com omnibus pertinentiis suis, exceptis berrewikis, quam Henricus comes, avus meus, dedit et Henricus, rex Anglie, eisdem monachis confirmavit habendam et tenendam quietam, liberam et absolutam ab omni seculari servitio et exactione*[42].

Mais c'est un acte datable des années 1203-1214, copié à la fin du cartulaire de Préaux, dans les dernières années du XIIIe siècle, qui permet d'en savoir plus et de confirmer l'origine de la donation de Warmington. Quoique sans suscription et sans doute amputé de ses formules finales, il est introduit par une analyse précisant qu'il s'agit d'une charte revêtue des sceaux de l'évêque de Lisieux Jourdain du Hommet et d'Henri du Neubourg[43], adressée au comte Henri II de Warwick, rendant compte au destinataire de l'inspection des archives conservées à Préaux confirmant l'origine des droits des moines à Warmington[44]. Dans le dossier examiné par le prélat et par Henri du Neubourg figurait une vieille charte, contenant la donation originelle de Warmington par Henri de Warwick[45] : seul l'incipit de l'acte est cité, mais il est précisé qu'il était revêtu de *signa* royaux. La description qui en est faite jette le doute sur sa datation : l'évêque Jourdain mentionne la présence de souscriptions royales, en particulier celles de reines nommées Mathilde. Il est tentant d'emblée d'y voir Mathilde de Flandre et Mathilde d'Écosse, respectivement épouses de Guillaume le Conquérant et d'Henri Ier Beauclerc ce qui ferait remonter la donation de Warmington au temps du Conquérant.

La chose paraît impossible : Warmington n'est pas mentionné dans la charte de Guillaume le Conquérant confirmant les biens anglais de Préaux, datée des

---

40. Arch. dép. Eure, H 711, fol 1-4v, n° 1 (Voir J. RAMACKERS, *Papsturkunden im Frankreich. Normandie*, Göttingen, 1937, p. 285-289, n° 192).

41. Arch. dép. Eure, H 711, fol. 25-27v, n° 55/B72 ; L. DELISLE et E. BERGER, *Recueil des actes d'Henri II...*, t. II, n° 675, p. 290-293.

42. Arch. dép. Eure, H 711, fol. 40, n° 80/B113.

43. Jourdain du Hommet fut évêque de Lisieux entre 1200 et 1218 ; voir H. GÉRAUD, «Visite à la Bibliothèque et aux Archives d'Alençon», *Bibliothèque de l'École des Chartes*, 1840, t. I, p. 537-538. Henri du Neubourg, mort en 1214, était petit-fils du comte Henri Ier de Warwick ; voir A. PLAISSE, *La baronnie du Neubourg. Essai d'histoire agraire, économique et sociale*, Paris, 1961, p. 4.

44. Voir pièce justificative I.

45. Sur l'attachement d'Henri de Beaumont-Warwick à Préaux, voir *The Ecclesiastical History...*, t. IV, p. 304.

années 1066-1086[46]; il faut en déduire que la donation de Warmington s'inscrit dans une période postérieure. En outre, Warmington apparaît dans le *Domesday Book* comme possession du comte de Meulan, la donation doit donc être postérieure à 1086. Enfin, Henri de Beaumont n'est devenu comte de Warwick que plus tard, en 1089. L'évêque Jourdain précise de plus que cette charte de donation fut confirmée par le roi Henri Ier en avril 1110, alors que ce dernier se trouvait à Marlborough[47]. Il faut donc dater la «vieille charte» de donation décrite ici de la période 1086-1110. Une hypothèse expliquant la présence de plusieurs souscriptions d'une reine Mathilde serait de sous-entendre que l'épouse du roi Henri Ier, Mathilde d'Écosse, a souscrit deux fois l'acte, lors de la donation originelle et lors de sa confirmation en 1110. Si l'on pousse le raisonnement à son terme, il faudrait en conclure que la donation de Warmington eut lieu sous le règne d'Henri Ier, entre 1100 et 1110[48].

L'enquête menée par Jourdain et Henri du Neubourg atteste enfin l'existence d'une seconde confirmation d'Henri Ier insérée dans une charte de portée plus générale confirmant les possessions de l'abbaye de Préaux aujourd'hui disparue, mais qui servit de base à la chancellerie d'Henri II pour l'établissement d'un second acte de même envergure[49].

L'ORGANISATION DU PATRIMOINE ANGLAIS DE SAINT-PIERRE DE PRÉAUX

Répartition géographique et qualitative

Si l'on excepte le cas de Warmington, on observe que les principaux domaines auxquels se rattachent les biens de Saint-Pierre de Préaux en Angleterre sont établis avant la fin du XIe siècle. Le siècle suivant fut une période d'organisation, et non plus d'accroissement territorial, malgré quelques tentatives. Le domaine anglais des bénédictins de Préaux s'organisa logiquement autour de quatre prieurés qui recueillaient les revenus des divers biens répartis dans cinq comtés : Toft

46. Voir *supra*, note 26.
47. Cette confirmation est datée de l'année où le roi Henri Ier Beauclerc donna sa fille à l'empereur d'Allemagne : Mathilde l'Emperesse fut remise à l'empereur Henri V en 1110 (Robert de Torigni, *Chronique de Robert de Torigni, abbé du Mont Saint-Michel, suivie de divers opuscules historiques*, L. Delisle (éd.), Rouen, 1872-1873, t. I, p. 137). L'itinéraire d'Henri Ier indique qu'il fut à Marlborough pour fêter Pâques le 10 avril (Ch. Johnson, H. A. Cronne, H. W. C. Davis, *Regesta regum Anglo-Normannorum*, Oxford, 1913-1968, t. II, p. 90, n°s 937-938).
48. Le débat engagé lors de la présentation de cette communication au Colloque de Cerisy a fait apparaître d'autres hypothèses : il semble toutefois difficile de voir, derrière la seconde reine, Mathilde l'Emperesse qui n'est jamais qualifiée de reine dans les actes; Katharine Keats-Rohan suggère d'y voir Mathilde de Bourgogne, épouse du roi Étienne, le comte de Warwick ayant adopté le parti du roi Étienne. Cette souscription, cependant, n'aurait pu intervenir qu'à une date bien tardive.
49. Cette grande charte d'Henri Ier conférait à Préaux un statut comparable à celui de l'abbaye de Fécamp; Henri II en a repris la substance dans sa confirmation générale des biens de Préaux (Arch. dép. Eure, H 711, fol. 25-27v, n° 55/B72; L. Delisle et E. Berger, *Recueil des actes d'Henri II...*, t. II, n° 675, p. 290-293). Les deux chartes d'Henri Ier faisant mention de Warmington sont absentes des *Regesta* (voir *supra* note 47) et de la thèse d'H. Chanteux, *Recueil des actes d'Henri Ier*, thèse dactyl. déposée aux Arch. dép. du Calvados.

Monks, situé dans le Norfolk au sud de Norwich, constitua, malgré son éloignement géographique, la «tête» de ce patrimoine. Il est le seul établissement pour lequel des prieurs sont clairement attestés. Le prieuré de Warmington, au sud de Warwick, percevait les revenus des biens situés dans le Warwickshire, Aston Tirrold centralisait ceux du Berkshire et de l'Oxfordshire ; enfin Spettisbury, dans le Dorset, constituait le prieuré le plus méridional. Mis à part Toft Monks, il ne faut pas y voir là des prieurés conventuels mais avant tout, comme l'a souligné D. Matthew[50], une structure d'administration d'un domaine par un ou plusieurs moines chargés aussi d'assurer l'office divin dans la chapelle.

Durant la première moitié du XIIe siècle, les moines ajustèrent leurs positions en tentant de prendre le contrôle de nouvelles églises. Entre 1123 et 1146, ils obtinrent de Raoul de Saint-Sanson ce que celui-ci possédait des dîmes d'Arlescote, Shotteswell et Warmington, donation confirmée par les chanoines de Notre-Dame de Warwick et, avant 1153, par le comte Roger de Warwick[51]. Entre 1135 et 1141, Roger Abbadon leur accorda l'église de Willey[52], avec l'accord des comtes Roger de Warwick et Robert II de Leicester. Ils acquièrent entre 1142 et 1184 le droit de patronage de Saint-Michel d'Aston que Milon, fils de Turold, possédait et sur lequel subsistait une ambiguïté[53]. Mais les velléités d'expansion des moines de Préaux furent ailleurs repoussées : c'est en vain que les moines de Préaux tentèrent de renforcer leur assise à Watlington en revendiquant le droit d'établir une chapelle près de leur manoir de Watcombe, au mépris des droits des chanoines d'Osney, qui possédaient l'église de Watlington dont dépendait ce hameau[54]. Une rivalité semblable opposa Préaux à l'abbaye de Reading entre 1216 et 1224 au sujet de l'église de Newbury, dans le Berkshire, que les moines de Préaux tentèrent de soustraire à la dépendance de celle de Thatcham, qui appartenait à l'abbaye de Reading[55].

En somme, Préaux percevait les revenus, les dîmes et patronnait huit églises : Sainte-Marguerite de Toft Monks et Notre-Dame de Haddiscoe, dans l'évêché de Norwich, qui dépendaient du prieuré de Toft Monks ; Saint-Nicolas de Warmington et Saint-Léonard de Willey, dans le vaste évêché de Chester, qui relevaient du

---

50. D. MATTHEW, *The Norman monasteries*, p. 53.
51. Concession par les chanoines de Warwick, Arch. dép. Eure, H 711, fol. 54, n° 125/B4 ; confirmation par Roger de Warwick, Arch. dép. Eure, H 711, fol. 48v, n° 106/B6.
52. Willey, co. Warwickshire.
53. Arch. dép. Eure, H 711, fol. 53v-54, n° 123/B67. Au terme d'une enquête, l'évêque Jocelin de Salisbury était parvenu à la conclusion que les moines ne possédaient pas le droit de patronage de l'église d'Aston (Arch. dép. Eure, H 711, fol. 53v, n° 122/B66). La donation de Milon, fils de Turold, témoigne implicitement des efforts déployés par Préaux pour prendre le contrôle de cette église.
54. Watcombe (co. Oxfordshire), hameau jouxtant Watlington. Les moines de Préaux avaient construit cette chapelle malgré l'interdiction de l'archevêque Richard de Cantorbéry ; en 1187, ils furent désavoués par les juges délégués pontificaux au profit des chanoines d'Osney (voir H. E. SALTER, *Cartulary of Osney abbey*, Oxford, 1929, t. IV, p. 430, n° 401 et H. MÜLLER, *Päpstliche Delegationsgerichtsbarkeit in der Normandie*, Bonn, 1997, t. II, p. 33, n° 155).
55. Arch. dép. Eure, H 711, fol. 55-56, n° 128/B172 et B. R. KEMP, *Reading abbey cartularies*, London, 1986, t. II, p. 104-105. Au terme de l'accord qui met un point final à cette querelle, il est convenu que l'église de Newbury, pour être établie en deçà des limites de la paroisse de Thatcham, continuera à verser chaque année à celle de Thatcham un cens de 2 sous.

prieuré de Warmington ; Saint-Michel d'Aston Tirrold et Saint-Nicolas de Newbury qui étaient rattachées au prieuré d'Aston Tirrold, dans le diocèse de Salisbury, au sein duquel se trouvaient également localisées Notre-Dame de Spettisbury et Saint-Michel de Charlton Marschall qui ressortissaient du prieuré de Spettisbury[56].

L'administration des prieurés

Si la gestion quotidienne des prieurés était assurée par les quelques moines résidant sur place ou leur représentant[57], l'abbé de Préaux était toutefois tenu de les visiter régulièrement. Durant l'année 1227, alors que le moine copiste Guillaume était chargé de la rédaction du cartulaire, l'abbé Bernard de Préaux était absent de son abbaye pour cause de voyage en Angleterre. Il y demeura durant au moins deux mois, du 17 juin au 9 août[58]. Plus tard, en 1257, lors d'un de ses séjours à Saint-Pierre de Préaux, l'archevêque de Rouen Eudes Rigaud enjoignit à l'abbé du temps, Anfroi III, d'aller visiter au moins une fois les prieurés situés outre-Manche[59], ce qui n'avait, semble-t-il, pas eu lieu depuis son accession vers 1250. Parvenu en Angleterre, l'abbé de Préaux pouvait résider aux frais de ses tenants à Warmington[60].

L'abbaye de Préaux eut quelque peu à souffrir de la séparation de 1204 : l'existence des inventaires de biens d'établissements et de nobles normands en Angleterre dressés à partir de juin 1204, témoigne des saisies, momentanées pour la majorité des abbayes, que durent supporter les moines. Préaux ne perdit pas ses biens et récupéra rapidement le prieuré de Spettisbury, un temps entre les mains de Jean sans Terre, d'autant que le comte de Meulan avait choisi le parti du roi d'Angleterre, mais les moines durent verser au roi 40 marcs pour les recouvrer[61]. Cependant, les difficultés croissantes pour voyager entre les deux pays ne furent pas moins un handicap certain dans la gestion des domaines anglais. En outre, la visite de l'abbé de Préaux en Angleterre revêtit à la fin du XIIIe et au XIVe siècle un caractère plus officiel, puisqu'il s'agissait pour l'abbé nouvellement nommé de prêter allégeance au roi d'Angleterre[62] avant de se voir investir du patrimoine anglais et de pouvoir en percevoir les revenus.

56. Voir pièce justificative II : cette charte est une forgerie, mais les possessions qui y sont exposées correspondaient à la réalité.

57. Un prévôt est attesté à Warmington au XIIIe siècle ; sa désignation revenait au prieur qui devait choisir parmi trois hommes désignés : *Sciendum est quod curia eliget tres homines quando dominus voluerit mutare prepositum et prior accipiet unum de illis tribus ad voluntatem suam* (Arch. dép. Eure, H 711, fol. 186).

58. *Anno ab incarnatione Domini M° CC° XX° VII°, in vigilia sancti Laurenti (sic), abbas Bernadus (sic) venit de Anglia et com (sic) eo Adam, id est Cormeliensis, monachus Pratelli, qui fuerat prior de Angleria et ipse Adam secum abstulit et dedit Deo et ecclesie Sancti Petri de Pratellis eucaristiam ubi corpus Domini debet esse super altare* (Arch. dép. Eure, H 711, fol. 63v ; D. ROUET, *Le cartulaire de Saint-Pierre de Préaux...*, t. I, p. 127-128).

59. Sur l'injonction d'Eudes Rigaud, voir *Registrum visitationum archiepiscopi Rothomagensis. Journal des visites pastorales d'Eudes Rigaud, archevêque de Rouen, 1248-1269*, Th. BONNIN (éd.), Rouen, 1852, p. 295. Sur l'abbé Anfroi III, voir *Gallia christiana*, t. XI, col. 839.

60. Arch. dép. Eure, H 711, fol. 186 : *Si abbas veniat in Angliam, tallabit eos ad velle suum. Similiter prior quolibet anno habebit suum palefridum.*

61. Voir sur la question M. POWICKE, *The Loss of Normandy, 1189-1204*, Oxford, 1913 ; rééd. 1960, p. 420 et D. MATTHEW, *The Norman monasteries*, p. 74.

62 . D. MATTHEW, *The Norman monasteries*, p. 79.

Dans le cas de Saint-Pierre de Préaux, l'administration des prieurés paraît avoir été relativement centralisée si l'on en croit le témoignage des archives du monastère. Contrairement à d'autres maisons religieuses qui établirent des cartulaires spécifiques pour leurs prieurés anglais, Préaux centralisa ses archives dans l'abbaye mère. C'est ainsi que le cartulaire de Préaux fut enrichi d'un censier se rapportant aux domaines anglais de Préaux[63].

Un document intégré au cartulaire : le censier des terres anglaises de Préaux

L'état économique des possessions anglaises de Préaux au XIIIᵉ siècle est connu grâce à un censier, consacré aux prieurés anglais, joint au cartulaire à la fin de ce même siècle[64]. Outre l'état des tenants et des servitudes dues aux bénédictins, ce document contient aussi des inventaires de chartes se rapportant aux quatre prieurés relevant de Préaux. Certaines évaluations datent de 1285, mais les points de comparaisons avec les montants du début du siècle montrent que ces revenus n'ont globalement pas été modifiés durant cette période. Le mémoire évoque successivement Toft Monks, Warmington, Aston et Spettisbury ; il décrit précisément les noms des tenants, le type de servitudes auxquelles ceux-ci sont astreints, l'évaluation des revenus perçus par les religieux et un inventaire des actes fondant leurs droits.

Le censier s'ouvre sur l'évaluation des biens de Préaux à Toft[65] : situé dans le Norfolk, il était de loin le plus important des prieurés de Préaux et dégageait le revenu annuel le plus conséquent[66]. Quoique le plus éloigné de Préaux, Toft constitua au XIIIᵉ siècle le principal établissement de Préaux chargé de la gestion et du contrôle de l'ensemble du patrimoine anglais. Quelques moines devaient y résider sous la direction d'un prieur : un certain Thomas fut prieur de Toft Monks vers 1175-1186 ; Adam, *prior de Angleria*, est quant à lui attesté en 1227 ; le dernier à avoir occupé cette fonction est Clément Huelin, cité en 1378 et 1390[67].

Ce prieuré était constitué d'un manoir dont dépendait une juridiction étendue sur 21 villenages de 9 acres et 7 autres villenages semblables situés non loin de là, à Haddiscoe. Préaux percevait aussi des revenus sur le domaine de Aldeby[68]. Le manoir de Toft Monks produisait, en 1282, un revenu annuel de 34 livres,

---

63. Cette analyse paraît corroborée par la charte de Jourdain du Hommet et Henri du Neubourg qui prouve que les archives du prieuré de Warmington se trouvaient conservées à Préaux et non en Angleterre (voir pièce justificative I).

64. Ce mémoire occupe les feuillets 181 à 202 du cartulaire H 711 ; il a été copié vers 1300 mais l'état des biens qui y sont décrits comprend des évaluations datant de 1231 à 1285.

65. *De tenementis hominum de Tostes et eorum servitiis juratis per XXXa homines anno Domini M°CC° XXX° I°* (Arch. dép. Eure, H 711, fol. 181-184v).

66. Sur ce prieuré, *Victoria History of Norfolk*, t. II, p. 67.

67. Sur Thomas, voir J. H. HARVEY, *William Worcestre itineraries...*, p. 222-223 ; sur Adam de Cormeilles, prieur, de retour à Préaux en 1227 avec l'abbé Bernard, voir *supra* note 58 ; sur Clément Huelin, voir D. MATTHEW, *The Norman monasteries*, p. 158 et Arch. dép. Eure, H 1751.

68. Guillaume, évêque de Norwich, confirme en 1244 que les moines de Préaux *in prefatis villis* [de Audeby, Hadesco et Tostes] *a tempore quod non extabat memoria sine interruptione temporis pacifice decimas et obventiones quasdam perceperunt.* (Arch. dép. Eure, H 711, fol. 84, n° 226) ; Aldeby, co. Norfolk.

19 sous, un denier, une obole par an[69]. Du prieuré dépendaient les églises Sainte-Marguerite de Toft et Notre-Dame de Haddiscoe qui dégageaient respectivement un revenu de 45 et 25 marcs dont l'abbé retenait un tiers pour son propre usage[70], les deux autres revenant au prieur.

Dans le comté de Warwick, du prieuré de Warmington[71] dépendaient les revenus du manoir de Warmington qui regroupait 35 vergées de terre exploitées par 29 tenants et rapportait chaque année 7 livres, 19 sous, 8 deniers et une obole à la Saint-Jean-Baptiste et autant à la Saint-Michel, soit 15 livres, 19 sous, 5 deniers par an[72], compris le revenu des terres d'Arlescote exploitées par 16 tenants. Diverses servitudes et revenus étaient perçus sur 7 hommes libres, les « *franci* ». Le prieuré bénéficiait des revenus de l'église de Warmington et de celle, voisine, de Shotteswell qui représentaient 10 marcs : l'abbé en retenait les deux tiers, soit 2 livres, 5 sous, 8 deniers[73] ; l'église de Willey dégageait un revenu d'un marc par an[74]. Du fait de l'échec des tentatives d'implantation d'un prieuré à Watlington, le produit des terres et revenus situés dans l'Oxfordshire devait sans doute rejoindre ceux du prieuré de Warmington, soit 12 marcs par an sur le manoir de Watcombe.

Dans le comté de Dorset, le prieuré de Spettisbury[75], à la même époque, dégageait un revenu annuel de 10 livres, 6 sous, 2 deniers, une obole plus 7 marcs[76], ce qui se rapproche de l'estimation de 1204 qui se montait à 12 livres sans compter le bétail, ou à 15 livres, 12 sous, six deniers en en tenant compte et même à 20 livres au meilleur de son exploitation[77]. Les revenus du manoir représentaient 9 livres[78] ; s'y ajoutaient les revenus de l'église : une livre, 10 sous chaque année. Du prieuré de Spettisbury dépendait également l'église de Charlton Marshall[79].

Dans l'Oxfordshire, le prieuré d'Aston Tirrold regroupait un manoir dont dépendait le patronage de l'église. Les moines percevaient sur celle-ci un demi marc à

---

69. Arch. dép. Eure, H 711, fol. 198.

70. Arch. dép. Eure, H 711, fol. 200, n° 603. En 1291, la valeur du prieuré était estimée à 40 livres, 16 sous, 10 deniers, une obole (*Victoria History of Norfolk*, t. II, p. 67).

71. *Consuetudines et redditus et servitia ville de [Warmitona]* (Arch. dép. Eure, H 711, fol. 185-188v).

72. Arch. dép. Eure, H 711, fol. 190v ; une autre évaluation, datant de la fin du XIIIe siècle indique 17 livres, 7 sous, 4 deniers (Arch. dép. Eure, H 711, fol. 200v).

73. Arch. dép. Eure, H 711, fol. 200v, n° 605.

74. Arch. dép. Eure, H 711, fol. 197v, n° 599. À la fin du XIVe siècle, les revenus annuels du prieuré de Warmington culminaient à 29 livres, 11 deniers, une obole pour 1380 et à 29 livres 19 sous, un denier, une obole pour 1387 (*Victoria History of Warwickshire*, p. 132). Shotteswell, co. Warwickshire ; Willey, co. Warwickshire ; Arlescote, co. Warwickshire.

75. Sur ce prieuré, voir *Victoria History of Dorset*, t. II, p. 119-121. Le manoir de Charlton Marschall était à l'origine un hameau de la paroisse de Spettisbury (A. D. Mills, *The Place-Names of Dorset*, t. II, p. 46).

76. Arch. dép. Eure, H. 711, fol. 198.

77. Le domaine de Spettisbury comprenait, en 1204, 12 bœufs, 4 vaches, 4 génisses, 4 veaux, 75 moutons et 2 juments ; il pouvait au plus supporter 300 moutons, 8 vaches, 16 bœufs, 8 porcs. (*Rotulus de valore terrarum Normannorum inceptus anno regni regis Johannis sexto*, dans Th. Duffus Hardy, *Rotuli Normanniae in turri Londinensi asservati*, Londres, 1835, vol. I, p. 122).

78. Arch. dép. Eure, H 711, fol. 200v, n° 601.

79. L'église, la dîme et les terres de Charlton Marshall appartenaient au prieuré de Spettisbury (A. D. Mills, *The Place-Names of Dorset*, Cambridge, 1977, t. II, p. 11-12).

---

la Saint-Michel[80]. Le revenu annuel du domaine représentait 8 livres, 18 sous[81]. En 1204, les agents royaux trouvèrent 8 bœufs, une jument et un veau, une vache, des gerbes dans le grenier, blé et foin. À cela s'ajoutait à Newbury, la dîme de tous les revenus de la prévôté, soit 3 livres et les revenus de l'église, soit 2 livres[82].

Le cartulaire de Préaux ne donne pas de détail quant au devenir du patrimoine anglais, qui vient d'être décrit, au XIVe siècle. Toutefois un second cartulaire[83], copie de celui de 1227, dressé au milieu du XVe siècle, omet de manière significative tous les actes concernant ces prieurés. En fait, comme ce fut le cas pour d'autres abbayes normandes, Préaux choisit de se débarrasser de l'ensemble de son patrimoine anglais. En 1390, Louis de Clifford reçut, contre la somme de 2 000 francs or, les quatre prieurés anglais de Préaux et tous les biens en dépendant pour les posséder, et après lui son fils et un troisième descendant, pour la durée de trois vies[84], à charge d'entretenir le dernier prieur de Toft, Clément Huelin, qui avait été autorisé à demeurer en Angleterre en 1378[85], après l'expulsion de la majorité des moines normands ordonnée par le roi Édouard III. Cette transaction mit un point final aux relations entretenues par Saint-Pierre de Préaux avec l'Angleterre pendant près de trois siècles.

---

80. Th. Duffus HARDY, *Rotuli Normanniae*, p. 135-136 et Arch. dép. Eure, H 711, fol. 195v-196 et fol. 200v-201, n° 605.

81. Arch. dép. Eure, H 711, fol. 200v-201, n° 603.

82. L'inventaire des rentes perçues à Newbury dressé dans le cartulaire (Arch. dép. Eure, H 711, fol. 197v), précise que ces sommes de 3 livres et 2 livres étaient perçues en quatre termes : Noël, Pâques, Saint-Jean, Saint-Michel. L'évaluation donnée par les agents du roi concorde avec la précédente et précise que la dîme de la prévôté était versée par le fermier qui en avait la charge (Th. Duffus HARDY, *Rotuli Normanniae*, p. 132).

83. BnF, nouv. acq. lat. 1929.

84. Arch. dép. Eure, H 1751.

85. D. Matthew, *op. cit.*, p. 158.

PIÈCES JUSTIFICATIVES

I

[1203 - 1214].

[Jourdain, évêque de Lisieux, et Henri du Neubourg] font savoir à Henri [II], comte de Warwick, qu'ils ont inspecté les chartes des moines de Préaux fondant ces derniers dans la possession de leur manoir de Warmington, donné par son aïeul, Henri [Iᵉʳ], comte de Warwick.

B. Cartulaire de Préaux, Arch. dép. Eure, H 711, fol. 191v, n° 595. Acte introduit par : « *Littere Jordani, Lexoviensis episcopi, et Henrici de Novo Burgo, militis, Henrico, comite de Warwico, directe suis sigillis sigillatis hanc seriem continentes*».

La datation de cette charte est déterminée par l'évocation de Jourdain du Hommet qui fut évêque de Lisieux de 1200 à 1218; par celle d'Henri II, comte de Warwick, qui succéda à son père en 1203 et celle d'Henri du Neubourg qui mourut en 1214.

[…][a] Noverit dilectio vestra nos, diligenti inspectione addita, vidisse et legisse quartas[b] et confirmationes quas monachi de Pratellis habent super manerio suo de Warmitona. In primis veterem cartam Henrici, avi sui[c], cum signis pluribus, videlicet regum[d] et reginarum Matildis et aliorum magnatorum episcoporum et baronum que sic incipiunt[e] : «Si quisquam» et cetera, continens donationem nobis[f] factam a Henrico, comite de *Warwic*, de villa de Warmitona. Hanc autem donationem confirmavit Henricus rex apud Merlebergam, anno quo ille dedit filiam suam imperatori Almannie. Preterea cartam Waleranni patris vestri invenimus sigillatam confirmationem dicte ville cum pertinentiis continentem. Confirmationes vero senioris regis Henrici reperimus in hec verba : «Henrici quoque de *Warwic*» et cetera. Confirmavit[g] autem junioris regis Henrici, patris Johannis regis Anglorum, invenimus in hec verba : «ex dono Henrici de *Warwic*[h] villam de Warmitona liberam cum omnibus consuetudinibus[i], sicut eam in dominio habebat exceptis birvitis que appendebant illi manerio». Post suprascripta privilegia domini Alexandri, romani pape, inspeximus in hec verba : «ex dono Henrici, comitis de *Warwic*, Warmitonam cum omni libertate qua[j] ibi habebat»[k].

(a) *Les suscriptions ne sont pas reprises dans B.* — (b) *Sic B, corr.* cartas. — (c) *Sic B, corr.* vestri. — (d) reg *surmonté d'un tilde B que le sens invite à résoudre en* regum. — (e) *Sic B, corr.* incipit. — (f) *Sic B, corr.* eis. — (g) *Sic B, corr.* confirmatio. — (h) *L'acte d'Henri II indique :* Warewich. — (i) *L'acte d'Henri II indique* consuetudinibus suis. — (j) *Sic B, corr.* quam. — (k) *B s'arrête ici.*

II
† [1227 - 1285]

Robert [III], comte de Meulan et Leicester, donne à l'abbaye Saint-Pierre de Préaux le manoir de Toft et ses dépendances que Guillaume le Conquérant lui avait donnés, le droit de patronage des églises Sainte-Marguerite de Toft, Notre-Dame de Haddiscoe, Saint-Michel d'Aston, Saint-Léonard de Willey, Notre-Dame de Spettisbury, Saint-Michel de Charlton, Saint-Nicolas de Newbury avec leurs dîmes et revenus. Il confirme les dîmes des moulins et des revenus de la ville de Newbury et une hide de terre qu'Arnoul de Hesdin, seigneur de Newbury, lui a données pour l'aumônerie de l'abbaye. Il donne aussi le petit hameau d'Arlescote avec cinq hides de terre libres de tout service et le manoir de Spettisbury.

A. Original mutilé, sur parchemin, h x l = 42 x 22 cm, Arch. dép. Eure, H 1751. Mention dorsale en partie effacée du XVIIe siècle : «Donation faicte a l'abbaye de Saint Pierre de Preaux par Robert, comte de Meulent et de Leicester, de son manoir de Thostes avec toutes ses dependances [...] patronage aux cures de Sainte Marguerite dudit [...] de Hadescho, de Saint Michel de Estone, de Saint [...] et de Notre Dame de Spectebury, du droit [...] de Neubury donné a ladite abbaye [...] manoir de Spectebury et tous [...] ».

B. Inspeximus d'Édouard Ier, éd. Dugdale, *Monasticon Anglicanum*, t. VI, p. 1027. — BnF, Coll. du Vexin, t. XII, p. 3, n° 276 (extrait).

a. Dugdale (William), *Monasticon Anglicanum*, Londres, réed., 1817-1830, t. VI, p. 1027 (d'après un *inspeximus* du roi Édouard Ier donné en 1285). — La Roque (Gilles-André de), *Preuves de l'histoire généalogique de la maison d'Harcourt*, Rouen, 1662, t. IV, p. 2146.

INDIQUÉ. E. Houth, *Les comtes de Meulan, IXe-XIIIe siècles*, Pontoise, 1981 (« Mémoires de la Société historique et archéologique de Pontoise, du Val d'Oise et du Vexin», t. 70), p. 113, n° 41.

Il est patent que cette charte est un faux : d'abord parce que les renseignements qu'elle comporte sont en partie inexacts ; par exemple, Saint-Léonard de Willey a été donnée à l'abbaye par Roger Abbadon bien après la mort du comte Robert III de Meulan et de Leicester, intervenue en 1118 ; ensuite parce que la graphie de cet acte est en tous points semblable à celle de plusieurs chartes copiées dans le cartulaire de Préaux vers 1300. L'absence des noms des témoins qualifiés par leur seul titre dénonce elle aussi un faux tout comme l'adresse faite aux Anglais, Français et Normands. Enfin le vocable «Saint-Pierre et Saint-Paul de Préaux» n'apparaît pas avant la fin du XIIIe siècle dans les sources issues de cette abbaye. Cette charte n'a pas été copiée dans le cartulaire, mais a fait l'objet d'un *inspeximus* d'Édouard Ier en 1285, elle fut donc sans doute fabriquée entre 1227 et 1285. L'original étant mutilé, les lacunes entre [   ] ont été ici comblées grâce à l'*inspeximus*.

Universis sancte matris Ecclesie filiis Anglicis, Francis et Normannis, Robertus comes [de] *Mellent*o et Leycestrie, salutem in vero salutari Domino Jhesu Christo. Noverit universitas [vestra] quod ego, pro salute anime mee et dilecti mei domini regis Willelmi et antecessorum meorum, d[edi et con]cessi et presenti carta mea confirmavi, Deo et ecclesie sanctorum apostolorum Petri et Pauli de P[ratellis] et monachis meis ibidem Domino servientibus, manerium meum de *Thostes*, cum omnibus [pertinen]tiis suis, videlicet terris, nemoribus, mariscis, pratis, turbariis, hominibus, redditibus, past[uris communis] et aliis quibuscumque dicto manerio spectantibus, ita libere sicut karissimus dominus [meus], illustris rex Willelmus, illud michi dedit, qui ante me illud aliquantulum possedit, tenendum et [possi]dendum dictis monachis et eorum successoribus in liberam, puram, et perpetuam elemosinam ben[e, in pa]ce, honorifice et juste, solutum et quietum de siris, de sectis, de hundredis, placitis, q[uerelis], consuetudinibus et regalibus demandis universis cum *soccham, saccam, thol, thif, infongend[thif], hutfongenethif* et cum libera waranna in parochiis de *Thostes*, de *Haddescho* et de *Th[orp,* cum] omnibus aliis libertatibus. Addidi etiam huic dono jus patronatus ecclesie Beate Margarete [predicte] ville, jus patronatus ecclesie Beate Marie de *Hadescho*, jus patronatus ecclesie Beati Michaelis de *Eston[a,* jus pa]tronatus ecclesie Sancti Leonardi de *Wyleya*, jus patronatus ecclesie Beate Marie de *Specteburi*, jus patronatus ecclesie Beati Michaelis de *Cherlintone*, jus patronatus ecclesie Sancti Nicholai de *Neuburi* [cum deci]mis, fundis, obventionibus, pensionibus, ad dictas ecclesias pertinentibus. Item in villa de *N[euburi*, de]cimam tocius redditus, vel exitus ville, id est de molendinis, de theloneo et de omni re que [decimari] potest vel poterit in futurum, cum una hyda terre libera ab omni censu et consuetud[ine, secta] curie et universo servitio seculari que omnia Arnulphus de *Herdinck,* comes *del Perche,* [dominus] *Neuburi,* michi donavit ad usum elemosine monachorum meorum predictorum. Dedi insu[per mona]chis meis predictis, parvam villulam que vocatur *Orlaveschote* et quinque hydas terre [ad eam] pertinentes liberam et absolutam de siris, de sectis, de hundredis, placitis, querelis, auxiliis, co[nsuetudi]nibus, serviciis secularibus, universis demandis et omnibus exactionibus quas mens humana [scit vel] sciet, potest vel poterit in posterum excogitare. Dedi nichilominus monachis prefatis al[iud man]erium, nomine *Specteburi*, cum tota villa, terris, nemoribus, pratis, pasturis, ripariis, [molendinis], hominibus, eorum serviciis, capitagiis, redditibus et omnibus dicto manerio et ville spectantibus [liberum] et absolutum de siris, de sectis, de hundredis, placitis, querelis, auxiliis, consuetudinibus, serviciis, [secularibus] et omni angaria regali cum *soccham, saccam, thol, thif, infongenethif,* cum omnibus aliis [libertati]bus. Ista omnia prescripta, ego Robertus comes predictus dedi Deo et ecclesie et monachis predictis [tenenda], possidenda et habenda sicut liberius, tranquillius et honorificentius aliqua elemosina in regno Ang[lie dari] potest vel teneri. Et ne aliquis in posterum donacionibus meis caritatis intuitu factis au[su teme]rario audeat contraire, presentem cartam predictis monachis tradidi sigilli mei impression[e muni]tam, presentibus domino Cantuariense archiepiscopo, domino Eboracencense archiepiscopo, dominis Sareburiense, Norwycense, Coventrense episcopis, dominis Glovernie, Sareburi, [*del Perche,* de Moritone, de *Warwyk,* comitibus, et aliis baronibus, militibus, clericis, nobilibus et liberis hominibus quampluribus].

Les prieurés anglais de l'abbaye Saint-Pierre de Préaux.

L'EXIL DANS L'ESPACE ANGLO-NORMAND

Elisabeth Van Houts[*]

Depuis deux ans, je mène des recherches sur l'exil au Moyen Âge, en particulier sur l'exil politique en tant que punition. Les chercheurs ont accordé une grande attention au thème de l'exil littéraire, aux sources bibliques et monastiques ainsi qu'aux œuvres de fiction, mais les circonstances politiques et juridiques des actes de bannissement politique sont encore mal comprises. Jusqu'à présent une exploration superficielle des sources médiévales me fait croire que le bannissement, comme acte punitif, était très répandu au Moyen Âge. De plus, dans toute l'Europe, la pratique du bannissement, les conditions de l'exil et l'accueil des exilés par des souverains étrangers se ressemblaient beaucoup. Tous les souverains utilisaient le bannissement pour envoyer leurs adversaires en exil, normalement pour une période temporaire, et, à leur tour, ils recevaient des exilés étrangers à bras ouverts. Les modalités du bannissement comme le système des coutumes d'accueil se retrouvent sous des formes semblables à travers l'Europe. L'ennemi exilé d'un souverain devenait toujours l'ami du voisin de ce dernier. L'échange des exilés entre souverains européens entraînait donc des situations dc trahison comme d'appui mutuel. Bien que la procédure du bannissement ait été étudiée pour la période classique romaine et pour la fin du Moyen Âge (surtout pour les cités-républiques d'Italie), il manque une étude comparative pour les Xe-XIIe siècles[1]. Dans le cadre de mon projet, je me propose aujourd'hui

---

* Lecturer, Emmanuel College, Cambridge.

1. B. R. Nagle, *The Poetics of Exile : Program and Polemic in the Tristia and Epistulae ex Ponto of Ovid*, Collection Latomus, 170, Bruxelles, 1980 ; R. J. Dickinson, «The Tristia : poetry in Exile», dans *Ovid*, J. W. Binns (éd.), Londres, 1973, p. 154-190 ; J. M. Claassen, *Displaced Persons. The Literature of Exile from Cicero to Boethius*, Londres, 2000 ; N. Sultan, *Exile and the Poetics of Loss in Greek Tradition*, Oxford, 2000 ; J. Heers et C. Bec (éd.), *Exil et civilisation en Italie XIIe-XVIe siècles*, Nancy, 1990 ; J. Heers, *L'esilio, la vita politica e la società nel medioevo*, Naples, 1997 ; C. Shaw, *The Politics of Exile in Renaissance Italy*, Cambridge, 2000. Pour la Normandie, voir L. Musset, «Autour des modalités juridiques de l'expansion normande au XIe siècle», dans L. Musset, J.-M. Bouvris, J.-M. Maillefer (éd.), *Autour du pouvoir ducal normand Xe-XIIe siècles*, Cahier des Annales de Normandie, n° 17, Caen, 1985, p. 45-59 et pour l'Angleterre l'étude essentielle est F. Liebermann, «Die Friedlosigkeit bei den Angelsachsen», dans *Festschrift für Heinrich Brunner von Schülern und Verehrern dargebrachten*, Weimar, 1910, p. 17-37.

d'aborder quatre aspects de mes recherches dans le cadre de l'espace anglo-
normand aux XIe et XIIe siècles : le bannissement temporaire, cas d'exil le plus
fréquent, le sort de la propriété domaniale des exilés et de leurs familles, la procédure de réconciliation et la place des récits littéraires dans l'étude de l'histoire
des exilés au Moyen Âge.

LE BANNISSEMENT

Trois-quarts des cas d'exil anglo-normands pendant la période considérée concernent le bannissement temporaire. Normalement, l'exil créait une période d'apaisement entre le souverain et son sujet coupable et offrait aux deux parties une
période de réflexion sur la gravité de leur animosité. Une punition de ce type pour
un crime grave pouvait être révoquée et la possibilité d'une telle révocation créait
une flexibilité avantageuse exploitée par les souverains. De plus, contrairement
à la mort, l'exil ne provoquait pas d'actes de vengeance chez les membres de la
famille d'une victime[2]. C'est sans doute pour ces raisons que le duc Guillaume le
Conquérant (comme son père et son grand-père), selon son biographe Guillaume
de Poitiers, préférait le bannissement[3]. Dans la plupart des cas d'exil, le souverain décidait d'exiler une personne qui l'avait contrarié. Les motifs ne sont pas
toujours connus, mais les crimes le plus souvent allégués sont le meurtre, la trahison ou le complot politique. Les sources signalent la colère du roi ou du duc
(*ira regis, ira ducis*), interprétée par le professeur Musset non pas comme une
réaction arbitraire ou précipitée, mais comme une réaction légitime et reconnue
à l'égard de crimes dirigés contre la personne ou, ce qui est la même chose,
contre l'autorité du souverain[4]. Pour la Normandie, il manque des détails concernant la procédure juridique du bannissement : le jugement de la cour ducale
n'est jamais mentionné. Néanmoins, il existe, dans les chroniques, des indications selon lesquelles le duc ne pouvait pas réagir précipitamment ou sans avis
de ses conseillers (ou de sa cour). En revanche, en Angleterre, on trouve quelques
cas juridiques célèbres, mais qui posent des problèmes d'interprétation considérables. En Angleterre, en effet, il est très difficile de distinguer entre des cas d'exil
politique et des cas de « outlawry » (c'est-à-dire de mise hors la loi), les deux
formes de punition ayant été utilisées pour les mêmes crimes à savoir le meurtre,
la trahison ou le refus de comparaître à la cour du souverain[5]. « Outlawry » est une
procédure juridique de nature plus locale dans des aires juridiques plus limitées,

---

2. L. MUSSET, « Autour des modalités », p. 48-49 et G. A. LOUD, « How Norman was the Norman
conquest of southern Italy ? », *Nottingham Medieval Studies*, t. 25, 1981, p. 17.

3. *The Gesta Guillelmi of William of Poitiers*, R. H. C. DAVIS et M. CHIBNALL (éd. et trad.), Oxford,
1998, p. 38 : *Exilio, carcere, item alia animaduersione, quae uitam non adimeret, ulcisci malebat.*

4. L. MUSSET, « Autour des modalités », p. 53-55 ; voir aussi G. ALTHOFF, « Ira regis : prolegomena to
a history of royal anger », dans B. H. ROSENWEIN (éd), *Anger's Past. The social Uses of an Emotion in
the Middle Ages*, Ithaca-Londres, 1998, p. 59-74.

5. F. LIEBERMANN, « Die Friedlosigkeit » passim ; J. GOEBEL, *Felony and Misdemeanor. A Study in the
History of English Criminal Procedure*, New York, 1937, p. 44-61 ; P. WORMALD, *Legal Culture in the
Early Medieval West. Law as Text, Image and Experience*, Londres-Rio Grande, p. 259-260.

tels que les centaines (*hundreds*) ou les comtés (*shires*). Néanmoins, je suis sûre que la procédure juridique suivie par le roi anglais ou son délégué, dans des cas qui entraînèrent le bannissement de la patrie, était semblable à celle suivie dans des cas de «outlawry» locale. Si cette supposition est correcte, le cas d'expulsion de la famille de Godwin en 1051 fournit un exemple de procédure juridique : le jugement rendu par le roi et sa cour[6].

La famille de Godwin, qui refusa de comparaître devant le roi, fut jugée pour avoir ignoré la volonté du roi et, par conséquent, exilée[7]. Elle eut cinq jours pour quitter l'Angleterre et ses possessions furent confisquées. Le comte Godwin, sa femme Gytha et deux de ses fils gagnèrent la Flandre, deux autres fils se réfugièrent chez le roi Dermot d'Irlande. La fille de Godwin, Édith, étant l'épouse d'Édouard le Confesseur, fut bannie de la cour et «exilée» dans un monastère. Moins d'une année plus tard, le roi était réconcilié avec les Godwin et la reine rappelée à la cour. Ce cas illustre bien le fait que le roi décidait toujours avec sa cour (le *witan*) et non pas seul. Cependant un jugement explicite ou une décision de la cour n'étaient pas nécessaires pour entraîner le bannissement. Comme Felix Liebermann (pour l'Angleterre) et Lucien Musset (pour la Normandie) l'ont suggéré, l'exil volontaire par anticipation d'un acte juridique du souverain avait le même effet pratique[8]. Beaucoup d'exilés choisissaient l'exil volontaire, de façon préventive.

La condition de l'exil était de quitter le sol natal, normand ou anglais. De gré ou de force, l'exilé s'enfuyait à l'étranger proche ou lointain. Les Normands trouvaient normalement asile chez les Français, à Paris et en Île-de-France, dans le Chartrain et en Touraine, dans le Ponthieu et, surtout, en Bretagne. Outre-mer, on les trouve en Angleterre. À partir du début du XIe siècle, la destination la plus populaire pour les Normands fut la Méditerranée[9]. En Italie, attirés par un régime ami et des avantages politiques, militaires et économiques, beaucoup de Normands exilés devinrent des émigrés permanents. L'Espagne et Byzance offraient aussi des opportunités militaires pour l'aristocratie. Quant aux exilés anglais, ils se réfugiaient chez des amis du pays de Galles et en Écosse. Ceux qui préféraient la vie outre-mer cherchaient refuge auprès des rois d'Irlande et des comtes de Flandre[10]. L'exil flamand, très populaire pendant le règne de Baudouin V (1035-1067) et sous son fils Robert le Frison (1071-1093) se termina en 1101 avec le contrat mutuel entre le roi anglais Henri Ier et Robert II, comte de Flandre, contrat qui avait pour effet le refus d'offrir un asile aux ennemis de l'un et de l'autre[11]. Après cette

---

6. P. Wormald, *Legal Culture...*, p. 274, n° 162.

7. *Two of the Saxon Chronicles Parallel*, C. PLUMMER et J. EARLE (éd.), Oxford, 1892, t. I, p. 174 (Version E s. a. 1048) et p. 175 (Version D s. a. 1052) ; cf. *Medieval Outlaws. Ten Tales in modern English*, T. H. OHLGREN (éd.), Thrupp, 1998, p. 1-12.

8. F. LIEBERMANN, «Die Friedlosigkeit...», p. 24, 27 ; L. MUSSET, «Autour des modalités...», p. 50-51.

9. L. MUSSET, «Autour des modalités...», p. 46 ; G. A. LOUD, «How Norman...», p. 16-17.

10. K. MAUND, *Ireland, Wales, and England in the Eleventh Century*, Woodbridge, 1991 et E. VAN HOUTS, «Hereward and Flanders», *Anglo-Saxon England*, t. 28, 1999, p. 201-223.

11. *Diplomatic Documents Preserved in the Public Record Office*, P. CHAPLAIS (éd.), Londres, Public Record Office, 1964, t. I, n° I et E. VAN HOUTS, «The Anglo-Flemish Treaty of 1101», *Anglo-Norman Studies*, t. XXI, 1999, p. 169-174 (traduction anglaise) et R. NIP, «The political relations between England and Flanders (1066-1128)», *Anglo-Norman Studies*, t. XXI, 1999, p.145-168 (analyse historique).

---

date, on trouve davantage d'Anglais exilés en Normandie. Plus tard, après 1135, des Anglais et des Normands se réfugièrent aussi en Anjou où le comte Geoffroi, qui avait épousé en secondes noces l'impératrice Mathilde, était l'adversaire du roi anglais Étienne[12].

En général, la durée de l'exil temporaire dépendait de circonstances spécifiques à chaque cas. Néanmoins, il existe des allusions indiquant qu'une réconciliation pouvait être attendue après une période d'environ trois années. Par deux fois, Orderic Vital suggère que trois ans constituaient la norme pour le bannissement temporaire. Prenons le cas d'Arnaud d'Échauffour, qui est peut-être aussi celui de ses amis Raoul de Tosny et Hugues de Grandmesnil[13]. Arnaud quitta la Normandie vers 1060 et resta à proximité de la principauté pendant deux années pendant lesquelles il ravagea les frontières normandes ; au cours de la troisième année, il visita ses cousins en Italie. Orderic suggère qu'il fut rappelé par le duc avant la visite italienne imposée comme une punition supplémentaire destinée à financer une donation substantielle au duc. Arnaud revint d'Italie avec beaucoup d'argent et un manteau précieux. Le motif du rappel d'Arnaud et de ses amis est sans doute à chercher dans les besoins militaires du duc. Celui-ci avait besoin de chevaliers connaissant bien la région située au sud de la Normandie pour réaliser la conquête du Maine et il ne pouvait pas se permettre de laisser des bannis normands s'engager auprès de ses ennemis. Vingt ans plus tard, Hubert de Sainte-Suzanne vécut une histoire semblable, pour laquelle Orderic est à nouveau notre source d'information[14]. Hubert de Sainte-Suzanne fut déclaré *hostis publicus* pour une période de trois ans et exilé du territoire normand. Il fomenta troubles et rébellions sur la frontière entre le Maine et l'Anjou avant de se réconcilier avec Guillaume le Conquérant. Un troisième exemple est peut-être celui de Robert de Vitot qui connut l'exil après le meurtre de Gilbert de Brionne vers 1040, mais qui se réconcilia peu après avec le duc[15]. En 1066, il participa à la conquête de l'Angleterre. Initialement ses domaines furent confisqués et donnés au monastère de Saint-Évroult. Après la réconciliation et la restitution du patrimoine, Robert promit cet héritage à ce même monastère sur son lit du mort en 1066 ou 1067. Guillaume de Roumare offre un quatrième cas d'un bannissement de trois années[16]. Exilé d'Angleterre, de gré ou de force, pendant le règne d'Henri Ier, Guillaume de Roumare retourna en Normandie où il ravagea les frontières de ses domaines ancestraux pendant plus de deux ans avant que le roi ne les lui rende. Tous ces exemples montrent que les bannis utilisaient leur expérience militaire pour terroriser et harceler leur souverain jusqu'au moment de la réconciliation : toujours environ trois ans après. Ce chiffre mérite un examen attentif ; en effet, dans la loi islandaise l'exil temporaire devient un exil permanent avec des résultats désastreux pour le

---

12. Par exemple Baudouin de Reviers (*Gesta Stephani*, K. R. Potter et R. H. C. Davis (éd.), Oxford, 1976, p. 44-46).

13. *The Ecclesiastical History of Orderic Vitalis*, M. Chibnall (éd.), Oxford, t. II, p. 90, 106, 124.

14. *The Ecclesiastical History*, t. VI, p. 46-48.

15. *The Ecclesiastical History*, t. II, p. 120.

16. *The Ecclesiastical History*, t. VI, p. 332-334.

statut du banni après trois ans[17]. En Islande, plusieurs raisons militaient en faveur d'une réconciliation avant l'expiration de trois années. Il est difficile pour nous d'établir comment les bannis venaient à apprendre qu'il s'ouvrait pour eux une occasion de réconciliation surtout quand ils étaient loin de leur patrie.

Si l'exilé était marié, il était presque toujours accompagné de sa famille, de sa femme et de ses enfants. La présence des femmes et des enfants dans l'exil rend douteuse l'image littéraire de la femme abandonnée qu'on trouve fréquemment dans les poèmes vernaculaires et latins. Cependant, l'exil de femmes jugées coupables par le duc ou le roi n'est guère fréquent. Néanmoins, il existe quelques exemples d'enfants laissés auprès de membres de la famille en Normandie ou en Angleterre ; sans doute était-ce le moyen de s'assurer qu'ils puissent recevoir l'héritage paternel. Les lois normandes et anglaises, comme les autres lois en Europe, s'accordent à conserver le droit à l'héritage paternel des enfants mineurs des exilés. Les femmes aussi étaient protégées à condition qu'elles n'aient pas soutenu leurs maris[18].

LE SORT DE LA PROPRIÉTÉ

Le bannissement temporaire créait une situation d'apaisement pour le souverain et pour l'exilé. Pour le souverain, parce qu'il confisquait la propriété de l'exilé et l'annexait au domaine ducal ou royal en s'en réservant les revenus, provisoirement du moins. Pour l'exilé, la possibilité de retourner restait ouverte et, comme je l'ai dit, dans la plupart des cas les domaines confisqués finirent par être restitués aux bannis. Compte tenu de ces réconciliations fréquentes, les confiscations étaient sûrement considérées comme des mesures temporaires. Pour la Normandie, nous manquons de témoignages sur les aliénations des domaines confisqués par d'autres bénéficiaires immédiatement après le départ d'un banni. Dans le cas d'un bannissement permanent, la plupart des domaines confisqués étaient donnés à des membres de la famille de l'exilé, par exemple les fils, les cousins ou d'autres parents. Il me semble très clair que le souverain, duc normand ou roi anglais, avait en théorie le pouvoir de redistribuer les domaines confisqués comme il le voulait, mais qu'il était limité dans la pratique par les attentes des membres de la famille de l'exilé. Ces attentes découlent du fait que la société médiévale se tournait vers le souverain comme vers le protecteur des possessions familiales collectives. Ce protecteur n'avait pas la liberté de passer sous silence les demandes des fils ou des cousins fidèles. Les chroniqueurs anglo-normands et les chartes témoignent de plusieurs exemples de transmission des domaines d'un exilé permanent à un fils, à un cousin ou à un parent lointain.

---

17. *Laws of Early Iceland. Grágás. The Codex Regius of Grágás with Material from Other Manuscripts*, A. DENNIS, P. FOOTE, R. PERKINS (trad.), Winnipeg, 1980, p. 92-95, 98, 117-118 ; K. HASTRUP, *Culture and History in Medieval Iceland. An Anthropological Analysis of Structure and Change*, Oxford, 1985, p. 136-156.

18. *God's Peace and King's Peace. The Laws of Edward the Confessor*, B. R. O'BRIEN (éd.), Philadelphie, 1999, p. 176-179 ; *The Liber Augustalis or Constitutions of Melfi Promulgated by the Emperor Frederick II for the Kingdom of Sicily in 1231*, J. M. POWELL (trad.), Syracuse NY, 1971, p. 72-73.

Par ailleurs, l'Église offrait une alternative acceptable pour les deux parties. S'il y avait redistribution de la propriété d'un exilé, les abbayes ou les églises de la famille de l'exilé en étaient souvent les bénéficiaires. Il s'agit d'une autre caractéristique de la redistribution des domaines du banni. L'on trouve beaucoup de cas d'exilés qui, réconciliés avec leur duc ou leur roi, offraient une portion considérable des domaines, qui leur étaient restitués, à une communauté religieuse[19]. Évidemment, une donation de la sorte n'était jamais «volontaire», mais représentait le prix payé par l'exilé pour sa réconciliation avec le souverain. Un exemple fameux de révolte, d'exil politique et de redistribution des domaines nous est offert par la révolte de 1075 des comtes en Angleterre.

Trois comtes furent condamnés pour trahison : Ralph de Gael, comte d'East Anglia, Roger fils de Guillaume FitzOsbern, comte de Hereford, et Waltheof, comte de Huntingdon[20]. Appelé à comparaître devant la cour, le comte Ralph de Gael, né en Angleterre mais de sang mixte (anglais/breton) par ses parents, refusa, et, après une période de résistance, se réfugia avec sa femme, Emma, en Bretagne. Le *Domesday Book* donne une liste complète de ses domaines anglais confisqués, et il est clair qu'aucun des bénéficiaires n'était membre de la famille du comte[21]. Dans ce contexte, il est intéressant de noter la suggestion de Robert de Torigni concernant la fille de Ralph et d'Emma[22]. Cette fille, nommée Itta, aurait été laissée en Angleterre au moment du départ de ses parents. Ces derniers avaient peut-être l'intention de l'établir comme leur héritière anglaise lors d'une réconciliation future. Selon Orderic Vital, le comte Roger de Hereford, un Normand, fut jugé selon la loi normande, et non pas comme le comte Ralph selon la loi anglaise, et emprisonné pour le restant de sa vie. Ses domaines furent confisqués selon Orderic : «jusqu'au temps présent» (c'est-à-dire vers 1120) ses fils Reginald et Roger n'abandonnèrent jamais l'espoir d'hériter des domaines paternels en Angleterre[23]. La participation du comte Roger à la révolte en Angleterre n'affecta pas son domaine en Normandie qui resta la propriété de sa famille. Le cas du troisième comte, Waltheof, est intéressant parce qu'il fut le seul aristocrate anglais impliqué dans la révolte. Jugé par le roi et la cour anglaise après des délibérations qui s'étendirent sur plus d'une année, et malgré les réserves de l'archevêque Lanfranc, Waltheof fut exécuté ; sa femme Judith, une cousine normande du roi, garda tous les domaines de son mari pour elle-même et pour ses deux filles[24]. Le cas des trois

---

19. *Recueil des actes des ducs de Normandie de 911 à 1066*, M. FAUROUX (éd.) (Mémoires de la Société des antiquaires de Normandie, 36), Caen, 1961, n°s 142, 156 (Adam de Saint-Brice), n° 155 (Robert de Vitot), n°s 117, 225 (Guillaume de Moulins-la-Marche).

20. *The Ecclesiastical History*, t. II, p. 310-322 ; *Two of the Saxon Chronicles parallel*, s. a. 1075 ; *The Chronicle of John of Worcester*, P. McGURK (éd.), Oxford, 1998, t. III, p. 26 ; *Henry, Archdeacon of Huntingdon, Historia Anglorum*, D. GREENWAY (éd.), Oxford, 1996, p. 398-400 ; *English Lawsuits from William I to Richard I*, R. C. VAN CAENEGEM (éd.), Londres, Selden Society, 190-191, t. I, n° 7, p. 16-22.

21. R. FLEMING, *Domesday Book and the Law. Society and Legal Custom in Early Medieval England*, Cambridge, 1998, p. 450 (index sous «Earl Ralph Wader» pour une liste de toutes les confiscations dans le *Domesday Book*).

22. *The Gesta Normannorum Ducum of William of Jumièges, Orderic Vitalis, and Robert of Torigni*, E. M. C. VAN HOUTS (éd.), Oxford, 1992, t. II, p. 226.

23. *The Ecclesiastical History*, t. II, p. 318.

24. *The Ecclesiastical History*, t. II, p. 320-322.

---

comtes qui avaient trahi, illustre ainsi trois jugements différents : un bannissement et une confiscation de domaines (cas du comte Ralph de Gael), un emprisonnement à vie avec transfert de ses domaines à d'autres membres de sa famille,
mais aussi avec l'attente, de son vivant, d'une restitution des domaines confisqués
(cas du comte Ralph de Hereford) ; enfin une peine de mort mais une veuve qui
conserve son héritage intact (cas du comte Waltheof). Le rôle des deux femmes
fut en effet différent : Emma choisit de soutenir son mari – elle défendit le château de Norwich pendant la brève absence de son mari – et partit avec lui dans
ses domaines bretons en dehors de la juridiction de Guillaume le Conquérant. Judith,
au contraire, se retourna contre son mari afin de sauver l'héritage ancestral pour
ses filles. Sans doute la gravité de la révolte et la peine de trahison moins d'une
décennie après la conquête normande créèrent-elles une situation unique.

LA RÉCONCILIATION

Il est rare de trouver des renseignements sur la réconciliation et la procédure qui
précédait cette dernière, en Normandie et en Angleterre. Un motif qui est souvent mentionné est celui des besoins militaires du souverain, lorsqu'il convoquait
tous les hommes normands sachant manier les armes. Nous avons vu qu'Arnaud
d'Échauffour, Raoul de Tosny et Hugues de Grandmesnil, Hubert de Saint-Suzanne,
Robert de Vitot et Guillaume de Roumare revinrent tous d'exil pour aider leur souverain dans ses campagnes militaires. En Angleterre, le roi Édouard le Confesseur
ne pouvait pas se permettre de perdre le soutien de Godwin et de ses nombreux
fils. Presque tous les bannis étaient des aristocrates ayant une expérience militaire
locale absolument indispensable pour la défense des frontières ou pour l'expansion au-delà des frontières. Perdre de tels hommes, ou pis, savoir que les
souverains voisins pourraient utiliser les bannis à leur propre avantage, représentait de solides motifs de réconciliation. Rappeler des exilés qui étaient restés
dans les régions avoisinantes ne posait pas de problèmes. Il existait dans ce cas
plusieurs personnes qui pouvaient rétablir une chaîne de communication entre
le souverain et le banni. Nous savons que le duc Guillaume n'eut aucune peine
à contacter Arnaud d'Échauffour et ses amis dans le Lieuvin[25]. Mais contacter des
bannis qui s'étaient enfuis dans des régions plus lointaines était difficile, voire impossible. Un épisode du règne de Robert le Magnifique, le père de Guillaume le
Conquérant, illustre une autre méthode de communication avec un banni normand.
Serlon de Hauteville avait quitté la Normandie pour embrasser une vie d'exilé
en Bretagne après une accusation de meurtre[26]. Ayant essayé de se réconcilier
avec le duc Robert, qui refusait, Serlon décida de retourner anonymement pour
démontrer, au siège du château de Tillières, qu'il était militairement indispensable

---

25. *The Ecclesiastical History*, t. II, p. 92 : «Porro Ernaldus de Excalfoio iniuriam exhereditationis
suae acriter uindicabat et rapinis incendiisque hominumque capturis uel occisionibus Lexouiensem pagum
per triennium inquietabat».

26. *De rebus gestis Rogerii Calabriae et Siciliae comitis et Roberti Guiscardi fratris eius auctore
Gaufredo Malaterra*, E. PONTIERI (éd.), Bologne, 1927, p. 24-25.

au duc. Ayant découvert l'identité du chevalier le plus courageux du siège, le duc honteux offrit une réconciliation à Serlon avec la restitution de ses domaines et, de plus, une riche épouse. L'histoire, racontée par Geoffroi Malaterra un demi-siècle plus tard en Italie, offre des caractéristiques épiques, mais les auditeurs pouvaient reconnaître les stratégies du souverain et de l'exilé pour rétablir une relation amicale et mutuellement avantageuse. Dans tous les cas, la prouesse militaire et l'utilité des hommes exilés en tant qu'experts militaires locaux constituaient pour le souverain des raisons décisives de réconciliation.

Un aspect intéressant de la réconciliation entre souverains et bannis dans l'espace anglo-normand concerne l'amnistie accordée aux bannis à l'occasion de la mort du souverain. Selon Orderic Vital, en 1087 et en 1135, la mort de Guillaume le Conquérant et celle d'Henri Beauclerc furent suivies de l'amnistie des exilés : les deux souverains firent une proclamation à ce sujet. Dans le cas de Guillaume, il fut fait explicitement mention des exilés à Rome et en Calabre[27], mais dans le cas d'Henri Ier il n'y eut pas d'indication géographique[28]. Les deux souverains normands, sur leur lit de mort en Normandie, furent assistés par des clercs normands qui leur donnèrent l'absolution. Bien qu'Orderic ne soit pas explicite, l'effet de la proclamation ne s'étendit qu'aux confins de la Normandie, et non pas à l'Angleterre. Pour la Sicile, nous disposons du témoignage de Romuald de Salerne, qui nous dit qu'en 1166 la reine Marguerite exécutant le désir de son mari défunt, le roi Guillaume Ier de Sicile (1154-1166), «rappela les comtes et les barons exilés et leur promit les domaines confisqués»[29]. Il s'agit sans doute d'une coutume ayant cours en Normandie ou dans des régions influencées par les coutumes normandes comme le sud de l'Italie, mais pas en Angleterre. Tous les cas anglais de réconciliation entre souverain et exilé sont établis individuellement et non sur la base d'une amnistie. Je n'ai pas trouvé d'exemples explicites d'une proclamation d'un souverain anglais sur son lit de mort concernant le pardon des exilés.

Édouard le Confesseur ne révoqua pas les jugements d'exil, parce que Hereward, le plus fameux exilé anglo-saxon, ne put retourner de Flandre en Angleterre sous le règne de Harold[30] ; Hereward regagna l'Angleterre sous le règne de Guillaume. Selon son biographe, dans les *Gesta Herewardi*, Hereward revint pour la première fois en 1068 ou en 1069 pour recouvrer son patrimoine occupé par les étrangers (les Normands)[31]. Au cours de cette visite, il tua le flamand Frederick, un nouveau riche du Norfolk et retourna en Flandre «pour laisser se calmer les choses» (*ut interim ista tepescerent*)[32]. Cette expression nous offre un aperçu

---

27. *The Ecclesiastical History*, t. IV, p. 102.

28. *The Ecclesiastical History*, t. VI, p. 448.

29. Romuald de Salerne, *Chronicon 1153-1169,* dans *The History of the tyrants of Sicily by 'Hugo Falcandus' 1154-1169*, G. A. Loud et T. Wiedemann (trad.), Manchester, 1998, p. 239.

30. E. Van Houts, «Hereward and Flanders» *Anglo-Saxon England*, t. 28, 1999, p. 201-223.

31. *Gesta Herewardi incliti exulis et militis*, dans *Lestoire des Engleis solum la translacion maistre Geffrei Gaimar*, T. Hardy et C. T. Martin (éd.), Londres, Rolls Series, 1888, t. II, p. 370-371. Pour des études récentes sur l'historicité de Hereward, voir C. Hart, «Hereward the Wake and his Companions», dans C. Hart (éd.), *The Danelaw*, Londres, 1992, p. 625-648 ; J. Hayward, «Hereward the Outlaw», *Journal of Medieval History*, t. 14, 1988, p. 293-304 ; H. M. Thomas, «The Gesta Herewardi, the English and their Conquerors», *Anglo-Norman Studies*, t. XXI, 1998, p. 213-232.

intéressant de la mentalité d'un exilé. Hereward estima, en effet, que la fuite était plus prudente que de rester en Angleterre et de risquer un jugement royal, la peine de mort sans doute. Après une période de réflexion, Hereward retourna définitivement en Angleterre pour participer à la révolte dans les régions des Fens, ce qui lui valut sa célébrité jusqu'à nos jours. Les *Gesta Herewardi* affirment qu'en fin de compte Hereward et le roi Guillaume se réconcilièrent et que Hereward récupéra son patrimoine. Les chroniqueurs anglo-normands, au contraire, gardent le silence sur sa carrière après sa fuite d'Ely en 1070. Le seul autre exemple anglais est peut-être la proclamation du roi Guillaume le Roux pendant sa grave maladie de 1093[33]. Pensant sa mort imminente, le roi déclara que tous les crimes perpétrés contre lui étaient pardonnés. Nous ne savons pas si les cas d'exil furent inclus dans ce pardon. Quoi qu'il en soit, l'amnistie générale posait des questions énormes d'application pratique : comment, par exemple, s'assurer que cette nouvelle parvenait aux exilés à l'étranger ? Comment leur donner une sauvegarde pour leur retour ? Comment garantir que les gardiens temporaires des terres de ces exilés rendraient leurs domaines à ces derniers ?

LES RÉCITS D'EXILÉS

Je voudrais conclure cette communication sur l'exil dans l'espace anglo-normand par quelques remarques sur la tradition littéraire de l'exilé médiéval en Europe. Nous conservons quatre récits intéressants pour les XIe et XIIe siècles. Ils célèbrent des exploits d'exilés, dont deux ont été déjà mentionnés : Hereward dans les *Gesta Herewardi* et Serlon de Hauteville d'après Geoffroi Malaterra. Le troisième exilé est Eustache le Moine qui vécut vers 1200 et dont la carrière est retracée par un poème anonyme en ancien français, *Li romans de Witasse le Moine*[34] ; enfin le quatrième et le plus célèbre banni du XIe siècle, Rodrigue (c. 1045-1099), connu sous le nom du Cid, est évoqué par un texte latin d'Espagne, l'*Historia Roderici*[35]. Une comparaison entre ces quatre textes s'avère très intéressante parce que tous leurs héros sont des personnages historiques. Leur histoire est narrée par des auteurs intimement liés à la famille des exilés : ainsi le chapelain Leofric de Hereward écrivit son histoire en vieil anglais avant que, entre 1109 et 1131, le clerc

---

32. *Gesta Herewardi incliti exulis et militis*, dans *Lestoire des Engleis solum la translacion maistre Geffrei Gaimar*, T. HARDY et C. T. MARTIN (éd.), Londres, Rolls Series, 1888, t. II, p. 370.

33. *Eadmeri Historia Novorum in Anglia*, M. RULE (éd), Londres, Rolls Series, 1884, p. 30 ; cf *Two of the Saxon Chronicles Parallel*, s. a. 1093, t. I, p. 227 ; *The Chronicle of John of Worcester*, t. III, p. 64.

34. *Li Romans de Witasse le moine : roman du treizième siècle*, D. J. CONLON (éd.), Chapel Hill, 1972 ; M. KEEN, *The Outlaws of Medieval Legend*, New-York-Londres, nouvelle édition, 2000, p. 60-63 ; D. A. CARPENTER, « Eustace the Monk », *Dictionary of National Biography, Missing Persons*, Oxford, 1993, p. 212-213.

35. *Historia Roderici*, dans *Chronica Hispana Saeculi XII*, E. FALQUE, J. GIL, A. MAYA (éd.), Corpus Christianorum, Corpus Medievalis, t. 71, Turnhout, 1990, p. 47-98 ; *The World of El Cid. Chronicles of the Spanish Conquest*, S. BARTON, R. FLETCHER (trad.), Manchester, 2000, p. 90-147 ; R. FLETCHER, *The Quest for El Cid*, Londres, 1989. Pour les liens entre le poème *Poema de Mio Cid* (c. 1207 en ancien espagnol) et l'*Historia Roderici*, voir *Actas del Congreso internacional El Cid, Poema e Historia (12-16 de julio, 1999)*, C. H. ALONDO (éd.), Burgos, 2000.

Richard d'Ely développe ce récit pour y inclure des témoignages d'anciens compagnons d'Hereward. Geoffroi Malaterra écrivit vers 1090 pour le comte Roger, cousin de Serlon de Hauteville; enfin l'histoire du Cid fut composée entre 1102 et 1118/1125[36], soit par un clerc anonyme de l'entourage de l'évêque Jeronimo de Valence (1098-1102) et de Salamanque (1102-1120), soit par un moine de San Pedro de Cardeña, peut-être à la commande de sa femme Doña Jimena[37]. Notons que ces quatre récits ont été critiqués par des historiens modernes qui les ont qualifiés de récits pour la plupart fictifs et donc inutiles pour des recherches historiques sérieuses[38]. Quelques historiens, dont moi-même, avons ouvert une discussion nouvelle sur ces sources pour comprendre ces récits comme des témoignages contemporains et significatifs pour l'étude de la mentalité des exilés[39]. Comme nous l'avons vu, les chroniques et les sources diplomatiques nous disent peu de chose sur la mentalité des bannis. Nous pouvons reconstruire de maigres épisodes de leurs carrières, mais les circonstances de leur vie en exil sont rarement élucidées. Or ce sont précisément ces circonstances et les détails de leurs exploits militaires pour les souverains voisins de leur roi ou de leur duc, que les récits nous livrent, ainsi que leurs réconciliations avec leurs souverains et la vie de leurs femmes et de leurs enfants en exil. Il serait insensé de ne pas exploiter ces sources si riches et fécondes sur des épisodes d'exil. Une étude comparative entre l'espace anglo-normand et d'autres régions d'Europe ne pouvait que nous aider à comprendre, par l'illustration, qu'un exilé devait «jongler» entre les intérêts familiaux pour les domaines héréditaires, les obligations vis-à-vis du souverain, les opportunités offertes par les souverains voisins et le destin futur des enfants.

---

36. *Historia Roderici*, p.14-21; je suis l'opinion de R. Fletcher dans *The World of El Cid*, p. 92-95.

37. R. Fletcher suggère que l'auteur fut originaire de Rioja (*The World of El Cid*, p. 92).

38. M. KEEN, *The Outlaws*, p. 12-13 (Hereward), p. 55-60 (Eustache le Moine) ; A. UBIETO ARTETA, «La Historia Roderici y su fecha de redaccíon», *Saitabi*, t. 11, 1961, p. 241-246 et aussi dans son *El 'Cantar de Moi Cid'y algunos problemas históricos*, Valence, 1973, p. 170-177.

39. E. VAN HOUTS, «Hereward and Flanders», p. 202-204 (Hereward) ; D. A. CARPENTER, «Eustace the Monk» p. 212-213; R. FLETCHER, *The Quest for El Cid*, chapitres 8-11, et *The World of El Cid*, p. 92-95.

	Hereward 2e moitié XIe s.	Rodrigue 'El Cid' 1045-1099	Serlon c. 1030	Eustache c.1170-1217
Origine	Angleterre (*thegn*)	Castille noble	Normandie (noble)	Boulonnais sénéchal
Cause	?	1. action non autorisée 2. trahison	meurtre	Action en justice évitée
Jugement à comparaître	évité	1. roi et cour 2. roi (et cour?)	cour ducale au cour royale	refusé
Appel	?	2. quatre appels	?	?
Confiscation	terres	1. terres préservées 2. terres perdues	terres	terres du Boulonnais, en Angleterre
Destination	[Irlande, Cornwall] Flandre	Barcelone, Saragosse, Valence	Bretagne	Espagne, France, Angleterre
Carrière	chevalier	chevalier	chevalier	pirate
Réconciliation	roi Guillaume Ier ?	1. roi de Castille	duc Robert	France et Angleterre
Entrevue avec roi	East Anglia	1. Rueda 2. auprès de Valence ?	Tillières	?
Réparation	terres	?	terres	?
Épouse	1. Turfrida de Saint-Omer 2. Aelfthryth	Jimeña d'Oviedo	sans nom	?
Enfants	Turfrida	fils et filles	?	?
Sépulture	Crowland ?	San Pedro de Cardeña	?	mer
Source	biographie	biographie	«biographie»	biographie
Auteur(s)	1. Leofric chapelain 2. Richard d'Ely	Anonyme	Geoffroy Malaterra	Anonyme
Date	1. avant 1100 2. 1109-1131	1102-1118/1125	c. 1090	c. 1233-1284
Langue	1. ancien anglais [perdu] 2. latin	latin	latin	ancien français
Genre	prose	prose	prose	vers

La Normandie et l'Angleterre au XIᵉ siècle :
le témoignage des manuscrits

Richard GAMESON[*]

L'un des trésors de la communauté de Saint-Évroult signalé par Orderic Vital consistait en un grand psautier décoré de diverses images[1]. Ce livre a appartenu à Emma de Normandie lorsqu'elle était la femme du roi Éthelred d'Angleterre, avant 1017. Elle le donna à son frère Robert, archevêque de Rouen de 987/989 à 1037, dont le fils Guillaume se l'appropria par la suite pour sa femme, Hawise. Celle-ci l'offrit finalement à Saint-Évroult à l'instigation de son fils, Robert II de Grandmesnil, cofondateur et patron, puis moine, prieur et brièvement abbé (1059-1061) de la communauté. Or, il est très probable que ce magnifique psautier enluminé fut fabriqué en Angleterre, et il met en évidence des points pertinents pour notre étude : le volume a traversé la Manche bien avant 1066 ; il est passé par les mains de diverses personnes ; et il était encore utilisé en Normandie un siècle – sinon plus – après sa réalisation.

Les étapes par lesquelles les fortunes politiques de l'Angleterre et de la Normandie furent liées puis unies au long du XIᵉ siècle sont bien connues : le mariage d'Éthelred et d'Emma en 1002 ; les vingt années que leur fils Édouard a passées en Normandie avant d'accéder au trône d'Angleterre en 1042 ; sa promesse de succession au duc Guillaume ; le succès avec lequel ce dernier a défendu à Hastings son droit au trône, et le remplacement des plus hauts cadres de la société anglaise, ecclésiastiques et laïques, par ses protégés après 1066. Il existe aussi une histoire des échanges ecclésiastiques et culturels entre les deux royaumes qui, bien que liée aux événements politiques majeurs, connaît une certaine autonomie[2]. Un riche

---

[*] Reader in Medieval History, Université du Kent, Cantorbéry.

[1]. *magnum psalterium variis picturis decoratum…* : ORDERIC VITAL, *Historia ecclesiastica*, M. CHIBNALL (éd. et trad. angl.), *The Ecclesiastical History of Orderic Vitalis*, Oxford, 1969, t. II, p. 42. L'hypothèse – régulièrement revivifiée – que ce manuscrit survit sous la forme de Rouen, B. M. ms. A 41 (Cat. gén. 24), doit être définitivement abandonnée : le manuscrit A 41 de la Bibliothèque municipale de Rouen est un livre assez petit, il n'a pas d'illustration et est d'origine irlandaise et non anglaise.

[2]. Voir, entre autres, L. MUSSET, « Les contacts entre l'Église anglo-normande et l'Église d'Angleterre (911-1066) », dans *Les mutations socio-culturelles au tournant des XIᵉ-XIIᵉ siècles*, R. FOREVILLE (éd.), Paris, 1984, p. 67-84 ; M. CHIBNALL, « Les Normands et les saints anglo-saxons », dans *Les saints dans la Normandie médiévale*, P. BOUET et F. NEVEUX (éd.), Caen, 2000, p. 259-268.

témoignage sur ce dernier phénomène est fourni par les livres de la période. On doit admettre que l'image qu'ils donnent a été partiellement altérée par des pertes subséquentes qui ont affligé quelques collections plus sévèrement que d'autres ; Winchester, Glastonbury et Peterborough, par exemple, sont drastiquement sous-représentées dans l'échantillon anglais, Caen et Le Bec dans celui pour la Normandie. Néanmoins, des centaines de manuscrits survivent, un nombre suffisant pour refléter, en gros, la réalité. Quelle lumière nous donne le témoignage de ces manuscrits sur les relations entre l'Angleterre et la Normandie au XIᵉ siècle ?

Le fondement d'une analyse de la contribution anglaise aux bibliothèques et à la production de livres en Normandie au XIᵉ siècle, objectif principal de cette enquête, repose sur des manuscrits d'origine anglo-saxonne, datant des Xᵉ et XIᵉ siècles qui furent manifestement en Normandie peu après leur fabrication. À ma connaissance, il y a plus de vingt volumes de ce type, dont les détails sont fournis en appendice. La plupart sont toujours en Normandie. Ils offrent un large éventail de dates du milieu du Xᵉ siècle jusqu'à la seconde moitié du XIᵉ, mais la majorité furent produits autour de l'an mil, l'âge d'or de la production de livres anglo-saxons tardifs – au moins du point de vue de l'innovation et de la qualité. Bien qu'il soit impossible d'identifier les centres responsables de la réalisation de certains tomes, il est clair que le corpus embrasse l'œuvre d'une bonne sélection de *scriptoria* anglais, incluant les plus importants, Winchester et Cantorbéry.

Quand ces volumes ont-ils atteint la Normandie ? Malheureusement, il n'y a que deux manuscrits (des sacramentaires) qui portent des preuves explicites sur ce point – sous forme d'une liste datable de moines et d'une inscription de donation qui leur furent ajoutées dans le duché – alors que, dans un autre cas (un bénédictionnaire), il y a des preuves documentaires indirectes (sous forme de références dans une liste de livres du début du XIIᵉ siècle)[3]. Autrement, nous dépendons de témoignages ambigus de corrections et ajouts anciens. Nous savons que le bénédictionnaire anglais du début du XIᵉ siècle à Alençon, par exemple (fig. 1), a atteint Saint-Évroult moins d'un siècle après sa réalisation, car il fut complété par Orderic Vital lui-même (fig. 2)[4]. Évidemment, une telle preuve a ses limites : d'habitude on peut seulement dater approximativement ces contributions en se fondant sur le jugement paléographique ; des mains continentales qui apparaissent ne sont forcément pas toutes normandes ; certains des Normands en question auraient pu travailler en Angleterre ; et tous nos livres – dont quelques-uns sont plus ou moins fragmentaires – ne portent pas ou ne conservent plus de tels ajouts. Toutefois, tous ces manuscrits furent manifestement en Normandie au Moyen Âge, et dans certains cas les ajouts les plus anciens auraient pu être faits bien après l'arrivée du livre dans le duché. En outre, quelle que soit l'histoire exacte de chaque exemple, deux points d'une importance considérable peuvent être établis avec certitude : des livres anglais arrivèrent en Normandie tout au long du

---

3. Respectivement : Orléans, Médiathèque, ms. 127 (Cat. 105) ; Rouen, B. M., ms. Y 6 ; Rouen, B. M., ms. Y 7. Voir notes 5-7.

4. Alençon, B. M. ms. 14, fol. 91-114. Orderic Vital fut responsable des folios 109-110, ainsi que du 115.

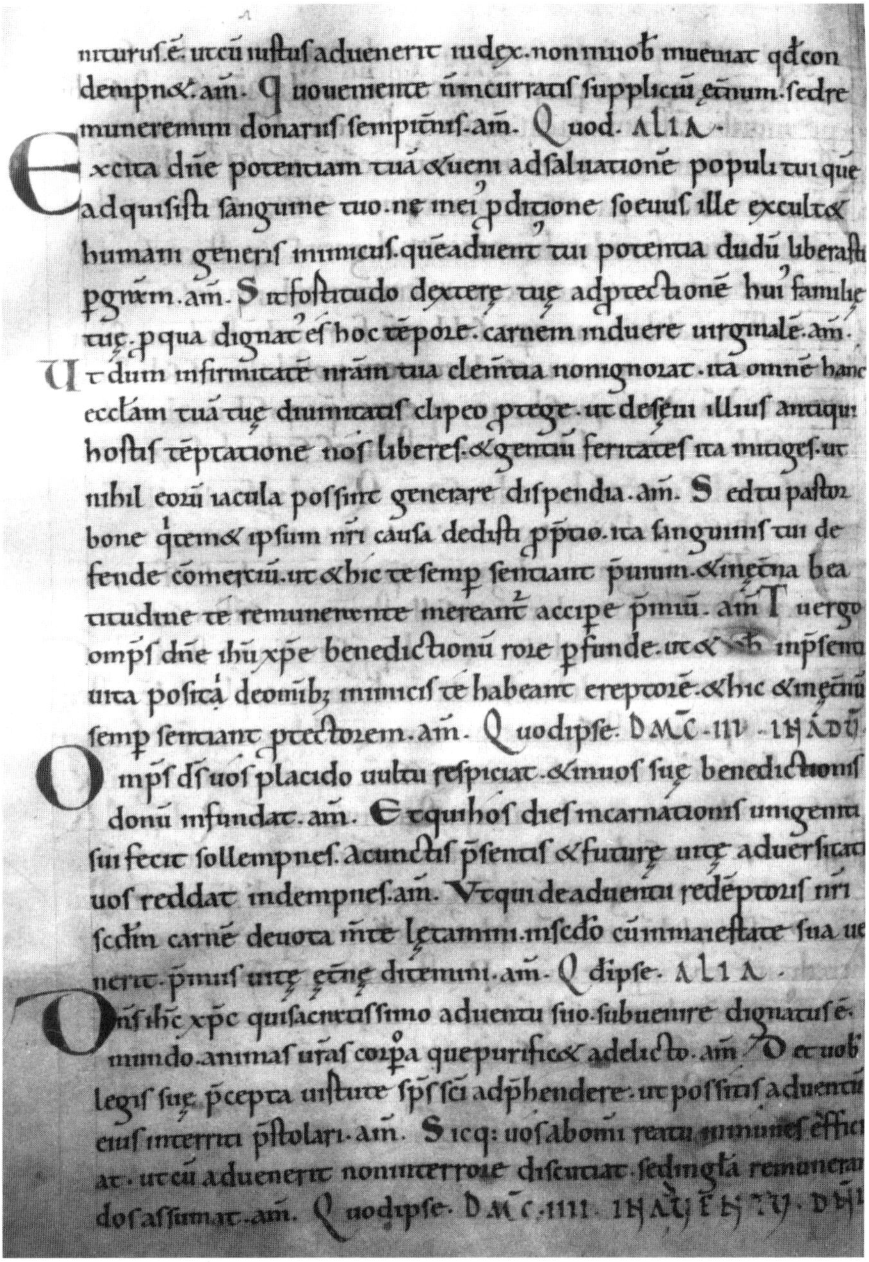

Fig. 1 : Alençon, Bibliothèque municipale, ms. 14, fol. 114v (bénédictionnaire)

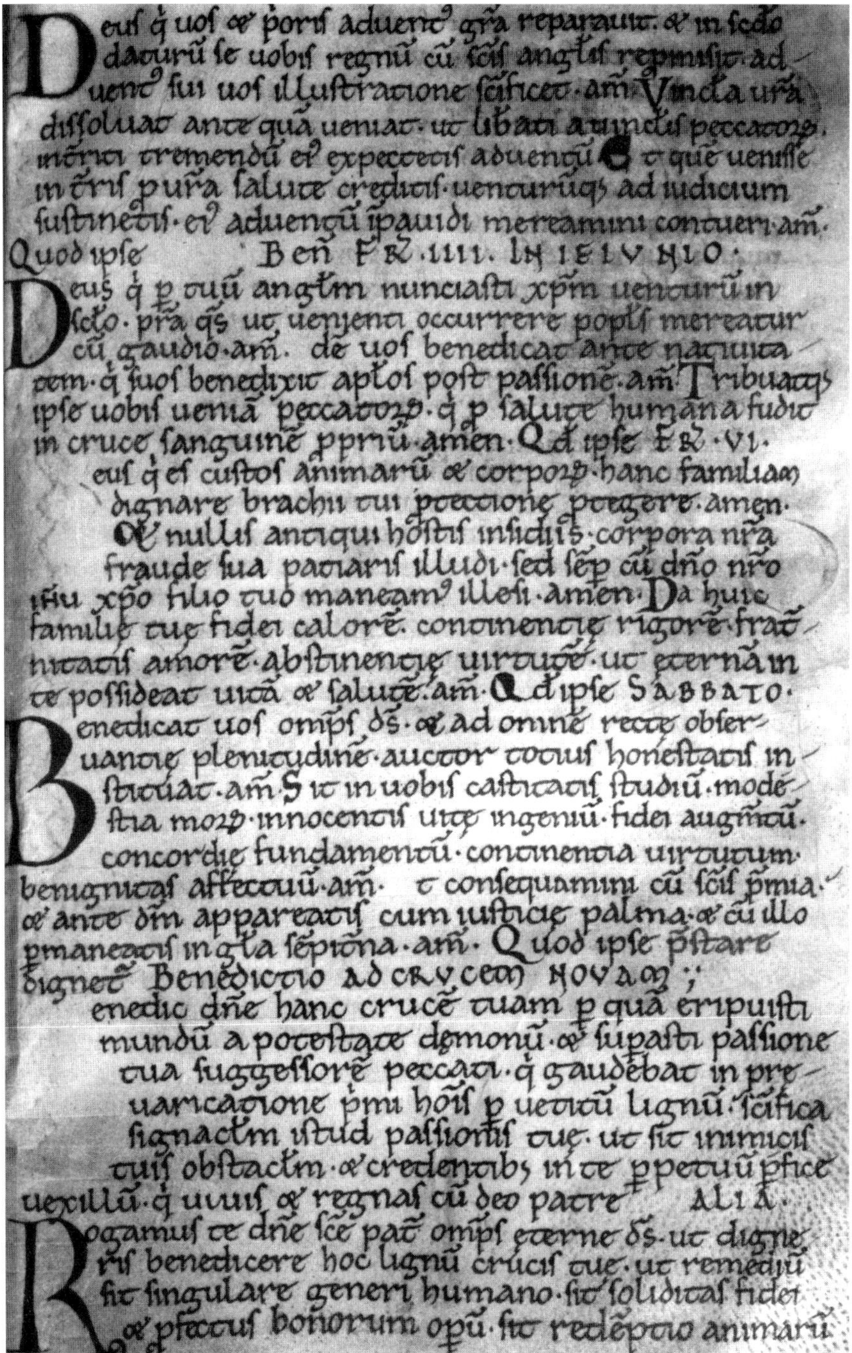

Deus qui vos prioris adventus gratia reparavit et in secundo daturum se vobis regnum cum sanctis angelis repromisit adventus sui vos illustratione sanctificet. Amen. Vincula vestra dissolvat antequam veniat ut liberati a vinculis peccatorum interriti tremendum eius expectetis adventum. Amen. Et quem venisse in terris pro vestra salute creditis venturumque ad iudicium sustinetis eius adventum impavidi mereamini contueri. Amen. Quod ipse

BEN. FR. IIII. IN IEIVNIO.

Deus qui per tuum angelum nunciasti Christum venturum in saeculo praesta quaesumus ut venienti occurrere populus mereatur cum gaudio. Amen. Deus vos benedicat ante nativitatem qui suos benedixit apostolos post passionem. Amen. Tribuatque ipse vobis veniam peccatorum qui pro salute humana fudit in cruce sanguinem proprium. Amen. Quod ipse. FR. VI.

Deus qui es custos animarum et corporum hanc familiam dignare brachii tui protectione protegere. Amen. Et nullis antiqui hostis insidiis corpora nostra fraude sua patiaris illudi sed semper cum domino nostro Iesu Christo filio tuo maneamus illesi. Amen. Da huic familiae tuae fidei calorem continentiae rigorem fraternitatis amorem abstinentiae virtutem ut aeternam in te possideat vitam et salutem. Amen. Quod ipse. SABBATO.

Benedicat vos omnipotens deus et ad omnem recte observantiae plenitudinem auctor totius honestatis instituat. Amen. Sit in vobis castitatis studium modestia morum innocentia vitae ingenuum fidei augmentum concordiae fundamentum continentia virtutum benignitas affectuum. Amen. Ut consequamini cum sanctis praemia et ante deum appareatis cum iustitiae palma et cum illo permaneatis in gloria sempiterna. Amen. Quod ipse praestare dignetur. Benedictio ad crucem novam.

Benedic domine hanc crucem tuam per quam eripuisti mundum a potestate demonum et superasti passione tua suggestorem peccati qui gaudebat in praevaricatione primi hominis per vetitum lignum. Sanctifica signaculum istud passionis tuae ut sit inimicis tuis obstaculum et credentibus in te perpetuum perfice vexillum. Qui vivis et regnas cum deo patre. ALIA.

Rogamus te domine sancte pater omnipotens aeterne deus ut digneris benedicere hoc lignum crucis tuae ut remedium sit singulare generi humano sit soliditas fidei et profectus bonorum operum sit redemptio animarum

Fig. 2 : Alençon, Bibliothèque municipale, ms. 14, fol. 115r (bénédictionnaire)

XIe siècle et la moitié de l'échantillon atteignit la principauté avant, plutôt qu'après, la conquête de 1066. Les trois livres cités ci-dessus, dont les voyages sont en quelque sorte documentés, sont tous parvenus dans le duché avant 1066 : la liste des moines du Mont Saint-Michel, ajoutée au «Sacramentaire de Winchcombe» par un scribe connu du Mont appelé Hervaldus, indique que le volume était là avant 1009[5]. En présumant que le bénédictionnaire de Winchester conservé à Rouen est bien celui de l'archevêque Robert cité dans la liste des livres de la cathédrale de Rouen qui fut rédigée à l'époque de l'archevêque Geoffroi (1111-1128), il y est parvenu avant 1037 au plus tard[6] (de toute évidence, cela était le cas pour le psautier décoré mentionné par Orderic Vital), alors que l'inscription de don ajoutée par une main contemporaine au Sacramentaire de Robert de Jumièges précise que ce dernier a offert le livre à Jumièges alors qu'il était évêque de Londres – ainsi entre 1044 et 1051 (et probablement plus près de la première date que de la dernière) (fig. 3)[7].

Les marques de provenance des manuscrits étudiés montrent qu'ils sont parvenus dans des lieux très différents en Normandie : six abbayes bénédictines (Fécamp, Jumièges, Lyre, Le Mont Saint-Michel, Saint-Évroult et Saint-Wandrille), deux collégiales (Cherbourg et Mortain), et trois cathédrales (Avranches, Évreux et Rouen ; en outre, une référence documentaire nous permet d'en ajouter une quatrième – Coutances[8]). Ils se regroupent particulièrement au Mont Saint-Michel (quatre volumes) et surtout à Jumièges (huit). Tandis que ceci pourrait être, en partie, le résultat de la transmission relativement favorable des deux collections à travers les siècles, il est aussi probablement la manifestation des contacts intenses et soutenus avec l'Angleterre. Au Mont Saint-Michel, l'arrivée de ces manuscrits englobe visiblement le XIe siècle : comme nous l'avons vu, le précieux Sacramentaire de Winchcombe y est arrivé (en route vers Fleury) avant 1009, alors que la belle copie des *Homiliae in Epistolam Iohannis* par Augustin et d'autres traités (le manuscrit de la Bibliothèque d'Avranches 81), écrite vers la fin du XIe siècle, ont dû – au vu de leur date – arriver après la conquête (fig. 4). Le fait que le contenu de ce dernier tome des *Homiliae* d'Augustin complétait la collection déjà existante du Mont suggère qu'il fut une acquisition désirée et non un des hasardeux butins de la conquête. On peut même estimer qu'il fut acquis par l'intermédiaire de Scollandus, le moine (et scribe) de la communauté qui devint abbé de l'abbaye de Saint-Augustin à Cantorbéry en 1072[9]. Le fait qu'après 1066 les Normands

5. Orléans, Médiathèque, ms. 127 (Cat. 105) : V. LEROQUAIS, *Les sacramentaires et les missels manuscrits des bibliothèques publiques de France*, Paris, 1924, t. I, p. 89-91 ; M.-C. GARAND, G. GRAND et D. MUZERELLE, *Catalogue des manuscrits en écriture latine portant des indications de date, de lieu ou de copiste 7*, [ci-après *Manuscrits datés 7*], Paris, 1984, t. I, p. 219 ; t. II, pl. IX ; J. J. G. ALEXANDER, *Norman Illumination at Mont St. Michel 966-1100*, Oxford, 1970, p. 38-40.

6. Rouen, B. M., ms. Y 7. La liste de livres, qui se trouve dans Rouen, B. M., ms. Y 27, p. 128, fut imprimée par H. OMONT, *Catalogue général des manuscrits des Bibliothèques publiques de France : Départements*, t. I, Paris, 1886, p. X-XI ; le bénédictionnaire est le n° 9.

7. Rouen, B. M., Y 6, fol. 228r : *The Missal of Robert of Jumièges*, H. A. WILSON (éd.), (Henry Bradshaw Society, 11), Londres, 1896, p. 316, pl. XV ; V. LEROQUAIS, *Sacramentaires*, t. I, p. 99.

8. Le Livre Noir de la cathédrale de Coutances : *Gallia christiana*, t. XI, *instrumenta*, col. 220.

9. Scollandus est un des six scribes nommés dans le colophon d'Avranches, B. M., ms. 103 : ALEXANDER, *Norman Illumination*, p. 222 ; M.-C. GARAND *et al.*, *Manuscrits datés 7*, t. I, p. 69.

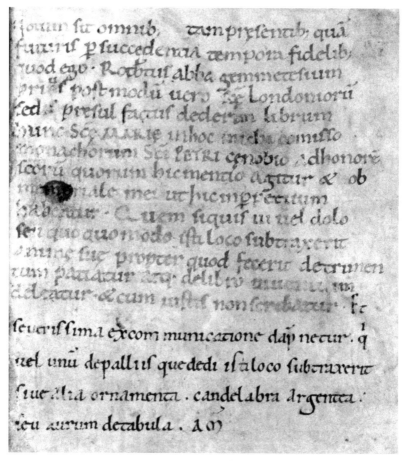

Fig. 3 : Rouen, Bibliothèque municipale, ms.Y 6, fol. 228r
(Sacramentaire «de Robert de Jumièges»)

cherchaient soigneusement des textes en Angleterre afin de combler les lacunes
de leurs collections est confirmé par des lettres d'Anselme. Au début des années
1070, alors prieur au Bec, il écrivit à Lanfranc, archevêque de Cantorbéry, pour
lui demander de recevoir des copies de la règle monastique et de la Vie de saint
Dunstan[10]. Anselme écrivit ensuite au moine Maurice lui demandant d'inciter deux
autres expatriés, Henri et Gondulf, «à rechercher, dès que possible, dans leurs provinces une copie de cette règle et une du *De temporibus* de Bède»[11]. Il voulait l'ouvrage de Bède, disait-il, pour corriger la copie au Bec ; les volumes seraient
renvoyés en temps voulu. D'autres lettres révèlent que Maurice transcrivait pour
lui des textes médicaux en Angleterre[12].

10. *Anselmi Opera Omnia*, F. S. SCHMITT (éd.), Édimbourg, 1946-1961, t. III, *ep.* 39. Le premier était
probablement la *Regularis concordia*, T. SYMONS (éd.), Édimbourg, 1953 ; le deuxième, *Sancti Dunstani
Vita auctore B* (*Memorials of Saint Dunstan*, W. STUBBS (éd.), Rolls Series, Londres, 1874, p. 3-52).

11. *Opera Omnia*, F. S. SCHMITT (éd.), t. III, *ep.* 42.

12. *Opera Omnia*, F. S. SCHMITT (éd.), t. III, *ep.* 43 et 60.

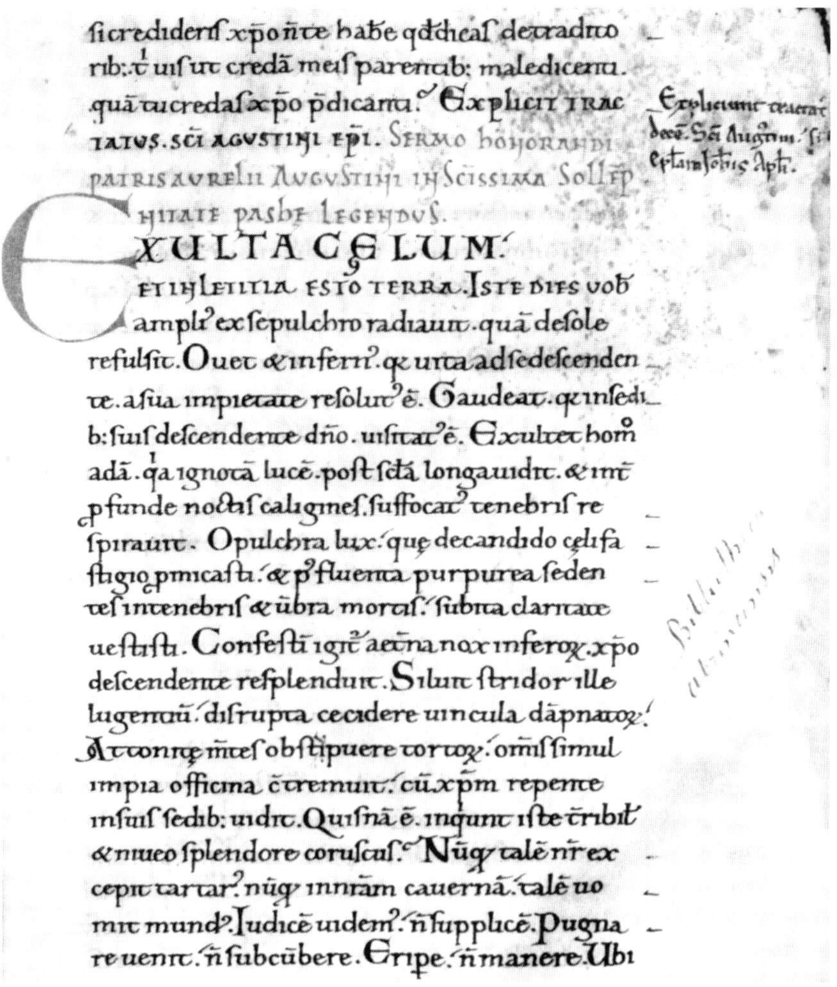

Fig. 4 : Avranches, Bibliothèque municipale, ms. 81, fol. 84r
(Augustin ; Pseudo-Augustin ; Alcuin ; etc.)

Tout ceci ne contredit pas le fait que les Normands ont dérobé quelques manuscrits en Angleterre après la conquête : de beaux exemples munis de précieuses reliures ont probablement fait partie des trésors dont la perte a été regrettée par les chroniqueurs anglais et dont le gain a été célébré par les sources normandes[13]. La *Chronique* de l'abbaye d'Abingdon, par exemple, cite des livres parmi les biens que les envahisseurs se sont appropriés[14]. De plus, la pratique semble avoir

---

13. Voir C. R. Dodwell, *Anglo-Saxon art : a new perspective*, Manchester, 1982, p. 216-234 ; D. N. Dumville, «Anglo-Saxon Books : Treasure in Norman Hands», *Anglo-Norman Studies*, t. XVI, 1994, p. 83-99.

14. *Chronicon Monasterii de Abingdon*, J. Stevenson (éd.), Londres, 1858, t. I, p. 486. L'auteur de la version primitive du texte était déjà membre de la communauté avant 1117 : F. M. Stenton, *The Early History of Abingdon Abbey*, Reading, 1913, p. 1-6. Voir aussi, J. Hudson, «The Abbey of Abingdon, its *Chronicle* and the Norman Conquest», *Anglo-Norman Studies*, t. XIX, 1997, p. 181-202.

Fig. 5 : Mortain, Collégiale Saint-Évroult, s.n., fol. 80r (Évangiles)

duré (ou être réactivée) sous Guillaume le Roux : la *Chronique* de l'abbaye de Waltham critique sévèrement l'appropriation par le roi d'évangéliaires (ainsi que d'autres trésors) pour enrichir Saint-Étienne et la Trinité, les deux abbayes caennaises[15]. Tous ces volumes n'étaient pas forcément extorqués aux églises, car nous savons que quelques livres précieux appartenaient à l'aristocatie anglaise – classe dont les possessions étaient particulièrement vulnérables après 1066. Parmi les manuscrits de notre liste, ceux qui ont plus probablement été «volés» – soit à des mains séculières, soit à des mains ecclésiastiques – sont deux livres des évangiles, l'un datant de la deuxième moitié du Xe siècle, l'autre du troisième quart du XIe siècle. Au premier, dont il ne reste qu'un fragment, fut ajoutée une

---

15. *The Waltham Chronicle*, L. WATKISS et M. CHIBNALL (éd.), Oxford, 1994, c. 22, p. 58. Bien que l'œuvre soit rédigée entre 1177 et 1189, l'auteur prétend reproduire ces détails d'après un document qui a été composé par maître Adelard, l'archiviste de la communauté durant la deuxième moitié du XIe siècle.

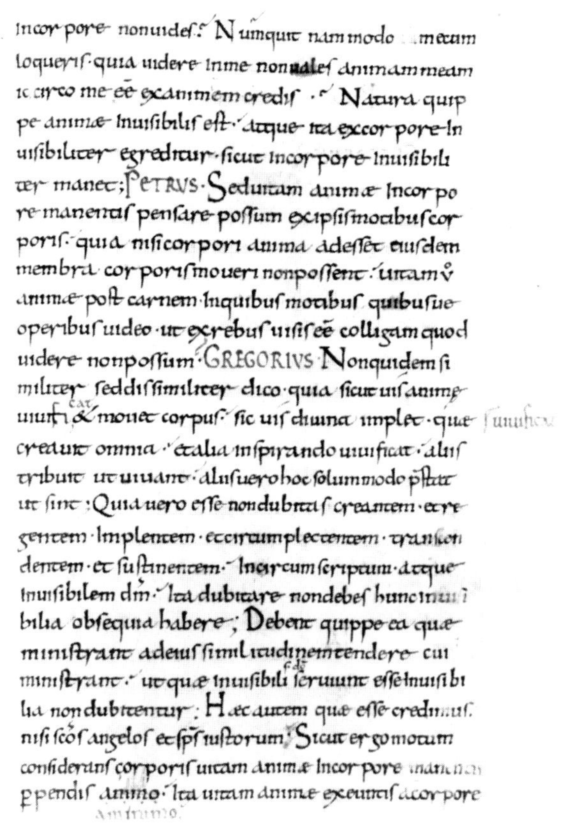

incorpore nonuides? Numquid nam modo ... mecum
loqueris quia uidere inme non uales animam meam
ic circo me ee exanimem credis. Natura quip
pe animae inuisibilis est. atque ita ex corpore in
uisibiliter egreditur sicut incorpore inuisibili
ter manet; PETRUS. Sed uitam animae incorpo
re manentis pensare possum ex ipsis motibus cor
poris. quia nisi corpori anima adesset eiusdem
membra corporis moueri non possent. uitam u
animae post carnem inquibus motibus quibusue
operibus uideo ut ex rebus uisis ee colligam quod
uidere non possum. GREGORIUS Nonquidem si
militer seddissimiliter dico quia sicut uis animae
uiuifi cat & mouet corpus. sic uis diuina implet quae uiuifica
creauit omnia. et alia inspirando uiuificat. aliis
tribuit ut uiuant. aliis uero hoc solummodo praestat
ut sint. Quia uero esse non dubitas creantem et re
gentem implentem et circumplectentem transcen
dentem et sustinentem incircumscriptum atque
inuisibilem dm. ita dubitare non debes hunc inui
bilia obsequia habere; Debent quippe ea quae
ministrant ad eius similitudinem tendere cui
ministrant. ut quae inuisibili seruiunt esse inuisibi
lia non dubitentur. Haec autem quae esse credimus
nisi scos angelos et sps iustorum? Sicut ergo motum
considerans corporis uitam animae incorpore manen
ppendis animo. ita uitam animae exeuntis a corpore
animo

Fig. 6 : Rouen, Bibliothèque municipale, ms. A 337, fol. 55r (Grégoire le Grand, Dialogi*)*

charte de fondation dressée par le duc Guillaume pour la communauté de Notre-Dame de Cherbourg[16]. Le dernier, dont on conserve davantage de pages, mais dans un état lamentable, appartenait à la collégiale de Saint-Évroult à Mortain, fondée par Robert de Mortain en 1082 (fig. 5)[17]. Le livre qui s'en rapproche le plus, en termes de décoration, est une copie des évangiles qui fut écrite pour – et très probablement dans l'entourage de – Judith de Flandre, femme de Tostig Godwinson, juste avant 1065, et qu'elle emporta lors de sa fuite d'Angleterre la même année[18].

16. Londres, British Library, ms. Cotton Tiberius A. XV, fol. 174.

17. Mortain, collégiale de Saint-Évroult, s.n. : C. R. Dodwell, *The Canterbury School of Illumination*, Cambridge, 1954, pls. 6b et d ; A. Landurant, « Les enluminures du livre des évangiles de la collégiale Saint-Évroult de Mortain », *Revue du département de la Manche*, t. 25, 1983, p. 5-22. Pour plus de détails sur les activités de Robert, voir B. Golding, « The Religious Patronage of Robert and William of Mortain » dans *Belief and Culture in the Middle Ages : Essays presented to Henry Mayr-Harting*, R. G. Gameson et H. Leyser (éd.), Oxford, 2001, p. 211-230.

18. New York, Pierpont Morgan Library, ms. M 709 : E. Temple, *Anglo-Saxon Manuscripts 900-1066*, Londres, 1976, n° 93 ; T. Ohlgren, *Anglo-Saxon Textual Illustration*, Kalamazoo, 1992, p. 431-440 ; P. McGurk et J. Rosenthal, « The Anglo-Saxon Gospelbooks of Judith, countesss of Flanders : their text, make-up and function », *Anglo-Saxon England*, t. 24, 1995, p. 251-308.

Les corrections et annotations qui nous aident à dater l'arrivée de nos livres en Normandie, attestent simultanément le fait qu'ils y étaient lus et utilisés. Un exemple caractéristique de légère annotation est fourni par la copie des *Dialogi* de Grégoire le Grand, faite à Cantorbéry à la fin du xe siècle, qui vint à Jumièges (pl. 2)[19]. De petites corrections furent insérées à travers le texte par une main normande, probablement pendant la seconde moitié du xie siècle (fig. 6); puis, autour de 1100, une note *De quadam imagine Christi* fut ajoutée à la fin du livre. À l'autre extrême, le Bénédictionnaire de l'archevêque Robert, produit à Winchester à fin du xe siècle (pl. 1, 4), a une suite d'additions par au moins quinze mains normandes, attestant une utilisation continue du xie au xiiie siècle[20]. La partie la plus ancienne des suppléments, datant probablement de la première moitié du xie siècle, est la *missa ad sponsam benedicendam* qui fut ajoutée à la fin du dernier cahier anglo-saxon[21]. L'histoire du manuscrit A 292 (26) de la Bibliothèque municipale de Rouen, un assemblage de textes bibliques, patristiques et computistiques, est encore plus compliquée : ce livre est, en fait, d'origine carolingienne, ayant été écrit quelque part dans le nord de la France pendant le troisième quart du ixe siècle[22]. Néanmoins, il était en Angleterre au xe siècle, où il reçut quelques gloses interlinéaires, et quelques lettres furent retracées[23]; en outre et plus frappant, un nouveau frontispice fut fourni pour *Sapientia* et un monumental dessin de la crucifixion fut commencé, mais jamais achevé[24]. Vers le milieu du xie siècle, à en juger par la première d'une nouvelle série d'additions, le livre a de nouveau traversé la Manche; sa provenance médiévale était Jumièges.

Quels types de textes les Normands ont-ils acquis en Angleterre? Nos manuscrits incluent un codex de poésies chrétiennes et un des arts libéraux, ainsi qu'un couple de volumes d'écrits patristiques. Les ordonnances monastiques et l'hagiographie sont chacune représentées par trois volumes; mais les plus nombreux sont, de loin, les textes liturgiques et les copies des évangiles qui représentent ensemble la moitié du total. De précieux volumes décorés ont, sans aucun doute, une plus grande chance de survivre que les livres de *lectio divina* ou les livres scolaires. S'ils étaient peut-être aussi les manuscrits les plus attractifs à prendre dans un pays conquis, il n'en reste pas moins vrai que les plus beaux des volumes de notre liste ont certainement atteint la Normandie avant 1066, tandis que d'autres ne sont pas du tout luxueux. Il apparaît que certains *scriptoria* anglais se sont spécialisés dans la production d'évangiles et de livres

19. Rouen, B. M., ms. A 337 (506) : F. AVRIL, *Manuscrits normands xie-xiie siècles*, Rouen, 1975, n° 6.
20. Rouen, B. M., ms. Y 7 : *The Benedictional of Archbishop Robert*, H. A. WILSON (éd.), (Henry Bradshaw Society, 24), Londres, 1903; V. LEROQUAIS, *Les pontificaux manuscrits des Bibliothèques publiques de France*, Paris, 1937, t. II, n° 189; E. TEMPLE, *Anglo-Saxon Manuscripts*, n° 24.
21. Fol. 171v-172v : *Benedictional*, H. A. WILSON (éd.), p. 149-150.
22. M. C. GARAND *et al.*, *Manuscrits datés* 7, t. I, p. 261; t. II, pl. III.
23. Voir, par exemple, fol. 5v, 6r, 31r, 111v, 112r et 135r.
24. Respectivement fol. 48r et v (R. HESBERT, *Manuscrits musicaux de Jumièges*, Mâcon, 1954, p. 25-27, pl. V; C. R. DODWELL, *Canterbury School*, pl. 5b; aussi B. C. RAW, *Anglo-Saxon Crucifixion Iconography*, Cambridge, 1990, p. 243-244). Cette feuille, la deuxième du cahier, est actuellement unique («singleton»); la page originale qu'elle a remplacée était probablement jointe au folio 53, faisant un bifolium.

de messe, dont de nombreux furent fabriqués pour l'exportation. À la fin du Xᵉ siècle, Winchester et peut-être Ramsey remplissaient ce rôle ; il fut ensuite pris par Cantorbéry et, à en juger par une référence documentaire[25], par Peterborough au début du XIᵉ siècle, à une époque où non seulement les ecclésiastiques mais également des laïcs recevaient les volumes en question. Parmi les manuscrits actuellement conservés en Normandie, ceux qui ont plus probablement été produits en de telles circonstances sont : le Bénédictionnaire de l'archevêque Robert, le Sacramentaire de Robert de Jumièges et les Évangiles de Mortain (fig. 5 ; pls. 1, 3, 4, 15).

Nos volumes présentent une sélection de types d'écriture de l'époque anglo-saxonne tardive. Il y a un couple de formes idiosyncratiques – la main archaïque du manuscrit 29 d'Avranches, dans laquelle l'influence insulaire est toujours visible, et la grande minuscule carrée (le script anglais caractéristique du Xᵉ siècle) du soi-disant Pontifical d'Egbert[26] – mais la plupart des livres, comme l'on pouvait s'y attendre, sont écrits en minuscule caroline. Ils englobent diverses interprétations anglaises de l'écriture : formes grandes et arrondies associées à Winchester et peut-être à Ramsey, vers la fin du Xᵉ siècle (pl. 1)[27] ; interprétations plus rectilignes pratiquées à Cantorbéry approximativement à cette même date (fig. 6)[28] ; finalement, l'élégante et normative anglo-caroline tardive, qui fut effectivement une synthèse des types précités de Winchester et de Cantorbéry, et qui fut largement adoptée durant le XIᵉ siècle (fig. 1, 4 ; pl. 15)[29]. Mais quels que soient les détails des formes de lettres, presque toutes ces mains sont, par comparaison avec des exemples normands, claires, fortes et spacieuses, et quelques spécimens tels que l'écriture dans le Sacramentaire de Winchcombe, le Missel du New Minster de Winchester et la collection patristique d'Avranches, sont de véritables chefs-d'œuvre de la calligraphie (cf. fig. 4 ; pl. 4). En résumé, il est hors de doute que les scribes normands avaient accès à un large éventail d'écritures anglaises, la plupart d'entre elles étant très claires et quelques-unes merveilleusement belles.

Les volumes conservent également un bon éventail d'enluminures anglo-saxonnes – en dépit du fait qu'un grand nombre a perdu quelques ou même toutes les pages majeures décorées[30]. Il y a un exemple d'une initiale construite avec des animaux presque entiers avec des feuillages et entrelacs (ce que l'on a

---

25. *The Vita Wulfstani of William of Malmesbury*, R. R. DARLINGTON (éd.), Camden Society 3rd ser. 40, Londres, 1928, lib. I, c. 1 et 9, p. 5 et 16.

26. BnF, ms. lat. 10575 : *Two Anglo-Saxon Pontificals*, H. M. J. BANTING (éd.) (Henry Bradshaw Society, 104), Londres, 1989, planche, p. 2 ; F. AVRIL et P. D. STIRNEMANN, *Manuscrits enluminés d'origine insulaire*, Paris, 1987, n° 13, pl. III.

27. Orléans, Médiathèque, ms. 127 ; BnF, ms. lat. 272 ; Rouen, B. M., ms. U 107, fol. 29r.

28. Rouen, B. M., ms. A 337.

29. Des formes primitives se trouvent dans les manuscrits Y 6 et Y 7 de la Bibliothèque municipale de Rouen. Des formes plus avancées se trouvent dans le manuscrit 330 de la Bibliothèque municipale du Havre ; Mortain, Collégiale Saint-Évroult, s.n.

30. Des pages décorées ont sûrement été perdues dans le ms. Cotton Tiberius A. XV de la British Library ; BnF, ms. lat. 272 ; Orléans, Médiathèque, ms. 127 ; Rouen, B. M., ms. A 337 et ms. Y 7 ; et probablement aussi Le Havre, B. M., ms. 330 et Cité du Vatican, Biblioteca Apostolica Vaticana, ms. Reg. lat. 946.

---

nommé le Type I : pl. 2[31]), une forme qui fut grandement utilisée en Angleterre au Xe siècle, et qui connut une modeste mais nouvelle fortune au XIe siècle dans le contexte restreint de volumes de haute qualité[32]. Et il y a divers exemples du style d'initiale réservé aux livres de qualité qui fut populaire depuis la fin du Xe siècle et dans lequel des panneaux de feuillages et vrilles feuillées ornaient une forme de lettre de conception franco-saxonne (pl. 3)[33]. Nous trouvons des dessins avec des draperies agitées et des peintures aux couleurs vives, marques de l'enluminure anglo-saxonne de l'époque (pl. 4)[34]; naturellement, il se trouve aussi des encadrements élaborés, avec lesquels – dans les livres de haute qualité – les artistes anglais entouraient non seulement les images mais également les débuts des textes (fig. 5; pl. 3, 4, 15)[35]. Les deux formes de base, des dessins rectilignes articulés de feuillages et de rondelles et des portiques garnis de divers motifs, sont bien représentées. Plus généralement, les Évangiles de Mortain, une copie des Évangiles appartenant probablement à Fécamp, le Bénédictionnaire de l'archevêque Robert et le Sacramentaire de Robert de Jumièges fournissent des exemples de livres luxueux dans lesquels on trouve une utilisation intensive de l'or – en fait le dernier cité est un volume d'une richesse suprême (fig. 5; pl. 1, 3, 4, 15). Or, il faut souligner que ces quatre manuscrits sont arrivés en différents endroits du duché – Fécamp, Jumièges, Mortain et Rouen – et trois d'entre eux ont certainement ou très probablement traversé la Manche avant 1066. Une fois de plus, on peut constater que beaucoup de scribes normands ont eu l'opportunité de contempler de tels travaux, autant avant qu'après la conquête.

Alors, quel fut l'impact, en Normandie, de ces livres (sans parler d'autres – comme le psautier d'Emma – qui ne sont pas venus jusqu'à nous)? En ce qui concerne la plupart des textes que les communautés normandes cherchaient à acquérir et transcrire, l'Angleterre n'était pas une importante source de ravitaillement. La version de la vie de saint Æthelwold de Winchester par Wulfstan, écrite à Saint-Évroult au début du XIIe siècle, était sans doute la descendante d'un exemplaire de Winchester[36]; et, comme on l'a déjà observé ci-dessus, on sait qu'Anselme voulait acquérir une règle monastique et la vie de saint Dunstan de Cantorbéry, ainsi qu'un ouvrage de Bède et une collection médicale[37]. Il s'agissait d'œuvres que l'on pouvait raisonnablement espérer trouver en Angleterre.

---

31. F. WORMALD, «Decorated Initials in English Manuscripts from A.D. 900 to 1100», *Archaeologia*, t. 91, 1945, p. 107-135 ; R. G. GAMESON, «The Decoration of the Tanner Bede», *Anglo-Saxon England*, t. 21, 1992, p. 115-159.

32. Rouen, B. M., ms. A 337 (506), illustré : F. AVRIL, *Manuscrits normands*, p. 12.

33. Mortain, s.n.; Orléans, Médiathèque, ms. 127 (E. TEMPLE, *Anglo-Saxon Manuscripts*, ill. 139); Rouen, B. M., ms. Y 6 et Y 7. Probablement aussi BnF, ms. lat. 272 (dont toutes les pages décorées ont été découpées).

34. Mortain, s.n.; Rouen, B. M., ms. A 27 (V. LEROQUAIS, *Pontificaux*, pls. I-II; E. TEMPLE, *Anglo-Saxon Manuscripts*, ill. 256), A 292, A 337, Y 6 et Y 7.

35. Mortain, s.n.; BnF, ms. lat. 272; Rouen, B. M., ms. Y 6 et Y 7.

36. Alençon, B. M., ms. 14, fol. 23-37. Le texte fut transcrit par Orderic Vital, qui l'a modifié comme bon lui semblait : voir *Wulfstan of Winchester, Life of St Æthelwold*, M. LAPIDGE et M. WINTERBOTTOM (éd.), Oxford, 1991, p. xxiii-xxvii, clvii-clviii et clxxxx-clxxxxi. Rouen, B. M., ms. U 107, fol. 28-85 (appendice n° 18) atteste aussi de la dissémination de l'hagiographie de Winchester.

37. Voir notes 10-11 ci-dessus. R. HESBERT, *Les manuscrits musicaux*, p. 38-39, pl. I.

Cependant, la catégorie majeure de textes que les communautés normandes collectionnaient et copiaient, les œuvres des Pères de l'Église, était très faiblement représentée dans les bibliothèques anglaises avant la conquête. De plus, une catégorie d'ouvrages que ces dernières renfermaient en abondance – des textes en vieil anglais – était sans grand intérêt pour les Normands. Plus de 400 manuscrits contenant du vieil anglais survivent mais, hormis quelques petites rubriques, notes et griffonages[38], une telle matière est absente du corpus de volumes anglo-saxons qui sont venus en Normandie.

De la même façon, l'influence de l'écriture anglaise fut extrêmement limitée. Alors que l'on n'imaginait pas que les types les plus idiosyncratiques auraient été imités, l'élégante minuscule caroline des volumes de haute qualité et l'écriture anglo-caroline normative des livres du XIᵉ siècle auraient, semble-t-il, été copiées pour leur clarté et beauté (cf. fig. 1, 4 ; pls. 1, 15). Cependant, même les échos de tels styles sont rares. En premier lieu, les modèles importés n'étaient pas renforcés par des praticiens actifs – il n'y a guère de passages importants dans les livres normands qui suggèrent que des Anglo-Saxons ont travaillé comme scribes dans le duché[39]. En deuxième lieu, étant donné que la grande majorité des exemplaires des textes copiés en Normandie sont venus non d'Angleterre, mais d'ailleurs, des manuscrits en script anglais ne représentaient qu'une faible partie des modèles d'écriture en face des scribes normands. Troisièmement, compte tenu des grandes variations d'écriture, qui caractérisent les livres destinés à la *lectio divina* et aux études et produits dans la plupart des *scriptoria* normands, on peut constater que l'apparence du script et l'esthétique de la page ne furent pas considérées comme spécialement importantes chez eux. L'uniformité modeste que l'on voit dans le travail du Mont Saint-Michel durant les second et troisième quarts du siècle était l'exception, non la règle. Les manuscrits qui semblent montrer le plus clairement l'influence de l'écriture anglaise sont deux sacramentaires (ceux de

---

38. Décrits par N. R. KER, *Catalogue of Manuscripts containing Anglo-Saxon*, Oxford, 1957, nᵒˢ 370, 374, 376-7 et 392. Les notes ajoutées au manuscrit U 107 de la Bibliothèque municipale de Rouen (*ibid.*, nᵒ 376), qui se composent des mots en latin et en vieil anglais pour «l'amour», «par l'amour» et «amant», auraient pu apporter de l'eau au moulin des Normands qui croyaient que l'Église anglo-saxonne avait besoin d'être réformée !

39. BnF, ms. lat. 2401 (Amalarius ; Fécamp ; vers le milieu du XIᵉ siècle) inclut une main d'aspect anglo-saxon (responsable des folios. 6r-12v, 15r-42v et 44r-45v) ; néanmoins, il convient de s'interroger pour savoir si le scribe est vraiment anglais. Il est possible que la phrase courte en vieil anglais (dont le sujet est la chronologie du monde), qui fut ajoutée à un manuscrit carolingien provenant de Fécamp (Rouen, B. M., I. 49 (524) ; N. R. KER, *Catalogue*, nᵒ 375), ait été écrite en Normandie, mais sa date est probablement postérieure à 1066.

40. Rouen, B. M., ms. Y 196 (272) : V. LEROQUAIS, *Sacramentaires*, t. I, p. 135-136 ; GARAND *et al.*, *Manuscrits datés* 7, t. I, p. 277 ; t. II, pl. XIV. D'après le colophon du fol. 264v, le livre fut écrit par le moine Guillaume. Une main similaire fut responsable pour la première partie – moins spacieusement écrite – de la *Chronicon majus Fontanellense* (Le Havre, B. M., ms. 332, fol. 8-110 : *ibid.*, t. I, p. 157 ; t. II, pl. XIV). L'exagération rectiligne de l'écriture fait penser au script du Pontifical «Anderson» (Londres, British Library, ms. Add. 57337 ; Cantorbéry, Christ Church, fin Xᵉ siècle et début XIᵉ siècle) : A. PRESCOTT, «The Structure of English Pre-Conquest Benedictionals», *British Library Journal*, t. 13, 1987, p. 118-158, ill. 1 ; N. K. RASMUSSEN, *Les Pontificaux du Haut Moyen Âge : Genèse du livre de l'évêque*, Louvain, 1998, p. 167-257, pls. 7-8. Le fait que l'initiale au folio 52v montre des échos du style typique de Cantorbéry semblerait renforcer l'hypothèse de l'influence d'un manuscrit de cette ville.

Saint-Wandrille[40] et du Mont Saint-Michel[41]), une catégorie de volumes pour laquelle on prit de grandes précautions, et, de plus, un type de livre qui est arrivé d'Angleterre en assez grand nombre (pl. 5). Le sacramentaire de Saint-Wandrille est datable entre 1033-1053, celui du Mont Saint-Michel a été attribué aux années 1050 ou 1060. Ces ouvrages à part, c'est uniquement dans des mains particulièrement élégantes et spacieuses, telle que celle du scribe Antonius qui a travaillé pour Fécamp vers le milieu du XIe siècle, que l'on pourrait suspecter une influence anglaise. En effet, de tels styles sont largement restreints à Fécamp et au Mont Saint-Michel dans les second et troisième quarts du siècle. Dans la mesure où l'on peut en juger, l'apogée de cette écriture se place plutôt avant qu'après la conquête[42].

En ce qui concerne l'enluminure, l'influence des livres anglais fut décisive et étendue[43]. Les manières anglo-saxonnes d'ornementer les initiales, le style agité du dessin et le vocabulaire des encadrements somptueux furent tous empruntés, copiés et réinterprétés dans le duché. Ici, le problème n'est pas de percevoir l'influence anglo-saxonne, mais de distinguer les copies directes des échos indirects. Dès que ces motifs sont devenus une partie du répertoire des artistes normands, ils étaient transmis tels quels, un procédé que les vagues successives de renouvellement et de (re)fondation des communautés religieuses, ainsi que l'échange du personnel et des livres ont encouragé. Les artistes de Lyre et de Saint-Évroult qui incorporaient une rosace en feuillage du type «Winchester» relativement pur dans leurs initiales au début du XIIe siècle, ont probablement réagi aux livres anglo-saxons qu'ils avaient vus (pl. 6)[44]. Quoi qu'il en soit, ils déployaient ce qui était alors une partie bien établie du vocabulaire ornemental des initiales en Normandie. Dans le but d'établir une démarche relativement claire à travers ce sujet complexe, nous passerons en revue le sort de quatre éléments caractéristiques de l'enluminure anglo-saxonne en Normandie.

Si en Angleterre l'emploi des lettrines créées avec des animaux entiers entourés de feuillages (le Type I) a décliné après l'an mil, il a connu un succès phénoménal en Normandie. En effet, de tels motifs sont rapidement devenus très usités pour la décoration d'initiales. Les liens entre la majorité des exemples innombrables normands et les précédents anglo-saxons sont clairement éloignés : la plu-

---

41. New York, Pierpont Morgan Library, ms. M. 641 : ALEXANDER, *Norman Illumination at Mont St. Michel*, p. 127-172 et 228.

42. Manuscrits de Fécamp : BnF, ms. lat. 1992, 2055 et 2088 ; Rouen, B. M., ms. A 4 (1), A 14 (28) et A 143 (427) (M.-C. GARAND *et al.*, *Manuscrits datés* 7, t. I, p. 293 (où la cote est donnée à tort), t. II, pl. CLXXXVIII) ; aussi peut-être Cité du Vatican, Biblioteca Apostolica Vaticana, ms. Reg. lat. 107. Sur l'écriture du Mont Saint-Michel de cette époque voir ALEXANDER, *Norman Illumination at Mont St. Michel*, p. 27-30. Pour plus de détails sur Antonius voir F. AVRIL, «La décoration des manuscrits au Mont Saint-Michel (XIe-XIIe siècles), dans *Millénaire monastique du Mont Saint-Michel*, t. II : *Vie montoise et rayonnement intellectuel*, R. FOREVILLE (éd.), Paris, 1967, p. 235-238 ; et ALEXANDER, *Norman Illumination at Mont St. Michel*, p. 235-236.

43. Pour des observations générales, voir C. R. DODWELL, *Canterbury School*, p. 6-20 et F. AVRIL, *Manuscrits normands*, p. 10-14 et 17-20. Sur l'influence de l'art anglais au Mont Saint-Michel, voir F. AVRIL, «La décoration… » et J. J. G. ALEXANDER, *Norman Illumination at Mont St. Michel, passim*.

44. Rouen, B. M., ms. A 296 (535), fol. 1r ; Alençon, B. M., ms. 26, fol. 78r (J. GLENISSON (éd.), *Le Livre au Moyen Âge*, Paris, 1988, ill. 6). L'artiste de cette dernière rosace a changé la forme anglo-saxonne en ajoutant les têtes de bêtes au bout d'une des deux feuilles.

part des scribes normands furent redevables à l'Angleterre du concept de base plutôt que des modèles spécifiques. En fait, la versatilité du type et l'efficacité avec laquelle ces formes pouvaient être adaptées, furent, sans aucun doute, fondamentales pour leur attraction. Par contraste, l'initiale anglo-saxonne de «Type II» fut moins populaire dans le duché[45]. Cela était peut-être dû, en partie, au fait que son vocabulaire était plus strictement défini et donc moins sujet à adaptation et évolution. Mais le fait qu'il était la spécialité d'une ville, Cantorbéry, et que moins d'exemples auraient donc réussi à atteindre la Normandie (effectivement, il n'y en a pas dans notre corpus) fut aussi un facteur déterminant. Il est vrai que les échos des formes sont perceptibles quelque part dans l'œuvre d'un bon nombre de centres (notamment Rouen, Préaux, Saint-Évroult, Saint-Wandrille (pl. 5), Lyre et La Croix-Saint-Leufroi) généralement à la fin du siècle[46]; cependant, ceux-ci sont habituellement isolés, entourés par des décorations de différents types. Ainsi le seul exemple dans le *Chronicon majus Fontanellense*, un manuscrit datant du milieu du siècle, est «accompagné» d'une lettrine du «Type I» et d'une initiale dont le dessin est proche de celui du grand **B** du début du psautier luxueux généralement considéré comme appartenant au cercle d'Oswald, évêque de Worcester, († 992)[47]. C'est seulement à Jumièges[48] – surtout dans l'œuvre d'un artiste idiosyncratique (fig. 7) – et aussi dans le travail du célèbre artiste Robert Benjamin (pl. 7),[49] dont le foyer n'a pas été localisé, que l'on trouve des échos suffisamment forts pour impliquer une connaissance directe du style original.

Les imitations de divers types d'encadrements anglo-saxons apparaissent à Fécamp et au Mont Saint-Michel depuis le milieu du XIᵉ siècle, à Jumièges et à Préaux vers la fin du siècle. Les versions de Fécamp et du Mont Saint-Michel adhèrent généralement de près aux formes trouvées dans les manuscrits anglo-saxons, bien que la qualité du travail soit inférieure (pl. 8)[50]. Les exemples de Préaux,

45. Sur cette forme de lettrine et son histoire, voir R. G. Gameson, «Manuscript Art at Christ Church, Canterbury, in the generation after St Dustan», dans *St Dustan : his life, times and cult*, N. Ramsay *et al.* (éd.), Woodbridge, 1992, p. 187-220; et *idem.* «Books, Culture and the Church in Canturbery around the Millennium», dans R. Eales et R. G. Gameson, *Vikings, Monks and The Millennium : Canturbery in around 1000 A.D.*, Cantorbéry, 2000, p. 15-40.

46. Ainsi, respectivement : BnF, n. acq. lat. 306; Rouen, B. M., ms. A 123 (198), A 333 (508); Le Havre, B. M., ms. 332; Évreux, B. M., ms. L 67; et BnF, ms. lat. 2058.

47. Respectivement fol. 42r, 62v et 63r. Le psautier «d'Oswald» est le manuscrit de la British Library, Harley 2904 : E. Temple, *Anglo-Saxon Manuscripts*, n° 41, ill. 141; planche en couleur : J. J. G. Alexander, *The Decorated Letter*, Londres, 1978, pl. 15.

48. Rouen, B. M., ms. A 6 (8), A 102b (459) (F. Avril, *Manuscrits normands*, n° 47), A 120 (1375); et Londres, British Library, ms. Add. 17739 (C. R. Dodwell, «Un manuscrit enluminé de Jumièges au British Museum», dans *Jumièges, congrès scientifique du XIIIᵉ centenaire*, Rouen, 1955, t. II, p. 737-741; J. Backhouse, D. H. Turner et L. Webster (éd.), *The Golden Age of Anglo-Saxon Art*, Londres, 1984, n° 262).

49. Durham, Dean and Chapter Library, ms. B. II. 13 : R. A. B. Mynors, *Durham Cathedral Manuscripts to the end of the Twelfth Century*, Oxford, 1939, n° 31. Voir aussi M. Gullick, «The Scribe of the Carilef Bible : a new look at some late-eleventh-century Durham Cathedral Manuscripts» dans *Medieval Book Production : Assessing the Evidence*, L. L. Brownrigg (éd.), Los Altos, 1990, p. 61-83.

50. Fécamp : BnF, ms. lat. 2079 (illustré : F. Avril, *Manuscrits normands*, p. 26); Rouen, B. M., ms. A 4 (1). Mont Saint-Michel : Avranches, B. M., ms. 59 et 163; New York, Pierpont Morgan Library, ms. M 641 (J. J. G. Alexander, *Norman Illumination*, pls. 30, 36 et 38; L. Grodecki, F. Mütherich, J. Taralon et F. Wormald, *Le Siècle de l'an mil*, Paris, 1973, ill. p. 202).

Fig. 7 : Londres, British Library, ms. Add. 17739, fol. 69v («Évangiles de Jumièges»)

dont la qualité est très élevée, présentent un dessin de base anglo-saxon mais en lui appliquant un type de feuillage un peu différent, plus moderne (pl. 9)[51]. Par contraste, les interprétations de Jumièges sont entièrement plus libres et les encadrements sont remplis d'une large variété de formes décoratives incluant l'imagerie ; l'effet général est plutôt étrange (fig. 7)[52]. L'ambition de cet artiste a dépassé son talent ! Même à Fécamp et au Mont Saint-Michel, plus conservateurs, il y a une entorse importante aux habitudes anglo-saxonnes, si l'on considère où de tels encadrements ont été déployés : la grande majorité des exemples anglais apparaissent dans les livres d'évangiles et les volumes liturgiques,[53] tandis que ces deux *scriptoria* les utilisaient aussi pour les frontispices des textes patristiques

51. Londres, British Library, ms. Add. 11850 : J. BACKHOUSE *et al.*, *The Golden Age of Anglo-Saxon Art*, n° 261 ; C. R. DODWELL, *The Pictorial Arts in the West 800-1200*, New Haven et Londres, 1993, ill. 180 ; J. BACKHOUSE, *The Illuminated Page : Ten Centuries of Manuscript Painting*, Londres, 1997, n° 20.

52. Londres, British Library, ms. Add. 17739 : voir note 48. D'autres illustrations : R. G. GAMESON, «Hugo Pictor enlumineur normand», *Cahiers de civilisation médiévale*, t. 44, 2001, p. 121-38, fig. 6 et 8.

53. L'exception la plus importante est Oxford, Bodleian Library, ms. Tanner 3 (Grégoire le Grand, *Dialogi* ; première moitié du XIe siècle : provenance Worcester ; E. TEMPLE, *Anglo-Saxon Manuscripts*, n° 89, ill. 298) dont le frontispice se trouve dans un tel encadrement, qui est cependant laid et «provincial».

(pl. 8). En parallèle à ces cas, où l'on empruntait la forme entière, d'autres artistes normands prirent des éléments individuels de ces encadrements et les appliquèrent aux initiales. Cela se passa occasionnellement à Fécamp et au Mont Saint-Michel[54]; divers exemples plus frappants se trouvent dans les manuscrits de Jumièges de la seconde moitié du xiᵉ siècle (pl. 14)[55]; et il y a un cas isolé dans un livre datant de la fin du siècle, associé à Bayeux[56]; les deux exemples de Lyre et de Saint-Évroult du début du xiiᵉ siècle sont mentionnés ci-dessus (pl. 6)[57].

L'aspect final de la décoration du livre anglo-saxon à considérer ici, est le luxe général des volumes de haute qualité – en particulier l'utilisation libre de l'or pour les initiales, les majuscules formelles et les miniatures (surtout les encadrements). Les ouvertures principales décorées de volumes comme le Bénédictionnaire de l'archevêque Robert, le Sacramentaire de Robert de Jumièges et (dans son état original) les Évangiles de Mortain, sont extraordinairement riches (fig. 5 ; pl. 3, 4, 15). Or, une telle opulence n'est jamais atteinte et même rarement approchée dans l'œuvre des *scriptoria* normands. Même dans le grand sacramentaire décoré du Mont Saint-Michel – dont le style pictoral est grandement hérité de l'exemple anglo-saxon et dont la création fut probablement inspirée par le Sacramentaire de Robert de Jumièges – on n'a pas utilisé l'or mais plutôt un pigment jaune, ce qui est aussi le cas pour les encadrements[58]. L'unique tome intact qui est vraiment luxueux est la magnifique copie des évangiles faite à Préaux aux environs de 1100 (pl. 9)[59]. Toutes les feuilles décorées furent richement peintes ; en outre, l'or fut employé non seulement sur toutes les pages décorées mais également pour chaque initiale commençant un paragraphe, tout au long du texte. Le seul *scriptorium* qui semble s'être largement servi d'or fut celui de Fécamp, et les plus importants des volumes de cette abbaye ont tous été tragiquement pillés de leurs pages majeures enluminées. Étant donné que l'or est employé pour les initiales principales tout au long du texte de la belle copie des évangiles de Fécamp réalisée au milieu du xiᵉ siècle (pl. 10), il est impensable qu'il n'ai pas été aussi employé dans les pages décorées qui débutaient chaque évangile ; toutes ont été malheureusement découpées[60]. Il fut également utilisé dans les initiales mineures ornées et aussi, on peut le présumer, sur les pages principales décorées, malheureusement perdues, d'un plus petit livre des évangiles réalisé plus tard dans le siècle[61]. Encore plus intéressant est le fait que l'or fut employé dans une copie du *De Trinitate* d'Augustin écrite

54. Avranches, B. M., ms. 89 (M. Dosdat, *L'enluminure romane au Mont Saint-Michel, xᵉ-xiiᵉ siècles*, Rennes, 1991, p. 28) ; Paris, BnF, ms. lat. 2079.

55. Par exemple : Rouen, B. M., ms. A 134 (483) ; A 286 (472) (illustré : F. Avril, *Manuscrits normands*, p. 38) et U 61 (1123).

56. Bayeux, Bibliothèque du chapitre, ms. 57.

57. Voir note 44.

58. Planches en couleur : L. Grodecki *et al.*, *Le Siècle de l'an mil*, ill. 202 ; M. Dosdat, *L'enluminure romane au Mont Saint-Michel*, p. 60 et 61 ; C. R. Dodwell, *Pictorial Arts*, ill. 179.

59. Voir note 51.

60. Rouen, B. M., ms. A 14 (28).

61. Rouen, B. M., ms. A 436 (30). L'or se trouve dans les initiales (endommagées) qui introduisent l'*argumenta* pour Marc (fol. 40v) et Jean (fol. 88v). Leur style est comparable à celui de l'initiale dans Cambridge, Trinity College, ms. B. 1. 16 (Berengaudus ; Haimo d'Auxerre ; fin du xiᵉ siècle-début du xiiᵉ siècle), fol. 4r. Aucune autre page décorée ne subsiste.

par le scribe du grand livre des évangiles : il se trouve dans les initiales décorées et les majuscules pour la préface et le début du Livre I, sans parler d'un frontispice encadré sur une double page, comme le montre le petit morceau qui reste[62]. On l'a également utilisé – avec modération, c'est vrai – dans une copie du *De ciuitate Dei* de saint Augustin et dans un recueil d'œuvres d'Ambroise[63]. En enluminant des textes patristiques de cette manière, les scribes de Fécamp surpassaient les pratiques anglo-saxonnes, ce qui prouve à quel point les œuvres des Pères de l'Église furent valorisées en Normandie. Le fait que le seul centre normand à produire quelques livres luxueux était aussi celui qui avait des liens particulièrement proches avec la famille ducale, qui joua un rôle majeur dans la première phase du renouveau monastique du duché, et qui commença à accumuler des biens en Angleterre tôt dans ce siècle[64], n'est sûrement pas une coïncidence. En outre, la présence à la tête de Fécamp d'un grand théologien durant les deuxième et troisième quarts du siècle, Jean, abbé de 1028 à 1078, peut en partie permettre d'expliquer pourquoi, comme aux textes bibliques et liturgiques, on donna une apparence assez riche aux écrits patristiques. La mutilation de ces livres nous a privés non seulement de décorations particulièrement précieuses, mais également, sans doute, de l'une des clés du développement de l'enluminure normande.

En bref, l'influence de l'enluminure anglo-saxonne s'est répandue dans la décoration de manuscrits normands ; cependant, les modèles anglais furent traités avec une grande flexibilité, étant réinterprétés, combinés avec d'autres éléments et appliqués à de nouveaux contextes. L'enluminure mise à part, l'influence anglaise sur les *scriptoria* normands fut strictement limitée.

S'il est difficile d'identifier les livres normands qui arrivèrent en Angleterre avant 1066 – bien que quelques-uns aient sûrement accompagné les ecclésiastiques normands qu'Édouard le Confesseur avait engagés pour l'Église anglaise – nous en trouvons une pléthore par la suite. La correspondance d'Anselme révèle que Lanfranc, récemment nommé archevêque de Cantorbéry, recherchait en Normandie certains textes qui – à son avis – manquaient en Angleterre[65]. Les auteurs en question étaient Ambroise, Grégoire et Jérôme. Quelques livres furent peut-être empruntés, copiés en Angleterre et renvoyés ; cependant, le seul cas qu'Anselme décrit en détail, les *Moralia* de Grégoire le Grand, a clairement été copié pour Lanfranc en Normandie – et ceci non sans problème. De la même façon, Herbert Losinga, évêque de Norwich (1090/1091-1119), encore un grand bibliophile, écrivit à

---

62. BnF, ms. lat. 2088, fol. 1v, 2r, et fol. Iv+Iir.

63. BnF, ms. lat. 2055, fol. 1r (initiale), et probablement aussi 1v (la partie de la page ou se trouvait cette deuxième initiale a été découpée). BnF, ms. lat. 2639, fol. 31v (miniature reproduite : J. J. G. Alexander, *Norman Illumination*, pl. 26a) et 32r (initiale au début du texte, *De bono mortis*).

64. C. H. Haskins, « A Charter of Cnut for Fécamp », *English Historical Review*, t. 33, 1918, p. 342-346 ; D. Matthew, *The Norman Monasteries and their English Possessions*, Oxford, 1962, p. 19-22 ; P. Sawyer, *Anglo-Saxon Charters : an annotated list and bibliography*, Londres, 1968, n°s 949 et 982 ; aussi la charte douteuse, n° 1054. La valeur de ses biens en Angleterre, enregistrée dans le *Domesday Book*, était extraordinairement élevée : D. Knowles, *The Monastic Order in England*, 2nd ed., Cambridge, 1963, appendice VI.

65. *Opera Omnia*, F. S. Schmitt (éd.), t. III, *ep.* 23 et 25 ; voir aussi *ep.* 26.

Fécamp, où il avait été moine, puis prieur, pour demander que l'on lui envoie une copie des règles de la communauté[66]. Une autre fois, il demanda aux moines de Fécamp de lui transcrire les œuvres de Suétone, en précisant qu'il ne pouvait pas en retrouver une copie en Angleterre[67]. Dans le présent état des recherches, nous pouvons identifier environ quarante livres qui furent produits dans le duché, durant les années qui suivirent la conquête, et qui arrivèrent rapidement en Angleterre[68]. Ici, mon analyse du sujet sera brève, étant donné qu'une partie de la matière fut examinée en détail à Cerisy il y a quelques années[69].

La demande de textes pour les collections anglaises a certainement contribué à la croissance de la production de livres en Normandie dans le dernier tiers du XIᵉ siècle. Plusieurs des plus précieux manuscrits qui furent fabriqués à cette époque, comme la Bible de Guillaume Carilef et la copie du commentaire de Jérôme sur Isaïe enluminée par Hugo Pictor, furent exportés, respectivement à Durham, dans le nord de l'Angleterre, et à Exeter, dans le sud-ouest[70]. Un bon nombre de *scriptoria* normands, incluant Le Bec, Caen, Fécamp, Jumièges, Mont Saint-Michel, Préaux et Saint-Ouen à Rouen, furent impliqués dans la création des volumes qui partaient pour l'Angleterre. En outre, il y a des indices pour suggérer que les scribes de différentes communautés, ainsi que, peut-être, quelques professionnels non monastiques, ont collaboré à certains projets, bien que les circonstances de ces interactions restent obscures[71]. Le fait que Lanfranc a acheté le livre qu'il emporta depuis Le Bec à Christ Church de Cantorbéry, rappelle que, même parmi les ecclésiastiques, l'argent pouvait être échangé contre les manuscrits[72]. En même temps, les moines normands étaient en train de se procurer des positions d'importance dans les communautés anglaises, où quelques-uns ont évidemment travaillé comme scribes[73]. Le livre des évangiles, le manuscrit A 21 (32) de la Bibliothèque municipale de Rouen, fut écrit par un scribe normand et décoré par un artiste normand, mais une inscription contemporaine portée par une autre

---

66. *Epistolae Herberti Losinga, Osberti de Clara et Elmeri*, R. ANSTRUTHER (éd.), Bruxelles-Londres, 1846, *ep.* 34.

67. *Epistolae…*, R. ANSTRUTHER (éd.), *ep.* 5 (*Suetonium quem in Anglia inuenire non possum, facite transcribi, et transcriptum mittite mihi per Dancardum presbyterum, uel per alium quem uolueritis seruientem*).

68. R. G. GAMESON, *The Manuscripts of Early Norman England c. 1066-1130*, Londres, 1999, résumé p. 10-12.

69. M. GULLICK, «Manuscrits et copistes normands en Angleterre (XIᵉ-XIIᵉ siècles)» et R. G. GAMESON, «Manuscrits normands à Exeter aux XIᵉ et XIIᵉ siècles», dans *Manuscrits et enluminures dans le monde normand (Xᵉ-XVᵉ siècles)*, P. BOUET et M. DOSDAT (éd.), Caen, 1999, p. 83-93 et 107-127.

70. Durham, Dean and Chapter Library, ms. A II. 4. (R. A. B. MYNORS, *Durham Cathedral Manuscrits*, n° 30, pls. 16-18); Oxford, Bodleian Library, ms. Bodley 717 (voir R. G. GAMESON, «Hugo Pictor, enlumineur normand», *Cahiers de civilisation médiévale*, t. 44, 2001, p. 19-37).

71. Voir M. GULLICK, «The Scribe of the Carilef Bible».

72. Cambridge, Trinity College, ms. B 16. 44. L'inscription contemporaine à la p. 405 (N. R. KER, *English Manuscripts in the Century after the Norman Conquest*, Oxford, 1960, pl. 5) se lit : *Hunc librum dato precio emptum ego Lanfrancus archiepiscopus de beccensi cenobio in anglicam terram deferri feci et ecclesiae Christi dedi. Si quis eum de iure praefatae ecclesiae abstulerit ananthema sit.*

73. Pour plus de détails, voir R. G. GAMESON, «English Manuscript Art in the Late Eleventh Century : Canterbury and its Context», dans *Canterbury and the Norman Conquest*, R. EALES et R. SHARPE (éd.), Londres, 1995, p. 105-108.

---

main normande nous indique qu'il fut fabriqué à Abingdon sur l'ordre de l'abbé Rainaldus (1084-1097), un ancien moine de Jumièges, où le volume fut envoyé (pl. 11)[74]. Les livres du prieuré de la cathédrale de Rochester, dans le Kent, qui furent fabriqués vers la fin du XIe siècle sont largement normands en ce qui concerne l'écriture et la décoration (pl. 12). Mais étant donné qu'ils furent réalisés par un petit groupe de scribes et d'artistes qui n'apparaissent pas ailleurs, qu'ils incluent occasionnellement des caractéristiques d'autres livres du Kent et qu'ils semblent reproduire des exemplaires textuels de Cantorbéry, il y a de bonnes raisons de croire qu'ils furent fabriqués à Rochester[75]. Seules Durham et surtout Exeter, de nouvelles communautés restaurées respectivement en 1083 et 1050, semblent avoir enrichi leurs collections en acquérant de nombreux livres en Normandie (pl. 7)[76]. Ailleurs, on observe des acquisitions occasionnelles d'un manuscrit normand, ainsi que des livres du nord de la France et de la Flandre, pour compléter les biens existants et ce qui était copié sur place. Les deux manuscrits qui sont arrivés à l'abbaye de Saint-Augustin de Cantorbéry et celui qui est venu à Worcester sont caractéristiques du phénomène général[77]. Il est certain, incidemment, qu'un des deux manuscrits parvenus à l'abbaye de Saint-Augustin y est arrivé tôt, car il porte des rectifications dans un style d'écriture anglaise particulier à cette communauté aux environs de 1100 (fig. 8)[78].

Les textes qui furent acquis en Normandie pour Durham et Exeter étaient surtout les œuvres des Pères de l'Église. Il faut souligner que les livres individuels normands qui sont venus ailleurs en Angleterre étaient plutôt des œuvres d'histoire, des décrets et des écrits d'auteurs contemporains normands. Bien que l'incursion des Normands dans l'Église anglaise ait certainement stimulé le désir d'amasser les écrits des Pères, le duché lui-même n'était pas la seule source

74. F. AVRIL, *Manuscrits normands*, n° 32 ; M.-C. GARAND *et al.*, *Manuscrits datés 7*, t. I, p. 263 ; t. II, pl. XXIX ; R. HESBERT, *Manuscrits musicaux de Jumièges*, p. 41, pl. LIII.

75. Voir K. WALLER, «Rochester Cathedral Library : An English Book Collection based on Norman Models», dans *Les mutations socio-culturelles au tournant des XIe-XIIe siècles*, R. FOREVILLE (éd.), Paris, 1984, p. 240 ; et R. G. GAMESON, *Manuscripts of Early Norman England*, p. 8.

76. Voir M. GULLICK, «Scribe of the Carilef Bible» ; R. G. GAMESON, «Manuscrits normands à Exeter».

77. Londres, British Library, ms. Royal 13 A. xxii et 13 A. xxiii, les deux du Mont Saint-Michel (J. J. G. ALEXANDER, *Norman Illumination*, p. 227) ; Worcester Cathedral Library, ms. Q. 16, fol. 112-69, peut-être de Préaux.

78. Londres, British Library, ms. Royal 13 A xxiii. Les rectifications en question, l'œuvre de deux mains contemporaines, se trouvent aux folios : 10r, 15v, 16v, 19v, 24r, 48v, 55r, 60r, 77r (main 1) et 22v, 36r, 67r (main 2). Le même genre de script apparaît dans Bruxelles, Bibliothèque royale, ms. 444-52 ; Cambridge, Corpus Christi College, ms. 267, 270 et 291 ; Cambridge, Peterhouse College, ms. 251 ; Cambridge, Trinity College, ms. B. 1. 40 ; Cantorbéry, Cathedral Library, ms. Add. 172 ; ms. Lit A. 8 ; et ms. U3/162/28/1 ; Durham, Dean and Chapter Library, ms. B. II. 16 ; Londres, British Library, ms. Cott. Vesp. B. xx ; ms. Harley 652 ; ms. Royal 5 B. xv ; et ms. Royal 6 C. i ; et Oxford, Bodleian Library, ms. Bodley 391, tous de l'abbaye de Saint-Augustin. Le premier ajout à l'autre manuscrit (ms. Royal 13 A. xxii, qui porte l'*ex libris* médiéval de l'abbaye de Saint-Augustin) est un hymne sur la préservation de l'abbaye de Saint-Bertin en Flandre d'un incendie, transcrit par une main continentale dans la deuxième moitié ou à la fin du XIe siècle ou bien encore au début du XIIe siècle) (fol. 71v-72r). Cependant, étant donné que le *precentor*-hagiographe de la communauté de Saint-Augustin vers la fin du XIe et au début du XIIe siècle était un *alumnus* de Saint-Bertin (Goscelin, mort après 1114), cette addition n'exclut pas la possibilité que ce livre soit aussi allé tôt à Cantorbéry.

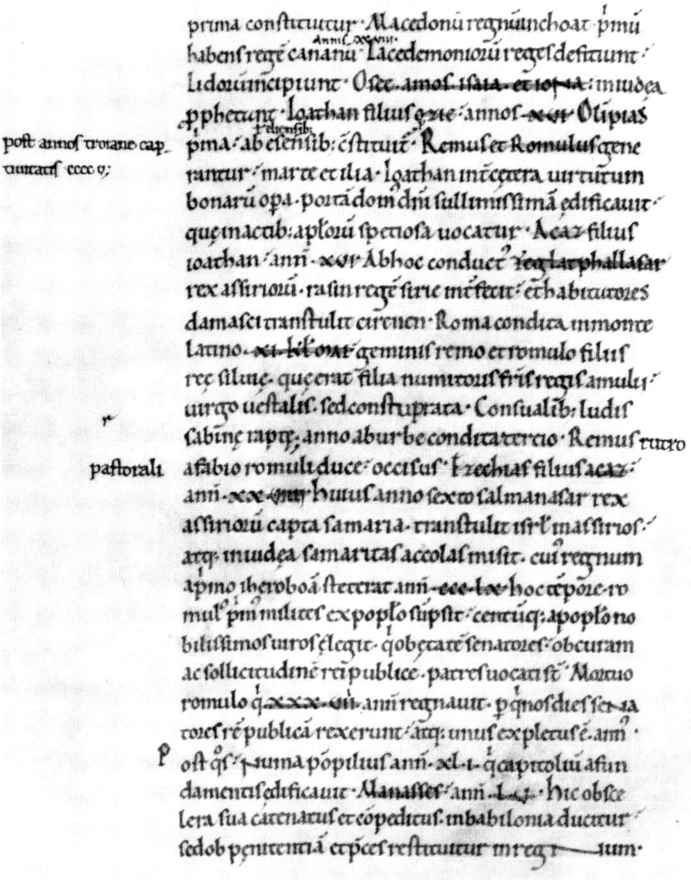

Fig. 8 : Londres, British Library, ms. Royal 13 A. xxiii, fol. 16v
(Adon de Vienne, Chronicon ; etc.)

d'exemplaires : la Flandre, par exemple, géographiquement proche, semble avoir joué un rôle important[79].

L'influence normande sur l'écriture utilisée en Angleterre après 1066 fut considérable, particulièrement dans le Kent où l'on voit un rapide remplacement de l'écriture anglo-saxonne arrondie par des formes plus angulaires du type normand[80] ; ailleurs le procédé était similaire mais plus graduel. Comme nous venons de le voir, l'influence de l'écriture anglo-saxonne sur les Normands fut minime ; mais, au contraire de la situation en Normandie, où il n'y avait pas de scribes anglo-saxons, il y eut un nombre important de scribes normands, ainsi que d'autres continentaux, dans les *scriptoria* anglais. En effet, dans un centre donné, il y a une corrélation appréciable entre la rapidité avec laquelle les traditions d'écri-

79. Voir R. G. GAMESON, «L'Angleterre et la Flandre aux X⁰ et XI⁰ siècles : le témoignage des manuscrits» dans *Les échanges culturels au Moyen Âge*, A.-M. HELVÉTIUS et D. COURTEMANCHE (éd.), Paris, 2002, p. 165-206

80. N. R. KER, *English Manuscripts*, p. 22-32.

ture anglo-saxonne furent remplacées et la force de la présence normande : donc le processus fut rapide à Christ Church de Cantorbéry sous Lanfranc, mais plus lent à Worcester, où l'évêque anglo-saxon Wulfstan vécut jusqu'en 1095. Il serait prématuré d'essayer d'identifier et d'évaluer l'impact de l'écriture de *scriptoria* normands particuliers : nos connaissances des différentes traditions de script – et leurs corrélations – dans le duché ne sont pas encore suffisantes pour entreprendre cette tâche délicate.

En ce qui concerne la décoration, il y eut, comme on pouvait s'y attendre, une augmentation importante de la fréquence des initiales du type utilisé en Normandie. Comme le vocabulaire artistique en question était imprégné de motifs anglo-saxons, le résultat fut une réimportation des formes familières. L'un des volumes normands que Guillaume Carilef acquit pour Durham, par exemple, montre un type d'initiale «**I**» (pl. 13) que l'on trouve également dans un manuscrit contemporain de Jumièges (pl. 14), et ce dernier se réfère clairement aux formes trouvées dans les encadrements du sacramentaire anglo-saxon qui fut présenté à la communauté une quarantaine d'années plus tôt (pl. 15)[81]. Quelles que soient les raisons de l'enthousiasme avec lequel de telles formes furent adoptées en Angleterre, elles le furent certainement dans un bon nombre de manuscrits qui étaient transcrits alors – soit par des mains normandes, soit par des mains anglaises[82]. Ainsi, elles sont aussi présentes dans les livres de Worcester de la fin du XIe siècle, un bastion de traditions anglo-saxonnes, que dans ceux de Christ Church de Cantorbéry, où la présence normande était particulièrement forte[83]. Cette utilisation d'ornementation presque partout représente une entorse importante aux pratiques des Anglo-Saxons qui ont généralement réservé la décoration pour des textes sélectionnés, à savoir les livres de messe et les livres des évangiles. Le résultat fut que la quantité – non la qualité – de la décoration de livre s'est énormément accrue aussitôt après la conquête.

En conclusion, le fait de pouvoir identifier plus de soixante manuscrits qui ont voyagé entre la Normandie et l'Angleterre au XIe siècle constitue un témoignage frappant des échanges culturels et littéraires entre les deux pays. Si la conquête de 1066 fut largement responsable de la forte influence normande sur l'essor des bibliothèques et le travail de *scriptoria* en Angleterre, l'influence anglo-saxonne sur les *scriptoria* normands fut continue tout au long du XIe siècle. Il est clair qu'un nombre significatif de manuscrits anglo-saxons avait atteint le duché avant 1066 et avait déjà eu un impact décisif sur le développement de l'enluminure normande, comme le montre l'œuvre de Fécamp et du Mont Saint-Michel.

81. Respectivement : Durham, Dean and Chapter Library, ms. B. III. 1, fol. 1r ; Rouen, B. M., ms. U 6 (1123), fol. 2r ; et ms. Y 6, fol. 104r. Cf. Oxford, Bodleian Library, ms. Bodley 717, fol. 48v (Normandie, puis Exeter) ; et Rouen, B. M. ms. A 102a (458), fol. 11v (Jumièges).

82. Voir, en général, C. M. KAUFFMANN, *Romanesques Manuscripts 1066-1190*, Londres, 1975.

83. Voir R. G. GAMESON, «Book Production and Decoration at Worcester in the Tenth and Eleventh Centuries», dans *St Oswald of Worcester : Life and Influence*, N. BROOKS et C. CUBITT (éd.), Londres, 1996, p. 194-243 ; *idem*, «St Wulfstan, The Library of Worcester, and the Spirituality of the Medieval Book», dans *St Wulfstan and his world*, J. BARROW (éd.), à paraître.

L'influence normande a touché tous les aspects du travail des *scriptoria* anglais dans le dernier tiers du siècle – choix des textes, forme de l'écriture, type de décoration –, tandis que l'influence anglo-saxonne sur les *scriptoria* normands était essentiellement restreinte à la décoration. Cependant, les Normands assuraient une présence physique dominante en Angleterre, alors que l'invasion des types de décoration anglo-saxons à travers le duché fut réalisée tout simplement par l'attraction visuelle des livres anglais exportés.

Il est juste de considérer qu'en 1066 les ressources bibliographiques de l'Angleterre et de la Normandie étaient complémentaires : la première riche en livres de messe luxueux et écrits dans la langue vernaculaire, la seconde spécialisée dans les collections des Pères, avec quelques nouvelles œuvres de théologie et de dévotion en latin. Donc, en termes littéraires, la conquête de 1066 a été à l'origine d'une excellente alliance. Considérant le xie siècle comme un tout et avec davantage de recul, le témoignage des manuscrits montre, sans aucun doute, que les deux pays s'étaient considérablement enrichis par leur contact. Ironiquement, il est également certain que, dans ce domaine, l'Angleterre a gagné plus que la Normandie par la victoire de Guillaume à Hastings[84].

84. Je tiens à remercier les conservateurs et les équipes des nombreuses bibliothèques dont j'ai consulté les manuscrits durant la préparation de cet article – en particulier ceux des bibliothèques municipales d'Alençon, Avranches, Évreux et Rouen. Je les remercie aussi de m'avoir fourni des photographies et de m'avoir gracieusement autorisé à les reproduire ici. J'aimerais tout particulièrement signaler ma gratitude à M. Jean-Luc Leservoisier, conservateur de la Bibliothèque d'Avranches, pour son aide, sa gentillesse et son hospitalité exceptionnelles – et, de plus, pour avoir fait les démarches nécessaires de telle sorte que je puisse consulter le livre des Évangiles à Mortain. Ma longue expédition d'étude en Normandie en juin et juillet 2001 ne fut possible que grâce à une bourse de la British Academy, qui a aussi contribué au paiement des photographies. Finalement et surtout, je voudrais exprimer ma vive reconnaissance à Mlle Hélène Barbier qui m'a été d'une aide inestimable quant à la version française de ce texte.

APPENDICE

MANUSCRITS ANGLAIS DES Xᵉ ET XIᵉ SIÈCLES
QUI SONT ARRIVÉS TÔT EN NORMANDIE

Pour chaque livre je donne : la cote ; le contenu textuel ; l'origine (si connue) ; la date ; les dimensions ; les dimensions de l'espace écrit (entre parenthèses) ; une brève caractérisation de la nature du livre ; quelques observations sur les premières interventions normandes (s'il y en a) ; la provenance médiévale.

1 – Alençon, Bibliothèque municipale, ms. 14, fol. 91-114.

Bénédictionnaire ; deux messes *de amico*.

Winchester ; première moitié du XIᵉ siècle. 290x190 (211x134) mm. Un manuscrit usuel, écrit avec adresse par quatre scribes, et articulé de majuscules rouges et oranges.

Complété dans la première moitié du XIIᵉ siècle par Orderic Vital (qui fut responsable des fol. 109-110 et 115, contenant respectivement *Ordo ad iudicium faciendum, Benedictio aquae* ; et une continuation ou remplacement de la fin du texte anglo-saxon). Provenance : Saint-Évroult.

2 – Avranches, Bibliothèque municipale, ms. 29.

Homélies sur les épîtres de saint Paul.

Angleterre (possiblement Cornouailles ou pays de Galles) ; le milieu du Xᵉ siècle. 254x188 (196x122) mm. Écrit par un seul scribe dont l'écriture est variable et particulière ; articulé de simples initiales faites à la plume.

Des oraisons adressées à la Vierge furent ajoutées à la dernière page originale (fol. 98v) par un scribe continental au XIIᵉ siècle. Quelques rectifications furent faites dans le texte principal par plusieurs mains de la deuxième moitié du XIᵉ siècle ou de la première moitié du XIIᵉ siècle. Un cahier supplémentaire (fol. 99-105) contenant des extraits des écrits de Sulpice Sévère et de Grégoire de Tours sur saint Martin, qui date du Xᵉ siècle, fut joint au livre à une date incertaine. Une profession de foi ainsi qu'une homélie (sur Matt. 25) furent ajoutées à ce cahier au XIIᵉ siècle. Provenance : Mont Saint-Michel.

3 – Avranches, Bibliothèque municipale, ms. 81.

Augustin, *Homiliae in Epistolam Iohannis* ; Ps.-Faustus, *Sermo* ; Ps.-Augustin, *Sermones* 85, 74, 79 ; Alcuin, *De uirtutibus et uitiis* ; Ps.-Augustin, 2 *sermones*.

Angleterre ; deuxième moitié du XIᵉ siècle. 225x158 (165x92) mm. Le livre est admirablement écrit par un seul scribe ; il porte des rectifications par une main anglaise similaire. Il est articulé par des majuscules colorées.

Des titres et diverses marques de «Nota» furent ajoutés durant la première moitié du XIIᵉ siècle. Une liste du contenu fut fournie par une main normande (ou anglo-normande) du XIIᵉ siècle. Provenance : Mont Saint-Michel.

4 – **Avranches, Bibliothèque municipale, ms. 236.**

Boèce, *De musica*; Bède, *De arte metrica* et *De temporum ratione* (extraits); des phrases en latin et en grec.

Angleterre; autour de l'an mil. 265x190 (184x116) mm. Le texte principal (Boèce) fut écrit avec adresse par un seul scribe et fut articulé par de simples initiales dessinées à la plume (les lettrines principales ne furent jamais fournies). L'apparence générale fait penser à l'œuvre de Cantorbéry. Les autres textes, présentés sur deux colonnes, sont l'œuvre d'une main différente.

Rectifications (fol. 85v) par une main continentale (? normande) dans la première moitié du xie siècle; rubriques ajoutées dans la première moitié du xiie siècle (fol. 82^{bis}v). Provenance : Mont Saint-Michel.

5 – **Évreux, Bibliothèque municipale, ms. 43.**

Sedulius, *Epistola I, Carmen paschale* (glosé), *Hymnes*.

Angleterre; troisième quart du xe siècle. 194x148 (136x95) mm. Un modeste «livre de travail», dont la reliure (en bon état) remonte probablement au xiie siècle. Le texte est vraisemblablement l'œuvre d'un seul scribe, mais les gloses (nombreuses jusqu'au fol. 30, très peu par la suite) furent réalisées par plusieurs mains anglo-saxonnes. Le livre est articulé par des majuscules rouges de type Rustique. Il était encore en Angleterre au début du xie siècle, à en juger par la main qui a réglé un manque de texte.

Une main normande (ou anglo-normande) de la fin du xie siècle se trouve aux folios 5v et 59r ainsi que sur le verso de la seconde feuille préliminaire. Des offices furent ajoutés aux marges des fol. 56v et 59r au xiie siècle. Il semble logique de présumer que la reliure «romane» fut fournie en Normandie. Provenance : Lyre.

6 – **Le Havre, Bibliothèque municipale, ms. 330**.

Missel (actuellement incomplet et endommagé par l'humidité).

Winchester, New Minster; deuxième moitié du xie siècle. 297x200 (240x158) mm. Un volume fonctionnel soigné. À l'exception d'une feuille de remplacement (47) et du bifolium 163+170 qui furent l'œuvre d'une main différente, il fut écrit par un seul scribe. Les rectifications sont dues à une troisième main contemporaine. Le texte est articulé par de larges majuscules colorées.

Insertion sur fol. 29r par une main normande aux alentours de 1100; plusieurs suppléments et rectifications datant du bas Moyen Âge. Provenance : Saint-Wandrille.

7 – **Londres, British Library, ms. Cotton Tiberius A. xv, fol. 174.**

Fragment d'un livre des évangiles (la fin du texte de saint Jean : 21.17-25). La feuille fut sévèrement endommagée par l'incendie de 1731.

Angleterre; deuxième moitié du xe siècle. Actuellement 220x135 (185x105) mm – les dimensions de la page et de l'espace écrit sont réduites à cause des dégâts. Écrit dans une belle minuscule carrée.

Le texte de la charte (qui peut être datée entre 1063-1066) qui établit des chanoines dans la chapelle de Notre-Dame du château de Cherbourg fut ajouté au verso par une main normande dans la deuxième moitié du XIᵉ siècle ou aux alentours de 1100. M. FAUROUX, *Recueil des actes des ducs de Normandie de 911 à 1066*, (Mémoires de la Société des antiquaires de Normandie, 36), Caen, 1961, n° 224. Cette version (qui occupait originalement deux pages, dont la deuxième a été perdue) est en fait la copie la plus ancienne du texte, et pourrait être approximativement contemporaine de l'acte lui-même (M. Fauroux a constaté que l'original avait été perdu ; son édition s'est basée sur des transcriptions des XVIIᵉ-XIXᵉ siècles). Donc provenance : Notre-Dame de Cherbourg.

8 – Mortain, Collégiale Saint-Évroult, s.n.

Livre des évangiles (actuellement imparfait et dans un très mauvais état).

Angleterre ; troisième quart du XIᵉ siècle. Actuellement 242x155 (205x104) – les dimensions de la page sont réduites à cause des dégâts. Un petit livre qui jadis était très beau ; l'œuvre de plusieurs scribes. Le texte est articulé par des majuscules colorées. Originalement, un portrait d'évangéliste et une grande initiale décorée, dans des encadrements à feuillages, se trouvaient au début de chaque évangile. Pour ces pages, dont quatre subsistent, on a utilisé l'or.

Fol. 37-41 statuts de la collégiale, écrits au XVIᵉ s. Provenance : collégiale de Saint-Évroult.

9 – Orléans, Médiathèque, ms. 127 (Cat. gén. 105).

Sacramentaire.

Winchcombe ou Ramsey ; troisième quart du Xᵉ siècle. 271x208 (198x141) mm. Un beau livre, l'œuvre d'un unique scribe pour la plupart. Il y a une initiale décorée et trois lettrines d'or. Deux feuilles (très probablement décorées) ont été retirées entre les actuelles pages 3 et 4.

Une liste des moines vivants et morts du Mont Saint-Michel fut ajoutée à la page 361 entre 991-1009. D'autres additions et ajouts (notamment une inscription dédicatrice sur les pages 63-64 et l'épitaphe pour l'abbé Gauzlin (1005-1029) sur la page 331) montrent que le volume a atteint Fleury dans la première moitié du XIᵉ siècle [On a suggéré que le tome fut commandé par Richard, fils du comte Robert d'Avranches, pour Fleury ; quoi qu'il en soit, le manuscrit y est évidemment allé en passant par le Mont Saint-Michel.] Provenance : Saint-Benoît-sur-Loire, Fleury.

10 – Paris, Bibliothèque nationale de France, ms. lat. 272.

Livre des évangiles.

Angleterre (peut-être Winchester) ; autour de l'an mil. 330x225 (214x150) mm. L'œuvre d'un seul scribe. L'or fut utilisé pour les initiales à travers le texte. Les pages décorées qui se trouvent au début de chaque évangile ont été découpées ; la seule partie restante (un petit morceau avant le fol. 19) montre qu'elles incluaient des encadrements à feuilles.

D'occasionnelles rectifications (incluant un changement de la forme de la lettre **a**) furent faites par une main normande du milieu du XIᵉ siècle. La fin du texte et les noms dans la généalogie de l'évangile de Luc furent fournis par une autre main normande. Provenance : le manuscrit fut possédé par Jean Bigot, le collectionneur rouennais en activité au début du XVIIe siècle, dont beaucoup de manuscrits provenaient de Fécamp. Le fait que les pages décorées ont été découpées – chose survenue à un grand nombre de livres de Fécamp – favorise l'hypothèse qu'il appartenait à cette communauté.

11 – **Paris, Bibliothèque nationale de France, ms. lat. 10062, fol. 162-163.**

Calendrier (fragment).

Cantorbéry, Christ Church ; premier quart du xie siècle. 252x190 mm.

Probablement écrit peu avant 1023 (la translation d'Ælphege archevêque de Cantorbéry en cette même année est un ajout fait par une main similaire à celle du scribe original). D'autres ajouts anglais du deuxième quart du xie siècle ou du milieu du xie siècle incluent : SS. Swithun, Grimbald et la translation de Swithun, ainsi que les *obits* des rois Édouard l'ancien et Edgar.

Adaptations par des mains normandes de la fin du xie ou de la première moitié du xiie siècle. Le fragment est actuellement joint à un recueil de textes (incluant un obituaire, un martyrologe et une chronique) associé à Saint-Évroult. Provenance : Saint-Évroult.

12 – **Paris, Bibliothèque nationale de France, ms. lat. 10575.**

Préface au *Poenitentiale Ps.-Egberti* ; Pontifical ; Bénédictionnaire.

Angleterre ; vers la fin du xe siècle. 233x184 (158x105) mm. Écrit dans une belle minuscule carrée. De simples initiales esquissées à la plume se trouvent dans le bénédictionnaire.

Le livre était apparemment encore en Angleterre au début du xie siècle – à en juger par l'écriture du fol. ajouté, 58 – mais semblerait avoir atteint l'Europe (? la Normandie) bientôt après cette date : un cahier de textes supplémentaires fut ajouté à la fin du tome (fol. 179-186), ainsi qu'une feuille au début (2), qui sont l'œuvre de mains continentales de la première moitié du xie siècle. Quelques rectifications furent apportées au texte original à approximativement la même époque (fol. 11r, 26v, 47r). D'autres rectifications et ajouts – incluant l'insertion de deux demi-feuilles (129 et 156) – furent faites par des scribes normands durant la deuxième moitié du xie siècle ou au début du xiie siècle (La litanie n'a subi aucun changement.) Provenance : Évreux.

13 – **Rouen, Bibliothèque municipale, ms. A 27 (Cat. gén. 368).**

Pontifical (« Le Pontifical de Lanalet »).

Sud-Ouest de l'Angleterre (? Crediton, puis ? Wells) ; début du xie siècle. L'inscription au fol. 196r montre qu'il appartenait à un évêque qui s'appelait Lyfing - Lyfing évêque de Wells (999-1013) ou bien et plus probablement Lyfing, évêque de Crediton (1027-1046). 306x210 (208x128) mm. Un volume complexe écrit par divers scribes anglais (dont aucun ne travaillait au-delà de la première moitié du xie siècle). Deux dessins à pleine page au début.

Il y a quelques ajouts et changements dus aux mains normandes, par-ci par-là dans le texte, attestant d'une utilisation continuelle jusqu'au XIIe siècle. La rectification la plus ancienne est probablement celle du fol. 6r (deuxième moitié du XIe siècle). Provenance : Jumièges (NB : le nom de saint Pierre fut inséré vers le début de la litanie au fol. 3r dans la première moitié du XIIe siècle).

14 – **Rouen, Bibliothèque municipale, ms. A 292 (Cat. gén. 26).**

Prouerbia Salomonis, Ecclesiastes, Canticum canticorum, Sapientia Salomonis; Augustin, *Enchiridion*; Isidore, *Etymologiae* XI, 1-2; traités sur *Canticum canticorum* et sur la liturgie; écrits sur le *computus* et sur l'astronomie.

Nord de la France; troisième quart du IXe siècle (datable entre 852 et 867). 273x192 (191x122) mm. Un livre carolingien qui est arrivé en Angleterre au Xe siècle, où quelques lettres furent retracées (début du Xe siècle) et quelques gloses interlinéaires furent ajoutées. De plus, un nouveau frontispice fut fourni à *Sapientia* (fol. 48v), et un dessin de la Crucifixion fut ajouté (fol. 48r) (vers la fin du Xe siècle).

Il y a des ajouts partout par plusieurs mains normandes de diverses dates à partir de la première moitié du XIe siècle. Provenance :? Jumièges.

15 – **Rouen, Bibliothèque municipale, ms. A 337 (Cat. gén. 506).**

Grégoire le Grand, *Dialogi* (le début du livre manque : il commence actuellement au cahier «F»).

Cantorbéry, Christ Church; vers la fin du Xe siècle. 260x164 (187x114) mm. Bien écrit par un seul scribe. Les incipits subsistants (pour les livres III et IV, fol. 20r et 51r) sont respectivement indiqués par une initiale décorée et une historiation.

De très modestes rectifications soigneusement insérées un peu partout par une main normande de la deuxième moitié du XIe siècle; un court texte (*De quodam imagine Christi*) ajouté au fol. 98r aux environs de 1100. Provenance : Jumièges (*ex libris* datant vers la fin du XIIe siècle au fol. 98v).

16 – **Rouen, Bibliothèque municipale, ms. U 26 (Cat. gén. 1384), fol. 1-4.**

Vita S. Judoci.

Angleterre; quatrième quart du Xe siècle. 358x255 (277x190) mm.

Le volume principal est un passionnaire de la deuxième moitié du Xe siècle d'origine continentale – auquel fut ajouté un cahier (de forme similaire) contenant la vie de saint Judoc écrite par deux scribes anglais. La seconde main anglo-saxonne, seulement responsable des lignes 6 et 7 du fol. 3r, est semblable, et pourrait être identique à celle du scribe qui a écrit le texte liturgique à la fin du numéro suivant (17 : Rouen, B. M., ms. U 107, fol. 26r-27v). Une liste du contenu de la deuxième moitié du XIe siècle (fol. 5v) commence par la vie de saint Judoc, montrant que cette partie était déjà jointe au grand tome. Où le cahier fut-il écrit, et fut-il préparé tout spécialement pour être exporté, sont des questions qui restent en suspens. Provenance : Jumièges.

17 – Rouen, Bibliothèque municipale, ms. U 107 (Cat. gén. 1385), fol. 20-27.

Memoriale qualiter (incomplet) ; *Acta praeliminaria* pour le conseil d'Aix-la-Chapelle de 816 ; matière liturgique (dans laquelle «Pontifex» fut parfois changé en «Abbas» par une main approximativement contemporaine).

Angleterre (? Worcester) ; vers l'an mil. 244x160 (194x116) mm. Le scribe principal (fol. 20r-26r, ligne 14) se retrouve dans plusieurs autres manuscrits, incluant Worcester, Cathedral Library, ms. Q. 8 et Oxford, Bodleian Library, ms. Bodley 311. Dans le dernier, il a terminé son travail par le colophon, «Johannes me scripsit». Les textes liturgiques dans Rouen, B. M., ms. U 107 (fol. 26r-27v) sont l'œuvre d'une main différente que l'on peut aussi voir – peut-être – dans le numéro précédent (Rouen, B. M., ms. U 26).

Le manuscrit est actuellement une partie d'un tome complexe composite (voir le numéro suivant). Provenance : Jumièges.

18 – Rouen, Bibliothèque municipale, ms. U 107 (Cat. gén. 1385), fol. 28-85.

Lantfred, *Translatio et miracula S. Swithuni* ; Wulfstan de Winchester, Poèmes sur les saints de Winchester.

Winchester, Old Minster ; Vers l'an mil. 241x190 (193x116) mm. La collection est l'œuvre de sept ou huit scribes, dont le meilleur a écrit la première page de la *Translatio* (fol. 29r). La main responsable des fol. 81r-85r est probablement celle du scribe de Londres, British Library, ms. Royal 15 C. VII, une collection similaire qui était encore à Winchester au XVIᵉ siècle. Les dernières contributions anglaises au manuscrit U 107 sont quelques mots en latin et en vieil anglais sur le thème de l'amour (!) datant du deuxième quart ou milieu du XIᵉ siècle (fol. 80v).

Une main continentale (? normande) de la deuxième moitié du XIᵉ siècle a griffonné «Beatus uir» au fol. 45v. Actuellement une partie d'un tome composite. Provenance : Jumièges.

19 – Rouen, Bibliothèque municipale, ms. U 109 (Cat. gén. 1382), fol. 173-198.

Ordo Romanus XIIIA ; Sermon ; Amalarius, *De ecclesiasticis officiis* (extrait) ; *Regularis concordia* (extrait) ; *Excerptiones Ps.-Egberti* ; une sélection de capitulaires carolingiens ; *Poenitentiale Ps.-Egberti*.

Angleterre ; deuxième quart ou milieu du XIᵉ siècle. 263x178 (214x115) mm. Bien écrit par un seul scribe sur du parchemin de pauvre qualité.

Le manuscrit fut probablement aux mains des Normands (ou des Français du Nord) au XIIᵉ siècle. (à en juger par le style d'un dessin habile d'une tête barbue ajouté au fol. 197v). Cependant, cette partie ne fut pas incluse dans la liste du contenu rédigée au bas Moyen Âge du volume composite auquel il appartient actuellement (fol. Ar). Provenance : Jumièges.

20 – Rouen, Bibliothèque municipale, ms. Y 6 (Cat. gén. 274).

Calendrier ; comput ; Sacramentaire («Le Sacramentaire de Robert de Jumièges»).

Peterborough ou Ely ; (? avant 1013x16). 332x230 (212x128) mm. Un grand tome luxueux, richement orné d'or. Il fut pour la plupart écrit par un scribe qui se retrouve dans une série de livres des évangiles de haute qualité : Cambridge, Trinity College, ms. B. 10. 4 ; Copenhagen, Kongelige Bibliotek, ms. G. K. S. 10 (2°) ; Londres, British Library, ms. Royal 1 D. ix ; et Loan ms. 11. Y 6 est décoré de miniatures et d'initiales à pleine page entourées d'encadrements à feuilles.

L'inscription au fol. 228r par une main normande du milieu du xiᵉ siècle enregistre la donation du livre à Jumièges par Robert de Jumièges alors qu'il était évêque de Londres (1044-1051). Une clause pour sauvegarder les vêtements ecclésiastiques et des ornements fut jointe à l'inscription dans la deuxième moitié du xiᵉ siècle. Un bref supplément fut ajouté à la préface pour la *Purificatio S. Mariae* dans la deuxième moitié du xiᵉ siècle (fol. 114v) ; et la fin du *Canon missae* a reçu des additions durant la deuxième moitié du xiiᵉ et au début du xiiiᵉ siècle (fol. 29v-30r). Cependant, le calendrier et la litanie n'ont pas été touchés.

21 – Rouen, Bibliothèque municipale, ms. Y 7 (Cat. gén. 369).
Bénédictionnaire ; Pontifical.

Winchester, New Minster ; vers la fin du xᵉ siècle. 323x240 (209x122) mm. Un grand livre de haute qualité, largement écrit par un seul scribe, mais avec une petite contribution d'un collègue (fol. 22v). Le manuscrit est richement décoré de miniatures et de majuscules dorées, entourées d'encadrements à feuilles.

Il y a plusieurs ajouts dus à une quinzaine de mains normandes puis anglo-normandes, dont les dates s'étendent de la première moitié du xiᵉ au xiiiᵉ siècle, qui attestent d'une utilisation quasi continue. Ils se trouvent au début et à la fin pour la plupart, mais il y en a quelques exemples ailleurs. L'addition la plus ancienne est probablement la *Missa ad sponsam benedicendam* aux fol. 171v-172v, ligne 4, ajoutée à la fin du dernier cahier anglo-saxon dans la première moitié du xiᵉ siècle. Les ajouts ultérieurs incluent *l'Ordo prouincialis concilii celebrandi* (fol. 176v) et le *De ordinatione episcopi* (fol. 188r), les deux datant du milieu du xiiᵉ siècle, dont le but était d'adapter le livre en vue d'une utilisation dans la province ecclésiastique de Rouen (le premier fait allusion à Maurille, archevêque de Rouen 1055-1067). En vue de la date des premières interventions normandes, on peut raisonnablement identifier le manuscrit comme étant le « Benedictionarius Roberti archiepiscopi » sur la liste des livres de la cathédrale de Rouen, rédigée à l'époque de l'archevêque Geoffroy (1111-1128) (Rouen, B. M., ms. Y 27, p. 128), qui était apparement possédé – pourvu que l'attribution soit correcte – par Robert, archêveque de Rouen (989-1037).

* Saint-Lô, Archives de la Manche voir 8 – Mortain, Collégiale Saint-Évroult.

22 – Cité du Vatican, Biblioteca Apostolica Vaticana, ms. Reg. lat. 946, fol. 72-76.
Une loi du roi Éthelred (probablement un ajout aux pages vierges dans le cahier à la fin d'une copie – actuellement perdue – des évangiles ; une hypothèse soutenue par le dessin de la réglure qui correspond au type employé dans les livres anglo-saxons de qualité).

Angleterre; première moitié du XIᵉ siècle (date du texte en vieil anglais (fol. 75v)).

Notes sur les obligations des abbés des monastères dans le diocèse d'Avranches et une note sur les obligations de l'évêché d'Avranches à l'archevêché de Rouen furent ajoutées à d'autres pages vierges (fol. 72v-74v) au XIIᵉ s. (NB : le dessin de la réglure au fol. 73 est différent du reste, ce qui offre la possibilité que cette page fut insérée en Normandie pour fournir plus d'espace pour ces suppléments.)

Un autre livre qui a voyagé d'Angleterre en Normandie au XIᵉ siècle illustre un phénomène différent.

Rouen, Bibliothèque municipale, ms. A 21 (Cat. gén. 32).

Livre des évangiles.

Abingdon; vers la fin du XIᵉ siècle (datable 1084x1097). 327x252 (219x124) mm. Écrit et décoré à Abingdon par des personnes de Jumièges à l'époque de l'abbé Rainaldus, et envoyé à Jumièges. Provenance : Jumièges.

Rejeté : un manuscrit que l'on a parfois – mais à tort – classé comme ceux cités ci-dessus.

Paris, Bibliothèque nationale de France, ms. lat. 4210.

Smaragdus, *Expositio in Regulam S. Benedicti.*

Provenance : Fécamp; Xᵉ siècle. 315x223 (255x175) mm.

Le manuscrit n'est pas d'origine anglaise.

Pl. 1 : Rouen, Bibliothèque municipale, ms. Y 7, fol. 58v

hostiam anaufragio liberato·

LX· De uirtute ac mysterio uictimæ salutaris·

LXI De affligendo corde inter sacra misteria ·& demen
tis custodia post conpunctionem·

XII· De relaxandis culpis alienis ut nræ laxe erctur·
QINIVNT KATITVLA· INCITIO ΛIBHP·IIII·

·I· QVODAETNA SPIRITALIA IDƱ A CARNALIBVS
MINVS CREDAN; QVIA EA QVÆ AVDIVN PEXPIMEN
T VM MINIME NOVERVNT·

OSTQVAM
DE PARADYSI GAVDIIS CVLPA EXI
gente pulsus est primus humani generis parens·
In huius exilii atq; cæcitatis quam patimur
erumnam uenit·quia peccando extra semetipsu
fusus·iam illa cęlestis patriæ gaudia quæ prius con
templabatur uidere nonpotuit; In paradyso
quippe homo adsueuerat uerbis di pfrui· beatoꝝ
angelorum spiritabus cordis munditia &celsi
tudine uisionis inter esse·sed post quā huc cecidi
abillo quo implebatur mentis lumine recessit·
Ex cuius uidelicet carne nos in huius exilii cęcitate
nati·audiuimus quidem ēē cęlestem patriam·
audiuimus eius ciues angelos di·audiuimus
eorundem angeloꝝ socios sps iustorum pfectoꝝ·
sedcarnales quiq; quia illa inuisibilia sut ē

Pl. 3 : Rouen, Bibliothèque municipale, ms. Y 6, fol. 25v

BENEDICAT
VOS OMNI
POTENS DOMINUS
per omnium sanctorum
gloriosissimam intercessionem. & ue
stram placidissime dign&ur
suscipere humillimam obsecrationẽ. A
Et quorum in terris corde sincero felicis
simum celebratis triumphum. ipsis
opitulantibus ad eorum in caelis
perduci mereamini desiderabile con
sortium. AMEN
Quatinus terreni contagii maculis emun
dati. ac uirtutum omnium radianti
bus lampadibus exornati. & caelesti
bus coniungi decenter agminibus.
& uenienti sponso ualeatis occurre
re. cum bonorum operum fulgenti
bus luminaribus. AMEN

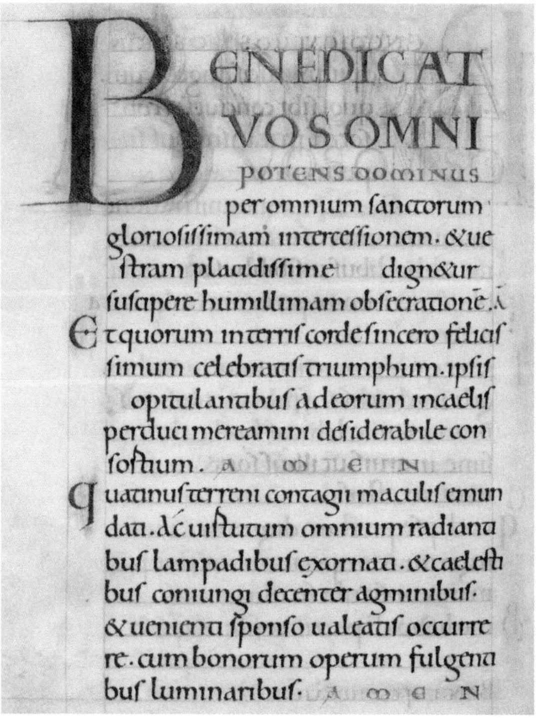

Pl. 4 : Rouen, Bibliothèque municipale, ms. Y 7, fol. 54v

Completa dicat diacon̄ ite missa est.
DOM̄C SCA QUAE EST MAXIMA RESUR
RECTIONIS DIES. STATIO AD SCAM
MARIAM MAIOREM.
DEUS QUI HODIERNA
die per unigenitũ tuũ aeter
nitatis nobis aditũ deuicta
morte reserasti. uota nr̃a
quę p̃ueniendo aspiras. etiam ad
iuuando prosequere. Per eundem. SECR.
Suscipe dn̄e qs preces populi tui cũ
oblationib; hostiarũ ut pascha
lib; initiatę mysteriis. ad aeter
nitatis nobis medelã te operante
proficiant. Per dn̄m. PREFATIO.
VD aequũ & salutare. Te quidẽ dn̄e
omni tẽpore. Sed in hac po
tissimũ die gloriosius p̃dicare.
cũ pascha nr̃m immolat̃ ex p̃c.

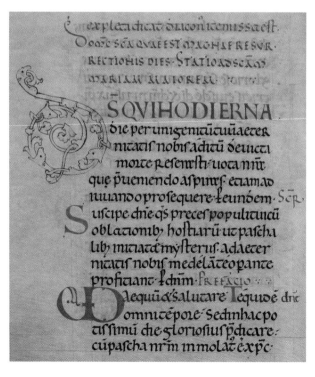

Pl. 5 : Rouen, Bibliothèque municipale, ms. Y 196, fol. 52v

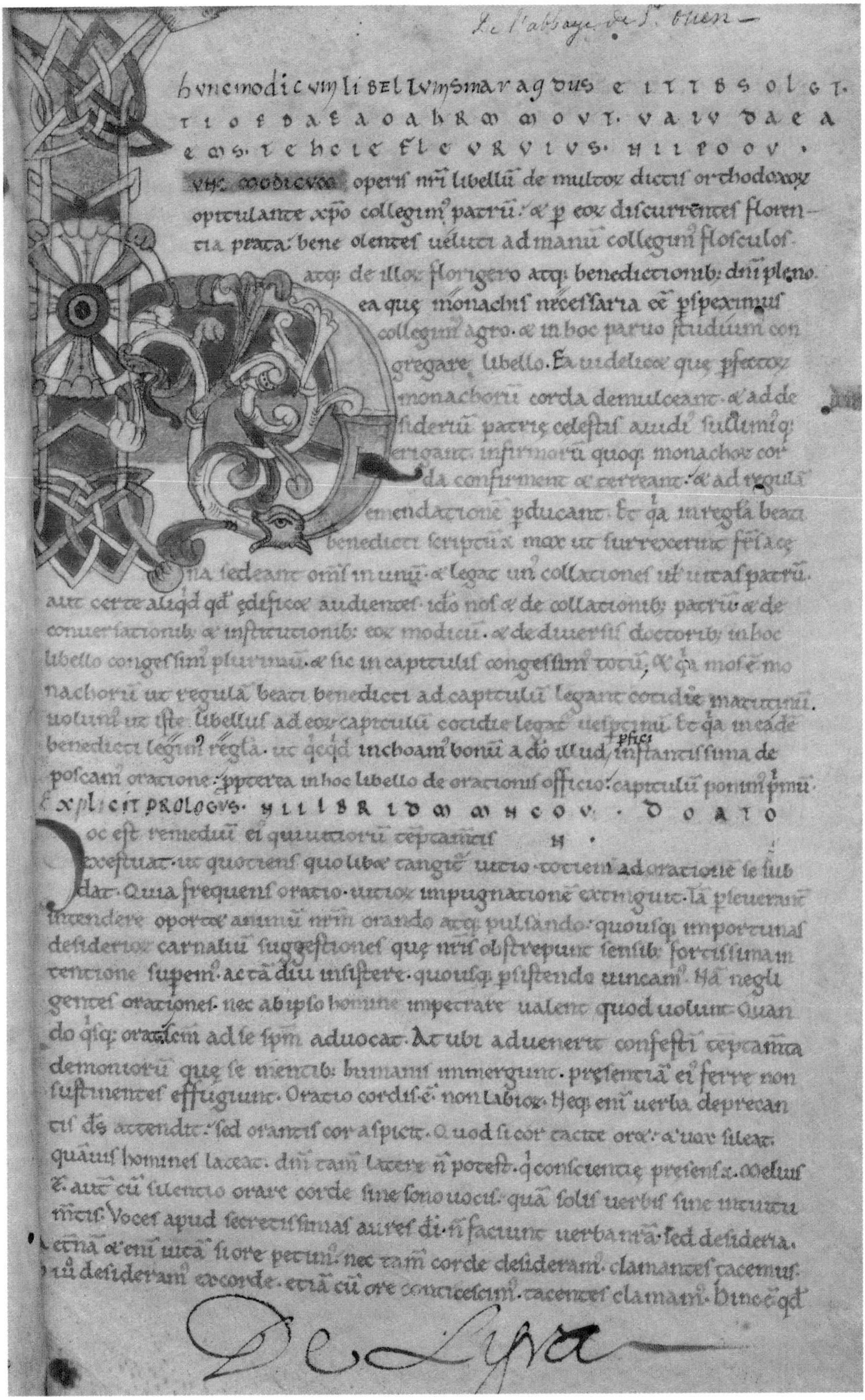

de l'abbaye de S. ouen —

huncmodicum libellum smaragdus e littbsolet...
tios daea oahrm out valy daea
eostchete flourius hiipoou .

... modicuoz operis nostri libellum de multor dictis orthodoxoz
optulante xpo collegim patrum. & p eos discurrentes floren-
tia prata: bene olentes ueluti ad manum collegim flosculos.
atqz de illoz florigero atqz benedictionibz dni pleno.
ea que monachis necessaria ee pspeximus
collegim agro. & in hoc paruo studium con
gregare libello. Ea uidelicz que pfectoz
monachoru corda demulceant & ad de
siderum patris celestis audit sullimiq;
erigant infirmoru quoqz monachoz cor
da confirment & erreant & ad regulam
emendatione pducant & qa in regula beati
benedicti scriptu x mox ut surrexerint fela cq
na sedeant oris in unum & legat un collationes ut uitas patru.
aut certe aliqd qd edificet audientes ido nos & de collationibz patru & de
conuersationibz & institutionibz eoz modicu. & de diuersis doctoribz in hoc
libello congessim plurimu. & sic in capitulis congessim totu. & qa mose mo
nachoru ut regulam beati benedicti ad capitulu legant cotidie matutinu.
uolunt ut iste libellus ad eoz capitulu cotidie legat uespertini. & qa in eade
benedicti legunt regla. ut qeqd inchoamt bonu a do illud, instantissima de
poscant oratione: ppterea in hoc libello de orationis officio: capitulu ponim pmu
EXPLICIT PROLOGVS. YIIIBRIDOM MHCOV . DOATO

oc est remedium ei qui uitioru teptatur H .
pobestiat ut quotiens quo libet tangit uitio toties ad orationem se sub
dat. Quia frequens oratio uitioz impugnatione extinguit. la pleueranit
intendere oportet animu nostru orando atqz pulsando. quousqz importunas
desideriox carnaliu suggestiones que nostris obstrepunt sensibz fortissima in
tentione supent. ac tam diu insistere. quousqz psistendo uincam. Ha negli
gentes orationes. nec ab ipso homine impetrare ualent quod uolunt. quan
do qsqz orationem ad te spm aduocat. At ubi aduenerit confesti teptamta
demoniorum que se mentibz humanis immergunt. presentiam ei ferre non
sustinentes effugiunt. Oratio cordis e non labioz. Neqz eni uerba deprecan
tis ds attendit. sed orantis cor aspicit. Quod si cor tacite ore. & uox sileat.
quauis hominez lateat. dnm tam latere n potest. q conscientie presentia. Melius
e. aut cu silentio orare corde sine sono uocis. quam solis uerbis sine mentis
mentis. Voces apud secretissimas aures di ti faciunt uerba nra sed desideria.
etiam & eni uita siore petimus. nec tam corde desiderami clamantes tacemus.
niu desiderami excorde. etiam cu ore conticescimus. tacentes clamami. hinc e qd

De Lyra

Pl. 6 : Rouen, Bibliothèque municipale, ms. A 296, fol. 1r

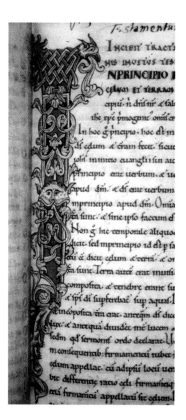

Pl. 7 : Durham, Dean and Chapter Library, ms. B II. 13, fol. 49r

Pl. 8 : Avranches, Bibliothèque municipale, ms. 59, fol. 1v

Pl. 9 : Londres, British Library, ms. Add. 11850, fol. 17v

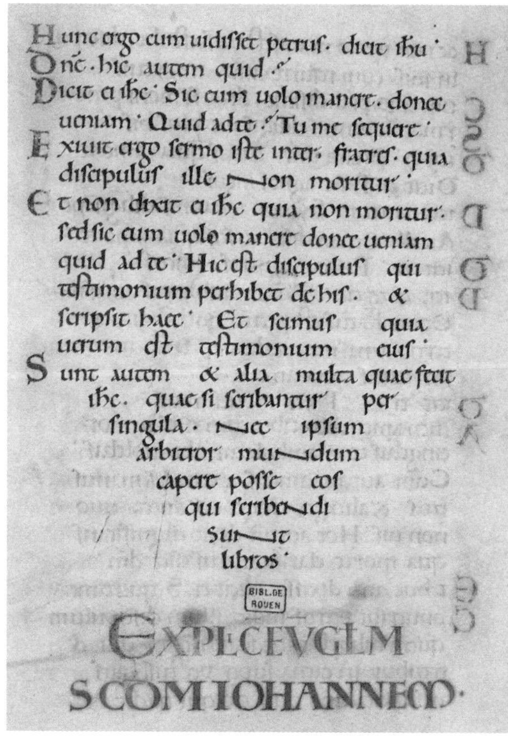

Pl. 10 : Rouen, Bibliothèque municipale, ms. A 14, fol. 177v

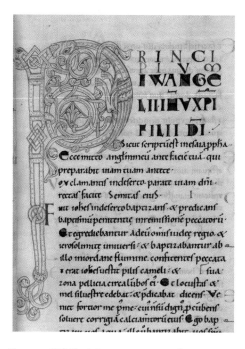

Pl. 11 : Rouen, Bibliothèque municipale, ms. A 21, fol. 64r

Pl. 12 : Londres, British Library, ms. Royal 5 D 1, fol. 1r

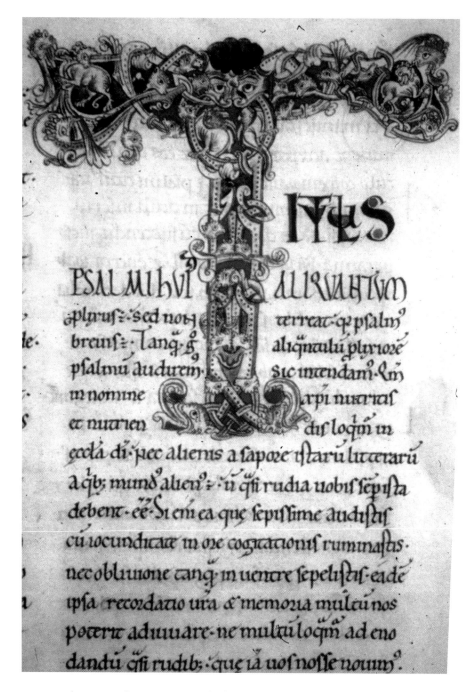

Pl. 13 : Durham, Dean and Chapter Library, ms. B III. 1, fol. 1r

IOSEPHI ... HYSTORIOGRAPHI
...tylis eps digni...
IUDEI·Incipit liber primus

IN PRINCIPIO CREAVIT DS CELVM ET TER
RAM· Sed dm terra ad aspectu non
ueniret· & pfunditate tenebraru
celaret· ds fieri lumen mssit· Q uo
facto· considerans omne materiem·
separauit luce & tenebras· Et alie
qudem rei nom imposuit nocte·
aliud uero uocauit die· Vespere
& mane appellans· initia lucis
& requie· Et si qudem est primus
dies· Moyses aut eu unu dixit· Et
licet sufficiat causa huj rei etia
nunc dicere· tam quia pollicit su
ratione causaru singularu seorsu
tradere· illud tempul ad huj rei
inpretatione michi necessariu
uideo differre· Post hoc secunda
die celu sup omia collocauit· eu
q; abaliis distinguens· insemet
ipso constitutu ee pcepit· & ei
cristallu circu figens· humidu eu
& pluuiale aduertitate· que sit ex
imbrib; tre congrue fabricatu est·
Tercia uero die statuit terra· circa
ea mare diffundens· ipsa uero die
repente uirens herba & semen sunt
ortea· Quarta aut die ornauit celu
sole & luna· aliisq; sideribus Motus
eis tribuens atq; cursus· quibus orariu
distinctiones manifeste distingue
rentur· Quinta autem die· ammia
lia natatilia & uolatilia· alia qude
inpfundo· alia aero in aere esse
constituit· Copulans ea ad commu
nione causa plus pficitur· & ut eos
natura multiplicari potuisset· &
cresceret· Sexta uero die· creauit quad
rupedis genus· masculum faciens atq;
femina· Inqua etiam hominem
finxit· Ita q mundum cunctis s[ex]

dieb; & omia que intro sunt facta· moyses
ait septimo die dm ab operibus ma
nuum suarum requieuisse dicens·
Vnde etiam nos eo die laboribus ppriis
uacare dinoscimur· eu sablu appel
lantes· Q d nomen· requie hebraice
lingua significat· Post septima u die
cepit de hominis natura moyses reddere
ratione ita dicens· Finxit ds hominem·
puluerem de terra sumens· & in eum
sm inspirauit & anima· Hic aut homo
adam uocatus est· Q d nomen hebraice
lingua significat rubeus· qm conspara
rubea terra factus est· Talis est enim
uirgo tellus & uera· Presentauit autem
ds ade animalia sedm genus· femina
masculumq; demonstrans· Et his nomina
imposuit· quibus etiam nunc uocantur·
Videns autem ds adam non habentem
societate ad feminam neq; cohabitatione
cu utiq; non ee delectatus ri aliis ani
malibus que copulata uidebant· una
die eo dormiente auferens costa ei us
finxit ei mulierem· Et adam sibi unica
cognouit de se fuisse plasmatam· Ipsa
uero hebraica lingua· mulier appel
Jomen uero illius erat eua· quod signi
ficat omnium uiuentiu matre· I·

Ferit aut dm etiam ad oriente plan
tasse paradisum· omni germinati
one florente· In hoc tni ee & uitis
plantatione· aliamq; prudentie· qua
cognosceretur quid ee beni quid ue
mali· Et in hunc hortu introductisse
adam & eius uxore· precipiens plan
tationu eos habere sollicitudinem·
Rigatur aut hic ortus ab uno flum
circa omne· ro ita undiq; perfluente
hic in quattuor partes diuiditur· Et
fison qudem nomen est uni· qd inunda
tione significat· Educit ij india pilagus
late diffunditur· qd grece nunc uocatur·
Eufrates aut & eigris· in mare rubri
feruntur· Vocatur aut eufrates qude

Pl. 15 : Rouen, Bibliothèque municipale, ms. Y 6, fol. 114r

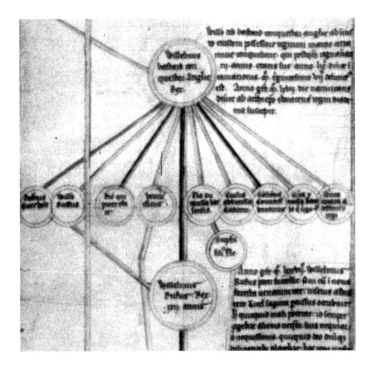

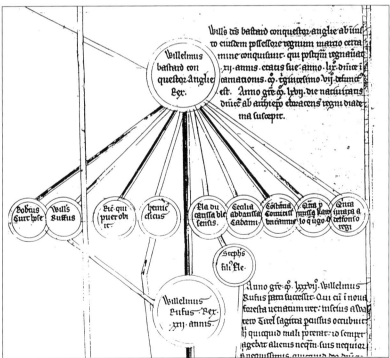

Fig. 1 : Londres, Ms. Additional 30079 de la British Library.
L'ascendance de Guillaume le Conquérant n'est pas indiquée :
une ligne oblique partant du bord gauche du rouleau aboutit à son médaillon

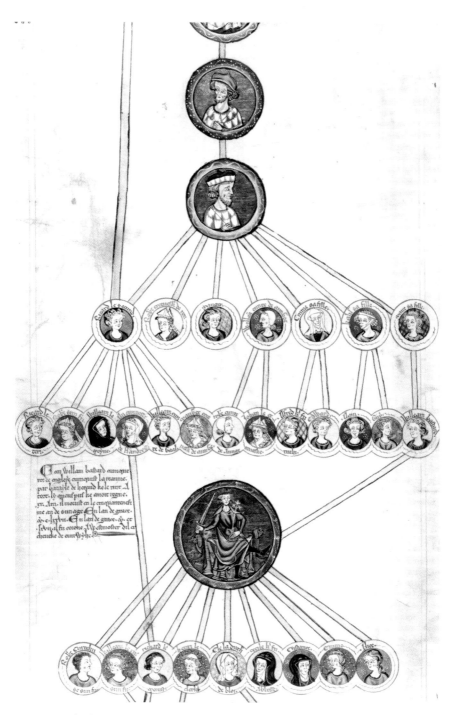

Fig. 2 : Oxford, Ms. Broxbourne 112.3 de la Bodleian Library. L'erreur consistant
à faire de Guillaume le Bâtard le fils de Mathilde, fille du duc Richard Ier (dernier des
trois médaillons verticaux), permet de représenter Guillaume jeune dans la même
rangée que le roi Édouard le Confesseur, fils d'Emma, et de faire des deux personnages
des cousins germains. Ils figurent respectivement dans le dernier médaillon
(Guillaume) et le dixième (Édouard) de la deuxième rangée.
Les trois premiers ducs sont placés verticalement

Fig. 3 : Londres, Ms. Royal 14 B. VI de la British Library. L'importance du lignage
ducal normand est soulignée par le recours à des motifs végétaux. On peut remarquer
au passage que la ligne reliant Guillaume le Conquérant (dernier médaillon
de la rangée du bas) à sa prétendue mère, Mathilde, dans la rangée supérieure,
a été effacée après coup

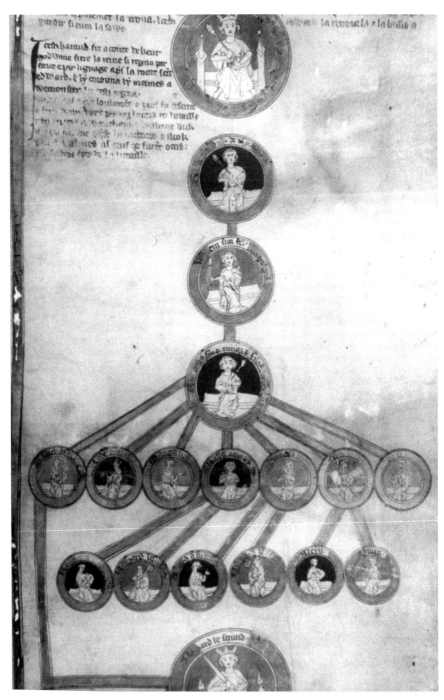

Fig. 4 : Oxford, Ms. French d. 1 de la Bodleian Library.
Le duc Richard II (médaillon coupé en bas) est représenté avec la même dignité
et les même attributs (trône, couronne, épée) que les rois d'Angleterre
(par exemple le roi Harold, visible en haut)

2ème partie

Le XIIIᵉ siècle

L'ARISTOCRATIE ANGLO-NORMANDE ET 1204

Kathleen THOMPSON[*]

Le 5 septembre 1226, le roi anglais Henri III s'emparait des terres de sept barons. Le point commun entre ces barons était leurs possessions en Angleterre et en France ; en tant que tels, ils symbolisaient les derniers vestiges de l'aristocratie puissante créée par les événements de 1066. Pendant les années où les descendants de Guillaume le Conquérant régnèrent de chaque côté de la Manche, cette élite joua un rôle très important, mais les historiens constatent une césure très profonde dans les rapports entre l'Angleterre et la Normandie après 1204, quand Jean sans Terre, roi d'Angleterre, perdit une grande partie de son patrimoine français. Comment réagit la classe dirigeante ? Se soumit-elle au choix royal ou des liens aristocratiques se maintinrent-ils entre l'Angleterre et la Normandie après 1204[1] ?

Entre les dirigeants de l'Angleterre et de la Normandie, une relation étroite s'était nouée en 1002 avec le mariage du roi anglais, Éthelred II, et d'Emma, fille de Richard Ier de Normandie. Les suites de ce mariage constituent une histoire bien connue et souvent racontée, et les historiens anglais discutent encore du rôle joué avant 1066 par les Français en Angleterre[2]. La plupart de ces Français

---

[*] Université de Sheffield.

1. F. M. POWICKE, *The Loss of Normandy, 1189-1204 : Studies in the History of the Angevin empire*, Manchester, 1913, p. 331-358. Les historiens anglais aiment utiliser l'image d'une ligne de partage des eaux. Le professeur David Crouch considère qu'à la fin du XIIe siècle les barons anglo-normands étaient déjà trop divers pour réagir d'un commun accord aux événements de 1204. « Once the magnates were forced to abandon one realm or the other, once compensation had been sought or offered for the loss, or the loss simply absorbed, the magnates would no longer exert themselves… to support the uncongenial task of reconquering alien Normandy », D. CROUCH, « Normans and Anglo-Normans : a Divided Aristocracy ? », dans *England and Normandy in the Middle Ages*, D. BATES et A. CURRY (éd.), Londres et Rio Grande, 1994, p. 67.

2. J. H. ROUND, « The Normans under Edward the Confessor », dans *Feudal England : historical studies on the eleventh and twelfth centuries*, Londres, 1895, rééd. 1964, p. 247-257 fut en désaccord avec Edward Freeman, l'auteur de *The Norman conquest*, mais il ne contesta pas les liens anglo-normands avant la conquête.

furent des figures importantes à la cour du roi ; des recherches récentes en ont identifié plusieurs, à tous les niveaux de la société anglaise[3]. Enfin, au moment de la conquête, en 1066, Guillaume trouva des compatriotes, déjà implantés, mais, autant que nous le sachions, ces hommes ne possédaient pas de terres en Normandie. Ces Normands symbolisaient le dynamisme social qui s'était emparé de beaucoup de nobles au XIᵉ siècle, les encourageant à tenter leur chance loin de leur pays d'origine. Après 1066, il y eut une différence notable : les Normands purent posséder des terres de chaque côté de la Manche, et certains, par exemple, Robert de Mortain, Guillaume fils Osbern et Roger de Montgomery, accumulèrent d'immenses possessions[4].

Au tournant du XIIᵉ siècle, les grands honneurs anglo-normands revêtent une signification politique. Les barons désiraient continuer à tenir toutes leurs terres et ainsi voulaient que le duché et le royaume soient entre les mains du même homme. Le professeur John Le Patourel regarde l'aristocratie anglo-normande comme un élément très important de l'« empire normand » qu'il a décrit dans son livre de 1976[5]. Pendant le XIIᵉ siècle, cet aspect perdit de son importance, parce que le nombre de familles possédant de vastes terres diminua. Quelques familles perdirent la faveur du roi[6]. Guillaume, fils de Robert de Mortain, par exemple, mourut sans héritier sous l'habit monastique à l'abbaye de Bermondsey, après avoir passé plus de dix ans dans les prisons d'Henri Iᵉʳ Beauclerc[7]. La famille Montgomery perdit toutes ses terres anglaises en 1102, par suite de l'hostilité entre Henri Beauclerc et Robert de Bellême[8]. D'autres familles, enrichies par la conquête, avaient décidé d'en faire profiter tous leurs membres. Des lignées indépendantes, normandes ou anglaises, émergèrent. Souvent, le fils aîné reçut le patrimoine normand, et le cadet les acquêts, comme ce fut le cas pour les descendants du Conquérant lui-même[9]. Prenons le cas d'Henri de Beaumont, fils cadet de Roger de Beaumont, ami et allié du Conquérant. Henri fit fortune en Angleterre aux-côtés du roi Guillaume II le Roux. Il reçut des terres anglaises et hérita de son père des terres normandes au Neubourg (Le Neubourg, dép. Eure, ch.-l. cant.). Après la mort d'Henri, en 1119, les terres normandes allèrent à son fils cadet, Robert du Neubourg, qui s'allia aux Angevins et devint justicier de Normandie

---

3. C. P. Lewis, « The French in England before the Norman Conquest », *Anglo-Norman Studies*, t. XVII, 1994, p. 123-144. Comme exemple, K. S. B. Keats-Rohan, « Domesday Book and the Malets : patrimony and the private histories of public lives », *Nottingham Medieval Studies*, t. XLI, 1997, p. 13-56.

4. Cf. J. Le Patourel, *Norman barons*, Londres, 1966 ; C. W. Hollister, « The greater Domesday tenants-in-chief », dans *Domesday studies : papers read at the novocentenary conference of the Royal Historical Society and the Institute of British Geographers, Winchester, 1986*, J. C. Holt (dir.), Woodbridge, 1987, p. 219-248 ; J. Green, *The Aristocracy of Norman England*, Cambridge, 1997.

5. J. Le Patourel, *The Norman Empire*, Oxford, 1976, p. 286-303.

6. C. W. Hollister, « Henry I and the Anglo-Norman magnates », *Anglo-Norman Studies*, t. II, 1979, p. 93-107 et 184-188.

7. *Annales Monastici*, H. R. Luard (éd.) Londres, Rolls Series, 1864-1869, t. III, p. 432, 436. B. Golding, « Robert of Mortain », *Anglo-Norman Studies*, t. XIII, 1990, p. 122.

8. J. F. A. Mason, « Roger de Montgomery and his Sons (1067-1102) », *Transactions of the Royal Historical Society*, 5th series, t. XIII, 1963, p. 1-28.

9. J. C. Holt, « Politics and property in the early Middle Ages », *Past & Present*, t. 57, 1972, p. 3-52.

dans les années 1150. Les terres anglaises d'Henri de Beaumont allèrent à son fils aîné, Roger, à l'origine de la lignée des comtes de Warwick[10].

Des travaux récents en Angleterre ont montré aussi la rapidité de l'implantation normande en Angleterre. En moins de trente ans, quelques Normands épousèrent des femmes anglaises, peut-être pas celles des plus hautes sphères de l'aristocratie, mais quelques-unes cependant. Les barons établirent des fondations religieuses en Angleterre et s'y firent inhumer[11]. Les Normands avaient ainsi tendance à devenir anglo-normands. Pour certaines familles, les liens avec la Normandie s'amenuisèrent, parce que leurs origines normandes étaient très modestes et qu'elles avaient fait fortune en Angleterre[12]. La famille de Dunstanville, par exemple, fit sa première apparition en Angleterre dans l'entourage des Montgomery, mais son origine la rattache au Pays de Caux où se trouve Dénesteville[13]. À l'heure de la compilation du *Domesday Book* en 1086, les Dunstanville ne possédaient pas de terres anglaises, mais un peu plus tard la famille en acquit dans le Wiltshire[14]. Robert de Dunstanville fut un homme d'importance aux côtés du roi Henri II et son neveu, Gautier de Dunstanville, tint des terres dans le Shropshire, le Sussex et le Wiltshire. Ses terres normandes, en revanche, étaient négligeables. La famille ne figure pas dans l'enquête normande de 1172. Dans les années 1150, Gautier de Dunstanville utilisa ses biens normands pour accorder un bienfait au prieuré de Longueville, mais, autour de 1180, la propriété était grevée de dettes. Aussi n'est-on pas surpris de voir les Dunstanville abandonner leurs terres normandes. Philippe Auguste en donna à l'abbaye du Bec[15].

---

10. D. CROUCH, «The local Influence of the Earls of Warwick, 1088-1242 : a Study in decline and resourcefulness», *Midland History*, t. XXI, 1996, p. 3-5 ; *id.*, «Oddities in the early history of the Marcher lordship of Gower, 1107-1166», *Bulletin of the Board of Celtic Studies*, t. XXXI, 1984, p. 133-141.

11. E. SEARLE, «Women and the legitimization of succession at the Norman Conquest», *Anglo-Norman Studies*, t. III, 1980, p. 159-170 ; E. COWNIE, «Gloucester Abbey, 1066-1135 : an illustration of religious patronage in Anglo-Norman England», dans *England and Normandy in the Middle Ages*, p. 143-157 ; B. GOLDING, «Anglo-Norman knightly burials», dans *The ideals and practice of medieval knighthood*, C. HARPER-BILL et R. HARVEY (dir.), Woodbridge, 1986, p. 35-48.

12. Les Clare, une lignée bien connue, disposaient de terres peu importantes en Normandie, J. C. WARD, «Royal service and reward : the Clare family and the crown, 1066-1154», *Anglo-Norman Studies*, t. XI, 1988, p. 261-278.

13. *Calendar of documents preserved in France*, J. H. ROUND (dir.), Londres, 1899, n° 1234, 1235 ; L. C. LOYD, *The origins of some Anglo-Norman families*, C. T. CLAY et D. C. DOUGLAS (dir.), Londres, (Publications of the Harleian Society, CIII), 1951, p. 38-39. Dénesteville, dép. Seine-Maritime, cant. Longueville-sur-Scie.

14. La carrière de Robert a commencé vers 1140 dans l'entourage anglais de l'impératrice Mathilde : *Regesta Regum Anglo-Normannorum*, H. A. CRONNE et R. H. C. DAVIS (éd.), Oxford, 1968, t. III, n° 820, 821, 839, 111, 259. Il fut témoin des actes du comte Renaud de Cornouaille, frère bâtard de l'impératrice : *The cartulary of Launceston Priory*, P. L. HULL (éd.), Launceston (Devon and Cornwall Record Society, new series XXX), 1987, n° 115, 12, 415 ; *Calendar of Charter Rolls*, Londres, His Majesty's Stationery Office, 1903-1927, t. II, 34. Puis il entra au service d'Henri II : *Regesta...*, t. III, n° 126, 309, 438, 796, 459, 128, 64-65, 709, 495. On l'a décrit comme *dapifer* du roi : *Calendar of Charter Rolls*, t. I, 31. Son neveu, Gautier, se trouve dans *Chartulary of the Priory of St. Pancras of Lewes*, L. F. SALZMAN (éd.), Lewes (Sussex Record Society, XL), 1934, t. II, p. 65 ; *Recueil des actes d'Henri II roi d'Angleterre et duc de Normandie concernant les provinces françaises et les affaires de France*, L. DELISLE et E. BERGER (éd.), Paris, 1906-1927, t. I, p. 482-489.

15. *Chartes du prieuré de Longueville de l'ordre de Cluny au diocèse de Rouen antérieures à 1204*, P. LE CACHEUX (éd.), Rouen, 1934, n° XII ; *Magni rotuli scaccarii Normanniae sub regibus Angliae*,

Les erreurs politiques et la politique familiale ont donc distendu, voire rompu les liens aristocratiques entre la Normandie et l'Angleterre entre 1066 et 1204, mais on doit également rappeler que des barons très importants choisirent de rester en marge des affaires anglaises. On connaît bien l'histoire d'Hugues de Grandmesnil et d'Onfroi du Tilleul, rapportée par Orderic Vital : ces hommes revinrent en Normandie, peu après la conquête, à la sollicitation de leurs femmes. Mais, comme l'a souligné le professeur David Bates en 1989, d'autres ne trouvè-rent aucun intérêt dans l'affaire anglaise[16]. La famille de Tancarville, par exemple, chambellans héréditaires de la Normandie, ne tenait que des terres infimes en Angleterre, mais plus de quatre vingt-dix fiefs en Normandie[17]. À partir des premières années du XIIe siècle, les descendants de Roger de Montgomery furent des barons franco-normands. Le fils de Roger, Robert de Bellême, perdit les terres anglaises de son père par confiscation et le roi Henri Ier le chassa d'Angleterre. Mais les terres fran-çaises de Robert restaient assez vastes pour entretenir deux lignées, l'une à Alençon, l'autre dans le Ponthieu, patrimoine de sa femme[18].

Néanmoins, il y eut des décisions difficiles à prendre en 1204. Les intérêts normands et anglais de quelques familles étaient en nombre égal. Perdre l'un ou l'autre était tout aussi sérieux. Le professeur Lucien Musset a décrit le choix anglais d'un grand lignage, celui des Tosny[19]. Comme autre exemple, prenons les Bohon de Midhurst. La famille tire son origine du Cotentin et, entre 1170 et 1180, la branche aînée des Bohon était représentée par Engelgar de Bohon qui tenait deux fiefs et un sixième de fief en Normandie. Après la mort d'Engelgar, ses neveux anglais héritèrent de ses terres normandes. Ils étaient les fils de sa sœur et du mari de celle-ci, Savary, fils de Cana, qui s'était installé en Angleterre à Midhurst dans le Sussex. Savary descendait d'une famille mancelle très distin-guée, mais il était le fils cadet, et il obtint ses terres anglaises grâce au service du roi Henri Ier. Bien que ses fils, des ecclésiastiques, Richard, évêque de Coutances, et Joscelin, évêque de Salisbury, eussent divisé leurs intérêts entre la Normandie et l'Angleterre, les biens des fils laïques de Savary étaient vraiment anglais. Après la mort de leur oncle Engelgar, ils conservèrent pendant une trentaine d'années

---

T. STAPLETON (éd.), Londres, 1840-1844, t. I, p. 67. *Cartulaire normand de Philippe Auguste, Louis VIII, Saint Louis et Philippe le Hardi,* L. DELISLE (éd.) (Mémoires de la Société des antiquaires de Normandie, sér. 2, VI), 1852, n° 134.

16. ORDERIC VITAL, *Ecclesiastical history,* M. CHIBNALL (éd. et trad.), Oxford, 1969, t. II, p. 220 ; D. BATES, « Normandy and England after 1066 », *English Historical Review,* t. CIV, 1989, p. 851-880.

17. *Rotuli Normanniae in turri Londinensi asservati, 1200-1205,* T. Duffus HARDY (éd.), Londres, 1835, p. 142 ; « Scripta de Feodis ad regem spectantibus et de militibus ad exercitum vocandis. E Philippi Augusti excerpta », *Recueil des Historiens de la France,* 1876, t. XXIII, p. 695.

18. Le comte Jean d'Alençon reçut comme douaire de sa femme deux manoirs en Wiltshire, mais il les céda entre 1165 et 1170. Il n'y a pas de preuve que la famille ait eu l'ambition de reprendre l'aven-ture anglaise du XIe siècle : K. THOMPSON, « Dowry and inheritance patterns : some examples from the descendants of King Henry I of England », *Medieval Prosopography,* t. 17, 2, 1996, p. 45-61. Pour l'his-toire de la famille au XIIe siècle, K. THOMPSON, « William Talvas, Count of Ponthieu, and the politics of the Anglo-Norman realm », dans *England and Normandy in the Middle Ages,* 1994, p. 169-184.

19. L. MUSSET, « Aux origines d'une classe dirigeante : les Tosny, grands barons normands du Xe au XIIIe siècle », *Francia,* t. V, 1977, p. 45-80.

l'héritage normand et la famille de Savary adopta le nom de Bohon. Mais, au moment du choix, en 1204, l'arrière-petit-neveu d'Engelgar, nommé lui aussi Engelgar, choisit l'Angleterre[20].

Pour les historiens, 1204 est une date significative. La Normandie et l'Angleterre se séparèrent et les rois obligèrent les barons à choisir entre leurs terres normandes et leurs terres anglaises. Les historiens ont concentré leur attention sur les choix des aristocrates. Certains individus n'ont pas vu le départ de Jean sans Terre comme le signe d'une rupture définitive, d'autant plus qu'ils n'étaient guère disposés à faire un choix de cette nature[21]. Pendant les trente années qui suivirent, ils mirent en œuvre plusieurs moyens pour maintenir les liens entre la Normandie et l'Angleterre. Quelques-uns d'entre eux menèrent une action directe et l'exemple le plus connu est celui de Guillaume le Maréchal[22]. Bien qu'il fût le fils cadet d'un baron de second rang en Angleterre, Guillaume s'était fait un grand nom comme chevalier dans les tournois au XIIe siècle. Il était un fidèle dévoué du roi Henri II Plantagenêt et le roi Richard Cœur de Lion l'en récompensa, en lui donnant une héritière, Isabelle de Clare. Isabelle était la fille du grand baron Richard Strongbow, guerrier de la prise de l'Irlande, et elle apporta à son mari de vastes terres en Angleterre, au pays de Galles et en Irlande. Sa famille, les Clare, avait également succédé à la famille Giffard dans le Pays de Caux. La part d'Isabelle fut la seigneurie de Longueville. Après le succès du roi Philippe en 1204, Guillaume le Maréchal lui prêta hommage pour la seigneurie normande de sa femme[23]. Il garda cette seigneurie jusqu'à sa mort en 1219 ; son second fils, Richard le Maréchal, lui succéda et la tint jusqu'en 1234. D'autres, aussi bien apparentés, purent négocier. La nièce de Jean sans Terre, par exemple, Mathilde, comtesse du Perche, tomba d'accord avec son oncle et continua de tenir ses terres anglaises tandis qu'elle habitait le Perche[24].

Le roi d'Angleterre trouva parfois quelque avantage à permettre à des nobles français de tenir des terres en Angleterre. Dès 1206, par exemple, le roi Jean permit au comte de Saint-Pol de posséder les terres anglaises reçues par son aïeul, Anselme Candavene,

---

20. «Scripta de Feodis…», *Recueil des Historiens de la France*, t. XXIII, p. 694 pour le service militaire des Bohon. Pour Savary, ORDERIC VITAL, *Ecclesiastical history*, t. VI, p. 32 ; R. LATOUCHE, *Histoire du comté du Maine pendant le Xe et le XIe siècles*, Paris (Bibliothèque de l'École des Hautes Études, 183), 1910, p. 127-131 ; *Calendar of documents preserved in France*, J. H. ROUND (dir.), Londres, Her Majesty's Stationery Office, 1899, nos 669, 1391 ; pour le patrimoine d'Engelgar, *Calendar of Patent Rolls, Edward III, 1358-1361*, Londres, His Majesty's Stationery Office, 1911, p. 534.

21. Le professeur Musset suggère que l'aristocratie avait «un choix sans ambiguïté : ou rester fidèles à la couronne et perdre leurs terres normandes, ou se soumettre à Philippe Auguste et perdre leurs terres anglaises» : L. MUSSET, «Quelques problèmes posés par l'annexion de la Normandie au domaine royal français», dans *La France de Philippe Auguste : le temps de mutations*, R.-H. BAUTIER (dir.), Paris, 1982, p. 295. Pour les événements, D. POWER, «King John and the Norman aristocracy», dans *King John : new interpretations*, S. D. CHURCH (dir.), Woodbridge, 1999, p. 117-136.

22. D. CROUCH, *William Marshal : court career and chivalry in the Angevin empire, 1147-1219*, Londres, 1990, p. 83-88 ; S. PAINTER, *William Marshal*, Baltimore Md., 1933 ; G. DUBY, *Guillaume le Maréchal ou le meilleur chevalier du monde*, Paris, 1984.

23. *Cartulaire normand*, no 113.

24. Pour Mathilde, *Pipe Roll 9 John 1207*, Londres, 1944, 100.

---

dans les années 1160[25]. Bien que le roi en ait repris possession provisoirement vers l'époque de Bouvines, les comtes de Saint-Pol continuèrent à tenir ces terres en Essex et dans le Kent pendant le règne d'Henri III[26]. Pareillement, le comte Baudouin de Guînes put conserver les terres de ses ancêtres, qui avaient lutté aux côtés des comtes de Boulogne lors de la bataille d'Hastings[27]. Les deux comtes de Saint-Pol et de Guînes servirent au moins à causer des désagréments au roi de France[28].

Ces concessions étaient cependant du ressort de la haute politique. Le roi d'Angleterre permit à des nobles français de tenir des terres anglaises. Il n'y eut pas de problème pour les Flamands dont il avait besoin. Mais, si le noble français était aussi normand, c'était plus difficile et il lui fallut utiliser d'autres moyens. Les Marmion, par exemple, adoptèrent une solution reposant sur la division de leurs intérêts. Au début du XIᵉ siècle, cette famille de rang moyen tenait des terres de plusieurs seigneurs, en Angleterre, et leur nom était attaché au village normand de Fontenay-le-Marmion[29]. En 1130, la famille acquit le château de Tamworth dans le Staffordshire et Robert Marmion Iᵉʳ épousa une parente de la reine Adelize, la seconde épouse du roi Henri Iᵉʳ [30]. Pendant le XIIᵉ siècle son patrimoine anglais s'accrut[31] et, après 1204, Robert Marmion III demeura en

25. *Rotuli litterarum clausarum in turri Londinensi asservati*, T. Duffus HARDY (éd.), Londres, 1833-1844, p. 67b. Pour le don : *Pipe Roll 14 Henry II, 44*, Londres, 1890, confirmé par le roi Richard : *Calendar of documents preserved in France*, n° 1430.

26. *Rotuli litterarum clausarum in turri Londinensi asservati*, p. 137 pour la perte. Pour la reprise : *Excerpta e rotulis finium in turri Londinensi asservati*, C. ROBERTS (éd.), London, 1835-1836, t. I, p. 49.

27. Le roi Jean sans Terre reçut l'hommage du comte de Guînes : *Rotuli litterarum clausarum in turri Londinensi asservati*, T. Duffus HARDY (éd.), p. 68. Le fils du comte, Baudouin, lui succéda en 1223 : *Excerpta...*, t. I, p. 65. Pour les sauf-conduits pendant les visites anglaises du comte : *Patent rolls, 1225-1232*, Londres, 1903, p. 127 (1227), p. 246 (1229), p. 258 (1229), p. 337 (1230).

28. Pour la lutte des rois anglais et capétiens pour l'hommage des Pays-Bas : J. W. BALDWIN, *The government of Philip Augustus : foundations of French royal power in the Middle Ages*, Berkeley, 1986, p. 274 et suivantes.

29. *Gallia christiana*, t. XI, *Instrumenta*, col. 62. Robert et son fils, Helto, se sont associés à l'abbaye d'Abingdon dans les années 1080 et Roger Marmion tenait des terres en Lincolnshire vers 1110, *Chronicon monasterii de Abingdon*, J. STEVENSON (éd.), Londres, (Rolls Series, 2), 1858, t. II, p. 33. J. H. ROUND, «The Lindsey Survey», dans *Feudal England*, p. 155-159. Fontenay-le-Marmion, dép. Calvados, cant. Bourguébus.

30. Pour l'histoire de Mélisende, Aubry de Trois-Fontaines, *MGH, SS*, t. XXIII, 822. *Reading abbey cartularies*, t. I, *General documents and those related to English counties other than Berks*, B. R. KEMP (éd.), Londres, (Camden Society, 4ᵉ série, XXXI), 1986, n° 536.

31. Nous ne connaissons pas les rapports entre les terres anglaises et normandes des Marmion parce que Robert Marmion n'a pas répondu à l'enquête normande de 1172, bien qu'il ait renvoyé une charte en 1166 déclarant ses chevaliers anglais, cf. «Scripta de Feodis...», *Recueil des Historiens de la France*, t. XXIII, p. 698 ; *The Red book of the Exchequer*, H. HALL (éd.), Londres (Rolls Series, XCIX), 1897, p. 187, 300, 326-327. Le patronage religieux de la famille suggère qu'elle restait attachée à son patrimoine normand. Robert Iᵉʳ donna des biens aux religieuses de Polesworth et à l'abbaye de Bardney. Robert II donna l'église de Checkendon au prieuré de Coventry en dédommagement des torts innommables, perpétrés par son père, mais la fondation majeure de la famille se trouve à Barbery (dép. Calvados, cant. Bretteville-sur-Laize) : *Calendar of patent rolls, Richard II, 1396-1399*, Londres, 1909, p. 387 ; W. DUGDALE, *Monasticon Anglicanum*, J. STEVENS, (éd.), Londres 1817, rééd. 1846, t. I, p. 633 ; *Boarstall cartulary*, H. E. SALTER (éd.), Oxford, (Oxford Historical Society, LXXXVIII), 1930, p. 4, 8 ; *Gallia christiana*, t. XI, col. 452 et *Instrumenta*, col. 86.

Angleterre avec sa seconde femme, Phillippa[32]. Son fils aîné, en revanche, Robert IV, avait augmenté ses intérêts normands par son mariage avec Juliane, la fille de Philippe de Vassy[33]. Le fils du premier lit, Robert IV, resta en Normandie pendant les vingt premières années du XIIIe siècle[34]. Ce partage permit à la famille d'éviter la perte par confiscation. C'était une manière originale de résoudre le problème médiéval : comment donner un rôle au fils adulte du vivant de son père en activité ?

Les Marmion surent s'adapter aux circonstances en utilisant le partage entre père et fils. Une autre famille, les Estouteville, s'appuya sur la tenure des femmes. La famille, originaire du Pays de Caux, s'était installée après 1066 au nord de l'Angleterre et dans le comté de Hampshire. Vers le milieu du XIIe siècle, elle se composait de deux branches : la normande s'était installée à Valmont et l'anglaise avait pris le nom de Stuteville[35]. Mais le Normand, Robert d'Estouteville, avait épousé une héritière, Léonie de Rames, qui lui avait apporté des biens anglais[36]. Le fils de Léonie, Henri, avait renforcé ces liens anglais en épousant la comtesse d'Eu, Mathilde de Warenne, qui était veuve et dont le douaire se trouvait en Angleterre[37]. En 1204, les intérêts d'Henri d'Estouteville étaient équilibrés entre la Normandie et l'Angleterre et, de quelque côté qu'il se tournerait, il savait qu'il perdrait la moitié de son patrimoine. Finalement, il choisit la Normandie, mais il n'abandonna pas ses biens anglais. Sa mère vivait encore et elle put tenir ce patrimoine. Elle le fit jusqu'à sa mort vers 1215[38].

Un autre Normand, Gilbert de L'Aigle, s'en remit à son beau-frère. La famille de Gilbert tenait des terres anglaises dans le voisinage de Pevensey dans le Sussex depuis le début du XIIe siècle[39]. À plusieurs reprises, la famille avait perdu ses terres anglaises, mais elle les avait toujours récupérées. Gilbert de L'Aigle était un compagnon du roi Jean, mais, en 1203, il choisit de rester en Normandie. Le roi Jean s'empara des terres anglaises de Gilbert jusqu'à 1207, l'année où le beau-frère de Gilbert, Guillaume de Warenne, les reçut au nom de sa sœur, Isabelle. Guillaume les tint jusqu'au retour de Gilbert à la fin du règne de Jean sans Terre. Un peu plus tard, le même Guillaume de Warenne devint le régisseur de son

---

32. Robert III se trouve d'abord dans les sources normandes, mais il prit une part importante dans le gouvernement de l'Angleterre. Il fut shérif de Worcester de 1185 à 1189 et juge dans les cours anglaises d'Henri II : *Calendar of documents preserved in France*, n° 1446, *Recueil des actes d'Henri II roi d'Angleterre et duc de Normandie*, L. DELISLE et E. BERGER (éd.), t. I, p. 186, 279 ; t. II, p. 12, 35, 42, 70, 84, 85, 90, 95, 162, 176, 202, 207, 208, 213, 257, 325, 393.

33. En 1172, une autre Juliane de Vassy, probablement la grand-mère de la femme de Robert, avait tenu quatre fiefs, «Scripta de Feodis... », *Recueil des Historiens de la France*, t. XXIII, p. 695.

34. Arch. dép. Calvados, fonds de Barberi, n° 381, cité dans *Cartulaire normand*, n° 378 n.

35. W. FARRER, *Early Yorkshire Charters, IX : the Stuteville fee*, C. T. CLAY (éd.), Leeds, Yorkshire Archaeological Society, 1952, p. 1-23. Valmont, dép. Seine-Maritime, ch.-l. cant.

36. *Placitorum abbrevatio*, G. ROSE et W. ILLINGWORTH (éd.), Londres, 1811, p. 41b.

37. G. A. de LA ROQUE, *Histoire généaologique de la Maison de Harcourt*, Paris, 1662, t. IV, additions, page non numérotée, 23.

38. *Rotuli litterarum clausarum*, p. 182b, 295b.

39. K. THOMPSON, «The lords of Laigle : ambition and insecurity on the borders of Normandy», *Anglo-Norman Studies*, t. XVIII, 1995, p. 177-199.

---

autre beau-frère, Henri d'Estouteville. En 1217, il reçut les biens de la mère d'Henri, qui se trouvaient dans le Nottinghamshire et dans le Derbyshire[40].

Vingt ans après la perte de la Normandie, plusieurs barons possédaient encore des terres de chaque côté de la Manche, en utilisant le partage, la tenure des femmes ou par l'action d'un autre. Cependant, le temps passait. Pendant ces années, il y eut deux tentatives sans succès pour réunir à nouveau le duché et le royaume. Le roi Jean, vaincu à Bouvines, échoua dans sa récupération de la Normandie et le prince Louis dans son projet de vaincre l'Angleterre. Peu à peu, on s'habitua à la séparation. Les rois commencèrent à reconnaître le désir légitime de leurs aristocraties à maintenir des liens, par le biais de leurs propres possessions. Au début du règne d'Henri III, par exemple, les droits d'héritage furent donnés à deux nobles français, les frères Pierre de Bretagne et Robert de Dreux. Ils purent hériter des terres de leurs femmes[41]. En attendant, le roi Philippe Auguste permit à la comtesse d'Eu, alors qu'elle tenait des terres en Yorkshire et en Sussex, de recouvrer ses terres normandes perdues vingt ans auparavant[42].

Certains furent autorisés à tenir les terres de chaque côté de la Manche vers 1220, mais ce ne fut pas chose facile. Cela supposait des voyages fréquents entre la Normandie et l'Angleterre, et l'autorisation royale était nécessaire. Pendant les moments difficiles, les ports furent fermés et on avait continuellement besoin d'un permis de voyage. Les permis de Gilbert de L'Aigle sont enregistrés dans les archives anglaises et la comtesse d'Eu mit ses terres sous la garde de son oncle, Guillaume de Warenne[43]. La prise des terres de sept barons en 1226 par Henri III révèle la difficulté à laquelle devait faire face l'aristocratie possessionnée des deux côtés de la Manche. Vraisemblablement, Henri agit-il en réponse à l'expédition du roi Louis VIII dans le midi à l'automne de cette année-là. Ces barons en possession de terres françaises avaient dû suivre le roi en campagne. Le nom d'Adeliz, la comtesse d'Eu, ne figurait pas dans la liste, naturellement, parce qu'elle ne pouvait pas faire personnellement le service militaire. Après la mort du roi Louis en novembre 1226, la campagne se termina prématurément et en décembre Gilbert de L'Aigle versa une somme d'argent pour recouvrer ses terres anglaises. Ensuite, il combattit dans l'armée du roi Henri au pays de Galles et il participa à l'expédition anglaise en Bretagne, mais il n'était pas facile de servir deux rois à la fois[44].

---

40. *Rotuli litterarum clausarum…*, t. I, p. 310b.

41. Robert de Dreux tenait le patrimoine de sa femme, Aanor de Saint-Valéry, en Middlesex et en Oxfordshire, et son frère cadet, qui s'était marié avec l'héritière de la Bretagne, put obtenir les vastes terres acquises par les ancêtres bretons de sa femme. Pour l'histoire de la maison de Dreux, A. DUCHESNE, *Histoire généalogique de la maison royale de Dreux et de quelques autres familles illustres qui en sont descendues par femmes*, Paris, 1631. Sur Pierre de Bretagne : S. PAINTER, *The scourge of the clergy : Peter of Dreux, duke of Brittany*, Baltimore, 1937. Pour l'héritage : *Rotuli litterarum clausarum…*, t. I, p. 385b. Pour l'histoire de l'honneur de Richmond aux XIᵉ-XIIᵉ siècles : W. FARRER, *Early Yorkshire Charters, IV-V : the honour of Richmond*, Leeds, 1935-1936. Robert de Dreux reçut des biens en Angleterre à une date antérieure à l'automne 1217 : *Patent Rolls 1216-1225*, Londres, 1903, p. 117 (Brill, Buckinghamshire), p. 119 (Shrivenham, Wiltshire).

42. *Cartulaire normand*, n° 276 ; *Patent rolls 1216-1225*, Londres, 1901, p. 203, 369.

43. *Patent rolls 1225-1232*, Londres, 1903, p. 8, 26, 95 ; *Patent rolls 1216-1225*, p. 364.

44. K. THOMPSON, « The lords of Laigle », p. 194-195.

Le Normand Robert Marmion IV fut conscient de ces difficultés. Il se rendit en Angleterre après la mort de son père très âgé, avec l'intention d'obtenir le partage des terres anglaises, et il passa un contrat avec son frère cadet. Mais Robert Marmion IV ne resta pas en Angleterre. En moins d'un mois, il donna ses terres anglaises à Pierre des Roches, l'évêque de Winchester[45], et il revint en Normandie. Enfin le mariage entre le fils de Robert Marmion de Fontenay, Philippe, avec l'héritière anglaise, Joan de Kilpeck, décida ce dernier à opter pour l'Angleterre. Vers 1240, Philippe vendit ses terres normandes et s'installa en Angleterre[46]. Les Marmion maintinrent leurs choix pendant quarante ans. Ils répartirent les biens entre les branches de la famille jusqu'à ce qu'ils aient décidé, plus de trente ans après 1204, d'abandonner les possessions normandes. La famille, à la différence des autres lignages qui avaient perdu leurs terres en 1204, put profiter de la vente des siennes. De tels exemples sont rares.

En 1204, le lien politique entre l'Angleterre et la Normandie fut rompu. Une époque nouvelle commença dans laquelle l'Angleterre et la Normandie furent complètement séparées. Au début de cette époque nouvelle, cependant, certains membres de l'aristocratie ne comprenant pas l'importance de ces événements, ne voulurent pas modifier leurs pratiques. Depuis longtemps, l'aristocratie acceptait l'idée d'avoir de multiples seigneurs. Ce ne fut possible, quoique difficile, que pour les mieux apparentés. Il leur fallut apprendre un nouveau vocabulaire politique qui était porteur d'«une nouvelle dynamique de nationalité». On ne devait plus parler du roi des Anglais mais du roi d'Angleterre. L'aristocratie perçut très lentement cette nouvelle dynamique, puisqu'elle s'efforça longtemps de maintenir la politique traditionnelle, en conservant et des terres anglaises et des terres normandes.

---

45. Robert Marmion le cadet paya pour posséder les terres de son père en mai 1218. Son frère aîné les contesta à la cour royale ; après son succès, il les donna à l'évêque, *Patent rolls 1216-1225*, p. 153, 273, 307.

46. La vente de Fontenay-le-Marmion à Jeanne de Thury, fille de Raoul Tesson, *Cartulaire de la seigneurie de Fontenay-le-Marmion*, G. SAIGE (éd.), Monaco, 1895, nᵒˢ II, III.

« Terra regis Anglie et terra Normannorum sibi invicem adversantur » : les héritages anglo-normands entre 1204 et 1244[1]

Daniel POWER[*]

Lorsque la ville de Rouen se livra au roi de France, Philippe Auguste, en juin 1204, le mode de vie traditionnel de la classe dirigeante anglo-normande changea immédiatement. Jusqu'au traité de Paris en 1259, les hostilités furent suspendues entre les deux pays, mais menaçaient sans cesse de reprendre ; l'aristocratie dut s'adapter à cette nouvelle conjoncture. Des confiscations immédiates et à grande échelle eurent lieu de part et d'autre : des terres anglaises furent arrachées aux seigneurs qui décidèrent de prêter hommage à Philippe Auguste, des terres françaises le furent à ceux qui ne remplirent pas ce devoir. Cependant, les revendications de terres outre-Manche restèrent au centre des préoccupations politiques jusqu'à la seconde moitié du XIIIe siècle, tant en Angleterre que sur le continent.

L'historien doit faire face à deux problèmes distincts relatifs aux conséquences des événements de 1204 sur l'aristocratie anglaise et sur celle des régions septentrionales de la France : en premier lieu, la survivance, et même la création de liens fonciers entre les deux pays après 1204 ; en second lieu, le sort des terres confisquées comme dimension de la politique anglaise en dehors de tout contexte français, ou l'inverse. À la suite de l'annexion capétienne de la Normandie, ces deux problèmes ne comptèrent que pour un seul, mais après une vingtaine d'années de guerre ou de trêves troublées, ils devinrent de plus en plus distincts. Néanmoins, ils ne se séparèrent complètement que quelques années après la défense de la double mouvance par Saint Louis en 1244, à laquelle répondit la

* Lecturer, Université de Sheffield.

1. Je remercie vivement Véronique Gazeau de l'invitation à donner cette communication, ainsi que Maïté Billoré et Marie-Pierre Baudry pour leur aide à la traduction en français de la version préliminaire de cet article. Je reconnais avec gratitude la générosité de la British Academy qui m'a permis d'achever la recherche pour cet article. Dans les notes ci-dessous sont utilisées les abréviations suivantes : HMSO : Her / His Majesty's Record Office ; Rec. Comm. : Record Commission.

monarchie anglaise avec une confiscation générale et encore plus sévère[2]. Par conséquent, pendant une bonne quarantaine d'années, des seigneurs et des dames cherchèrent à tenir des terres des deux côtés de la mer à la fois, dans des conditions politiques tantôt assez favorables, tantôt pénibles.

Disons d'emblée que pour évaluer effectivement la signification des liens aristocratiques entre l'Angleterre et la Normandie, il faudrait dresser une liste exhaustive des confiscations effectuées à partir de 1204, mais jusqu'ici personne n'a entrepris ce travail d'Hercule. Encore aujourd'hui le point de départ demeure toujours le catalogue dressé par Sir Maurice Powicke en 1913 et republié sans changement en 1961 ; ce catalogue ne concerne que les magnats[3]. Powicke ne consulta ni les rouleaux de l'Échiquier anglais ni les chartes, hormis le *Calendar of Documents preserved in France* de John Horace Round, et les mentions faites par Thomas Stapleton, dans son édition des rouleaux de l'Échiquier normand. Ni Stapleton ni Powicke ne prêtèrent attention aux chartes anglaises. À part les travaux de Nicholas Vincent, dont je ferai mention ci-dessous, la remise en cause principale du problème est la thèse de doctorat, restée inédite, de Wendy Stevenson. Eu égard à la question de l'aristocratie, le principal résultat de ce travail consiste en l'identification de nombreuses familles qui réussirent à recouvrer des terres de l'autre côté de la Manche, que Powicke n'avait pas remarquées, et en la correction de beaucoup d'erreurs de ce dernier. L'auteur faisait également état du succès de quelques seigneurs d'autres provinces de la France du Nord qui retinrent leurs terres anglaises, au moins pour plusieurs années ; parmi eux, figurait par exemple le ponthevin Thomas de Saint-Valéry[4]. Mais Stevenson, elle non plus, n'utilisa pas les chartes en grand nombre, et comme Powicke elle se borna à prendre en considération les seuls magnats, sauf pour les Îles normandes.

On voit que le champ de cette recherche reste ouvert. Dans la communication qui suit, je considérerai premièrement le statut des terres confisquées entre 1204 et le milieu du règne d'Henri III d'Angleterre. On y verra la longévité de la mémoire et du sentiment lignagers face aux réalités concrètes de la politique royale. Le cadre de cette politique conduit à prendre en considération la probabilité de la réunion des deux pays sous un seul prince après 1204, et, plus important pour l'aristocratie, les diverses possibilités de récupérer leurs héritages de l'autre côté de la Manche. Ces deux premières parties se fondent principalement sur les documents créés par l'administration angevine ou capétienne. Le troisième volet analysé concerne les aperçus que peuvent fournir les chartes, des sources beaucoup moins utilisées, pour la compréhension de trois groupes familiaux. J'espère offrir ainsi quelques nouveaux aperçus sur les liens anglo-normands entre 1204 et 1244.

---

2. *Matthaei Parisiensis, monachi sancti Albani, Chronica Majora*, H. R. LUARD (éd.), Londres, Rolls Series, 1872-1883, t. IV, p. 288 ; *Liber Feudorum : the Book of Fees commonly called Testa de Nevill*, Londres, HMSO, 1920-1931 [ci-après *BF*], t. II, p. 1142-1143 ; *Calendar of Patent Rolls 1232-1247*, Londres, HMSO, 1906, p. 418 ; R. C. STACEY, *Politics, policy and finance under Henry III 1216-1245*, Oxford, 1987, p. 238-239. La moitié des échoites fut accordée au futur jeune roi, Édouard Ier.

3. F. M. POWICKE, *The Loss of Normandy 1189-1204 : studies in the history of the Angevin Empire*, Manchester, 2e éd., 1961, p. 328-358.

4. W. B. STEVENSON, *England and Normandy, 1204-1259*, thèse de doctorat inédite, Université de Leeds, 1974, p. 199-237, 323-335, 360-485 ; pour les Saint-Valéry, voir p. 207, 221, 464-466.

LES CONFISCATIONS

Les conditions fondamentales pour les lignages anglo-français furent fixées à l'heure même de l'annexion de la Normandie en 1204. De nombreuses terres avaient été confisquées pendant les dernières campagnes militaires, mais, par contraste avec les guerres angevino-capétiennes antérieures, la plupart de ces terres ne furent pas restituées à leurs ayants droit au moment de la cessation des hostilités, puisqu'il n'y eut pas de paix définitive[5]. Le roi d'Angleterre ordonna une confiscation générale des terres de ceux qui avaient quitté son service[6] ; les établissements religieux français, richement dotés outre-mer, n'en furent pas exempts[7]. À l'inverse, Philippe Auguste proclama que tous ceux qui manqueraient de lui faire hommage avant Pâques 1205 perdraient leurs terres en France. «Puis beaucoup de larmes furent répandues par ceux qui ne vinrent pas à temps» remarque l'*Histoire de Guillaume le Maréchal*, qui cherchait à justifier l'empressement de son héros à arriver à un accord avec le roi de France[8].

Des deux côtés de la Manche, les étapes successives de l'exécution des ordres royaux sont visibles dans les fonds de la chancellerie et de l'Échiquier anglais ainsi que dans les registres de Philippe Auguste et d'autres sources encore, tel le rouleau des confiscations du bailliage de Lisieux publié par Michel Nortier[9]. Les terres confisquées ont gardé une spécificité comme celle des unités foncières nettement différenciées longtemps après 1204, aussi bien dans les descriptions du domaine royal au bailliage de Rouen vers 1260[10], que dans les *Hundred Rolls* (les rouleaux des centaines) sous Édouard Ier d'Angleterre. Bien que le processus ne soit pas aussi solidement documenté en France qu'en Angleterre, les sources de l'administration du duché indiquent comment l'ordonnance capétienne fut exé-

---

5. Pour les confiscations en 1203, voir F. M. POWICKE, *The Loss of Normandy*, p. 174-177. Guillaume du Hommet, Raoul Taisson et Jean de Préaux perdirent leurs terres anglaises au printemps 1204 : *Rotuli litterarum clausarum*, T. Duffus HARDY (éd.), Londres, 1833-1844 [ci-après *RLC*], t. I, p. 1 ; *Rotuli litterarum patentium*, T. Duffus HARDY (éd.), Londres, 1835 [ci-après *RLP*], t. I, p. 43 ; cf. J. C. HOLT, «The end of the Anglo-Norman realm», *Proceedings of the British Academy*, t. LXI, 1975, p. 261.

6. *Rotuli de oblatis et finibus in turri Londiniensi asservati*, T. Duffus HARDY (éd.), Londres, Rec. Comm., 1835 [ci-après *ROF*], *passim*, par ex. p. 334 (« occasione generalis precepti facti de terris Normannorum», 1205).

7. *Rotuli Normanniae in turri Londonensi asservati*, T. Duffus HARDY (éd.), Londres, 1835 [ci-après *RN*], p. 122-143, un «rouleau de la valeur des terres des Normands» (daté du début de la 6e année du règne de Jean, soit le 3 juin 1204), inclut des terres des abbayes de Saint-Pierre, de Saint-Léger de Préaux, du Bec, de Montivilliers, de Montebourg, de la Trinité de Caen, de Grestain, de Cluny, des prieurés de Mortain et de Noyon, et des chanoines de Coutances. Cf. *ROF*, p. 335 (chanoines de Rouen). Voir D. J. A. MATTHEW, *The Norman monasteries and their English possessions*, Oxford, 1962, p. 72-76.

8. *Histoire de Guillaume le Maréchal*, P. MEYER (éd.), Paris, 1891-1894, t. II, ll, 12872-12874 : «Puis en fu ploré meinte lerme / De plusors qui a tens n'i vindrent ; / K'ains puis de lui terre ne tindrent.»

9. M. NORTIER, «Un rôle des biens tombés en la main du roi en la baillie de Lisieux après la conquête de la Normandie par Philippe Auguste», *Annales de Normandie*, 45ème année, n° 1, mars 1995, p. 55-68.

10. *The Royal Domain in the* Bailliage *of Rouen*, J. STRAYER (éd.), 2e éd., Londres, 1976, p. 17-19.

11. Par ex. *Recueil des Jugements de l'Échiquier de Normandie au XIIIe siècle*, L. DELISLE (éd), Paris, 1864 [ci-après *Jugements*], n° 339 ; «Querimoniæ Normannorum 1247», dans *Recueil des Historiens des Gaules et de la France*, M. BOUQUET *et al.* (éd.), Paris, t. XXIV, I, p. 1-73 [ci-après *QM*], n° 100 ; cf. *Recueil des actes de Philippe Auguste, roi de France*, H. DELABORDE *et al.* (éd.), Paris, 1916-1979, t. II, n° 901.

---

cutée[11]. On trouve d'autres références de la redistribution des terres en France : par exemple, Juhel, seigneur de Mayenne et de Dinan, qui dota sa fondation cistercienne de Fontaine-Daniel avec la terre d'une dame mancelle dont le mari avait perdu ses terres «selon l'arrêt fait dans la cour du roi contre tous ceux qui se sont rétirés du roi en Angleterre de leur propre gré avec les ennemis de lui et de son royaume»[12]. En Angleterre, les rouleaux de la cour royale témoignent de l'impact des confiscations sur de nombreux lignages. Les preuves principales dans les deux pays demeurent les enquêtes qu'ordonnèrent les deux monarchies pour enregistrer avec autant de soin que possible les terres confisquées, terres qui furent par la suite réunies aux domaines ou distribuées aux sujets fidèles.

En Normandie, les intérêts du régime exigeaient le maintien du nouvel ordre et le roi de France distribua à titre héréditaire la plupart des domaines confisqués. On ne trouve donc pas de terme général pour les désigner, bien qu'ils soient équivalents à un bon tiers des fiefs normands, selon l'estimation de Lucien Musset[13]. Une seule charte de Philippe Auguste en décembre 1204, par laquelle le roi victorieux échangeait la châtellenie de Mortemer-sur-Eaulne avec le comte de Boulogne, retira au comte «toute la terre des Normands et des Anglais» dans la châtellenie[14]. En Angleterre, par contraste, les clercs royaux se servirent d'une formule qui devint aussitôt normative : les *terre Normannorum*[15]. Au cours du mois même de la chute de Rouen, les officiers royaux dressèrent un *rotulus de valore terrarum Normannorum* dans dix-huit *shires*[16]. Bien sûr, cette première liste ne toucha qu'une petite fraction des Normands qui tenaient des terres en Angleterre lors de l'effondrement du régime ducal. En un temps très court, le sort des terres de personnages de statut plus modeste fut réglé. En 1205, par exemple, Guillaume, comte de Devon et de Wight, offrit au roi cinq cents marcs pour diverses faveurs royales, y compris les *terre Normannorum* de son fief[17]. Il fit cette offrande afin d'avoir les terres de ses hommes restés en Normandie.

---

12. *Cartulaire de l'abbaye cistercienne de Fontaine-Daniel*, A. GROSSE-DUPERON et E. GOUVRION (éd.), Mayenne, 1896, n° LXIV (Agathe, fille de Hugues Braitel, et son mari Geoffroy *Bicolna*) : «secundum judicium factum in curia domini Regis contra omnes illos qui ab ipso in Angliam cum inimicis suis et regni ejus voluntate propria recesserunt.». Pour Hugues, voir *Red Book of the Exchequer*, H. HALL (éd.), Londres, 1896, t. II, p. 639 ; Paris, Archives Nationales, L 977, n° 1251 (Vaucé, dép. Mayenne, cant. d'Ambrières, cne. de Couesmes-Vaucé). Pour Agathe, dame de Flintham (Nottinghamshire), voir *BF*, t. I, p. 222, 223, 226, 231 ; t. II, p. 1045.

13. L. MUSSET, «Quelques problèmes de l'annexion de la Normandie au domaine royal français», dans *La France de Philippe Auguste : le temps des mutations*, R.-H. BAUTIER (dir.), Paris 1982, p. 300. Pourtant, beaucoup des terres distribuées par Philippe Auguste revinrent rapidement au domaine royal : *The Royal Domain...*, J. STRAYER (éd.), p. 17-19.

14. *Layettes du Trésor des Chartes*, A. TEULET (éd.), Paris, 1863-1909, t. I, n° 733 : le comte cède «castrum Mortuimaris, quod fuit comitis Garanie, et totam terram Anglicorum et Normannorum quam tenebam et justiciabam per castellum et castellaniam Mortuimaris».

15. Cf. *RLC*, t. I, p. 3 : lettre de Jean sans Terre rubriquée «terra Normann[orum] tradita ad respond[enda]» (21 juill. 1204).

16. Voir note 7.

17. *ROF*, p. 226, 235-236.

LE STATUT DES *TERRE NORMANNORUM*

Ce qui importe, c'est que le terme «normand» désignait déjà quelqu'un qui avait choisi de rester en France au détriment de ses terres d'outre-Manche, plutôt qu'une désignation purement géographique. Par exemple, le *rotulus de valore* nomme la comtesse du Perche, Mathilde de Saxe, parmi ceux qui venaient de perdre leurs terres anglaises; en 1237, le rapport d'une *inquisitio terrarum Normannorum, Britonum et aliorum extraneorum* décrit Juhel de Mayenne comme *Normannus*; et, en 1227, un rouleau de la cour royale appela «normand» un autre magnat manceau, Gui de Laval. Il est clair que le Gui de Laval en question vivait sous le règne d'Henri Iᵉʳ Beauclerc; autrement dit, la qualité de «normand» entra en vigueur dans la loi anglaise avec effet rétroactif[18]! En 1244, l'enquête qui suivit la confiscation générale s'intitule simplement *Inquisitio de terris Normannorum et alienigenarum*[19]. La seule concession faite aux différentes identités provinciales fut accordée aux Bretons, qui avaient tenu beaucoup de terres en Angleterre en 1204 et qui étaient encore impliqués dans la politique franco-anglaise dans les années 1230, beaucoup plus que les autres Français du nord[20]. En effet, cette désignation légale de la différence entre Anglais et Normands compléta un processus qui avait commencé avec la conquête de l'Angleterre; les descendants des envahisseurs de 1066 en Angleterre s'identifiaient de plus en plus avec leur pays natal en se distinguant de leurs cousins continentaux[21].

Les «terres des Normands» gardèrent une signification spéciale aux yeux de la monarchie anglaise tant que celle-ci crut à la possibilité de la reconquête des provinces perdues par le roi d'Angleterre, et même longtemps après l'anéantissement de cet espoir[22]. Leurs détenteurs avaient donc des obligations spéciales, notamment en ce qui concerne les expéditions en France. En 1229, Henri III chercha à rassembler une armée destinée à la Bretagne et au Poitou (qui n'embarqua que l'année suivante) en convoquant les tenanciers-en-chef et les tenanciers des «terres des Normands et des Bretons»[23]; il adopta la même procédure pour l'expédition du Poitou en 1242[24]. D'ailleurs, ces terres étaient normalement tenues à titre conditionnel. En principe, elles appartenaient au domaine royal :

---

18. *RN*, p. 131; *BF*, t. I, p. 612-613; t. II, p. 1427 (à dater de 1248-1249) ; *Curia Regis Rolls, Richard I-Henry III*, Londres, HMSO, 1922 [ci-après *CRR*], t. XIII (1227-1230), n° 302. Selon *QN*, n° 65, Jean des Vignes, bailli de Rouen et de Caen sous Louis IX, saisit la terre d'une femme à son décès parce que la sœur de celle-ci était morte en Angleterre sous le règne d'Henri II.

19. *Pipe Roll 28 Henry III*, cité par *BF*, t. II, p. 1143.

20. Les exemples des «terres des Bretons» sont légion, par ex. *CRR*, t. XVI, n° 1616.

21. I. SHORT, «*Tam Angli quam Franci* : self-definition in Anglo-Norman England», *Anglo-Norman Studies*, t. XVIII, 1996, p. 153-175.

22. R. C. STACEY, *Politics*, p. 172-173.

23. *Close Rolls, Henry III, 1227-1231*, Londres, HMSO, 1902, p. 248 (mandement à chaque shérif, 10 sept. 1229) : «Precipimus tibi quod (...) scire facias omnibus illis de comitatu tuo qui de nobis tenent in capite per servicium militare, et similiter illis qui terras Normannorum vel Britannorum tenent de ballio domini J. regis patris nostri vel nostro, quod sicut tenementa sua que de nobis tenent diligunt, sint apud Portesm' a die Sancti Michaelis in xv dies anno etc. xiij°, parati equis et armis et aliis necessariis ad transfretandum cum corpore nostro».

24. *Close Rolls, Henry III, 1237-1242*, Londres, HMSO, 1911, p. 431, 435.

---

le roi d'Angleterre prit l'habitude de confier à bail telle ou telle terre confisquée à un seigneur autrefois possessionné en France, dans l'attente d'un éventuel échange au cas où la Normandie retomberait entre les mains plantagenêt[25].

Nicholas Vincent a remarqué que les octrois des *terre Normannorum* à titre héréditaire à partir des années 1230 indiquent bien l'effritement de la confiance en la probabilité de la reconquête[26]. Mais, entre-temps, ces domaines étaient devenus une des clés de voûte du patronage royal en Angleterre, de sorte qu'elles gardaient une signification considérable des dizaines d'années après la mort de la génération des nobles qui se souvenaient du vrai «royaume anglo-normand». Selon David Carpenter, «the "lands of the Normans" were the great bank on which the thirteenth century kings drew for patronage»[27]. La possibilité, même improbable, de la reconquête fournissait au roi un prétexte de récompenser un courtisan avec telle ou telle des «terres des Normands» aussi longtemps qu'il lui plairait. Le détenteur et ses héritiers devaient garder la faveur royale pour conserver le domaine. Du reste, la quantité même des «terres des Normands» renforçait les moyens du patronage royal. Pour Nicholas Vincent, les confiscations représentent la plus grande acquisition de terres faite par la couronne anglaise entre 1066 et la Dissolution des monastères sous Henri VIII[28]. Dans sa biographie du tourangeau Pierre des Roches, évêque de Winchester et ministre d'Henri III, le professeur Vincent insiste sur l'importance des échoites normandes dans les luttes pour obtenir la faveur royale qui provoquèrent la révolte de Richard le Maréchal, comte de Pembroke, en 1233[29]. On voit ainsi que l'avantage que le roi tirait de son patronage renforcé fut tempéré par l'instabilité politique qui en résulta.

Une des règles principales, appliquée en Angleterre comme en Normandie à partir de 1204, stipulait qu'une terre serait confisquée si l'héritier légitime adhérait à l'autre pouvoir, même si d'autres membres de sa famille restaient fidèles[30]. Les tentatives fréquentes de diviser l'héritage entre plusieurs frères ou sœurs pour éviter une telle issue n'avaient aucune validité aux yeux des rois et des officiers royaux. Cela trancha avec les stratégies aristocratiques à la suite de la conquête de l'Angleterre en 1066, lorsque les nobles purent diviser leurs terres normandes et anglaises entre leurs fils sans opposition royale[31]. De plus, Louis VIII déclara expressément que la succession en Normandie de quelqu'un dont le père était

---

25. R. C. STACEY, *Politics*, p. 111-114.

26. N. C. VINCENT, *Peter des Roches : an Alien in English Politics 1205-1238*, Cambridge, 1996, p. 30-31, 262-263, 335-337 ; *idem*, «Twyford under the Bretons 1066-1250», *Nottingham Medieval Studies*, t. XLI, 1997, p. 93-94.

27. D. A. CARPENTER, «A noble in politics : Roger Mortimer in the period of baronial reform and rebellion, 1258-1265», dans *Nobles and nobility in Medieval Europe*, A. J. DUGGAN (dir.), Woodbridge, 2000, p. 188. L'auteur y discute le litige prolongé (1252-1263) au sujet des anciennes terres anglaises des Ferrières[-Saint-Hilaire], seigneurs de Chambrais.

28. N. C. VINCENT, *Peter des Roches*, p. 30.

29. N. C. VINCENT, *Peter des Roches*, p. 334-343.

30. *QN*, par ex. n°s 4, 50, 54, 64, 73, 246, 330, 339, 345, 353, 359, 410, 426, 439, 440.

31. J. C. HOLT, «Property and politics in early Medieval England», *Past & Present*, t. LVII, 1972, p. 3-52; E. Z. TABUTEAU, «The role of law in the succession to Normandy and England, 1087», *Haskins Society Journal*, t. III, 1972, p. 141-169.

mort en Angleterre serait contraire aux coutumes du duché[32]. Paradoxalement, cette politique cruelle exigeait un contact régulier entre les deux pays, puisqu'il fallait souvent établir si un héritier putatif vivait toujours outre-mer. En Angleterre, en 1220, Èle, veuve de Robert du Neubourg (mort avant 1199), réclama son douaire aux détenteurs des anciennes terres anglaises des Neubourg ; elle allégua qu'elle ne connaissait pas l'identité de l'héritier de son mari, puisqu'il était outre-mer, en France. Pourtant son adversaire le nomma, tout en se trompant de lien de parenté exact entre le défunt et son héritier[33]. Vers 1223, le bruit se répandit en Angleterre qu'un certain Anselme de Cabourg était parti en Normandie où il avait trouvé la mort. Or, il revint en 1226 et récupéra ses terres anglaises[34]. En 1229-1230, Mathilde de Lucy, dame d'Ongar (Essex), fut mêlée à deux litiges qui concernaient son héritage anglais, mais ni elle ni ses adversaires ne firent mention de sa sœur Sara, qui était partie en Normandie en 1204 et dont l'existence même aurait dû annuler les arguments légaux de Mathilde[35].

On alléguait souvent la même ignorance en France. En 1237, l'Échiquier normand restitua les terres de Gilbert *de Quentevilla*, qui était parti en Angleterre avec une licence royale : pendant son absence, plusieurs Normands avaient cherché à montrer qu'il était mort outre-Manche[36]. Il convenait de se tenir informé des décès des Anglo-Normands absents ; ainsi Guillaume le Maréchal, alors régent d'Angleterre, et l'archevêque de Cantorbéry, Étienne Langton, écrivirent à l'Échiquier normand en 1219 pour confirmer qu'un chevalier, qui avait mis ses terres normandes en gage en 1204, était mort entre-temps en Angleterre[37]. Mais le manque de renseignements ne fut pas insurmontable, même en temps de guerre. Après la mort en 1242 d'un propriétaire du Berkshire nommé Jean Boistard, des jurés déclarèrent ne pas savoir si le frère et héritier putatif de ce dernier, Roger, qu'on croyait être outre-mer, vivait toujours ; mais tous jurèrent qu'un autre frère cadet, Gautier, était passé en Angleterre dès qu'il avait appris le décès de Jean, pour prendre l'héritage, bien qu'il n'ait eu aucun droit puisque Roger était encore en vie. Au bout de quelques mois, le tribunal vérifia que Roger vivait toujours en Normandie avec ses enfants et que, comme tenancier de l'évêque de Bayeux, il

---

32. *Cartulaire normand de Philippe Auguste, Louis VIII, saint Louis et Philippe le Hardi*, L. DELISLE (éd.), Caen, 1852, n° 351 [ci-après *CN* : «cum idem Robertus non posset de jure hereditare in hereditate predicta ad usus et consuetudines Normannie, pro eo quod Girardus pater ejusdem Roberti defunctus fuit in Anglia, nos de gratia nostra concessimus eidem Roberto jus hereditandi in illa hereditate sicut est predivisatum».

33. *CRR*, t. IX, p. 300, 348 ; cf. t. XIII, n° 705 (1228). On décrit l'héritier, Henri du Neubourg, comme le frère du décédé ; de fait, il fut son neveu.

34. *CRR*, t. XV (1233-1237), n° 1187 (oct. 1234). En 1218, Anselme revendiqua un fief à Bavent, (dép. Calvados, cant. Troarn) près de Caen (L. DELISLE (éd.), *Jugements*, n° 232).

35. *CRR*, t. XIII, n° 2213, 2703 ; t. XIV, n° 919. Sara revint en 1233 pour revendiquer ses droits présumés en Angleterre (t. XV, n° 206, 945, 1717). Tous les rouleaux de la cour commettent des erreurs avec la généalogie des Lucy (t. VIII, p. 25-26 ; t. XI, n° 416 ; t. XII, n° 136) : la mère homonyme de Mathilde fut une des filles (et finalement des héritières) de Geoffroy, fils aîné de Richard de Lucy, justicier d'Henri II. Voir «Notes on the pedigree of Lucy of Ongar», *Transactions of the Essex Archaeological Society*, n.s., t. XX, 1933, p. 102-106.

36. L. DELISLE (éd.), *Jugements*, n° 613.

37. L. DELISLE (éd.), *Jugements*, n° 246 ; cf. n° 172.

était fidèle au roi de France; le roi distribua les terres des Boistard comme *terre Normannorum*[38]. La rapidité avec laquelle Gautier apprit la mort de son frère contraste avec la lenteur des efforts de la cour royale à découvrir la vérité de l'affaire.

La faveur royale fut donc nécessaire. Louis VIII permit à l'Anglais Robert de Grainville d'hériter d'une moitié du fief normand qu'il revendiquait, par sa grâce et contre la coutume de Normandie[39]. Pour sa part, Henri III autorisa Raoul d'Aubigny, «cousin et héritier» de l'ancien gardien des Îles normandes, Philippe d'Aubigny, à venir en Angleterre, soit depuis la Normandie, soit depuis la Bretagne. Le roi autorisa également Philippe de Carteret à traverser la mer pour revendiquer son héritage normand[40].

L'ARISTOCRATIE ET LA POLITIQUE ANGEVINO-CAPÉTIENNE

Le principe sous-jacent qui justifiait la politique angevine menée à l'égard des héritages anglo-normands était l'espérance de la réunion; les tribunaux royaux ajournèrent maints procès qui concernaient des revendications d'outre-Manche «quousque terre sint communes». Même après la catastrophe de Bouvines, Jean sans Terre, lui, espérait toujours recouvrer ses terres perdues. C'est ce que démontre, en septembre 1215, à la veille de la guerre civile, son acte en faveur de sa belle-sœur la reine Bérengère, veuve de Richard Cœur de Lion et dame du Mans, à laquelle il promit cette ville à titre viager «s'il arrive que nous pourrons recouvrer la cité du Mans, soit par un traité avec le roi de France, soit par d'autres moyens»[41]. À la mort de Philippe Auguste, Henri III exhorta les Normands à retourner à leur allégeance traditionnelle. En 1229, il espérait la cession des diocèses de Coutances et d'Avranches, pour constituer une sorte de couloir qui permettrait de rejoindre les terres plantagenêt méridionales[42]. L'exploitation des revendications aristocratiques outre-mer se présentait alors comme une arme en vue de la réunification de la Normandie et de l'Angleterre. Vers 1227, un bourgeois de Caen, qui agissait probablement comme espion pour Henri, cita l'avis courant à la cour capétienne que la reine Blanche pourrait soumettre l'Angleterre en gagnant les faveurs des barons anglais avec leurs terres normandes perdues, et en promettant de

---

38. *CRR*, t. XVII (1242-1243), n° 213 (Chilswell à Cumnor, Berkshire) ; t. XVIII (1243-1245), n° 702, 1203U, 1316; *Cal. Pat. Rolls 1232-1247*, p. 391 ; *Close Rolls, Henry III, 1242-1247*, Londres, HMSO, 1916, p. 48, 122, 155. Pour les Boistard en Bessin, voir *Antiquus Cartularius Ecclesiae Baiocensis*, V. BOURRIENNE (éd.), Rouen et Paris, Société de l'Histoire de Normandie, 1902, t. I, n°s CXLVI, CXLVII, CCLXIII; t. II, n°s CCXCIX, CCC, et surtout DIII (Roger Boistard, 1247).

39. *CN*, n° 351 (voir note 32).

40. *Cal. Pat. Rolls 1232-1247*, p. 106 ; W. B. STEVENSON, *England and Normandy*, p. 380-383, 494-495.

41. *Rotuli chartarum in turri Londonensi asservati (1199-1216)*, T. Duffus HARDY (éd.), Londres, 1837, [ci-après *Rot. Chart.*], p. 219 : «si forte per pacem factam cum rege Franc' vel aliquo modo civitatem Cenomann' recuperare poterimus».

42. *Patent Rolls 1216-1225*, Londres, HMSO, 1901, p. 406 ; *Diplomatic Documents preserved in the Public Record Office*, t. I (1101-1272), P. CHAPLAIS (éd.), Londres, HMSO, 1964, n° 215 ; R. C. STACEY, *Politics*, p. 167-169.

restituer des terres perdues en Angleterre aux barons normands. De fait, on y disait aussi que Louis de France s'était trompé pendant son invasion du royaume insulaire en 1216 en n'adoptant pas cette politique (sans penser aux difficultés de restituer le *status quo ante bellum*!)[43].

Comme le laisse entendre ce conseil, la restitution de ses terres outre-mer était, pour l'aristocratie, plus importante que le rétablissement du régime ducal à Rouen. On sait bien que Guillaume le Maréchal, comte de Pembroke, conserva ses terres normandes en 1204 sans perdre ses possessions insulaires. Comme Wendy Stevenson l'a souligné, le succès de Guillaume était sans pareil[44]. Du reste, après sa mort en 1219, la femme de ce dernier conserva les terres des Maréchal des deux côtés de la Manche (que Guillaume avait tenues, pour la plupart, *iure uxoris*), en accord avec les deux rois. Quoique son fils aîné Guillaume cédât ses droits en Normandie à son frère cadet Richard l'année suivante, celui-ci resta possessionné en Angleterre. Je veux souligner un point important de cette histoire : la connaissance largement répandue du succès des Maréchal. En 1220, Mathilde de Courtenay, dame du Sap en Lieuvin, revendiqua la baronnie d'Okehampton (Devon) comme son héritage. Le défendeur (l'accusé), le baron anglais Robert de Courtenay, un des principaux royalistes pendant la guerre civile antérieure, répondit que la loi ne l'obligeait pas à répondre de son action, puisque «le conseil commun du royaume avait résolu que personne de la puissance du roi de France n'aurait (pas) de réponse légale en Angleterre jusqu'à ce que les Anglais aient une réponse en France»[45]. Mathilde répliqua qu'elle venait d'Angleterre mais qu'elle tenait des terres en France «comme le comte Maréchal et quelques autres» (1220)[46]. La cour reconnut la validité de cette riposte, bien que Mathilde ne réussît pas à regagner son héritage avant sa mort vers 1224. Il est évident que le succès des Maréchal offrait un exemple à ceux qui espéraient récupérer leurs terres outre-Manche.

Comme Kathleen Thompson le discute en détail dans ce volume, les aristocraties anglaise et française disposèrent de diverses opportunités pour récupérer leurs

---

43. *Diplomatic Documents*, n° 206 (vers 1227) : «Et regina habet in proposito faciendi qod (*sic*) dominus suus volebat facere de Anglia adquirenda et mandare baronibus Normannie ut eant com (*sic*) ipsa, et si aquirit (*sic*) terram, vult qod sint tenentes hereditagiorum sibi pertinencium. Et debet mandare comiti de Cestre et comiti de Bigot et comiti de Ferires et domino Philipo de Albino et domino Willelmo de Sancto Johanne et omnibus illis quibus terra pertinet in Normania, qando (*sic*) erit aplicata (*sic*) in Angliam, ut com ipsa in auxilio permaneat ; et faciet filio suo sibi reddere terram suam in Normania. Et si dominus Lodovicus fecisset ex hoc qod fuit in Anglia, aquisisset (*sic*) terram sine contradicto, quia habebat consilium et auxilium meliorum hominum de Anglia». L'auteur attribua cette parole à un clerc de l'évêque Guérin de Senlis ; ce dernier avait été autrefois conseiller principal de Philippe Auguste. Voir J. C. HOLT, «The end of the Anglo-Norman realm», *Proceedings of the British Academy*, t. LXI, 1975, p. 264-265.

44. W. B. STEVENSON, *England and Normandy*, p. 199, 207, 221.

45. *CRR*, t. IX, p. 37 : «provisum fuit per commune consilium regni quod nullus de potestate regis Francie responderetur in Anglia antequam Anglici responderentur in Francia, et ipsa est de potestate [regis] Francie et habet terram suam in Normannia».

46. *CRR*, t. IX, p. 37 : «Matillis dicit quod ipsa est de Anglia et terram habet in Anglia sicut comes Marescallus et alii». Elle fut la fille d'un fils naturel d'Henri Ier Beauclerc, et ses terres normandes bordaient la seigneurie d'Orbec, un château des Maréchal : *The Complete Peerage*, V. GIBBS *et al.* (éd.), Londres, 1910-1959, t. IV, p. 317 ; t. XI, Appendix, p. 108-109.

terres perdues outre-Manche. Il est vrai que les grandes expéditions militaires (l'invasion française projetée en 1213, le «revival» plantagenêt maté en 1206 et en 1214, et l'invasion de l'Angleterre par Louis de France) se sont révélées vaines. Pourtant, d'autres occasions ont permis à de nombreux seigneurs de récupérer leurs terres outre-mer. En 1215, la grande crise du régime angevin en Angleterre fournit l'occasion à maints nobles normands, soit de regagner leurs terres perdues en 1204, soit de gagner, au service des rois d'Angleterre, d'autres terres, issues de celles qui furent confisquées aux révoltés[47]. Cependant, plusieurs passèrent du côté des rebelles[48], pendant que d'autres rentrèrent peu de temps après en France. Une nouvelle occasion se présenta avec le traité signé entre Louis de France et la régence anglaise en 1217, qui fut suivi par des trêves jusqu'en 1224. Ces développements favorisèrent une détente anglo-française qui permit à de nombreux aristocrates de revendiquer leurs terres perdues outre-mer. La plupart des exemples de doubles possessions identifiés par Powicke et Stevenson appartiennent à cette période : la comtesse d'Eu, rétablie dans son héritage normand, le comte de Dreux, qui réussit à gagner l'héritage anglais de sa femme, l'héritière des Saint-Valéry, les Marmion, les Harcourt, Raoul de Meulan (qui chercha les terres anglaises des Fougères, grâce à son ascendance maternelle) et Ives de la Jaille[49]. D'autres personnages, de moindre envergure, profitèrent également de cette accalmie dans les conflits angevino-capétiens[50].

Pourtant, à partir de la rupture de la trêve en 1224, qui fut suivie par la chute du Poitou plantagenêt, le *modus vivendi* qui réglait les rapports anglo-français depuis 1217 laissa place à une nouvelle période de tension ; elle fut aggravée par la crise de la monarchie capétienne après la mort de Louis VIII et par la majorité d'Henri III, lequel brûlait de regagner les provinces perdues par son père. La guerre de 1224-1227 aurait affaibli les espoirs de beaucoup des propriétaires qui avaient réussi à reconstruire leurs héritages «transmanchiaux». Ensuite, l'expédition d'Henri III en Bretagne et en Poitou en 1230 figea les attitudes dans les deux pays[51]. Cependant, des deux côtés de la mer, on trouve toujours l'optimisme, favorisé par des accès de clémence royale. En 1227, Saint Louis dédommagea le comte de Dreux dans le Pays de Caux en reconnaissance de ses pertes outre-Manche à cause de sa loyauté ; mais, il stipula que le comte tiendrait les terres cauchoises au fur et à mesure qu'il serait privé de ses terres anglaises, ce qui

---

47. Par ex. Richard de Tournebu et Guillaume de Préaux (F. M. Powicke, *The Loss of Normandy*, p. 341-342, 355 ; S. D. Church, *The household knights of King John*, Cambridge, 1999, p. 102-103) ; Robert fils-Erneis (*ROF*, p. 576) ; Mathilde de Courtenay et Thomas de Saint-Valéry (*RLC*, t. I, p. 215, 224) ; Gilbert de L'Aigle (K. Thompson, «The lords of Laigle : ambition and insecurity on the borders of Normandy», *Anglo-Norman Studies*, t. XVIII, 1996, p. 193) ; Robert de Sainte-Mère-Église (*QN*, n° 62 ; cf. *Actes de Philippe Auguste*, t. III, n° 1377). Voir W. B. Stevenson, *England and Normandy*, p. 213-215.

48. *RLC*, t. I, p. 339 (Mathilde de Courtenay) ; S. D. Church, *The household knights*, p. 146 (Préaux) ; K. Thompson, «The lords of Laigle», p. 193-194.

49. F. M. Powicke, *The Loss of Normandy*, p. 339, 342-343 ; W. B. Stevenson, *England and Normandy*, p. 390-391, 433-435, 439-440, 466 ; *RLC*, t. I, p. 487 (La Jaille) ; voir l'article de K. Thompson dans ce volume.

50. Cf. *QN*, n° 84, 278, 333, 353, 396, 422.

51. R. C. Stacey, *Politics*, p. 169-173.

laisse entendre que le comte ne tenait pas une telle restitution pour impossible[52]. La même année, un plaideur allégua avec confiance devant la cour royale d'Angleterre que «les Normands ne sont plus susceptibles à l'expropriation»[53]. En 1228, la cour de l'Échiquier normand annonça que les revendications d'une certaine Normande dans un litige pour son douaire devaient être entendues, même si elle était en Angleterre[54]. La guerre de 1230 elle-même offrit de nouvelles possibilités pour la réunification des deux pays : il y eut un petit soulèvement dans le Cotentin, fomenté par le roi d'Angleterre, et des murmures de révolte ailleurs en Normandie, dans la région de Falaise et dans le Pays d'Ouche[55]. Enfin, le pouvoir du duc de Bretagne permit au comte de Chester de ressaisir son château de Saint-James de Beuvron, qu'il tint ensuite jusqu'à sa mort en 1232[56].

En somme, quelques propriétaires refusèrent d'accepter que la double possession, «transmanchiale», fût impossible; le sentiment lignager restait trop fort face aux exigences de la conjoncture. Les *Querimoniæ Normannorum de rege* en 1247 illustrent bien l'histoire de la double mouvance anglo-française pendant ces quatre décennies. Au moins cent seize plaintes (sur cinq cent cinquante et une) concernent une perte occasionnée directement ou indirectement par les rapports anglo-normands depuis 1204. La distribution géographique des *Querimoniæ* déforme les résultats, puisque celles-ci ne concernent qu'un quart du duché (selon l'estimation de Petit-Dutaillis) ; mais la distribution chronologique des plaintes est fort significative[57]. Un grand nombre d'entre elles concerne les confiscations qui eurent lieu dans la décennie qui suivit la capitulation de Rouen; mais de nombreuses touchaient aux événements beaucoup plus récents[58].

QUELQUES ÉTUDES DE CAS

Les preuves des administrations royales révèlent ainsi le contour de l'histoire des héritages anglo-normands jusqu'en 1244. Une comparaison des sources utilisées ci-dessus avec les chartes permet aussi une approche diachronique, qui montre d'autres dimensions des expériences aristocratiques. J'évoquerai ici trois lignages.

---

52. *CN*, n° 361, p. 311.

53. *CRR*, t. XIII (1227-30), n° 302 (Lyneham (Oxfordshire)) : « Reginaldus [de Waudham] (…) dicit quod Rogerus de Lacy (…) non habuit de residuo terre ipsius Widonis [de la Val] nisi balliam per dominum regem Johannem occasione Normannorum qui recesserunt a fide sua ; et desicut Normanni non sunt adhuc forjudicati, non vult ei respondere, nisi curia consideraverit». Les données généalogiques sont inexactes : cf. W. E. Wightman, *The Lacy Family in England and Normandy 1066-1194*, Oxford, 1966, p. 66-72, 87-93. Pour ce procès, voir ci-dessus.

54. L. Delisle (éd.), *Jugements*, n° 413.

55. *Chronica Majora*, t. III, p. 197-198; L. Delisle (éd.), *Jugements*, n° 623; QN, par ex. n°s 340, 408, 439; W. B. Stevenson, *England and Normandy*, p. 229-233.

56. *Chronica Majora*, t. III, p. 198.

57. Ch. Petit-Dutaillis, «*Querimoniæ Normannorum*», *Essays in Medieval history presented to T. F. Tout*, A. G. Little et F. M. Powicke (éd.), Manchester, 1925, p. 107-110. Les *Querimoniæ* concernent les Pays d'Auge et d'Ouche, le Lieuvin, l'Hiémois et le Houlme, ainsi que le Perche séois.

58. Par ex., pour les années 1230, QN, n°s 4, 15, 50, 68, 271, 311, 327, 371-372, 382, 408, 410, 439; pour les années 1240, n°s 54, 295, 330, 359, 360.

Le premier occupait un rang très élevé parmi les magnats anglo-français. Le deuxième était un lignage de barons de rang modeste qui s'était élevé par le service des rois angevins ; le troisième était un lignage chevaleresque dont l'histoire est peu connue. Chaque groupe familial sera envisagé comme représentatif d'un niveau de la hiérarchie sociale et de ses réactions face à la conjoncture.

Tosny et Beaumont-sur-Sarthe

Avec quatre châteaux en Normandie, dont le plus significatif fut Conches, Roger de Tosny jouissait en 1204 de vastes domaines en Angleterre ainsi que de la châtellenie de Nogent-le-Roi en pays chartrain. En 1204, pour des raisons inconnues, Philippe Auguste exclut Roger et ses fils de son amnistie[59]. Mais les liens entre les Tosny et la France continuèrent par d'autres moyens (voir Tableau I). En dépit de l'interdiction prononcée à l'encontre de Roger, sa femme Constance ne perdit pas contact avec ses frères, Raoul de Beaumont, vicomte du Maine, et Guillaume, évêque d'Angers (1202-1240). Devenue veuve, en 1208-1209, Constance serait retournée en France après 1212 ; en 1228 une enquête anglaise montra qu'elle demeurait outre-mer[60]. En fait, elle était revenue dans le Maine, son pays natal, où elle ne cessait de s'intituler « dame de Conches », bien que le roi de France ait donné ce château normand au capétien Robert de Courtenay plus de trente ans auparavant[61].

Jusqu'à sa mort en 1234, Constance forma un point de contact entre le Maine et les îles Britanniques. Elle avait du sang royal, car sa grand-mère homonyme avait été une fille illégitime d'Henri Ier Beauclerc ; Henri II Plantagenêt en fut très conscient quand il maria la sœur puînée de Constance au roi d'Écosse, Guillaume le Lion, dans le pavillon royal de Woodstock en 1186[62]. À la génération suivante, la fille de Constance et de Roger de Tosny, Marguerite, épousa le comte de Fife, sans doute parce qu'elle était la nièce de la reine d'Écosse. Mais, en 1235, son oncle Raoul, vicomte de Beaumont, lui accorda un parc dans sa forêt de la Charnie, près de son château de Sainte-Suzanne ; l'année suivante, Marguerite y établit le prieuré cartusien du Parc d'Orques à la mémoire de sa mère[63]. Fille d'un seigneur anglo-franco-normand et d'une dame anglo-mancelle, nièce d'un vicomte manceau et d'une reine d'Écosse, épouse d'un des plus puissants comtes écossais, Marguerite fonda un prieuré dans le Maine une bonne trentaine d'années après que son

---

59. *Layettes du Trésor des Chartes*, A. TEULET (éd.), Paris, 1863-1909, t. I, n° 716.

60. *BF*, t. I, p. 98, 387 ; cf. *Complete Peerage*, t. XII, I, p. 768-769.

61. A. ANGOT, *Généalogies féodales mayennaises du XIe au XIIIe siècle*, E. LAURAIN (éd.), Laval, 1942, p. 97-98 (le n° CCLVIII montre que Constance eut un chapelain à l'abbaye d'Étival-en-Charnie, dont les Beaumont furent les patrons). Pour l'octroi de Conches, voir *Recueil des actes de Philippe Auguste*, t. II, n° 875.

62. *Gesta Regis Henrici Secundi et Ricardi Primi*, W. STUBBS (éd.), Londres, Rolls Series, 1867, t. I, p. 347-348, 350-351.

63. BnF, ms. lat. 17048, p. 269-276 ; A. ANGOT, *Généalogies féodales mayennaises du XIe au XIIIe siècle*, p. 97-99 ; D. PICHOT, *Le Bas-Maine du Xe au XIIIe siècle : étude d'une société*, Laval, 1995, p. 335. Les Chartreux, dép. Sarthe, cant. Loué, cne. Saint-Denis d'Orques. On ne connaît pas le nom du mari de Marguerite, mais il est possible que ce fut Malcolm Ier, mort en 1228 ou 1230. Je remercie vivement Kimm Perkins de son aide pour cette identification.

Tableau I

Généalogie (simplifiée) pour illustrer les liens entre les familles de Tosny, de Beaumont-sur-Sarthe et des rois d'Écosse
(les noms soulignés sont ceux dont le texte fait mention)

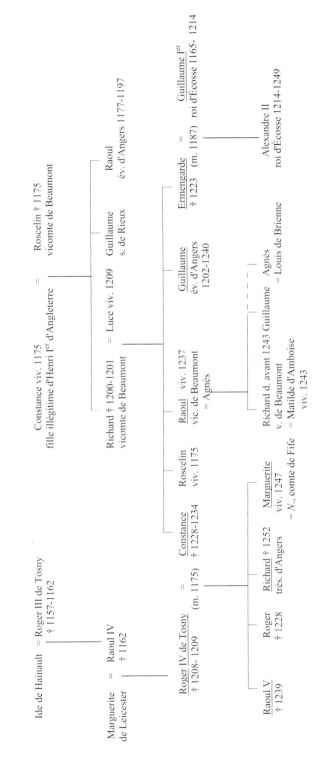

oncle manceau eut perdu ses droits anglais et son père ses châtellenies en Normandie et en pays chartrain. Elle dota aussi la cathédrale d'Angers dont l'évêque était son oncle Guillaume de Beaumont[64].

Ce réseau «transmanchial» touchait aussi les clercs. Un fils de Roger de Tosny (donc un frère de la comtesse de Fife), nommé Richard du nom de son grand-père manceau, devint trésorier d'Angers, évidemment sous le patronage de son oncle Guillaume de Beaumont, malgré l'interdiction capétienne prononcée à l'encontre des fils de Roger. En dépit de sa nomination à Angers, Richard ne perdit pas contact avec son patrimoine anglais[65]. Selon Matthieu Paris, qui remarqua la parenté de Richard avec le roi d'Écosse, ce clerc obtint «de maintes redevances aux royaumes des Français, des Anglais et des Écossais». Richard fut curé de l'église Flamstead, le manoir principal des Tosny[66]. En 1243, l'abbé de Conches renonça aux dîmes que son abbaye, fondée deux siècles avant par les Tosny, détenait dans les manoirs des Tosny à Flamstead et à Kirtling, en faveur de ce même trésorier d'Angers[67]. On discerne ici l'esquisse d'un fascinant réseau de liens de famille. En effet, tandis que leurs rapports anglo-franco-normands se terminaient brusquement avec l'inimitié violente du roi de France en 1204, les Tosny cultivaient un réseau à travers la mer qui dura encore une pleine génération. Leurs chartes montrent que les liens outre-Manche ne se bornèrent pas à l'histoire des terres confisquées. Mais les décès de Marguerite vers 1248 et du trésorier Richard en 1252 marquent la fin de ces relations établies sur de grandes distances; rien ne survécut des liens franco-écossais, par exemple, que les prières que la comtesse de Fife avait instituées au Parc d'Orques ainsi que dans d'autres communautés angevine et mancelle[68].

Subligny (voir Tableau II)

Les Tosny et les vicomtes de Beaumont étaient des proches des rois. Les héritiers de Jean de Subligny, d'une branche cadette de la famille normande de ce nom, disposèrent de moyens plus modestes. Jean s'éleva au service du roi Henri II, qui lui donna des terres en Cornouailles et en Somerset en récompense; son fils Harcoul reçut en mariage des mains du même roi une riche héritière bretonne,

---

64. A. ANGOT, *Généalogies féodales mayennaises du XIᵉ au XIIIᵉ siècle*, p. 103.

65. Notons aussi que vers 1233 Pierre des Roches, évêque de Winchester, acheta quelques terres anglaises de Guillaume de Beaumont, évêque d'Angers, et du chapitre de ce dernier, ainsi que de l'évêque et des chanoines du Mans et des moines de la Croix-Saint-Leufroy : *Calendar of Charter Rolls, Henry III, 1226-57*, Londres, HMSO, 1903, p. 251 ; C. A. F. MEEKINGS, «The early years of Netley Abbey», *Journal of Ecclesiastical History*, t. XXX, 1979, p. 5-6.

66. *Chronica Majora*, t. V, p. 298 : «Obiit sanguine clarus et moribus Ricardus, thesaurarius Andegavensis, cognomento de Thony. Hic domini regis Scotiæ consanguineus, frater fuit nobilis militis ex utroque parente Radulphi de Thony. Hic cum multos in regnis Francorum, Anglorum, et Scotorum redditus optinuisset… ».

67. *The Beauchamp Cartulary Charters 1100-1268*, E. MASON (éd.), Londres, Pipe Roll Soc., 1980, n° 371. Pour Flamstead (Hertfordshire), voir I. J. SANDERS, *English baronies : a study of their origin and descent (1086-1327)*, Oxford, 1960, p. 117-118 ; pour Kirtling (Cambridgeshire), *Excerpta e Rotulis Finium in turri Londiniensi asservatis*, C. ROBERTS (éd.), Londres, Rec. Comm., 1835, t. I, p. 344-345.

68. A. ANGOT, *Généalogies féodales mayennaises du XIᵉ au XIIIᵉ siècle*, p. 103, montrant que Marguerite patronna aussi les abbayes du Ronceray et de Perray-Neuf ; *Chronica Majora*, t. V, p. 298.

Tableau II

Généalogie (simplifiée) pour illustrer les liens entre les familles de Subligny, Dol et Paynel
(les noms soulignés sont de ceux dont le texte fait mention par rapport aux îles anglo-normandes)

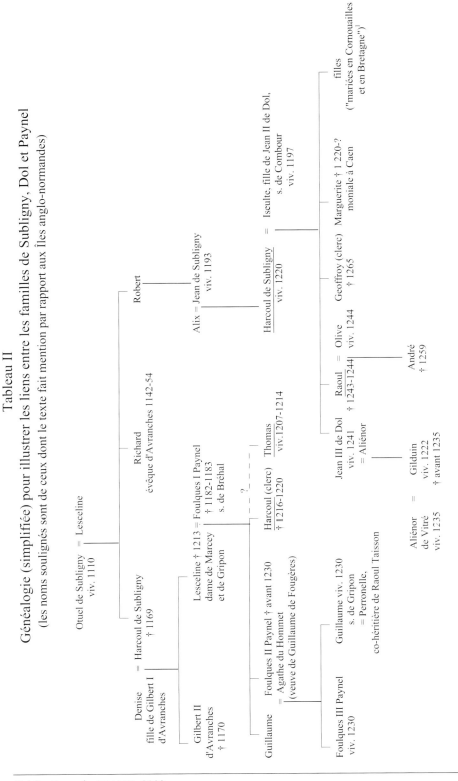

¹ Cal. I.P.M., Henry III, n° 629.

la fille de Jean II de Dol, seigneur de Combour[69]. Les guerres entre la Bretagne et la Normandie de 1196 et de 1202-1204 auraient ainsi créé des conflits de loyauté pour Harcoul, bien qu'il soit probable qu'il ait évité le danger en cédant ses seigneuries bretonnes à son fils aîné, Jean III de Dol ; mais la séparation de la Normandie et de l'Angleterre allait pourtant augmenter ses difficultés d'une manière considérable. Harcoul fut en campagne pour le compte de Jean sans Terre au printemps 1203, mais ses terres anglaises furent distribuées en tant que *terre Normannorum* en 1205[70]. Cependant, selon une charte bretonne, Harcoul s'enfuit peu après en Angleterre «à cause de la colère du roi de France», et ses terres normandes furent entièrement confisquées, sans égard pour Jean de Dol toujours fidèle à Philippe Auguste[71]. En 1206, le roi Jean rendit à Harcoul ses terres anglaises, lui fournit des armes[72] et le nomma bailli de Jersey, un poste qu'il garda jusqu'en 1212[73]. On imagine qu'au fond Harcoul n'avait cessé d'être fidèle au roi d'Angleterre. Il le soutint d'ailleurs pendant la guerre civile anglaise, quand il obtint en récompense d'autres terres ayant appartenu à diverses familles rebelles[74] ; son deuxième fils Raoul profita également des confiscations[75]. Avant 1220, Harcoul se croisa et confia ses terres anglaises à Raoul, avec l'autorisation royale[76].

L'importance de la famille de Subligny à cette époque pour le sujet de cet article a trait à son rôle sur les côtes bretonne, normande et jersiaise du golfe de Saint-Malo. Harcoul passa dans les Îles normandes en avril 1207, accompagné de son cousin Harcoul Paynel, le frère cadet de Foulques II Paynel, seigneur de Bréhal en Cotentin[77]. Foulques fut aussi le beau-père du seigneur de Fougères,

---

69. J. A. EVERARD, *Brittany under the Angevins 1158-1203*, Cambridge, 2000, p. 211-212 ; W. B. STEVENSON, *England and Normandy*, p. 469-470. Le nom apparaît comme *Suleny, Soliniacum*, etc., mais on parvient à l'identifier avec Subligny (dép. Manche, cant. La Haye-Pesnel), par ex. dans *Calendar of Documents preserved in France, 918-1206*, J. H. ROUND (éd.), Londres, HMSO, 1899, n° 915.

70. *RLP*, p. 23 ; *RN*, p. 85 ; *RLC*, t. I, p. 17.

71. *Recueil des Historiens des Gaules et de la France*, M. BOUQUET *et al.* (éd.) Paris, 1738-1904 [ci-après *RHF*], t. XXIII, p. 709. *Les Registres de Philippe Auguste*, J. W. BALDWIN (éd.), Paris, 1992, 289, 612, 620, 621. BnF, ms. lat. 5476, p. 18 (H. MORICE, *Mémoires pour servir de preuves à l'histoire ecclésiastique et civile de Bretagne*, Paris, 1742-1746, t. I, p. 769 : «pro ira regis Francie».

72. *RLC*, t. I, p. 68 (27 mars 1206) : Kilmersdon (Somerset) ; Fawton à St Neot et Lanteglos (Cornouailles).

73. *RLC*, t. I, p. 70, 81, 91, 92, 93, 104, 126, 550.

74. *RLC*, t. I, p. 213, 217 (cf. p. 311).

75. *RLC*, t. I, p. 217.

76. *RLC*, t. II, p. 410. Pour Raoul possessionné avec des terres anglaises (1228-1242/1244), voir *BF*, t. I, p. 394, 429, 430, 437 ; t. II, p. 751, 754 ; *The Cartulary of Bradenstoke Priory*, V. C. M. LONDON (éd.), Devizes, Wilts. Record Soc., 1979, n° 392 ; *The Cartulary of Launceston Priory*, P. L. Hull (éd.), Exeter, 1987, n°s 78, 82.

77. *RLC*, t. I, p. 81. Un Thomas Paynel qui les accompagna fut sans doute un autre frère de Foulques ; L. DELISLE (éd.), *Jugements*, n° 30, montre que quelques frères de Foulques fuirent la Normandie en 1207. En 1208, Harcoul Paynel s'offrit à rendre le service de 5 chevaliers et 10 sergents au roi Jean, en récompense des redevances des clercs normands aux bailliages de Guernesey, Jersey et des autres îles, c'est-à-dire ceux qui tenaient les redevances d'Harcoul Paynel en Normandie (*ROF*, p. 437 ; *RLP*, p. 81 ; *Early Yorkshire Charters*, W. FARRER et C. T. CLAY (éd.), Édimbourg et Leeds, Yorkshire Archaeological Society Record Series, 1914-1965, t. VI, p. 20-21). Pour les Îles, à cette période, voir W. B. STEVENSON, «English rule in the Channel Islands in a period of transition, 1204-1259», *La Société guernesiaise, Reports and Transactions*, t. XX, 1978, p. 234-258 et p. 241 pour Harcoul de Subligny.

---

le noble le plus puissant des marches normanno-bretonnes et possessionné de part et d'autre de la frontière. Foulques se distingua comme le seul chevalier normand qui donna son adhésion publique à Jean sans Terre pendant la bataille de Bouvines en 1214[78]. Dans les Îles, Harcoul n'était qu'à une faible distance de son ancienne seigneurie de Dol-Combour; d'ailleurs, sa fille était religieuse à l'abbaye de la Sainte-Trinité de Caen depuis le XIIe siècle, grâce aux aumônes de son grand-père Jean de Subligny[79].

À la même époque, Jean de Dol, le fils aîné d'Harcoul, se lança dans une guerre contre le nouveau duc capétien de Bretagne, Pierre Mauclerc, guerre qui dura jusqu'aux années 1235[80]. Il n'eût pas été surprenant que, malgré la proximité des Îles normandes avec Dol ou avec Bréhal, les contacts entre les membres de ce réseau familial aient cessé, étant donnés les dangers récurrents des guerres royales. De fait, quelques chartes indiquent que rien ne fut moins vrai. Dans un acte pour le prieuré de Saint-Florent de Dol, dressé peu après la fuite de son père, Jean de Dol assure que ses frères ainsi que sa mère observeraient les conditions de sa donation[81]. Plus tard, en 1230, Jean de Dol produisit un acte en faveur de l'abbaye augustinienne de Montmorel près d'Avranches, dont son grand-père Jean de Subligny avait été le principal patron. Non seulement ses héritiers, mais aussi ses frères Raoul, un chevalier, et Geoffroy, un clerc, consentirent à l'acte de Jean[82]. En cette même année, Henri III descendit en Bretagne. Son arrivée créa des tensions sur les confins normanno-bretons et provoqua une rupture ouverte entre le duc de Bretagne, allié au roi anglais, et le seigneur de Combour, qui resta fidèle à Saint Louis; à la même époque, les fils de Foulques II Paynel se déclarèrent en faveur d'Henri III[83]. Malgré ces événements, rien n'empêcha le chevalier, Raoul, et le clerc, Geoffroy, de se joindre aux dons de leur frère aîné Jean de Dol, un des plus puissants seigneurs bretons, effectués à l'abbaye normande dont leur famille fut le patron traditionnel.

Comme pour les Tosny, la situation se modifia vers 1240. Raoul de Subligny mourut avant mars 1244; dès lors, ses terres anglaises échurent au domaine

78. *Rot. Chart.*, p. 207. Selon Guillaume le Breton, pourtant, il y eut un grand danger de révolte en Normandie et en Anjou en 1214 : *Œuvres de Rigord et de Guillaume le Breton*, H. DELABORDE (éd.), Société de l'Histoire de France, Paris, 1882-1885, t. I, p. 294-295.

79. *Charters and Custumals of the Abbey of Holy Trinity, Caen. Part 2 : the French estates*, J. WALMSLEY (éd.), Oxford, 1994, p. 37-38, 44-45. Elle était probablement morte avant janvier 1221, lorsque l'abbaye de la Sainte-Trinité de Caen donna à bail ses terres à Bény-sur-Mer (dép. Calvados, cant. Creully).

80. S. PAINTER, *The Scourge of the Clergy : Peter of Dreux, Duke of Brittany*, Baltimore, 1937, p. 51, 73-74, 83.

81. Arch. dép. Maine-et-Loire, H 3332 (*vidimus* de 1367). La mention de sa mère sans son père fait penser à une date légèrement postérieure à 1206; on ignore la date de la mort d'Iseulte, dame de Combour.

82. *Cartulaire de l'abbaye de Montmorel*, P. M. DUBOSC (éd.), Saint-Lô, 1878, n° CXC.

83. E. BERGER, «Les préparatifs d'une invasion anglaise et la descente d'Henri III en Bretagne», *Bibliothèque de l'École des Chartes*, t. LIV, 1893, p. 5-44 ; S. PAINTER, *Scourge of the Clergy*, p. 65-72, 73-74, 96 ; pour l'inimitié de Jean de Dol pour Pierre de Bretagne, voir A. DE LA BORDERIE, «Nouveau recueil d'actes inédits des ducs de Bretagne», *Bulletin et Mémoires de la Société archéologique d'Ille-et-Vilaine*, t. XXI, 1892, p. 131-134, n° VII ; pour les Paynel, *Chronica Majora*, t. III, p. 197-198 ; W. B. STEVENSON, *England and Normandy*, p. 450-453.

royal, sans doute parce que le titre de Raoul avait été conditionnel, quoique le roi reconnût très tôt les droits du fils mineur de Raoul, André[84]. Celui-ci récupéra ses terres à sa majorité, et après son décès en 1259, son oncle Geoffroy de Subligny, le dernier fils d'Harcoul, tint les terres des Subligny en Angleterre jusqu'à sa mort sans héritier en 1265[85]. Mais il n'y a aucune preuve montrant le maintien de relations entre André et Geoffroy avec leurs parents bretons. Les liens anglo-français présentés par ce lignage, comme tant d'autres, se sont éteints vers l'époque des confiscations générales en 1244. La même remarque vaut pour de nombreuses autres familles anglo-normandes.

Valliquerville

Les deux exemples discutés ci-dessus montrent comment les différents membres d'une seule famille ont réussi à maintenir des contacts, voire des possessions, des deux côtés de la Manche après 1204. Mais ces liens persistants s'inscrivent dans un contexte anglo-français plutôt que strictement anglo-normand, ce qui a une signification non seulement géographique, mais aussi qualitative. Un vicomte de Beaumont-sur-Sarthe, un seigneur de Combour, jouissaient d'une puissance ou au moins d'une liberté d'action que ne connaissait nul seigneur normand après 1204. Ce sont des cas particuliers, représentatifs du groupe des barons. Le troisième exemple, en revanche, illustre le cas de la petite noblesse du duché à travers l'exemple de Jourdain de Valliquerville, issu d'un lignage chevaleresque du Pays de Caux[86]. En 1203, un homme de ce nom fut officier de second rang de l'administration plantagenêt[87]. Vers 1220, le même ou son successeur, homonyme, tenait un quartier d'un fief de chevalier à Valliquerville *de ducatu*[88]. Mais, le statut de Jourdain en Pays de Caux n'était pas médiocre. Il était lié par la parenté à d'autres familles chevaleresques cauchoises dont les Trubleville[89]. Il y fut un bienfaiteur de Jumièges et de Fécamp et possédait des droits d'aide[90]. Jourdain de Valliquerville fut d'ailleurs seigneur du manoir de Soberton en Hampshire, qu'il

---

84. *BF*, t. II, p. 1147, 1156 ; *Calendar of Inquisitions, Miscellaneous (Chancery)*, t. I *(1219-1307)*, Londres, HMSO, 1916, n° 22 ; *Excerpta e Rotulis Finium in turri Londinensi asservatis, Henrico Tertio Rege A.D. 1216-72*, C. ROBERTS (éd.), Londres, 1835-1836, t. I, p. 415, 461 ; t. II, p. 71 (où le clerc royal a écrit par erreur « André » au lieu de « Raoul »).

85. *Excerpta e Rotulis Finium*, t. II, p. 320 ; *Calendar of Inquisitions Post Mortem, Henry III*, Londres, HMSO, 1904, n°s 475, 629 ; *Close Rolls, Henry III, 1264-68*, Londres, HMSO, 1937, p. 183.

86. Pour la famille de Valliquerville (dép. Seine-Maritime, cant. Yvetot), voir J. LE MAHO, « L'apparition des seigneuries châtelaines dans le Grand-Caux à l'époque ducale », *Archéologie Médiévale*, t. VI, 1976, p. 25, 133. Un acte de Jourdain pour Fécamp le nomme *miles* (Rouen, B. M., Y 51, fol. 49v-50r) ; *The Beaulieu Cartulary*, S. F. HOCKEY (éd.), Southampton, Southampton Record Series, 1974, n° 83, le désigne comme *dominus*.

87. *RN*, p. 118.

88. *RHF*, t. XXIII p. 643g ; voir aussi p. 644bc (Valliquerville), p. 645d (Aumesnil).

89. Arch. dép. Seine-Maritime, 9 H 4, p. 204, 205-206, n°s 345, 349 : actes de Jourdain avec son fils Guillaume (1225) et d'*Ystanus* de Trubleville pour l'âme de son *nepos* Guillaume de Valliquerville (1226). Le riche chanoine de Rouen, Dreux de Trubleville, percevait un revenu à Valliquerville avant 1240 (*RHF*, t. XXIII, p. 283).

90. Arch. dép. Seine-Maritime, 9 H 4, p. 204, 206, n°s 345, 350 ; Rouen, B. M., Y 51, fol. 49v-50r ; L. DELISLE (éd.), *Jugements*, n° 675q. En 1211, il renonça à toute revendication sur les terres de l'abbaye de Saint-Wandrille (Arch. dép. Seine-Maritime, 16 H 183, copie).

---

tenait du baron Raoul de Clere[91]. À Soberton, Jourdain fut un propriétaire actif, et l'on conserve le texte de nombreux titres d'inféodation qu'il dressa en faveur des indigènes[92]. Jusqu'en 1230, Jourdain fut même toujours un vrai seigneur «trans-manchial», car Soberton n'était qu'à 160 kilomètres de Valliquerville, à travers la mer, une distance qu'un vent propice lui aurait permis de traverser en très peu de temps. On imagine que, comme les comtes d'Eu, seigneurs de Hastings juste en face de leur comté éponyme, les Valliquerville espéraient conserver leur héritage des deux côtés de la Manche, grâce à la proximité de leurs possessions anglaises et normandes.

Tout de même, la possession de terres anglaises par ce Jourdain semble avoir été troublée, en particulier à partir de la guerre occasionnée par l'expédition d'Henri III en France en 1230. Raoul de Clere chercha alors devant les tribunaux royaux à forcer Jourdain à remplir les services et coutumes qu'il lui devait à Soberton. Jourdain fit défaut plusieurs fois ; on en déduit qu'il demeurait en ce temps-là en Normandie. En outre, il dota l'abbaye de Jumièges en août 1230[93]. Son absence fut sanctionnée par le tribunal qui commanda au shérif du Hampshire de saisir une rente qu'il recevait de l'abbaye de Beaulieu[94]. Or, l'abbaye de Beaulieu dans la New Forest, fondation cistercienne de Jean sans Terre, allait profiter des difficultés du chevalier normand[95]. En fait, Jourdain dut venir à la Saint-Hilaire 1231, après l'échec de l'expédition plantagenêt en France. Mais, selon le rouleau de la cour, il était toujours outre-mer à cette date[96]. Les difficultés de Jourdain ne cessèrent pas, même après le renouvellement de la trêve. Au début de mai 1234, à la suite de la révolte de Richard le Maréchal contre Henri III, Jourdain et ses hommes furent arrêtés au port de Winchelsea[97].

Jourdain de Valliquerville reconnut finalement que la conjoncture politique ne lui permettrait pas de conserver des possessions de part et d'autre de la Manche. Il décida donc de faire une donation qui lui apporterait quelque bienfait en matière spirituelle. Moins de dix-huit mois après les difficultés évoquées, il vendit le manoir de Soberton aux cisterciens de Beaulieu pour 310 marcs sterling,

---

91. *The Victoria County History of Hampshire and the Isle of Wight* [ci-après *VCH Hants*], W. Page (dir.), Londres, 1908, t. III, p. 258. Raoul *de Clere* tire son nom ou de Clères (dép. Seine-Maritime, ch.-l. cant.) ou d'un des trois lieux dans le Hampshire qui s'appelaient Clere (auj. Kingsclere, Burghclere et Highclere). Pour la famille, voir aussi *Early Yorkshire Charters*, t. I, p. 480-482 ; *Honors and Knights' Fees*, W. Farrer (éd.), Londres et Manchester, 1923-1925, t. III, p. 355-359.

92. *The Beaulieu Cartulary*, S. F. Hockey (éd.), nos 50-55, 57-58, 74, 83. Le rédacteur se trompe en disant que Raoul tenait le fief de Jourdain.

93. Arch. dép. Seine-Maritime, 9 H 4, p. 206, n° 350.

94. *CRR*, t. XIV, n° 836.

95. Pour Beaulieu, voir C. Holdsworth, «Royal Cistercians : Beaulieu, her daughters and Rewley», dans *Thirteenth-Century England IV*, P. Coss et S. D. Lloyd (dir.), Woodbridge, 1992, p. 139-150 ; R. Wilde, «The benefactors and purchases of Beaulieu Abbey, Hampshire», thèse de M.A. non publiée, Université de Sheffield, 1999. En 1229, l'abbé avait contribué pour 500 claies de son bois à Soberton à la fabrication des nefs royales en vue de l'invasion de la Bretagne (*Close Rolls 1227-1231*, p. 248-249 ; *Pipe Roll 14 Henry III*, C. Robinson (éd.), Princeton, Pipe Roll Soc., n.s. 4, 1927, p. 185).

96. *CRR*, t. XIV, n° 1130.

97. *Close Rolls, Henry III, 1231-34*, Londres, HMSO, 1905, p. 560. Pour la révolte, voir N. C. Vincent, *Peter des Roches*, p. 374-445 ; pour son contexte français, *Close Rolls, Henry III, 1231-1234*, p. 262, 315-316.

en présence du roi, qui en fit la confirmation, et de la cour. Il garantit la vente aux moines sur le reste de ses domaines, en Angleterre et en Normandie[98]. Dans un acte légèrement postérieur, en faveur des moines de Beaulieu, il justifia ses actions :

> «J'ai octroyé à Dieu et à l'église de Notre-Dame de Beaulieu toute la terre
> de Soberton et de Flexland, qui appartenait à mes ancêtres et à moi en
> droit héréditaire, mais qui est maintenant l'échoite du roi d'Angleterre parce
> que la terre du roi d'Angleterre et la terre des Normands sont toujours en
> conflit»[99].

Le chevalier s'était évertué à exercer ses droits des deux côtés de la Manche à la fois, mais en vain. Il est fort probable que son avis fut représentatif des sentiments de maints propriétaires anglais et normands dans les années 1230. Le désir de retenir les terres ancestrales n'avait pas disparu, mais la conjoncture condamnait les espoirs aristocratiques à l'oubli.

À quelque chose malheur est bon. Raoul de Clere et son fils Roger abandonnèrent tous leurs droits seigneuriaux sur le manoir aux moines de Beaulieu[100]. Si au XVIe siècle l'aristocratie anglaise a profité de la chute du monachisme, à l'inverse, ce sont souvent les monastères qui tirèrent avantage de l'embarras dans lequel se trouva la noblesse à la fin du «royaume anglo-normand». Les chartes en faveur des moines révèlent un tout autre point de vue que les rouleaux de la chancellerie, sur des développements qui suivirent les événements de 1204.

Dans cette communication, j'ai essayé d'éclairer les multiples aspects des liens maintenus par l'aristocratie entre l'Angleterre et la Normandie entre 1204 et 1244. On peut se demander, en conclusion, si les liens «transmanchiaux» gardaient une véritable importance politique. La comtesse Marguerite de Fife, le trésorier d'Angers Richard de Tosny, les chevaliers Raoul de Subligny et Jourdain de Valliquerville, ne sont-ils que des survivances d'un système autrefois puissant, maintenant effondré?

Il est possible de trouver différentes réponses à cette question de chaque côté de la mer. En Normandie, un Jourdain de Valliquerville avait un rang important dans un Pays de Caux dépourvu de presque tous ses magnats, lesquels s'étaient retirés outre-mer en 1204. Par contraste, en une Angleterre beaucoup plus vaste que le duché, Jourdain se trouvait réduit à n'être qu'un petit chevalier au statut négligeable. D'ailleurs, les dons à titre conditionnel en Angleterre, jusqu'à une réunification espérée entre les deux pays, n'avaient pas d'équivalent français. L'intérêt indubitable des seigneurs normands pour l'outre-Manche ne correspondait pas à la politique capétienne. La situation en Angleterre, en revanche, fut plus nuan-

---

98. *The Beaulieu Cartulary*, S. F. Hockey (éd.), nᵒˢ 7 (15 oct. 1235), 46 (mai 1234-15 oct. 1235).

99. *The Beaulieu Cartulary*, S. F. Hockey (éd.), n° 47 : «concessi et confirmavi Deo et ecclesie Beate Marie Belli Loci Regis (…) totam terram de Soberton' et de Flexlonde cum omnibus pertinenciis suis que ad antecessores meos et me jure hereditario pertinebat que modo est escaeta regi Anglie, eo quod terra regis Anglie et terra Normannorum sibi invicem adversantur.». Pour Flexland à Soberton, voir *VCH Hants*, t. III, p. 260.

100. *The Beaulieu Cartulary*, S. F. Hockey (éd.), nᵒˢ 48 et 49; cf. *BF*, t. II, p. 700, 1155.

cée. En principe, les intérêts des nobles anglais coïncidaient avec ceux de la monarchie angevine dans l'espoir d'une réunification. Mais, en pratique, les rois regardaient avec méfiance la réussite d'un individu pour récupérer ses possessions françaises. Il y a peut-être ici une différence entre les expériences de la petite et de la haute aristocratie, puisque la première manquait toujours de poids pour influencer ou contester la politique royale. L'importance politique de la «classe chevaleresque» des deux côtés de la Manche ne doit pas être, malgré tout, sous-estimée : en 1244, Louis IX dut mettre un frein à la colère des chevaliers nor-mands, qui désiraient attaquer le roi d'Angleterre parce que celui-ci leur avait arraché leurs terres anglaises[101]. Le problème des héritages anglo-normands, grands et petits, mérite d'être mieux pris en compte, comme nous venons d'en présen-ter une esquisse : les vénérables chartes des familles révèlent que celles-ci eurent la conviction que le royaume anglo-normand en 1204 n'avait pas pris fin de façon définitive.

---

101. *Chronica Majora*, t. IV, p. 288.

La mémoire des origines normandes des rois d'Angleterre dans les généalogies en rouleau des XIIIe et XIVe siècles

Olivier de Laborderie[*]

> Iceti Edward repela de Hungrie ses nevous e ses neces, c'est a saver Edgar
> Etheling, k'il ama especiaument e desireit k'il fust son yer e successor de
> reaume. [...]. Les uns dient ke seint Edward, veant la mauveisté de sa gent,
> e nomeement le orgoil de les fiz Godwin, c'est a saver de Haraud, de Tosti,
> de Curthi e de Lefwin e des autres freres, il aparcust ke ce ne poeit pas
> estre ferm e estable ke il avoit en porpos de Edgar Etheling son neveu. E
> por ce il establi devant sa mort Willem Bastard, ke fu duc de Normandie e
> son cosin e fort home e batillous, de estre sun successor du reaume, le quel
> regne l'avant-dit Willeme Bastard porchasa e cunquid vigerousement a grant
> victorie.[1]

Voilà comment la notice consacrée au roi Édouard le Confesseur (1042-1066) présente, dans la version la plus répandue des généalogies en rouleau des rois d'Angleterre apparues à l'extrême fin du règne d'Henri III (1216-1272), les circonstances de la conquête de l'Angleterre par Guillaume le Conquérant en 1066. Ainsi, même si Harold Godwinson y est ensuite clairement présenté comme un usurpateur qui s'empara de la couronne «par sa force et par aide de son lignage»[2] et si le commentaire affirme un peu plus loin qu'«iceti Willem Bastard, cunqueror de Engletere, conquit le reaume par bataille de Haraud, ki le tint a tort», l'avènement de Guillaume constitue néanmoins une rupture indéniable par rapport à la pratique successorale qui avait jusque-là prévalu en Angleterre et que soulignaient ces généalogies, qui commençaient généralement – du moins initialement – avec le

---

* Professeur agrégé. Les figures renvoient au cahier couleur.

1. Cité d'après le rouleau aujourd'hui disparu appartenant en 1872 à Joseph Mayer et publié par Th. Wright (éd.), *Feudal manuals of English history. A series of popular sketches of our national history, compiled at different periods, from the thirteenth century to the fifteenth, for the use of the feudal gentry and nobility, now first edited from the original manuscripts*, Londres, T. Richards for J. Mayer, 1872, p. 23-25.

2. Le texte du ms. Cotton Rolls XIII. 17 de la British Library (Londres), qui prend quelques libertés avec le commentaire standard, affirme encore plus clairement qu'Harold «sey memes se corona a Westmoster encontre Deu e encontre tote manere de dreiture».

roi Egbert (802-839) ou, au plus tard, avec le roi Alfred (871-899). Au regard de
la transmission héréditaire du pouvoir royal, force était d'admettre que Guillaume
le Conquérant, auquel les Plantagenêts devaient de régner en Angleterre en cette
fin du XIII⁰ siècle, n'était pas l'héritier légitime du trône et n'était même, à en croire
ces généalogies, qu'un «second choix» imposé par les circonstances à saint Édouard
le Confesseur. Comment concilier ce fait avec la prétention affichée au début du
commentaire de ces généalogies de laisser de côté les «princes que, du tens as
Bretouns, orent seignurie, des queus les uns regnerent par dreit et les autres par
estrif et par bataille» pour retracer uniquement l'histoire de «ceus des queus nos
reys natureus orent nessaunce»³ ? Dans cette perspective, l'origine normande des
rois qui s'étaient succédé sur le trône d'Angleterre depuis 1066 posait un problème délicat à résoudre et que la forme généalogique adoptée par ces abrégés
d'histoire ne pouvait que souligner.

DES AIDE-MÉMOIRE D'HISTOIRE ANGLAISE À L'USAGE
DES ÉLITES POLITIQUES

L'intérêt des généalogies royales en rouleau réalisées en Angleterre entre 1271 et
1422 tient à plusieurs caractéristiques. La plus évidente est l'originalité de leur
forme (un schéma généalogique commenté) et de leur support (le rouleau),
empruntés au *Compendium Historiae in Genealogia Christi* composé par Pierre
de Poitiers au tournant des XII⁰ et XIII⁰ siècles pour permettre aux étudiants des
écoles parisiennes de mémoriser les rudiments de l'histoire biblique. Cela en fait
des abrégés particulièrement clairs et commodes, dans lesquels le schéma généalogique sert de fil conducteur de l'histoire d'Angleterre, ce qui permettait à un
public ayant une maîtrise imparfaite de l'écrit⁴ de visualiser dans les grandes lignes
l'histoire de son pays. L'utilisation majoritaire (dans trois quarts des rouleaux) de
l'anglo-normand, le français d'Angleterre, les rendait accessibles à la plus grande
partie des élites laïques, dont la maîtrise croissante de l'écrit s'étendait cependant
rarement jusqu'à celle du latin⁵. L'usage de la prose, et non des vers comme c'était
le cas jusque-là dans les œuvres historiques en langue vernaculaire, visait cependant à «capter la légitimité du latin»⁶ et à conférer à ces ouvrages l'autorité des traditionnelles chroniques latines. D'ailleurs, les généalogies puisent leurs informations
aux meilleures sources de l'historiographie latine (Bède le Vénérable, Guillaume

---

3. Cité d'après le ms. Ashmole Rolls 38 de la Bodleian Library (Oxford).
4. Voir M. T. CLANCHY, *From memory to written record. England, 1066-1307*, 2⁰ éd. rev. et augm.
[1ʳᵉ éd. Londres, E. ARNOLD, 1979], Oxford, 1993, qui écrit p. 142 que les généalogies en rouleau des
rois d'Angleterre étaient peut-être destinées à des «laymen of restricted literacy».
5. De ce fait elle en limitait l'accès à une minorité de la population anglaise, celle qui maîtrisait
cette langue anglo-normande qui n'était plus que rarement la langue maternelle, même au sein des
élites d'origine continentale, et qui était devenue une langue de culture et de pouvoir.
6. L'expression est de Jean-Philippe GENET, *La mutation de l'éducation et de la culture médiévales,
Occident chrétien (XIIᵉ siècle - milieu du XVᵉ siècle)*, t. 1, Paris, 1999, p. 182, qui l'emprunte à Gabrielle
M. SPIEGEL, *Romancing the past. The rise of vernacular prose historiography in thirteenth-century
France*, Berkeley/Los Angeles/Oxford, 1993.

de Malmesbury, Henri de Huntingdon, Ælred de Rievaulx, Raoul de Diceto et Roger de Wendover) par l'intermédiaire de Matthieu Paris, le grand historien béné-dictin, qui, le premier, imagina de retracer l'histoire d'Angleterre sous forme de généa-logies accompagnées d'un commentaire sommaire (encore en latin) et réalisa à Saint-Albans, entre 1250 et 1259, les prototypes des généalogies en rouleau, appa-rues environ deux décennies plus tard. Enfin, par le recours fréquent à des pro-cédés mnémotechniques, en particulier visuels, par la brièveté et la simplicité du commentaire, ces généalogies constituaient de véritables aide-mémoire.

En effet, il faut y insister, sous leur forme la plus répandue, ces modestes abré-gés constituent la première histoire d'Angleterre en prose vulgaire – depuis la lointaine *Chronique anglo-saxonne* – qui ait rencontré un succès appréciable[7], surtout si on considère sa rapidité et son intensité pendant les règnes d'Édouard Ier (1272-1307) et d'Édouard II (1307-1327). Au moins trente-et-un des quarante rou-leaux répertoriés ont été réalisés sous leurs règnes, dont vingt-cinq des vingt-huit en anglo-normand. Aucun ouvrage contemporain consacré à l'histoire d'Angleterre, quelle que soit sa langue, n'a rencontré un succès équivalent, à l'exception de ce qu'on appelle communément le *Brut* en prose anglo-normande, dénomina-tion qui recouvre en fait une très grande variété de textes n'ayant en commun que la langue (l'anglo-normand) et le sujet (l'histoire d'Angleterre), au point que beau-coup de spécialistes continuent d'y inclure les généalogies en rouleau et les ver-sions en codex qui en dérivent (communément appelées «*Brut* abrégés»), pourtant très différentes par les sources utilisées, la période couverte et la vision de l'his-toire nationale qu'elles proposent.

Par bien des côtés, ces généalogies anonymes, dont le succès a apparemment précédé celui du *Brut* proprement dit et qui lui a peut-être ouvert la voie, offrent une version autorisée (sans être officielle) de l'histoire anglaise, une version de com-promis susceptible de satisfaire à la fois les ambitions de la royauté, qui y est indis-cutablement exaltée – et plus encore dans les nombreuses généalogies illustrées –, et les attentes d'un nouveau public, essentiellement laïc, de plus en plus impliqué dans la «vie politique»[8] et désireux d'infléchir le pouvoir monarchique vers une pra-tique moins arbitraire en veillant à ce que les rois n'outrepassent pas leurs préro-gatives et en limitant les abus de pouvoir. En bref, ces rouleaux constituent un précieux témoignage de la culture historique nobiliaire ou «seigneuriale»[9] et des mentalités politiques des élites anglaises, en particulier des tensions entre l'idéologie royale

---

7. Voir D. B. TYSON (éd.), «An early French prose history of the kings of England», *Romania*, t. 96, 1975, p. 1-26.

8. Voir à ce sujet les réflexions de M. C. PRESTWICH, *English politics in the thirteenth century*, Basingstoke/Londres, Macmillan (coll. «British history in perspective»), 1990, et de W. M. ORMROD, *Political life in medieval England, 1300-1450*, New York, 1995.

9. Sur la «culture seigneuriale» anglaise, voir les réflexions de Jacques BEAUROY, en particulier «À propos de la culture seigneuriale anglo-française (MSS 37 et 310)», dans *Les manuscrits français de la bibliothèque Parker, Parker Library, Corpus Christi College, Cambridge*, (Actes du colloque, 24-27 mars 1993), N. WILKINS (éd.), Cambridge, Corpus Christi College, 1993, p. 157-165, et «Sur la culture seigneuriale en Angleterre : un poème anglo-normand inédit dans le cartulaire des Barons de Mohun», dans *Georges Duby. L'écriture de l'histoire*, C. DUHAMEL-AMADO et G. LOBRICHON (éd.), Bruxelles, 1996, p. 341-364.

et l'idéologie «baronniale», tout spécialement au cours de la période 1270-1330, qui vit leur plus grand succès et qui est, ce n'est probablement pas une coïncidence, une période cruciale pour la mise en place de l'«État moderne» en Angleterre[10].

SOUVENIR EMBARRASSANT OU PERTE DE MÉMOIRE?

Même si cela peut sembler une préoccupation bien tardive et même dépassée, la fonction première des généalogies en rouleau composées à partir de la fin du règne d'Henri III était de contribuer à ancrer la jeune dynastie des Plantagenêts, qui n'avait en fait accédé à la dignité royale qu'avec Henri II en 1154, dans le passé insulaire et national, à la suite d'Ælred de Rievaulx dans sa *Genealogia Regum Anglorum*, que l'abbé cistercien avait précisément écrite à l'intention du jeune prétendant au trône – usurpé par Étienne de Blois en 1135 à la mort du grand-père d'Henri, le roi Henri Ier – dans les mois qui avaient précédé son avènement. On peut même affirmer que la mise en évidence, par le recours au schéma généalogique et l'adoption du rouleau comme support, de l'ascendance anglo-saxonne des Plantagenêts par l'intermédiaire d'Edith/Mathilde, femme du roi Henri Ier, et de sa mère sainte Marguerite d'Écosse, petite-fille du roi d'Angleterre Edmond II «Ironside» («Côte-de-Fer»), demi-frère de saint Édouard le Confesseur, est la raison d'être de ces généalogies – et peut-être aussi une des raisons du succès qu'elles rencontrèrent auprès d'un public dont les origines mixtes (continentales et insulaires) étaient fréquentes. Il s'agissait donc de doter la dynastie régnante d'une profondeur chronologique qui lui faisait cruellement défaut et de faire rejaillir sur elle le prestige dont jouissait la lignée royale anglo-saxonne qui avait régné sur l'Angleterre de manière presque continue pendant les deux siècles et demi qui avaient précédé la conquête normande, de l'avènement d'Egbert (802) à la mort de saint Édouard le Confesseur (1066). Présenter les Plantagenêts, non pas seulement comme les légitimes héritiers des premiers rois normands d'Angleterre, mais comme les descendants – et pas uniquement les successeurs – de ces illustres rois anglo-saxons ne pouvait que leur conférer un surcroît de prestige – sinon renforcer à proprement parler une légitimité que plus personne désormais ne se serait permis de mettre en doute deux siècles après la conquête normande. Ainsi, d'une certaine manière, les généalogies en rouleau s'inscrivaient bien dans le prolongement des efforts entrepris par Henri III pour apparaître aux yeux de ses sujets comme le digne successeur de ses devanciers anglo-saxons, efforts au nombre desquels on peut citer, parmi les plus manifestes, le choix des prénoms de ses trois enfants (Édouard, Edmond et Marguerite), la somptueuse reconstruction de l'abbatiale de Westminster et l'éclat donné au culte de saint Édouard le Confesseur, auquel il chercha ouvertement à s'identifier, jusque dans la mort[11].

---

10. Voir en particulier à ce sujet J.-Ph. GENET, «L'État moderne : un modèle opératoire?», dans *L'État moderne : genèse. Bilan et perspectives*, J.-Ph. GENET (éd.), Paris, 1990, p. 261-281.

11. Voir à ce sujet P. BINSKI, «Reflections on La Estoire de Seint Aedward le Rei : hagiography and kingship in thirteenth-century England», *Journal of Medieval History*, t. 16, 1990, p. 333-350 ; P. BINSKI,

Dans cette perspective, la conquête normande constituait plutôt un inconvénient dans la mesure où, à la différence des Plantagenêts, les rois normands, de
Guillaume le Conquérant à Étienne, ne se rattachaient en aucune manière à leurs
prédécesseurs anglo-saxons et où le sang de ce glorieux lignage royal ne coulait
pas dans leurs veines[12]. Malgré le lien de parenté, d'ailleurs fort éloigné, entre
Guillaume le Conquérant et Édouard le Confesseur, les rois normands ne pouvaient en aucun cas prétendre avoir hérité des vertus patrimoniales (à la fois religieuses, morales, politiques et militaires) dont avaient fait preuve l'immense
majorité des rois anglo-saxons à en croire le commentaire des généalogies, qui
s'inspirait pour l'essentiel, par l'intermédiaire de Matthieu Paris, des *Gesta Regum
Anglorum* d'un autre grand historien bénédictin anglais, Guillaume de Malmesbury,
qui avait écrit dans le deuxième quart du XIIe siècle. Même considérée sous un
jour favorable, la conquête de 1066 n'en demeurait pas moins une usurpation,
sinon vis-à-vis d'Harold, dont les droits à la couronne étaient bien minces (il était
cependant le beau-frère d'un roi qui ne laissait aucune descendance à sa mort),
du moins, comme le rappelaient sans ambages les généalogies en rouleau, vis-
à-vis du jeune Edgar Ætheling, petit-fils d'Edmond II Ironside. Et si les droits des
Plantagenêts au trône d'Angleterre ne reposaient que sur ce «droit de conquête»,
ils pouvaient sembler bien fragiles, comme devait encore le rappeler ouvertement, à propos du numéro adopté dans sa titulature par Édouard III, l'auteur
d'une continuation ajoutée dans un rouleau peu après 1340[13] :

> Ceti Edward se fit apeler Edward le tierz aprés le conquest, c'est a dire
> aprés William Bastard, en se(s) lettres et chartres, et fut avis a plusours que
> ceo ne fu mie a l'honur de ly ne de ses ancestres pur ceo que conquest par
> force ne done james droit, mes covendreit que il hust hu droit devant le conquest,
> car autrement li et tuz ses successours huissent esté possessours de male
> foy et entrusours.

En outre, même si l'usurpation préalable d'Harold permettait dans une certaine mesure d'annuler les droits d'Edgar Ætheling et de légitimer la conquête de
Guillaume, comme le soulignait clairement l'auteur du commentaire d'un rouleau atypique écrit sous le règne d'Édouard II[14] et comme le sous-entendait le

---

Westminster abbey and the Plantagenets. Kingship and the representation of power, 1200-1400, New
Haven/Londres, 1995 ; J. C. PARSONS, «Saints' cults and kingship : Edward the Confessor and Henry III
of England», étude dactylographiée de 51 p. communiquée par l'auteur, que je tiens à remercier ; D.
A. CARPENTER, *The reign of Henry III,* Londres/Rio Grande, 1996 ; et M. T. CLANCHY, *England and its rulers,
1066-1272,* 2e éd. avec un épilogue sur Édouard Ier (1272-1307) [1re éd. 1983], Oxford, 1998.

12. C'est en fait le sang des ducs de Normandie qui coulait dans les veines du dernier roi de la
lignée anglo-saxonne, Édouard le Confesseur, comme de son prédécesseur danois, Harthacnut, puisque
tous deux avaient pour mère Emma, sœur du duc Richard II.

13. Ms. Royal 14 B. VI de la British Library (Londres).

14. Il s'agit du ms. 12/45 B du College of Arms (Londres) : «Aprés le mort le bon Roy Edward, si
voiloient les barouns corouner Edgar Ethelyng, mez Haraud fitz le counte Godwyn fu riche & forcibles
de amys e de avoyr, prist la tere, fist sei corouner a force saunz assent de prelates e des barouns e
regna a graunt travaile ix mois. Puis vint Willam le Bastard, duc de Normondye, en Engletere e com-
bati a luy e Haraud fu mort en la bataille. [...] Pur treis resons vient le duk Willam en Engletere : un
por ceo qe Godwyne e cez fitz avoient occis Alfred soun cosyn ; un altre qe sez parens furent exilé

commentaire standard des généalogies en rouleau, Guillaume était non seulement un envahisseur dépourvu de la moindre origine anglaise, mais de surcroît un bâtard, au point que ce surnom lui restait collé à la peau plus de deux siècles après la conquête. Il pouvait donc sembler doublement opportun, pour les auteurs de généalogies en rouleau, de ne pas s'appesantir sur ses origines à la fois étrangères et douteuses.

Toutefois, dans l'optique qui était la leur, les généalogies en rouleau ne pouvaient contourner cet obstacle en choisissant la solution de facilité consistant à ne retracer l'histoire des rois d'Angleterre que depuis l'avènement de Guillaume le Conquérant comme le faisaient bon nombre de chroniqueurs anglais. Ainsi, dans son *Historia Anglorum*, une des versions allégées – et consacrées à la seule histoire anglaise – de ses monumentales *Chronica Majora*, Matthieu Paris prit le parti d'adopter la conquête comme point de départ de l'histoire anglaise et fit d'ailleurs précéder sa chronique d'une galerie de rois qui faisait office, sur deux folios, de résumé en images et qui ne comprenait que les huit rois qui s'étaient succédé en Angleterre de Guillaume le Conquérant à Henri III. Plus tard encore, sous les règnes d'Édouard II et d'Édouard III, une autre famille d'abrégés généalogiques – en latin et en codex cette fois-ci – qui rencontra un succès appréciable, quoique moindre que celui des généalogies en rouleau, dénote un choix analogue, faisant se succéder, au rythme d'un par page, tous les rois de Guillaume à Édouard II ou Édouard III. Mais, pour qui voulait inscrire la monarchie anglaise dans la durée et souligner la continuité de l'institution royale, sinon du sang royal, un tel choix n'était pas envisageable.

À tout le moins, les auteurs de généalogies pouvaient, pour ne pas souligner de manière trop appuyée cette rupture dynastique qui contrariait le but consciemment recherché, s'efforcer de la dissimuler et laisser en tout cas dans l'ombre les origines du Conquérant, dont seul était mentionné – et encore n'est-ce que de manière très allusive – le lien de parenté avec saint Édouard le Confesseur. C'est ainsi que procéda Matthieu Paris dans ses diverses généalogies autographes des rois d'Angleterre[15], où il plaça systématiquement le médaillon consacré à Guillaume en haut de page, à la fois pour masquer l'absence de ligne le reliant à l'un ou l'autre de ses prédécesseurs et pour se dispenser d'avoir à expliquer comment, malgré sa bâtardise notoire, il avait pu hériter du duché de Normandie et prétendre

hors de Engletere ; la tierce qe Haraud fuist perjurez e ne luy voleit tenir cez covenauntz. Et neporquant (?) sy fui Willam cosyn seynt Edward le Roi. »

15. C'est le cas aussi bien dans celle qui figure aujourd'hui à la fin du premier volume des *Chronica Majora* (ms. 26 de la Parker Library, Corpus Christi College, Cambridge), qui n'est vraisemblablement qu'une ébauche ou un outil de travail, que dans celle qui est incorporée dans les documents préliminaires placés en tête du second volume (ms. 16 de la Parker Library, Corpus Christi College, Cambridge) ou encore de celle qui précède l'impressionnante galerie de trente-deux rois en tête de *l'Abbreviatio Compendiosa Chronicorum Angliæ* (ms. Cotton Claudius D. VI de la British Library, Londres). En revanche, dans celle que nous a transmise son ami et confrère de Saint-Albans Jean de Wallingford, en tête de sa chronique (ms. Cotton Julius D. VII de la British Library, Londres), le médaillon de Guillaume est précédé en haut de la page par celui, isolé, de l'usurpateur Harold, ce qui offre malgré tout l'avantage de souligner, par contraste, le rôle de Guillaume comme fondateur de dynastie, ce qui est une forme de légitimation rétrospective.

en outre à la couronne d'Angleterre. Sans pouvoir recourir à semblable procédé du fait de l'usage du rouleau, de nombreux auteurs de généalogies en rouleau – et notamment de la très grande majorité des généalogies en latin – choisirent pareillement de passer sous silence les origines du Conquérant. Certains poussèrent même, comme l'auteur du ms. Additional 30079 de la British Library (Londres), jusqu'à tracer une ligne ascendante oblique joignant le médaillon de Guillaume au côté du rouleau, comme pour signifier qu'il venait de nulle part – ou en tout cas d'ailleurs – et qu'au demeurant ses origines importaient peu puisqu'elles ne pouvaient en aucun cas constituer le fondement de sa contestable légitimité (fig. 1). Il est donc compréhensible de ne trouver que deux brèves allusions à la Normandie dans la partie des généalogies consacrées à l'histoire antérieure à la conquête, la première pour mentionner le mariage du roi Æthelred II avec Emma, sœur du duc Richard II, la seconde pour signaler que son fils Édouard le Confesseur avait été élevé («nourri») en Normandie. Quant à l'unique mention des «Normands», sur laquelle je reviendrai, elle est particulièrement ambiguë puisque ce terme sert ici, en fait, à désigner les «Northmen» et à traduire tantôt le latin «Norwagii» (Norvégiens), tantôt le latin «Normanni».

Mais, précisément, il serait imprudent d'interpréter nécessairement cette omission initiale[16] des origines normandes des rois d'Angleterre comme une occultation délibérée. Ne pouvait-elle traduire plus simplement, sinon une improbable perte de mémoire résultant d'un manque d'informations, du moins une perte d'intérêt pour une question dont la pertinence était ici discutable? Après tout, il était loisible au lecteur de satisfaire son éventuelle curiosité à ce sujet, ici hors de propos, en recourant à d'autres ouvrages, en latin ou en langue vernaculaire[17]. Cette perte d'intérêt pour la Normandie, berceau de la plus grande partie des élites anglaises de cette fin du XIIIᵉ siècle, pourrait d'autant mieux se comprendre que le duché avait échappé à la domination anglaise au début de ce siècle et ne faisait plus partie dès lors du patrimoine territorial des Plantagenêts. Cette perte pouvait même sembler irrévocable depuis qu'Henri III avait officiellement renoncé à la Normandie lors du traité de Paris en 1259 et fait disparaître le titre de duc de Normandie de son nouveau sceau de majesté. En tout cas, si Henri III et son fils continuèrent de témoigner leur vénération à leurs parents angevins, notamment ceux qui étaient enterrés à Fontevraud, ils n'accordèrent pas une attention équivalente à leurs ancêtres normands, pas même à Guillaume le Conquérant, enterré à Caen[18]. Il ne fait aucun doute que la perte par Jean sans Terre de la plus grande partie du patrimoine continental hérité de ses parents, et surtout de la Normandie, où bon nombre de nobles anglais possédaient encore des terres, avait fortement contribué à inciter les élites anglaises – et pas seulement les rois – à se détourner

16. Toutes les généalogies en anglo-normand dérivent en effet d'un modèle latin analogue à celui qui figure sur le ms. Additional 30079 de la British Library (Londres).

17. On peut citer notamment le *Roman de Rou* de Wace, l'*Histoire des ducs de Normandie* de Benoît de Sainte-Maure ou l'une des anonymes Chroniques de Normandie dérivée de l'*Histoire des ducs de Normandie et des rois d'Angleterre* de l'Anonyme de Béthune, écrite vers 1220.

18. Voir à ce sujet les premières pages du livre de M. Vale, *The Angevin legacy and the Hundred Years War, 1250-1340*, Oxford, 1990.

de leurs origines normandes et à ancrer leur lignage dans un passé insulaire réel ou imaginaire, témoignant à l'égard de ces nouveaux ancêtres adoptifs anglo-saxons une vénération au moins égale à celle qu'ils manifestaient envers leurs véritables ancêtres continentaux[19]. Dans ce processus lent mais fondamental d'assimilation des élites d'origine étrangère à la culture autochtone – un processus d'anglicisation déjà amorcé avant 1204, mais accéléré après – il pouvait sembler inutile, et même embarrassant, de rappeler avec trop d'insistance des origines normandes qui avaient perdu une partie de leur sens. Leur enracinement de plus en plus profond dans le passé insulaire était à la fois cause et conséquence de leur progressif déracinement de Normandie. Tout comme pour les Français après la perte de l'Alsace-Lorraine en 1871, que Gambetta invitait à «n'en parler jamais, mais y penser toujours», l'oubli, même de façade, pouvait sembler réconfortant, en tout cas préférable à une remémoration devenue nécessairement douloureuse pour ces Normands déracinés.

UNE LABORIEUSE ET IMPARFAITE REMÉMORATION

Malgré le traumatisme provoqué au sein des élites anglaises par la perte de la Normandie, le souvenir des origines normandes a très tôt resurgi dans les généalogies en rouleau. Cette mémoire, encore refoulée dans les prototypes latins conçus par Matthieu Paris et dans les premières généalogies en rouleau, elles aussi en latin, où elle se traduisait par l'évacuation des origines de Guillaume le Conquérant, est en fait remontée à la surface à l'occasion de leur traduction en anglo-normand. Si la volonté d'éluder la perte de la Normandie par l'Angleterre reste patente dans la notice de Jean sans Terre, qui se contente de signaler de manière évasive qu'il mourut «aprés mult de tribulacions e divers travaus e les pertes de ses terres de outre-mere»[20], en revanche l'ajout de l'ascendance de Guillaume jusqu'à Rollon dans le schéma généalogique constitue une des différences les plus remarquables entre les généalogies anglo-normandes et les généalogies latines. Cette insertion est d'autant plus spectaculaire qu'elle introduit une rupture dans le déroulement chronologique de l'histoire d'Angleterre. En effet, au lieu de dérouler le lignage des ducs de Normandie parallèlement à celui des rois d'Angleterre, procédé déjà utilisé dans les généalogies en rouleau du Christ ou dans les chroniques universelles en rouleau, on l'a ici intercalé entre le médaillon d'Harold Godwinson et celui de Guillaume le Conquérant. Ainsi, Rollon, le premier duc de Normandie (911-927), qui était en fait contemporain du roi anglo-saxon Édouard le Vieil (899-924), se retrouve ici placé après Harold,

---

19. Voir à ce sujet l'analyse des romans lignagiers anglo-normands par S. CRANE, *Insular romance. Politics, faith, and culture in Anglo-Norman and Middle English literature*, Berkeley/Los Angeles/Londres, 1986, p. 13-91.

20. Par contraste, le distique placé au-dessus de la miniature représentant Jean sans Terre dans la famille d'abrégés généalogiques en latin apparue dans le second quart du XIVe siècle en fait le principal événement de son règne et le principal reproche à son égard (cité d'après le ms. Rawlinson D. 329 de la Bodleian Library, Oxford) :

«Neustria Johannis fuit in defenso sub annis,
Qui, quia deliquit, Gallis possessa reliquit.»

dont le bref règne avait eu lieu en 1066, soit plus d'un siècle et demi après la création du duché de Normandie! Ce choix ne pouvait manquer de faire ressortir, ne
serait-ce que visuellement, par le vide inhabituel qui entourait initialement ce long
segment ajouté au schéma généalogique ou par la disposition inhabituelle des
médaillons, l'importance qu'il convenait d'accorder au lignage ducal normand.

Cette résurgence résulte, non d'un événement ou de circonstances particu-
lières du règne d'Édouard Iᵉʳ, dont les préoccupations continentales concernaient
exclusivement son duché d'Aquitaine (ou de Guyenne), mais bien du changement
de public. Il est frappant de voir que seules deux des dix généalogies en latin ont
jugé utile d'ajouter l'ascendance normande de Guillaume ; encore s'agit-il de rouleaux tardifs, réalisés au début du règne d'Henri IV, dans des circonstances fort
différentes, et qui ont sans nul doute subi l'influence de généalogies en anglo-
normand[21]. À l'inverse, seuls quatre des vingt-huit rouleaux en anglo-normand,
tous quatre atypiques, omettent cette ascendance normande et, dans deux cas,
cela peut s'expliquer en partie par un choix particulier de mise en page qui ne
laissait que peu de place au schéma généalogique, rejeté sur le côté droit du rouleau[22]. Sans affirmer que les rouleaux en latin étaient exclusivement destinés à une
audience ecclésiastique tandis que ceux en anglo-normand étaient nécessairement destinés à des laïques, ce qui serait caricatural, on peut toutefois penser
que les généalogies traduites en langue vernaculaire visaient en priorité les élites
laïques. Selon toute apparence, ce nouveau public, désireux de mieux connaître
l'histoire de sa patrie adoptive, ne pouvait se résoudre pour autant à considérer
Guillaume le Conquérant comme un aventurier aux origines obscures et ne pouvait donc se satisfaire de l'omission initiale de son ascendance dans le modèle
latin. Pour la noblesse anglaise, il demeurait inconcevable de passer sous silence
les origines normandes de la dynastie régnante – origines qu'elle partageait avec
elle – comme si elles eussent dû être un motif de honte. On pourrait, certes,
arguer que Matthieu Paris et les auteurs de généalogies en latin supposaient
connue du public pour lequel ils écrivaient l'ascendance du Conquérant, ce qui
dispensait de l'indiquer dans ce type d'abrégé, centré sur l'histoire d'un territoire
plus encore que d'une lignée[23], mais son immédiate réintroduction dans la version anglo-normande laisse à penser que les élites laïques auraient éprouvé une
certaine frustration à ne pas la voir clairement exposée[24]. D'ailleurs, de furtives

---

21. Il s'agit du ms. Harley Rolls C. 10 de la British Library (Londres) et du ms. 20/9 du College of
Arms (Londres), ce dernier sûrement inspiré d'un modèle en anglo-normand.

22. Il s'agit du ms. Additional E. 14 (R) de la Bodleian Library (Oxford) et du ms. Additional 11713
de la British Library (Londres), copié quelques années après sur le premier ; les deux autres sont le
ms. Cotton Rolls XIII. 17 de la British Library (Londres) et le ms. 12/45 B du College of Arms (Londres).

23. C'est ce que semble indiquer le fait que, dans la généalogie placée à la fin du ms. 26 de la Parker
Library (Corpus Christi College, Cambridge), Matthieu Paris glisse quelques lignes sur Rollon (dans les
notices consacrées à Alfred et à Édouard le Vieil), sans se donner cependant la peine d'indiquer son
lien de parenté avec Guillaume le Conquérant : «Ejus tempore [du temps d'Alfred], Rollo venit in
Neustriam. […] Tempore hujus Edwardi regis, baptizatus est Rollo, cui terra datur cum Gilla, filia Karoli
ejusdem. Postea Britannia tota, quia bonus fuit Rollo ac fidelis et strenuus et pius christianus. Huic Rolloni
Berengerius et Alanus, principes Britannie Minoris, sacramentum fecerunt fidelitatis.»

24. On peut en voir un signe dans le plus ancien ouvrage d'histoire anglaise en prose anglo-normande connu à ce jour, un abrégé un peu confus écrit pendant la captivité de Richard Cœur de Lion,

annotations ajoutées après coup en marge du schéma ou des illustrations dans deux rouleaux témoignent du profond intérêt de leurs propriétaires d'alors pour ces origines normandes, communes aux rois et à la plus grande partie de leur noblesse[25].

Si l'on considère la surprenante amnésie dont témoignent les premières généalogies des rois d'Angleterre à propos des origines de Guillaume le Conquérant, le recouvrement de la mémoire qu'on peut observer dans les généalogies en anglo-normand s'apparente à ce qu'on appelle en médecine un processus anamnéstique, visant à faire remonter peu à peu à la surface, dans la mémoire consciente, des événements jusque-là enfouis dans l'inconscient. Et il s'agit bien ici d'un phénomène progressif, laborieux et, on le verra, incomplet. Dans un premier temps, en effet, dans les plus anciennes versions anglo-normandes, seuls des noms, des liens de parenté et, dans les rouleaux illustrés, des images reviennent en mémoire[26]. Mais il s'agit encore d'une histoire sans parole. Le schéma généalogique des ducs de Normandie y est en effet dépourvu de tout commentaire. Il est difficile de savoir ce que ces figures et ces noms, cette «galerie de portraits» pouvaient évoquer chez le lecteur, mais il est peu probable qu'ils aient suffi à lui remettre en mémoire toute l'histoire du duché de Normandie de 911 à 1066. Ils lui permettaient, à tout le moins, de retracer l'ascendance de Guillaume, ce qui était, à n'en pas douter, une des fonctions primordiales de l'histoire, comme l'avait rappelé Wace, pour qui l'historien écrivait avant tout pour préserver et raviver le souvenir des ancêtres :

Pur remembrer des ancessurs
les feiz e les diz e les murs.[27]

Cette irruption intempestive du lignage des ducs de Normandie dans les généalogies en rouleau, parfois accompagné d'une note laconique[28], ne permettait cependant pas d'en retracer l'histoire, même à gros traits. Sa fonction était simplement de souligner que Guillaume le Conquérant n'était pas un parvenu, un homme nouveau, mais le rejeton d'un ancien et illustre lignage. Les surnoms de certains de ses ancêtres, «Longue Épée», «sans Peur», suffisaient à dire leur courage et leur valeur militaire, tout comme les charges ou titres des nombreux

---

à la fin du XIIe siècle. Il énumère en effet les ducs de Normandie de Rollon à Guillaume le Bâtard; voir D. B. TYSON, «An early French prose history...», p. 12-13.

25. Ainsi, dans le ms. Royal 14 B. V de la British Library (Londres), de nombreuses précisions ont été ajoutées tout au long du segment de la généalogie consacré aux ducs de Normandie, concernant les alliances matrimoniales ou la progéniture de leurs descendants; et, dans le ms. Ashmole Rolls 38 de la Bodleian Library (Oxford), ce sont les noms de plusieurs grandes familles d'origine normande («Tayleboys», «Mountgomery», «Mowbray») qui ont été ajoutés sous les figures des trois premiers rois normands.

26. On trouve même deux superbes généalogies illustrées copiées l'une sur l'autre, le ms. Cotton Rolls XV. 7 de la British Library (Londres) et le ms. Broxbourne 112.3 de la Bodleian Library (Oxford), dans lesquels les trois premiers noms des ducs de Normandie ne sont même pas indiqués dans le cercle extérieur de leur médaillon, ce qui rendait impossible leur identification par le lecteur et lui permettait seulement de savoir que Guillaume était issu d'une longue lignée d'illustres ancêtres.

27. WACE, *Roman de Rou*, A.-J. HOLDEN (éd.), Paris, 1970, t. I, p. 161, v. 1 et 2.

28. Ainsi, dans le ms. 75 A 2/2 de la Koninklijke Bibliotheek (La Haye), on peut lire, à gauche du médaillon de Rollon, «La lignee Willem Bastard, ki regna après Haraud, le fiz au counte Godwin.»

descendants des ducs Richard Ier et Richard II soulignaient la noblesse et la piété de cette *stirps ducalis*.

Cette première étape du processus anamnéstique ne devait cependant pas aboutir à une parfaite remémoration des origines normandes et s'achevait même par une erreur pour le moins singulière et déroutante. En effet, Guillaume le Conquérant, celui précisément dont cet ajout visait à démontrer la glorieuse ascendance, n'était pas donné comme le fils du duc Robert, mais comme son cousin germain et le fils d'une certaine «Maud», elle-même fille du duc Richard Ier! Or, si Richard Ier avait bien eu une fille nommée Mathilde, elle n'était évidemment pas la mère du Conquérant : elle avait épousé le comte de Blois et Chartres, était morte en 1013 (quatorze ans avant la naissance de Guillaume…) et n'avait d'ailleurs eu aucun enfant. Cette confusion est encore plus surprenante dans certains rouleaux illustrés, où Robert, le père de Guillaume, qui est bien présenté comme frère cadet de Richard III, est représenté coiffé d'une mitre! Comment expliquer ce qui semble bien être une erreur grossière? S'il s'agit d'un «trou de mémoire» ou d'une erreur involontaire liée aux sources utilisées par celui qui prit l'initiative de faire figurer l'ascendance de Guillaume dans la première généalogie en anglo-normand, je n'en ai pas retrouvé la trace[29]. D'ailleurs, il paraît difficilement concevable qu'une même source ait pu connaître de manière aussi détaillée la descendance de Richard Ier et de Richard II et se tromper aussi lourdement sur les parents de Guillaume. Cela semble d'autant moins probable qu'il était de notoriété publique, comme saint Hugues d'Avalon, évêque de Lincoln, avait osé le rappeler en une occasion au roi Henri II, que la mère de Guillaume était la fille d'un tanneur de Falaise. D'ailleurs, les copistes de certains rouleaux, conscients de l'erreur sans pour autant être en mesure de la corriger, n'ont pas relié le médaillon de «Maud» à celui de «Willem Bastard», qui se trouve ainsi à nouveau privé d'ascendance, quoique figurant toujours anormalement à l'extrême droite de la rangée des petits-enfants de Richard Ier[30]. Inversement, s'il s'agissait d'une erreur volontaire, elle est difficilement compréhensible dans la mesure où elle ne permettait en rien de masquer la bâtardise de Guillaume et offrait en outre l'inconvénient majeur de ne pas même permettre de comprendre comment il avait bien pu hériter du duché de Normandie, tant il y aurait eu de prétendants plus proches que lui des ducs Richard III et Robert. S'il s'agissait d'une falsification délibérée – ce serait alors la seule de toute la généalogie – peut-être visait-elle à ne pas présenter le Conquérant comme le fils d'un personnage à la réputation sulfureuse, au point d'avoir été surnommé «le Diable», soupçonné de surcroît d'avoir fait empoisonner son frère aîné Richard III pour s'emparer de la couronne ducale[31].

29. À l'issue de ma communication, Elisabeth Van Houts, qui a récemment édité les *Gesta Normannorum Ducum* de Guillaume de Jumièges, m'a indiqué que cette erreur ne se trouvait pas dans cette source latine ; je tiens à la remercier de cette information.

30. On peut observer cette réserve dans deux rouleaux illustrés, le ms. Royal 14 B. VI de la British Library (Londres) et dans le ms. Ashmole Rolls 38 de la Bodleian Library (Oxford).

31. On en trouve l'écho dans les deux commentaires indépendants consacrés aux ducs de Normandie, ajoutés dans certaines généalogies en rouleau, qui ont toutes en commun d'avoir corrigé l'erreur du schéma d'origine et de présenter Guillaume comme le fils de Robert. Dans le ms. Dd. III. 58 de la Cambridge University Library et les quatre rouleaux qui en dérivent, on se contente d'y faire allusion dans la

Peut-être les Anglais – et les rois d'Angleterre eux-mêmes – étaient-ils prêts à assumer la bâtardise du fondateur de la dynastie régnante mais répugnaient-ils malgré tout à le présenter comme le fils d'un fratricide…

En fait, pour trouver une explication plausible à cette erreur, tellement décon-certante dans un ouvrage par ailleurs si soucieux d'exactitude, il faut revenir à l'intention première de ces généalogies, qui visaient à souligner la continuité et, lorsque c'était possible, la parenté entre les rois anglo-saxons et leurs succes-seurs normands et angevins. Faire de Guillaume un petit-fils de Richard Ier et le faire ainsi remonter d'une génération permettait de le faire figurer dans la même rangée de médaillons (parfois soulignée par un bandeau) que le roi Édouard le Confesseur, de faire d'eux des cousins germains (fig. 2). Or, on l'a vu, ce cousi-nage, souligné dans le commentaire d'origine, était une des principales raisons avancées pour justifier la désignation de Guillaume comme son successeur par Édouard le Confesseur. Cette erreur généalogique permettait donc de resserrer – ne serait-ce que par un artifice visuel – le lien de parenté en fait très lâche qui unissait le Conquérant au dernier roi anglo-saxon légitime. L'image se révélait en cette occasion un auxiliaire précieux et efficace du texte.

UNE ÉCLATANTE REMISE À L'HONNEUR DU LIGNAGE DES DUCS DE NORMANDIE

Dans la majeure partie des généalogies en anglo-normand, c'est aussi d'abord, et parfois uniquement, par l'image que s'effectue la revalorisation des ancêtres normands des rois d'Angleterre. En effet, dans dix-huit des vingt-huit généalogies en rouleau en anglo-normand, le tronçon du schéma généalogique ajouté pour les ducs de Normandie n'est accompagné d'aucun commentaire. Et, à une excep-tion près[32], tous ces rouleaux reproduisent la version fautive – ou falsifiée? – de l'ascendance immédiate de Guillaume. Ainsi, si on peut parler de revalorisation, sinon à proprement parler de réhabilitation, des ducs de Normandie, il faut insis-ter sur le fait qu'elle ne passe que rarement par l'ajout d'un texte, peut-être parce que les détenteurs de ces rouleaux ne connaissaient personne dans leur entou-rage qui fût susceptible d'élaborer un commentaire, même bref, sur l'histoire du duché de Normandie avant la conquête, peut-être faute d'avoir à sa disposition une des chroniques nécessaires. Néanmoins, l'image, que les médaillons du schéma soient ou non dotés d'illustrations, suffit à exprimer cette revalorisation. D'abord, le blanc du parchemin qui encadre de manière inhabituelle cette section

---

notice de Richard III : « Aucune gent disoient k'il fust enposoné ». Mais, dans le commentaire ajouté dans le ms. Additional 47170 de la British Library, la notice est beaucoup plus explicite : « Cesty Richard le tierce, le ayné fitz al Richard le tierce <sic>, prist la duché après soun pere, mays par Robert soun frere qe après luy prist la duché cum l'em dist il fust empoysoné et morust en le primere an de sa duché. »

32. Il s'agit du ms. 20/2 du College of Arms (Londres), un rouleau réalisé dans les deux premières décennies du règne d'Édouard III : le schéma généalogique y a été corrigé dès l'origine, mais on n'y trouve pas le commentaire consacré à Richard III et à Robert qui accompagne cette portion du schéma dans cinq des six autres versions corrigées.

du schéma généalogique arrête immanquablement le regard et fait ressortir le lignage ducal aux yeux du lecteur. À l'occasion, comme dans le ms. 75 A 2/2 de la Koninklijke Bibliotheek de La Haye, le copiste a agrémenté certains médaillons de petites figures pour attirer davantage encore le regard[33]. Dans d'autres rouleaux, on assiste à ce point à un changement de la couleur utilisée pour colorer l'espace interlinéaire des lignes de parenté et des cercles extérieurs des médaillons.

En outre, l'insertion du lignage ducal introduit une rupture par rapport à la règle générale consistant à ne pas faire figurer les descendants des rois, ou des personnages assimilés, au-delà de la première génération. Si on laisse de côté le cas très particulier de la descendance d'Edmond II Ironside, détaillée sur trois générations jusqu'à Mathilde, femme d'Henri Ier, le duc Richard Ier est, en effet, le premier personnage de la généalogie dont sont représentés certains des petits-enfants[34]. Peut-être l'auteur voulait-il seulement montrer combien les ducs de Normandie avaient été prolifiques, ce que souligne aussi à l'occasion l'utilisation de motifs végétaux (fig. 3), et combien leur descendance s'était illustrée aussi bien dans l'Église (archevêques, évêques, moines, abbesses, moniales) que dans le siècle (comtes et comtesses). Les honneurs que s'étaient vu conférer les membres de ce lignage, les alliances matrimoniales prestigieuses que Guillaume s'était vu proposer (et notamment par la maison royale d'Angleterre) étaient comme autant de témoignages de sa valeur. Il était un bâtard, sans doute, mais un bâtard de bonne famille…

C'est encore plus clair lorsque les généalogies, quoique dépourvues de commentaire, sont illustrées. La manière dont les ducs y sont représentés souligne, en effet, leur appartenance à la haute noblesse. Même lorsqu'ils ne sont représentés qu'en buste, ce qui est le cas dans six des sept rouleaux illustrés sans commentaire, et dans un médaillon plus petit que celui des rois, ils sont, en effet, dotés d'un chapeau que l'on peut qualifier de «baronnial», le plus souvent en fourrure, et parfois aussi d'un col de vair. Et même, dans le cas, il est vrai unique, du ms. Royal 14 B. V de la British Library (Londres), ils ont droit à un médaillon de même taille que celui des rois d'Angleterre et sont représentés, comme eux, siègeant sur un trône et couronnés. Et c'est toujours aussi en majesté – une majesté certes incomplète[35] – qu'ils sont représentés dans les six rouleaux qui ont rétabli l'ascendance correcte de Guillaume et qui ont en plus consacré un commentaire aux deux derniers ducs. Dans le ms. Additional 47170 de la British Library (Londres), rien ne les distingue des rois d'Angleterre, d'autant qu'ils sont dotés en plus d'une épée ou d'un sceptre. Et dans le ms. Dd. III. 58 de la Cambridge University Library et les quatre rouleaux dérivés, si leurs médaillons sont généralement plus petits et s'ils n'ont que rarement droit à une couronne, les ducs de Normandie ont en

---

33. Le médaillon de Rollon est encadré par une courte note à gauche et un grotesque bicéphale (une tête d'oiseau et une tête d'homme) à droite ; celui de Guillaume le Conquérant est surmonté de l'extrémité d'une épée et d'une tête de chevalier couverte d'un camail.

34. Des treize petits-enfants nommés, d'ailleurs, une seule est une fille, «Alice la contesse», fille de Richard II (il s'agit d'Aeliz, comtesse de Bourgogne).

35. Voir à ce sujet les remarques de M. PASTOUREAU, «Images du pouvoir et pouvoir des princes», dans L'État moderne…, p. 227-234,

revanche souvent pour attributs un sceptre ou une épée. Dans deux d'entre eux, le ms. Oo. VII. 32 de la Cambridge University Library et le ms. French d. 1 de la Bodleian Library (Oxford), le duc Richard II est même représenté de manière parfaitement identique aux rois d'Angleterre, comme un intermédiaire dans cette irrésistible ascension du lignage ducal vers la dignité royale (fig. 4). C'est comme si on voulait signifier par l'image que la noblesse de ce lignage prédisposait et même prédestinait Guillaume à la royauté.

Et c'est ce que confirme le commentaire, lorsqu'il y en a un, en parant les ducs de Normandie de qualités chevaleresques et royales, en insistant sur leur aptitude à exercer le pouvoir, depuis bien avant l'avènement de Guillaume le Conquérant. Ainsi, dans celui du ms. Dd. III. 58 de la Cambridge University Library, et de ses dérivés, qui n'est consacré qu'aux deux derniers ducs[36], on peut lire de Richard III qu'«il comensa noblement e prodome eust estee s'il eust duré» et de Robert, le père de Guillaume, qu'«il fu prodome et de bone morus e mult ama gent de religion e volentiers fist bien a poveres ; il fu large donur, ceo mustra-il sovent fez». Et, dans le long commentaire indépendant ajouté dans le ms. Additional 47170 de la British Library (Londres), on apprend que Guillaume Longue Épée «fust prodhomme vers Dieus et vers le secle» ou que Richard Ier «prist femme de la plus noble linee de Daneys» et que «pur plusurs prowesces q'il fist il fust nomé Richard sauntz Pour». Ainsi, avant même de recueillir, en la personne d'Henri II, l'apport précieux du sang royal anglo-saxon, les rois d'Angleterre étaient issus d'un noble lignage. C'est d'ailleurs ce qu'écrivait déjà Matthieu Paris dans son *Estoire de seint Aedward le Rei* dédiée à la reine Aliénor de Provence, la femme d'Henri III, au milieu du XIIIᵉ siècle. Au début de ce récit hagiographique fortement imprégné d'histoire nationale[37], évoquant l'ascendance du saint roi, il soulignait que, par sa mère Emma, il était le petit-fils de Richard sans Peur, «ki flur fu de chivalerie», et vantait les mérites de ses ancêtres normands autant que de ses ancêtres anglo-saxons, brodant en quelque sorte sur le thème «bon sang ne saurait mentir» en recourant à la métaphore de l'arbre et du fruit (vers 97-106 et 145-154)[38] :

«Quant racine est de bone ente,
Droiz est ke li fruz s'en sente.
Bon greife, quant de bon cep crest,
Bon fruit par raisun en nest
E mau fruit de la mauveise.
Mais ma matire pas n'i teise
Ki pens traiter du roi Aedward,
Ki de l'un e de l'autre part

36. Toutefois, dans le ms. Dd. III. 58 de la Cambridge University Library, de nouvelles notices furent ajoutées au XVᵉ siècle pour les quatre premiers ducs, présentant Rollon comme un conquérant invincible, Guillaume Longue Épée comme un duc qui «governa bien et vigerusment la terre» et Richard II comme un «tres vaillant duc» ; voir Annexe III.

37. Voir à ce sujet F. LAURENT, «A ma matere pas n'apent de vus dire…» La Estoire de seint Aedward le rei de Matthieu Paris ou la «conjuncture» de deux écritures», *Revue des Sciences Humaines*, t. 251(3), juillet-septembre 1998 (Numéro spécial «Hagiographie»), p. 125-153

38. Voir K. Y. WALLACE (éd.), *La estoire de seint Aedward le rei, attributed to Matthew Paris*, Oxford, Anglo-Norman Text Society, 1983, p. 3-5.

> Gentilz e natureus ere
> Par pere seint e seinte mere.
> [...]
> Bone fu de la reïne
> E seinte tute la orine.
> Ceo pruva li niés e frere
> La reïne ke bone ere.
> Ceo fu Richardz e duc Robertz,
> Dun l'estoire nus en fait certz,
> Kar lur vie glorïuse
> E lur mort fu precïuse,
> Cum la estoire dé Normandtz
> En latin dit e en romantz.»

Si la lignée des Plantagenêts méritait d'être célébrée, ce n'était donc pas uniquement du fait de leur origine anglo-saxonne. Toutes les races dont ils étaient issus, et en particulier celle des ducs de Normandie, concouraient à distinguer leur lignage. Car cette histoire généalogique est bien, au moins en apparence, l'histoire d'un lignage et visait à démontrer que les Plantagenêts étaient les dignes successeurs de leurs ancêtres et qu'on pouvait dire d'eux ce que le commentaire standard des généalogies en rouleau dit du roi Edred :

> «La hardiesce de lui fu si noble ke il ne forlingneit pas plus ke son pere ne
> ses freres.»

Les Plantagenêts étaient des rois qui n'avaient pas «forligné», c'est-à-dire qui n'avaient pas dégénéré, qui avaient fait fructifier toutes les vertus ancestrales héritées des différents lignages dont ils étaient issus.

La rectification de l'ascendance de Guillaume – ou, plus exactement, les trois rectifications indépendantes – qu'on n'observe, certes, que dans sept des vingt-huit généalogies en anglo-normand, est une autre forme de réhabilitation. En effet, Guillaume se voit ainsi restauré dans sa dignité de fils de duc. En outre, la rectification de la généalogie s'accompagne toujours de l'ajout d'un commentaire[39] qui insiste sur le processus de légitimation du bâtard, qu'il s'agisse de la désignation par son père, de la reconnaissance par ses vassaux normands (ms. Dd. III. 58 de la Cambridge University Library et dérivés) ou par son suzerain, le roi de France (ms. Additional 47170 de la British Library), et qui atténue la réputation sulfureuse de son père en insistant sur sa piété et sur sa mort au cours d'un pèlerinage en Terre sainte. Après tout, s'il fallait en croire le commentaire, c'était aussi par l'intermédiaire d'un bâtard, Edmond II Ironside, que les Plantagenêts se rattachaient à la lignée royale anglo-saxonne[40] !

Toutefois, dans la plupart des cas, le commentaire ajouté ne concerne que les deux derniers ducs, Richard III et Robert. Seuls deux rouleaux ont reçu, bien

---

39. Voir Annexes I et II.

40. La notice de son père, le roi Æthelred II, affirme en effet : «Iceti Ethelred engendra Emun Yreneside de une femme aliene, ke fu sa concubine. E de sa femme esposé, Emme, ke fu la soer au duc de Normandie, il engendra Alured, ki fu traï par Godwin conte de Kent, e Edward le Confessor, ki gist a Westmoster.»

Publications du CRAHM, 2003

longtemps après leur réalisation, un commentaire couvrant intégralement l'histoire des ducs de Normandie[41]. Dans les deux cas, ce regain d'intérêt est dû, au moins en partie, aux revendications renouvelées des rois d'Angleterre sur leur «patrimoine» continental, et en particulier sur la Normandie, au cours de la guerre de Cent ans. Dans le ms. Additional 47170 de la British Library, qui se trouvait apparemment alors à l'abbaye de Peterborough, l'ajout date vraisemblablement de la fin du règne d'Édouard III. Dans le ms. Dd. III. 58 de la Cambridge University Library, il a été ajouté, en même temps qu'une continuation, à l'occasion du sacre du roi Henri VI comme roi de France, en 1432, peut-être dans l'entourage de son oncle Jean, duc de Bedford, régent du royaume de France au nom de son neveu. Ces rares et tardifs réveils de la mémoire des origines normandes[42] témoignent en tout cas de ce que l'expansion continentale, revenue au premier plan des préoccupations politiques anglaises, même si elle se plaçait dans le cadre plus large de la revendication de la couronne de France, était perçue par certains comme une légitime reconquête des terres ancestrales.

Et c'est peut-être en définitive à travers l'évocation d'Henri II, en qui se conjuguaient pour la première fois les origines anglo-saxonnes et normandes, qu'on peut le mieux saisir l'importance attachée à ces dernières. L'ascendance angevine d'Henri II est, en effet, à peine évoquée dans le commentaire et ne remonte pas au-delà de son père, Geoffroi Plantagenêt, qui avait épousé Mathilde l'Empéresse, fille d'Henri Ier. Et, si Henri II, dans le médaillon qui le représente comme fils de Mathilde, est souvent appelé comte d'Anjou, en revanche, c'est bien comme duc de Normandie qu'il est désigné à deux reprises dans le commentaire tant qu'il n'a pas été couronné roi d'Angleterre. Mais c'est aisément compréhensible puisque la Normandie était une partie essentielle de son héritage maternel et que c'est précisément son ascendance maternelle qui lui avait permis de revendiquer le trône d'Angleterre occupé «à tort» par Étienne[43]. Ainsi, c'est sur les origines normandes du premier des Plantagenêts que le commentaire met l'accent et, par un renversement inattendu, ces origines, loin de constituer un obstacle à ses revendications comme cela avait été le cas dans une certaine mesure pour son arrière-grand-père Guillaume, qui était, qu'on le veuille ou non, un «alien»[44] au regard des Anglais, semblent au contraire le qualifier pour prétendre à la couronne d'Angleterre usurpée par Étienne. Désormais, être duc de Normandie pouvait apparaître comme une preuve de la légitimité de ses prétentions – peut-être même une condition préalable pour accéder – au trône d'Angleterre.

41. Voir Annexes.

42. Très minoritaires si on les compare aux propriétaires de rouleaux qui ont choisi d'ancrer l'histoire d'Angleterre plus profondément dans le passé insulaire en l'inscrivant dans le prolongement de l'histoire des rois de Bretagne telle qu'elle avait été imaginée au XIIe siècle par Geoffroi de Monmouth.

43. Il faut remarquer qu'il n'est fait aucune allusion dans le commentaire standard au mariage d'Henri II avec Aliénor d'Aquitaine et que très rares sont les rouleaux qui indiquent que les premiers Plantagenêts étaient aussi ducs d'Aquitaine.

44. La seule mention des «Normands» (même s'il s'agit en fait des Norvégiens) dans le commentaire de la période antérieure à 1066, qui apparaît dans la notice du roi Edmond Ier (939-946), les associe en effet aux ennemis héréditaires des Anglais, les Danois, et stigmatise leur origine étrangère : «Iceti [Edmond] enchassa hors du reaume les Daneis e les Normans e tuz les aliens».

L'évolution de la place accordée aux ducs de Normandie dans les généalogies en rouleau témoigne de ce que, aux yeux de leur public, les rois d'Angleterre, et à travers eux les nobles anglais, n'avaient en aucune façon à rougir de leurs origines normandes, bien au contraire. Si elles affirment avant tout la fierté d'être anglais et privilégient pour cette raison l'ascendance anglo-saxonne de la dynastie régnante, elles révèlent que cette fierté n'avait pas pour corollaire le reniement des origines normandes. L'émergence du sentiment national parvenait ainsi à s'accomoder des origines étrangères des élites politiques.

En un sens, la généalogie royale était une métaphore de l'histoire nationale, la réunion des dynasties royales en la personne d'Henri II, puis de ses descendants, signifiant plus profondément la fusion des Anglo-Saxons et des Normands en une seule nation, celle des Anglais. C'est d'ailleurs ce qu'affirmait clairement Matthieu Paris dans le long prologue de la première généalogie du ms. 26 du Corpus Christi College de Cambridge, lorsqu'il évoquait la dernière des cinq «persécutions» qu'avait subies l'Angleterre au cours de son histoire :

«Quinta quando fraude Haraldi ignobilis perjuri regis et a seipso temeriter coronati subacta est Normannis qui jam propter diutinam inhabitacionem et Anglis conformitatem et federa permixtim facta conjugalia in Anglos convertuntur.»

Et, même si deux rouleaux[45], évoquant les «quatre conquêtes d'Angleterre», continuent d'opposer les Normands aux Saxons, tous les rouleaux qui commencent par le schéma de l'Heptarchie anglo-saxonne affirment en revanche sans ambages l'existence d'une «nation anglaise» qui transcende les divisions ethniques. Ainsi, de même que les rois descendant de Guillaume le Conquérant étaient devenus véritablement rois d'Angleterre en redécouvrant leurs origines anglo-saxonnes, les Normands s'étaient peu à peu transformés en Anglais et partageaient désormais l'histoire du peuple qu'ils avaient soumis. De la même manière, dans l'élucidation de la prophétie de l'Arbre Vert qu'il proposait dans son *Estoire de seint Aedward le rei*, Matthieu Paris ne faisait pas du seul roi, mais de tous les barons et même de tous les habitants du royaume, les bénéficiaires de ce rattachement du lignage normand au «tronc» anglo-saxon[46] :

«Or sunt roi, or sunt barun
E regne d'un sanc commun,
D'Engleterre e Normendie,
S'en vaut meuz la cumpainie.»

La signification des généalogies en rouleau n'est-elle pas précisément la même que celle de la prophétie telle que la réinterprète ici Matthieu Paris? Elles expriment le rêve d'une union nationale retrouvée, qui s'incarne au sommet de l'État dans la personne même du roi. Il s'agit en définitive d'une entreprise de compromis, voire de réconciliation nationale, célébrant, à travers la succession des rois d'Angleterre, la «renaissance» – et donc la permanence – de la nation anglaise.

---

45. Il s'agit du ms. 20/5 du College of Arms (Londres) et du ms. Additional 8101 de la British Library (Londres), tous deux copiés sur un original perdu réalisé en 1296.

46. K. Y. Wallace (éd.), *La estoire…*, p. 109 (v. 3851-3854).

Et, comme le soulignait Matthieu Paris en affirmant que c'était notamment «propter diutinam inhabitacionem» que les Normands étaient devenus des Anglais, le fondement de la nation anglaise, c'était la terre même d'Angleterre.

ANNEXES

Annexe I : Texte ajouté à côté des médaillons des ducs Richard III et Robert du schéma généalogique corrigé dans le ms. Dd. III. 58 de la Cambridge University Library (réalisé sous le règne d'Édouard Ier) et les quatre rouleaux qui en dérivent directement ou indirectement : le ms. Oo. VII. 32 de la Cambridge University Library, le ms. Fr. d. 1 de la Bodleian Library (Oxford), le ms. 250 de la Collection Schøyen (Oslo et Londres), tous trois réalisés à la fin du règne d'Édouard II (entre 1321 et 1327) ; et le ms. Dd. III. 57 de la Cambridge University Library, copié après 1399, au tout début du règne d'Henri IV, sur le ms. 250 de la collection Schøyen :

[Richard III]

Cesti Ricar le tierz fu duk de Normendi aprés son pere. Il comensa noblement e prodome eust estee sil eust duré, mes il ne vesqui mie de tut [ke] dous anz. Aucune gent disoient k'il fust enposoné. Il morust e gist à Fescham. E Roberd, son frere, fu duk aprés lui.

[Robert]

Cesti Roberd fu duc de Normendi aprés Ricar, son frere. Il fu prodome e de bone morus e mult ama gent de religion e volentiers fist bien a poveres ; il fu large donur, ceo mustra il soventfez. Entre les autres dons k'il dona sovent, avint k'il fu hu muster le jour de Nowel e, quant vint al offrende, le duk e les chevalers alerent offrir. Es tens ke le duk esgarda un povere chevaler esteant hu moster ke naveit point de offrende ; il apela un chamberlein a sei e comanda k'il li porta c mars a offrir, e il si fist. E le chevaler prist les c mars, si les ala offrir checune maille. Le duc se merveilla e nekedent mut prisa le chevaler pur ceo ke li furent donez en noun de offrende e repela le chamberlein e li fist derechef porter c mars pur aquiter ses gages. Icesti Roberd n'aveit nule femme esposee, mes il ama la feille un burgeis de Faleise, si engendra de lui Willeme le Bastard, ke puis fu rey de Engletere. Il fist norir l'enfant e le tint ausi cher cum s'il ust eu de sa espouse ; puis il prist talent de aler en la tere seint e fist son heir de Willeme son fiz. E tant procura devers le rey de France k'il recust son homage. E tant fist ke tuz les hauz homes de Normendie feseient homage a son fiz e se mist ou chemin vers la tere seinte. E, quant il fu bien enloigné de son païs, li prist une maladie k'il ne poeit de quinze jors aler ne chevaucher ; aprés il se fist porter de sarazins en une litere tant k'il encontra un home de son pais ke vint de Jerusalem e ala vers Normendie. E il li dist k'il saluast ses amis e la gent de son pais e lur deist ke des diables tut vifs se fist porter en paraïs.

Annexe II : Texte sur les ducs de Normandie ajouté, probablement dans les années 1372-1377, de part et d'autre des médaillons des ducs de Normandie du schéma généalogique dans le ms. Additional 47170 de la British Library (Londres), initialement réalisé sous le règne d'Édouard Ier ou d'Édouard II :

[Rollon]

Ffet a savoyr qe, aprés la batayle ferwe en champ de Ffontaygnes par entre le roy Lotharye et ses treys freres, cesty Rollo par sort fust eslew et feat dustrus (?) de Daneys qe departyrent de la batayle. Et aprés pristrent la cité de Bajocense, ow cesty Rollo prist la file de Beringier et engendra de luy William, soun fitz, et une file qe fust esposé a William [...]. Icesty Rollo fust baptizé et fust apelé Robert, qe aprés purchasa le duché de Normaundye. Il morust en xlii an de sa duché, en tenps le roy Edward.

[Guillaume Ier Longue Épée]

William, le fitz Rollo, rescewt le honur de duché de Normandye aprés son pere. Cesty William fust prodhomme vers Dieux et vers le secle. Il engendra un fitz qe fust apelé Richard et il mesmes fust occis par tresoun en le quart an le roy Edmund, roy d'Engleteterre, frere al roy Adelstan.

[Richard Ier sans Peur]

Aprés William, Richard, soun fitz, ieofne enfaunt fust feat duk par grant difficulté. Il prist femme de la plus noble linee de Daneys et a luy fust marié, de quele femme il engendra quatre fitz et treys files, desquels Emme, la premere file, fust marié a Ethelred, roy d'Engleterre. Cesty Richard lutta corporalment ove le Deable et l'embaty a terre et lya les mains derere et le lessa confus et venquy et, pur plusours prowesces q'il fist, il fust nomé Richard sauntz Pour. Il morust en l'an de sa duché cinkantyme secunde, en tenps Ethelred, roy d'Engleterre.

[Richard II]

Richard le secunde, aprés la mort soun pere, en le honur de duché par resoun est enhaucé. A ky Ethelred, rey d'Engleterre, lessa son realme, chacé par necessité, pur ceo q'il ne poyt mesmes defendre, et il passa la mer ovesqe sa reyne, qe estoyt soer a mesmes le duk, et ovesqe luy ces deux fitz, cet a savoir Edward, qe aprés fust rey d'Engleterre, et Alured. Il engendra deux fitz, Richard et Robert, et il morust en l'an de duché vynt utyme, en le tenps Canut, rey d'Engleterre.

[Richard III]

Cesty Richard le tierce, le ayné fitz al Richard le tierce <sic>, prist la duché aprés soun pere. Mays par Robert, soun frere, qe aprés luy prist la duché, cum l'em dist, il fust enpoysoné et morust en le primere an de sa duché.

[Robert]

Aprés cesti Richard, vynt Robert, soun frere, e tynt la duché par vii anz. Il engendra William le Conquerour, ke plusurses appelent Bastard.

[Guillaume II le Bâtard, futur Guillaume Ier le Conquérant, roi d'Angleterre]

Aprés la mort Robert, duk de Normandye, William Bastard, soun fitz, par Henri, roi de France, en la duché fust enhaucé countre les voluntez des grantz de la tere, mes par consayl et ayde le dit roy de France il dona la batayle et avoyt la victorie, des quelx il fist plusurs exiler et plusurs malmener. Et, entour l'an de sa duché trentyme, Edward, le roy d'Engletere, se lessa morir sauntz heyr de soun corps en [...]. Et cesti William, oyaunt de la mort le roy Edward et qe nul heir naturel remist pur la realme gwyer, il mist en penser et conseil luy dona qe, par voye de cosinage et de amicion covenaunt par entre luy et le roy Edward, la realme fust a luy duwe. Donk, par assent l'apostoyle Alisaundre le Secund, il fist apariler sa navie [...].

Annexe III : Texte ajouté sous le règne d'Henri VI, probablement peu après 1432, de part et d'autre des médaillons des premiers ducs de Normandie du schéma généalogique du ms. Dd. III. 58 de la Cambridge University Library, initialement réalisé sous le règne d'Édouard Ier :

[Rollon]

Cestui Rollo fuit de linage as Danoys et le primere duc de Normandie et mescreant. Il conquist per force toute Normandie et Bretayne contre Charles le Symple, lors roy de France, sique mesme le roy, pur bon de pees, donna sa fille Gille en mariage a cesti Rollo et lui fist baptizer en l'an de grace dccccxii. De la dicte Gille, il n'avoit mye issue et, pur ce, aprés sa morte, il espousa Popam, la fille de Guy de Seynlye, et avoit issue comme cy apiert. Et morut en grande aage, ensevylly a Roan.

[Guillaume Ier Longue Épée]

Cestui William Longespey, duc de Normandie aprés son pere, governa bien et vigerusment le terre et enchacea Alan, duc de Bretayne, que rebella contre lui hors de sa terre. Aprés desira Arnold, conte de Flandres, d'avoir traitee d'amystee entre eux sur le ryver de Somme, ou, per traison, le duc fuit occis et fuit lors trové sur lui l'abit du moigne, l'an de grace dccccxliii. <Suite ajoutée d'une main différente, apparemment de la fin du XVe siècle :> Et engendra de sa femme, q'estoit appellee Sprote, un filz que l'en appella Richard sanz Paour. Cestui duc William destroia par guerre la duchié de Bretayne et en ousta duc Aleyn hors de la terre. Il donna sa fille <sic> Gerlok en mariage a William, conte de Payters.

[Richard Ier sans Peur]

Cesti Richard, duc, qui fu dit sans Paour, en sa joefnesse fuit pris par Lowys, roy de Ffrance, et emprisonee, mais il eschapa par aide d'un son loial amy. Par quel encheson Harald, roy des Danoys, prist le roy de Ffrance et l'emprisona a Roan. Il morust a Ffescamp en l'an de grace dccccciiiixxxvi.

[Richard II]

Cestui Richard le seconde fut tresvaillant duc et encreescea tousjours en bones oeuvres. Il restoiroit et edifioit esglises, c'est assavoir a Ffeschamp, a Roan et a Mont Seynt Michel. Il fist la guerre au roy Clothaire et degasta et destruya grande parte de Ffrance per l'aide de roy de Danemarc, pour quoy au darein le roy lui tray a pees et accorde et alliance a tousjours. Il espousa Judith, la fille de Geffray, duc de Bretaigne, et engendra lez enfantez desoubz et trespassa de ce siecle en l'an de grace Mil xxvie.

LA NORMANDIE ET L'ANGLETERRE AU XIIIᵉ SIÈCLE : BIBLIOGRAPHIE

Daniel POWER

AURELL, M.
«Révolte nobiliaire et lutte dynastique dans l'empire angevin (1154-1224)», *Anglo-Norman studies*, t. XXIV, 2002, p. 25-42.

BALDWIN, J. W.
The government of Philip Augustus : foundations of French royal power in the thirteenth century, Berkeley, Californie, 1986.

BARRATT, N.
«The revenue of King John», *English Historical Review*, t. CXI, 1996, p. 835-855.

BAUDRY, M.-P.
«La politique des fortifications des Plantagenêts en Poitou, 1152-1242», *Anglo-Norman studies*, t. XXIV, 2002, p. 43-69.
Les fortifications des Plantagenêts en Poitou, 1154-1242, Poitiers, 2001.

BERGER, E.
«Les préparatifs d'une invasion anglaise et la descente d'Henri III en Bretagne (1229-1230)», *Bibliothèque de l'École des Chartes*, t. LIV, 1893, p. 5-44.
Blanche de Castille, reine de France, Paris, 1895.

BERTRAND DE BROUSSILLON, A.
La maison de Laval : étude historique accompagnée du cartulaire de Laval et de Vitré, Paris, 1895-1903, 2 vol.

CANNON, H. L.
«The battle of Sandwich and Eustace the monk», *English Historical Review*, t. XXVII, 1912, p. 649-670.

CAO CARMICHAEL DE BAIGLIE, M.
«Savary de Mauléon (c. 1180-1233), chevalier-troubadour poitevin : traîtrise et société aristocratique», *Le Moyen Âge*, t. CV, 1999, p. 269-305

CARPENTER, D.
The minority of Henry III, Londres, 1990.

CARTELLIERI, A.
Philipp August, König von Frankreich, Leipzig, 1899-1922, 4 vol. en 5.

CHAPLAIS, P.
«Le traité de Paris de 1259 et l'inféodation de la Gascogne allodiale», *Le Moyen Âge*, t. LXI, 1955, p. 121-137.

CHAYTOR, H. J.
Savari de Mauléon : baron and troubadour, Cambridge, 1939.

CHURCH, S. D.
« The earliest English muster roll 18/19 1215 »,
Historical research, t. LXVII, 1994, p. 1-
17.

COULSON, C. L. H.
« The impact of Bouvines on the fortress-
policy of Philip Augustus », C. HARPER-
BILL, C. J. HOLDWORTH et J. L. NELSON (éd.),
*Studies in medieval history presented to
R. Allen Brown*, Woodbridge, 1989, p. 71-
80.

CROUCH, D.
*William Marshal : court, career and chi-
valry in the Angevin empire, 1147-1219*,
Londres, 1990.

GILLINGHAM J.
The Angevin empire, 2 éd., Londres, 2001.

HALLAM, E. M.
« Royal burial and the cult of kingship in
France and England, 1060-1302, *Journal
of Medieval History*, t. VIII, 1982, p. 359-
380.

HAVET, J.
« Des gardiens et seigneurs des Iles normandes (1198-1461) », *Biblothèque de
l'École des Chartes*, t. XXXVII, 1876, p. 183-
237.

HOLT, J. C.
« The end of the Anglo Norman realm »,
Proceedings of the British Academy, t. LXI,
1975, p. 223-265.

HOWELL, M.
« Royal women of England and France in
the mid-thirteenth century : a gendered
perspective, dans *England and the
Continent in the Thirteenth Century*,
WEILER, B. (éd.), Aldershot, 2002, p. 163-
181.

JOUET, R.
Et la Normandie devint française, Paris,
1983.

LE PATOUREL, J.
*The medieval administration of the Channel
Islands 1199-1399*, Londres, 1937.

« The origins of the Channel Islands Legal
System », *Solicitor quarterly*, 1, 1962, p.
198-210, n° II, dans *Feudal empires :
Norman and Plantagenet*, Londres, 1984.
« The authorship of the *Grand Coutumier
de Normandie* », *English Historical Review*,
t. LXI, 1946, p. 292-300, n° III, dans *Feudal
empires : Norman and Plantagenet*,
Londres, 1984.
« Guernsey, Jersey, and their environment
in the Middle Ages », *Société Guernesiaise
report and transactions*, 1975, p. 435-
461, n° IV, dans *Feudal empires : Norman
and Plantagenet*, Londres, 1984.
« The Plantagenet Dominions », *History*, t. L,
1965, p. 289-308, n° VIII, dans *Feudal
empires : Norman and Plantagenet*,
Londres, 1984.

McGLYNN, S.
« Roger of Wendover and the wars of Henry
III, 1215-1234 », dans *England and the
Continent in the Thirteenth Century*,
WEILER, B. (éd.), Aldershot, 2002, p. 183-
206.

MADDICOTT, J. R.
Simon de Montfort, Cambridge, 1994.

MATTHEW, D. J. A.
*The Norman monasteries and their English
possessions*, Oxford, 1962.

MEAZEY, P.
Dinan au temps des seigneurs, Guingamp,
1997.

MUSSET, L.
« Quelques problèmes posés par l'annexa-
tion de la Normandie au domaine royal
français », dans *La France de Philippe
Auguste : le temps des mutations*, R.-H.
Bautier (dir.), Paris, 1982, p. 291-307.

NORTIER, M., et BALDWIN, J. W.
« Contributions à l'étude des finances de
Philippe Auguste », *Biblothèque de l'École
des Chartes*, t. CXXXVIII, 1980, p. 5-33.

NORTIER, M.
« Un rôle des biens tombés en la main du roi
en la baillie de Lisieux après la conquête

de la Normandie par Philippe Auguste»,
Annales de Normandie, 45ᵉ année, n° 1
mars 1995, p. 55-68.

ORMROD, W. M.
«England, Normandy, and the beginnings
of the Hundred Years War, 1259-1360»,
dans *England and Normandy in the
Middle Ages*, D. BATES et A. CURRY (éd.),
Londres, 1994, p. 197-212.

PAINTER, S.
*The scourge of the clergy : Peter of Dreux, duke
of Brittany*, Baltimore, 1937.
*William Marshal : knight-errant, baron,
and regent of England*, Baltimore, 1933.

PETIT-DUTAILLIS, Ch.
«Querimoniae Normannorum», dans *Essays
in medieval history presented to Thomas
Frederick Tout*, A. G. LITTLE et F. M. POWICKE
(éd.), Manchester, 1925, p. 99-118.
*La monarchie féodale en France et en
Angleterre xᵉ-xɪɪɪᵉ siècle*, Paris, 1933, *The
feudal monarchy in France and England
from the tenth to the thirteenth century*,
trad. angl. E. HUNT, Londres, 1936.

POWER, D. J.
«King John and the Norman aristocracy»,
dans *King John : new interpretations*, S.
D. Church (éd.), Woodbridge, 1999, p. 117-
136.
«French and Norman frontiers in the central
Middle Ages», dans *Frontiers in ques-
tion : Eurasian borderlands 700-1700*,
D. J. POWER et N. STANDEN, (éd.),
Basingstoke, 1999, p. 105-123.
«The French interests of the Marshal earls
of Striguil and Pembroke, 1189-1234»,
Anglo-Norman studies, t. XXV, 2003,
p. 199-224.
«Between the Angevin and Capetian courts :
John de Rouvray and the knights of the
Pays de Bray, 1180-1225», dans *Family
trees and the roots of politics : the
Prosopography of Britain and France
from the tenth to the twelfth century*,
K. S. B. KEATS-ROHAN (éd.), Woodbridge,
1997, p. 361-384.

POWICKE, F. M.
«The archbishop of Rouen, John de Harcourt
and Simon de Montfort in 1260», *English
Historical Review*, t. LI, 1936, p. 108-113.

POWICKE, F. M.
«Loretta, Countess of Leicester», dans *Historical
essays in honour of James Tait*,
J. G. EDWARDS, V. H. GALBRAITH et E. F. JACOB
(éd.), Manchester, 1939, p. 247-272.

QUENEDEY, R.
«Le siège du Château Gaillard en 1203-
1204?», *Bulletin de la Société des amis
des monuments rouennais*, 1913, p. 53-
89.

SMITH, J. B.
«The treaty of Lambeth, 1217», *English
Historical review*, t. XCIV, 1979, p. 562-
579.

STEVENSON, W. B.
England and Normandy 1204-1259, thèse
de doctorat, Université de Leeds, 1974.
«England, France and the Channel Islands, 1204-
1259», *Société Guernesiaise. Report and
transactions*, t. XIX, 1976, p. 569-576.

STRAYER, J. L.
*The administration of Normandy under St.
Louis*, Cambridge, Mass., 1932.

STUDD, R.
«Reconfiguring the Angevin Empire, 1224-
1259», dans *England and the Continent
in the Thirteenth Century*, WEILER, B.
(éd.), Aldershot, 2002, p. 31-41.

THOMPSON, K.
«Lords, castellans, constables and dowagers : the rape of Pevensey from the
11th to the 13th century», *Sussex archaeological collections*, t. CXXXV, 1997, p.
209-220.
«The lords of Laigle : ambition and insecurity on the borders of Normandy», *Anglo-
Norman Studies*, t. XVIII, 1996, p. 177-199.
*Power and border lordship in medieval
France : the county of the Perche, 1000-
1226*, Woodbridge, 2002.

TURNER, R. V.

«William de Forz, count of Aumale : an early thirteenth century baron», *Proceedings of the American Philosophical Society*, t. CXV, 1971, p. 221-249.

VINCENT, N. C.

«Isabella of Angoulême : John's Jezebel», dans *King John : new interpretations*, S. D. CHURCH (éd.), Woodbridge, 1999, p. 165-219.

Peter des Roches : an alien in English politics, 1205-1238, Cambridge, 1996.

«A roll of knights summoned to campaign in 1213», *Historical research*, t. LXVI, 1993, p. 89-97.

«Twyford under the Bretons 1066-1250», *Nottingham Medieval Studies*, t. XLI, 1997, p. 80-99.

«England and the Albigensian Crusade», dans *England and the Continent in the Thirteenth Century*, WEILER, B. (éd.), Aldershot, 2002, p. 67-97.

YVER, J.

«Philippe Auguste et les châteaux normands : la frontière orientale du duché», *Bulletin de la Société des antiquaires de Normandie*, t. LIX, 1967/1989, p. 309-48.

WEILER, B. (éd.)

England and the Continent in the Thirteenth Century, Aldershot, 2002.

3ème partie

Les XIVe et XVe siècles

Raoul d'Eu, connétable de France et seigneur anglais et irlandais

Émilie Lebailly[*]

Le titre de cette communication peut paraître paradoxal au premier abord, puisqu'il réunit les termes «connétable de France» et «seigneur anglais» ; ces deux qualificatifs ne sont pourtant pas incompatibles et il ne faut pas s'en étonner outre mesure de la part d'un grand baron comme le comte d'Eu[1].

En premier lieu, il est indispensable de présenter la personne du comte d'Eu, ses origines familiales, afin de pouvoir le situer parmi ses pairs et de retracer à grands traits sa vie et son action en tant que connétable de France. Dans un deuxième temps, nous établirons l'origine des terres que ce seigneur possédait outre-Manche. Nous verrons ensuite quelle fut son action en tant que seigneur anglais – situation qui ne fut pas toujours compatible avec son office de connétable –, avant d'envisager le devenir de ces terres après le début de la guerre franco-anglaise en 1337.

RAOUL D'EU

Nous commencerons par reconstituer brièvement les origines du comte d'Eu afin de pouvoir le situer dans l'organigramme des grandes familles du royaume à son époque : Raoul d'Eu appartenait à la maison champenoise des Brienne, dont il représentait la branche cadette, et descendait du roi de Jérusalem Jean de Brienne. C'est un connétable qui a laissé peu de traces dans l'histoire.

Le comte d'Eu était un des plus grands barons normands dans la première moitié du XIVe siècle ; il était richement possessionné en Normandie, mais également en Poitou, en Saintonge, en Bourgogne et dans le nord de la France. Par le jeu des alliances matrimoniales, il descendait de la famille des Brienne[2] par son père, de celle des Lusignan[3] par son arrière-grand-mère paternelle, et de celle

---

[*] Doctorante, Université de Paris IV.

1. Dép. Seine-Maritime, ch.-l. cant.

2. Dép. Aube.

3. Dép. Vienne.

des Coucy[4] par son arrière-grand-mère maternelle. Le sang coulant dans ses veines était incontestablement illustre.

Depuis plusieurs générations, il existait une tradition du « service public » dans sa famille : son arrière-grand-père et son arrière-grand-oncle furent respectivement chambrier et bouteiller de Louis IX, son grand-père et son père firent partie de l'entourage de Philippe le Bel. À ce titre, ils servirent leur roi dans ses guerres, de même que le père de notre comte d'Eu, Jean de Brienne, qui mourut au combat à la bataille de Courtrai, en juillet 1302. Raoul d'Eu était donc un noble classique répondant aux critères de son temps et très bien intégré à la cour.

Le comté d'Eu était parvenu dans sa famille par le mariage de son arrière-grand-père Alphonse de Brienne avec Marie de Lusignan, héritière de ce comté et de nombreuses autres terres en Poitou et Saintonge. C'est à partir de cette union que la branche cadette des Brienne porta plus volontiers le titre de comte d'Eu plutôt que son nom patrimonial. Le connétable d'Eu était marié à Jeanne de Mello, issue d'une famille bourguignonne apparentée à Mahaut d'Artois, comtesse de Bourgogne et belle-mère bien connue du roi de France Philippe V. Ce mariage lui avait permis d'augmenter son patrimoine de nombreuses terres en Bourgogne.

Pour compléter le cercle de sa parenté, il faut préciser qu'il était apparenté à la quasi totalité des grandes familles nobles de son temps comme les Châtillon Saint-Pol[5] ou la maison de Noyers[6].

Après avoir rapidement présenté le personnage, il importe de replacer son action dans les événements du début de la guerre de Cent ans.

Le fait qu'il a remplacé Gaucher de Châtillon à l'office de connétable après la mort de celui-ci en mai 1329, restera probablement toujours une énigme et les raisons de son accession à cet office majeur demeurent impénétrables. En effet, il n'a pas pu être choisi pour ses qualités d'homme de guerre car force est de reconnaître qu'elles étaient réduites. Il avait certes d'autres capacités et il a sans doute bénéficié d'appuis et de recommandations puissants au sein du conseil royal. Les deux personnes qui ont dû le soutenir le plus fermement sont, d'une part, Gaucher de Châtillon, son prédécesseur à l'office ; il était un cousin germain de sa grand-mère et Raoul avait fait ses premières armes sous sa bannière. D'autre part, Miles Noyers, son cousin, a occupé pendant presque quarante ans une place déterminante parmi les conseillers des rois. On constate de nouveau l'importance du lignage et des alliances, voire de la clientèle, dans les destinées humaines.

On peut, en outre, s'étonner que Philippe VI ait accordé l'épée de connétable à un seigneur anglais et irlandais : n'y avait-il pas un risque qu'il se sente partagé entre ses deux seigneurs ? Pourtant, Philippe de Valois passa outre et nomma à l'office ce compagnon de jeunesse[7]. Son choix a sans doute été guidé par ses sentiments, par le fait que le comte d'Eu bénéficiait d'une belle galerie d'ancêtres

---

4. Dép. Aisne.

5. Par sa grand-mère paternelle, Béatrice de Châtillon.

6. Le représentant le plus connu de cette famille est, sans aucun doute, le maréchal de France et porte-oriflamme Miles de Noyers, mort en 1350, qui avait épousé une cousine de Raoul d'Eu.

7. Le jeune comte d'Eu a très probablement été élevé à la cour de France avec le comte de Valois et les trois fils de Philippe le Bel. Ils avaient tous à peu près le même âge. Voir l'article de Ph. CONTAMINE,

La maison de Lusignan

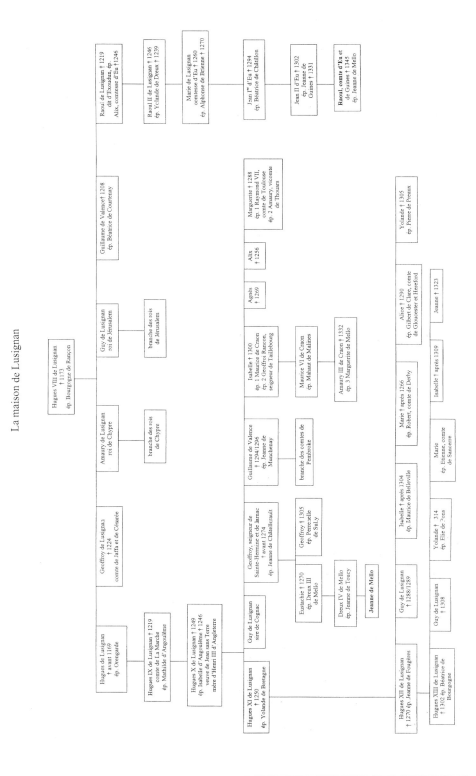

et qu'il était largement soutenu. De plus, Philippe VI devait penser que la double mouvance du comte d'Eu ne poserait pas de problème car il devint connétable vers le mois de juin 1329, juste avant l'hommage du jeune roi d'Angleterre Édouard III à Amiens. Cette situation semblait être un gage de tranquillité et de paix. Le conflit franco-anglais était encore loin de commencer. Cependant, le choix de Philippe VI ne se révéla pas le meilleur.

L'action du comte d'Eu ne fut malheureusement pas brillante à l'office de connétable. Il possédait indiscutablement le rang mais pas l'envergure nécessaire à ce poste-clé et les premiers revers subis par les Français lui sont en partie imputables. Dans son ouvrage intitulé *La guerre de Cent ans*, Jacques Vivent écrivait : « il n'y eût pas eu de guerre de Cent ans si Philippe de Valois, roi de France, avait témoigné du moindre talent militaire, ou simplement possédé un chef d'armée digne de ce nom »[8]. Effectivement, la conjoncture était défavorable pour les armées de Philippe VI, mais surtout, son connétable était un mauvais homme de guerre, qui fit les mauvais choix et qui était absent, par exemple, à la bataille de L'Écluse en 1340. Il était certes un grand seigneur avec un train de vie enviable mais était un personnage pratiquement dépourvu de talent militaire et somme toute limité. Cependant, il eût été impensable qu'on lui retirât l'épée de connétable.

Cette incapacité est la faille majeure et le mystère de cet homme qui, par ailleurs, répondait à toutes les exigences de l'idéal noble de son temps, que ce soit la largesse, la prodigalité ou le goût de la chasse et des joutes[9].

Il trouva la mort prématurément, au cours d'un tournoi organisé à l'occasion des noces de Philippe d'Orléans, le fils cadet de Philippe VI, le 19 janvier 1345, blessé d'un coup de lance au ventre. Son fils Raoul II lui succéda à l'office de connétable[10], mais ne fut pas plus chanceux que son père car, prisonnier des Anglais à Caen en juillet 1346, il fut décapité par le roi Jean le Bon à son retour en France, le 19 novembre 1350.

L'ORIGINE DE SES DOMAINES ANGLAIS

Pour quelles raisons un baron français, connétable de France de surcroît, possédait-il des domaines en Angleterre ? Il s'agit là encore d'une affaire de famille et d'héritage. C'étaient des terres patrimoniales, qu'il tenait du chef de sa femme, Jeanne de Mello, et de son propre chef.

« Politique, culture et sentiment dans l'Occident de la fin du Moyen Âge : Jean l'Aveugle et la royauté française », dans *Johann der Blinde, Graf von Luxembourg, König von Böhmen (1296-1346)*, 9e journées lotharingiennes, 22-26 octobre 1996, Centre Universitaire de Luxembourg, M. PAULY (éd.), Luxembourg, 1997, p. 346.

8. J. VIVENT, *La guerre de Cent ans*, Paris, 1954, p. 17.

9. Voir Ph. CONTAMINE, *La noblesse au royaume de France de Philippe le Bel à Louis XII*, Paris, 1997, en particulier le cinquième chapitre sur le genre de vie noble.

10. Il s'agit à ma connaissance du seul exemple d'hérédité de cet office. Il faut cependant nuancer cette notion car le connétable suivant, Gauthier de Brienne, duc d'Athènes, était un parent des comtes d'Eu, et par conséquent de Gaucher de Châtillon. Ainsi, pendant la première moitié du XIVe siècle, les connétables de France appartinrent tous au même lignage, à une même famille élargie.

Tout d'abord, il faut mettre en lumière la parenté de ces deux époux : Raoul et Jeanne descendaient tous deux de la maison de Lusignan, ils étaient cousins au cinquième degré : elle était la petite-fille d'Eustachie[11], nièce de Hugues XI. Quant à Raoul, il était l'arrière-petit-fils de Marie de Lusignan, fille unique et héritière de Raoul II de Lusignan.

Les terres les plus importantes appartenaient à Jeanne de Mello. En Angleterre, elle possédait trois seigneuries : Laghton (Yorkshire), Paunton (Lincolnshire) et Wighton (Norfolk) avec leurs dépendances et les droits seigneuriaux qui y étaient rattachés ; en Irlande, elle avait deux autres seigneuries : Louthe et Ballygary[12]. Elle avait hérité ses terres de son père, Dreu de Mello, qui les avait lui-même héritées de son oncle maternel Geoffroi de Lusignan, mort sans enfant. Elles avaient été données à son père, également prénommé Geoffroi, par son demi-frère le roi Henri III. Le père de Jeanne avait été en procès en 1306 avec les autres membres de la famille, notamment le comte de La Marche, Hugues XIII, qui revendiquaient aussi cette succession. Jeanne possédait ces terres pour moitié avec sa jeune demi-sœur, Marguerite, qui était alors mineure ; sa part était donc dans la main du roi, qui était également son tuteur.

Quant aux terres propres au comte d'Eu, elles étaient beaucoup moins importantes quantitativement, mais point qualitativement puisqu'il s'agissait de l'*honor* du château de Tickhill (dans le West Riding du Yorkshire). Il le tenait de son aïeule Alix, comtesse d'Eu. Elle-même le tenait certainement de son grand-oncle, le roi d'Angleterre Henri III. De plus, Alix était *lady of Hastings*, mais elle avait confié la garde de cette terre à Henri III pendant la guerre entre ce roi d'Angleterre et Philippe Auguste, et elle ne lui fut jamais rendue. Les autres terres du Sussex que les comtes d'Eu avaient possédées aux XIIe et XIIIe siècles étaient déjà retournées à la couronne d'Angleterre.

L'ACTION DU COMTE D'EU EN TANT QUE SEIGNEUR ANGLAIS

Plusieurs questions se posent à ce stade de la réflexion : comment faut-il considérer un connétable de France possessionné en Angleterre ? Quelles étaient les mobiles de ses actions ? Agissait-il en tant que connétable, en tant que seigneur français ou en tant que vassal d'Édouard III ?

La réponse n'est pas aussi simple qu'on pourrait le penser et il faut y apporter des nuances : dans la plupart des cas, il faut le considérer comme un vassal anglais, et ce n'est pas autrement qu'Édouard III le percevait. Il y a cependant au moins une exception, que nous développerons avant trois autres exemples.

En 1322, le roi d'Angleterre Édouard II dut faire face à une révolte de ses sujets ; en tant que prince voisin et allié, il appela à son aide le roi de France Charles IV le Bel, Guillaume, comte de Hainaut, Robert d'Artois, le comte de

---

11. Eustachie était la petite-fille de Hugues X et d'Isabelle d'Angoulême, veuve de Jean sans Terre.
12. *Calendar of the Close Rolls preserved in the Public record Office* (abrégé par la suite *Close Rolls*), W. H. Stevenson et H. C. Maxwell Lyte (éd.), Londres, 1892-1898, t. 6, p. 531, 3 mai 1313.

Saint-Pol, le duc de Brabant, le comte de Bar, Charles de Valois[13] et aussi le comte d'Eu. Il peut paraître curieux de le retrouver parmi de si grands seigneurs car il apparaît tout de même comme le moins bien possessionné, mais c'est justement à cause de ses terres qu'Édouard II le contacte, au même titre que de plus grands seigneurs : en effet son comté de Guines[14] était tout proche de l'Angleterre, de même que le comté d'Eu. Le comte revêtait alors une importance stratégique majeure puisqu'il était un voisin direct d'Édouard II et des comtes de Hainaut ou de Brabant. Il comptait donc parmi les acteurs non négligeables de la géopolitique à ce moment-là.

Cependant, ce cas demeure exceptionnel et par la suite, le roi d'Angleterre mit plus en lumière le lien de vassalité qui les unissait. Par exemple, au mois de juin 1329, Édouard III se rendit à Amiens pour prêter l'hommage-lige à Philippe VI. Du fait de son office, ce fut au comte d'Eu qu'incomba l'organisation de l'accueil du jeune roi d'Angleterre et de la cérémonie. Il profita alors de la présence de son nouveau suzerain anglais pour lui prêter hommage pour ses domaines[15]. D'après les sources dont nous disposons, il est permis de penser que c'est à cette occasion qu'il rencontra Édouard III pour la première fois.

En novembre 1331, il se trouvait à la cour d'Angleterre et servit de témoin devant le roi, à Windsor, à un certain Stoutus de Stotevyll, pour confirmer qu'il était bien le fils et l'héritier de Nicholas de Stouteville[16]. Il apparaît clairement qu'il témoignait en qualité de vassal en qui le roi d'Angleterre avait confiance. Le mois suivant, il faisait partie de l'ambassade française qui séjourna auprès du roi. À cette occasion, Édouard III lui fit don, pour lui et ses chevaliers, de coupes en argent achetées à l'orfèvre royal Thomas de Walepole[17]. Selon toute vraisemblance, Philippe VI avait pensé que le comte d'Eu était un ambassadeur tout désigné puisqu'il était l'homme d'Édouard III et qu'il séjournait déjà outre-Manche.

Enfin, en 1332, comme tous les seigneurs d'Irlande, Raoul d'Eu reçut des lettres de son suzerain requérant son aide : Édouard III était en butte à une révolte de ses sujets irlandais, qui avaient pillé et incendié plusieurs villes et châteaux ; il demanda donc à ses vassaux de lui apporter des renforts en hommes et en armes. L'aide substantielle du comte d'Eu fut requise comme celle de tout autre vassal possessionné en Irlande[18].

Le comte d'Eu était un vassal d'Édouard III, certes, mais pas n'importe lequel : il était quelqu'un d'important aux yeux du roi d'Angleterre, peut-être même à cause de son office de connétable. De son côté, le roi de France Philippe VI le considérait également comme un vassal influent auprès d'Édouard III car il l'envoya en ambassade à plusieurs reprises, comme on l'a vu. Les deux exemples suivants permettent de voir quelle considération Édouard III lui portait.

---

13. T. RYMER, *Foedera, conventiones, literae…* The Hague, 1739-1745, t. II, deuxième partie, p. 38.

14. Dép. Pas-de-Calais.

15. E. DÉPREZ, *Les préliminaires de la guerre de Cent Ans*, Paris, 1902, p. 81, cite Public Record Office, Privy Seals, 193, n° 5796. Après vérification, cette cote a disparu du registre depuis juillet 1898.

16. *Close Rolls*, vol. 11, p. 412.

17. T. RYMER, *Foedera…*, t. II, troisième partie, p. 72.

18. *Ibid.*, p. 73.

Le premier exemple est sans doute le plus révélateur : en 1333, Édouard songeait à marier son frère, Jean, comte de Cornouailles. Son choix se porta ni plus ni moins sur Jeanne d'Eu, la fille du connétable. Il s'agit là d'un insigne honneur et d'une preuve de l'intérêt du roi d'Angleterre pour le comte d'Eu. Édouard III envoya donc des émissaires en France[19] pour traiter de ce projet[20] avec le connétable. En fin de compte, ce mariage ne se fit pas car Jean de Cornouailles épousa Marie d'Espagne[21], et Jeanne se maria avec Gauthier, comte de Brienne et duc d'Athènes, un cousin de la branche aînée des Brienne. Cependant, plusieurs sources témoignent de ce projet et le simple fait qu'il a été envisagé montre la position qu'occupait le comte d'Eu sur la scène politique.

Deuxième exemple : en 1336, le roi d'Angleterre lui accorda des lettres de pardon pour une infraction qu'il avait apparemment commise en toute bonne foi : il avait acheté la moitié des terres de sa belle-sœur, Marguerite de Mello[22], alors que celle-ci les tenait directement du roi (ayant été sa pupille pendant sa minorité). En tant que *tenant in chief*, elle n'avait pas le droit de les vendre, du moins sans l'accord du roi d'Angleterre. Dans cette affaire, Édouard III pardonna à son vassal et ne lui imposa aucune sanction. Le comte d'Eu conserva donc toutes ses terres, les tenant désormais en tant que vassal direct du roi[23].

Cependant, malgré les prévenances des grands à l'égard de Raoul d'Eu, apparaissent dans son comportement ou ses actions des paradoxes, révélateurs des difficultés, voire des cas de conscience, qu'il pouvait parfois rencontrer du fait de sa double vassalité.

En effet, force est de constater que des problèmes d'allégeance et de choix se posaient et que son statut de vassal anglais entrait parfois en contradiction avec son devoir de connétable de France : il est alors légitime de se demander quel jeu il jouait et dans quel camp il se situait réellement ; servait-il exclusivement le roi de France ou bien essayait-il de protéger en même temps ses intérêts anglais et ses bonnes relations avec Édouard III ? Pour faire face à cette délicate situation politique, il eût fallu que le comte d'Eu disposât d'une grande finesse diplomatique ce qui, malheureusement, ne semble pas avoir été le cas.

L'exemple le plus éclairant de son comportement est, sans aucun doute, l'expédition d'Écosse : David Bruce, le roi d'Écosse, était réfugié en France depuis le mois d'avril 1334. Philippe VI, allié traditionnel de l'Écosse comme son oncle et ses cousins avant lui, prévoyait de monter une expédition pour se porter au secours du royaume envahi. Quel homme plus compétent que son connétable aurait-il pu placer à la tête de la flotte ? Il le nomma donc en décembre 1335 « capitaine général dessus et devant tous les autres de l'armée de la mer »[24], le

---

19. L'évêque de Worcester, Barthélemy de Burghersh, Guillaume Trussel, chevalier, et Guillaume de Cusance.

20. T. RYMER, *Foedera...*, t. II, troisième partie, p. 89.

21. Ce mariage fut annoncé en septembre 1334.

22. Il s'agit de la seigneurie de Wyghton et de la centaine de Northgrenehou dans le Norfolk, avec leurs dépendances.

23. T. RYMER, *Foedera...*, t. II, troisième partie, p. 148.

24. Ch. DE LA RONCIÈRE, *Histoire de la marine française*, Paris, 1909, t. I, p. 393

maréchal Robert Bertran étant chargé de le seconder dans cette aventure. L'expédition fut planifiée et la flotte était prête à partir. Au moment d'embarquer, le comte d'Eu exposa les scrupules qui l'habitaient et expliqua qu'il hésitait à attaquer le roi d'Angleterre, son seigneur, sans lui avoir au préalable renvoyé son hommage pour les terres qu'il possédait outre-Manche[25]. Le départ fut retardé par ces hésitations et finalement le comte d'Eu fut remplacé par Arnoul d'Audrehem et le sire de Garancières, qui ne gagnèrent malheureusement rien dans cette expédition[26].

Comment peut-on expliquer ce comportement ambigu? Estimait-il son devoir de vassal anglais supérieur à son office de connétable et à sa fidélité envers le roi de France? Manquait-il d'intelligence au point de prendre conscience de la situation aussi tardivement? Ou bien manœuvrait-il pour gagner sur les deux tableaux, à savoir obéir à son souverain en prenant la tête de l'expédition mais sans attaquer, pour préserver ses terres et ses bonnes relations avec Édouard III? Était-ce une façon de rejeter la responsabilité de cette expédition sur quelqu'un d'autre ou une manière de se dédouaner vis-à-vis des deux souverains? Les hypothèses sont nombreuses et les raisons profondes de ses actions incertaines.

Le comte d'Eu, à la fois connétable de France et seigneur anglais, entretint de bonnes relations avec le roi d'Angleterre Édouard III. Mais aussi bonnes qu'elles fussent, ces relations ne pouvaient résister à la guerre franco-anglaise qui commença en 1337.

En 1337, le roi d'Angleterre Édouard III envoya ses lettres de défi à Philippe de Valois «qui se dit roi de France» : la guerre était déclarée entre les deux royaumes. Il est facile d'imaginer que le roi d'Angleterre allait prendre des mesures contre les Français possessionnés dans son royaume. Quelles furent-elles?

Sans surprise aucune, Édouard III confisqua les terres anglaises de tous les barons français, comme l'avait fait Philippe VI en son temps avec le duché de Guyenne. C'est la réponse logique et attendue au comportement du souverain français. Ainsi, dès le 20 juillet 1337, les domaines anglais et irlandais du comte d'Eu furent saisis par les officiers d'Édouard III[27] et il fut désormais qualifié d'*alien*[28]. En avril de la même année, ses terres irlandaises avaient déjà été saisies, mais apparemment sans raison suffisante car elles lui furent restituées très rapidement[29].

Une fois confisquées, que devinrent ces terres? Deux solutions étaient envisageables : soit le souverain les gardait dans sa main en bénéficiant des revenus importants qui en découlaient, soit il les confiait à des nobles de son entourage ou à des personnes de moindre rang qu'il remerciait par ce geste; il s'agissait là d'une récompense très rentable car ces domaines rassemblant en général des terres importantes, les revenus en étaient fort conséquents.

---

25. Arch. nat., JJ 74, c. 74, fol. 44.

26. Ch. de La Roncière, *ibid*.

27. *Calendar of the Patent Rolls preserved in the Public Record Office* (abrégé par la suite *Patent Rolls*), H. C. Maxwell Lyte (éd.), Londres, 1894, vol. XVIII, p. 471.

28. *Patent Rolls*, t. XIX, p. 319.

29. *Close Rolls*, t. XIII, p. 451. Cette référence laisse à penser que le comte et la comtesse d'Eu possédaient plus de deux manoirs en Irlande ; le détail des terres gérées par Henry Russel n'est malheureusement pas précisé.

En ce qui concerne les domaines irlandais du connétable, la gestion du plus grand nombre revint à Henry Russell, bourgeois de Drogheda et par ailleurs *attorney* du comte et de la comtesse d'Eu, par lettres du 3 novembre 1337. Il était dans l'obligation d'en verser les revenus à l'Échiquier de Dublin[30]. Quant aux seigneuries de Louth et de Baliogary, elles furent données à John Darcy dit « le cosyn ». Pour l'Angleterre enfin, les seigneuries de Laghton et de Wyghton ainsi que la centaine de Northgrenehou furent données à Henry de Lancastre, comte de Derby, qui en retira de substantiels bénéfices[31].

Privé de ses terres patrimoniales outre-Manche, le comte d'Eu fut aux prises avec une sévère baisse de ses revenus domaniaux. Pour le dédommager de cette perte importante, le roi de France Philippe VI lui accorda une rente sur le Trésor à partir d'avril 1343[32] : il reçut alors 4000 livres par an, « en recompensation de sa terre d'Angleterre et Yrlande », ce qui devait sans doute être équivalent à la valeur de ses domaines perdus[33]. Dans l'état actuel des recherches, nous n'avons plus trouvé mention de ces terres après 1343 dans les sources, ce qui donne à penser, et c'est la logique même, que le comte d'Eu et ses descendants perdirent définitivement leurs terres outre-Manche avec le déclenchement de la guerre de Cent ans.

On a vu que le paradoxe d'introduction n'était qu'apparent ; le comte d'Eu et son épouse étaient des héritiers tout à fait légitimes de ces terres anglaises et irlandaises. Il était donc possible d'être à la fois un grand officier du roi de France, chef des armées, et un seigneur anglais et irlandais sans que cela porte à conséquence et sans que quiconque s'en émeuve. La double mouvance était largement entrée dans les mœurs : le comte d'Eu jouissait ainsi d'une indépendance relative par rapport au roi de France, et en lui s'incarnaient les valeurs de cette noblesse internationale qui se sentait partout chez elle, de l'Irlande à Constantinople. De plus, le comte d'Eu avait pour lui toute une tradition familiale qui justifiait, si besoin était, sa position de feudataire franco-anglais. Au début du XIVe siècle, sa situation était exactement la même que celle de ses ancêtres et de nombreux autres barons normands descendant des compagnons de Guillaume le Conquérant, au XIIIe siècle, notamment en 1204, lorsque le roi de France Philippe Auguste annexa le duché de Normandie au royaume.

Ainsi, jusqu'en 1337, le comte d'Eu et ses pareils servirent en quelque sorte d'agents de liaison entre les rois de France et d'Angleterre : Philippe VI l'envoya en ambassade auprès d'Édouard III à plusieurs reprises ; ce dernier songea à marier Jeanne d'Eu à son frère, comte de Cornouailles. Sa position sociale était presque équivalente dans les deux cours, avec cependant une suprématie française due à son office de connétable. En lui et en sa famille auraient pu s'incarner la paix et la bonne entente entre les deux souverains, car son rôle fut indéniable et bénéfique jusqu'au début du conflit entre Édouard III et Philippe VI. La situation changea beaucoup après.

---

30. *Close Rolls*, t. XIII, p. 206.
31. *Patent Rolls*, t. XVIII, p. 538.
32. Il n'y a aucune trace de dédommagement quelconque avant cette date.
33. Arch. nat., JJ 269, fol. 77r.

Les relations entres les deux royaumes, qu'elles soient pacifiques ou hostiles selon le moment, étaient néanmoins constantes et tellement ancrées dans les mœurs et habituelles entre «cousins» depuis la conquête de Guillaume le Conquérant, que ce système de domaines «par delà et par deçà» la Manche a toujours, dans les faits, plus ou moins bien fonctionné, et ne s'est interrompu qu'aux moments de crises majeures entre les royaumes de France et d'Angleterre.

Attorneys et représentants du comte d'Eu outre-Manche[34]

	Angleterre	Irlande
1318[35] (pour quatre ans)	Nicolas *del Atre* et Thomas *de Ponte Fracto*	Nicolas *del Atre* et Thomas *de Ponte Fracto*
1319[36] (pour deux ans)	John de Goudont et Bartholomew de Wyghton	
1321[37] (pour deux ans)	Bartholomew de Wyghton et Hugh Erl	Bartholomew de Wyghton et Hugh Erl
1324[38] (pour deux ans)	Peter Peverel et Robert de Favencourt	Peter Peverel et Robert de Favencourt
1328[39] (pour trois ans)	Robert de Favencourt et Bartholomew de Wyghton	William de Bardelby et Bartholomew de Wyghton
1331[40] (pour trois ans)	Robert de Favencourt et Bartholomew de Wyghton	
1334[41] (pour trois ans)		John Fremin et Ralph Sirloc

---

34. Les années et les lieux mentionnés sont les seuls qui apparaissent dans les sources. Le sondage est fatalement lacunaire.
35. *Patent Rolls*, t. XIII, p. 187.
36. *Ibid.*
37. *Patent Rolls*, t. XIV, p. 32.
38. *Ibid.*, p. 422.
39. *Patent Rolls*, t. XVI, p. 304.
40. *Patent Rolls*, t. XVII, p. 214.
41. *Ibid.*, p. 553.

HARFLEUR ET LES ANGLAIS, 1415-1422

Anne CURRY*

La prise d'Harfleur fut le premier d'une série de succès d'Henri V en France. La ville en vint à occuper une place particulière dans les esprits anglais, tout comme dans l'effort de guerre. Au Parlement de novembre 1415, le chancelier rappela comment Henri avait conquis Harfleur «qui fuist le pluis fort ville cestes parties du mond et le pluis grande enemy as lieges du roy par seage en brief temps sanz effusion du sang de son peuple»[1]. Le discours d'ouverture du Parlement, en octobre 1416, citait la ville comme étant «la principalle cleave (clé) de France», une appellation également utilisée par des chroniqueurs contemporains[2]. Ces deux citations sont des descriptions légitimes de la signification d'Harfleur. Bien que sa prise n'apportât pas immédiatement de gains territoriaux, le succès anglais que représentait la conservation de la ville pendant les deux années qui suivirent contribua indubitablement à faciliter la conquête systématique de la Normandie par Henri au cours de la seconde campagne royale (1417-1419).

Pendant les cinq premières années de son occupation, de 1415 à 1420, Harfleur constitua ce qui était en fait «un second Calais». Cette communication se propose d'examiner ces cinq premières années du contrôle anglais d'Harfleur par Henri, en les divisant en quatre périodes : les premiers mois de l'occupation d'Harfleur, de sa capitulation le 22 septembre 1415 à l'établissement d'un *scaccarius* et d'autres structures administratives de la ville, vers la fin de cette même année ; des premiers mois de 1416 jusqu'à la seconde invasion d'Henri qui débuta par le débarquement de ce dernier en Basse-Normandie, le 1er août 1417, période pendant laquelle les tentatives françaises pour reprendre la ville furent repoussées par la victoire navale anglaise à la bataille de la Seine, le 15 août 1416 ; du début de la seconde invasion jusqu'à la capitulation de Rouen, le 19 janvier 1419 ; des conséquences de la prise de Rouen jusqu'au 21 janvier 1420, date à laquelle le

---

* Professeur, Université de Reading.

1. *Rotuli parliamentorum ut et petitiones et placita in parliamento*, J. STRACHEY *et al.* (éd.), Londres, 1767-1777, t. IV, p. 62.

2. *Rotuli parliamentorum*, t. IV, p. 94 ; C. ALLMAND, *Lancastrian Normandy 1415-1450*, Oxford, 1983, p. 3.

scaccarius séparé d'Harfleur fut fermé et la ville intégrée dans l'administration du duché de Normandie dans son ensemble. Cette communication se termine par une brève analyse de la place occupée par Harfleur au cours des deux dernières années du règne d'Henri V (1420-1422) et au-delà.

Henri V fit son entrée dans Harfleur le 23 septembre, lendemain de la capitulation formelle de la ville, et il y demeura jusqu'au 6 ou au 8 octobre. Durant ces deux semaines, la politique du roi à l'égard de sa nouvelle conquête commença à se préciser. Selon les *Gesta Henrici Quinti,* dès son arrivée dans la ville, il ordonna la ségrégation de la population : ceux qui avaient prêté serment de fidélité et ceux dont il était possible de tirer rançon demeurèrent sur place, tandis qu'environ 2 000 femmes, enfants et indigents furent expulsés le 24 septembre[3]. Il est impossible d'établir de manière précise combien d'habitants demeurèrent à Harfleur et combien choisirent de partir sur le moment ou plus tard. Mais derrière ces actions, n'y avait-il pas le désir de créer un second Calais en remplaçant les Français et leurs coutumes par des Anglais ?

Une charte accordée à la ville par Charles VIII en 1492 témoigne dans ce sens car Henri fit brûler les archives municipales et les titres de propriété des habitants de la ville sur la place publique, et limita ensuite l'achat et l'héritage de propriétés aux seuls Anglais. Si bien que les gens du pays furent réduits au statut de preneurs à bail par leurs nouveaux maîtres anglais[4]. Une lettre envoyée par Henri à la cité de Londres le 22 septembre ne fait aucune allusion à ses intentions, si ce n'est une mention de l'installation du capitaine Thomas, comte de Dorset, avec une garnison[5]. Mais le contenu d'un mandat que le *Custos Regni,* John, duc de Bedford, présenta aux shérifs de Londres, le 5 octobre, semble indiquer qu'Henri avait envoyé des instructions supplémentaires après la prise d'Harfleur. Ce mandat exigeait des shérifs qu'ils fassent une double proclamation[6]. D'abord, tous les chevaliers, *esquiers* et *valetti* souhaitant se rendre en Normandie devaient se présenter à l'évêque de Winchester dont ils recevraient leurs gages. Henri avait besoin de renforts, ne serait-ce que parce qu'il éprouvait le besoin de mettre en garnison à Harfleur 300 hommes d'armes et 900 archers[7], soit un dixième de l'armée avec laquelle il avait quitté l'Angleterre en août 1415. Une garnison conséquente était nécessaire, non seulement pour contrôler la ville et la population qui s'y trouvait, mais aussi pour dissuader l'adversaire de toute contre-attaque et la protéger. Henri ne pouvait s'assurer que les Français, se rassemblant autour du roi

---

3. *Gesta Henrici Quinti,* F. TAYLOR et J. S. ROSKELL (éd.), Oxford, 1975, p. 55.

4. F. DE LA MOTTE, *Antiquitéz de la ville d'Harfleur,* Paris, 1676, rééd. 1799, cité dans *Gesta Henrici Quinti,* p. 55, n. 4. Pour les archives de la ville, *Ville d'Harfleur. Répertoire numérique des archives communales antérieures à 1790,* P. LE CACHEUX et F. BLANCHET (éd.), Rouen, 1947.

5. *Calendar of Letter-Books preserved among the archives of the corporation of the City of London, Letter-Book I,* R. R. SHARPE (éd.), Londres, 1909, p. 131 ; *Collection générale des documents français qui se trouvent en Angleterre recueillis et publiés par Jules Delpit,* Paris, 1947, p. 216-217.

6. *Calendar of Letter-Books... Letter-Book I,* p. 159

7. *Proceedings and ordinances of the privy council of England* [*PPC*], H. NICOLAS (éd.), Londres, 1835, t. II, p. 184-185 (le 25 novembre 1415). Cette garnison fut maintenue pour le premier quart de 1416 ; PRO (Public Record Office), E 101/47/39 ; E 101/48/7, fol. 10r.

---

et du dauphin à Rouen, ne tentassent pas de reprendre la ville. Il est probable qu'une des raisons pour laquelle il choisit d'entreprendre sa marche vers le nord plutôt que de rentrer directement en Angleterre fut pour détourner l'attention des Français en les encourageant à venir l'attaquer lui-même, plutôt que de s'en prendre à Harfleur. Du point de vue français, la présence d'une garnison forte de 1 200 Anglais à Harfleur constituait une dissuasion. Mieux encore, peut-être, les Français nourrissaient l'espoir qu'un succès rapide et complet contre l'armée d'Henri sur le terrain mènerait sans doute à une capitulation facile d'Harfleur[8].

L'ordre donné aux shérifs de Londres le 5 octobre leur demandait également de faire une deuxième proclamation, à savoir que tous les marchands, fournisseurs et artificiers, prêts à s'installer dans la ville d'Harfleur, s'y rendent le plus vite possible avec leurs biens et leur équipement, et que le capitaine de la ville leur procurerait alors des maisons. Une fois installés, le roi leur accorderait une charte de libertés. Cette politique rappelait celle qu'Édouard III avait employée après la prise de Calais et était essentiellement celle à laquelle la charte de Charles VIII faisait référence. Henri savait qu'une population anglaise était nécessaire pour reconstruire ce que ses canons avaient détruit, pour renforcer sa position et pour contrôler ce qui restait de la population autochtone. Il est difficile de savoir combien de colons vinrent s'installer à Harfleur pendant ces premiers temps. Nous pouvons supposer, d'une part, que l'état délabré de la ville n'était pas encourageant au départ, d'autre part, que beaucoup ne manquèrent pas de s'inquiéter de l'éventualité d'une tentative française pour récupérer la ville, et ceci même après la victoire d'Azincourt. Aucune charte de libertés ne fut émise avant 1444[9] ; on ne connaît qu'un seul don de maison à Harfleur avant septembre 1417[10], bien que les dons, faits à partir de ce moment-là, se réfèrent souvent à des propriétaires précédents, dont les noms anglais semblent témoigner qu'il y avait bien eu des installations préalables.

---

8. Deux chroniqueurs suggèrent qu'à la veille de la bataille d'Azincourt, des négociateurs français firent la proposition suivante : si Henri acceptait de se retirer de France, s'il renonçait à sa prétention au trône et rendait Harfleur, le roi de France en contrepartie était prêt à lui céder la Guyenne et le Ponthieu. Ils ajoutent même qu'Henri était enclin à accepter ces conditions, si toutefois en plus des offres de territoires français lui étaient accordées la main et la dot de Catherine : *Chronique de Jean le Fèvre, seigneur de Saint Remy*, F. MORAND (éd.), Paris 1881, t. II, p. 251 ; *Recueil des cronicques et anchiennes istories de la Grant Bretagne a present nommé Engleterre par Jean de Waurin*, W. L. HARDY et E. L. C. P. HARDY (éd.), Londres, 1868, t. II, p. 209-210.

9. Harfleur fut aux mains des Français du 25 novembre 1435 au 28 octobre 1440. Pour la charte de 1444, voir « Rôles normands et français et autres pièces tirées des archives de Londres par Bréquigny en 1764, 1765, et 1766 », *Mémoires de la Société des antiquaires de Normandie*, t. 23, 1858, p. 234-236, n° 1343.

10. *Annual Report of the Deputy Keeper of the Public Records*, Londres, 1883, t. XLIV, [*DKR 44*], p. 576, Richard Bokeland de Londres fut récompensé par une hostellerie nommée « le Paon » pour avoir fourni au roi deux navires qui l'assistèrent durant le siège de la ville. Un mois plus tard, le 29 janvier 1416, Sir John Fastolf, qui avait été affecté à la garnison après la chute de la ville et qui semble y avoir servi au moins jusqu'au 30 août 1417, fut recompensé par la seigneurie et le manoir de Frileuse dans les environs (*DKR 44*, p. 577). Le livre de comptes de Simon Flete indique qu'il assuma la charge de la ville en tant que lieutenant dès le 2 mars 1417, lorsque le comte de Dorset, alors élevé au duché d'Exeter, abandonna le contrôle personnel de la ville, bien que restant capitaine titulaire (PRO, E101/48/7, fol.12)

Cependant de nombreux signes d'une colonisation sont visibles, Henri ayant manifesté clairement ses intentions : la ville d'Harfleur lui appartenait et il avait le désir de la garder, peuplée par ses propres sujets[11]. Il avait également l'intention d'utiliser Harfleur comme point d'entrée pour le ravitaillement dont il avait si grand besoin. Une autre proclamation, faite à Londres entre le 22 septembre et le 5 octobre, invitait les marchands à se précipiter auprès du roi à Harfleur, avec toutes sortes de victuailles, vêtements et armures[12]. Cela semble avoir provoqué une certaine réponse de la part des Londoniens. Le 12 octobre, John Laweney, citoyen et épicier de la cité, reçut l'ordre de fournir des victuailles, des armures et d'autres articles pour ravitailler, protéger et soulager Harfleur[13]. En tant qu'avant-poste en territoire ennemi, Harfleur devait compter sur l'Angleterre pour l'essentiel de son ravitaillement. Ce problème nécessita l'attention immédiate du roi, dès son retour en Angleterre, à la mi-novembre, après la bataille d'Azincourt. Le 25 novembre le conseil l'avisa d'envoyer à Harfleur «un sufficient persone pour veoir lestat de mesme la ville et en especial de lartillerie et de faire paiement au capitaine illeoques et a ses souldeours et ent faire report au roy»[14]. Le conseil proposa que l'émissaire apporte avec lui 1000 quartiers d'avoine, dont le coût devait être déduit de la somme de 3640 livres destinée aux gages de la garnison (que ce soit à ce moment-là ou plus tard, la garnison étant censée payer pour ses victuailles). Une seconde version des propositions du conseil précise que l'émissaire devait apporter les gages de la garnison pour la période allant jusqu'au 31 décembre, et que l'avoine était réservée spécifiquement aux chevaux des soldats. Il y avait également une question adressée au roi, lui demandant s'il estimait nécessaire de renforcer l'artillerie. Ceci soulignait également les difficultés financières dont le trésor royal faisait l'expérience : il n'y avait pas d'argent disponible et les coûts divers devaient donc être surmontés à l'aide d'un emprunt remboursable, à prélever sur les impôts parlementaires qui devaient être payés le 13 décembre[15].

Deux noms furent proposés pour cette tâche : William Loveney, qui avait une vaste expérience du ravitaillement de la maison royale[16], et Roger Flore, un avocat

---

11. L'intérêt du roi pour la ville s'étendit à la remise à Jean de Bourdin de son bénéfice paroissial le 3 janvier 1416 (*DKR 44*, p. 576). Le 18 juin 1418, William Esdale reçut l'église Saint-Martin d'Harfleur, laissée vacante depuis la mort de John Bordilli (*Annual Report of the Deputy Keeper of the Public Records*, Londres, t. XLI, 1880 [*DKR 41*], p. 691). Bordilli fut sans doute le «de Bourdin» nommé en 1416 et sans doute le même homme que Jean de Bourdin qui était archidiacre du Médoc et qui avait été présent aux côtés de l'armée anglaise au siège, et qui fut à nouveau à Harfleur en 1416 (*Gesta Henrici Quinti*, p. xix). De Bourdin écrit une lettre depuis le siège à destination de Bordeaux le 3 septembre 1415 (*Archives municipales de Bordeaux, vol. 4. Registres de la Jurade : déliberations de 1414 à 1416 et de 1420 à 1422*, Bordeaux, 1883, p. 257-258). Il y déclare entre autres que dans les huit jours Harfleur serait aux mains d'Henri, qu'il avait ouï dire que le roi n'avait pas l'intention d'entrer dans la ville mais plutôt de rester sur ses positions et d'avancer sur Montivilliers, Dieppe, Rouen, puis sur Paris.

12. *Calendar of Letter-Books… Letter-Book I*, p. 161.

13. *Calendar of the patent rolls* [*CPR*] *1413-1416*, p. 364.

14. *PPC*, t. II, p. 184.

15. Pour les impôts parlementaires, voir *Rotuli parliamentorum*, t. IV, p. 63.

16. Pour sa carrière, voir *The House of Commons 1386-1421*, J. S. ROSKELL, L. CLARK et C. RAWCLIFFE (éd.), t. 3, p. 634-636.

qui avait des liens avec le commerce de la laine et l'administration du duché de Lancaster[17]. Il n'est pas possible d'établir clairement lequel des deux, si ce fut l'un d'entre eux, fut choisi pour cette tâche. Mais nous avons des preuves des résultats possibles d'une inspection de la ville. Le 16 décembre, John Colchester, maçon, reçut l'ordre de recruter des ouvriers pour la réparation des murs, maisons et autres structures endommagées pendant le siège : un nombre considérable d'artisans se trouvait dans la ville au cours des premiers mois de 1416[18]. Il y eut également des efforts considérables pour faire parvenir de la nourriture[19]. Dès le début de la nouvelle année, plusieurs commissions furent établies pour l'achat de blé, de malt et de lard dans le sud et l'est de l'Angleterre et de 200 bœufs dans le sud du pays de Galles[20]. Le 3 février, Robert Barbot, qui avait été nommé par le capitaine d'Harfleur, le comte de Dorset, reçut le pouvoir de recruter des navires pour transporter 200 tonnes de vin et mille quartiers de malt vers la ville[21].

Nous pouvons voir que, durant les premiers mois de l'occupation anglaise, Harfleur fut administrée par une série d'accords temporaires dans un contexte d'urgence militaire. Vers la fin de l'année, cependant, Henri se sentant plus sûr de sa conquête, décida d'établir des institutions qui faciliteraient l'organisation et la comptabilité de la défense et du ravitaillement. Nous entrons donc dans notre seconde période, allant depuis l'établissement d'un *scaccarius* à Harfleur jusqu'au début de la seconde campagne.

Le 22 janvier 1416, Thomas Barneby fut nommé trésorier d'Harfleur, responsable auprès de l'Échiquier anglais, avec des pouvoirs modelés sur ceux du trésorier de Calais[22]. Le lendemain, Reginald Curteys fut nommé receveur et gardien des provisions. Il fallut probablement du temps à Curteys pour qu'il rejoigne son poste et pour que l'administration militaire précédente soit remplacée par une administration de nature essentiellement civile et contrôlée par l'Échiquier. Ainsi, le 3 février 1416, Robert Barbot organisait le ravitaillement de la ville sous les ordres directs du comte de Dorset, alors que, le 14 avril, il avait rejoint le poste de député de Curteys et agissait sur les instructions de ce dernier aux côtés du contrôleur des finances de la ville, Simon Flete[23]. Flete fut nommé contrôleur des finances le 30 mars 1416[24]. Il est probable, cependant, que Flete était déjà présent dans la ville avant sa nomination formelle, car la rédaction de son livre de compte débute au 31 décembre 1415. C'est à cette date qu'un *scaccarius* fut établi formellement à Harfleur. Il devait centraliser la comptabilité des reçus. La

---

17. *The House of Commons 1386-1421*, t. 3, p. 91-94.

18. *CPR 1413-1416*, p. 412 ; PRO, E101/47/8, fol. 17-18.

19. Le 29 novembre une protection fut accordée à John Vincent, *caster*, afin qu'il se rende d'Angleterre à Harfleur, la ville étant sans doute liée au transport de denrées alimentaires, *DKR* 44, p. 575.

20. *CPR 1413-1416*, p. 412.

21. *CPR 1413-1416*, p. 414.

22. *DKR 44*, p. 576. Son livre de comptes révèle qu'il fut payé 100 livres par an «comme l'avait été le trésorier de Calais». PRO, E36/79.

23. *CPR 1413-1416*, p. 71. Barbot, venu de Rotherham dans le Yorkshire, était toujours en fonction jusqu'en janvier 1419 au moins ; *DKR* 44, p. 609.

24. *DKR 44*, p. 576 et 578.

plupart de ceux-ci étaient sous forme d'argent envoyé par l'Échiquier d'Angleterre. C'est seulement quand les conditions devinrent plus paisibles, à la veille de la seconde campagne (surtout après la capitulation de Rouen en janvier 1419) que les revenus locaux, provenant, par exemple, des rentes et des moulins, furent levés. Le *scaccarius* avait également la responsabilité de payer les gages, non seulement des soldats et des archers mais aussi des ouvriers employés aux réparations. Heureusement sont parvenus jusqu'à nous des livres de comptes de Barneby et de Flete qui nous procurent un grand nombre d'informations sur la ville, entre la fin de l'année 1415 et le début de 1420. Une grande partie du reste de cette communication est fondée sur le témoignage de ces comptes conservés au Public Record Office à Londres[25].

La date du 31 décembre fut choisie comme point de départ parce qu'il fallait la faire coincider avec les mesures financières de la campagne d'Azincourt. Il fut décidé que ceux qui avaient servi au siège et à la bataille seraient payés du 1er juillet au 23 novembre, mais ceux qui avaient été affectés à la garnison devaient être rémunérés pour leurs services jusqu'à la fin du second quart de l'année financière, donc jusqu'au 31 décembre[26]. Des mesures avaient été proposées par le conseil le 25 novembre afin de payer les soldats de la garnison d'Harfleur jusqu'au 31 décembre[27]. Mais il s'agissait là de mesures d'urgence prises avant l'établissement de l'administration formelle à Harfleur. Les montres de la garnison ne semblent pas avoir été effectuées pendant les premiers mois de l'occupation. Le serment des soldats et de leur capitaine ou lieutenant suffisait à authentifier la perception de leurs gages pour la période allant jusqu'au 31 décembre[28]. Cependant, une fois le *scaccarius* établi, il fallut que Barnaby et Flete organisent la montre des soldats afin qu'ils reçoivent leur salaire. Si bien que pour le premier quart de l'année 1416 (du 31 décembre au 1er avril) nous diposons d'un résumé des rassemblements, qui furent présentés avec les comptes de Barneby et Flete, lorsque ces derniers furent audités par l'Échiquier anglais vers la fin des années 1420. Là figurent le capitaine Thomas, comte de Dorset, ainsi que quatre autres pairs (Hastings, Grey of Wilton, Bourgchier, Clinton), 22 chevaliers, 273 hommes d'armes à cheval et 898 archers[29]. La plupart de ces hommes se trouvaient dans la garnison depuis la capitulation.

Dès le début de 1416, les Français se préparaient à reprendre la ville[30]. Ceci explique sans doute l'ampleur de l'effort accompli pour ravitailler la ville au cours des premiers mois de 1416 et pour établir une véritable administration. En mars, Dorset décida de faire une sortie. Les *Gesta* suggèrent qu'il avait l'intention de se procurer des provisions dans les environs et de remonter le moral de la garnison,

---

25. PRO, E 101/48/7 (Flete), E 36/79 (Barneby). Pour l'enregistrement du compte de Barneby sur les «Foreign Accounts», voir PRO, E 364/63 m. 7-7d et E 101/48/8, avec pièces justificatives dans E 101/695/37.

26. *PPC*, t. II, p. 225-226.

27. *PPC*, t. II, p. 184-185.

28. *PPC*, t. II, p. 225-226

29. PRO, E 101/47/39 : intitulé «extracta istius primi rotuli monstracionum ex libro de particulis compoti thesaurarii ville de Harefleu».

30. R. A. NEWALL, *The English conquest of Normandy 1416-1424*, Cambridge (Massachusetts), 1924, p. 14 et suivantes.

mais il est possible qu'il ait cherché à contrecarrer les menaces françaises en assurant la soumission d'autres villes. Après tout, Dorset n'avait-il pas été nommé lieutenant de Normandie au début de février 1416[31]? Mais les Français déjouèrent son plan à Valmont le 11 mars et commencèrent un blocus de la ville sur terre et par mer. Quand vint la mi-avril, le comte avait désespérément besoin d'assistance et il envoya Barneby, Curteys et un membre de la garnison, Sir John Scudamore, pour plaider sa cause en Angleterre. Dorset se plaignit d'avoir en vain écrit, à diverses occasions, en demandant qu'on lui envoie de l'artillerie et du ravitaillement. Il avait fait mention d'un manque de viande et de grain et averti qu'à défaut d'aide, lui-même et la garnison devraient évacuer Harfleur, ne serait-ce qu'à cause des pertes de chevaux qu'ils avaient subies (probablement pendant l'attaque de Valmont)[32]. Le conseil répondit en ordonnant que de vastes quantités de blé, de malt, d'avoine, de pois, de haricots, de quartiers de lard et de bœufs fussent livrées à la ville, ainsi que des ouvriers pour mener à bien les réparations[33]. Mais la route d'Harfleur était rendue difficile par le blocus français. Si bien que le 12 mai, le roi donna l'ordre à une flotte, commandée par le comte d'Huntingdon et Sir Edward Courtenay, d'escorter les bateaux de ravitaillement et de harceler les Français en mer[34]. Malgré cela, Dorset trouva plus sage de conclure une trêve locale avec les Français, du 5 mai au 2 juin.

C'est autour de cette époque que l'on fit des propositions, suggérant que, pour faciliter les négociations de paix entre l'Angleterre et la France, Harfleur fût placée temporairement entre les mains de l'Empereur Sigismond, alors en Angleterre, et du duc de Hollande. Il est difficile de savoir si Henri considéra sérieusement ces propositions[35]. Sa position officielle fut de n'y accorder aucune valeur, en raison de l'opposition des prisonniers français en Angleterre et, par conséquent, il décida de mener lui-même une nouvelle expédition[36]. Les convocations qu'il fit pour cette campagne semblent indiquer que son but était indubitablement la défense d'Harfleur[37]. Mais à la fin du mois de juillet ou au début du mois d'août, le roi choisit de se rendre à Calais pour des négociations avec le duc de Bourgogne et pour donner l'ordre à son frère John, duc de Bedford, d'entreprendre une expédition navale pour soulager Harfleur. Le 15 août, ce dernier vainquit la flotte française dans l'estuaire de la Seine. Sans aucun doute, cela soulagea Harfleur, tout comme la trêve signée

31. *The English conquest of Normandy 1416-1424*, p. 18 ; *Gesta Henrici Quinti*, p. 115. Pour la nomination de Dorset, voir *DKR 44*, p. 577. Cet article des «French rolls» n'est pas daté mais s'inscrit entre les articles du 8 et du 11 février.

32. *PPC*, t. II, p. 196-197. Les livres de comptes indiquent que Barneby était absent d'Angleterre, du 6 avril au 12 septembre (PRO, E 36/79, E 101/48/7). Il reçut une protection le 18 mai 1416 (*DKR 44*, p. 579).

33. *CPR 1416-1422*, p. 7, 8, 11, 71.

34. *PPC*, t. II, p. 201.

35. La version Cléopâtre CIV du *London Chronicle* nous apprend que, vers la première semaine de juin, il eut envie d'accepter les mesures visant à garder la ville «for a certyn time» (pour un certain temps), mais les Communes exprimèrent leur peur d'une trahison, que sa consultation des prisonniers français ne dissipa pas. C. L. KINGSFORD, *The Chronicles of London*, Oxford, 1905, p. 125.

36. *Calendar of Letter-Books... Letter-Book I*, p. 152, ordre émis le 8 juin.

37. *Foedera, conventiones literae et cujuscunque generis acta publica*, T. RYMER (éd.), The Hague, 1739-1745, t. IV, deuxième partie, p. 15 (le 13 juin).

avec les Français du 30 octobre 1416 au 2 février 1417[38]. La garnison avait été maintenue dans sa force initiale de 1 200 hommes jusqu'au 1er septembre 1416. À partir de ce moment-là, on supprima 85 hommes[39]. Il ne s'agit pas d'une réduction conséquente par rapport au chiffre total, mais elle fut accompagnée de changements dans la composition de la garnison, signifiant qu'Harfleur était désormais considérée comme moins vulnérable – l'arrivée de fantassins pour la première fois, le départ des nobles qui s'étaient trouvés dans la garnison et une réduction du nombre des chevaliers de 22 à 12. À partir du 1er décembre 1416, il y eut une réduction supplémentaire qui fit passer la garnison de 1 115 à 893 hommes. Le 2 mars 1417, Sir John Fastolf rejoignit son poste de lieutenant avec 817 hommes. Dorset conserva le titre de capitaine, mais il cessa d'être résident.

La nécessité de faire venir le ravitaillement d'Angleterre persista, même après la bataille de la Seine. En octobre, plus de mille quartiers de blé furent acheminés sur ordre royal, avec 200 bœufs et vaches et 1 200 porcs en novembre[40]. Mais il existe aussi des preuves que des poissonniers et des marchands de laine indépendants venaient en ville, ce qui indique qu'un commerce régulier se développait. Durant l'année 1416, les réparations des maisons et des fortifications se poursuivirent et un grand fossé fut creusé à l'ouest de la ville[41].

Dès février 1417, le roi projetait déjà une nouvelle expédition. Son plan initial était d'entrer par Harfleur. Le 23 février, il donna l'ordre à Sir John Popham et à sa compagnie, forte de 40 hommes «de passer avant vers la ville de Hareflieu a demoerer sur la sauvegarde de mesme la ville jusques a la venue du roy illoeques», ordonnant la même tâche à Sir John Pelham par la suite[42]. Mais le roi changea d'avis, débarquant à la place en Basse-Normandie dans l'estuaire de la Touques, le 1er août (il est intéressant que le trésorier d'Harfleur, Thomas Barneby, y avait été envoyé sur ordre de Sir John Fastolf, alors lieutenant, chargé d'affaires concernant la ville)[43]. Le 20 juin, alors qu'il attendait ses troupes à Southampton, Henri nomma Sir Hugh Luttrell lieutenant d'Harfleur, indiquant par là que le capitaine Dorset, élevé au duché d'Exeter, allait probablement être absent pendant une longue période où le roi allait se trouver en campagne[44]. À cette époque-là, le contrôle anglais de la Manche et donc la sûreté même d'Harfleur avaient été renforcés par une nouvelle victoire en mer, remportée par le comte d'Huntingdon au large du Chef-de-Caux le 29 juin 1417[45]. Les défenses de la ville furent également renforcées, durant le printemps et l'été, par des travaux supplémentaires sur le rempart du nord. L'ordre

---

38. *Ibid.*, p. 178.

39. Ces chiffres et les suivants proviennent tous du livre de comptes de Flete. PRO, E 101/48/7, fol. 10r-15v.

40. *CPR 1416-1422*, p. 20, 55.

41. PRO, E 101/48/7, fol. 22v. Depuis la mi-décembre des efforts furent faits et renouvelés pour reconstruire la ville où furent envoyés des charpentiers, des charretiers et des laboureurs. *CPR 1416-1422*, p. 83-84.

42. *PPC*, t. II, p. 213 ; *CPR 1416-1422*, p. 74.

43. PRO, E 36/79.

44. *DKR 44*, p. 597.

45. R. A. NEWHALL, *The English conquest of Normandy 1416-1424*, p. 55 ; voir aussi C. ALLMAND, *Lancastrian Normandy*, p. 9-10.

---

avait été donné d'y remplir une mine creusée durant le siège par le duc de Clarence, ainsi que sur les remparts du côté de la porte Notre-Dame et de la porte vers l'ouest et sur deux nouveaux ponts-levis[46]. Nous voyons ici les efforts d'Henri V pour assurer la sécurité d'Harfleur avant de commencer sa seconde campagne en Basse-Normandie le 1er août 1417. Nous entrons donc dans notre troisième période, du début de la seconde campagne jusqu'à la chute de Rouen, le 19 janvier 1419.

Le succès de l'invasion d'Henri en Basse-Normandie soulagea la pression militaire qui pesait sur Harfleur et permit le développement de son administration civile. Le 25 septembre 1417, Henri nomma William Fynborough gardien des portes et William Over bailli des eaux, cette dernière nomination étant symptomatique de l'importance conférée à Harfleur en tant que base maritime et riveraine pour la seconde campagne[47]. Ces nominations furent faites par le roi à Caen et furent enregistrées dans les *rotuli Normannie* (rouleaux normands) nouvellement institués, plutôt que dans les *rotuli Francie* (rouleaux français). Ceci indique que, le moment venu, Harfleur serait incluse dans l'administration de la Normandie dans son ensemble, et, en particulier, dans la chambre des comptes à Caen qu'Henri avait établie, en novembre 1417 ou peut-être avant.

Il se pourrait qu'Henri ait eu l'intention de diriger Caen de la même manière qu'Harfleur : la nomination d'Henry Bromley comme gardien des portes de Caen, le 30 septembre 1417, lui conféra les pouvoirs et les gages *eo modo sicut janitores nostri villarum nostrarum Calesie et Harfleu*[48]. Mais les conditions de la nomination de Robert Spellowe au poste de bailli d'Harfleur, faite par le roi, le 26 septembre 1417, souligne combien Harfleur était encore considérée comme un second Calais[49]. Cette nomination est une preuve supplémentaire des conditions de plus en plus paisibles dont jouissait Harfleur. Henri ayant besoin de toutes les troupes qu'il pouvait lever pour sa seconde campagne, il n'est pas surprenant de voir, au cours de l'été 1417, une réduction de la garnison d'Harfleur à 705 hommes à partir du 1er juin[50] et à 583 quand Sir Hugh Luttrell fit son entrée dans la ville comme lieutenant, le 30 août 1417. Cependant, comme l'indiquent les livres de comptes de Flete, le maréchal de la garnison, William Bernard, et le clerc de la garde, John West, durent organiser un guet de nuit supplémentaire sur les murs entre le 9 juin et le 12 septembre 1417, estimant qu'il y avait un nombre insuffisant de soldats gardant l'ensemble du circuit et que certains soldats manquaient à leur devoir de guet[51]. Des guets supplémentaires furent maintenus au cours de janvier 1418[52].

---

46. PRO, E 101/48/7, fol. 22v-23r. Il est intéressant de noter que les prisonniers furent utilisés comme manœuvriers, mais payés un salaire par jour.

47. *Rotuli Normanniae in turri Londoniensi asservati Johanne et Henrico Quinto Angliae regibus*, T. Duffus HARDY (éd.), Londres, 1835, p. 157. Il est possible que Hugh Spencer occupât cette fonction plus tôt. PRO, E 101/48/7, fol. 7r.

48. *Rotuli Normanniae*, p. 159.

49. *Rotuli Normanniae*, p. 166.

50. L'article sur les hommes d'armes à pied dans le livre de Flete est illisible (PRO, E 101/48/7, fol. 12r-v), mais le chiffre est donné dans le livre de Barneby, PRO, E 36/79, p. 35.

51. PRO, E 101/48/7, fol. 2r.

52. PRO, E 101/48/7, fol. 27r.

Dans ce contexte, il n'est guère surprenant de voir la reprise des tentatives pour augmenter le nombre des colons. D'une part, ces derniers contribuaient à accroître la garnison, d'autre part, ils pouvaient se substituer à une garnison royale coûteuse, puisque détenteurs de terres, ils devaient payer le «guet et la garde». Le lendemain de la nomination de Spellowe au poste de bailli, le roi lui accorda une maison à Harfleur, sans loyer, l'obligeant, selon la coutume, à payer le guet[53]. Il y eut un nombre de maisons ainsi accordées dans la ville, en mai et juin 1418, parmi lesquelles certaines furent attribuées à des hommes décrits comme marchands et fournisseurs d'Harfleur[54]. Il pourrait également y avoir un lien avec le rôle important de soutien qu'Harfleur devait jouer au cours de la seconde campagne. Les navires anglais sillonnaient les mers entre Harfleur et Caen et assuraient la sécurité de la Manche pour les convois de ravitaillement. Harfleur jouait également le rôle de point de rassemblement et de distribution pour les marchandises en provenance d'Angleterre, ensuite expédiées par voie maritime au roi en Basse-Normandie[56]. Étant donné la position d'Harfleur près de l'embouchure de la Seine, ceci devint particulièrement évident une fois que le roi commença le siège de Rouen[57]. Ainsi, par exemple, le 10 août, le roi écrivit du camp du siège de Rouen, demandant aux Londoniens qu'ils «do arme as manie smale vessels as ye may goodly with vitaille an namely with drinke, for to come Harfleu and fro thennes as fer as they may up ye river of Seyne to Roan ward»[58]. Le 22 août, tous les soldats et marins de la ville reçurent l'ordre de se placer sous l'autorité de Sir Richard Walkstede[59]. Il s'agissait d'une tentative de blocus de la Seine pour empêcher le passage des navires français pendant les premiers temps du siège. Des matériaux furent acheminés depuis Harfleur pour élever des piliers reliés par des chaînes dans le fleuve près de Rouen, ce qui aurait empêché les ennemis de rejoindre la ville par la voie fluviale[60]. Harfleur constituait également un point de passage important pour les soldats du siège, mais on craignait aussi que ce fût un endroit propice aux désertions. Le 15 août 1418, depuis son camp de Rouen, le roi ordonna au lieutenant, Sir Hugh Luttrell, de pendre ceux qui se trouvaient à Harfleur sans permission[61]. La crainte des désertions demeura, même après la chute de Rouen[62].

---

53. *Rotuli Normanniae*, p. 165.

54. *DKR 41*, p. 691.

56. Le 27 avril 1418, par exemple, Richard Bristowe reçut l'autorisation d'acheminer par voie maritime 800 quartiers de malt et d'autres marchandises d'Angleterre vers Harfleur et d'autres ports normands (*DKR 41*, p. 681). R. A. NEWHALL, *The English conquest of Normandy 1416-1424*, p. 59 d'après les livres des comptes pour le navire, PRO, E 101/48/23.

57. C. ALLMAND, *Lancastrian Normandy*, p. 13 : l'auteur y note l'importance du transport fluvial de ces marchandises lorsque Caudebec était toujours aux mains des Français.

58. *Calendar of Letter-Books... Letter-Book I*, p. 197-198, cité par R. A. NEWHALL, *The English conquest of Normandy 1416-1424*, p. 257.

59. *DKR 41*, p. 716.

60. PRO, E 101/48/7, fol. 19v.

61. *DKR 41*, p. 716.

62. *Annual Report of the Deputy Keeper of the Public Records*, Londres, t. XLII, 1881 *[DKR 42]*, p. 325 (le 22 août 1419), p. 328 (le 30 septembre 1419), p. 355 (le 13 novembre 1419).

Comme nous l'avons vu, les effectifs de la garnison royale d'Harfleur furent réduits dès que commença la seconde campagne d'Henri, mais, entre la fin de novembre 1417 et le 31 mai 1418, la garnison fut renforcée de 50 archers supplémentaires (pour atteindre le chiffre de 630 hommes au total), probablement à la suite des craintes causées par l'importante garnison française de Montivilliers[63]. Une fois encore, l'attaque fut utilisée comme meilleur moyen de défense. La garnison d'Harfleur fit des incursions dans le Pays de Caux, gagnant des rançons de la forteresse de Vittefleur (au sud de Saint-Valéry) en mars 1418, et de la ville de Blacqueville (au nord-est de Caudebec) en août 1418[64]. Cependant, ce fut la capitulation de Rouen qui eut un effet très important sur la position d'Harfleur, et c'est elle qui ouvre la voie sur notre quatrième période qui se termine par la fermeture du *scaccarius* distinct de la ville, le 21 janvier 1420.

La chute de la capitale normande, le 19 janvier 1419, précipita la capitulation, sans résistance, des garnisons du roi de France dans l'arrière-pays nord-ouest d'Harfleur et le long de la côte normande. La garnison d'Harfleur, revenue à 580 hommes au cours de l'été 1418, fut réduite à 312 hommes à partir du 31 mars 1419[65]. Les réductions se poursuivirent, il n'y avait plus que 278 hommes en juin, 232 en septembre et 205 en décembre[66]. Le stock d'artillerie de la garnison fut diminué, lui aussi, l'ordre étant donné de transférer les canons et les munitions d'Harfleur à Rouen et à Caudebec, le 22 août 1419[67].

La réduction de la menace militaire signifia que les maisons religieuses des environs de la ville d'Harfleur purent rentrer dans leurs possessions[68]. Nous notons également un effort majeur, et apparemment réussi, pour augmenter la colonisation anglaise d'Harfleur. Le 21 mars 1419, Luttrell se vit conférer le pouvoir d'accorder des maisons et des terrains inoccupés à ceux, parmi les sujets de sa majesté, qui avaient l'intention de s'y installer ; ce pouvoir fut confirmé le 26 juillet[69].

---

63. R. A. NEWHALL, *The English conquest of Normandy 1416-1424*, p. 105.

64. PRO, E 101/47/8, fol. 8. Le compte rendu détaille d'autres rançons. Il y a aussi la preuve que les détachements de la garnison servirent ailleurs. Vittefleur, dép. Seine-Maritime, cant. Cany-Barville ; Blacqueville, dép. Seine-Maritime, cant. Pavilly.

65. On trouve une allusion intéressante à Roger Olyver dans les fers à la prison de Ludgate à Londres en juillet 1419, sous l'inculpation d'avoir comploté de trahir la ville d'Harfleur et, alors qu'il était en Angleterre, d'avoir comploté pour la mort du roi et son renversement, *Calendar of Letter-Books... Letter-Book I*, p. 227-231.

66. Comme tous les chiffres donnés précédemment, ceux-ci sont les chiffres totaux à maintenir dans la garnison suivant les ordres. Même depuis le début de l'année 1416, il est commun de voir le salaire de la garnison se réduire à cause du nombre de soldats décrits comme *vacans et extra villam* pour des périodes variables. Ceci n'indique pas seulement un renouvellement des effectifs, qui menait à des déficits temporaires, mais aussi un possible recours à des détachements de la garnison d'Harfleur sur le champ de bataille. Malheureusement, ces comptes rendus ne donnent aucun détail concernant le lieu où se déroulait le service des *extra villam*.

67. *DKR 42*, p. 325.

68. *DKR 41*, p. 734-735.

69. *DKR 41*, p. 762. Le 22 mars 1419, Luttrell reçoit le pouvoir de nommer un fournisseur en alimentation générale, sans doute pour remplacer Curteys (*DKR 41*, p. 763). Voir aussi le pouvoir donné à Allington et à Flete pour coloniser des terres à Honfleur (*DKR 42*, p. 431). Pour les pouvoirs similaires d'Allington à Caen, C. ALLMAND, *Lancastrian Normandy*, p. 57.

Comme l'a démontré R. A. Massey, ceci provoqua une augmentation considérable du nombre des dons. Alors que, d'après nos connaissances, un seul avait été conféré en 1417 et neuf en 1418, on en remarque 54 en 1419, et jusqu'à 286 en 1420, 141 en 1421 et 6 en 1422[70]. En tout 497 dons furent effectués à Harfleur, presque trois fois plus que pour la seconde ville «colonisée», Caen, pour laquelle on ne connaît que 178 dons. Mais le problème est de savoir combien de bénéficiaires de dons prirent possession de leurs maisons : les livres de comptes de Flete et de Barneby mentionnent seulement 38 titulaires de baux payant un loyer, certains de leurs noms correspondant aux noms de bénéficiaires connus[71]. Mais ces livres ne couvrent que la période allant jusqu'au 21 janvier 1420, alors que la plupart des dons furent accordés après cette date. Il est également évident que certains bénéficaires, tels que Spellowe, étaient exempts de loyer. Les livres de comptes font également état de 34 preneurs à bail d'*hospicii* et *domus* dans la ville, ayant pris des propriétés pour un nombre fixe d'années. Le premier date du 25 mars 1418, mais 23 sur 34 des propriétés furent prises après le siège de Rouen[72].

R. A. Massey en conclut qu'«Harfleur was first and foremost a military settlement and the craftsmen, traders and office-holders who chose to live there with these men-at-arms owed their livelihoods directly to the garrison forces»[73]. Nous avons effectivement plusieurs dons de maisons faits à des membres de la garnison et à des administrateurs[74]. Mais d'autres furent accordés à des marchands et à des artisans, et nous ne devrions pas sous-estimer les intérêts commerciaux. Christopher Allmand fait observer comment certains marchands anglais bénéficièrent de maisons à Harfleur et Caen, suggérant que «by establishing personal ties [Henry V] was trying both to revive the fortunes of each of them, and, perhaps, to forge links between the ports of Normandy and those of England»[75]. Il est certain que la ville continua d'être un point de passage important pour les importations de grain, de laine et de vin, ainsi que pour les liens commerciaux avec l'Angleterre, la Bretagne et les Flandres, surtout après la prise de Rouen et du Pays de Caux[76]. Harfleur opérait comme avant-port de Rouen[77], le bailli des eaux et prévôt d'Harfleur y était responsable de la police commerciale et stratégique de la rivière entre sa ville et Rouen[78].

---

70. R. A. MASSEY, *The Lancastrian land settlement in Normandy and Northern France, 1417-1450*, thèse de doctorat, Université de Liverpool, 1987 (dactyl.), Appendix X.

71. PRO, E 101/47/8, fol. 5v.

72. PRO, E 101/47/8, fol. 1-5v. Le revenu total pour la période couverte par le compte rendu est de 69£. 4s. 8d. Dans de tels cas, les lieux dont ces sommes sont les rentes sont décrits comme ayant été vacants avant d'avoir repris leur bail. Les articles notent que les détails des transactions sont «prout in recordo domini Regis in scaccario ville predicte liquet manifestum».

73. R. A. MASSEY, *The Lancastrian land settlement*, p. 190.

74. Par exemple, le capitaine qui fut nommé le 21 janvier 1420, Sir John Grey, reçut une maison le 9 mars 1420 (*DKR 42*, p. 352).

75. C. ALLMAND, *Lancastrian Normandy*, p. 89-90, où est cité l'exemple de Philip Maidstone, confectionneur et épicier.

76. *DKR 42*, p. 371; le 27 mars 1420, ordre au bailli des eaux d'Harfleur concernant la restitution de laine à Leonard Rys, marchand de Bruges, laine qui avait été retenue à Harfleur.

77. *DKR 41*, p. 730; le 7 février 1419, laissez-passer accordé à Jean de Galuday de Rennes, marchand et maître du chaland «St Michael», alors à Harfleur et sur le point de prendre la mer pour la Bretagne afin de transporter du vin et d'autres marchandises à Rouen.

L'évolution rapide de la situation à la suite du meurtre du duc de Bourgogne le 10 septembre 1419, fit qu'Henri fut accepté comme héritier et régent de France dès le début de l'année suivante, ce qui eut un profond retentissement sur la ville d'Harfleur[79]. Maintenant que presque toute la Normandie et une bonne partie de la vallée de la Seine se trouvaient entre les mains d'Henri, et que sa suprématie avait été reconnue par la France, il n'était plus nécessaire de maintenir la ville à l'écart du reste du duché pour ce qui était de l'administration financière et militaire. Si bien que le 21 janvier 1420 le *scaccarius* séparé d'Harfleur, responsable directement devant l'Échiquier anglais, fut fermé, et la ville fut placée sous le contrôle de la chambre des comptes de Caen, qui, à cette époque, faisait prévaloir sa propre indépendance vis-à-vis des institutions anglaises[80].

Dans ce contexte, on pourrait affirmer qu'Harfleur redevint française le 21 janvier 1420. Les comptes du trésorier et du contrôleur se terminent ce jour-là, leurs charges touchant à leur fin. Harfleur était désormais administrée par le trésorier de Normandie et les informations à ce sujet se trouvent dans les archives de la chambre des comptes, qui fut elle-même fermée et transférée à Paris après la mort d'Henri, selon les termes du traité de Troyes[81]. Après le 21 janvier 1420, Harfleur ne reçut plus d'argent directement de l'Échiquier anglais. Les revenus de la ville cessèrent d'être comptabilisés par ses propres officiers, mais ils furent confiés au contrôle d'un vicomte local et envoyés à la chambre, quand cela s'avérait nécessaire. Les gages de la garnison furent payés sous l'autorité du trésorier de Normandie et tirés des revenus du duché, dans son ensemble, ce qui ne tarda pas à inclure les impôts votés par les états du duché. Alors qu'avant le 21 janvier 1420, il était courant qu'Harfleur fût exclue des ordres communiqués à tous les capitaines des villes et châteaux tenus par les Anglais dans le reste de la Normandie (les officiers d'Harfleur recevant des ordres directs et séparés du roi), après cette date Harfleur fut traitée comme toutes les autres places[82]. La ville et la garnison perdirent donc leur indépendance.

D'une manière significative, le commandement du capitaine de Dorset prit fin le 21 janvier 1420, la nomination de Sir John Grey of Heton entrant en vigueur dès ce jour-là[83]. Grey fut tué à la bataille de Baugé[84]. Sir Ralph Cromwell lui suc-

---

78. *DKR 42*, p. 452 ; le 13 août 1422, ordre au bailli des eaux de Rouen et à John Sebly d'inspecter les berges entre Rouen et Harfleur et de détruire tout bateau n'étant pas amarré à la place qui lui fut attribuée. Même ordre pour Thomas Holgill entre Poissy et Harfleur.

79. En octobre 1419, la stabilité et l'approvisionnement de la ville étaient suffisamment assurés pour que le contrôleur, Flete, fût envoyé en mission en Gascogne, *PPC*, t. II, p. 267-268

80. A. E. CURRY, «L'administration financière de la Normandie anglaise : continuité ou changement?», dans *La France des principautés. Les chambres des comptes, XIVe et XVe siècles*, P. CONTAMINE et O. MATTÉONI (éd.), Paris, 1996, p. 83-103.

81. A. E. CURRY, «L'administration financière de la Normandie anglaise : continuité ou changement?», p. 97-99.

82. Voir, par exemple, *DKR 42*, p. 314 en comparaison avec *DKR 42*, p. 431.

83. *DKR 42*, p. 339. La nomination fut en réalité faite le 20 janvier 1420. Barneby et Spellowe furent nommés le 29 janvier pour rassembler les troupes de Grey à Harfleur ; *DKR 42*, p. 356.

84. *DKR 42*, p. 427. Le 26 avril 1421, James Fenys et Henry Mulso furent chargés de déployer les hommes de Sir John Grey dans la garnison d'Harfleur, Grey étant décédé.

---

céda donc le 3 avril 1421[85], remplacé à son tour par Sir William Phelip le 28 juillet 1421[86]. Le déclin d'Harfleur est souligné par le fait qu'après janvier 1420, son capitaine appartint au rang de la chevalerie plutôt qu'à celui de la noblesse. Le 29 novembre 1422, la ville était devenue suffisamment insignifiante pour être confiée à un simple *esquire*, William Minors. Celui-ci fut nommé pour une période de cinq ans, indiquant que la ville n'avait plus désormais qu'une moindre importance. Le contrat de Minor s'élevait à 160 hommes, 40 de moins qu'en février 1420, et en majorité des fantassins[87].

Nous conclurons par un bref regard sur Harfleur durant les deux dernières années du règne d'Henri V. La ville demeura un endroit de passage animé pour les entrées et les sorties de France. Le roi, lui-même, passa par Harfleur pour se rendre en Angleterre, en janvier 1421, comme ce fut le cas du corps de son frère Clarence mort à Baugé[88]. Des renforts sous les ordres du duc de Bedford arrivèrent en mai 1420[89], bien qu'Harfleur ne fût plus le seul port soupçonné de laisser passer les déserteurs[90]. Harfleur continua à jouer le rôle d'avant-port de Rouen, surtout pour le transport d'articles destinés au roi, à l'époque où celui-ci était basé dans la capitale normande en 1420-1422[91]. La ville comportait également un arsenal : en mars 1422 par exemple, Henri ordonna que des pierres à canons de Caen et d'Harfleur, ainsi que du salpêtre, du charbon et du soufre d'Harfleur[92] lui soient livrés au siège de Meaux.

Bien qu'en termes administratifs, dès le début de 1420, Harfleur ait été traitée comme toutes les autres places, il serait juste, à la fin de cette communication, de revenir sur les points soulignés au début. Harfleur reste dans les souvenirs comme la première conquête d'Henri. Parmi les hommes qui se hissèrent aux places principales de la France lancastrienne, plusieurs d'entre eux avaient commencé leur carrière à Harfleur, qu'il s'agisse de chefs militaires, tels que John Fastolf et Sir William Oldhall, ou de baillis, tels que Sir John Harpelay, Thomas Maistresson et Hugh Spencer.

---

85. *DKR 42*, p. 410.

86. *DKR 42*, p. 415 ; BnF., ms. fr. 4485, p. 213-215.

87. BnF, ms. fr. 4485, p. 213-215 ; PRO, E 101/47/8, fol. 15v.

88. *PPC*, t. II, p. 327 ; *Foedera*, t. IV, deuxième partie, p. 39, concerne les frais de John Rothenale alors trésorier de l'hôtel du roi durant le voyage d'Henri de Rouen vers l'Angleterre en janvier 1421. Les frais de la chapelle du roi à Rouen puis à Harfleur y sont notés.

89. R. A. NEWHALL, *The English conquest of Normandy 1416-1424*, p. 207, citant PRO E 101/49/36, et *CPR 1416-1422*, p. 319.

90. *DKR 42*, p. 428 : le 3 avril, les lieutenants d'Harfleur, de Caen et de Cherbourg, ainsi que les capitaines d'Honfleur et de Dieppe reçurent l'ordre de s'assurer que personne ne quitte la Normandie sans autorisation spéciale scellée du grand sceau.

91. *DKR 42*, p. 429 : le 20 juin 1421, ordre au bailli de Caux, le vicomte Montvilliers, et le prévôt d'Harfleur d'inciter tous les marchands et marins de navires chargés de céréales et positionnés sur l'Eure, à venir à Rouen, ou de décharger leur cargaison à Harfleur, afin de vendre dans la région ; *DKR 42*, p. 431 : le 29 août 1421, ordre donné au capitaine d'Harfleur de trouver un navire pour le transport d'une partie du vin du roi en Angleterre ; *DKR 42*, p. 426 : le 17 avril 1421, Simon Flete et William Barrys, prévôt d'Harfleur, reçoivent mandat d'envoyer à Rouen tout bateau chargé de céréales positionné sur l'Eure. Barrys reçoit aussi l'ordre d'arrêter tous les navires quittant Rouen sans autorisation.

En outre, alors qu'Henri avait bien vite pu utiliser des fonctionnaires locaux dans les conquêtes de sa seconde campagne, Harfleur fut dirigée exclusivement par des Anglais et semble l'avoir toujours été. Nul doute que les souvenirs restaient présents, parce que la ville portait toujours les traces du siège de 1415. Même après la fermeture du *scaccarius*, les ouvriers continuèrent à recevoir des commissions pour y travailler[92]. En février 1422, Harfleur et Honfleur bénéficièrent toutes deux d'une exonération des quatrièmes sur la vente de vin et de bière pour subvenir aux frais de construction[94], et, en 1424, les impôts exigés des états généraux de Normandie furent désignés spécialement pour les travaux à Harfleur, qui comprenaient la construction d'un château sur le port de la ville[95]. Bien que, selon R. A. Massey, le nombre d'Anglais ait diminué entre 1422 et 1435, c'est leur quantité même, à Harfleur (combinée avec le fait que ce fut la première ville où Henri accorda des terres en conjonction avec sa politique de colonisation), qui conféra à cette ville une place à part parmi les autres places en Normandie. Il n'y a aucun doute que les Anglais qui jouissaient de maisons à Harfleur avant que les Français ne s'en emparent en 1435, y retournèrent dès sa reprise, le 28 octobre 1440[96].

Le fait qu'entre ces deux dates la ville fut soumise aux Français, pourrait souligner cette spécificité anglaise, surtout après 1444, quand la charte, promise par Henri V en 1415, fut enfin accordée. Cette charte était catégoriquement plus anglaise que française dans ses termes. Elle donnait même l'ordre de tenir l'élection du maire le jour de la date anniversaire de la capitulation de la ville en 1415. Par conséquent, il n'est pas surprenant que les Français aient eu à manifester tant de zèle pour reprendre la ville lors de leur reconquête, ni que sa capitulation ne dût être exigée parmi les conditions proposées par le duc de Somerset à la chute de Rouen en 1449[97]. Nous ne devrions pas non plus être surpris que les défenseurs anglais d'Harfleur aient refusé initialement de rendre la ville. Harfleur redevint française, une fois de plus, en janvier 1450, le premier jour d'une nouvelle année étant peut-être une date appropriée pour récupérer la ville qui était, comme l'observa un Anglais lorsqu'il apprit sa chute, «a gret juell to all Englond»[98].

---

92. BnF, ms. fr. 26044/5712.

93. *DKR 42*, p. 409, 439.

94. *DKR 42*, p. 423. Référence à John Roudell en tant que contrôleur en 1422.

95. Raoul le Sage fut envoyé à la ville en septembre 1424 «pour en icelle adviser le lieu et place ou se levoit ung chastel qui advise a ester fait ou hable de la dite ville pour la seurete et deffense de la dite ville et pour l'augmentation dicelle»; BnF, ms. fr. 4485, p. 36.

96. R. A. Massey, *The Lancastrian land settlement*, p. 231.

97. *Letters and papers illustrative of the wars of the English in France during the reign of Henry the Sixth, king of England*, J. Stevenson (éd.), 2 tomes en 3, Londres 1861-1864, t. II, deuxième partie, p. 607-618.

98. *Paston letters and papers of the fifteenth century*, N. Davis (éd.), Oxford, 1971-1976, t. II, p. 22.

La présence anglaise dans la capitale normande : quelques aspects des relations entre Anglais et Rouennais

Philippe Cailleux[*]

De la reddition de la ville conquise par l'armée du roi Henri V d'Angleterre, en janvier 1419, à son «recouvrement» par l'armée de Charles VII, en octobre 1449, les Rouennais vécurent une trentaine d'années sous la domination anglaise. Par le traité de Troyes[1], la Normandie et sa capitale restaient officiellement partie intégrante du royaume de France. Mais, conquises avant ce traité, elles relevaient en fait, aux yeux des conquérants anglais, d'un statut particulier[2].

L'évocation de Rouen anglaise fait immédiatement surgir dans les esprits les plus sombres moments de «l'épopée johannique». Philippe Contamine, rappelant, dans un article consacré à «Jeanne d'Arc, Rouen, la Normandie», «le zèle manifesté par les générations successives d'historiens et d'érudits dans leur quête acharnée de sources», considère «que le *corpus* documentaire contemporain sur Jeanne d'Arc [...] ne peut plus s'enrichir que de manière insignifiante, marginale, au compte-gouttes»[3]. Il n'est pas invraisemblable d'émettre un semblable avis à propos des pièces qui nous permettent d'éclairer d'un jour direct les rapports entre Anglais et Rouennais. Elles ont été avidement scrutées par une production historique soucieuse tantôt de mettre en évidence les rapports d'hostilité entre occupants et autochtones, tantôt les liens de fidélité qui les unirent.

Faut-il dès lors renoncer à mener plus avant une recherche? Il nous a semblé que l'existence d'une source peu exploitée sous cet angle – il s'agit du tabellionage rouennais – autorisait, par sa nature même, une approche certes moins directe mais néanmoins porteuse de signification. Pendant la trentaine d'années de domination étrangère, les tabellions ont enregistré un nombre non négligeable

* GRHIS, Rouen.
1. Le traité de Troyes, scellé le 21 mai 1420, faisait d'Henri V, roi d'Angleterre et gendre de Charles VI, «l'héritier de France».
2. Cf. Ph. Contamine, «Jeanne d'Arc, Rouen, la Normandie», *Études normandes*, n° 1, 1995, p. 13 : «Disons d'un seul mot qu'elle était considérée comme la province de France la plus, voire la seule anglicisée, comme un véritable bastion de la double monarchie, voire comme une colonie anglaise. À Rouen, les Anglais se sentaient beaucoup plus en sécurité qu'à Paris où leur présence se faisait discrète».
3. Ph. Contamine, «Jeanne d'Arc…», p. 10.

de contrats passés par des Anglais, tantôt entre eux, tantôt avec d'autres, parmi lesquels figurent en bonne place les Rouennais. Ce *corpus* de textes n'ayant jamais fait l'objet d'une exploitation systématique[4], il nous a semblé nécessaire, dans un premier temps, de tenter de mesurer ce qu'il représente tant sur le plan qualitatif que sur le plan quantitatif. Il doit nous permettre, par ailleurs, d'entrevoir les liens noués au quotidien, entre les Rouennais et leurs voisins d'outre-Manche et d'évoquer notamment les formes de la présence anglaise, mais également les problèmes consécutifs aux confiscations, les activités exercées par les occupants, leurs logements, leurs mariages et les problèmes de voisinage[5].

Avant d'entrer dans le vif du sujet, il me faut préciser que l'intervention d'aujourd'hui relève surtout du propos d'étape et non des conclusions d'une «recherche achevée». Aux dépouillements menés dans le cadre d'une thèse de doctorat consacrée à l'urbanisation de trois paroisses de la ville à la fin du Moyen Âge s'ajoutent ceux entrepris depuis plusieurs mois sur la question posée. Ils ne constituent que le commencement d'une étude dans laquelle le dépouillement intégral du tabellionage est la première étape.

LES ANGLAIS DANS LE TABELLIONAGE ROUENNAIS

Les registres du tabellionage[6] couvrant la période anglaise sont au nombre de dix-huit. Ils forment une remarquable série comportant fort peu de lacunes[7]. Pour tenter d'estimer la part qu'occupent dans ces registres les actes passés par au moins un contractant anglais, nous avons choisi de procéder par sondage et retenu, pour ce faire, trois registres séparés d'une dizaine d'années chacun[8].

Les premiers dépouillements réalisés nous ont permis de constater que les contrats impliquant au moins un Anglais représentaient environ 3 % du nombre total d'actes pour chacun des registres ce qui laisse donc envisager une masse documentaire globale comprise entre 1500 et 2000 actes[9], ce qui est loin d'être négligeable.

La première difficulté qui se présente pour le chercheur est d'identifier à coup sûr l'Anglais des autres. Que penser de Guillaume Cuerderoy si fort heureusement

---

4. Plusieurs ouvrages en ont utilisé et parfois publié quelques-uns. Voir notamment P. Le Cacheux, *Rouen au temps de Jeanne d'Arc et pendant l'occupation anglaise (1419-1449)*, Rouen et Paris, 1931.

5. Pour une approche de ces problèmes sous l'angle normanno-anglais, voir C. Allmand, *Lancastrian Normandy 1415-1450. The History of a Medieval Occupation*, Oxford, 1983.

6. André Dubuc a consacré un article à cette question en 1967 : A. Dubuc, «Le tabellionage rouennais durant l'occupation anglaise (1418-1445) », *Bulletin philologique et historique (jusqu'à 1610)*, 1967, p. 797-808. Il y évoque brièvement quelques-uns des points traités ici.

7. Arch. dép. Seine-Maritime, 2E1/168 à 2E1/184. Le premier registre cité commence à la fin du mois de mars 1418, quelques mois avant le siège de la ville. Les sept premiers forment une série continue jusqu'en octobre 1428 alors que les sept suivants s'étendent sans interruption d'avril 1430 à septembre 1437. Quant aux quatre derniers, ils vont d'avril 1439 à mars 1445. À cette date, il ne manque donc que deux registres. Malheureusement, les dernières années font défaut.

8. Il s'agit des registres 2E1/168 (1er octobre 1419 au 22 mars 1421) ; 2E1/174 (17 avril 1430 au 17 août 1431) et 2E1/182 (3 octobre 1440 au 29 mars 1442).

9. André Dubuc a apparemment sous-évalué ce taux qu'il fixait à 1 %. A. Dubuc, *ibid.*, p. 798.

Registre	2E1/168	2E1/174	2E1/182
Période	1ᵉʳ octobre 1419 au 22 mars 1421	17 avril 1430 au 17 août 1431	3 octobre 1440 au 29 mars 1442
Nombre de feuillets	Foliotage jusqu'à 651 mais saut de 225 à 276 soit 601	367	294
Nombre d'actes avec 1 contractant anglais (au moins)	189	78	40
Estimation du nombre d'actes	entre 5350 et 5400	entre 2600 et 2700	entre 1250 et 1300
% approximatif	entre 3 et 4 %	environ 3 %	environ 3 %

Résultats du sondage dans le tabellionage rouennais

le tabellion ne prenait le soin d'ajouter qu'il s'agit d'un écuyer anglais[10]. Mais la précision, ici généreusement donnée, ne l'est pas toujours ailleurs. La constitution d'un fichier est donc une étape indispensable qui ne règle toutefois pas le cas des dernières entrées – jusque-là ignorées – ni celui des homonymes. Pour ces raisons, hormis la dernière, les nombres d'actes que nous allons indiquer sont à lire comme des valeurs minimales.

Parmi les actes qui reviennent le plus souvent au premier registre, il faut citer en premier lieu les reconnaissances de dettes (23 %). Lorsque la cause est précisée, il s'agit avant tout de prêts, plus rarement de ventes de marchandises, de rançons ou de frais de «geolage». Il est tout à fait intéressant de constater que – hormis les dettes pour emprisonnement – tous les prêteurs de ces contrats sont anglais, les emprunteurs anglais ayant toujours recours à un natif d'outre-Manche pour trouver les liquidités nécessaires, attitude que l'on peut attribuer à la fois à un délai trop court pour avoir créé un réseau de relations normandes, à un réflexe national ou à une répugnance à s'obliger corps et biens envers un récent vaincu. On peut noter, à ce propos, que les Anglais engagent généralement leurs biens «tant en decha qu'en dela de la mer».

Viennent ensuite les désignations de procureurs ou de substituts (22 %). Ils se voient chargés, seuls ou à plusieurs, aussi bien d'une simple mission – généralement le recouvrement d'une somme sur un débiteur désigné – que des pouvoirs nécessaires à la gestion d'une seigneurie. Le réflexe anglais est ici moins marqué et l'on voit, pour les cas clairs, une répartition 2/3 d'Anglais pour 1/3 de Français, parmi lesquels quelques Rouennais. Les autres actes se répartissent en une foule de catégories au milieu desquelles se distinguent encore les quittances pour paiements et versements (environ 10 %), des baux à ferme et à louage (environ 7 %) et des ventes de maisons et héritages (3 %).

---

10. Arch. dép. Seine-Maritime, 2E1/168, fol. 435v, 20 octobre 1420. Ou encore de Philipot La Trompette, Jaquet Tassin, Colin Oufray, Robin Andrieu, pour ne citer qu'eux parmi une liste d'archers anglais de la garnison de la ville et du château de Neufchâtel, le 24 février 1435, n. st., Arch. dép. Seine-Maritime, 100 J 32/23.

Le registre 2E1/168 nous permet par ailleurs de dresser une liste de 274 noms d'Anglais auxquels s'ajoute un Gallois. Ils se répartissent en 31 chevaliers, 69 écuyers, 1 canonnier, 27 marchands, 137 personnes simplement identifiées comme Anglais et 9 Anglais probables.

Pour les registres suivants, le nombre d'actes tout comme le nombre d'Anglais est en diminution. Ils ne sont plus que 63 dans le troisième registre, où 21 écuyers et 9 chevaliers côtoient 33 autres Anglais. La mention de marchands n'y figure plus. Les trois registres s'accordent sur un point : l'absence d'indications d'artisans. Alors que les reconnaissances de dettes et les désignations de procureurs ou de substituts deviennent marginales, ce sont les ventes de rentes (20 %) et les ventes ou prises à rentes de tènements (20 %) qui dominent, à quoi il faut ajouter, pour l'essentiel, une série d'actes variés ayant trait à des renoncements de droits ou appointements pour la possession de tènements ou seigneuries.

Les facteurs d'explications de ces évolutions sont de deux ordres. Les premiers tiennent à la chronologie. L'importance du nombre de désignations de procureurs pour la période 1419-1420 s'explique, par exemple, par un contexte d'installation des Anglais dans les seigneuries qui viennent de leur être confiées. Les seconds tiennent bien davantage à un changement dans la manière d'organiser les registres. C'est en effet durant la période anglaise que se prend l'habitude d'enregistrer certains actes sur des cahiers de meubles[11]. Ce qui explique la notable différence d'épaisseur entre les deux derniers registres retenus et le premier[12]. Plutôt que de conclure à la disparition des marchands anglais, il est ainsi plus vraisemblable d'envisager que leurs transactions se trouvaient sur ces cahiers de meubles, hélas disparus. On peut ainsi expliquer le faible nombre de reconnaissances de dettes, lorsqu'elles sont enregistrées, par exemple, à la fin de l'acte qui leur donne naissance.

LES ANGLAIS ET LES ROUENNAIS : QUELQUES PISTES DE RECHERCHE

De tous les thèmes envisagés en introduction de ce texte, il nous a paru raisonnable, au stade actuel de la recherche, de n'en retenir que deux : le premier, le logement des Anglais, parce qu'il est possible d'appréhender ses modalités et de déterminer, pour un secteur bien délimité de la ville, ce que représente la présence anglaise en ville[13] ; le second, les mariages mixtes, parce qu'il nous semble

---

11. Leur existence est attestée lors de la constitution d'une rente viagère rayée par le tabellion parce qu'enregistrée par inadvertance «et est enregistré tout au long au cayer de meuble… », Arch. dép. Seine-Maritime, 2E1/181, fol. 145, 14 novembre 1439. Ces rentes, en raison de leur caractère viager, relèvent en effet de la catégorie des meubles et non de celle des immeubles.

12. Précisons toutefois que son volume exceptionnel ne peut trouver là sa seule explication qui tient également à la recomposition des patrimoines au début de l'occupation anglaise.

13. Elle se manifeste aussi par les garnisons qui encadrent la ville au château, aux quatre portes, au palais nouvellement construit et au châtelet du pont, sans oublier celle du fort de Sainte-Catherine. Le fonds Danquin comporte plusieurs montres de garnisons de la période anglaise concernant Rouen (Arch. dép. Seine-Maritime, 100 J 33). Celles de la garde des quatre portes de la ville (du 4 mars 1430,

offrir un témoignage indirect des réactions des Rouennais à l'égard du pouvoir anglais.

Le logement des Anglais

Pour se procurer un logement dans la capitale normande, l'occupant peut avoir recours à diverses formules. Notons toutefois que la tâche n'est pas forcément aisée. Le marché immobilier rouennais, contrairement au marché parisien par exemple, conserve, tout au long des années anglaises, une forte activité et des prix pratiqués en rapport avec cette activité[14].

Commençons par le bénéficiaire d'une donation royale. Pour peu qu'elle comprenne une maison en ville et qu'il se sorte d'éventuelles oppositions à sa saisine, il dispose ainsi d'un logement tout trouvé. Cette solution est avantageusement employée. Elle fournit par exemple à Gautier de Beauchamp[15], premier bailli anglais de Rouen ou encore à Jehan Salvain, l'un de ses successeurs, leur résidence urbaine. La politique de confiscation systématique des biens des déclarés «rebelles» ou «absents de l'obéissance» permet donc de disposer de demeures urbaines destinées à récompenser, au fur et à mesure, les serviteurs anglais ou français du nouveau pouvoir.

Tous les procédés ne sont pas aussi expéditifs et l'on trouve également traces d'opérations d'achats de maisons. Ainsi, sur les six baux de maisons rouennaises contractés par des Anglais entre octobre 1419 et mars 1420, quatre sont des achats[16]. Les deux contrats restants sont des locations concédées par Robin Alorge[17], l'orfèvre rouennais résidant paroisse Notre-Dame-la-Ronde à qui l'on doit également le plus ancien bail de cette nature, cette fois-ci un louage en meublé[18]. Est-ce la suspicion à l'égard de l'étranger, en l'occurrence Guillaume Motieu du pays d'Angleterre, ou bien le caractère exceptionnel de la location en meublé qui nous vaut de disposer d'un descriptif précis des meubles? Ce bailleur ne recule pourtant pas devant la clientèle anglaise. Sa veuve est d'ailleurs qualifiée, peu après, d'hôtesse par l'un d'entre eux. L'un des aspects les plus remarquables de ces locations réside dans le fait qu'elles sont pratiquées par toutes les couches de la société anglaise résidant à Rouen et très probablement dans d'autres villes. Pour ce qui nous occupe, notons qu'y ont recours, à Rouen, des personnages de premier plan comme le comte de Warwick, le comte de Norfolk, le comte de Suffolk ou encore le duc de Gloucester[19]. On peut reconnaître là l'influence du mode de vie, fatalement itinérant, de ces guer-

---

n. st.), du château de Rouen (16 août 1432) et de la garnison du fort de Sainte-Catherine (28 décembre 1437) ont été publiées par P. LE CACHEUX, *Rouen au temps de Jeanne d'Arc et pendant l'occupation anglaise (1419-1449)*, Rouen, 1931, p. 160-162 et 332-333.

14. Voir sur ce point P. CAILLEUX, *Trois paroisses de Rouen, XIIIe-XVe siècle (Saint-Lô, Notre-Dame-la-Ronde et Saint-Herbland). Etude de topographie et d'urbanisme*, Thèse d'histoire médiévale, Université de Paris IV-Sorbonne, 1998, p. 966-1083.

15. De la famille anglaise des «Powick and Alcester». Voir M. VEYRAT, *Essai chronologique et biographique sur les baillis de Rouen*, Rouen, 1953, p. 122-124.

16. Arch. dép. Seine-Maritime, 2E1/168, fol. 394, 468 complété par l'achat d'un jardin (fol. 472, 491 et 643).

17. Arch. dép. Seine-Maritime, 2E1/168, fol. 3 et 148.

18. Arch. dép. Seine-Maritime, 2E1/167, fol. 203.

19. Voir après le développement consacré aux occupants des manoirs de la Fontaine et du chapitre cathédral, en la rue du Bec.

riers à qui l'achat n'offre pas forcément une réponse adaptée. Ce même mode de vie pousse, à plusieurs reprises, des Anglais à confier leurs «meubles» à des Rouennais, fournissant là quelques belles occasions de procès à propos de biens disparus.

Le mariage avec une autochtone est une solution qui fournit également l'occasion de s'installer dans une maison ou partie de maison appartenant à la famille de l'épousée et donnée lors du contrat de mariage. Ce sont d'ailleurs des contrats portant sur ces biens et l'obligation pour la femme d'être «autorisée» qui nous permettent le plus souvent d'identifier le mari anglais agissant «a cause de sa femme».

Quelle que soit la méthode employée par l'occupant pour se loger, il faut se demander ce que représente cette présence anglaise et dans quelle mesure elle affecte le paysage quotidien des Rouennais.

Les travaux consacrés à trois paroisses de la ville, les paroisses Saint-Lô, Notre-Dame-la-Ronde et Saint-Herbland, nous permettent, pour un espace de presque 8 hectares situés au cœur de la ville et contenant environ 270 tènements[20], d'appréhender ce que représentent la part des biens confisqués et celle des résidences achetées ou louées par des natifs d'Angleterre.

La première série de confiscations intervient très vite. Elles sont généralement connues par l'acte de donation qui leur fait suite. C'est le 31 janvier 1419[21] que Gautier Beauchamp, déjà nommé, se voit donner par Henri V un hôtel de la rue Grand-Pont qui appartenait auparavant à Jehan Auber, vicomte de Rouen [4][22].

Les possessions de Thomas du Breuil au bailliage de Rouen sont données le 12 avril suivant à Jehan Hauvain ou Haulvain, écuyer anglais, jusqu'à une valeur de 150 francs par an. Ce dernier les tient «par hommage» à la charge d'un ceinturon de haubergeon - *unam zonam pro lorica* – à rendre chaque année au château de Caen à la Saint-Jean. Ce sont également deux tènements de la paroisse Notre-Dame-la-Ronde, de part et d'autre de la rue Courvoiserie, qui passent aux mains de cet écuyer anglais[23] [8 et 9].

Les biens appartenant à Regnaut Cousin, tenant d'un ensemble de plusieurs maisons parmi lesquelles figure la Porte de Grand-Pont [1], sont donnés en octobre 1419 à un certain Jehan de Vuyse ou Wise, écuyer anglais. Peu satisfait de la valeur des biens, une fois déduites les rentes qui les chargent, il préfère s'arranger avec les héritiers, qui contestent sa possession par voie de justice, et leur laisser les héritages moyennant 200 livres tournois[24].

La donation suivante récompense maître Jehanson Salvart, l'un des maîtres d'œuvre du palais entrepris sur ordre d'Henri V dans l'angle sud-ouest de la ville.

20. Ils sont environ 110 dans la paroisse Saint-Lô, 90 dans la paroisse de Notre-Dame-la-Ronde et 70 dans celle de Saint-Herbland ; P. CAILLEUX, *Trois paroisses de Rouen*, p. 702-703.

21. « Rôles normands et français et autres pièces tirées des archives de Londres par Bréquigny, en 1764, 1765 et 1766», *Mémoires de la Société des antiquaires de Normandie*, 3e série, 23 (1858), n° 278, p. 46-47 (abrégé ensuite BRÉQUIGNY).

22. Les chiffres ou lettres entre crochets renvoient au plan de localisation.

23. BRÉQUIGNY, n° 400. La rue Courvoiserie porte actuellement le nom de rue du Gros-Horloge.

24. Voir C. VAUTIER, *Extrait du registre des dons, confiscations, maintenues, et autres actes faits dans le duché de Normandie pendant les années 1418, 1419 et 1420 par Henri V, roi d'Angleterre*, Paris, 1828, 8 mai 1419 et Arch. dép. Seine-Maritime, 2E1/168, 30 octobre 1419.

Il reçoit des terres et rentes confisquées à la femme d'un chevalier «rebelle», Pierre de Herisson, qu'il doit tenir en hommage en rendant au roi, chaque année à son château de Rouen, une truelle à la Saint-Michel[25]. Cette donation ne concerne qu'une rente et ne figure donc pas sur le plan. En revanche, y figure une confiscation d'un tènement de la rue Saint-Lô lui appartenant [5] qui vient sanctionner sa participation à un complot visant à livrer la ville, à la tête duquel se trouve Richard Mittes. Ces biens vont à Jehan de Mortemer, qualifié en 1428 de serviteur du régent[26].

Il est fait état à plusieurs reprises d'un tènement «qui fu Thomas Pougnant appartenant à monseigneur Jehan Salvain chevalier et bailli de Rouen»[27] [3]. Cette confiscation, qui est probablement à rattacher à la première vague, s'exerce non pas sur l'avocat et conseiller du roi qui résidait là depuis la fin du XIVe siècle, mais sur le fils aîné de ce dernier, qualifié de chevalier.[28]

Une autre confiscation, mal datée, s'applique aux biens d'un certain maître Pierre de la Tillaye, donnés à un Anglais nommé Guillaume Merlin[29] [2].

Le dernier saisi, pour le secteur qui nous intéresse, est Guillaume Campion, qui occupe successivement plusieurs offices de vicomte en Normandie, à partir de 1420[30], avant de changer de camp entre 1428 et 1430. Les deux maisons qu'il détenait dans les paroisses Saint-Lô et Notre-Dame-la-Ronde sont ensuite louées au profit du roi[31] [6 et 7].

Les propriétés confisquées représentent donc entre 5 et 6 % des tènements de la paroisse Saint-Lô, 3 et 4 % de ceux de la paroisse Notre-Dame-la-Ronde alors qu'il n'y en a pas à Saint-Herbland, soit une moyenne de 3 à 4 % pour le secteur étudié. Précisons toutefois qu'en raison du rang des confisqués, une estimation en surface aboutirait à un pourcentage sensiblement supérieur.

Les résidences achetées ou louées par des Anglais sont en nombre à peu près équivalent. Deux manoirs situés de part et d'autre de la même rue hébergent des hôtes anglais d'illustres lignages. Parmi les occupants du manoir de la Fontaine, situé à l'angle des rues Saint-Lô et du Bec [E], on relève les noms du comte de Warwick, peut-être alors qu'il est capitaine de Rouen, du «seigneur de Norfolk» ainsi que du duc de Gloucester[32] tandis qu'à l'autre angle des mêmes rues le

25. BRÉQUIGNY, p. 182-183.

26. Les lettres de rémission, du 28 août 1427, sont publiées par P. LE CACHEUX, *Actes de la chancellerie d'Henri VI concernant la Normandie sous la domination anglaise (1422-1435)*, Rouen et Paris, 1908, t. 2, p. 47-50. Pour la donation, datée de la veille, voir Arch. nat., JJ 174, n° 13.

27. Voir notamment Arch. dép. Seine-Maritime, 2E1/173, 13 mars 1428, n. st.

28. P. CAILLEUX, *Trois paroisses de Rouen*, p. 565.

29. Arch. dép. Seine-Maritime, J 759, fol. 49. Guillaume Merlin, écuyer, est seigneur de Valliquerville (près d'Yvetot, Seine-Maritime).

30. Vicomte d'Arques de 1420 à 1425 ou 1426 puis vicomte de Conches et de Breteuil à partir de 1426, office qu'il détient encore le 18 janvier 1428, voir G. DUPONT-FERRIER, *Gallia Regia ou état des officiers royaux des bailliages et des sénéchaussées de 1328 à 1515*, Paris, t. 2, 1942, notices 6054 et 12652 bis.

31. Pour la confiscation, voir B. M. Rouen, registre T1, fol. 82 et 96.

32. Arch. dép. Seine-Maritime, G 6859, voir les déclarations des 5e et 7e témoins au cahier d'audition des témoins, à propos du différend entre le prieuré de Saint-Lô et le curé de Saint-Herbland. Richard de Beauchamp, comte de Warwick, fut capitaine de Rouen en 1423, puis de 1428 à 1431.

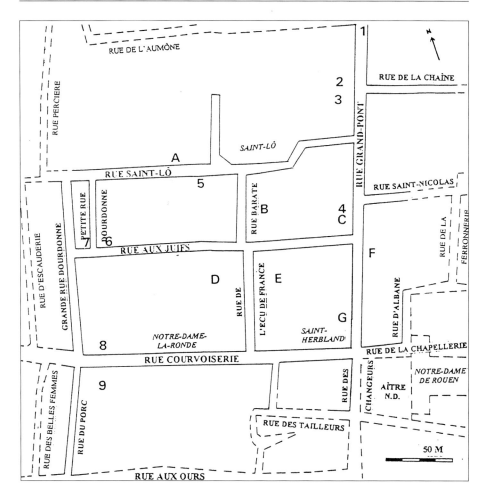

manoir de la fabrique de la cathédrale [D] est occupé par «Jehan de Robessart, le conte de Suffoc et autres» avant d'être loué à John Kigley, bailli de Rouen durant les années 1421-1422[33].

À ranger parmi les acheteurs, Guillaume Wymyngton, écuyer, seigneur de Roiville en la vicomté d'Argentan qui avait obtenu du roi, en 1418, une maison en la ville d'Argentan. Appointé à la chambre des comptes à Caen puis à Rouen,

Lieutenant du roi d'Angleterre en Normandie en 1437, il mourut à Rouen à la fin du mois d'avril 1439. De John de Mowbray, fils de Thomas duc de Norfolk, A. Cheruel rappelle qu'on le désignait ordinairement sous le nom de comte Maréchal et qu'il commandait l'un des sept corps de l'armée d'Henri V lors du siège de Rouen; cf. A. CHERUEL, *Histoire de Rouen sous la domination anglaise au XVe siècle*, Rouen, 1840, p. 41. Humphrey, duc de Gloucester, frère d'Henri V, et le comte de Warwick déjà cité avaient eux aussi participé au siège de Rouen.

33. Le premier cité, Jehan de Robessart, chevalier, l'un des signataires en 1419 du «traicté et composicion de la rendue de la ville de Rouen», obtint notamment la seigneurie de Saint-Sauveur-le-Vicomte (Manche) par don royal; cf. A. DUPONT, «Pour ou contre le roi d'Angleterre», *Bulletin de la Société des antiquaires de Normandie*, t. 54, 1957-1958, p. 157. Le comte de Suffolk, William de la Pole ne devait porter le titre de duc qu'en 1447. Sur John Kigley, voir A. VEYRAT, *Essai chronologique et biographique sur les baillis de Rouen*, Rouen, 1953, p. 125-126.

il possède des biens immobiliers dans les deux villes. Après l'achat d'une maison de la paroisse Saint-Lô en 1424, il y demeure quelque temps[34] [B].

Quelques mentions plus rapides laissent deviner des présences moins illustres tel cet «anglois nommé Richart Conbreton»[35] [C] ou Guillaume Motieu déjà cité, locataire de Robin Alorge [G], ou encore, se succédant dans la même maison, Thomas Coq et sa femme, puis Thomas Weufilde[36] [F]. Quant à Jehennequin Grestain ou Jehan Grethan, il réside avec Jehanne sa femme sur une paroisse voisine, Saint-Martin-sur-Renelle, avant de s'installer dans une maison de la rue Saint-Lô achetée en 1428[37] [A].

Il est donc possible, à l'aide de l'exemple de cette portion de la ville, de se représenter dans l'espace cette présence anglaise qui, certes bien réelle, n'est pourtant pas massive surtout si l'on songe que sont portées sur le plan des indications d'achats et de locations contractés à des dates diverses[38].

Les études menées depuis plusieurs années sur la maison rouennaise[39], mettent en évidence l'existence et la part non négligeable qu'occupe l'habitat en pierre dans le paysage urbain, dès les XIe et XIIe siècles. Nous travaillons actuellement à montrer que les XIVe et XVe siècles ne correspondent nullement à une période de disparition de cet habitat, qui nous paraît toujours particulièrement goûté par le patriciat rouennais[40]. Il nous semble que l'élite guerrière et administrative anglaise a dû se trouver attirée par ces vastes vaisseaux de pierre qui se rapprochent davantage des châteaux et manoirs. Les indications des matériaux utilisés sont malheureusement très rarement portées par les tabellions ou autres rédacteurs d'actes. Il est néanmoins révélateur de constater que les deux beaux manoirs de la paroisse Saint-Lô, aux illustres locataires, sont des bâtisses en pierre[41]. Ajoutons à ces premiers éléments le fait qu'en 1420 Raoul de Neuville, chevalier anglais, prend à ferme et à louage, pour une durée de deux ans, une grande maison de pierre avec cellier, jardin et étables, sise en la rue aux Ours.[42]

---

34. C. ALLMAND, *Lancastrian Normandy*, p. 56-57 et Arch. dép. Seine-Maritime, 2E1/170, 31 janvier 1424, n. st.

35. Arch. dép. Seine-Maritime, G 2102.

36. Il s'agit de la veuve d'un nommé Jehan Le Bourgois, B. M. Rouen, Ms g165, n° 256, 20 juin 1437 et Arch. dép. Seine-Maritime, 2E1/181, 13 juin 1439.

37. Arch. dép. Seine-Maritime, 2E1/173, 4 janvier 1428, n. st.

38. Sur les formes de la colonisation anglaise dans les villes normandes, voir les remarques de A. E. CURRY, «The Impact of War and Occupation on Urban Life in Normandy, 1417-1450», *French History*, t. 1, n° 2, 1987, p. 168.

39. D. PITTE, P. CAILLEUX, «L'habitation rouennaise aux XIIe et XIIIe siècles», dans *La maison médiévale en Normandie et en Angleterre*, Actes des tables rondes de Rouen (16 et 17 octobre 1998) et Norwich (16 et 17 avril 1999), Société libre d'Emulation de la Seine-Maritime, Rouen, 2002, p. 79-93. On y trouvera une bibliographie de la question couvrant la période 1975-2000.

40. P. CAILLEUX, *Trois paroisses de Rouen*, p. 863-866 et D. PITTE, P. CAILLEUX «L'habitation rouennaise». Cette question y est évoquée pour les bilans et interrogations.

41. P. CAILLEUX, *Trois paroisses de Rouen*, p. 864-865.

42. Arch. dép. Seine-Maritime, 2E1/168, fol. 491, 15 décembre 1420.

Les mariages mixtes

Ces mariages présentent un indéniable intérêt. Leur nombre, leur rythme et la qualité des contractants sont des indications précieuses pour approcher les convictions de la société rouennaise concernant les chances anglaises de perdurer. Les sources nous montrent surtout des Anglais et des Rouennaises s'unissant, non l'inverse[43]. Si l'élément principal d'explication réside dans la composition essentiellement masculine de l'immigration anglaise, on ne peut totalement s'en satisfaire puisque l'on voit, à Rouen, des Anglais épouser des Anglaises[44].

Nous avons recensé une vingtaine de mariages franco-anglais[45]. Le nombre de ces alliances impliquant une Rouennaise, certes amené à augmenter, ne paraît pas devoir au final être très élevé. Qui engagent-ils? Il n'est malheureusement pas toujours aisé de déterminer l'origine sociale des épouses. Nous évoquerons uniquement ici les quelques cas impliquant des Rouennaises et pour lesquels nous disposons d'un minimum d'informations.

– En 1425, Jehan Milles[46] et Alips sa femme vendent plusieurs biens situés sur la paroisse Saint-Herbland qu'ils détiennent à cause de ladite femme, «fille et héritière de feu Regnault Le Roux». Parmi les pièces citées, figure l'ouvroir de cet orfèvre rouennais installé comme tant d'autres sur cette paroisse.[47] On retrouve la trace d'Alipson en 1430 : paroissienne de Saint-Maclou, elle est alors veuve[48].

– En 1431, Thomas Laudinton rachète avec son épouse Perrette, «par bourse et lignage», une rente auparavant vendue par le père de sa femme - Simon du Vaurichier ou du Valrichier - et par son épouse[49]. Ce dernier, membre d'une ancienne et prestigieuse famille de la ville, écuyer, maître ès arts et bourgeois de Rouen avait épousé damoiselle Gillecte, fille de Robert du Chastel, chevalier, autre représentant d'une illustre famille rouennaise. Perrette n'est pas le seul enfant. On compte au moins deux frères, Guillaume et Simon, écuyers, et une sœur qui a épousé quelques années auparavant un écuyer nommé Simon Louvel. Perrette décède peu après puisque, en novembre 1432, ses frères vendent une rente qui provient de sa succession[50]. Quant au décès de son époux, il intervient en septembre 1441 au plus tard et vaut quelques ennuis à son frère Simon. Thomas Laudinton, au moment de sa mort vicomte de Pont-Authou et de Pont-Audemer, n'a pas clos ses comptes de la vicomté et n'a pas versé tout ce qu'il doit à l'administration royale qui se retourne vers son «pleige et caution». Simon doit se

---

43. Nous n'avons pas encore rencontré le cas inverse.

44. Voir par exemple le contrat passé en 1428 pour le mariage de Guillaume Silvestre, officier de monseigneur le Régent, et de Margery Petit, fille de Emond Petit, P. LE CACHEUX, *Rouen au temps de Jeanne d'Arc*, p. 130-132.

45. Je remercie Christian Genecque de m'avoir signalé quelques alliances provenant de registres qui n'ont pas encore fait l'objet d'un dépouillement systématique.

46. Existait-il un lien de parenté entre Jehan Milles et Guillaume Milles, conseiller du roi et maître de sa chambre des comptes à Rouen?

47. Arch. dép. Seine-Maritime, 2E1/171, fol. 437, 9 octobre 1425.

48. Arch. dép. Seine-Maritime, 2E1/174, fol. 64v.

49. Arch. dép. Seine-Maritime, 2E1/174, fol. 290v, 16 mai 1430.

50. Arch. dép. Seine-Maritime, 2E1/172, fol. 247-248, 2E1/173, fol. 229v et 2E1/176, 3 novembre 1432.

séparer de deux maisons rouennaises pour régler la dette de son beau-frère estimée à 800 l.t. et mettre un terme aux poursuites[51].

– En 1440, se négocie le traité de mariage de Richart Vic et d'Alipson, veuve d'un certain Guillaume Coste et fille de Guillaume Paon, bourgeois rouennais. Ce dernier est probablement le mercier rouennais qui réside paroisse Saint-Herbland, en un tènement de la rue Courvoiserie à l'enseigne du Paon[52].

– Richart Coole, autre natif du royaume d'Angleterre qualifié de contrôleur de la garnison de Rouen en 1437[53], réside en 1441, paroisse Saint-Pierre-du-Châtel, en compagnie de Perrette sa femme, dite «auparavant femme de feu Pierre de Saint Martin». Il s'agit donc très probablement de la veuve d'un changeur rouennais qui figure au nombre des bénéficiaires d'une concession d'office accordée par le roi Henri VI pour les bailliages de Rouen, Caen et Caux, le 22 décembre 1421. Dix ans plus tard, il est receveur d'un prêt pour la ville[54].

Sans nouvelle d'un époux et donc très certainement dans une situation difficile, certaines Rouennaises, tout comme d'autres Normandes, ont pris le risque d'une accusation de bigamie. C'est le cas de Judéta de Montigny qui épouse un nommé Henry Touneboule en l'église Saint-Godard de Rouen alors qu'elle est sans certitude de la mort de son mari, Henri de Trousseauville. On lui reconnaît des circonstances atténuantes, de par «sa merveilleuse pauvreté et de ce qu'elle avait agi par force et violence»[55]. On se trouve là probablement en présence d'un cas – que l'on peut imaginer non isolé – de mariage forcé, imposé par un vainqueur utilisant la violence pour arriver à ses fins.

Si les exemples de couples rouennais séparés ne manquent pas, on recense au moins un cas de Rouennaise séparée de son époux anglais : Alips, veuve de Guillaume Trubert et remariée à Gilles Sterker dit Mombray. Ce dernier, héraut du duc de Norfolk, voit ses biens regroupés dans une seule pièce de la maison qui appartient à sa femme et sa belle-fille : «de laquelle chambre ledit Mombray n'avoit pas esté content et ne l'avoit pas voulu accepter pour ce que il disoit que c'estoit l'estable aux chevaux et aussi qu'il n'y povoit gesir ne faire sa demeure parce que il n'y avoit point de cheminee ne place ou il peust fere feu ne elle n'estoit convenable ne raisonnable pour demeure d'aucun» pour finalement conclure un arrangement plus honorable[56].

Quelques mentions révèlent également des cas de concubinages tel ce procès pour la nourriture d'un enfant qu'engage une servante de l'hôtel du bailli de Rouen – le bailli est alors Jehan Salvain - à l'encontre d'un certain Richard

---

51. Arch. dép. Seine-Maritime, 2E1/182, fol. 195-196, 20 septembre 1441.

52. Arch. dép. Seine-Maritime, 2E1/182, fol. 5-6, 14 octobre 1440 et 2E1/169, 22 juillet 1421.

53. Arch. dép. Seine-Maritime, 100 J33/13. Il est l'un des trois commis à recevoir la montre des gens d'armes.

54. Bréquigny, n° 1062 et BnF, Cabinet des Titres, Pièces originales, t. 2964.

55. J.-L. Dufresne, «La délinquance dans une région en guerre : Harfleur-Montivilliers dans la première moitié du xve siècle», dans Questions d'histoire et de dialectologie normande, actes du 105e Congrès national des sociétés savantes, 1980, CTHS, Paris, 1984, p. 205.

56. P. Le Cacheux, Rouen au temps de Jeanne d'Arc, p. 107-111. L'arrangement est du 8 mars 1427, n. st.

Rempston[57] ou encore ce bail d'une maison de la paroisse Saint-Godard par Jehan Mellor, Anglais, et Jehannecte Froiderue, à condition de «viage du survivant»[58].

Soulignons encore un point : deux contrats de mariage dont quelques clauses sont stipulées permettent de constater que le droit coutumier rouennais est respecté et notamment le retour des biens de la femme à son lignage, en l'absence d'héritiers légitimes[59].

Il semble au total que l'on ait affaire à des mariages en nombre limité et touchant plutôt des milieux d'artisans ou marchands relativement aisés, pas davantage. Si le cas des Valrichier semble constituer une exception, les filles que l'on marie ou remarie ne paraissent pas appartenir aux plus illustres, aux plus fortunés ni aux plus en vue des lignages rouennais. Par ailleurs, les cas de second mariage – et peut-être plus – semblent fréquemment revenir.

Pour conclure cette présentation des premiers résultats d'une recherche en chantier, il nous semble, en premier lieu, que le tabellionage rouennais constitue une source trop peu exploitée sous l'angle des rapports entre Anglais et Normands et plus spécifiquement anglo-rouennais. Les résultats des sondages pratiqués – ils se situent au-delà de nos espérances initiales – nous poussent à consacrer une partie de nos prochaines recherches à un dépouillement intégral de ces registres.

Parmi les exploitations attendues d'un tel dépouillement, il apparaît qu'une cartographie de la présence anglaise à Rouen, prenant en compte sa dimension chronologique, est parfaitement envisageable. Ce qui en est actuellement saisissable ne remet pas en cause le schéma décrit : une présence relativement diffuse, qui touche à l'ensemble de la ville, et qui, en raison de la composition sociologique de l'immigration anglaise, concerne d'abord les belles demeures rouennaises et plus accessoirement les autres. Rien en tout cas qui puisse rappeler une quelconque forme de colonisation ou même de quadrillage de l'espace urbain.

Alors que les vagues de confiscations successives touchent finalement peu de Rouennais, alors que les grandes familles de la cité sont très peu atteintes par les exécutions – le cas de Robert Alorge est exceptionnel à cet égard[60] –, les élites rouennaises semblent à l'inverse peu pressées de voir leurs filles épouser un natif d'Angleterre. Or il est raisonnable d'imaginer l'existence «d'une demande» et les avantages à tirer d'une telle situation. Peu engagés dans une rébellion, aux formes il est vrai plus rurale que citadine, les Rouennais se sont trouvés confrontés au quotidien, – qu'ils l'aient bien ou mal vécue – à une cohabitation qui les a amenés plus ou moins à des attitudes de «collaboration» pour lesquelles il est généralement impossible de démêler ce qui relève de la force des choses ou de l'attitude volontaire. Ils nous livrent là – me semble-t-il – un témoignage qui manifeste plutôt la tiédeur de leur adhésion à la double monarchie.

---

57. J.-L. DUFRESNE, «La délinquance… », p. 206.
58. Arch. dép. Seine-Maritime, 2E1/168, fol. 476, 26 novembre 1420.
59. Arch. dép. Seine-Maritime, 2E1/174, fol. 260, 17 avril 1431 et 2E1/182, fol. 5-6, 14 octobre 1440.
60. D'autres, tel Richard Mittes ou Jehan Auber, trouvèrent, il est vrai, le salut dans la fuite. Voir R. LEFEVRE-PONTALIS, «Episodes de l'invasion anglaise. La guerre de partisans dans la Haute-Normandie (1424-1429) », *Bibliothèque de l'École des Chartes*, t. XCVII, 1936, p. 112 et 115.

La Normandie vue par les historiens
et les politiques anglais au XVe siècle

Jean-Philippe Genet[*]

Le succès triomphal de la campagne qui a conduit Henri V à prendre Harfleur, remporter la bataille d'Azincourt et poser les premières pierres de la conquête de la Normandie (bien que cette dernière entreprise n'ait été décidée que plus tard) est venu comme une énorme surprise pour «l'opinion publique» du royaume de France. Nous savons, quant à nous, que les Anglais avaient pris part depuis déjà quelques années aux luttes entre les Armagnacs et les Bourguignons en France[1], et avaient ainsi pu prendre la mesure de l'intensité des haines et des divisions qui travaillaient les élites du royaume. Cette lutte n'était d'ailleurs pas sans avoir des échos et des répercussions potentiellement dangereuses en Angleterre, car les factions qui se disputaient le pouvoir à Westminster, pouvaient, elles aussi, songer à contracter pour leur propre compte des alliances partisanes en France. Le coup de maître d'Henri V allait couper court à ces velléités. Mais, d'une certaine façon, la surprise a été au moins égale en Angleterre : Henri n'a pas eu le loisir de se livrer à une longue préparation politique et psychologique dans un royaume au moins aussi divisé que pouvait l'être la France ; après tout, la déposition, puis l'assassinat de Richard II en 1399 n'étaient pas oubliés et, en dépit des succès remportés par le Prince de Galles (le futur Henri V) sur la frontière galloise contre les partisans d'Owen Glyn Dwr[2], l'instabilité congénitale du régime lancastrien est bien soulignée par la gravité de la conspiration qui précède l'expédition d'Henri V, découverte au moment même où le corps expéditionnaire s'apprêtait à embarquer : celle de l'Earl of Cambridge, qui sera immédiatement exécuté avec ses complices, et notamment Henry, Lord Scrope[3].

---

* Professeur, Université Paris I.

1. Sur les tensions au sein de l'entourage d'Henri IV entre le Prince de Galles [Henri V] et les Beaufort, partisans d'une alliance avec Bourgogne d'une part, et l'archevêque de Cantorbéry Thomas Arundel et le duc de Clarence (frère cadet du Prince) de l'autre, partisans d'une alliance avec Berry et Orléans, voir C. Allmand, *Henry V*, Berkeley, 1992, p. 47-58.

2. R. R. Davies, *The revolt of Owain Glyn Dwr*, Oxford, 1995.

3. C. Allmand, *Henry V*, p. 74-78 ; T. B. Pugh, «The Southampton Plot of 1415», dans R. A. Griffiths et J. Sherborne, *Kings and Nobles in the Late Middle Ages : A Tribute to Charles Ross*, Gloucester-New York, 1986, p. 62-89.

L'objectif de ce travail est d'essayer de voir si, dans un royaume où le Parlement est un rouage indispensable pour lancer ou soutenir une guerre d'envergure, puisque sans son accord il n'est pas possible de disposer de subsides dérivant de la fiscalité directe, nous pouvons répondre à quelques questions tout à fait classiques. Le problème n'est pas seulement constitutionnel : dans une certaine mesure, le Parlement est sinon « l'opinion publique » elle-même, du moins un élément représentatif de ce que j'appelle la société politique, c'est-à-dire ces classes qui participent activement à l'exercice du pouvoir, noblesse, évêques et abbés, *gentry*, oligarchie marchande. Y a-t-il donc eu un effort de mise en perspective, de préparation de la campagne, en exaltant le souvenir des liens anciens entre la monarchie anglaise et la Normandie ? Existe-t-il ou s'est-il formé au cours de la période, au sein de la classe dirigeante anglaise, un groupe cohérent, actif et dynamique, un « lobby » susceptible de promouvoir et de développer l'occupation normande, voire la colonisation de la Normandie sur le modèle de celle menée à Calais ou au pays de Galles[4] ?

La première question s'insère dans la problématique, qui se révèle complexe pour la période médiévale, de la propagande[5]. Il est intéressant de noter – et je rejoins ici Olivier de Laborderie – que la mémoire de la Normandie est quasi inexistante dans l'Angleterre du début du XVᵉ siècle où la langue anglaise a désormais complètement supplanté ce qu'il est convenu d'appeler l'anglo-normand (en fait le français tel qu'on le parle en Angleterre). Une recherche dans le contenu des bibliothèques montre qu'on n'y trouve que fort peu de chroniques de Normandie[6] ; Édouard III a bien offert à sa mère Isabelle de France un *De historiis de Normannorum*[7], mais les titres qui pourraient évoquer la Normandie restent rares et souvent énigmatiques, tel ce volume mystérieusement intitulé *Neustria* qui figure parmi les livres confisqués à Thomas de Woodstock, le duc de Gloucester assassiné en 1397 sur l'ordre de Richard II, et qu'il destinait peut-être à la collégiale qu'il avait fondée à Pleshey[8].

Il est significatif que les historiens anglais ne se soient véritablement préoccupés de la Normandie qu'après sa perte. Le seul ouvrage qui traite de façon systématique de la province, de sa conquête par les Anglais et des conséquences pour

---

4. C. ALLMAND, *Lancastrian Normandy 1415-1450. The History of a Military Occupation*, Oxford, 1983, est ici l'ouvrage essentiel ; voir notamment son chapitre III, « The English Settlement », p. 50-80 ; voir aussi A. CURRY, « Lancastrian Normandy : the Jewel in the Crown ? », dans D. BATES et A. CURRY (éd.), *England and Normandy in the Middle Ages*, Londres et Rio Grande, 1994, p. 235-252.

5. Sur l'emploi du terme propagande au Moyen Âge, voir J. LE GOFF, « Conclusions », dans P. CAMMAROSANO (éd.), *Le Forme della Propaganda Politica nel Due e nel Trecento*, Rome, 1994, p. 519-528.

6. Je remercie Elisabeth Van Houts de m'avoir signalé que les moines de Saint-Etienne de Caen ont offert à Henri V un exemplaire d'Orderic Vital.

7. S. H. CAVANAUGH, *A Study of Books Privately Owned in England*, D. Phil. University of Pennsylvania, 1980, p. 456 ; H. JOHNSTONE, « Isabella, the She-wolf of France », *History*, n.s. XXI, 1936-1937, p. 208-218.

8. « Item, un livre appeles Neustria sub clipeo ove claspes de latoun pris XX d. » : VISCOUNT DILLON et W. H. ST. JOHN HOPE, « Inventory of the Goods and Chattels Belonging to Thomas, Duke of Gloucester, and Seized in his Castle at Pleshy, Co. Essex, 21 Richard II », *Archaeological Journal*, t. LIV, 1897, p. 275-308.

eux de sa perte est le *Boke of Noblesse* rédigé par William de Worcester[9] : le seul manuscrit date de juin 1475 et a sans doute été préparé en vue de la campagne d'Édouard IV en France en 1475, mais l'auteur a travaillé sur ce texte dès 1452-1453, sans doute à l'instigation de Sir John Fastolf. L'importance de l'ouvrage tient au fait que William de Worcester a eu accès à des archives qui lui permettaient de connaître de première main l'occupation anglaise de la province, à commencer par celles dont disposait son propre maître, Fastolf, et celles du duc de Bedford. Si William de Worcester n'est sans doute pas un maître du récit, c'est un esprit ouvert et curieux de tout, un collectionneur et un véritable historien dans son souci de voir par lui-même, de rechercher et de vérifier ses sources. À l'instar des grands chroniqueurs monastiques, il a pris la précaution d'organiser en un recueil d'*additamenta*[10] – nous dirions des pièces justificatives –, les documents qu'il jugeait les plus intéressants ; nous possédons aujourd'hui la version que son propre fils a «rééditée» pour Richard III. Mais si l'ouvrage s'inscrit dans une perspective résolument propagandiste, c'est dans le cadre d'une vision assez passéiste des relations entre la France et l'Angleterre qui ne se préoccupe guère de la justification de la grande entreprise de 1415 : pour William de Worcester, l'Angleterre et la Normandie sont liées de façon indissoluble par droit d'héritage ; la distribution de biens et de terres par Henri V à ses sujets anglais en vertu du droit de conquête ne fait que se superposer à l'incontestable légitimité de la tenure héréditaire de la Normandie et de l'Aquitaine par le roi d'Angleterre.

En fait, si nous revenons maintenant en 1415, un seul texte historique d'importance paraît avoir été conçu et écrit en liaison avec la conquête d'Henri V, c'est l'*Ypodigma Neustrie*[11] de l'illustre historien bénédictin de Saint-Albans, Thomas Walsingham, rédigé entre 1419 et 1422. Toutefois, ce «symbole de la Normandie» (puisque c'est ainsi qu'il faut traduire ce titre passablement obscur) est paradoxalement un éloquent témoignage sur l'éloignement réel de la Normandie de l'horizon politique anglais au début du XVᵉ siècle : bien que le texte commence avec la conquête de la Normandie par Rollon et prétende réorganiser l'histoire de la province dans la continuité de l'histoire anglaise pour, en quelque sorte, la réinsérer rétroactivement dans le passé national, l'ouvrage, comme le constate Antonia Gransden[12], contient en

9. J. G. NICHOLS (éd.), *The Boke of Noblesse addressed to King Edward the Fourth on his invasion of France in 1475* (Roxburghe Club), Londres, 1860 ; sur l'œuvre, voir A. GRANSDEN, *Historical Writing in England. II. c. 1307 to the Early Sixteenth Century*, Londres, 1982, p. 157-158 ; C. ALLMAND, «France-Angleterre à la fin du Moyen Âge : le *Boke of Noblesse* de William Worcester, dans *Actes du 111ᵉ congrès des sociétés savantes (Poitiers 1986) : La «France Anglaise» au Moyen Âge*, Paris, 1988, p. 103-111 ; P. LEWIS, «War Propaganda and Historiography in Fifteenth Century England», *Transactions of the Royal Historical Society*, 4ᵉ sér., t. XV, 1965, p. 1-21 ; A. F. SUTTON et L. VISSER-FUCHS, «Richard III's Books : XII. William Worcester's Boke of Noblesse and his Collection of Documents on the War in Normandy», *The Ricardian*, IX, 115, 1991, p. 154-165.

10. Le volume (MS. Lambeth 506) est édité dans J. STEVENSON (éd.), *Letters and Papers illustrative of the Wars of the English in France* (Rolls Series, 22), Londres, 1861-1864, 2 vol. en 3, II (2), p. 521-742.

11. H. T. RILEY, *Ypodigma Neustriae a Thoma Walsingham*, Rolls Series, 28, Londres, 1876.

12. A. GRANSDEN, *Historical Writing...*, p. 126 ; Anne Curry insiste néanmoins sur le soin avec lequel l'ouvrage établit le droit d'Henri V à la Normandie par héritage et descente généalogique (A. CURRY, «Lancastrian Normandy... », p. 245).

réalité fort peu d'informations sur la Normandie et reste principalement une histoire de l'Angleterre. Les *Gesta Henrici Quinti* et les diverses biographies d'Henri V insistent bien sûr sur la conquête et sur le déroulement des opérations en Normandie, mais ces textes sont plus ou moins postérieurs aux événements et ne sont guère concernés par l'histoire normande en tant que telle[13].

Si l'histoire de la Normandie et de la conquête normande occupe néanmoins une place importante dans l'historiographie anglaise, c'est surtout parce qu'Henri V[14] a très vite acquis la stature d'un héros exceptionnel, le seul dont puisse s'enorgueillir la dynastie depuis le Prince Noir[15]. Ce statut est d'ailleurs également perceptible dans les deux grandes familles de chroniques, le *Brut*[16] et les Chroniques de Londres[17], dont la tradition textuelle est étroitement imbriquée, et qui intègrent l'une et l'autre un grand nombre de documents et de textes qui appartiennent à la documentation londonienne et qui « collent » à l'opinion publique de la Cité[18]. Il est d'ailleurs significatif que les récits de ces années comportent des poèmes, comme celui sur le siège de Rouen attribué à John Page[19], qui témoignent de la circulation dans Londres de nombreuses pièces de propagande. Quant à un autre texte historique extrêmement populaire, les vers sur les rois d'Angleterre de John Lydgate, il n'évoque la Normandie qu'en passant[20]. On peut d'ailleurs rapprocher de cette circulation des productions textuelles qui sont sans doute plus directement liées au pouvoir, comme l'organisation

---

13. Le texte le plus riche et le plus précis de ce point de vue est intitulé *Gesta Henrici Quinti*; il a été composé entre novembre 1416 et juillet 1417 par un «chapelain» royal anonyme : voir F. TAYLOR et J. S. ROSKELL, *Gesta Henrici Quinti. The Deeds of Henry the Fifth*, Oxford, 1975, connu par deux manuscrits seulement. Il existe quatre autres biographies composées avant 1450 : le *Liber Metricus* de Thomas de Elmham, écrit en 1418 (C. A. COLE (éd.), *Memorials of Henry the Fifth*, Rolls Series, 28, Londres, 1876) comme résumé en vers d'une *Vita* en prose qui n'est pas les *Gesta* et est aujourd'hui perdue, la biographie composée par l'humaniste italien Tito Livio Frulovisi, sur commande du duc Humphrey de Gloucester, et traduite en italien par Pier Candido Decembri (Th. HEARNE (éd.), *Titi Livii Foro-Juliensis Vita Henrici Quinti*, Oxford, 1716) et la *Vita* dite du «Pseudo-Elmham», qui existe en deux versions dont la première est dédiée à Walter, Lord Hungerford, et la seconde, qui date de 1445-1446, au médecin d'Henri VI, John Somerset (Th. HEARNE (éd.), *Thomae de Elmham Vita et Gesta Henrici Quinti*, Oxford, 1727). À cela s'ajoutent deux biographies du XVIe siècle : sur tous ces textes, A. GRANSDEN, *Historical Writing…*, p. 194-219.

14. C. ALLMAND, *Henry V*, p. 426-431.

15. Le Prince Noir a lui aussi eu les honneurs d'une biographie : M. K. POPE et E. C. LODGE (éd.), *Life of the Black Prince, by the Herald of Sir John Chandos*, Oxford, 1910. Le problème de la légitimité lancastrienne et de ses conséquences sur la production textuelle est magistralement reposé par P. STROHM, *England's Empty Throne. Usurpation and the Language of Legitimation, 1399-1422*, New Haven-Londres, 1998.

16. F. W. D. BRIE, *The Brut or Chronicles of England*, (Early English Text Society, CXXXI-CXXVI), Londres, 1906-1908.

17. La tradition des chroniques de Londres est extrêmement complexe et pratiquement tous les manuscrits diffèrent : une version très complète, peut-être rédigée par Robert Fabyan lui-même, est éditée par A. H. THOMAS et I. D. THORNLEY, *The Great Chronicle of London*, Londres, 1938.

18. A. GRANSDEN, *Historical Writing…*, p. 220-248.

19. J. GAIRDNER (éd.), *The Historical Collections of a Citizen of London*, (Camden Society, 2e sér., V) Londres, 1876, p. 1-46.

20. Il n'en subsiste pas moins de 41 manuscrits : pour deux versions différentes, voir J. GAIRDNER, *Historical Collections…*, p. 49-54 et R. H. ROBBINS, *Historical Poems of the XIVth and XVth Centuries*, Oxford, 1959, p. 3-6.

par le gouvernement de la réception d'Henri V à Londres après la bataille d'Azincourt[21] et qu'il convient d'intégrer dans un véritable cycle de célébrations liées à la guerre en France et à la double monarchie pendant une trentaine d'années, jusqu'à l'entrée de la reine Marguerite d'Anjou en 1445, en passant par la réception de l'empereur Sigismond en 1416, le retour d'Henri V avec sa nouvelle épouse Catherine de Valois en 1421[22], après la conquête de la Normandie, et les couronnements d'Henri VI à Westminster en février 1429 et à Paris en décembre 1431 et son retour de Paris à Londres en février 1432[23]. Mais, dans ces célébrations aux motivations et aux liturgies fort complexes, il convient d'observer que l'on ne trouve pratiquement pas d'allusions directes à des lieux ou à des événements de l'histoire normande, ce qui montre que la Normandie est absente de l'imaginaire social anglais.

Faute d'ouvrages savants sur la Normandie, on pouvait cependant évoquer les événements qui s'y déroulaient et leurs conséquences politiques. Ceci nous conduit à aborder le problème du discours politique. Il a plusieurs théâtres traditionnels en Angleterre, la cour d'une façon générale, la croix de la cathédrale Saint-Paul à Londres, mais il en est un qui éclipse tous les autres, c'est le Parlement. Nous disposons d'un résumé, plus ou moins détaillé, des discours prononcés pendant la phase politiquement cruciale de l'ouverture du Parlement : ils s'intègrent dans un échange rituel, jugé suffisamment important pour être rapporté en détail sur le mode narratif et inscrit en tête du *roll of parliament*, compte rendu dressé à l'issue de chaque session du Parlement dont il est ensuite possible d'obtenir copie. À l'époque qui nous concerne, celle de la conquête et de l'occupation anglaise de la Normandie, tout commence par un sermon prononcé par le chancelier d'Angleterre, qui est un ecclésiastique (l'exception qui confirme la règle est le discours[24] prononcé en novembre 1411 par Thomas Beaufort, alors Earl of Dorset, mais le discours a sans doute été influencé par son frère Henri Beaufort, l'évêque de Winchester). Le chancelier clôt son intervention en énumérant les causes pour lesquelles le présent Parlement a été convoqué, mais cette évocation, dans les résumés dont nous disposons, a tout l'air d'une formule reprise dans des termes assez semblables d'un Parlement à l'autre ; il en va de même, sauf exception, de la « protestation » du *Speaker*, le membre des Communes qui, depuis le *Good Parliament* de 1376, est chargé de parler au nom de ses collègues quand les communes s'adressent au roi ou négocient avec les Lords. Par contre, le discours

---

21. N. COULET, « Les entrées royales en Angleterre. Deux exemples : les entrées de Richard II en 1392 et d'Henri V en 1415 », *Memini. Travaux et documents publiés par la Société des études médiévales du Québec*, I, 1997, p. 3-20 ; G. KIPLING, *Enter the King. Theatre, Liturgy, and Ritual in the Medieval Civic Triumph*, Oxford, 1998.

22. C. ALLMAND, *Henry V*, p. 156-157.

23. Sur les fêtes de 1429-1432, voir J.-P. GENET, « Le roi de France anglais et la nation française au XVᵉ siècle », dans R. BABEL et J.-M. MOEGLIN, *Identité régionale et conscience nationale en France et en Allemagne du Moyen Âge à l'époque moderne*, Sigmaringen, 1997, p. 39-58.

24. *Rotuli Parliamentorum, ut et petitiones et placita in parliamento [1278-1503]*, 6 vol., s.l., s.d., *Index*, s.l., 1837 [abrégé désormais *R.P.*], III, p. 647.

que prononce le *Speaker* une fois que sa protestation a été reçue et acceptée par le roi, est un véritable discours politique. Malheureusement, le *roll* est là beaucoup moins fiable et détaillé que pour le sermon parlementaire du chancelier, et nous n'avons que de rares comptes rendus de ces discours, au point qu'il est difficile d'être certain que de tels discours ont été prononcés à chaque occasion; pourtant, un de ces discours, celui du *Speaker* John Russell, à première vue insipide, a eu les honneurs d'une large diffusion, puisqu'on le retrouve intégralement dans les chroniques de Londres : il est vrai qu'il manifestait une adhésion totale au petit roi Henri VI, alors que le décès inattendu d'Henri V au château de Vincennes aurait pu mettre en péril la nouvelle dynastie.

Les deux auteurs essentiels de notre période sont donc Henri Beaufort, évêque de Winchester et bientôt (mais à la grande fureur d'Henri V) cardinal[25], et l'évêque de Durham, Thomas Langley, sans doute le serviteur le plus proche du roi. Que nous disent ces sermons parlementaires, qui sont tout autant des discours politiques que des sermons? Tout d'abord, ils informent, sans guère se préoccuper de chercher des justifications à l'action du roi. En 1415, Beaufort se contente d'évoquer le «veiage par le Roy es parties de France, pur la recoverer de les droitures de sa Corone». Puis il raconte comment les négociations engagées par Henri ayant échoué, il remporta une victoire

> Et outre ceo disoit, que puis les soventz requisitions faitz par le Roy notre tres soverain Seigneur envers son adversaire de France, par voie de pees, en eschuance de l'effusion de sanc Cristien, pur la restitution avoir de les droitures avant ditz, es ditz parties de France, et null restitution purroit avoir, perceivant ent null recoverer forque par force de guerre, et lessant adonques toutz maners de delicacies, aise et seuretee de sa persone, emprist le voiage mesme et l'aventure pur cell cause, affiant entierment en sa loiall querele, et en luy tout puissant Dieu, solonc les paroles de luy sage qe dit *Certa pro justicia, et Dominus pugnabit pro te*. Et puis il recita la manere de la graciouse passage du Roy, et de son arrivaille pres la Ville de Hareflu es parties de France, et coment mesme la Ville, que fuit le pluis fort Ville cestes parties du mond, et le pluis grande enemy as Lieges du Roy, par seage en brief temps, sanz effusion du sanc de son pople, de l'haut don de Dieu et de sa grace, fuit renduz a Roy; et coment en apres le Roy, non obstant qu'il mit une grande stuffe de ses gentz en mesme la Ville pur la save garde d'icell, et auxi que la greindre partie de son hoste fuit departie de luy, dont plousours par une certeine infirmite de la Visitation Dieu furent mortz illoeqes, et pluseurs furent returnez en Engleterre de la licence du Roy, pur lour sauve recoverer, soi transportant parmy le coer de France vers sa ville de Cales, de sa tres noble et tres excellent courage, ove un poy de gentz en regard au poair de ses enemys, fuit countree et combatuz ovesque une grande nombre des Ducs, Counts, Barons et Seigneurs du France et d'autres Terres et paiis par dela, et ove tout la Chivalrie et poair de France et de

---

25. G. L. Harriss, *Cardinal Beaufort. À Study of Lancastrian Ascendancy and Decline*, Oxford, 1988.

mesmes les Terres et paiis ; qe au fyn, par l'aide et grace de l'Omnipotent, fuit tout la partie Franceis disconfit, pris, et tuez, sanz grande perde de les Engleis ; et q'il ove tiele gloriouse et merveillouse victorie est ore venuz save ove ses gentz et prisoners a sa dite Ville de Caleis, loie soit Dieu, a le pluis grande honure et profit que a le Roialme d'Engleterre unqes avient en si brief temps...[26]

Le nom d'Harfleur est seul mentionné, et il le sera toujours par la suite, signe que la détention de ce second Calais est, au moins à cette époque, considérée par le gouvernement anglais comme le principal bénéfice de la campagne. On notera l'importance attachée à l'aide de Dieu, qui fait ainsi des Anglais, un peuple élu. On retrouve d'ailleurs cette même insistance dans le sermon parlementaire du 6 mars 1416, qui présente un nouveau récit un peu plus bref :

Et qant a le purpos qe notre tres soverain Seigneur, par advis et assent de toutz les Estatz et Communalte du Roialme, pur les droitures de sa Corone, par dela la Meer recoverer, jatard emprist, par la ou mesme notre Seigneur tres soverain, dedeinz un brief temps apres son tres gracious arrivaille pres la ville de Hareflu, et sa seege mys a ycell, fuit mesme la Ville a luy renduz, et puis s'en passant d'illoeqes par Terre vers sa ville de Caleis, de sa tres haut corage, ove un poy de ses gentz trop fiblez pur defaute de vitaille, fuit countree ove un tres graunde poair et multitude des gentz de France, et d'autres paiis adjongnantz ove eux, si avant combatuz, tanque Dieu de sa haute mercie luy dona la victorie, et la partie adversarie tue et discomfite, le purpos avaunt dit, par cell gracious commencement fuit, et est pur verraie et droiturell' overtement determinee et approvee par Dieu l'emnipotent[27].

Le 19 octobre 1416, Beaufort gratifie son auditoire (dont il ne faut pas oublier qu'il est à chaque session largement renouvelé) d'un troisième récit où est pour la première fois mentionné, sous sa forme picarde, le nom de la bataille d'Azincourt. Ce Parlement, le sixième d'Henri V, est celui auquel le souverain demande les subsides qui doivent lui permettre de conquérir la Normandie, et Beaufort enracine sa justification de la reprise de la guerre dans son récit, insistant sur l'échec constant des négociations de paix :

Notre dit soverain Seigneur, en son tierce Parlement tenuz a Westm[inster], de l'assent de toutz l'Estats, et del Comunalte du Roialme, soi transportant a les parties de France, si avant labora, q'en brieves temps, de l'haute grace de Dieu, y gaina la Ville de Hareflu, q'est la principall Claeve de France, et puis combastit a Echyncourt, en la Terre de France, ove tout le poair de France, des queux Dieu luy dona la tres graciouse victorie. Et non obstant, q'en cell conflict fuit tuee la grande partie de la Chivalerie del partie Franceis ; et auxi, que plusours Ducs, Conts, et autres grandes Seigneurs, et Chiveuteins de France, notre dit soverain Seigneur tient

---

26. *R.P.*, IV, p. 62.
27. *R.P.*, IV, p. 70.

victore en sa garde ses Prisoners; ou ceo, qe le Roy mesme notre soverain Seigneur, puis tanque en cea, deinz quell temps deux autres Parlements
ont estee tenuz cy a Westm[inster], ad pursue auxi charitablement come
il fist par devant, pur bone et pesible accorde avoir ovesque son dit
Adversair; les Franceis, pleins d'orguille, et riens pensants de lour dit
rebuc, ou fiblesse, nullement vorront a ceo applier; pur quoi covient a notre
dit soverain Seigneur a force de prendre autre foitz a l'issue de l'espe, s'il
de son droiturell purpos et querele avoir vorra fyn, pees, et determina-
tion, et dire auxi ove luy sage, que dit, *Bella faciamus, ut Pacem habe-
mus, quia finis belli, pax...*[28]

Le successeur de Beaufort, Langley, donne à son sermon-discours de 1417 une
tournure idéologique plus marquée. Il restitue le règne d'Henri V dans une perspective beaucoup plus large depuis l'action de celui qui n'était alors que prince
de Galles contre les rebelles gallois et contre les ennemis de la foi chrétienne
(allusion à la persécution des Lollards et à la répression de la révolte de Sir John
Oldcastle) jusqu'à ses victoires d'Harfleur et d'Azincourt, récompenses divines. Et
c'est aussi la grâce divine qui soutient et justifie son action en Normandie (le
nom du duché figure pour la première fois dans les comptes rendus) :

...Il counta entre autres, coment mesmes notre tres soverain Seigneur, de
ses haut corage, discretion et force, avoit peisee la grevous Rebellion de ceux
de Gales, en temps son tres noble Piere, que Dieu pardoine, et de sa dis-
crete et gracious governance peisa auxi les ferventz malices, et tres per-
ilous traisouns, conspirez, si bien encontre Dieu, en subversion et adnullation
de sa leie, et foy Cristiene, come en destgruction de la persone notre dit soverain Seigneur, et de toutz l'estates du Roialme; et ensement de la gracious
esploit et merveillous victorie queux le Omnipotent de sa habundante Grace
ottroia a luy a Hereflete, et Echyncourt, en pursuant le droit de sa Corone
es parties de France; et coment pur tant qe mesme notre tres Souverain
seigneur, par null voie de bone et resonable traite ovesque son Adversair
de France ne purroit attiendre le droit de sa Corone es parties suisdites, il
soi ad a force transportee a mesmes les parties, pur la recoverer de le
mesme, et sont gainez et renduz ore a luy en Normandie, et es parties adjoi-
gnantz, pleuseures grandes Villes mureez, Chastelx, et Forteresces, ove le
poeple du le paiis, et les ad et tient en pees en partie de sa droiturell
demande, beneit soit luy tout puissant, a tres glorious exaltation et comfort
de luy, et de tout son Roialme d'Engleterre, dont il parmy ses grandes merits
et famouses vertues ad deserviez honures tres excellentz...[29]

Mais, tout en conservant la même tonalité religieuse, les discours suivants de
Langley se concentrent sur la nécessité de poursuivre la guerre pour obtenir la
paix, et la Normandie n'apparaît nullement comme un objectif en soi, mais comme
un élément parmi d'autres dans le cadre d'une vaste négociation. Ainsi en 1419 :

28. *R.P.*, IV, p. 94.
29. *R.P.*, IV, p. 106.

...Et nomement touchant la recoverer et la restitution avoir de les Seigneuries et Possession par dela le Meer appurtenauntz a sa Corone d'Engletierre, torcenousement detenuz et occupiez par son Adversaire de Fraunce ; et comment notre dit soverain Seigneur, devant la comencement d'ascune Guerre, fist sovent par sez Ambassiatours, solempnes requestes a son dit Adversair par fourme de paix. Et non obstant sa repuls de ceo, et auxi la gloriouse victorie des gents Franceys a Echyncourt, et la gaine et conquest des plusours Citees, Chasteux, et Seigneuries de la Duchee de Normandie, parcelle de son droiturell demande, quelx Dieu de sa benigne grace luy ad otroie, unqore obeia il au traicte de Paix, et l'attendist plousours foitz par ses Ambassiatours, et au darrein par sa persone demesne, solonqe le conseil de le Prophete, *Inquire pacem et persequere eam.* Et par la ou il soi vorreit avoir estee content en celles tractees d'un petit, eu consideration a ses grands claym et demande, unqore ne vorroit la dite partie Adversair incliner a null conclusion resonable; et issint de necessite, et nient de volunte, s'ad mys notre dit soverain Seigneur a son recoverer par voie de Guerre, affiant pleinement en dieu celle partie...[30]

Ou encore, en 1420, en présence du duc de Bedford :

... nous gents Engleis avons tres especiale cause et matere a honurer et enmercier Omnipotent Dieu, pur les haut grace, victorie et esploit, queux ad ottroiez et monstrez de fait au Roy notre dit Seigneur soverain, tant par reformation de la rebellion de Gales en sa juvence, et puis par la destruction et abatement des Heresies et Lollardries cy dedeinz le Roialme, come par les recoverers des aunciens droitures a sa Corone d'Engleterre par dela la Meer es parties de France regardantz, et auxi pur la beneit conclusion de Pees et Unite ja par entre luy et pur luy, et son dit Roialme d'Engleterre, et son nadgairs Adversair de France, et pur luy et son Roialme de France, pris et euz, a la gloriouse plesance de dieu, et verrai semblable encres et felicitee perpetuell a toute ceste Roialme d'Engleterre...[31]

Dans ces sermons, l'accent est progressivement mis sur les problèmes du gouvernement de l'Angleterre, même si, en 1421, Thomas Langley célèbre (en sa présence) le victorieux Henri V, le comparant à Jules César parce que, comme lui, «... en ses labours rien ne vorra retter n'ascriver a luy mesmes, mes tres tout a Dieu soulement, ensuant le tres vaillant Emperour Julius Cesare en manere, *Qui de gestis suis audire non voluit propter metum elationis, secundum Cronicam...* »[32] Il est vrai qu'il a ensuite le pénible devoir de le comparer à Job pour évoquer la grandeur d'âme avec laquelle il a accueilli la mort de Clarence et de ses compagnons à la bataille de Baugé. Passons sur le sermon suivant, celui d'Henri Chichele en 1422, où la préoccupation essentielle est la bonne gouvernance non seulement du royaume, mais surtout celle de la personne du petit Henri VI, pour retrouver Langley qui, en 1423, reprend sa veine religieuse pour se lancer dans une justification de la double monarchie, d'autant

---

30. *R.P.*, IV, p. 116.
31. *R.P.*, IV, p. 123.
32. *R.P.*, IV, p. 129.

plus nécessaire qu'elle était prononcée cette fois devant le duc Humphrey de
Gloucester :

> ...Il monstra coment de long temps passe, ad este desirez un Roy de les deux
> Roialmes d'Engleterre, et de France, et ore par la grace et postee de Dieu,
> et par la vertuouse et famouse labour de notre nadgairs soverein Seigneur,
> Pier a notre soverain Seigneur le roy q'or est, et de les gens Engloys, sur la
> conquest del Roialme de France, est la dit desir accompliz en la persone
> notre dit soverain Seigneur, loiez soit Dieu omnipotent ; et ensi purra il estre
> dit le Roy desirez ; et pur celle cause, est il auxi a estre amez de toutz ses
> Lieges, solonc ceste dict de Seint Johan, *Omnis qui diligit eum qui genuit,*
> *diligit et eum qui natus est ex eo...*[33]

Le discours, si important par sa circulation en version anglaise dans les chroniques de Londres, du *Speaker* Russell n'évoque la Normandie à aucun moment
et se contente de mentionner, en s'adressant au petit Henri VI, «your worthie
Realme of Ffraunce»[34] ; la conquête de la Normandie ne serait-elle donc qu'une
parenthèse, qu'il est inutile d'évoquer devant les membres du Parlement ou devant
l'opinion anglaise ?

Pour en juger, nous pouvons chercher une autre façon de mesurer l'implication de la société politique dans l'expédition d'Henri V et la conquête de la
Normandie, en examinant la participation des membres du Parlement (M.P.) aux
campagnes et au gouvernement des territoires conquis : on peut raisonnablement penser que ces hommes, ayant pris une part active à la conquête et en
ayant retiré des profits substantiels, forment au sein du Parlement un «lobby»
activiste en faveur de l'occupation anglaise en Normandie. Christopher Allmand
s'est d'ailleurs préoccupé de ce problème et a montré que, dans le Parlement de
1422, quatorze M.P. ont combattu en 1415 ; les six qui ont continué à se battre
entre 1416 et 1422 ont été rejoints par quinze nouveaux venus, ce qui signifie qu'au
total ce Parlement comptait dans ses rangs vingt-neuf anciens combattants des expéditions normandes[35]. Grâce à la publication récente des quatre volumes de la
monumentale histoire du Parlement de 1386 à 1421 réalisée sous la direction de
John Roskell, Carol Rawcliffe et Linda Clark, nous sommes en mesure d'avoir
une vision plus nette encore[36]. Les données que contient ce dictionnaire ne concernent évidemment que ceux qui ont été parlementaires pendant cette période : par
exemple, n'y figurent que huit des quatorze membres du Parlement de 1422
comptés par Christopher Allmand ; de même, les nobles (magnats et Lords) sié-
geant à la chambre des Lords ne sont bien évidemment pas pris en considération. Tel quel, le dictionnaire constitue néanmoins une bonne base pour un
sondage, même si la population ainsi délimitée est plutôt décalée par rapport

---

33. *R.P.*, IV, p. 193.

34. Le texte figure, entre autres, dans C. L. KINGSFORD, *Chronicles of London*, Oxford, 1905, p. 280-
281.

35. C. ALLMAND, *Lancastrian Normandy...*, p. 249-250.

36. J. S. ROSKELL, C. RAWCLIFFE et L. CLARK, *The History of Parliament. The House of Commons 1386-
1421*, 4 vol., Stroud, 1992.

aux événements envisagés : ainsi, du fait de leur âge, peu de membres ayant participé aux Parlements de Richard II ou aux premiers Parlements d'Henri IV figurent parmi les cent soixante-quinze parlementaires ayant été intéressés de près ou de loin aux campagnes d'Henri V. Ils y sont parfois représentés par leurs fils ; c'est le cas pour Sir William Argentine, Sir John Cockayne, Sir Alan Pennington, Sir John Popham ou encore Sir John Skelton dont les fils combattent tous à Azincourt[37] ; le vétéran Sir William Leigh, M.P. en 1399, est d'ailleurs accompagné sur le champ de bataille d'Azincourt par son fils. Il est remarquable que certaines de ces participations apparaissent presque symboliques : le vieux Sir Thomas Hawley, M.P. dès 1399, sert avec un homme d'armes et six archers. Ralph Trenewith, M.P. en 1395, ne fait pas mieux : il sert avec un homme d'armes et trois archers, et John Hobildod, M.P. du Cambridgeshire en 1402, avec deux archers seulement ! Sans même parler des commandants (Clarence et Gloucester, les frères du roi, avaient des indentures pour respectivement 800 et 600 hommes), le contraste est grand avec les retenues des capitaines professionnels, telle celle de Sir Godfrey Hilton, qui conduit 40 hommes d'armes et 120 archers ; la taille de ces retenues «professionnelles» augmente d'ailleurs sensiblement tout au long de notre période : Sir William Peyto, en 1449, contracte une *indenture* pour servir avec une retenue de 50 hommes d'armes et 508 archers !

Il apparaît ainsi que 96 membres des Parlements de 1386 à 1421 ont combattu dans le corps expéditionnaire de 1415 : 41 ont été M.P. auparavant et ne le seront plus après la campagne, 35 le seront seulement après la campagne et 20 l'ont été à la fois avant ou après. La nature de notre échantillon nous interdit de tirer trop de conclusions de ces chiffres : les futurs M.P. sont évidemment sous-évalués, mais le nombre important de combattants qui ont déjà été membres du Parlement avant la campagne montre que les armées anglaises comptaient beaucoup d'hommes mûrs et qu'elles n'étaient pas ce ramassis de ruffians ou de jeunes cadets cherchant à faire fortune par une carrière militaire que l'on décrit parfois. Sur ces 96 individus, huit sont morts au combat ou des suites de leurs blessures. Pour 21 d'entre eux, la campagne n'a pas dépassé Harfleur, soit qu'ils aient été atteints par la dysenterie, qui a décimé les rangs du corps expéditionnaire, et donc rapatriés en Angleterre, soit qu'ils soient restés dans la garnison d'Harfleur sous les ordres de Thomas Beaufort ; c'est aussi dans ce groupe qu'il y a le plus de morts (5 sur 8). Pour 51 d'entre eux, il y a des preuves ou du moins de fortes présomptions qu'ils ont combattu à Azincourt, parfois accompagnés de plusieurs membres de leurs familles ; un seul, William Brokesby, est apparemment mort sur le champ de bataille.

La participation de nos parlementaires reste très élevée dans les campagnes de 1416 et de 1417-1422, c'est-à-dire jusqu'à la fin du règne d'Henri V. Pour la période 1417-1422, ils sont 75 à avoir combattu, même si certains, comme Thomas Chaucer ou Sir William Bourgchier (devenu Lord Bourgchier et comte d'Eu) ont sans doute plus brillé dans les négociations diplomatiques que sur les champs de bataille.

---

37. Sur la bataille d'Azincourt, l'ensemble des témoignages est réuni dans A. Curry, *The Battle of Agincourt. Sources and Interpretations*, Woodbridge, 2000.

Neuf d'entre eux y ont laissé la vie, parfois dans des conditions épouvantables, comme Sir Edmund Sprenghose, brûlé vif dans l'huile bouillante sous les remparts de Caen, sans compter Bourgchier, mort à Troyes en 1422. Une vingtaine d'entre eux sont des *retainers* du roi lui-même (10), de son oncle Thomas Beaufort (5) ou de ses frères, surtout Clarence et, à un degré moindre, Gloucester et Bedford. Les deux retenues nobiliaires les mieux représentées sont celles de Richard Beauchamp, Earl of Warwick, le futur tuteur d'Henri VI (6 *retainers*), celle de Thomas Montague, Earl of Salisbury, l'époux d'Alice Chaucer (fille de Thomas et petite-fille du poète Geoffrey Chaucer) qui sera tué plus tard au siège d'Orléans (5 *retainers*), et celles des Courtenay, Edward, puis Hugh (4 *retainers*). Tout naturellement, ces hommes se voient confier des positions de responsabilité : Allington et Tiptoft sont trésoriers de Normandie, et ce dernier est aussi président de l'Échiquier tandis qu'Allington est gardien du château et de la ville de Caen ; John Golafre est receveur général du duché, Sir Hugh Luttrell, sénéchal de Normandie ; Sir Roger Fiennes est bailli de Caux, Sir Walter Beauchamp, bailli de Rouen, Sir John Radcliffe, bailli d'Évreux. Certains de ces hommes occupent des positions de responsabilité au sein des hôtels des commandants anglais : Sir Ralph Arderne est receveur des domaines de l'Earl of Warwick en Normandie, et Sir William Mountfort, *steward* de sa maison et son lieutenant à Aumale ; Sir William Peyto est responsable de la maison d'Edmond Beaufort, duc de Somerset, en 1443. Et ils se partagent les capitaineries importantes : Dieppe, Mantes et Meulan (Bourgchier), Danville (Curwen), Longueville (Fiennes), Cherbourg et Château-Gaillard (Hungerford), Lisieux (Kirkby), Arques (Sir Philip Leche), Argentan (Rempston), Rugles et Vernon (Sir William Porter). Leur activité en France n'a donc pas seulement une signification politique : elle est aussi un atout important pour la bonne organisation de l'occupation lancastrienne, et Henri V a disposé d'une quantité d'hommes d'expérience dont Bedford n'a probablement pas eu l'équivalent par la suite.

La présence de ce nombre élevé d'hommes influents et bien établis au plus haut niveau de la société politique est le signe évident d'une large adhésion de la classe dirigeante à la politique de conquête et de guerre à la France qui devient la marque du pouvoir lancastrien à partir du règne d'Henri V. On note d'ailleurs parmi eux plusieurs *Speakers* des Communes, tels Thomas Chaucer, Sir Walter Burley, Sir John Tiptoft et William Allington[38]. Certains ont eu des carrières parlementaires exceptionnelles : Robert Whitgreve, dont le rôle paraît s'être limité au paiement des troupes sur le continent, a été 19 fois M.P., Chaucer 14 fois (dont 5 fois comme *Speaker*), Soper 13 fois, John Hawley 12 fois, Sir John Arundel et ses deux fils John et Thomas l'ont été 20 fois à eux trois, et John Burley (le père du *Speaker* William Burley) l'a été 6 fois. Et plusieurs d'entre eux se situent aux marges supérieures de la *gentry*, accédant à la noblesse (ce qui termine *ipso facto* leur carrière aux Communes mais pas au Parlement, bien sûr) : c'est le cas de Bourgchier, d'Hungerford, de Tiptoft et de Sir William Phelip (Lord Bardolph). Pour

---

38. J. S. ROSKELL, *The Commons and their Speakers in English Parliaments. 1376-1523*, Manchester, 1965.

apporter une dernière touche à ce portrait de groupe, il faut aussi souligner la présence, fût-elle temporaire, d'hommes engagés sur d'autres terrains français comme Calais ou la Gascogne. Sir John Radcliffe, Sir John Tiptoft et Sir Thomas Rempston seront sénéchaux de Guyenne, Sir John Saint-John maire de Bordeaux et Sir John Bertram et Sir John Radcliffe capitaines de Fronsac, tandis que Rempston sert aussi comme lieutenant de Calais et que Sir William Swinburne est capitaine du château de Marcq, une des forteresses défendant Calais.

L'importance, tant en nombre qu'en qualité, de ce groupe est d'autant plus frappante qu'elle contraste avec le faible nombre de ceux qui ont participé aux campagnes postérieures à la mort d'Henri V. Ils sont tout au plus treize à avoir pris du service en France : encore le service de certains d'entre eux se limite-t-il ici à avoir fait partie de l'escorte du petit Henri VI quand il a visité la Normandie en venant se faire couronner à Paris en 1430. On remarque aussi, dans ce dernier groupe, des capitaines réputés, chefs de guerre professionnels auxquels leurs états de service n'ont guère laissé le temps de siéger au Parlement : seul Sir Roger Fiennes, qui paraît être rentré en Angleterre après 1425, a eu une véritable carrière parlementaire. Sir Godfrey Hilton et Sir William Peyto n'ont chacun siégé qu'une seule fois aux Communes, en 1421 pour le premier et en 1420 pour le second ; Sir Thomas Rempston n'y a siégé que deux fois, en 1413 et en 1416. Seul dans ce groupe, Sir Thomas Blount paraît avoir joué un rôle de premier plan dans la gestion du duché, en tant que trésorier de Normandie de 1429 à 1433. Le dictionnaire des parlementaires pour la période suivante permettra certainement de compléter la liste des parlementaires ayant servi en France : mais elle n'ajoutera rien à celle de ceux qui ont été parlementaires avant de se lancer sur le champ de bataille ; de ce point de vue, il est clair que les opérations lancastriennes en France postérieures à 1422 n'ont pas engagé les membres de la société politique au même titre que les campagnes d'Henri V. Il est vrai que les risques étaient grands, et malgré leurs succès momentanés, trois au moins des capitaines de ce dernier groupe, Knyvet, Peyto et Rempston, finiront quasiment ruinés par les rançons exorbitantes qu'il leur faudra payer après être tombés aux mains des Français.

Encore n'avons-nous parlé jusqu'à présent que des parlementaires qui ont directement participé aux campagnes. Or, d'une part, nombreux sont les parlementaires londoniens qui ont apporté leur concours aux entreprises d'Henri V, sous la forme de prêts parfois très importants, notamment en 1417 : citons Nicholas Wotton, qui prête 200 livres sterling à titre personnel à Henri V pour sa campagne de 1417, William Cromer qui en prête 100 et se porte garant pour un emprunt de 1 000 livres sterling, ou encore John Perneys et John Megre, qui prêtent chacun 50 livres sterling. D'autre part, plusieurs parlementaires ont été impliqués dans l'aspect maritime de l'entreprise lancastrienne, ainsi que dans les problèmes du ravitaillement et des fournitures aux armées, d'où la présence dans notre échantillon d'un nombre élevé de représentants de la Cornouaille (dont l'un au moins est un pirate avéré) et des villes portuaires, telles Southampton, Bristol, Hythe et Rye. Le parlementaire londonien Richard Clitheroe a, en 1415, accompli une mission essentielle : muni de 9 520 livres sterling, il s'est rendu en Hollande et en Zélande pour y retenir les vaisseaux qui serviront au transport de l'armée destinée à envahir la France. En 1415, c'est un M.P. du Dorset, William Mountfort, qui fournit la flotte royale en câbles et en cordages; en 1416, un M.P. pour Southampton, Thomas Armorer, équipe la flotte royale en cordages et en aiguilles pour coudre les voiles, tandis qu'un autre M.P., William Flete (le frère du contrôleur des finances de la garnison, Simon Flete) assure le ravitaillement d'Honfleur. Et John Uvedale, qui sera sept fois M.P. au cours de sa carrière, participe à l'équipement et à la supervision de l'embarquement des retenues régulièrement embarquées à Southampton. Dans un tout autre genre, il convient aussi de signaler ceux qui ont joué un rôle dans le règlement des rançons et la garde des prisonniers de marque : Thomas Wydeville assure ainsi la garde de Raoul de Gaucourt et de Jean d'Estouteville pour Henri V, Sir Nicholas Montgomery celle du duc de Bourbon (d'ailleurs fait prisonnier par les membres de la retenue d'un autre parlementaire, Sir Ralph Shirley).

Bien sûr, nous sommes entrés là dans des liens qui sont d'ordre économique, dans des liens d'intérêt, si l'on veut. Mais, précisément, les hommes qui ont participé aux campagnes ont aussi tiré profit de leur activité guerrière et administrative : Henri V a généreusement distribué seigneuries, châteaux et maisons pris aux « rebelles » normands, et a ainsi constitué de toutes pièces au sein de l'aristocratie anglaise un groupe dont la fortune est liée au sort de la conquête normande. Les dons sont très variables et vont parfois à des parlementaires assez obscurs : Henri V, lors de son séjour à Mantes en 1419, octroie ainsi des terres à Alençon et à Évreux à Thomas Green; Ralph Trenewith a reçu les biens de deux « rebelles » dans le bailliage de Caen valant 50 francs par an, et John de la Pole aurait aussi reçu deux seigneuries. Mais la part du lion revient aux personnages clés que nous avons déjà souvent mentionnés : Bourgchier se voit attribuer les biens de la famille d'Hermanville; des maisons à Honfleur (Allington), Harfleur (Allington, Soper), Caen (Rempston, Bourgchier – c'est l'auberge du Lion d'Or –), Rouen (Beauchamp), Alençon (Rempston), et Gacé (Rempston) sont distribuées, ainsi que des châteaux (le château de Beausault à Beauchamp; le château de Cany-en-Caux à Curwen, le château du Homet à Hungerford) ainsi que des seigneuries (la seigneurie de Caux à Curwen, la seigneurie de Thony-sur-Seine à Henry Waryn, la seigneurie de Blainville à Sir Lewis John, la seigneurie de Neufchâtel-en-Bray à Sir Philip Leche). Des terres à proximité de Caen (Allington), Pont-Audemer (Allington), Rouen (Wyse), dans le Cotentin et le Maine (Rempston) ou un peu partout (Fiennes) font également partie des largesses du souverain. Les effets de ces transferts de propriété sur l'économie et la société normandes sont bien connus[39] et ce n'est pas notre objet de l'aborder ici : En revanche, cette liste, bien que fragmentaire permet l'étude de l'investissement « seigneurial » des élites anglaises dans l'exploitation de la Normandie sous Henri V, étude déjà bien abordée par Christopher Allmand et Anne Curry. Cette liste mériterait d'être complétée par une enquête plus systématique dans les fonds d'archives français.

---

39. G. BOIS, *Crise du féodalisme. Économie rurale et démographie en Normandie orientale du début du 14ᵉ au milieu du 16ᵉ siècle*, Paris, 1976.

À l'issue de ce rapide survol, quelques constatations s'imposent. Tout d'abord, la forte implication d'un nombre important de membres du Parlement dans les campagnes d'Henri V me paraît être un indice probant de l'adhésion de la société politique aux entreprises du souverain : les membres des Communes, on le sait, «votaient avec leurs pieds» en se rangeant d'un côté ou de l'autre de la salle dans laquelle ils siégeaient, lors des «divisions» ; cette fois, ils ont voté avec leurs épées. Henri V, en se lançant à l'assaut de la France des Valois, a donné à la «révolution lancastrienne» le sens que les événements n'avaient pas laissé le temps à Henri IV de lui trouver : Henri s'était débarrassé d'un souverain que son attachement à une alliance française avait contribué à rendre profondément impopulaire, mais il n'avait pu lui-même développer une politique offrant une alternative vérita-blement nouvelle ; son successeur, en portant la guerre avec succès en France, parachève cette révolution.

Le contraste n'en est que plus vif avec le silence assourdissant du discours légitimant. Les victoires d'Henri V n'ont rien résolu quant à la réalité incontour-nable, incontestable, injustifiable et donc indicible de l'usurpation de la couronne par Henri IV. Il était impossible de se servir efficacement de la conquête et de l'occupation de la Normandie d'abord, du traité de Troyes et de la double monar-chie ensuite, pour développer un discours légitimant susceptible d'effacer le stig-mate initial de l'usurpation, car un tel discours aurait fatalement ramené l'attention sur les problèmes du droit héréditaire, du lignage et du sang royal. La Normandie entre, par contre, dans ce dispositif complexe qu'Henri V et ses conseillers ont si bien su faire fonctionner : c'est le succès (de la prise du pouvoir, des armes, de l'éradication de l'hérésie, de la «bonne gouvernance») qui justifie le souverain en offrant la preuve tangible du choix divin en sa faveur. À cet égard, la perte de la Normandie a sans doute eu des conséquences plus décisives sur la vie poli-tique anglaise, en permettant le retour et l'explosion du non dit, contribuant ainsi largement à l'abandon de la cause lancastrienne par une large part de cette société politique dont Henri V avait si bien su capter le soutien.

ANNEXE[40]

1. **William Allington**, Cambridgeshire (mort en 1446), M.P. 1410, 1416 (oct.), 1429 [*Speaker*]
   Thomas, duc de Clarence.
   En Normandie de 1418 à 1422 : Trésorier général et receveur de Normandie.
   Contrôleur des greniers à sel de Vernon et de Fécamp, gardien du château et de la ville de Caen.
   Possède maisons (Harfleur, Honfleur, Iville-sur-Seine) et terres (dans vicomtés de Caen et de Pont-Audemer [« La Lounde »]).

2. **Sir Ralph Arderne**, Warwickshire (1374?-1420), M.P. 1406.
   Richard Beauchamp, Earl of Warwick.
   En Normandie 1417-1420 (meurt en France).
   Receveur des domaines de Richard Beauchamp en Normandie.

3. **Sir William Argentine**, Suffolk (1350-1419), M.P. 1393, 1395, 1399.
   Son fils William est dans la retenue de Michael de La Pole, Earl of Suffolk et combat à Azincourt en 1415.

4. **Thomas Armorer**, Hampshire (mort en 1429), M.P. 1413-1414.
   Fournit les navires d'Henri V et du duc de Bedford en 1416 à Southampton.

5. **Sir John Arundell**, Cornouaille (1366-1435), M.P. 1397, 1404, 1406, 1411, 1414, 1416, 1417, 1421, 1422, 1423.
   Henri V ; Thomas Beaufort, duc d'Exeter, puis Hugh Courtenay, Earl of Devon.
   En Normandie 1416-1420.
   Indenture de service en mer avec 40 hommes d'armes et 80 archers en 1416 avec Sir John Colshull.
   Vice-amiral d'Angleterre, 1418, commande l'expédition maritime sur les côtes normandes en 1418.

6. **John Arundell**, Devon (1392-1423), M.P. 1414, 1419, 1421, 1422.
   Henri V.
   En Normandie en 1420-1421 : *indenture* pour servir avec 6 hommes d'armes et 18 archers.

7. **Sir Thomas Arundell**, Cornouaille (mort 1443), M.P. 1417, 1419, 1429, 1435.
   John Arundel, Lord Mautravers.
   En Normandie en 1417-1418.

8. **Sir William Asenhill [Harpenden]**, Cambridgeshire (mort 1443), M.P. 1406, 1416, 1422, 1423, 1425, 1426, 1429.
   Henri V ?
   En Normandie en 1415, 1416.
   Indenture de service avec 2 hommes d'armes et 6 archers en 1415 mais, malade, rentre avant Azincourt.
   Service en mer en 1416.

9. **John Ashburnham**, Sussex (mort en 1417), M.P. 1397.
   Thomas, duc de Clarence.
   En Normandie en 1415, au siège d'Harfleur.

---

40. Ces notes sont établies à partir de J. S. Roskell, C. Rawcliffe et L. Clark, *The History of Parliament. The House of Commons 1386-1421*, 4 vol., Stroud, 1992. La deuxième ligne indique le chef de la retenue dans laquelle figure le personnage.

10. **Thomas Asshenden**, Devon (mort avant 1443), M.P. 1420, 1422, 1429, 1437.
Sir Thomas Carew.
En Normandie en 1421.

11. **Sir John Assheton**, Lancashire (mort 1428), M.P. 1411, 1413, 1416.
Henri V.
En Normandie de 1415 à 1422.
Sert avec 12 archers à Azincourt ; chargé de superviser le paiement des arriérés de solde dus aux Gallois.

12. **Sir John Bagot**, Staffordshire (1358-1437), M.P. 1391, 1397, 1401, 1404, 1407, 1411, 1421.
Henri V ; Thomas Beaufort, duc d'Exeter.
En Normandie 1416-1420.
Indenture de service en mer avec 40 hommes d'armes et 80 archers en 1416 avec Sir John Colshull.
Vice-amiral d'Angleterre, 1418, commande l'expédition maritime sur les côtes normandes en 1418.
Service sous Hugh Courtenay, Earl of Devon et King's Lieutenant, en 1419-1420.

13. **Sir Walter Beauchamp**, Wiltshire (mort 1430), M.P. 1416 [*Speaker*].
Humphrey, duc de Gloucester ; Thomas Montague, Earl of Salisbury.
En Normandie en 1415-1421.
Campagne d'Azincourt en 1415 avec 3 hommes d'armes et 12 archers.
Expédition maritime pour dégager Harfleur en 1416 puis campagne de 1417.
Bailli de Rouen ; il reçoit une maison à Rouen et le château de Beausault.

14. **Sir William Beauchamp**, Worcestershire (mort 1421), M.P. 1407, 1413, 1414, 1416.
Humphrey, duc de Gloucester.
En Normandie en 1415-1419.
Campagne d'Azincourt en 1415 avec 8 hommes d'armes et 30 archers.
Campagne de 1417 : reçoit la reddition de Vire, Saint-Lô et Carentan et participe au siège de Cherbourg.

15. **Sir Laurence Berkele**y, Leicestershire (mort 1458), M.P. 1421, 1431.
Edmund Mortimer, Earl of March en 1417.
Peut-être en Normandie en 1415 et à Azincourt et en 1417-1419.

16. **John Bernard**, Suffolk (mort 1421), M.P. 1397, 1407, 1411.
Peut-être en Normandie en 1415 et à Azincourt.
Lègue dans son testament 5 £ à ceux qui ont perdu leurs biens en France.

17. **Sir Robert Berney**, Norfolk (mort 1415), M.P. 1390, 1391, 1395, 1399, 1402, 1414.
Humphrey, duc de Gloucester.
En Normandie en 1415 ; meurt pendant la campagne d'Azincourt.

18. **Sir John Bertram**, Northumberland (mort en 1450), M.P. 1413, 1422, 1429, 1432.
Participe à la campagne de 1417-1419 ; surtout employé comme capitaine de Roxburgh et de Fronsac.

19. **Sir William Birmingham**, Warwickshire (mort en 1426), M.P. 1413.
Richard Beauchamp, Earl of Warwick, puis en 1420, Henry, Lord Fitzhugh.
En Normandie en 1415 puis en 1417-1420, quand il est membre de la garnison de Falaise.

20. **Richard Bitterley**, Sussex (mort vers 1456), M.P. 1419, 1421.
Humphrey, duc de Gloucester.
En Normandie et à Azincourt en 1415.

21. **Sir John Blaket**, Gloucestershire (mort en 1430), M.P. 1407, 1410, 1414, 1421.
Thomas Beaufort, [Earl of Dorset], puis duc d'Exeter.

En Normandie au siège d'Harfleur puis dans la garnison en 1415 avec 2 hommes d'armes et 6 archers.

22. **Ralph Blennerhasset**, Cumberland (mort après 1430), M.P. 1413.
Humphrey Stafford, Earl of Stafford.
En France en 1430?

23. **Sir Thomas Blount**, Derbyshire (1383-1456), M.P. 1420.
John, duc de Bedford.
En France pour l'essentiel de son temps en 1420-1435.
Trésorier de Normandie, 1429-1433.

24. **Sir William Bodrugan**, Cornouaille (1398-1441), M.P. 1420, 1426, 1429, 1431, 1433.
Sir Walter Hungerford.
En France en 1421.

25. **Sir William Bonville**, Devon (1392-1461), M.P. 1421, 1422, 1425, 1427.
Thomas, duc de Clarence, puis Humphrey, duc de Gloucester.
En Normandie en 1418-1421 ; puis en France en 1422-1423 où il participe à l'attaque contre Le Crotoy.

26. **Sir William Boteler**, Lancashire (mort en 1415), M.P. 1406.
Henri V.
En Normandie en 1415 ; retenue de 10 hommes d'armes et 30 archers ; mort au siège d'Harfleur.

27. **Sir William Bourgchier**, Essex (1374-1420), M.P. 1404 [plus tard, Lord Bourchier et Comte d'Eu].
Henri V.
En Normandie en 1415 ; retenue de 30 hommes d'armes et 90 archers ; il combat à Azincourt.
En Normandie en 1417 ; retenue de 39 lances et 125 valets ; il participe aux sièges de Louviers et de Rouen.
Capitaine de Dieppe et sergent de Mantes et Meulan en 1419-1420, il reçoit en 1417 les domaines de la famille d'Hermanville et l'auberge du Lion d'Or à Caen. Il meurt à Troyes.

28. **Bartholomew Brokesby**, Leicestershire (mort en 1448), M.P. 1410, 1422, 1425, 1427, 1429, 1432.
Edward, duc d'York.
En Normandie en 1415 ; combat à Azincourt, avec une retenue de 1 homme d'armes et 6 archers.

29. **William Brokesby**, Leicestershire (mort en 1416), M.P. 1404.
Henri V (un des 13 *henchmen* du roi).
En Normandie en 1415 ; combat à Azincourt (probablement mort des suites de sa campagne).

30. **Sir Thomas Brooke**, Dorset (1391-1439), M.P. 1413, 1417, 1421, 1422, 1427 [plus tard Lord Cobham].
En Normandie en 1418-1421, participant au siège de Rouen.

31. **Robert Browe**, Rutland (mort en 1451), M.P. 1407, 1414, 1419, 1423, 1429, 1431, 1439.
Edward, duc d'York.
En Normandie en 1415 ; combat à Azincourt.

32. **John Burley** (mort 1416), M.P. 1399, 1391, 1401, 1404, 1410, 1411.
Thomas Fitzalan, Earl of Arundel.
En Normandie en 1415 : malade au siège d'Harfleur, il meurt des suites de sa dysenterie.

33. **Thomas Chalers** (1383-1443), M.P. 1417.
Humphrey, duc de Gloucester.
En Normandie en 1415 (malade au siège d'Harfleur) et en 1421.

34. **Sir Robert Chalons**, Devon (mort en 1445), M.P. 1420.
En Normandie en 1415 au siège d'Harfleur, puis dans la garnison de la ville : il sert avec une retenue de 3 hommes d'armes et 9 archers ; à nouveau en Normandie en 1421.

35. **Sir Thomas Charlton**, Middlesex (mort en 1445), M.P. 1414, 1421, 1422, 1425, 1427, 1431.
En France en 1420-1421 ; aussi en 1430-1431.

36. **Thomas Chaucer**, Oxfordshire (1367-1434), M.P. 1401, 1402, 1406, 1407, 1410, 1411, 1413, 1414, 1421, 1422, 1426, 1427, 1429, 1431 [*Speaker*].
Chef d'une retenue de 47 personnes en 1415, mais tombe malade juste avant le départ de la flotte.
En Normandie en 1417 avec une retenue de 39 hommes, mais surtout employé comme diplomate.

37. **John Chenduyt**, Cornouaille (mort en 1426), M.P. 1395, 1404, 1407.
Henri V ; puis John Holland, Earl of Huntingdon.
En Normandie en 1415 ; sert en mer en 1416, puis en 1417.

38. **John Chetwynd**, Warwickshire (1390-1448), M.P. 1421, 1437.
Richard Beauchamp, Earl of Warwick.
En France en 1430 pour le couronnement d'Henri VI.

39. **Sir William Cheyne**, Dorset (1374?-1420), M.P. 1402.
En Normandie en 1417 pour la défense d'Harfleur avec une retenue de 24 hommes d'armes et 50 archers.

40. **Richard Clitheroe**, Kent (mort en 1420), M.P. 1406, 1407.
Chargé avec 9520 £ d'aller retenir des vaisseaux en Hollande et en Zélande pour le transport des troupes anglaises en 1415 ; il se charge, avec son navire, le *Cok John*, de ravitailler Harfleur.

41. **Henry Cockayne**, Bedfordshire (mort vers 1434), M.P. 1421.
John Mowbray, duc de Norfolk.
En France en 1430.

42. **Sir John Cockayne**, Derbyshire (mort en 1438), M.P. 1395, 1402, 1404, 1419, 1420, 1421, 1422, 1427, 1431, 1433.
Son fils Sir John Cockayne est en Normandie en 1417 dans la retenue de Richard, Lord Grey of Codnor.

43. **John Cole**, Devon (mort avant 1434), M.P. 1417, 1423.
Edward, Lord Courtenay ; Sir Thomas Carew ; Thomas, duc de Clarence ; Thomas Beaufort, duc d'Exeter.
Entre 1415 et 1418, il participe à la défense maritime du Channel, à la défense d'Harfleur et à la garde de la baie de Seine, servant notamment avec 58 hommes d'armes et 120 archers sous le duc d'Exeter en 1418.

44. **Sir John Colshull**, Cornouaille (1391-1418), M.P. 1414.
Edward, Lord Courtenay, et Henri V.
En Normandie 1415-1426 ; il est probablement à Azincourt.
Indenture de service en mer avec 40 hommes d'armes et 80 archers en 1416, en commun avec Sir John Arundell de Lanherne.

45. **Robert Corbet**, Shropshire (1354-1417), M.P. 1413, 1419.
Thomas Fitzalan, Earl of Arundel.

En Normandie en 1415, il tombe malade au siège d'Harfleur et est rapatrié avant Azincourt.

46. **Roger Corbet**, Shropshire (mort en 1430), M.P. 1419, 1425, 1429.
Thomas Fitzalan, Earl of Arundel.
En Normandie en 1415; combat à Azincourt.

47. **William Cromer**, Londres (mort en 1434), M.P. 1407, 1417, 1421.
Prête 100 £ à Henri V pour son expédition en France en 1417 et sûreté pour un prêt de 1000 £.
Prête 67 £ à Henri V pour son expédition en France en 1421.

48. **Sir Christopher Curwen**, Cumberland (mort en 1450), M.P. 1397, 1414, 1423, 1425, 1427, 1431, 1432.
John, Lord Neville.
En Normandie en 1417-1422, avec une retenue de 44 lances et 113 archers; il sert encore en France sous Henri VI.
Capitaine de Danville en 1417, il reçoit le château de Cany-en-Caux et la seigneurie de Caux.

49. **Sir John Dabrichecourt**, Derbyshire (mort en octobre 1415), M.P. 1393, 1397.
Thomas, duc de Clarence.
Il a fait ses préparatifs pour aller en Normandie, mais il n'est pas sûr qu'il y soit allé.

50. **Richard Duckett**, Westmorland (mort en 1448), M.P. 1404.
William de La Pole, Earl of Suffolk.
En Normandie en 1417-1421.

51. **Adam Edgeley [Hunt]**, ? (mort 1423), M.P. 1413, 1421, 1423.
En Normandie en 1415.

52. **Hildebrand Elwell**, Londres (mort après 1433), M.P. 1417, 1420, 1421, 1431.
John Holland, Earl of Huntingdon.
Victualler du contingent du comte de Huntingdon en 1433.

53. **Thomas Est**, Dorset? (mort après 1453), M.P. 1417.
Yeoman of the Crown, dans la maison royale en France avec Henri V en 1421 et avec Henri VI en 1430.

54. **Sir Roger Fiennes**, Sussex (1384-1449), M.P. 1416, 1429, 1439, 1442, 1445.
John, duc de Bedford, en 1425.
En Normandie en 1415, avec 7 hommes d'armes et 24 archers; fait de nombreux prisonniers à Azincourt.
En Normandie en 1417-1421 avec 9 lances et 30 archers.
Bailli de Caux et capitaine de Longueville; il reçoit également de nombreuses terres.
Capitaine de la Bastille à Paris en 1421-1422.
En France en 1425 avec 30 hommes d'armes et 90 archers.
En France en 1430 dans la suite d'Henri VI pour son couronnement à Paris.

55. **Henry Filongley**, Warwickshire (mort après 1431), M.P. 1390.
Henri V (il est *king's esquire*).
En Normandie en 1415.

56. **William Flete**, Hertfordshire (mort en 1444), M.P. 1414, 1423, 1433.
Victualler d'Harfleur en 1416.

57. **John Frampton**, Dorset (1365?-1425), M.P. 1404.
John Arundel, Lord Mautravers.
En Normandie en 1415.

58. **John Fursdon**, Cornouaille (mort entre 1443 et 1451), M.P. 1420.
    Lord Botreaux.
    En Normandie en 1420.

59. **John Gedney**, Londres (mort en 1449), M.P. 1414, 1432.
    Prête 20 £ à Henri V pour ses expéditions en Normandie en 1417 ;
    Prête 20 £ à Henri VI pour ses expéditions en France en 1426 ;
    Prête 133 £ à Henri VI pour la défense de la France en 1445.

60. **John Golafre**, Berkshire (mort en 1442), M.P. 1397, 1401, 1404, 1407, 1410, 1413,
    1414, 1416, 1421, 1422, 1426, 1427, 1429.
    Thomas Montague, Earl of Salisbury.
    En Normandie en 1417-1419.
    Receveur-général du duché de Normandie 1418-1419.

61. **Thomas Green**, Westmorland (mort après 1421), M.P. 1420.
    En Normandie en 1415, il combat à Azincourt ; aussi en 1419 au moins.
    Il reçoit des terres à Évreux et à Alençon, données par Henri V à Mantes.

62. **Sir Thomas Gresley**, Staffordshire (mort en 1445), M.P. 1401, 1413, 1414, 1417, 1419,
    1421.
    En Normandie en 1415 : il sert avec 3 hommes d'armes et 9 archers ; il combat à
    Azincourt avec son fils.

63. **Robert Greyndore**, Gloucestershire (mort en 1443), M.P. 1417, 1420, 1426, 1433.
    Edmund Mortimer, Earl of March en 1420.
    En Normandie en 1415 et 1420.
    Transporte des troupes en 1415 avec son navire, la *Trinité* de Chepstow.

64. **John ap Harry**, Herefordshire (mort en 1420), M.P. 1406, 1407, 1410.
    En Normandie en 1415 : il sert avec 2 hommes d'armes et 6 archers ; il combat à
    Azincourt.

65. **Sir James Haryngton**, Lancashire (mort en 1417), M.P. 1404.
    En Normandie en 1415 : il sert avec 10 hommes d'armes et 30 archers, impliqués dans
    une rixe à Salisbury ; il combat à Harfleur et à Azincourt avec son fils Richard.
    En Normandie en 1417 où il conduit 400 archers du Lancashire, en même temps que
    sa propre retenue de 84 hommes : mais il est tué pendant le siège de Caen ; c'est
    d'ailleurs son fils Richard qui supervisera la remise de Caen aux Français.

66. **Sir Nicholas Haute**, Kent (1357-1415), M.P. 1395.
    Humphrey, duc de Gloucester.
    En Normandie en 1415, avec 3 hommes d'armes et 9 archers ; meurt peut-être pendant
    la campagne.

67. **William Haute**, Kent (mort en 1462), M.P. 1410, 1429, 1432, 1450.
    Humphrey, duc de Gloucester.
    En Normandie avec John Tyrell et à Azincourt en 1415.
    Probablement en France en 1434.

68. **John Hawley**, Cornouaille (mort en 1436), M.P. 1410, 1411, 1413, 1414, 1421, 1422,
    1423, 1425, 1427, 1429, 1431, 1432.
    Henri V, puis Hugh Courtenay, Earl of Devon.
    En Normandie en 1415.
    Sert sur mer en 1419 ; en 1420, avec une retenue personnelle de 50 hommes d'armes
    et 100 archers, il est l'un des quatre commandants d'une flotte de 15 navires.

69. **Sir Thomas Hawley**, Lincolnshire (mort en 1420), M.P. 1399, 1404.
    En Normandie en 1415, avec 1 homme d'armes et 6 archers montés.

70. **Geoffrey Hebbe**, Sussex (mort après 1424), M.P. 1413, 1423.
    Henri V, puis Humphrey, duc de Gloucester.
    En 1422, en France comme *serjeant of the King's scullery.*
    En 1424, contracte dans la retenue de Gloucester pour l'expédition du Crotoy.

71. **Sir Godfrey Hilton**, Lincolnshire (mort en 1459), M.P. 1421.
    Henri V, puis Thomas Beaufort, duc d'Exeter.
    En Normandie en 1415, avec 40 hommes d'armes et 120 archers.
    En Normandie en 1416, avec 66 hommes.
    En Normandie en 1417-1420 et 1421-1422, participant au siège de Rouen.
    Sert en France à de nombreuses reprises entre 1424 et 1434.

72. **John Hobildod**, Cambridgeshire (mort vers 1421), M.P. 1402, 1411, 1416.
    Henri V.
    En Normandie en 1415, avec 2 archers, puis en 1416, dans la flotte qui ravitaille Harfleur.

73. **Robert Holme**, Yorkshire (mort en 1449), M.P. 1421, 1422, 1423, 1427, 1431, 1435.
    Ses navires ravitaillent les troupes anglaises en 1421 et 1427.

74. **William Holt**, Warwickshire (mort en 1436?), M.P. 1421.
    Henri V, puis Richard Beauchamp, Earl of Warwick.
    En Normandie en 1415.
    En France en 1419-1421?

75. **Sir Walter Hungerford**, Somerset (1378-1449), M.P. 1401, 1404, 1407, 1410, 1411, 1413, 1414, puis Lord Hungerford.
    Henri V.
    En Normandie en 1415 ; *indenture* de service avec 19 hommes d'armes et 60 archers ; il combat à Azincourt.
    L'un des deux amiraux de la flotte anglaise en 1416.
    En Normandie en 1417, avec une retenue de 60 hommes d'armes et 185 archers.
    Capitaine de Cherbourg, 1418-1431 ; capitaine de Château-Gaillard à partir de 1422.

76. **Sir Hugh Hussey**, Nottinghamshire (mort entre 1422 et 1428), M.P. 1407, 1414.
    Henri V.
    En Normandie en 1415.

77. **Nicholas James**, Londres (mort en 1433), M.P. 1416, 1429, 1431, 1445.
    Prête avec John Reynwell 40 £ à Henri V pour son expédition en France en 1417.

78. **Sir Lewis John**, Essex (mort en 1442), M.P. 1413, 1414, 1414, 1420, 1426, 1431, 1437, 1439.
    Henri V.
    En Normandie en 1415 ; *indenture* de service avec 2 hommes d'armes et 6 archers ; ses hommes combattent à Azincourt, mais il est atteint par la dysenterie à Harfleur et rapatrié.
    En France à de nombreuses reprises (inspection des garnisons, ambassades, etc.).
    Seigneur de Blainville dans le bailliage de Rouen.

79. **John Kirkby**, Hertforshire (mort en 1443), M.P. 1421, 1425, 1429.
    John Mowbray, Earl Marshal et Earl of Nottingham.
    Capitaine de Lisieux en 1422.

80. **Thomas Knolles**, Londres (mort 1435), M.P. 1416.
    Prête 200 £ à Henri V pour sa campagne en France en 1417 et participe ensuite à de nombreux autres prêts.

81. **Sir John Knyvet**, Northamptonshire (1394-1445), M.P. 1421.
En Normandie en 1415 où il participe à la prise d'Harfleur (à moins que ce soit son père).
En Normandie en 1417-1422, il participe au siège de Rouen : emprisonné après un combat près de Senlis.
À nouveau en France en 1426 et à plusieurs reprises ensuite ; fait prisonnier avant 1438 quand son épouse adresse une pétition à Henri VI pour obtenir de l'aide pour payer une énorme rançon de 1 000 £.

82. **Sir Richard Lacon**, Shropshire (mort vers1446), M.P. 1413, 1414, 1421, 1423, 1431, 1433.
Thomas Fitzalan, Earl of Arundel, puis Henri V.
En Normandie en 1415 où il participe à la prise d'Harfleur puis à la bataille d'Azincourt.
En Normandie en 1419 et en 1420-1422, avec une retenue de 5 hommes d'armes et 45 archers montés.

83. **Sir Philip Leche**, Derbyshire (mort en1420), M.P. 1414.
Henri V ? puis Robert, Lord Willoughby et Thomas Montague, Earl of Salisbury.
En Normandie en 1415 avec une retenue de 3 hommes d'armes et 9 archers.
Membre de la garnison d'Harfleur en 1416.
En Normandie en 1417-1420, avec une retenue de 10 hommes d'armes et 161 archers ; il participe aux sièges de Louviers et de Rouen. Tué au siège de Melun.
Capitaine d'Arques, 1419-1420.
Il reçoit la seigneurie de Neufchâtel-en-Bray et d'importants domaines dans le Pays de Caux.

84. **Sir Roger Leche**, Derbyshire (mort en1416), M.P. 1402, 1406, 1413, 1414.
Henri V.
En Normandie en 1415 avec une retenue de 20 hommes d'armes et 60 archers.

85. **John Leigh**, Kent (mort après 1432), M.P. 1421, 1431, 1432.
Chargé de fournir le vaisseau d'Hythe pour le transport des troupes royales en 1415 et en 1419.

86. **Sir William Leigh**, Cumberland (mort en 1428), M.P. 1399, 1402, 1414, 1419.
Henri V.
En Normandie en 1415 où il participe avec son fils à la prise d'Harfleur, puis à la bataille d'Azincourt avec 2 hommes d'armes et 9 archers.
En Normandie en 1417-1419 avec 14 hommes.

87. **John Leycestre**, Bristol (mort en 1437), M.P. 1413.
Un de ses vaisseaux est employé pour le transport des troupes royales en 1417.

88. **Sir Nicholas Longford**, Derbyshire (mort en 1415), M.P. 1404.
Henri V.
En Normandie en 1415 avec 50 archers ; tué au siège d'Harfleur.

89. **Sir Alexander Lound**, Yorkshire (mort en 1431), M.P. 1407, 1413, 1414.
Henri V.
Constable de Bamburgh, il participe à la bataille d'Azincourt avec ses archers.

90. **Robert Lovell**, Dorset (mort en 1434), M.P. 1421, 1422.
Henri V ?
En Normandie en 1415 ; il participe à la bataille d'Azincourt avec 2 hommes d'armes et 6 archers.
En 1420-1421, chargé de passer la revue des troupes de John, duc de Bedford.

91. **Sir Hugh Luttrell**, Somerset (1364-1428), M.P. 1404, 1406, 1407, 1414, 1415.
Thomas Montague, Earl of Salisbury.

En Normandie en 1417-1421 avec 20 hommes d'armes et 60 archers ; lieutenant d'Harfleur 1417-1421 ;
Sénéchal de Normandie 1419-1421.

92. **Richard Maidstone**, Middlesex (mort avant 1443), M.P. 1421, 1433.
Edmund Mortimer, Earl of March.
En Normandie en 1415 ; atteint par la dysenterie au siège d'Harfleur et rapatrié.

93. **Robert de la Mare**, Berkshire (1379-1431), M.P. 1413, 1417.
Thomas Montague, Earl of Salisbury.
En Normandie en 1415.

94. **William Markes [Spaynell]**, Bristol (mort vers 1434), M.P. 1419, 1421.
Thomas, duc de Clarence.
Assure transport et ravitaillement des troupes du duc de Clarence en 1417.

95. **John Megre**, Londres (mort en 1419), M.P. 1397, 1417.
Prête 50 £ à Henri V pour sa campagne en France en 1417.

96. **Nicholas Merbury**, Northamptonshire (mort en 1421), M.P. 1413, 1414.
Henri V ?
En Normandie en 1415 ; il participe à la bataille d'Azincourt avec 18 archers et fait deux prisonniers français.
En Normandie en 1417-1421.

97. **Laurence Mersey**, Sussex (mort après 1415), M.P. 1406.
Sert sur le vaisseau fourni par la ville de Rye.

98. **Sir William Meryng**, Nottinghamshire (mort en 1449), M.P. 1421, 1425, 1442.
Henri V.
En Normandie en 1415 ; il participe à la bataille d'Azincourt avec 18 archers et fait deux prisonniers.
En Normandie en 1417-1422.

99. **Sir Nicholas Montgomery**, Derbyshire (mort en 1435), M.P. 1414, 1416.
Henri V.
En Normandie en 1415 avec 3 hommes d'armes et 9 archers ; peut-être à Azincourt.
En Normandie en 1416 avec 27 hommes.
Garde à Tutbury les ducs de Bourbon (1418-1419), puis d'Orléans (1419-1420) puis à nouveau Bourbon.
En Normandie à Rouen auprès d'Henri V en 1419.

100. **Robert Morton**, Nottinghamshire (mort en 1424), M.P. 1397.
Edward, duc d'York.
En Normandie en 1415 ; il combat à Azincourt.
En Normandie en 1416, puis en 1417-1422, où il participe notamment au siège de Rouen.

101. **Sir William Mountfort**, Warwickshire (mort en 1452), M.P. 1410, 1422, 1423, 1437, 1429, 1437, 1445, 1450.
Richard Beauchamp, Earl of Warwick.
En Normandie en 1415, puis en 1417-1422, où il est *steward* de la maison du comte et son lieutenant à Aumale ;
En Normandie en 1437-1438 : capitaine d'Honfleur.

102. **William Mountfort**, Dorset (mort en 1437), M.P. 1413, 1419, 1422.
Fournisseur de câbles et cordages à la flotte royale en 1415.

103. **Edmund Oldhall**, Norfolk (mort en 1417), M.P. 1404, 1411, 1413, 1416, 1417.
Son fils en France en 1417 dans la retenue de Thomas Beaufort, duc d'Exeter.

104. **Richard Parker**, ? (mort après 1444), M.P. 1421.
En Normandie en 1415 avec 3 archers et combat peut-être à Azincourt.
En France en 1429 au service de John, duc de Bedford.

105. **Sir John Pelham**, Sussex (mort en 1429), M.P. 1399, 1401, 1404, 1406, 1407, 1422, 1427.
Son fils, Sir John Pelham, est en Normandie en 1415 et combat à Azincourt où il est fait chevalier.

106. **Sir Alan Pennington**, Cumberland (mort en 1415), M.P. 1407.
Son fils, John Pennington, est en Normandie en 1415 et combat à Azincourt.

107. **John Perneys**, Londres (mort en 1434), M.P. 1416.
Prête 50 £ à Henri V pour son expédition en France en 1417.

108. **Sir William Peyto**, Warwickshire (1394-1464), M.P. 1420.
Richard Beauchamp, Earl of Warwick ; à partir de 1443, John puis Edmund Beaufort, ducs de Somerset.
En France en 1422-1423 et combat à Cravant.
En France en 1432 : *indenture* de service avec 30 hommes d'armes et 150 archers.
En France en 1443 : commande 450 hommes mais fait prisonnier au siège de Dieppe ; doit payer une rançon de 3000 écus pour être libéré à la fin de 1445.
En France en 1447-1449 ; responsable de la maison d'Edmund Beaufort, 1447-1449 ; en 1449, *indenture* de service avec 50 hommes d'armes et 508 archers ; capitaine de Saint-Lô mais doit rendre la ville au duc de Bretagne.

109. **Sir John Phelip**, Suffolk (mort en 1415), M.P. 1413.
En Normandie en 1415 ; meurt de la dysenterie au siège d'Harfleur, avant Azincourt.

110. **Sir William Phelip**, Suffolk (1380-1441), M.P. 1414 ; puis Lord Bardolf ; chevalier de la Jarretière.
En Normandie en 1415 ; *indenture* de service avec 9 lances et 30 archers ; il combat à Azincourt.
En Normandie en 1417-1422 ; *indenture* de service avec 60 hommes en 1417.
Capitaine d'Harfleur, 1421-1422 ; c'est lui qui ramène le corps d'Henri V en Angleterre.

111. **Sir Robert Plumpton**, Yorkshire (1383-1421), M.P. 1411, 1414, 1416.
Henry, Lord Fitzhugh en 1418
En Normandie en 1418-1419 et 1420-1421 : il est tué au siège de Meaux.

112. **John de La Pole**, Derbyshire (mort après 1443), M.P. 1416, 1417, 1426.
Peut-être en France en 1419-1421 où il aurait reçu les seigneuries de Moyon et Maynasseron.

113. **Sir John Popham**, Hampshire (mort en 1418), M.P. 1397, 1402, 1404, 1407.
Son fils, Sir John Popham, combat à Azincourt dans la retenue du duc d'York ; il y est fait chevalier.

114. **Sir Stephen Popham**, Hampshire (1386-1444), M.P. 1420, 1423, 1425, 1431, 1442.
Edward, duc d'York.
En Normandie en 1415 ; il combat à Azincourt où il est fait chevalier.

115. **Sir William Porter**, Cambridgeshire (mort en 1436), M.P. 1413.
John Holland, Earl of Huntingdon, puis Henri V.
En Normandie en 1415 ; fait chevalier au siège d'Harfleur ; il combat à Azincourt.
En Normandie de 1417 à 1419 : *indenture* de service avec 39 lances et 120 archers.
En Normandie de 1420 à 1422 : *indenture* de service avec 20 hommes d'armes et 60 archers.
Capitaine de Rugles (1417-1422) et Vernon (1419-1422).

116. **Sir John Poultney**, Hertfordshire (1352-1428), M.P. 1404, 1406.

Son fils, Thomas Poultney, sert en France sous Henri V.

117. **Reynold Pympe**, Kent (1371-1426), M.P. 1411, 1422.

Son fils, John Pympe, sert en Normandie dans la retenue d'Humphrey, duc de Gloucester, en 1415 et 1421.

118. **Sir John Radcliffe**, Lancashire (mort en 1441), M.P. 1421, 1423, 1433 ; chevalier de la Jarretière.

Henri V, puis Thomas Beaufort [Earl of Dorset], duc d'Exeter.

En Normandie en 1415 ; *indenture* de service avec 6 hommes d'armes et 18 archers : il combat à Azincourt.

Participe au raid sur le Pays de Caux en 1416.

En Normandie de 1417 à 1419 : *indenture* de service avec 20 hommes d'armes et 60 archers.

Bailli d'Évreux en 1418-1419 mais comme il devient connétable de Bordeaux et capitaine de Fronsac, puis en 1423 sénéchal d'Aquitaine, il n'intervient plus qu'épisodiquement en Normandie.

119. **Sir Nicholas Radcliffe**, Lancashire (mort vers 1452), M.P. 1421, 1427.

En Normandie en 1415 ; il combat à Azincourt où il est fait chevalier.

120. **Sir Thomas Radcliffe**, Lancashire (1391-1440), M.P. 1421, 1423, 1433.

En Normandie en 1415 ; *indenture* de service avec trois archers : il combat à Azincourt.

En Normandie de 1417 (?) à 1420, participant au siège de Rouen.

121. **Sir Richard Redmayne**, Yorkshire (mort en 1426), M.P. 1406, 1414, 1415 [*Speaker*], 1420, 1421.

Son fils, Richard Redmayne, et son gendre, Sir Brian Stapleton, combattent à Azincourt.

122. **Sir Thomas Rempston**, Nottinghamshire (mort en 1458), M.P. 1413, 1416.

En Normandie en 1415 ; indenture de service avec 8 hommes d'armes et 24 archers : il combat à Azincourt.

Garnison d'Harfleur en 1416.

En Normandie et en France de 1417 à 1436 : capitaine de Bellencombre et Meulan ; capitaine d'Argentan en 1423 ; il reçoit des terres et des maisons à Caen, Alençon et Gacé, et dans le Cotentin et le Maine.

Membre du conseil du duc de Bedford et chambellan de la maison du duc, il commande le contingent anglais de 400 hommes qui aide les Bourguignons à prendre Compiègne, Oisy et Guise.

Expédition de William de La Pole, Earl of Suffolk, en Bretagne : capitaine de Saint-Jacques de Beuvron.

Il participa à la prise du Mans et au siège d'Orléans, mais il est fait prisonnier à la bataille de Patay en 1429 : libéré en 1436 après le paiement d'une lourde rançon (il sera plus tard lieutenant de Calais et sénéchal de Guyenne).

123. **Walter Reynell**, Devon (mort après 1423), M.P. 1404.

Son fils sert avec Sir Hugh Luttrell, lieutenant d'Harfleur en 1418.

124. **John Reynwell**, Londres (mort en 1445), M.P. 1410, 1415, 1433, 1445.

Prête avec Nicholas James 40 £ à Henri V pour son expédition en France en 1417.

125. **William Rickhill**, Kent (mort après 1447), M.P. 1420.

Humphrey, duc de Gloucester.

En Normandie en 1415 ; il combat à Azincourt où il fait trois prisonniers.

126. **William Rigmaiden**, Nottinghamshire (mort après 1422), M.P. 1411.

En Normandie en 1415? (il a obtenu des lettres de protection).

127. **Sir Thomas Rokeby**, Yorkshire (mort après 1436), M.P. 1406, 1423.
En Normandie en 1415; *indenture* de service avec un homme d'armes, 3 lances, 2 arbalétriers et 12 archers.
En Normandie en 1417-1420, participant au siège de Rouen, à la prise de Gisors et à l'entrée d'Henri V à Paris.

128. **William Russell**, Worcestershire (mort en 1418?), M.P. 1416.
Richard Beauchamp, Earl of Warwick
En Normandie en 1417-1418 (meurt en France).

129. **Thomas St. Cler**, Sussex (mort 1416), M.P. 1414.
Thomas Fitzalan, Earl of Arundel.
En Normandie en 1415; probablement atteint par la dysenterie au siège d'Harfleur; on ne sait s'il a été rapatrié avec Arundel ou s'il a combattu à Azincourt.

130. **Sir John Saint-John**, Glamorgan (1360-1424), M.P. 1410, 1411, 1416, 1421.
En Normandie en 1417-1422, à la tête de 100 hommes d'armes; mais comme il est en même temps maire de Bordeaux, il est possible que l'essentiel de son temps de service se soit déroulé en Aquitaine.

131. **Robert Sherard**, Leicestershire (mort avant 1422), M.P. 1407.
En Normandie en 1415? S'il est parti, c'est avec 2 archers.

132. **Sir Ralph Shirley**, Warwickshire (1391-1443), M.P. 1420.
En Normandie en 1415, *indenture* de service avec 6 hommes d'armes et 18 archers : atteint par la dysenterie au siège d'Harfleur, il est rapatrié avant Azincourt où l'un de ses hommes, Ralphn Fowne, fait prisonnier le duc de Bourbon.
En Normandie en 1417-1419; *indenture* de service avec 7 hommes d'armes et 23 archers, participant aux sièges de Rouen et de Louviers.

133. **Sir John Skelton**, Cumberland (mort en 1439), M.P. 1402, 1406, 1422.
Ses fils Richard et John sont en Normandie en 1415 et combattent à Azincourt dans la retenue d'Edward, duc d'York.

134. **Sir John Skydemore**, Herefordshire (mort en 1435), M.P. 1397, 1414, 1426, 1429, 1433.
Thomas Beaufort [Earl of Dorset], duc d'Exeter.
En Normandie en 1415-1416, dans la garnison d'Harfleur en 1415-1416; *indenture* de service avec 10 hommes d'armes et 30 archers.

135. **Henry Somer**, Londres (mort en 1417), M.P. 1406, 1407, 1417, 1421, 1429, 1432.
Prête 1 000 £ à Henri V.

136. **William Soper**, Southampton (mort en 1459), M.P. 1413, 1414, 1419, 1420, 1421, 1423, 1425, 1429, 1431, 1432, 1433, 1442, 1449.
Armateur et superviseur des vaisseaux du roi, 1415-1422.
Reçoit une maison à Harfleur en 1419.

137. **John Spencer**, Yorkshire (mort en 1417), M.P. 1411, 1413.
En Normandie en 1415?

138. **Richard Spicer**, Devon (mort vers 1435), M.P. 1402.
Pirate contre les navires français.

139. **Sir (?) Edmund Sprenghose**, Shropshire? (mort 1417), M.P. 1416.
Gilbert, Lord Talbot
En Normandie en 1415, combattant à Azincourt et en 1417 (mort brûlé vif après être tombé dans une brèche pendant l'assaut contre Caen).

140. **Sir Humphrey Stafford** (1384-1419), M.P. 1415.
Richard Beauchamp, Earl of Warwick.
En Normandie 1417-1419 (meurt en France?).

141. **Sir John Stanley**, Lancashire (mort en 1437), M.P. 1413 et 1414.
Henri V.
En Normandie en 1415, *indenture* de service avec 8 hommes d'armes et 24 archers ; combat à Azincourt.

142. **Sir Brian Stapleton**, Yorkshire (mort en 1417), M.P. 1416.
Thomas Montague, Earl of Salisbury en 1417.
En Normandie en 1415 avec une bande d'archers ; il sert en 1416 dans la flotte qui secourt Harfleur et en 1417 avec 23 hommes d'armes ; il est tué en combat au cours de la marche sur Alençon.

143. **John Statham**, Nottinghamshire (mort en 1436), M.P. 1411.
En Normandie en 1415 avec une bande d'archers.

144. **Sir Ralph Staveley**, Cheshire (1362-1420), M.P. 1404, 1407.
En Normandie en 1415 avec 4 hommes d'armes et 12 archers.

145. **Sir Thomas Stawell**, Somerset (1369-1439) M.P. 1420.
John Arundel, Lord Mautravers.
En Normandie en 1417-1418.

146. **Robert Stonham**, Huntingdonshire (mort en 1455), M.P. 1421, 1429, 1432, 1435, 1439, 1442, 1445, 1447, 1449, 1450, 1453.
En Normandie en 1415 : atteint par la dysenterie au siège d'Harfleur, il est rapatrié avant Azincourt.

147. **Sir John Stourton**, Wiltshire (1400-1462), M.P. 1421, 1423, 1425, 1432 puis Lord Stourton.
En Normandie et en France en 1430 avec 3 hommes d'armes et 12 archers montés.

148. **Sir Thomas Strickland**, Westmorland (mort en 1455), M.P. 1404, 1429, 1431.
Henri V.
En Normandie en 1415 avec 2 hommes d'armes et 6 archers, portant l'étendard de saint Georges à Azincourt.
En Normandie en 1417-1421 ; il participe au siège de Rouen.

149. **Sir William Swinburne**, Essex (mort en 1422), M.P. 1414.
[Capitaine du château de Marcq près Calais, 1408-1422].
En Normandie en 1417-1420 ; *indenture* de service avec 4 hommes d'armes et 14 archers ?
En Normandie en 1421-1422 ; *indenture* de service avec 10 hommes d'armes et 30 archers ?

150. **Sir Walter Tailboys**, Lincolnshire (1350-1417), M.P. 1383, 1386, 1388.
Son fils John Tailboys sert Henri V en Normandie en 1415.

151. **Sir Richard Tempest**, Yorkshire (1356-1428), M.P. 1404.
Henri V.
En Normandie en 1415 avec 6 hommes d'armes et 18 archers ?

152. **Sir Philip Thornbury**, Hertfordshire (mort en 1457), M.P. 1417, 1421, 1426.
Thomas Beaufort [Earl of Dorset], duc d'Exeter.
En Normandie en 1415-1416, dans la garnison d'Harfleur.

153. **Sir Edmund Thorpe**, Norfolk (mort en 1418), M.P. 1397, 1407.
Thomas Beaufort [Earl of Dorset], duc d'Exeter.
En Normandie en 1415 et 1417-1418.
Lieutenant de Thomas Beaufort en 1415 à Harfleur.
Mort pendant le siège de Louviers en 1418.

154. **Sir John Tiptoft**, Cambridgeshire (mort en 1443), M.P. 1404, 1406 [*Speaker*], 1414 puis Lord Tiptoft.
[Sénéchal de Gascogne en 1415-1416]
En Normandie en 1417-1421.
Président de l'Échiquier de Normandie, Trésorier du duché de Normandie 1417-1419.
Capitaine d'Essay et Bonmoulins, 1417-1422.

155. **Sir William Tirwhit**, Lincolnshire (mort en 1451), M.P. 1416, 1423, 1426.
Robert Willoughby, Lord Willoughby.
En Normandie en 1415 avec 3 archers ; probablement à Azincourt.
En Normandie en 1417-1421 : capitaine de trois châteaux en 1420.

156. **Thomas Town**, Kent (mort après 1420), M.P. 1420.
Humphrey, duc de Gloucester.
En Normandie en 1417.

157. **Thomas Treffidowe**, Cornouaille (mort après 1420), M.P. 1413.
Hugh Courtenay, Earl of Devon.
En Normandie en 1420.

158. **John Trelawny**, Cornouaille (mort avant 1447), M.P. 1413, 1421.
Edward, Lord Courtenay, puis Thomas Beaufort, duc d'Exeter.
En Normandie en 1415 ; il combat probablement à Azincourt ; puis en 1417-1420.

159. **Ralph Trenewith**, Cornouaille (mort en 1427), M.P. 1395.
En Normandie en 1419-1420, avec 1 homme d'armes et 3 archers.
Reçoit les biens de deux «rebelles» normands dans le bailliage de Caen valant 50 francs par an.

160. **John Tretherf**, Cornouaille (mort 1444), M.P. 1420, 1437.
Edward, Lord Courtenay.
En Normandie en 1415 ; il est probablement à Azincourt.

161. **Sir William Trussell**, Leiscestershire (1385-1464), M.P. 1421.
Humphrey, duc de Gloucester.
En Normandie en 1415 ; *indenture* de service avec 5 hommes d'armes et 13 archers : il tombe malade à Harfleur, mais combat à Azincourt.

162. **John Tyrell**, Essex (1382-1437), M.P. 1411, 1413, 1416, 1417, 1419, 1421, 1422, 1425, 1427, 1429, 1431, 1433, 1437.
Humphrey, duc de Gloucester.
En Normandie en 1415 avec 5 hommes d'armes (dont ses deux frères) et 16 archers ; probablement à Azincourt.
Assure la gestion et le paiement des troupes de Sir John Tiptoft en 1417.

163. **John Uvedale**, Hampshire (mort vers 1440), M.P. 1411, 1413, 1416, 1423, 1419, 1421, 1429.
Joue un rôle important dans la supervision des retenues embarquées à Southampton entre 1418 et 1437.
Prête 40 £ à Henri VI pour ses campagnes en France en 1436.

164. **Adam Vivian**, Cornouaille (mort entre 1430 et 1437), M.P. 1421, 1429.
Lord Botreaux.
En Normandie en 1420-1421.

165. **Henry Waryn**, Huntingdonshire (mort après 1419), M.P. 1416.
En Normandie en 1419.
Reçoit la seigneurie de Thony-sur-Seine et le château d'Audley.

166. **William Waryn**, Wiltshire (mort après 1440), M.P. 1404, 1413, 1417, 1419.
Prête 2 £ à Henri V pour sa campagne en France en 1415.

167. **John Welles**, Londres (mort 1442), M.P. 1417, 1423, 1425, 1426, 1427, 1433.
Prête 20 £ à Henri V pour sa campagne en France en 1417 et participe ensuite à de nombreux autres prêts.

168. **Robert Whitgreve**, Staffordshire (1380-1453), M.P. 1411, 1414, 1416, 1420, 1421, 1422, 1423, 1425, 1426, 1427, 1429, 1431, 1432, 1433, 1435, 1437, 442, 1445, 1449.
Responsable du paiement des troupes d'Henri V à Meaux et au bois de Vincennes en 1422.

169. **Guy Whittington**, Gloucestershire (mort en 1440), M.P. 1420, 1421, 1427, 1432.
Humphrey, duc de Gloucester.
En Normandie en 1415 ; il est probablement à Azincourt.

170. **Sir Thomas Willoughby**, Lincolnshire (mort en 1418), M.P. 1411, 1414.
Robert Willoughby, Lord Willoughby.
En Normandie 1415 ; il est probablement à Azincourt.

171. **Nicholas Wotton**, Londres (mort 1448), M.P. 1406, 1414, 1419, 1421, 1425, 1429.
Prête 200 £ à Henri V pour sa campagne en France en 1417 et participe à de nombreux autres prêts.

172. **Thomas Wydeville**, Northamptonshire (1364-1435), M.P. 1414, 1426.
Gardien de Raoul de Gaucourt (1417-1422) et de Jean d'Estouteville (1417-1419) pour Henri V.

173. **Roger Wyke**, Devon (mort vers 1467), M.P. 1413.
Edward, Lord Courtenay.
En Normandie en 1415 ; probablement à Azincourt.

174. **John Wynnesbury**, Shropshire (mort vers 1450), M.P. 1420, 1432.
Thomas Fitzalan, Earl of Arundel.
En Normandie en 1415 : tombé malade au siège d'Harfleur, il est rapatrié avant Azincourt.

175. **John Wyse**, Devon (1377-?), M.P. 1411, 1422.
Sir John Phelip ; Thomas Beaufort, duc d'Exeter.
En Normandie en 1415 et en 1418-1420 ; il combat à Azincourt et au siège de Rouen.
Reçoit des terres près de Rouen.

À l'abordage ! Pierre de Brézé, grand sénéchal de Normandie, et la guerre de course (1452-1458)

Philippe Contamine[*]

À la mémoire de Michel Mollat du Jourdin

L'exposé qui va suivre repose presque exclusivement sur l'analyse d'un document, qu'il est permis de penser de réelle portée, non seulement inédit mais encore, à ma connaissance, à peu près totalement ignoré : il s'agit d'un compte (ou plutôt de fragments de compte) conservé au sein du cabinet des titres des archives du Musée Condé, à Chantilly. Comme on sait, le cabinet des titres en question réunit «les titres des familles et les chartes et papiers des anciens domaines de la maison de Condé», classés dans les séries A à H. En l'occurrence, le compte constitue l'une des pièces du carton 39 de la série A où se trouvent regroupés divers documents émanant des « Brézé, comtes de Maulévrier, grands sénéchaux de Normandie, et de Diane de Poitiers», en provenance du château d'Anet et venus aux princes de Condé par la succession de la duchesse de Vendôme[1]. Matériellement, ce compte en français, sur papier, folioté en chiffres arabes (incomplètement lisibles, en l'état), comprend un peu plus de cent pages. Des notations marginales, également en français, montrent qu'il a dû être soumis, conformément à l'usage[2], à l'examen minutieux et rigoureux des auditeurs des comptes de Pierre de Brézé. Des passages entiers sont cancellés, il semble que manquent à la fois le début et la fin. Bref, on se trouve en présence d'un document assez informe, dont on voit clairement le dessein et l'organisation générale, mais qui, dans le détail, laisse subsister pas mal d'incertitudes, y compris d'ordre chronologique[3].

---

* Professeur émérite, Université de Paris IV, membre de l'Institut.

1. (Gustave Macon), *Chantilly. Les archives. Le cabinet des titres*, t. I, Paris, 1926, p. I et 7.

2. Ph. Contamine, «L'audition des comptes seigneuriaux : l'exemple de la maison de La Trémoille», dans Ph. Contamine et O. Mattéoni (éd.), *La France des principautés. Les chambres des comptes, xive et xve siècles*, Paris, 1996, p. 259-266.

3. Il n'est nullement exclu que des recherches complémentaires (Archives communales d'Honfleur, trésor des chartes des ducs de Bretagne à Nantes, archives anglaises) puissent donner des résultats.

Le passage suivant indique son objet : «Le compte de Jehan le Prince l'ainsné[4] de la mise et despense qui faitte a esté pour les navires de monseigneur le conte de Maulevrier, grant seneschal de Normendie, depuis que ledit Prince eust commandement de bouche[5] d'y prendre garde[6], icelles mises et despenses faictes par les maistres et boursiers desdits navires et par icellui le Prince, et aussi des prouffiz venuz et yssus desdits navires en tant que le dit le Prince en a eu congnoissance[7], icelles mises et despenses faictes es ans, jours et temps cy aprés declairez».

Le comte de Maulévrier dont il s'agit est bien connu : tel est en effet le titre officiellement porté, à partir seulement, semble-t-il, de 1456, par Pierre de Brézé, ce gentilhomme angevin qui naquit vers 1410 et périt lors de la bataille de Montlhéry le 16 juillet 1465. Sire de la Varenne en Anjou[8], il aurait obtenu le comté de Maulévrier dès 1446, sans doute par l'entremise du dauphin Louis, futur Louis XI[9]. D'abord au service de la maison d'Anjou, sénéchal d'Anjou, cet homme de guerre, ce diplomate, cet administrateur, et, pour tout dire, cet homme politique[10] entra au service de Charles VII à partir de 1437. Protégé par la belle Agnès (Agnès Sorel), devenu sénéchal du Poitou (1440-1451), capitaine du château de Nîmes, il joua un rôle de premier plan auprès du roi de 1443 à 1449. Il devint capitaine de la ville et du château de Rouen en 1449 et fut l'un des vainqueurs de la bataille de Formigny en 1450. Grand sénéchal de Normandie de 1451 à 1461, il conserva la faveur de Charles VII durant les dix dernières années de son règne, mais demeura plus en retrait. Il fit de sa charge de grand sénéchal, comme le dit son biographe Pierre Bernus, un «vrai gouvernement général», «un organe de direction et de contrôle»[11]. À l'époque envisagée, il résidait surtout dans ses châteaux de Nogent-le-Roi[12] et de Mauny[13], qui d'ailleurs se trouvent mentionnés

---

4. Un autre Jean le Prince, dit le jeune, est signalé, aux côtés de son parent. Jean le Prince semble avoir été aussi vicomte du Bec Crespin, une seigneurie qui devait appartenir à Pierre de Brézé.

5. Donc rien d'écrit, ce qui est fâcheux.

6. Notons le flou de la formule.

7. La formule est prudente et suggère des dissimulations.

8. Dép. Maine-et-Loire, cant. Champtoceaux.

9. G. DU FRESNE DE BEAUCOURT, *Histoire de Charles VII*, t. IV, *L'expansion de la royauté, 1444-1449*, Paris, 1888, p. 189. Il fut aussi un bref moment comte d'Évreux, cité qu'il avait contribué à reprendre en 1441 (G. DUPONT-FERRIER, *Gallia regia ou état des officiers royaux des bailliages et des sénéchaussées de 1328 à 1515*, t. IV, Paris, 1954, p. 478). C'est pourquoi on le voit figurer, aux côtés de son beau-frère Robert de Flocques (les deux hommes avaient épousé les deux sœurs, respectivement Jeanne et Jacqueline Crespin) dans la verrière des trois Maries de la cathédrale d'Évreux (A. et S. PLAISSE, *La vie municipale à Évreux pendant la guerre de Cent ans*, Évreux, 1978, p. 136).

10. On lui doit, peut-être, la création des compagnies d'ordonnance, en 1445.

11. Cité par G. DUPONT-FERRIER, *Gallia regia…*, t. IV, p. 255.

12. Dép. Eure-et-Loir, ch.-l. c.

13. Dép. Seine-Maritime, cant. Duclair. Evocation touchante de Mauny dans la «Deprecation pour messire Pierre de Brezé» de Georges Chastellain : l'écrivain y évoque la richesse du mobilier ; il parle aussi du cor dont se servait Brézé pour chasser dans les forêts normandes, de la perche où venaient se poser ses sacres, gerfauts, faucons et pèlerins, de l'épée pendue au clou, «qui a fait trembler les frontières angloises», du buffet «ou s'est venu manier le grant poix des royaux affaires». Georges Chastellain, *Œuvres*, J. B. M. C. KERVYN DE LETTENHOVE (éd.), t. VII, Bruxelles, 1865, p. 40-42. En novembre 1462, Louis XI érigea en baronnie la terre et châtellenie de Mauny et ses dépendances aux bailliages de Rouen et d'Évreux en faveur du comte de Maulévrier. H. STEIN, *Archives nationales. Inventaire analytique des ordonnances enregistrées au parlement de Paris jusqu'à la mort de Louis XII*, Paris, 1908, p. 53, n° 773.

dans notre document, de même qu'est mentionnée sa femme Jeanne Crespin, la «grande seneschalle»[14]. Bref, il était devenu normand de cœur et d'adoption. Ce «noble chevalier (…) et de haut bruit», ce beau parleur[15], cet ami des arts et du luxe, avait une grande réputation, dont témoignent la «Deprecation pour messire Pierre de Brezé» ainsi que son épitaphe par Georges Chastellain[16]. Dans ces textes, Chastellain ne manque pas de rappeler que ce «champion de françoise querelle» fut un grand adversaire des Anglais : réjouissez-vous, dit-il, Anglais, car est mort «le droit fleau, l'un des marteaux du monde, / Dont plus aviez peur dure plus parfonde»[17].

Il est bien connu que les dernières péripéties de la guerre de Cent ans ne furent pas suivies par la fin officielle des hostilités entre les royaumes de France et d'Angleterre[18]. Notamment le duché de Normandie se sentait toujours vulnérable, d'autant que les Anglais étaient susceptibles d'y trouver des alliés, des complices, des sympathisants[19]. D'où la présence sur le sol normand d'une fraction notable de l'armée permanente française (compagnies de la grande et de la petite ordonnnance), sans compter la mobilisation possible à tout moment de l'arrière-ban des nobles et de la milice des francs-archers[20]. Bref, on persistait à craindre (ou on affectait de craindre) un débarquement, une «descente» anglaise en force, en dehors même des raids maritimes de moindre portée.

En contrepartie, on assiste, face à une Angleterre affaiblie par ses revers récents et par des tensions dynastiques et politiques internes (nous sommes au début des guerres des Roses[21]), à la mise en œuvre et au déclenchement d'opérations

14. Notice sur Pierre de Brézé par H. MÜLLER dans le *Lexikon des Mittelalters*, t. II, Munich et Zurich, 1983, col. 644-645, qui dans sa bibliographie signale la thèse (demeurée inédite) de l'École des chartes de P. BERNUS (1906). Un article du même dans la *Bibliothèque de l'École des Chartes*, 1908 (p. 303-339), dans la *Revue d'Anjou*, au t. 63, 1911, p. 241-289 et 355-371, et un article de R. FAVREAU dans le *Bulletin de la Société des lettres, sciences et arts de Saumur*, t. 117, 1968, p. 26-38.

15. «Estoit le plus bel parlier de son temps et n'avoit homme qu'il n'endormist en son langage» (Georges CHASTELLAIN, *Œuvres*, t. III, Bruxelles, 1864, p. 350). «Gentil chevalier, honnorable et le plus plaisant et gracieux parlier que l'on sceust nulle part, saige et grand entrepreneur» (Olivier DE LA MARCHE, *Mémoires*, H. BEAUNE et J. D'ARBAUMONT (éd.), t. II, Paris, 1884, p. 56).

16. Georges CHASTELLAIN, *Œuvres*, t. VII, p. 37-73. Dans son épitaphe, Chastellain recommande aux Anglais de rire, de «demener chiere ouverte», au roi Édouard de donner fête et joie ; il invite inversement à la tristesse et aux pleurs : la noble Normandie, le roi Louis XI (avec lequel Brézé s'était réconcilié après un temps de disgrâce), Henri (VI), la «reyne angloise», autrement dit Marguerite d'Anjou, le duc de Bretagne (alors François II), le roi René, la «gent rouennoise», le clergé, la noblesse et le peuple de France. Ce qui montre bien de quel côté il se situait.

17. Georges CHASTELLAIN, *Œuvres*, t. VII, p. 72. «Mortel ennemi» des Anglais, dit le même Chastellain, t. III, p. 348.

18. Ph. CONTAMINE, «La fin de la guerre de Cent ans : quand, comment, pourquoi? », dans *De la guerre à la paix*, Maurice VAÏSSE (éd.), Paris, 2001, p. 33-43.

19. Et pas seulement le duc Jean d'Alençon.

20. E. COSNEAU, *Le connétable de Richemont (Artur de Bretagne) (1393-1458)*, Paris, 1886, p. 643-645.

21. «Les princes d'iceluy royaume estoient en division l'un contre l'autre, l'un avecques la royne [Marguerite d'Anjou], l'autre en son contraire, par quoy l'un des partis eust bien voulu voir et souffrir la foule de l'autre, posé encore que le dammage en redondast sur le commun royaume et sur leur propre gloire». Georges CHASTELLAIN, *Œuvres*, t. III, p. 350.

navales à caractère délibérément offensif. Dans une large mesure, l'initiative avait changé de camp.

La plus importante, et de loin, fut l'expédition contre le port et la ville de Sandwich, l'un des Cinque Ports, au mois d'août 1457. L'affaire est évoquée de façon circonstanciée dans plusieurs chroniques «françaises», notamment celles de Georges Chastellain, du Héraut Berry et de la continuation de Monstrelet[22]. De fait, il s'agissait là d'une puissante expédition, voulue, si l'on suit Chastellain, par Pierre de Brézé, Robert de Flocques dit Floquet, bailli d'Évreux, et Charles des Marets, capitaine de Dieppe[23]. «Ces trois ensemble conspirerent une haute emprise», en secret, et «firent avitailler un grant nombre de navires». Entreprise privée ou publique? On pencherait volontiers pour la seconde hypothèse car il est difficile de ne pas faire intervenir en l'occurrence le pouvoir et l'argent du roi. En tout cas, ils s'assurèrent le concours de plusieurs capitaines de la grande et de la petite ordonnance et de seigneurs normands. Les comtes d'Eu et de Dunois, l'amiral de France Jean de Bueil mirent leurs hommes et leurs enseignes à leur disposition. Même des francs-archers de plusieurs bailliages normands furent mis à contribution. Plusieurs de ces chefs de guerre, dont Brézé, quittè-rent Honfleur le 20 août. Le 25 août eut lieu à la Fosse de Leure (l'avant-port d'Harfleur) le départ de 4 000, voire 5 000 combattants[24], «en fier arroy de gens, a estandars desploiés qui vantilloient en l'aer et a trompettes et clairons retentissans sur l'eau»[25]. La flotte française tint la mer pendant un petit nombre de jours sans ren-contrer aucun bateau, peut-être en raison du mauvais temps. Du matériel de siège avait été embarqué, notamment des échelles, mais, pour éviter toute indis-crétion, nul, sinon Brézé, Flocques et Cousinot, ne savait le lieu exact de desti-nation. Il n'est même pas sûr que Sandwich ait été choisi dès le départ : peut-être fut-ce là le fruit des circonstances. Le débarquement (il est fait état de 1 800 com-battants) eut lieu à 6 h du matin le dimanche 28 août, sur les côtes du Kent, à deux lieues de Sandwich, dans un site appelé la Rade. Par une étrange coïnci-dence, dix ou douze jours auparavant, Sandwich avait fait l'objet d'un premier raid de la part de Bretons qui s'étaient rapidement retirés, emmenant un butin de 10 000 à 12 000 écus[26]. Une fois sur le sol anglais, l'armée française se divisa – classiquement – en trois corps : avant-garde, bataille, arrière-garde. Les Français s'approchèrent de Sandwich par de mauvais chemins et se heurtèrent bientôt à un boulevard fraîchement édifié, qu'ils gagnèrent de haute lutte tandis que les Anglais se repliaient dans la ville close. Pendant ce temps, Brézé, Thibaud d'Armagnac ou de Termes, bailli de Chartres, et Guillaume Cousinot étaient demeurés dans les bateaux et croisaient devant Sandwich. Ces bateaux parvin-rent à entrer dans le port où ils trouvèrent une grosse carraque (génoise?), trois grosses nefs de guerre et d'autres navires avec leurs équipages. Brézé envoya

22. BnF, ms. fr. 2679, fol. 388r - 389r.
23. Significativement, ces trois personnages apparaissent dans le compte.
24. Encore tous les volontaires rassemblés ne purent-ils pas embarquer : Georges Chastellain, Œuvres, t. III, p. 348.
25. Ibid., p. 349.
26. Ibid., p. 350.

un héraut, « le duc d'armes de Normandie », qui annonça aux marins ennemis son intention de brûler ces navires s'ils se battaient. Les marins acceptèrent un « appointement » en vertu duquel ils obtenaient la vie sauve en se mettant pour ainsi dire hors jeu. Mais la ville elle-même était bien décidée à résister. Des mesures furent prises par Brézé pour limiter les dégâts : défense de s'en prendre aux biens d'Église, de violer les femmes, de tuer des hommes de sang-froid et même de mettre le feu[27]. Il revint aux francs-archers, qui avaient mis pied à terre, d'entrer de force dans Sandwich, en franchissant l'une des portes tandis que ceux de la mer y pénétraient par le port. Dans la ville les combattants anglais luttaient avec détermination mais ils furent finalement expulsés. Une fois dehors, ils reçurent rapidement des renforts extérieurs et assiégèrent les Français qui occupaient la ville. Brézé, Floquet, Cousinot, Termes, Jacques de Clermont, bailli de Caen, se tenaient à cheval devant les portes de Sandwich pour coordonner la défense. Là une trentaine de Français furent faits chevaliers, dont Floquet et Termes : on assiste ici à la remarquable reprise d'un rite plus ou moins interrompu pendant la période antérieure (il convenait de transformer des écorcheurs en chevaliers). Les escarmouches et les saillies durèrent ainsi jusqu'à cinq heures de l'après-midi. Sans cesse des troupes fraîches arrivaient du côté anglais. Eprouvés par leur périple maritime, fatigués et affamés (mais non assoiffés, car ils avaient trouvé beaucoup de vin, dont leurs gosiers, dit-on, firent un usage généreux), les Français étaient à bout. Brézé décida alors la retraite, qui s'opéra presque sans perte[28]. Emportant un riche butin et de nombreux captifs, hommes et femmes (Chastellain parle de 200 000 à 300 000 écus et de 300 prisonniers), les Français, qui s'étaient emparés des trois grandes nefs de guerre et de 21 petits navires[29], regagnèrent sur leurs bateaux la Rade toute proche dont ils étaient partis le matin même et où était demeuré le gros de la flotte, avec Jean de Brézé, bailli de Gisors. De nouveau réunis, les Français, sur leurs bateaux, restèrent là, pour des raisons inconnues, jusqu'au mercredi 31 août tandis que, rameutés par Thomas Kyriel (le vaincu de Formigny), les Anglais, sur le rivage, leur faisaient face, à une portée de canon. Brézé leur aurait alors envoyé un de ses poursuivants d'armes « pour les semondre en bataille » : toujours le souci du rituel. C'eût été, en l'occurrence, un exemple remarquable de bataille navale assignée. Mais ils déclinèrent l'offre car leur propre flotte était par trop dispersée[30]. Le départ fut sans incident, ce qui s'explique sans doute par la conclusion d'une trêve de 24 heures entre les Français, pressés de se retirer, et les Anglais, contents de se débarrasser de l'ennemi[31]. Il eut lieu le jeudi 1er septembre, suivi de l'arrivée à

---

27. Dans Sandwich, il y eut bien des pillages et meurtres des hommes mais « n'y meffirent onques ne a femmes ni a eglises par edit qui en estoit fait sur la mort ». Georges CHASTELLAIN, Œuvres, t. III, p. 351. Le commandement de Brézé s'inscrit dans le cadre de la « bonne guerre » à tonalité chevaleresque qu'entend désormais mener cet ancien capitaine d'Écorcheurs.

28. Simplement un petit bateau (un coquet, une petite coque) sombra, ce qui entraîna la mort par noyade de neuf Français.

29. Ils avaient brûlé la carraque, « que son tirant d'eau empêchait de touer en mer » (Ch. DE LA RONCIÈRE, Histoire de la marine française, t. II, La guerre de Cent ans, révolution maritime, Paris, 1900, p. 292).

30. Georges CHASTELLAIN, Œuvres, t. III, p. 352.

Leure et à Honfleur, «ou lesditz prinsonniers furent mys a finances et le boutin
parti». Durant le chemin du retour, on tomba sur des bateaux portugais, qui
furent attaqués, dès lors que les Portugais étaient réputés les alliés des Anglais[32].

Trois hypothèses ont été avancées pour expliquer l'ambitieuse et coûteuse
entreprise de Brézé - une entreprise à l'évidence cautionnée par Charles VII
puisque sans lui rien ne pouvait se faire : 1. Brézé aurait voulu porter secours à
sa chère Marguerite d'Anjou, éventuellement à la suite d'un appel de sa part[33], dès
lors que Sandwich était une place fidèle à la maison d'York, mais le contexte
politique ne permet guère à cette date précise de retenir cette explication[34]; 2. la
spectaculaire opération navale aurait constitué un prélude à la reconquête de
Calais, mais rien n'indique que les Français aient eu l'intention d'occuper durablement ni la ville ni le port; 3. il se serait agi «d'un raid préventif destiné à
détruire» des approvisionnements en vue d'un prochain débarquemement anglais
en Normandie, mais on manque totalement d'indication à ce sujet. Retenons donc
les explications les plus simples : le désir de frapper un grand coup sur la côte
anglaise pour impressionner les habitants, et aussi l'appât du gain; les Français,
dit Chastellain, «ne convoitoient que descirer peaux d'Anglés et leurs mains remplir de rapines et de richesses»[35].

Retenons ces deux motivations, car elles nous paraissent essentielles dans ce
qui va suivre. Michel Mollat, dans son livre, *Le commerce maritime normand à
la fin du Moyen Âge*, écrit ceci : «Après 1450, la course, sinon la piraterie pure et
simple, fut intense de la mer du Nord au golfe de Gascogne»[36]. Or précisément
le grand sénéchal de Normandie participa – notre document en porte témoignage – à cette guerre de course. Comme le dit Chastellain, Pierre de Brézé, une
fois installé en Normandie, «hantoit les mers et les ports et mesme tenoit navires

---

31. Chastellain parle de la fierté de Brézé d'avoir obtenu cette trêve demandée par les Anglais,
«disant grant mercy au roy d'Angleterre [Henri VI] de l'honneur que fait avoit a un seneschal de
Normandie de lui demander treves en son propre lieu» (*Œuvres*, t. III, p. 353). On peut s'interroger
à ce propos sur les intentions ou les arrière-pensées d'Henri VI.

32. Exposé très complet, avec carte et indication des sources, dans A. PLAISSE, *Un chef de guerre
du XVᵉ siècle. Robert de Flocques, bailli royal d'Évreux*, Évreux, 1984, p. 179-185.

33. «Car tout l'espoir et le fort du parti de la royne, c'estoit les Franchois dont ce seneschal sur tous
autres estoit suisciteur et conduiseur de l'oeuvre, tant comme bon et leal François heant les Anglés comme
par faveur que avoit a la maison d'Anjou, dont ceste royne estoit fille; car luy sambloit, et vray fust,
que, posé que sa faveur portoit avecques l'une part des Anglés pour l'amour de la royne, en portant
toutevoies ennemisté a l'autre, toujours dammageoit il ses ennemis». Georges CHASTELLAIN, *Œuvres*,
t. III, p. 351.

34. R. A. GRIFFITHS, *The Reign of King Henry VI. The Exercise of Royal Authority, 1422-1461*, Londres,
1981, p. 815. B. WOLFFE, *Henry VI*, Londres, 1981, p. 314.

35. Georges CHASTELLAIN, *Œuvres.*, t. III, p. 349.

36. Paris, 1952, p. 76. La bibliographie sur la guerre de course au Moyen Âge est considérable :
pour un premier aperçu, voir l'article «Kaper-Schiffahrt» de M. PUHL dans le *Lexikon des Mittelalters*,
t. V, Munich et Zurich, 1991, col. 934-935. Voir aussi, M. MOLLAT, «Guerre de course et piraterie à la
fin du Moyen Âge : aspects économiques et sociaux. Position des problèmes», *Hansische Geschichtsblätter*,
1972, p. 1-14; *idem.*, «De la piraterie «sauvage» à la course réglementée (XIVᵉ-XVIᵉ s.) », *Mélanges de
l'École française de Rome*, t. 87, 1975, p. 7-25; *idem.*, «Essai d'orientation pour l'étude de la guerre de
course et de la piraterie», *Anuario de Estudios Medievales*, Barcelone, t. 10, 1980, p. 741-750.

---

de guerre et marchandes aussi sur la mer, par lesquels porta moult de dammage aux Anglés, tant en leurs corps que en leurs biens, comme droit mortel ennemy»[37].

Que nous apprend notre document? Il nous permet de repérer un certain nombre de «voyages» (tel est le terme employé) au cours desquels des bateaux «vont en guerre» ou encore «retournent a la guerre».

En 1452, la «crevelle» *Marquise*, dont Brézé possédait la moitié et dont il finança une partie de l'«avitaillement», fit un voyage au cours duquel fut pris un bateau appelé «*la galiote de Morelays*». La même année, il est question d'une nef possédée pour moitié par le grand sénéchal et pour moitié par un certain Robert Fert. Cette nef fit l'objet de réparations en septembre.

En janvier-mars 1453, la «nef et crevelle» la *Marquise* fit elle aussi l'objet de réparations, sous le contrôle du boursier, un certain Thomassin Boudart. La même année, au mois de septembre, à Honfleur, mention est faite de réparations à la *Marquise* ainsi qu'à une nef nommée «*Poulle*» sous le contrôle et à l'initiative de Cardin Enault et de son fils Jean. Or la «*Poulle*» était possédée à part égale par Brézé et par Robert Fert.

En avril 1455, la *Marquise* fit un voyage qui, dépenses déduites, rapporta 90 livres tournois plus 9000 livres-poids de plomb dont une partie (exactement 482 livres-poids) fut donnée à l'église Saint-Laud (Lô) de Rouen. Le compte nous apprend que le reste du plomb fut vendu à raison de 15 écus les 1000 livres-poids.

L'année 1456 fut particulièrement active pour la *Marquise*, dont le capitaine et maître après Dieu – la formule est employée - était alors Jean le Marchand. Sa maison (son hôtel) se trouvait à Honfleur, autrement dit au port d'attache de la *Marquise*. Le contremaître était petit Jean Enault, déjà nommé. Un premier voyage eut lieu en mars-avril : il fut l'occasion d'une prise (anonyme dans le compte, ainsi qu'il arrive parfois) qui, de même que la *Marquise*, fut conduite au Chef-de-Caux (aujourd'hui Sainte-Adresse)[38] ; puis les deux navires furent ramenés à Honfleur. Au cours du même voyage, furent pris un «passagier de Dowre» et un «pescheur» de Sandwich. Au cours du deuxième voyage, qui eut lieu de la fin du mois d'avril au 19 mai, la *Marquise* subit l'assaut d'une nef d'Angleterre. D'où «fraction et rompture» suivies d'une remise en état, à Honfleur, à partir du 24 mai. Les réparations furent rapidement menées, en sorte que la «crevelle» put entreprendre un troisième voyage, en juillet. Cette fois, quatre navires unirent leurs efforts : outre la *Marquise*, un bateau appelé la *Jacqueline*, un autre appelé la *Belle*, enfin la nef du bailli de Rouen Guillaume Cousinot. Pour agir plus efficacement, un amiral fut désigné par les maîtres de cette petite escadre. Et de fait la course fut fructueuse puisque furent capturés le *Ghost* de Londres, le *George* de Hull (un baleinier), plus un petit navire. Le partage du butin eut lieu le 23 juillet. Le quatrième voyage, toujours à partir d'Honfleur, se déroula à partir d'octobre-novembre, et le dernier, au reste sans profit déclaré, en décembre 1456 et janvier 1457. L'année avait été bien remplie.

---

37. Georges CHASTELLAIN, *Œuvres*, t. III, p. 348.
38. Dép. Seine-Maritime, cant. Le Havre.

En mars 1457, la *Marquise* s'empara d'une «nef ou carvelle» appelée la *Romaine*. Cette nef fut mise en vente au butin pour la somme non négligeable de 340 écus. Désireux de l'acquérir dans sa totalité, Brézé dut verser 170 écus ou 255 l.t.[39] à ceux qui en détenaient l'autre moitié. En mai-juin, la *Marquise* et la *Romaine* reprirent la mer, sans doute de concert, et c'est la *Romaine*, montée par un équipage français, qui s'empara d'une nef appelée *Marie des Anges* et d'un petit baleinier.

La *Marquise* avait sans doute fait son temps. Le relais fut pris par la *Romaine* que nous voyons partir en guerre le 18 juillet et regagner sa base le 6 août.

Des réparations furent faites à la *Romaine* en octobre 1457, à l'issue d'un voyage dont le bénéfice pour Brézé fut de 148 l.t. : il convient d'ajouter que l'article qui fait mention de ce voyage est barré, car il est dit que dépenses et recettes furent mises au compte du voyage de Sandwich - un compte que nous n'avons plus mais cette remarque suggère qu'entre les courses précédentes et le voyage de Sandwich il y avait une différence de degré et non de nature.

Le compte s'achève par la mention d'un voyage effectué vers l'Écosse sur la *Romaine* par son capitaine, petit Jean Enault. Il s'agissait, à l'instigation du chevalier écossais Guillaume de Menypenny, seigneur de Concressault, de ramener dans leur pays les «dames d'Escoce», autrement dit Joan et Annabelle Stuart, sœurs de la défunte Marguerite d'Écosse, pour qu'enfin elles s'y marient[40]. Or, nous savons qu'une première tentative avait eu lieu en novembre 1457[41], mais la tempête avait contraint la flotte à rebrousser chemin.

Le compte de Jean le Prince renferme beaucoup de renseignements sur le ravitaillement de la *Marquise* puis de la *Romaine* (pain, biscuit, viande de boeuf et de porc, œufs, beurre, poisson, sel, cidre, bière et vin dit de Conihout - un cru assez célèbre en son temps -, bois à brûler, «onguemens», chandelles...), sur les armes embarquées (canons et «tappons a canon», arbalètes d'acier, flèches...), sur les mâts, les voiles en toile d'olonne (misaines, marmotines, papefils, bonnettes et boursets), sur les haubans et le gouvernail, sur l'entretien des bateaux, notamment par des calfats, se servant d'étoupe, de goudron et de brai, et sur les charpentiers. Le suif par exemple était employé régulièrement pour cirer les nefs. À plusieurs reprises, il est fait mention de «peaulx de mouton a faire vadeaux». Deux termes reviennent très souvent pour désigner deux types de dépenses relatives à l'équipement ou à l'entretien : les suaiges et les singlaiges : «pour suiages et boissons, X l.», «pour la boisson du suaige, X l.», «pour paille a suer ladicte crevelle», «pour estrain a suer, X s.», «pour le vin despendu en faisant le suaige, IX l.», «pour le suaige, XII l.», «pour feurre pour bray et suer icelle nef, XV s.», «pour peaulx et paille a suer, XX s.», «pour le suiage et vin des compaignons, X l.», «pour un cent d'estrain pour suer la nef, XX s.»[42], « pour sin-

39. Soit 30 s.t. l'écu.
40. R. NICHOLSON, *Scotland. The Later Middle Ages*, Édimbourg, 1974, p. 347.
41. Ch. DE LA RONCIÈRE, *Histoire de la marine française*, t. II, *La guerre de Cent ans, révolution maritime*, p. 293-294.
42. F. GODEFROY, *Dictionnaire de l'ancienne langue française du IXe au XVe siècle*, nouveau tirage, Paris, 1938, t. X, p. 717 : suage : action d'enduire de suif.

glaiges, XXX escus», «pour les singlaiges, XXXVI l.», «pour singlaiges et suaiges, LXXII l.», «pour les singlaiges et suaiges de la dicte crevelle, XLII escus», «pour singlaiges, XVI escus», «pour singlaiges, XXXVI l.», «pour assembler les mariniers pour leurs singlaiges, XXIIII l.». Et de fait, les coutumes d'Oleron parlent de singlage comme l'équivalent d'une solde. Quant au vadeau, c'est un tampon d'étoupe ou un petit balai «faisant l'office de pinceau à goudron»[43]. Des spécialités, d'ailleurs classiques, apparaissent au fil du compte : les «bermen» (porteurs, portefaix), les lamans (pilotes). Mais je concentrerai mon étude sur la question des profits et gains de guerre (prisonniers et «mort butin») en m'efforçant de répondre aux deux questions fondamentales : comment se faisait la répartition, que répartissait-on?

D'une manière générale, la répartition s'effectuait en fonction du droit, des actions (du risque) et des investissements (car la course était une société commerciale, avec prise de risque et partage des pertes et des profits) : autrement dit, sont parties prenantes l'amiral de France, en l'occurrence Jean de Bueil, qui prélève ou fait prélever par son représentant le dixième du butin, une fois défalqués un certain nombre de frais, les armateurs ou propriétaires du bateau qui a opéré la course, les «vitaillers» qui ont pris en charge l'«avitaillement» du bateau, enfin l'équipage (marins et gens de guerre embarqués).

Retenons comme premier exemple le voyage de 1452 au cours duquel la *Marquise* et un bateau de Dieppe s'emparèrent de la «*galiote de Morelays*», ce qui pose d'emblée un problème d'ordre politico-juridique s'il s'agit bien, comme tout porte à le croire, de Morlaix en Bretagne, dès lors que le duc de Bretagne Pierre II était officiellement l'allié de la France. Ajoutons que le terme de galiote ne paraît pas employé à l'époque pour désigner un navire breton[44]. On fit 25 prisonniers, autrement dit tout l'équipage[45], qui furent vendus 150 écus, soit en moyenne 6 écus par homme. Les acquéreurs, dont nous ne savons rien, devaient espérer non seulement rentrer dans leurs frais d'achat mais encore obtenir ou extorquer un bonus, un matelot pouvant par exemple accepter une rançon de 8 ou 10 écus, plus son entretien jusqu'au jour de son élargissement, ce qui implique une stricte surveillance car il n'était pas question de libérer ce menu fretin sur parole. Sur ces 150 écus (ou 202 l. 10 s., soit 2/ s. l'écu, ce qui signifierait que l'écu était légèrement déprécié[46]), 15 revinrent de droit à l'amiral. Le partage du reste se fit selon le système des paies, classique sur terre comme sur mer[47]. En tout, la *Marquise* et le bateau de Dieppe correspondaient ensemble à 237 paies, dont 137 pour la *Marquise*. Chaque paie représentait la somme de 17 s. 1 d. Ainsi la

---

43. Renseignements aimablement fournis par M. Jacques Paviot, directeur scientifique du *Nouveau glossaire nautique d'Augustin Jal*.

44. H. TOUCHARD, *Le commerce maritime breton à la fin du Moyen Âge*, Paris, 1967, p. 311-319.

45. 15 à 20 matelots pour un navire de 60 à 100 tonneaux, *ibid.*, p. 325.

46. Le cours officiel de l'écu neuf était à cette date de 27 s. 6 d.t. : E. FOURNIAL, *Histoire monétaire de l'Occident médiéval*, Paris, 1970, p. 136. Voir aussi M. MOLLAT, *Le commerce maritime normand*, p. 73 et 380.

47. Ph. CONTAMINE, «Un contrôle étatique croissant. Les usages de la guerre du XIVᵉ au XVIIIᵉ siècle : rançons et butins, dans Ph. CONTAMINE (éd.), *Guerre et concurrence entre les États européens du XIVᵉ au XVIIIᵉ siècle*, Paris, 1998. p. 212-214.

Marquise eut droit à 115 l. 6 s. 3 d. Cette somme fut répartie entre l'équipage, les vitaillers, les armateurs. Brézé pour son compte eut droit à 57 l. 13 s. 1 d.

La cargaison de la galiote, laquelle fut rachetée 200 écus par Pierre de Brézé, parce qu'il était désireux de récupérer son mât pour la *Marquise*, contenait du vin doux, des «bouts de fer», de la cire et de l'huile (d'olive), ce qui fait bien sûr penser à des produits originaires de la Péninsule ibérique (Espagne, Portugal) transportés à destination de l'Angleterre par un navire breton, jouant son rôle habituel de roulier des mers[48]. Une fois capturée, la galiote fut conduite à Harfleur puis à Honfleur, où un homme avec son chien la garda pendant sept semaines. Au moment de la prise, il y avait à bord cent tonneaux de vin, dont douze furent soit perdus, soit consommés en mer. Restaient donc quatre-vingt-huit tonneaux. L'amiral en prit huit, pour son dixième. Ceux de Dieppe eurent quarante et un tonneaux un quart, ceux de la *Marquise* trente-sept tonneaux un quart. Mais, compte tenu de ses investissements (la moitié de la *Marquise*, plus une part de l'avitaillement), Brézé lui-même n'en eut que dix-sept ou dix-huit. Une pipe ou un demi-tonneau fut offert courtoisement au bailli d'Évreux Robert de Flocques – un allié, ancien et futur compagnon d'armes de Brézé. Le reste fut conduit par mer à Rouen grâce à un laman qui s'arrêta, comme de juste, à la station de pilotage de Quillebeuf. Deux tonneaux furent entreposés pour garnison au château de Rouen, dont Brézé était le capitaine. L'essentiel des 15 autres tonneaux fut vendu au détail, en six mois, dans la taverne de Jean le Levreur, à l'enseigne de la bannière de France, à raison de 3 s. 4 d. le pot. Le profit pour Brézé s'éleva à la somme non négligeable de 193 l. 5 s.t.

Deuxième exemple : le voyage de la *Marquise* en mars-avril 1456. Ce fut probablement entre Douvres et Calais qu'elle s'empara du «passagier de Dowre» et du «pescheur de Sandwich», ramenés tous deux au Chef-de-Caux puis à Honfleur. Le premier fut vendu 135 écus, le second simplement 53. Un certain nombre de prisonniers du passager furent remis en liberté «par l'usance de la mer» pour la modeste somme de 84 écus. Ceux du bateau de pêche connurent le même sort, pour seulement 53 écus. On ne pouvait espérer en tirer plus. De même furent libérés sans rançon des pèlerins, auxquels on fit l'aumône de deux écus, en raison de leur détresse, les Anglaises qui se trouvaient à bord ainsi que des Flamands, une fois ces derniers interrogés par le vicomte d'Auge, procureur du roi, qui reçut 3 écus pour sa peine. Une prime d'abordage de 12 écus (deux fois 6) fut versée à ceux qui avaient mené la double opération à bien. Douze écus furent également accordés à ceux – peut-être les mêmes – qui conduisirent les deux prises au Chef-de-Caux. En sus des prisonniers du passager et du bateau de pêche, il y eut 34 prisonniers d'un autre statut qui furent logés sur de la paille jusqu'au 17 avril dans la maison du maître de la *Marquise*, Jean le Marchand. L'un d'eux mourut, et un écu fut consacré à son «service et enterrement». D'autres furent soignés pour leurs blessures : d'où 4 écus versés aux barbiers qui s'en occupè-

---

48. M.-R. THIELEMANS, *Bourgogne et Angleterre. Relations politiques et économiques entre les Pays-Bas bourguignons et l'Angleterre 1435-1467,* Bruxelles, 1966, p. 260. Ph. CONTAMINE, M. BOMPAIRE, S. LEBECQ et J.-L. SARRAZIN, *L'économie médiévale,* Paris, 1997, 2ᵉ éd., p. 349.

rent. Ces prisonniers quittèrent Honfleur le 19 avril, après le petit déjeuner. Trois
d'entre eux, démunis, reçurent chapeau, bonnet, ceinture et gants. Solidement enca-
drés par cinq compagnons de guerre et même enchaînés, ils gagnèrent, à pied
et certains à cheval, La Bouille[49] pour le souper, puis Rouen. En route, on se res-
taura, on but un coup de cidre. Certains de ces prisonniers, dûment identifiés, ce
qui suppose un interrogatoire précis et efficace, furent rachetés par Brézé, qui y
consacra une somme de 558 l. : Jehan Neve, dit Cousin, pour 84 écus, Guillaume
Acton, pour 74 écus, sept marins de Walmer pour 71 écus, Guillaume Jhenson
pour 32 écus, Guillaume Coppeland pour 24 écus. Brézé acheta aussi deux
Lombards, anonymes dans le compte, pour 84 écus. Tout cela implique des
usages, de l'ordre et de la discipline, mais démontre aussi, somme toute, une certaine humanité : les corsaires normands tenaient sans doute à ne pas passer pour
des pirates, pour de vulgaires «écumeurs de mer». De plus, le pur et simple intérêt commandait de veiller de près à la survie du capital humain ainsi capturé.

Troisième et dernier exemple. Presque aussitôt repartie en mer, la *Marquise*
fit une course conjointement avec une «crevelle» de Cherbourg et un baleinier basé
à Harfleur, propriété du bailli de Chartres Thibaud de Termes. Le maître de
la *Marquise*, Jean le Marchand, aborda un navire anglais, non sans dégâts pour
son bateau. La prise fut ramenée au Chef-de-Caux puis à Honfleur où elle arriva
en même temps que la *Marquise*, le 19 mai 1456. Il y avait à bord les produits
d'exportation classiques du commerce anglais : du plomb, de la laine, des peaux
de mouton, tout un lot de cuirs tannés, des meules pour coutelier. L'ensemble fut
aussitôt partagé, selon les mêmes règles que précédemment.

Un moment fort du processus était donc la vente aux enchères (à la criée), au
port d'Honfleur, de la cargaison, des bateaux et des prisonniers : ainsi était obte-
nue une certaine somme d'argent, répartie ensuite en fonction des paies. Il ne faut
pas imaginer qu'un compagnon de guerre ou qu'un matelot repartait avec sa livre
de plomb, son sac de laine, son cuir tanné, son pot de vin. Toutefois, dans le cas
de Brézé, en raison du pourcentage élevé qui lui revenait, des biens réels lui
furent attribués, dont il pouvait ensuite disposer à sa guise : tonneaux de vin,
milliers de livres de plomb… Il lui arriva aussi de vouloir acheter (ou plutôt rache-
ter) la prise elle-même, tout entière, ou encore tel ou tel prisonnier ; sans doute
donnait-il des instructions à son chargé d'affaires, en l'occurrence Jean le Prince,
pour lui fixer un plafond lors des enchères : par exemple 130 écus pour un
bateau, 50 écus pour un prisonnier.

En conclusion, il apparaît que Pierre de Brézé tirait de sa participation à la
guerre de course un profit incertain, assorti de toutes sortes d'aléas pour les fonds
qu'il y investissait. Il devait parfois envier le statut de l'amiral de France solidement installé sur son droit de décime. Il est vrai qu'une partie de la décime en
question devait être consacrée à rémunérer le personnel de l'amirauté de France,
chargé, notamment dans les ports normands, de recenser les prises. En dépit de
son éminente position, Brézé ne refusait pas de s'embarquer, mais seulement

---

49. Dép. Seine-Maritime, cant. Grand-Couronne.

dans le cadre d'une expédition d'envergure (Sandwich, août 1457). De toute façon, pour l'ordinaire de la guerre de course, les volontaires normands - marins et hommes de guerre - ne manquaient pas, faisant montre d'autant de combativité que de savoir-faire, même si la victoire n'était pas toujours de leur côté. Indirectement, coûte que coûte, sans doute fallait-il faire comprendre à l'adversaire d'Angleterre que le duché et pays de Normandie n'était pas, ou n'était plus, une proie offerte sans défense à une éventuelle reconquête. Dans ses agissements de corsaire, le grand sénéchal de Normandie cherchait en premier lieu à disputer à l'Anglais la maîtrise de la mer étroite. Son dessein était d'abord d'ordre politique et militaire. Le profit ne lui était certes pas indifférent, mais comme une motivation seconde, comme les dividendes escomptés d'un authentique fait de guerre[50].

---

50. Quand la *Marquise* quitte Harfleur, c'est explicitement pour la guerre.

Pièce justificative

Compte de Jean le Prince des recettes et des dépenses pour les navires de Pierre de Brézé, comte de Maulevrier, grand sénéchal de Normandie, 1452-1458[1]

Chantilly, Musée Condé, 1 AA 39 papier, XVe siècle.

[fol. 1r]Le compte de Jehan le Prince l'ainsné de la mise et despense qui faitte a esté pour les navires de monseigneur le conte de Maulevrier, grant seneschal de Normendie, depuis que ledit Prince eust commandement de bouche d'y prendre garde, icelles mises et despenses faictes par les maistres et boursiers desdits navires et par icellui le Prince et aussi des prouffiz venuz et yssus desdits navires en tant que ledit le Prince en a eu congnoissance, icelles mises et despenses faictes es ans, jours et temps cy aprés declairez.

Premierement,

De la somme de 400 escus deue a monseigneur le conte de Maulevrier, grant seneschal de Normendie, par Massin Pillemate, Cardin Egnault et autres, jouxte l'obligacion sur ce faicte, le dit Prince a rendu et fait recepte en son 2me compte de la despense ordinaire de mondit seigneur en 3 parties de 222 l. 18 s. 8 d. ob. et au 4me compte de la somme de 30 l., font les dictes deux parties 252 l. 18 s. 8 d. ob. et du residu de la dicte somme de 400 escus montant 347 l. 1 s. 3 d. ob., ledit le Prince en fait recepte et rend ycy   347 l. 1 s. 3 d. ob.t.

Somme par soy : 347 l. 1 s. 3 d. ob.

[fol. 1v] Mises et despence faictes sur ladicte somme

A[2] Charles des Maretz, cappitaine de Dieppe, pour partie de la somme de deux cens escus prestee par mondit seigneur a Robert Downc, Anglois, de laquelle somme ledit le Prince a rendu l'obligacion a madame la grant seneschalle, 39 escus par les mains des obligiez. Valent   58 l. 10 s.t.

Ausdits Massin Pillemate et Egnault pour mises et repparacions par eulx faittes en la nef nommee la *Poulle* montans 120 l. 14 s. 8 d. dont mondit seigneur doit la moictié et Robert Fere l'autre moictié, icelles repparacions faictes en septembre 452. Pour la moictié de mondit seigneur   60 l. 7 s. 4 d.

Audit Fere pour semblable somme deue par lui pour l'autre moictié par les mains desdits Pillemate et Enault en icelles repparations, 60 l. 7 s. 4 d., laquelle somme a esté rabatue sur et tant moins de cent escuz deubz par obligation par mondit seigneur a Robert Fere, pere dudit Robert, pour ce ycy   60 l. 7 s. 4 d.

Audit Cardin Enault et Jehan Enault son filz pour autres mises par eulx faictes pour ladicte *Poulle*, lesquelles mises ilz ont baillé a mondit seigneur par escript, qui se montent la somme de 67 l. 5 s. 6 d. ob. dont mondit seigneur doibt la moictié a icelluy Fere, l'autre pour ce ycy pour la moictié de mondit seigneur   33 l. 12 s. 9 d. picte

[fol. 2r] Et pour l'autre moictié que doibt ledit Fere montant pareille somme deffalquee sur les cent escus dont dessus est faicte mencion par lesdits Enault   33 l. 12 s. 9 d.

Audit Jehan Enault pour autres mises faictes pour ladicte Poulle a Honnefleu ou moys d'aoust 453 38 l. 4 s. 4 d. ob. qui est pour la moictié deue par mondit seigneur   19 l. 2 s. 2 d. picte

---

1. Manquent à ce compte quelques feuillets. À l'exception de la foliotation d'origine, qui a recours aux chiffres arabes, tous les chiffres sont des chiffres romains, transcrits ici, par convention, en chiffres arabes. Les mentions marginales sont nombreuses, témoignant d'une audition des comptes relativement vigilante. Non seulement des articles mais des pages entières sont rayées, ce qui rend très difficile l'établissement du bilan des différents voyages mentionnés. Il n'est pas sûr qu'aux yeux de Pierre de Brézé lui-même toutes les obscurités et incertitudes aient été levées. Mais même les parties rayées sont riches d'enseignements pour l'historien.

2. *En marge* : Raiees du commandement de Monseigneur ces parties acollees.

Et pour l'autre moictié deue par ledit Fere montant pareille somme rabatue sur lesdits cent escus par les mains dudit Enault   19 l. 2 s. 2 d. picte

Item, pour bray et goudren achetez de Jehan Pasquin, orfevre et bourgeois de Rouen, et de Guillebert d'Auberville et baillez et delivrez a Thomassin Boudart, boursier de la *Marquise* crevelle de mondit seigneur, par son commandement pour callefater ladicte crevelle, ainsi que par cedulle faicte le 15ᵐᵉ jour du moys d'aoust 453 signee du seing manuel dudit boursier en presence du maistre de ladicte crevelle puet apparoir, 37 l.t.[3]

Pour ce ycy   37 l.t.

Somme de la despense mise faicte par ledit le Prince sur la somme de 347 l. 1 s. 3 d. ob. devant dicte : 321 l. 14 s. 6 d.t.

Reste doit de cler : 25 l. 6 s. 8 d. ob.[4]

[fol. 2v]   Pour la *Marquize*

Autres paiemens et mises faictes par ledit le Prince

A Thommassin Boudart, boursier de la *Marquise* crevelle de mondit seigneur, baillé par ledit Prince en deniers comptans le 24ᵐᵉ jour de janvier 1452 pour les affaires de ladicte crevelle, ainsi qu'il appert par cedulle dudit boursier faicte ledit jour, 202 l. 12 s.

Pour ce ycy   202 l. 12 s.t.

Audit Thomassin, boursier dessus nommé, pour aultres mises et despenses faicte pour ladicte crevelle baillé tant pour vitailles que pour raffreschissement d'icelles le 15ᵉ jour de mars oudit an 452 102 l. 18 s. 6 d., ainsi que par la cedulle dudit boursier faicte ledit jour puet apparoir.
Pour ce   102 l. 18 s. 6 d.

A luy pour les causes que dessus baillé le 16ᵉ jour ensuivant en deux parties 24 l.t.

Somme[5] desdictes 3 parties accolees :   329 l. 10 s. 6 d.

Les[6] mises par ledit le Prince encommencees en l'an mil 452 pour ung voyage fait par la *Marquise* crevelle ouquel fut prinse la *galiote de Morelays*, ainsi qu'il appert par les parties, montent la somme de   548 l. 19 s. 4 d.

Et les prouffiz, non comprins les vins et la nef demourez a Monseigneur montent la somme de   374 l. 1 s. 10 d. ob.

Ainsi[7] appert plus avoir esté mis que receu par ledit le Prince   174 l. 17 s. 4 d. ob.

[fol. 3r] Pour la *Marquise*

Autres[8] payemens faiz par ledit le Prince

Payé par ledit le Prince pour vitailler ladicte crevelle au moys de mars 400 cinquante cinq et pour rafreschissement des vitailles fait ou moys d'avril ensuivant, lesquelles vitailles et rafres-chissement montent 581 l. dix solz, qui est pour moictié que en est tenu paier mondit seigneur a cause de ce qu'il fait la moictié desdictes vitailles   290 l. 15 s.

Item, ledit le Prince a payé pour mises faictes par Jehan le Marchant, maistre de ladicte crevelle, tant pour repparation d'icelle crevelle comme pour trait, arbalestres remises a point et autres choses declairees es parties de ce moys devant diz.   144 l. 20 s. 2 d.

---

3. *En marge* : Verifié par Jehan le Marchant.
4. *En marge* : Ceste reste de 25 l. 6 s. 8 d. ob. t. a esté donnee par Monseigneur a Petit Jehan Enault et pour ce descharge et quitte icy. *La même formule est répétée tout en bas de la page*.
5. *En marge* : Premiere grosse.
6. *En marge* : Premier voyage.
7. *En marge* : IIde grosse.
8. *En marge* : 2ᵉ voyage.

Item,[9] ledit le Prince a payé pour Angloiz prisonniers achatez pour mondit seigneur a Honnefleu aprés le retour d'un voyage fait en la mer pour les vitailles derrainement declairez desquelz prisonniers les noms et ce qu'ilz ont cousté ensuivent, c'est assavoir

[fol. 3v] Guillaume Coppeland, 24 escuz, valent 36 l., Guillaume Acton, 74 escus, valent 120 l., Jehan Neve dit Cousin, 83 escuz, valent 124 l. 10 s.t., Guillaume Jhenson, 32 escus, valent 48 l., deux Lombars, 84 escuz, valent 126 l., Thomas Salmon, maistre William Brode, Raol Simmon, Jehan Symmon, James Skymer, Jhon Ferry et John Gravelle, tous mariniers de Vallemore, tant pour leurs finances que les droiz, 71 escus, valent 112 l. 15 s. Pour tous lesdits prisonniers ycy   558 l. 5 s.

Somme des mises pour ledit voyage : 993 l. 11 s. 2 d.

Et[10] le prouffit venu a mondit seigneur a cause dudit voyage, reservé les prisonniers cy devant nommez qui demeurent en sa main pour en faire a son plaisir, monte   436 l. 8 s. 11 d.

Ainsi[11] appert que ledit le Prince a plus payé et mis que receu de la somme de   557 l. 2 s. 2 d. ob.

[fol. 4r] Pour la *Marquise*

Autres mises et payemens faiz par ledit le Prince

Pour mises faictes par Jehan le Marchant, maistre de ladicte crevelle, pour aler en guerre ou moys de mars 455, payé par ledit le Prince recours aux parties   144 l. 11 s. 2 d.

Item, pour la moictié des vitailles mises en ladicte crevelle pour faire le voyage dessus declairé, icelles vitailles montant 401 l. 4 s., pour icelle moictié   200 l. 12 s.

Item, pour la moictié du rafreschissement des vitailles de la crevelle mises en icelles ou moys d'avril ensuivant, lequel rafreschissement monte 186 l. 6 s.   90 l. 3 s.

Somme des parties pour ce present advitaillement, rafreschissement et mises pour la nef   435 l. 6 s. 2 d.

Et du prouffit ou revenue dudit voyage neant dont ledit le Prince ait congnoissance. Pour ce neant[12]

[fol. 4v] Pour la *Marquise*

Aultres mises[13]

Ledit le Prince a payé pour la moittié de 298 l. a quoy se montent les vitailles et mises faictes pour ladicte crevelle ou moys d'avril 455   149 l.

Item, pour despense et avoyeries par ledit le Prince payez   28 l. 12 s.

Somme des parties de ce voyage :   177 l. 12 s.

Et le rapport dudit voyage venant au prouffit de mondit seigneur   170 l. 19 s. 6 d.[14]

Demeure au prouffit de mondit seigneur que ledit le Prince a plus receu que mis la somme de   93 l. 7 s.[15]

Item, demeure venant au prouffit de mondit seigneur   9 milliers de plomb[16]

---

9. *En marge* : Soit sceu que sont devenus les prisonniers desclarés ou texte.

10. *En marge* : Soit veu.

11. *En marge* : 3ᵉ grosse.

12. *Toute la page rayée. En marge* : Rayé pour ce que les parties cy dessous sont comprinses cy devant.

13. *En marge* : 3ᵉ voyage.

14. *Barré* : 268 l. 2 s. 6 d.

15. *Barré* : 90 l. 10 s. 6 d. *En marge* : Responde Jehan le Prince de ceste somme.

16. *Rajout* : 549 livres. *En marge* : Jehan le Prince a baillé devers Everart Labbé la desclaration de la delivrance du plomb dont en ce compte est faicte mencion ces parties et acquitté et pour ce deschargé cy.

Dont Jehan le Prince a baillé la desclaracion des singullieres parties de la delivrance faicte d'icellui plomb par l'ordonnance de Monseigneur et tellement qu'il est demouré en reste, comprins en ceste 482 livres de plomb delivrés pour l'eglise Saint Laud dont le Prince est chargé les recouvrer se il voit que bien soit, 1457 livres qui, au pris de 15 escus le millier, vallent   32 l. 16 s.

[fol. 5r] Pour la *Marquise*

Autres mises paiees par ledit le Prince[17]

Pour vitailles faictes pour ladicte crevelle par Jehan le Marchant, maistre d'icelle, es moys d'octobre et novembre 456 pour ung voyage encommencié oudit temps, lesquelles vitailles montent 326 l. 16 s. 7 d., pour la moictié d'icelles en quoy est tenu mondit seigneur   163 l. 8 s. 3 d.

Item, il a payé pour les repparacions faictes par ledit maistre en icelle crevelle ou temps et pour le voyage dessus declairé   43 l. 16 s. 5 d.

Somme de ces mises des deux parties acollees : 207 l. 4 s. 8 d. ob.

Et le rapport venant dudit voyage au prouffit de mondit seigneur monte 160 l. 8 s. 1 d. ob.

Ainsi[18] appert avoir esté plus mis que receu par ledit le Prince de la somme de 46 l. 16 s. 7 d.

[fol. 5v] Pour la *Marquise*

Autres[19] mises faictes pour ladicte crevelle par Jehan le Marchant, maistre d'icelle, payez par ledit le Prince

Pour[20] ung tref, bonnettes, charpenterie, boys et autres choses neccessaires pour ladicte crevelle mises et faictes en icelle depuis le 19me jour de may 456 qu'elle arriva de la mer ou elle avoit esté frainte par une autre nef a qui elle avoit combatu jusques a l'achevement d'icelle qu'elle fut advitaillee et remise sus   257 l. 12 s. 1 d.

Item, pour la moictié des vitailles mises en icelle ou moys de juing ensuivant 456, lesquelles vitailles montent 424 l. 13 s. 6 d. Pour ce   212 l. 6 s. 9 d.

Item, pour autres mises faictes pour ladicte crevelle pour artillerie achetee a Rouen le 6me jour dudit moys de juing   52 l. 4 s.t.

Somme des mises faictes pour ledit voyage esquelles mondit seigneur est tenu 522 l. 2 s. 10 d.

Et[21] le rapport du prouffit dudit voyage ouquel fut prins le *Gost* de Londres et le *George* du Houl, monte   76 l. 6 s. ob. picte et demie

Ainsi[22] appert que ledit le Prince a plus mis que receu de la somme de   445 l. 16 s. 9 d. demie picte

[fol. 6r] Pour la *Marquise*

Autres[23] mises faictes pour ladicte crevelle

Payé[24] par ledit le Prince pour mises et despenses faictes pour ladicte crevelle pour toille tainte a faire estandars et les paindre, trousses de fleiches, charpenterie et autres choses neccessaires pour ung voyage encommencé ou moys de decembre 456 et assouvy en janvier ensuivant   57 l. 10 s. 1 d.

---

17. *En marge* : 4ᵉ voyage.

18. *En marge* : 4ᵉ grosse.

19. *En marge* : 5ᵉ voyage.

20. *En marge* : La desclaracion des singulieres parties de ses 3 parties acollees sont desclairees en ce compte qui ont esté veues et tesmoignees avoir esté faictes par Jehannot le Marchant.

21. *En marge* : Soit veu. *Puis* : Fait.

22. *En marge* : 5ᵉ grosse.

23. *En marge* : 6ᵉ voyage.

24. *En marge* : La desclaracion des singullieres parties de ces 2 parties accolees sont cy aprés et ont esté veues et gectees.

Item, payé par ledit Prince pour les vitailles mises en ladicte crevelle pour ledit voyage, lesquelles vitailles montent 368 l. 6 s., pour la moictié en quoy est tenu mondit seigneur   184 l. 3 s.t.

Somme[25] de ces deux parties paiees par ledit le Prince: 241 l. 12 s. 6 d.

Et le rapport du prouffit venu a cause dudit voyaige ledit le Prince n'en a aucune congnoissance[26].

[fol. 6v] Pour la *Marquise*

Autres[27] mises paiees par ledit le Prince

Pour[28] repparations faictes en ladicte crevelle encommencees en may 457 et assouvyes en juing ensuivant, ainsi que par les parties puet apparoir le dit le Prince a payé 38 l. 9 s. 3 d.

Item, il a payé pour les vitailles mises en ladicte crevelle pour ung voyage encommencié le 20ᵉ jour de may et assouvy en juing 457, lesquelles vitailles montent 449 l. 15 s. 3 d., qui est pour moictié 224 l. 17 s. 7 d. ob., ainsi que par les parties puet apparoir. Pour ce ycy pour ladicte moictié en quoy est tenu mondit seigneur   224 l. 16 s. 7 d. ob.

Somme de ces deux parties paiees par ledit le Prince pour icelluy voyage 263 l. 6 s. 10 d. ob.

Et des deniers venuz dudit voyage, les vitailles et autres mises faictes sur icelluy rabattues, demeure au prouffit de mondit seigneur   339 l. 7 s. 11 d.

Item, doit en deux aultres parties contenues en la fin des singulieres parties dudit voyage de la *Marquise*   344 l. 17 s. 3 d.

Somme de ses 2 parties accolees   684 l. 6 s. 3 d.t.

[fol. 7r] La *Romayne*

Mises[29] et payemens faiz par ledit le Prince pour la *Romayne*

Pour vitailles et repparacions faictes en la *Romayne* ou moys d'octobre 457 en tant que touche le quart appartenant a mondit seigneur qui monte recours aux parties   79 l. 7 s. 6 d.

Item, pour autres choses declairees esdictes parties   36 l. 7 s. 6 d.

Somme de ces parties par ledit le Prince   115 l. 15 s.

Et le prouffit du voyage venant a mondit seigneur receu par ledit le Prince, monte
                                                                         148 l. 16 s. 3 d.

Ainsi appert avoir esté plus receu que mis de la somme de   33 l. 1 s. 3 d.

Le voyage dont cy dessus mention est faicte est cy rayé pource que les mises sont couchees et mises en compte du voyage de Sandwich et de la revenue d'icelui voyage durant lequel furent prins les Portigaloys. Jehan le Prince devant nommé fait recepte en la fin de ces presens comptes pource qu'il en est chargé oudit compte de Sandwich, icelle recepte montant au prouffit de Monseigneur pour son quart de la nef et vitailles de ladicte *Rommaigne* la somme de   112 l. 7 s. 9 d.t.

[fol. 7v] La *Romayne*

Pour[30] vitailles mises en la *Romayne* en mars 400 cinquante sept avant Pasques, lesqueles montent en somme 270 l. 10 s. en esperance de conduire les dames en Escosse pour le quart d'icelles vitailles et mises deues par Monseigneur payé par ledit le Prince   67 l. 10 s.

---

25. *En marge* : 6ᵉ grosse somme.

26. *En marge* : Il a esté tesmoigné par Jehan le Marchant et le petit Enault que en ce voyage n'oult aucun prouffit.

27. *En marge* : 7ᵉ voyage

28. *En marge* : La desclaration des singulieres parties de ces 2 parties accolees sont cy aprés sur le 7ᵉ voyage et ont esté veues.

29. *Toute la page rayée. En bas de la page* : Deschargé cy pour ce qu'il a fait recette cy aprés en la fin de ce compte.

30. *En marge* : Les parties des vitailles contenues en ce texte sont desclairees aprés.

Somme par soy : 67 l. 10 s.

Item,[31] il est deu par mondit seigneur audit le Prince[32] et a Abraham Thorelot pour le quart de la somme de 200 escuz d'or par luy receue de messire Guillaume Peny, chevalier, pour partie du paiement d'avoir mené mes dames d'Escosse en icelluy pays et conduites par la *Rommaigne,* en laquele nef iceulx le Prince et Abraham ont fait ung quart de vitaille et aussi avoient ung quart en icelle nefol. Pour icellui quart la somme de cinquante escus, valent 75 l. Pour ce ycy pour la part dudit Prince   37 l. 10 s.t.

[fol. 8r] *Estienne de Plennie*[33]

De la prinse faicte par ladicte crevelle de l'*Estienne de Plennie* est deu audit le Prince pour plus mis que receu la somme de   7 l. 10 s. 1 d.t.

Somme par soi : 7 l. 10 s. 1 d.

De[34] la prinse de la *Rommaine* faicte par la cravelle ou mois de mars 456 et de deux Anglois estans en hostage a Honnefleu pour la somme de 800 escuz d'or et de la prinse de Robert Boukeland, aussi Anglois, est deu audit le Prince pour plus mis que receu   230 l.

Ledit le Prince n'avoit encore peu recouvrer a la tradition de ces comptes les singulieres parties des mises du voyage ou fut prins ladicte *Romaingne* ne aussi du prouffit d'icelui pour lesquelles parties recouvrer il a fait et fera devoir possible.

Somme[35] deu au Prince pour la partie cy devant : 234 l. 2 s.

[fol. 8v : vierge]

[fol. 9r] La *Poulle*

Despense[36] et mises faictes pour le fait d'une nef nommee la *Poulle* lors appartenant en la moictié a monseigneur le grant seneschal de Normendie et l'autre moictié a Robert Fere, icelles mises et despenses faictes par Massin Pillemate, Cardin Enault et autres lors obligiez a mondit seigneur en la somme de quatre cens escus d'or pour la delivrance dudit Pillemate, Jehan Enault et d'autres lors prisonniers des Anglois, sur laquelle somme de quatre cens escuz d'or Jehan le Prince l'ainsné rent en recepte en son compte deuxiesme de la despense ordinaire de l'ostel de mondit seigneur en trois parties la somme de 222 l. 18 s. 8 d.t., et pour ce   222 l.18 s. 8 d.

Item, rend en son compte 4ᵉ en recepte sur ladicte somme de 400 escus la somme de   30 l.

Item, icelle somme de 400 escus a esté paiee a Charles des Marestz, cappitaine de Dieppe, la somme de 39 escus d'or pour partie de la somme de deux cens escus d'or prestee par mondit seigneur a Robert Don, Angloiz, dont ledit le Prince a rendu l'obligation a madame la grant seneschalle, pour ce ycy en la descharge de la dicte somme de 400 escus par les dessus nommés   58 l. 10 s.t.

Somme des parties paiees sur icelle somme de 400 escus qui valent 600   l. 311 l. 8 s.5 d.

Demeure de ladicte somme de 600 l.   288 l. 9 s. 3 d.

---

31. *En marge* : 7ᵉ grosse.

32. *En marge* : Raié du consentement de Jehan le Prince pour ce qu'il confesse que Jehan Enault a tenu compte des 25 escus qu'il prenoit cy en despense.

33. *En marge* : 8ᵉ grosse.

34. *En marge* : De ceste partie ledit Prince ne monstre aucune desclaracion maiz a esté sur ce examiné Jehan Marchant et Jehan petit Esnault, aussy veu la rescription Jehan Davaux, lesquels avoient 1 quart en l'avitaillement et ont affirmé en leurs consciences ceste partie estre bonne et pour ce passee. Et quant aux prisonniers anglois, ilz sont ancore a Honnefleu, excepté Robert Boukeland, auquel Boukeland Monseigneur a renoncé. Que l'en se donne de garde que les prisonniers devendront affin que Monseigneur en est son interest.

35. *En marge* : 9ᵉ grosse.

36. *Toute la page rayée. En marge* : Rayé pour ce que l'estat en est fait au commencement de ce present compte.

[fol. 9v] Sur[37] laquelle somme de 288 l. 11 s. 3 d. ob. ont esté faiz les paiemens par les dessus-nommez Pillemate er Enault qui cy aprés seront declarez, et lesquelz paiemens leur ont esté deffalquez par mondit seigneur sur ladicte reste.

Et premierement

Par ledit Massin Pillemate pour repparacion de ladicte nef, ainsi que par les parties baillees par icelluy Pillemate encommencees le 11ᵉ jour de septembre l'an mil 400 cinquante deux puet apparoir la somme de   120 l. 14 s. 8 d.

De laquele somme mondit seigneur doibt a cause d'icelle moictié de nef la moictié qui monte 60 l. 7 s. 4 d.t., pour ce ycy   60 l. 7 s. 4 d.

Et de l'autre moictié, montant semblable somme, Robert Fere ayant droit en l'autre moictié de ladicte nef que icelle moictié devoit et estoit tenu paier mondit seigneur l'en a acquictié sur et tant moins de la somme de cent escus d'or en quoy mondit seigneur estoit tenu et obligié a Robert Fere, pere dudit Robert dessus nommé, pour ce ycy   60 l. 7 s. 4 d.

[fol. 10r] *Item*[38], pour autres mises faictes pour icelle *Poulle* par Cardin Enault devant nommé et par Jehan Enault, son filz, selon les parties par eulx baillees a mondit seigneur qui commenda les leur alouer sur la somme devant dicte 67 l. 5 s. 6 d. ob.t., dont comme dessus ledit Fere devoit la moictié a mondit seigneur, l'autre moictié pour ce ycy pour la moictié de mondit seigneur,   33 l. 12 s. 9 d. picte

Et pour ledit Fere pareille somme de 33 l. 12 s. 9 d. picte qui a esté rabatue sur ladicte obligacion de cent escus que devoit mondit seigneur audit Fere. Pour ce ycy en l'acquit desdits Pillemate, Enault et Fere   33 l. 12 s. 9 d. picte

Item, pour autres mises faictes par ledit Jehan Enault pour icelle *Poulle* a Honnefleu ou moys d'aoust 453 38 l. 4 s. 4 d. ob. t. qui est pour la moictié deue par mondit seigneur 19 l. 2 s. 2 d. picte, pour ce ycy   19 l. 2 s. 2 d. picte

Et pour la portion dudit Fere semblable somme de dix neuf livres deux

[fol. 10v] sols[39] deux deniers picte, laquele a esté comme dessus rabatue sur ladicte somme de cent escus deubz par mondit seigneur audit Fere. Pour ce ycy   19 l. 2 s. 2 d. picte

Item, pour bray et goudren achatez de Jehan Pasquin, orfevre et bourgois de Rouen, et de Guillebert d'Auberville la somme de trente sept livres tournois en deux parties, iceulx bray et goudren delivrez a Thomassin Boudart, boursier de la crevelle de mondit seigneur, pour callefater icelle crevelle par le commandement de mondit seigneur ainsi que par cedulle signee dudit Thomassin le 15ᵉ jour d'aoust mil 400 cinquante trois en presence de Jehan le Marchant, maistre de ladicte crevelle, puet apparoir. Pour ce ycy   37 l.

Somme des payemens faiz sur le

[manque le fol. 11]

[fol. 12r] Mises[40] faictes pour la nef de Monseigneur nommee la *Marquise* crevelle pour la mectre sus

Pᵒ ᵗ[41]

A Thomassin Boudart, boursier d'icelle nef et crevelle, baillé en deniers comptans comme il appert par cedulle de luy faicte le 24ᵐᵉ jour de janvier mil 400 cinquante deux la somme de deux cens 26 l. 12 s., de laquelle somme a esté baillié par Pierres le Bouteiller, lieutenant de mondit seigneur, 24 l., et par Jehan le Prince l'ainsné le surplus, qui monte 202 l. 12 s. Pour ce ycy   202 l. 12 s.

---

37. *Toute la page rayée.*

38. *Toute la page rayée.*

39. *Toute la page rayée.*

40. *Toute la page rayée.*

41. *En marge* : Ces parties de Thomassin sont rayees pour ce qu'ilz sont escriptes cy devant.

Audit Thomassin boursier dessus nommé pour autres mises et despenses faictes pour lui pour le rafreschissement des vitailles de ladicte crevelle fait ou moys de mars 452, ainsi qu'il appert par la quictance dudit boursier faicte le quinz^{me} jour dudit moys de mars oudit an mil 400 cinquante deux, la somme de cent deux l. 18 s. 6 d.t., pour ce ycy   102 l. 18 s. 6 d.

[fol. 12v] Audit[42] Thomassin boursier comme dessus pour autres mises faictes par luy, baillé la somme de 21 l.t. ainsi que par sa quictance faicte le 16^c jour dudit moys de mars 452. Pour ce ycy   21 l.

Audit Thomassin le jour et an derrainement specifiez, baillé ainsi que par sa cedulle appert, 60 s.. Pour ce ycy   60 s.

[fol. 13r] La *Marquise* cravelle

Aultres[43] mises tant pour vitailles comme autres affaires de la crevelle faictes en mars mil 452 payees par Jehan le Prince a Thomassin Boudart, lors boursier de la dicte crevelle, et autres.

P°

Audit Thomassin pour fere les cinglages	24 l.
Pour 300 12^{nes} de pain au pris de 10 l. le cent	30 l.
Pour les suiages et boissons	7 l. 10 s.
Pour peaulx et paille a suer	20 s.
Pour dix pippes de sildre	20 l.
Pour deux pippes de chars salees	24 l.
Pour 3 barilz de harenc	15 l.
Pour ung cent de burre	75 s.
Pour 80 livres de chandelle	4 l.
Pour 3^m de boys	100 s.
A ung batel qui mena a bord lesdiz cildres	40 s.
Pour ung autre qui a mené le pain	40 s.
Pour 4 bidons a boire	20 s.
Pour pos de terre	10 s
Pour ung cent et demy de pierres a canon	40 s.
Pour 300 de tappons a canon	13 s. 6 d.
Pour une corde guinderesse pour ladicte cravelle	60 s.
Aux lodmans pour mener hors icelle crevelle	30 s.
Au bateiller qui a apporté de Rouen lesdictes chairs	20 s.
Somme de la page de ses parties acollees	147 l. 18 s. 6 d.t.

[fol. 13v] Autrez[44] mises faictes aprés le retour de ladicte crevelle, ouquel voyage fut prinse la *galiote de Morelays*, icelles mises faictes aprés la prinse d'icelle galiote

P°

Pour despense faicte par Jehan le Fevre par ledit Prince, Jouennet et leurs gens tant a Harfleu, a Leure, en faisant le butin a Honnefleur   22 l. 10 s.

---

42. *Toute la page rayée.*

43. *En marge* : Premier voyage. *Et plus bas* : Jehan le Prince a affirmé loyaument (les) avoir paiez les parties acollees qui sont portees en abregé cy devant et pour ce rayés.

44. *Toute la page rayée. Et au milieu* : Affirmé comme dessus.

Audit Jouennet pour estre allé de Honefleu a Harfleu querir les vins de Monseigneur gaignez en ladicte galiote, lesquelz estoient demourez audit lieu de Harfleu   15 s.

Pour le louage d'une seulle en laquelle furent lesdits vins   37 s. 6 d.

Aux bermens qui les chargerent au batel Morant   37 s. 6 d.

A Colenet de Sernaville pour despense faicte par ledit Jouennet en faisant chargier lesdits vins oultre ce que baillé luy avoit esté   15 s.

Audit Morant pour le menage d'iceulx vins de Harfleu a Rouen   9 l.

Au lamen qui les passa a Quillebeuf   15 s.

Aux bermens qui deschargierent iceulx vins a Rouen et les mistrent en cave   4 l. 10 s.

A Robin Girault pour le salaire d'un homme qui a gardé ladicte galiote par l'espace de sept sepmaines et les appareilz et pour ses despens et pour pain delivré au chien de ladicte galiote durant ledit temps par le commandement de Monseigneur   100 s.t.

[fol. 14r] Pour[45] autre despense faicte par ledit le Fevre, le Prince et leurs gens en faisant les comptes et butin de ladicte galiote   7 l. 5 s. 9 d.

Pour l'achat de ladicte galiote achatee pour Monseigneur afin principalement d'avoir le mast d'icelle pour la *Marquise* crevele devant dicte, la somme de 200 escuz. Pour ce, ycy   300 l.

Somme des mises faictes depuis la venue de ladicte crevelle de ses parties acollees: 354 l. 5 s. 9 d.

Autres mises audit lieu de Harfleu

Pour[46] deschargier et rechargier le fer en tant que monte la part de Monseigneur   6 s.

Pour le louage d'un bateau pour porter la part de Monseigneur dudit fer et des cires et huille dont aprés la mencion sera faicte en recepte   60 s.

A ceulx qui ont deschargié la nef a Leure et a Harfleu pour la part de Monseigneur   8 l. 18 s. 3 d.

Pour le lectage de ladicte nef pour la part de Monseigneur   60 s.

Pour la despense des prisonniers en tant que touche la part de Monseigneur   60 s.

Somme de ces parties acollees : 18 l. 4 s. 3 d.

[fol. 14v] Autres mises faictes pour le fait de ladicte galiotte par Robin Girault, lors ayant la garde d'icelle

P°

A Harfleu pour deux 12[nes] de pain   6 s.

Pour harenc et autre poisson   4 s. 6 d.

Pour une livre de chandelle   15 d.

Aux compaignons qui aiderent a mener icelle nef de Harfleu a Honnefleu pour boire icelle   9 s. 6 d.

A iceux[47], c'est assavoir Thomas Talbot et ses compaignons   30 s.

Item, a 12 autres compaignons de Harfleu   36 s.

Pour le disner des compaignons quant la nef fut arrivee   47 s. 6 d.

Au Poulailler et ses compaignons pour avoir assis les balizes pour sceurement amener icelle nef   30 s.

---

45. *Toute la page rayée.*
46. *En marge* : Affermé comme dessus.
47. *Toute la page rayée. En marge* : Affermé comme dessus.

Audit lieu de Honnefleu pour deux 12^{nes} de pain   8 s.

En harenc   16 s. 6 d.

Pour 15 pos de cildre   6 s. 3 d.

Pour ung poinçon de sildre   27 s. 6 d.

A ceulx qui ont fouy a la herche   9 s.

Au charpentier et ses gens   9 s. 9 d.

Aux gens de Jennequin de Gaillarbos pour avoir avallé la herse   4 s. 6 d.

[fol. 15r] Pour[48] despense faicte quant la nef fut en la ville   16 s. 8 d.

Pour une livre de chandelle   15 d.

A Boulard pour son batel et pour les compaignons qui leverent les ancres de la dicte nef 25 s.

Pour six pains   2 s.

Pour le varlet   18 d.

Pour les despens dudit Robin Girault   30 s.

Pour les despens des prisonniers   15 s.

  Somme desdictes mises des parties acollees faictes par ledit Robin Girault 18 l. 2 s. 8 d.

[fol. 15v] Autres[49] mises faictes pour le fait des vins doulx venuz de la prinse de ladicte nef nommee *galiote de Morelays*, desquelz sera cy aprés mencion faicte.

P°

Pour l'emplaige de trois pippes qui tantost aprés la distribucion desdits vins furent envoiees au chastel de Rouen, icelluy emplage acheté de Jacquet d'Évreux 34 s.

Item, pour deux chantepleures mises en deux tonneaux exposés en vente a detail en l'ostel de Jehan le Levreur a Rouen, ung gros ginbelet, ung petit ginbelet, deux petis chandeliers 19 s. 2 d.

Item, pour deux pos, deux pintes et deux demyons d'estain de mesure achatez pour vendre a detail ledit vin doulx 45 s.

A Jehan le Levreur devant nommé pour le louage de sa cave en laquelle furent lesdits vins environ 6 moys 6 l.

  Somme de ses parties acollees : 10 l. 8 s. 2 d.

Somme totalle de toutes les mises pour ledit voyage, comprins l'achat de ladicte nef nommee *galiote de Morelays* : 548 l. 19 s. 4 d. t., comme par les parties cy devant appert.

[fol. 16r] Declaracion[50] des vins et autres denrees estans en ladicte nef nommee *galiote de Morelays* alors de la prinse d'icelle

P°

En icelle nef a esté trouvé aprés la prinse le nombre de 88 tonneaux de vin

Dont partage par le butin a esté fait en la maniere qui ensuit, c'est assavoir

A monseigneur l'admiral pour son 10me 8 tonneaux

---

48. *Toute la page rayée.*
49. *Toute la page rayée. En marge* : Affermé comme dessus.
50. *Toute la page rayée.*

A monseigneur le grant seneschal pour lui et ses gens	37 tonneaux 3 quars
A ceulx de Dieppe	41 tonneaux et 1 quart
Item, a monseigneurr le bailli d'Évreux	demy tonneau
Item, aux courtiers demy tonneau	demy tonneau

Somme : 88 tonneaux

Et ou precedent en emplages, widages, couloisons et gast environ	12 tonneaux

comprinses les parties qui ensuivent

dont fut mis en chacune des nefz 1 pippe. Pour ce	1 tonneau
Item, a chacun des maistres pour leur abordaige 1 pippe	1 tonneau
Item, a ceulx qui ont fait les guindages et amené la prinse 1 tonneau	Pour ce 1 tonneau

Et l'oultre plus perdu par mauvaise garde et par force de boire ou navire, c'est assavoir desdits 12 tonneaux estans alors de la prinse oultre ledit nombre de 88 tonneaux.

[fol. 16v] A monseigneur[51] le grant seneschal est venu pour sa part des devant diz 37 tonneaux et 3 quars de vin venuz pour lui et ses gens le nombre de 18 tonneaux	18 tonneaux
Dont a monseigneur le bailli d'Évreux fut donné	1 pipe
Reste au prouffit de Monseigneur	17 tonneaux 1 pipe

Dont tantost aprés le butin fait furent envoyez 4 pippes au chastel de Rouen.

Ainsi restoient 15 tonneaux qui depuis furent amenez audit lieu de Rouen par Morant, batellier.

Duquel nombre fu vendu a detail en l'ostel de Jehan le Levreur a l'enseigne de la benniere de France a Rouen au pris de 3 s. 4 d.t. le pot jusques a la valeur de 193 l. 5 s.t., pour ce ycy revenant au prouffit de mondit seigneur	193 l. 5 s.t.

Et le residu et oultre plus dudit vin fut mené au chastel pour provision dont par Monseigneur et par Madame fut donné et departi en plusieurs lieux.

Item, en ladite galiote fut prins le nombre de 25 prisonniers apreciez a la somme de150 escus	
Dont pour le droit de monseigneur l'admiral a esté prinse la somme de	15 escus
Demeure a partir par entre Monseigneur et la nef de Dieppe la somme de 135 escus d'or qui valent	202 l. 10 s.
A 237 paies dont a Monseigneur et ses gens estoient 135 paies au pris de 17 s. 1 d. pour paie appartient la somme de 115 l. 6 s. 3 d. t. et 15 d., somme sur le tout	
Dont a mondit seigneur pour la moictié appartient	57 l. 13 s. 1 d. ob.

[fol. 17r] En[52] ladicte galiotte estoit le nombre de 454 bouts de fer

Dont a Thomas Drouyn fut donné le nombre de 53 boutz

Et a monseigneur l'admiral en fut delivré pour son droit le nombre de 40 bouts

Et du residu montant 360 bout[s] Monseigneur et ses gens eurent 172 bouts

Dont a Monseigneur appartient la moictié montant 86 bouts qui furent apportez a Rouen et depuiz portez a Nogent pour l'eddifice de la place de mondit seigneur. Pour ce ycy au regard dudit fer	neant

---

51. *Toute la page rayée. En marge* : Affermé par le Prince ainsi avoir esté fait. *Et plus bas* : Affermé comme dessus.

52. *Toute la page rayée. En marge* : Affermé comme dessus.

Item, en icelle galiote fut trouvé le nombre de 366 livres de cire dont Monseigneur pour lui et ses gens a eu le nombre de 182 livres de cire qui est pour le droit de Monseigneur pour sa moictié 91 livres, laquelle cire monte en tout pour Monseigneur et ses gens comme dessus est dit 182 livres avecques une pippe d'icelle, moictié de deux pippes qui furent trouvees en ladicte galiote dont Monseigneur a eu l'une et ceulx de Dieppe l'autre, fut vendue a Michel Augier, espicier et appoticaire de mondit seigneur, pour la somme de 54 l.t. dont a mondit seigneur appartient la moictié. Pour ce ycy au prouffit de mondit seigneur   27 l.

[fol. 17v] *Item*[53], ladicte nef nommee *galiote de Morelays* comme devant appert fut vendue au pris de deux cens escuz qui valent la somme de   350 l.t.

Dont pour le droit de monseigneur l'admiral a esté rabatu la somme de 20 escuz, valent 30 l.

Demeure au prouffit de la compaignie la somme de 180 escuz d'or qui valent   270 l.t.

Dont a ceulx de Dieppe appartient pour leur portion au pris de 22 s. 6 d. pour paie137 l. 5 s.

Et a Monseigneur et ses gens pour 135 paies audit pris   129 l. 7 s. 6 d.t.

Restoit bon de ladicte somme de   270 l. 67 s. 6 d.

Dont Plain Bras marinier a eu pour sa peine de avoir aidié a amener ladicte galiote 17 s. 6 d.

Et les lamens   60 s.

Sur laquelle somme montant 130 l. 7 s. 6 d.t. ont esté deffalqués et rabatues les parties qui ensuivent :

Pour les singlaiges revenant au prouffit de mondit seigneur la somme de 48 l. Pour ce ycy
                                                                        48 l.

Pour les boissons au prouffit de mondit seigneur   15 l.

Demeure de ladicte somme de 129 l. 7 s. 6 d. de la vendue de ladicte nef la somme de 66 l. 7 s. 6 d.t.

Dont a mondit seigneur appartient la moictié montant la somme de 33 l. 3 s. 9 d.t. Pour ce ycy
                                                                    33 l. 3 s. 9 d.t.

Somme des prouffis venans a mondit seigneur pour le voyage present non comprins les vins demourez pour sa provision et la nef a luy demeure   374 l. 1 s. 10 d. ob.

[fol. 18r] Et[54] les mises faictes par ledit le Prince pour icelui voyaige et les deppendences montent la somme de   548 l. 19 s. 4 d.

Ainsi appert avoir esté plus mis que receu par icellui le Prince   174 l. 18 s. ob. t.

[le fol. 18v est vierge et manque le fol. 19]

[fol. 20r] Pour[55] autres mises et despenses faicte ou moys de mars 400 cinquante cinq pour vitailler ladicte crevelle *Marquise* et ou moys d'avril 456 ensuivant pour rafreschir lesdictes vitailles ainsi que par les singulieres parties puet apparoir qui se montent 581 l. 10 s.t., dont a a esté paié par ledit Prince la moictié d'icelle somme en quoy mondit seigneur estoit tenu la somme de   290 l. 15 s.

Item, a esté payé par ledit le Prince pour mises faictes par Jehan le Marchant tant pour la repparacion d'icelle crevelle comme pour trait, arbalestres remises a point et autres choses declairees es parties de ce es moys devant dis 144 l. 11 s. 2 d.t. Pour ce ycy   144 l. 11 s. 2 d.

---

53. *Toute la page rayée.*
54. *Toute la page rayée. En marge* : Portee ceste somme cy devant sur la *IIda* grosse et pour ce rayé cy.
55. *Toute la page rayée. En marge* : 2ᵉ voyage. *Et* : Toutes ces parties acollees sont portees cy devant et rabattues sur la tierce grosse somme et pour ce rayees cy.

[fol. 20vo] Autres[56] deniers payez par ledit le Prince pour achat de prisonniers prins ou voyage fait durant les vitailles dont cy dessus est faicte mencion

Primo

Pour ung Angloiz nommé Guillaume Coppeland 24 escus 36 l.t.

Pour un autre Anglois nommé Guillaume Acton 74 escus valent   111 l.t.

Pour Jehan Neve dit Cousin aussi Anglois 83 escus, valent   124 l. 10 s.

[fol. 21r] Wyllaume[57] Johonson acheté pour 32 escuz, valent   48 l.

Pour l'achat de 84 payes tant de gens de guerre que des mariniers achetez par ledit le Prince pour avoir deux Lombars qui prins avoient esté oudit voyage et lesquelz mondit seigneur commanda estre achatez quelz qu'ilz coustassent. Pour chacune desdites payes ung escu, valent 84 escus. Pour ce   126 l.t.

Somme des mises faictes par ledit le Prince pour ce present voyage, comprins l'achat de prisonniers   880 l. 16 s. 2 d.t.

[fol. 21v] *Item*[58], ledit Prince a payé pour sept Anglois mariniers de Walmort prisonniers de la prinse dudit voyage, lesquelz furent envoyez a Rouen pour comme l'en disoit faire les fossez du pré du Vallasse apreciez en faisant le compte dudit butin tant pour principal, passe porte, despense faicte a Honnefleu comme autrement la somme de 71 escus et 25 s. et pour faire leurs despens et de ceulx qui les menerent par terre jusques a la Bouille 100 s.t. Pour ycy pour lesdits prisonniers   112 l. 15 s.t.

Somme pour lesdits prisonniers : 112 l. 15 s.

Somme dudit voyage : 993 l. 10 s. 2 d.t.

La recepte des prouffis et gains de guerre venuz a mondit seigneur et yssus a cause dudit voyage tant des prisonniers du passagier de Dowre et pescheur de Sandwych prins devant Calaiz comme de la vendue desdits passagier et pescheur ainsi que par l'estat du compte et des parties dont cy après est faicte declaracion puet apparoir, monte la somme de   436 l. 8 s. 11 d. ob.

Ainsi appert que ledit Prince a plus mis que receu de la somme de   557 l. 2 s. 2 d. ob.

[fol. 22r] Estat du butin[59]

Les prisonniers dont dessus est faicte mencion venduz au butin, montent la somme de 688 escuz et 1 quart, pour ce   688 escus et 1 quart

Les prisonniers du passagier delivrez par l'usance de la mer montent pour leur finance 84 escus. Pour ce   84 escus

Les prisonniers du pescheur delivrez par semblable, montent 48 escus, pour ce   48 escuz

La vendue du pescheur monte 53 escus, pour ce   53 escuz

La vendue du passagier monte 135 escus. Pour ce   135 escus

Somme de ces parties :   1008 escus 1 quart

Sont a rabatre les parties qui ensuivent, c'est assavoir pour singlages   32 escus

Pour les suiages et boissons   10 escuz

Pour l'abordaige desdits passagier et pescheur   12 escus

Pour l'amenaige d'iceulx   12 escus

---

56. *Toute la page rayée.*

57. *Toute la page rayée.*

58. *Toute la page rayée. En bas en marge* : Cette somme est portee cy devant sur la 3ᵉ grosse somme.

59. *Toute la page rayée.*

Pour argent baillé a certain pelerins qui estoient ou navire et lesquelz furent envoyez quictes
2 escus

Pour le ladmen qui amena du Quief de Caux la crevelle a Honnefleu   4 escus

Pour le service et enterrement d'un Anglois prisonnier mort a terre   1 escu

[fol. 22v] Pour[60] argent donné au viconte d'Auge et procureur du roy pour leur peine d'avoir vaqué a l'examen de certains Flamens prins audit navire qui furent delivrez par l'ordonnance de mondit seigneur et des gens du roy   3 escus

Pour la despense de femmes anglesches qui avoient esté prinses oudit passaiger semblablement delivreez 1 escu et demi

Pour la despense de 34 prisonniers qui furent en l'ostel Jehan le Marchant depuis leur prinse jusques au 17e jour d'avril par appointement fait audit le Marchant   17 escus

Pour avoir fait garder et guecter par nuit iceulx prisonniers durant ledit temps   3 escus

Pour feurre ou estrain pour coucher iceulx prisonniers   25 s.

Aux barbiers pour leurs paines d'avoir guery plusieurs desdits prisonniers qui estoient nafrez
4 escus

Au sergent de monseigneur l'admiral pour avoir crié et vendu le butin   2 escus

Pour argent donné a Jehan le Prince le jeune pour sa paine et despence d'avoir vacqué depuis la venue du navire jusques aprés le butin fait a escripre et besoingner en icellui   6 escus

Somme de ces parties cy devant acollees :   110 escus 10 s.t.

[fol. 23r] Demeure[61] de ladicte somme de mil 8 escus et ung quart 897 escus, 27 s. 6 d., qui valent   1346 l. 17 s. 6 d.

Dont fait a rabatre pour le 10e de monseigneurr l'admiral   124 l. 13 s. 9 d.

Demeure de cler dudit butin a departir   1212 l. 3 s. 9 d.

De laquele somme est deu aux gens d'armes et mariniers la moictié qui monte

606 l. 1 s. 10 d. ob.

Et pour la nef et vitailles pareille somme de   606 l. 1 s. 10 d. ob.

Et par compte fait entre Jaquet d'Évreux, receveur de mondit seigneur l'admiral, Jehan le Marchant, maistre de ladicte crevelle, et icellui Jehan le Prince ainsi que dessus appert estoit deue la somme de 606 l. 1 s. 10 d. ob. t. pour la nef et vitailles

Item, estoit deu pour ladicte nef et vitailles du mort butin   61 l. 6 s. 6 d.

Somme de ces deux parties : 667 l. 7 s. 3 d.

De laquele somme fait a rabatre pour despense et mises tant en l'ostel dudit Jehan le Marchant que autre part en faisant l'estat et comptes dudit butin la somme de   19 l. 9 s.

[fol. 23v]

Demeure[62] a partir   647 l. 15 s.

Dont pour le droit de ladicte crevelle appartient a mondit seigneur la somme de 162 l. 19 s. 7 d.

Ainsi demeure pour les vitailles   485 l. 18 s.

Et avecques ce revient ausdits vitaillers pour les singlaiges et boissons 42 escus qui valent
64 l.t.

---

60. *Toute la page rayée.*
61. *Toute la page rayée.*
62. *Toute la page rayée.*

Somme de ce qui revient a partir pour lesdictes vitailles : 548 l. 18 s. 7 d. ob.

De laquelle somme appartient a mondit seigneur a cause de la moictié desdites vitailles la moictié qui se monte   274 l. 9 s.t.

Et pour son droit de ladicte nef ainsi que dessus est faicte mencion   161 l. 19 s. 7 d.

Pour[63] ce, pour lesdictes deux parties venant a mondit seigneur a cause dudit voyage
436 l. 8 s. 11 d. ob.

Laquelle[64] somme est portee en la fin des parties de la despense de ce voyage devant declairé.

[fol. 24r] S'ensuivent[65] par declaracion les parties des mises faictes par Jehan le Marchant, maistre de la *Marquise* crevelle de monseigneur le grant seneschal de Normendie pour icelle mectre sus pour aler en guerre ou moys de mars l'an mil 400 cinquante cinq a Honnefleu que a payees ledit Jehan le Prince audit le Marchant

Et premierement

Pour cordail de plusieurs sortes montant le nombre de 720 livres au pris de 9 d. la livre, valent
27 l.

Pour 150 livres d'estouppe a 5 d. la livre, valent   62 s. 6 d.

Pour 101 livres de clou pour mettre en la quille de la nef au pris de 12 d.t. la livre, valent 101 s.t.

Pour autre menu clou pour icelle nef   9 s. 9 d.

Pour deux mastz achetez pour servir pour le bourset et mizaine de ladicte nef   4 l. 5 s.

Pour maugieres nouvelles pour icelle nef   30 s.

Pour trois barilz de bray et goutren pour icelle   9 l.

Pour certaines bendes de fer neccessaires pour aucuns canons de nouvel apportez et enfustez
30 s.

Pour 3 peaulx de mouton pour faire vadeaux   6 s. 9 d.

Pour feurre pour bray et suer icelle nef   15 s.

Pour 17 journees de charpentiers qui ont ouvré en ladicte crevelle dont [certains] d'iceulx gaignoient chacun jour 5 s. pour homme et les autres chacun 3 s., valent   13 l. 12 s.

Pour les despens desdits charpentiers pour iceulx 17 jours au pris de 2 s. pour homme pour chacun jour valent   6 l. 16 s.

[fol. 24v] Pour[66] les despens de ceulx qui continuelment ont vacqué a la repparation de ladicte nef depuis ce que on l'a encommencee a repparer jusques au partement d'icelle autres que charpentiers   10 l.

Pour les figures des haubens   30 s.

Pour huit aulnes de toille pour la provision de ladicte crevelle et 8 livres fil de roy   48 s.

A Thomas de Thony pour avoir reffait 4 canons de ladicte crevelle et renchassez en boys avecques deux bonettes neufves, pour ce   6 l.

Pour deux milliers de clou pour ladicte crevelle, c'est assavoir demy millier de 40 livres, demi millier de 20 livres, demi millier de 10 livres et demi millier de 6 livres, pour tout   56 s. 3 d.

Pour demy millier de trait commun   6 l. 10 s.

---

63. *En marge* : Portee cy devant et quitte cy.

64. *En marge* : Il est fait.

65. *Toute la page rayée. En marge* : Ces parties acollees sont prinses cy devant en despense sur la 3e grosse somme.

66. *Toute la page rayée*.

Pour le rappareil de 7 arbalestres dont l'une estoit d'acier rompue et refaicte neufve et pour fil d'Anvers pour les cordes d'icelle au Roux artilleur,   30 s. 6 d.

Pour 3 livres de fil d'Envers pour la provision de ladicte crevelle   12 s.

Pour 4 grosses lanternes mises en ladicte crevelle   12 s.

Pour deux gros ginbelez   18 d.

A Durant de Thieuville pour paiement du cellier que Thomassin le Boursier avoit pieça loué pour mettre les utenxilles de la crevelle afin de recouvrer deux grans poulyes et 9 avirons, 30 s., non obstant qu'il fut affermé par ledit Durant qu'il lui estoit deu du louage dudit cellier, pour ce   30 s.

[fol. 25r] Pour[67] demy millier de fers de trait commun prins en l'ostel de la ville de Rouen dont les deniers furent payez a Richard Ango, maistre des ordonnances d'icelle ville   100 s. t.

Pour le rachat d'un canon mis et engagé par Alfonse et Vignay, varlés et commis a la garde d'icelle crevelle aprés que mondit seigneur oult rescript a Perot de Salenoire quant Thomassin fust comme il avoit acoustumé touchant les affaires de mondit seigneur et de ladicte crevelle et qu'il n'estoit point ladre, etc., et que a ceste cause Guillaume le Coffie qui auparavant faisoit la despense desdits Alfonce et Vignay y avoient esté commis. Pour ce   30 s.

A Durant de Thieu le 15e jour decembre pour le parpaiement du cellier dessusdit, lequel des-pieça icellui Thomassin avoit loué pour mettre les utenxillles de la dicte crevelle   30 s.

A Cardin de Lignet pour aler de Honnefleu a Rouen devers mondit seigneur le 22e jour de mars et pour le louaige d'un cheval   11 s.

Pour une paire de chausses pour ledit Alfonce qui n'en avoit aucunes   15 s.

A Petit Jehan Ernault, contremaistre de ladicte nef, pour certains affaires qu'il disoit avoir pour icelle nef baillé trois escus qui valent   4 l. 10 s.

[fol. 25v] Pour[68] mises faictes pour le fait des prisonniers menez de Honnefleu a Rouen, les-quelz prisonniers furent prins a la prinse du passagier de Calays ou moys d'avril 456, recours aux parties,   24 l. 16 s. 1 d.

Somme[69] des mises de ce chappitre : 144 l. 11 s. 2 d.t.

[fol. 26r] Declaracion[70] des vitailles mises en ladicte crevelle pour le voyage dessus declairé payez par ledit le Prince en tant que touche la moictié que y avoit mondit seigneur

P°

Pour 600 douzaines de pain   84 l.

Pour 20 tonneaulx de sildre   120 l.

Pour 4 grans beufz salez et enfoncez   36 l. 7 s. 3 d.

Pour autres six beufz achatez de Gieffroy Naguet   34 l. 10 s.

Pour deux barilz de harenc caqué   7 l. 10 s.

Pour deux cens livres de burre sallé   7 l. 10 s.

Pour cent livres de chandelle   115 s.

Pour vaisselle de boys et de terre   27 s. 3 d.

Pour 4 fliches de lart   100 s.

Pour 12 autres fliches de lart achetez de Naguet   12 l.

---

67. *Toute la page rayée.*
68. *Toute la page rayée.*
69. *En marge* : Ceste somme est prinse cy devant en despense sur la 3e grosse somme et quitte cy.
70. *Toute la page rayée.*

Pour 300 et demy de suif	14 l.
Pour 4 milliers de buche a ardoir	6 l.
Pour 60 morues	12 l.
Pour singlaiges	36 l.
Pour le suaige	12 l.
Pour 12 minotz de sel	72 s.
Pour despense faicte en faisant lesdictes vitailles	12 l.
Pour autre despense paiee par Jaquet d'Évreux	32 s. 6 d.

Somme de ces parties : 401 l. 4 s.

Dont la moictié qui appartient a mondit seigneur, monte 200 l. 12 s. que a paiee ledit le Prince.

[fol. 26v] Declaration[71] des autres vitailles mises en ladicte crevelle par fourme de rafreschissement ou moys d'avril 456

Pour singlaiges, 16 escus, valent	24 l.t.
Pour 300 douzaines de pain	45 l.
Pour 8 tonneaux de sildre et autre bruvage	48 l.
Pour 4 beufz	25 l.
Pour six costez de lart	6 l.
Pour deux cens livres de suif a suer	7 l. 10 s.
Pour 30 livres de chandelle	30 s.
Pour 200 de burre	7 l. 10 s.
Pour buche a ardoir	60 s.
Pour estrain a suer	10 s.
Pour peaulx de mouton a faire vadeaux	6 s.
Pour deux milliers d'oefz	60 s.
Pour le vin despendu en faisant le suage	9 l.

Somme : 180 l. 6 s.

Dont la moictié appartenant a mondit seigneur monte 90 l. 3 s. que a paiez ledit Prince

[fol. 27r][72] Ensuivent les parties de la despense faicte pour les prisonniers de la prinse du passagier de Dowre et pescheur de Sandowych paiez par ledit le Prince

Pour la garde d'iceulx de les avoir gardez par 3 jours	20 s.
Pour 4 chaynes de fer pour lesdits prisonniers	30 s.
Pour despense faicte par lesdits prisonniers et pour leurs chevaulx	64 s. 4 d.
Pour le louage desdits chevaulx pour iceulx prisonniers pour les mener a la Bouille	18 s.
A Honnefleu pour le desjuiner desdits prisonniers le 19e jour d'avril qu'ilz partirent	22 s. 6 d.
Pour 3 chappeaux, trois bonnets, trois saintures et trois paires de gans pour trois desdits prisonniers	27 s. 9 d.
Pour belle chiere a l'ostesse	15 s.

---

71. *Toute la page rayée.*

72. *Toute la page rayée. En marge* : Ces parties acollees sont portees cy devant en abregé sur la 4e grosse sommes et rayees cy.

Aux serviteurs de l'ostel du maistre de la crevelle qui avoient servy lesdits prisonniers   6 s.

Au Pontaudemer pour despense des Lombardz, Jehan Cousin, le dit Prince et autrez   18 s.

A 5 compaignons de guerre pour avoir mené par terre a pié de Honnefleu a la Bouille lesdits prisonniers 100 s. dont Jacquet d'Évreux a payé 30 s. et ledit le Prince le surplus   70 s.

[fol. 27v] Pour[73] leur despense faicte en chemin   41 s.

Pour sildre beu en chemin paié par Robinet Regné   3 s.

Pour le soupper desdits prisonniers et les garder a la Bouille   17 s. 6 d.

Pour la despense de 4 desdits prisonniers, 6 chevaulx, en ce comprins deux des chevaulx dudit le Prince   9 s.

Pour le louage d'un cheval pour le varlet dudit le Prince ou lieu de ce que mondit seigneur le seneschal aloit mené dehors le cheval et le mulet dudit le Prince   15 s.

Pour la despense faicte par ledit le Prince a Honnefleu en alant et retournant ou il a vacqué par l'espasse de 8 jours   6 l.

Somme : 24 l. 16 s. 1 d.[74]

[fol. 28r] Declaracion[75] des mises faictes ou moys d'avril 455 pour la dicte crevelle la *Marquise* et pour retourner en guerre

P°

Pour les singlaiges pour avitailler les mariniers   24 l.

Pour 400 livres de suyf pour suer ladicte nef au pris de 4 l. 10 s. le cent, valent   18 l.

Pour les boissons des compaignons qui suerent ladicte nef   10 l.

Pour 4 peaulx de mouton a faire vadeaux   10 s.

Pour ung cent d'estrain a suer ladicte nef   20 s.

Pour 500 douzaines de pain a 2 s. la douzaine, vault le cent 10 l. et les 500   50 l.

Pour 30 queues de boisson tant vin de conyhault comme sildre a 60 s. la queue, l'un portant l'autre   90 l.

Pour l'achat de 10 beufz   50 l.

Pour 20 costez de lart a 17 s. 6 d. piece   17 l. 10 s.

Pour poysson sallé   20 l.

Pour cent livres de burre   60 s.

Pour cent livres de chandelle   100 s.

Pour deux milliers de buche a ardoir   60 s.

[fol. 28v] Pour[76] dix fustz de guerres a mectre les eaux et bruvaiges   60 s.t.

Pour sel   60 s.

Somme de ces parties : 298 l.

Dont Monseigneur doibt la moittié, monte   149 l.

---

73. *Toute la page rayée.*

74. *En bas de la page* : Ceste somme est portee et prinse en despense cy devant en la somme de 144 l. 11 s. 2 d. Rayee.

75. *Toute la page rayée. En marge* : 3ᵉ voyage.

76. *Toute la page rayée. En bas de la page, en marge* : Ceste somme est portee et est en despense cy devant sut le 4ᵉ grosse somme et pour ce cy rayees cy.

[fol. 29r] Aultres[77] mises et despense faicte pour le fait d'une prinse admenee ou moys de may ensuivant

P°

A 5 hommes qui firent le guet a ladicte prinse le 19ᵉ jour de may qu'elle fut menee a Honnefleu pour chascun 3 s., valent   15 s.

A 7 autres hommes qui firent le 20ᵉ jour ensuivant guet a ladicte prinse, chascun 3 s., valent 21 s.

A Jehan Boulart et ung autre nommé Malet, lodmens, pour avoir aconduit du Quief de Caux a Honnefleu la *Marquise* crevelle et icelle prinse, 3 escus, valent   4 l. 10 s.t.

A 6 hommes pour avoir fait le guet a ladicte prinse le 21ᵉ jour dudit moys de may   18 s.

Aux bermens pour avoir apporté a diverses journees grant quantité de plomb estant en ladicte prinse du bord de l'eaue en l'ostel de Jehan le Marchant, maistre de ladicte crevelle, et avoir aussi roullé et admené les laynes   8 l.t.

A Guillemin Langlois et ses aides pour avoir pesé lesdictes laynes et partie du plomb 4 l. 10 s.

A trois hommes qui firent le guet le 22ᵉ jour ensuivant   9 s.

A ceulx qui aiderent a tirer hors de ladicte prinse le 20ᵉ jour dessusdit partie dudit plomb 20 s.t.

[fol. 29v] A ceulx[78] qui aiderent a tirer icelluy plomb le 21ᵉ jour ensuivant et les meules   75 s.

A ung nommé Cohan, batelier, pour avoir porté du bord de ladicte prinse a terre en son bateau une quantité dudit plomb   5 s.

A Jehan Neret pour la paine d'avoir luy et ses aides apporté le mesrien a pendre le poix pour peser layne et plomb   15 s.

A Babin, maistre marinier, pour avoir amené ladicte prinse, 3 escus, valent   4 l. 10 s.

Aux compaignons qui furent avecques luy pour aider a ce faire, 9 escus, valent   13 l. 10 s.

Audit Jehan le Marchant, maistre de ladicte crevelle, pour l'abordage de ladicte prinse, 6 escus, valent   9 l.

A sept compaignons qui furent bleciez en faisant ladicte prinse pour aider a les faire guerir, a chascun ung escu, valent   10 l. 10 s.

Aux charpentiers qui amenderent ladicte crevelle lors qu'elle fut rompue et empiree en la mer   60 s.

Au sergent de monseigneur l'admiral pour plusieurs diligences faictes par lui pour le fait de ladicte prinse   30 s.

Somme desdictes parties : 70 l. 18 s.

Dont fait a rabatre pour ceulx de Chierbourg et Harfleu la moictié, qui monte   35 l. 9 s.

[fol. 30r] Demeure[79] deu par les gens de mondit seigneur estans en ladicte crevelle et aussi par les vitailles pour l'autre moictié   35 l. 9 s.

Item, pour les singlaiges et suaiges de ladicte crevelle, 42 escus qui valent   64 l.

Item, pour sildre beu en l'ostel dudit Jehan le Marchant en faisant les maneuvres devant escriptes   31 s.

Somme de ces 3 parties deues : 100 l.t.

De laquele somme fait a recouvrer sur la part de monseigneur l'admiral   10 l.

---

77. *Toute la page rayée. En marge* : Toutes ces parties acollees sont prinses en la grosse cy devant et pour ce *nihil* cy et rayés.

78. *Toute la page rayée.*

79. *Toute la page rayée.*

Demeure 90 l.

Dont aux gens de guerre et mariniers appartient la moitié qui monte   45 l.

Et a mondit seigneur et aux autres vitailliers   45 l.

De laquele somme mondit seigneur a cause desdictes vitailles doit la moictié qui monte
                                                                                22 l. 10 s.

[fol. 30v] Aultres[80] mises faictes pour et a cause de la part des laynes et plomb appartenant a mondit seigneur

P°

Pour les mectre a couvert en l'ostel dudit Jehan le Marchant, maistre de ladicte crevele, aux preneurs   12 s.

Pour avoir haslé et mis hors de la court dudit maistre partye du plomb   10 s.

A Guillaume Langloiz pour avoir pesé icelui   60 s.

Aux bermens pour avoir mis a couvert en la maison dudit maistre icellui plomb   12 s.t.

A deux hommes qui par trois nuys ont guetté et gardé ledit plomb en la court dudit maistre
ouparavant de ce qu'il fut pezé et mis en la maison   18 s.

Pour avoir mis et pendu derechief le poix qui avoit esté despendu pour peser la layne de mondit seigneur et des vitaillers et pour la livrer aux marchans   10 s.

Somme : 6 l. 2 s.

Somme de ces deux parties deues par mon dit seigneur   28 l. 12 s.

[fol. 31r] Estat[81] de la prinse admenee a Honnefleu le 19ᵉ jour de may 456 faicte par la crevelle dessusdicte, la crevelle de Chierbourg et le ballenier du bailli de Chartres de la marchandise qui estoit en icelle prinse vendue en la maniere et pour les sommes cy aprés declairees en tant que touche la part de mondit seigneur pour sa nef et les vitaillers d'icelle seulement.

Premierement

Deux[82] balles de laynes pesans ensemble de layne nete 1138 livres vendue au pris de 10 escus le cent, font 113 escuz et 22 s. 6 d., qui valent   170 l. 12 s. 6 d.

Une autre balle de layne pesant 900 l.t. [sic pour livres] necte vendue 6 escus le cent, font 57 escus, qui valent   85 l. 10 s.

Peaux de mouton montans 956 venduz au pris de six escus et demi le cent, valent 93 l. 3 s. 9 d.

Aultres peaux receues de ceulx de Chierbourg pource qu'ilz en avoient receu plus qu'il n'en appartenoit, vendues   6 l. 15 s.

Cuirs tennez venduz   10 l. 18 s.

Meulles a coustelier vendues   16 l. 4 s.

Somme de ces parties : 383 l. 3 s. 3 d.

[fol. 31v] De[83] laquelle somme appartient a mondit seigneur a cause de la nef le quart, qui monte   95 l. 15 s. 9 d. ob. p.

Demeure a partir entre mondit seigneur et les vitaillers   287 l. 7 s. 5 d. picte

Avec laquele somme convient mectre qui revient appartir parentre les vitaillers pour les singlaiges et suiages   63 l.

---

80. *Toute la page rayée. En bas à gauche* : Ceste somme de 28 l. 12 s. est portee et prinse en despense sur la 4ᵉ grosse somme et pour ce *nihil* cy comme devant et rayé.

81. *Toute la page rayée.*

82. *En marge* : Verifié par les maistres.

Somme a departir entre lesdits vitaillers : 350 l. 7 s. 5 d. picte

De laquelle somme appartient a mondit seigneur a cause de la moictié des vitailles   175 l. 3 s. 9 d.

Et pour le droit de ladicte crevelle ainsi que cy devant est contenu   95 l. 15 s. 9 d. ob. picte

Somme de ces deux parties deues a mondit seigneur : 270 l. 19 s. 6 d. ob. picte

Et la despence faicte pour les vitailles pour la part de mondit seigneur monte   149 l.

Item pour autres mises   28 l. 12 s.

       Somme de ces deux parties : 177 l. 12 s.

Plus[81] receu que mis de la somme : 93 l. 7 s. 6 d. ob. picte

[fol. 32r] Autre[85] marchandise estant en ladicte prinse non vendue en tant que touche la part de mondit seigneur

C'est assavoir 16 milliers de plomb

Dont pour le droit de la nef appartient a mondit seigneur le quart qui monte   4 milliers

Demeure a partir entre lesdits vitaillers 12 milliers

Duquel nombre appartient a mondit seigneur a cause des vitailles la moictié qui monte   6 milliers

Somme pour mondit seigneur : 10 milliers de plomb

Duquel a esté baillé et delivré au viconte du Bec Crespin pour aucuns affaires du lieu ung saumon pesant   451 livres

Ainsi[86] en reste pour mondit seigneur 9 549 livres de plomb.

[fol. 32v] Aultres[87] mises faictes par Jehan le Marchant pour les vitailles de ladicte *Marquise* et crevelle es moys d'octobre et novembre 456 pour ung voyage encommencié endit temps ainsi que par les parties et qui apprés sont declairees en ce kayer, sera veu, lesquelles parties montent 226 l. 16 s. 7 d.t., de laquele somme mondit seigneur doibt la moictié 163 l. 8 s. 4 d. ob.

Item, les repparacions faictes en laditte crevelle par icellui Jehan le Marchant se montent 43 l. 16 s. 5 d., ainsi que par les parties cy aprés contenues en cedit kayer puet apparoir. Pour ce   43 l. 16 s. 5 d.

Somme de ces deux parties que a paiees ledit Prince :   207 l. 4 s. 8 d. ob. t.

[fol. 33r] Fr[88] par le compte rendu par ledit Jehan le Marchant des prouffiz et gaingz de guerre venuz et yssuz a cause dudit voyage faiz en yceulx moys d'octobre et novembre 456 en plusieurs parties, icellui le Marchant a receu la somme de 502 l. 16 s.t., pour ce ycy 502 l. 16 s.t.

Sur laquele somme sont a rabatre les parties qui ensuivent.

                    P°

Pour singlaiges et suaiges   72 l.t.

Pour les boissons   15 l.t.

---

83. *Toute la page rayée.*

84. *En marge* : Responde Jehan le Prince de ceste somme. *Puis* : Il en a fait recette devant sur le 3ᵉ voyage et rayé.

85. *Toute la page rayée.*

86. *En marge* : Jehan le Prince a baillé a Evrart Labbé la desclaration des parties de la delivrance faicte dudit plomb et acquicté, et pour ce deschargé cy ainsi que cy devant est dit et rayé.

87. *Toute la page barrée. En marge* : Rayé pour ce qu'il est en la (un mot illisible) au commencement de ce pappier.

88. *Toute la page rayée. En marge* : 4ᵉ voyage. Jehan le Marchant a tesmoingné ceste partie estre vraye qui sont portees en abregié cy devant et pour ce rayees cy comme devant.

Somme de ces deux parties : 87 l.

Demeure a partir par moictié tant aux gens de guerre, mariniers et vitaillers comme pour ladicte crevelle la somme de 415 l. 16 s., pour ce ycy   415 l. 16 s.

De laquele somme sont a rabatre pour le droit de monseigneur l'admiral la somme de 41 l. 14 s., pour ce   41 l. 14 s.

Demeure de cler   374 l. 2 s.

De laquelle somme appartient aux vitaillers et compaignons la moictié qui se monte 187 l. 1 s.

[fol. 33v] De[89] laquelle somme de 187 l. 1 s. appartient a mondit seigneur pour le droit de sadicte crevelle le quart, qui monte 46 l. 15 s. 3 d., pour ce ycy   46 l. 15 s. 3 d.

Ainsi demeure pour les vitailles la somme de 140 l. 5 s. 9 d., pour ce   140 l. 5 s. 9 d.

Item, leur revient pour les singlaiges et boissons dont dessus est faicte mencion 87 l., pour ce   87 l.

 Somme de ces deux parties appartenant aux vitaillers : 227 l. 5 s. 9 d.

De[90] laquelle somme appartient a mondit seigneur pour la moictié desdictes vitailles 113 l. 12 s. 10 d. ob. pour ce ycy   113 l. 12 s. 10 d. ob.

Et pour le droit de ladicte nef ainsi que dessus est specifié, 46 l. 15 s. 3 d., pour ce
                                                                46 l. 15 s. 3 d.

      Somme de ces deux parties acollees venant a mondit seigneur : 160 l. 8 s. 2 d. ob.

Et comme dessus est escript les vitailles et repparacions montent pour la part de mondit seigneur   207 l. 4 s. 8 d. ob.

Ainsi[91] appert que ledit le Prince a plus mis que receu de la somme de 46 l. 16 s. 7 d.t.

[fol. 34r : vierge]

[fol. 34v] Ensuit[92] la declaration des repparacions et mises faictes en ladicte crevelle par icelluy Jehan le Marchant pour le voyage dessusdit fait es moys d'octobre et novembre 456

Pour 40 journees de charpentiers qui ont serché icelle, callefaté les tillatz tant hault que bas et autres choses neccessaires qu'ilz ont faictes en ladicte crevelle a 3 s. 9 d.t. pour jour, valent   7 l. 10 s.

Pour les despens desdits charpentiers a 2 s. 6 d. pour jour, montent   100 s.

Pour deux cens livres d'estouppes a 4 d. ob. la livre, valent   75 s.

Pour deux barilz de bray   7 l.

Pour 300 de clou a tillac a 6 s. le cent   18 s.

Pour 300 de clou a demi tillac a 3 s. le cent   9 s.

Pour les meugieres dudit tillac   30 s.

Pour clou pour lesdictes maugieres   5 s. 3 d.

Pour reffaire le batel qui sert la nef en hable   66 s. 3 d.

Pour 6 aulnes de toille   18 s.

Pour aiguilles a tref   2 s. 3 d.

---

89. *Toute la page rayée.*

90. *En marge* : Jehan le Prince a repondu de ces 2 parties acollees.

91. *En marge* : Ceste partie est chargee cy devant et rayé.

92. *Toute la page rayée. En marge* : Ces parties acollees sont comptees et prinses cy devant et pour ce *nihil* cy et rayees.

Pour 5 livres de fil a tref	16 s. 8 d.
Pour ung cent de tappons pour les canons	3 s.
Pour mettre a point et habiller 4 arbalestes	11 s. 3 d.
Pour deux persouers pour la nef	2 s. 6 d.
Pour certaine ferreure mise a la pompe	9 s. 9 d.
Pour une meugieure pour icelle	4 s. 6 d.
Pour avoir admené de Carmefleu a Honnefleu ladicte crevelle et avoir remisé dehors	65 s.
Pour une estaye mis en icelle pesant 300 livres	7 l. 6 s.

Somme : 43 l. 16 s. 5 d.

[35r] Cy[93] aprés ensuivent les mises pour les vitailles pour ledit voyage des moys d'octobre et novembre 456 faictes par icellui Jehan le Marchant et paiees par ledit Jehan le Prince

P°

Pour 600 douzaines de pain a 15 l.t. les cent 12aines, valent	90 l.
Pour la char de douze beufz a 60 s. piece, valent	36 l.
Pour 31 pippes de biere prinse a Harfleu a 50 s.t. pour chacune pippe, valent	77 l. 10 s.
Pour 16 queues a mettre icelle biere, chacune queue au pris de 7 s. 6 d., valent	6 l.
Pour faire remettre a point autres pippes a mettre partie de ladicte biere	42 s. 6 d.
Pour les amener de Harfleu a Honefleu et pour les charier et chargier es alleges	77 s. 6 d.
Pour deux barilz de harent	7 l. 10 s.
Pour les singlaiges	36 l.
Pour 300 livres de suyf a 75 s. le cent, valent	15 l.
Pour la boisson des compaignons	10 l.
Pour 100 livres de chandelle a 15 d. la livre, valent	6 l. 5 s.
Pour paille a suer ladicte crevelle	20 s.
Pour boys a ardoir	6 l.
Pour habiller les queues a mettre l'eaue et a enfoncer la char	24 s. 4 d.
Pour deux bouquetz a tirer eaue	6 s.
Pour poz a boire	11 s. 3 d.
Pour oefz	6 s. 3 d.
Pour 120 livres de beurre	4 l. 10 s.
[fol. 35vo] Pour[94] le lodmen	60 s.
Pour sel a saaler lesdits 12 bestes	8 l. 5 s.
Pour porter le boys et chars	8 l. 9 d.
Pour 6 pippes de biscuit prins de Jehan le Chandelier et en sa nef payé a luy	11 l 5 s.

Somme de ces parties : 326 l. 16 s. 7 d.t.

Dont la moictié que doibt mondit seigneur, monte :   163 l. 8 s. 3 d. ob.

---

93. *Toute la page rayée. En marge* : Ces parties acollees sont comptees et prinses en despense cy devant et pour ce *nihil* cy et rayés.

94. *Toute la page rayée. En marge* : Ceste partie est portee cy dessus devant et pour ce *nihil et* rayee.

[fol. 36r : vierge]

[fol. 36v] Autres[95] mises et despense faicte pour ladicte crevelle tant pour tref, bonnettes, charpenterie que autrez choses neccessaires pour elle, icelles mises faictes par Jehan le Marchant, maistre de ladicte crevelle, depuis le 19ᵉ jour de may 456 qu'elle arriva de la mer ou elle avoit combatu a une nef d'Angleterre qui l'avoit frainte et rompue jusques a l'achevement de ladicte crevelle et qu'elle fut advitaillee et remise sus pour aler en guerre, 257 l. 12 s. 1 d., ainsi que par les parties declairees cy aprés en ce kayer puet apparoir. Pour ce ycy   257 l. 12 s. 1 d.

Item, pour autres mises faictes pour l'advitaillement de ladicte crevelle ou moys de juing 456 ensuivant 424 l. 13 s. 6 d. t., ainsi que par les parties semblablement contenues en ce kayer puet apparoir, desquelles vitailles mondit seigneur paie la moictié, qui monte 212 l. 6 s. 9 d., pour ce ycy pour la part de mondit seigneur   212 l. 6 s. 9 d.

[fol. 37r] *Item*[96], pour autres mises faictes pour artillerie mise en ladicte crevelle achectez a Rouen le 6ᵉ jour dudit mois de juing ainsi que par lesdictes parties contenues en ce dit cayer puet apparoir 52 l. 4 s., pour ce ycy   52 l. 4 s.

   Somme des mises et despenses faictes pour ledit voyage deues pour la part de mondit seigneur : 522 l. 2 s. 10 d.

[fol. 37v] Mises[97] faictes pour la repparacion et amendement de la *Marquise* crevelle de monseigneur le conte de Maulevrier, grant seneschal de Normendie, tant pour tref, bonnectes, charpenterie que aultres choses a elle neccessaires depuis le mercredi 19ᵉ jour de may mil 456 que elle arriva de la mer ou elle avoit esté par l'espace de trois sepmaines et plus pour certaine fraction et rompture qu'elle avoit eue a l'encontre d'une nef d'Angleterre avecques laquelle elle avoit combatu, icelles mises faictes par Jehannot le Marchant, maistre de ladicte crevelle aprés Dieu, et paiees en la presence de Jehan le Prince, viconte du Bec Crespin, en la maniere qui s'ensuit.

Premierement

Pour une piece de boys pour faire l'estable achetee de Robin Violle, marchant de boys, et pour l'amenage d'icelle. Pour tout   60 s.

A lui pour une grande courbe, laquele fut mise et syee en deux   30 s.

A luy, pour 54 courtes a 4 s. 6 d. piece, valent   12 l. 3 s.

A luy pour cinq pieces de bordz   12 s. 6 d.

A Guillaume Lebas et Robin Lebron, charetiers, pour les peines dudit chargié et admené de la forest a Honnefleu, 17 charettees de boys abatu en ladicte forest par les charpentiers   4 l.

A Denis Tournoys, aussi charetier, pour en avoir admené 9 autres chartees   40 s.

A ung homme pour estre alé au Pont l'Evesque devers le lieutenant general du maistre des eaues et forestz querir congié par escript de prendre le boys neccessaire pour ladicte crevelle et pour la façon et escripture dudit congé   13 s. 3 d.

A ung homme pour estre alé a Rouen devers le lieutenant de mondit seigneur porter lettres pour les affaires de ladicte crevelle et pour le louaige d'un cheval, 3 jours   30 s.

A ung autre pour estre allé a Estreham querir plusieurs charpentiers qui ont aidé a reffere ladicte crevelle   15 s.

   Somme de ceste page(e) : 26 l. 3 s. 9 d.

---

95. *Toute la page rayée.* En marge : 5ᵉ voyage. *Puis* : Ces 3 parties acollees sont prinses en despense en abregé cy devant et rayees cy.

96. *Toute la page rayée.* En marge : Ceste partie est prinse en despense cy devant et pour ce *nihil* cy et rayees.

97. *Toute la page rayée.* En marge : Toutes ses parties acollees sont prinses en despence cy devant, et pour ce rayés cy.

[fol. 38r] Charpenterie[98] pour la premiere sepmaine commençant le lundi 24ᵉ jour de may mil 456

A Jehan Alapz, maistre charpentier, pour avoir ouvré et besoingné en l'ouvrage de ladicte crevelle par l'espasse de 4 jours et demy, pour chacun jour 5 s., valent   22 s. 6 d.

A Julien Lohé, aussi charpentier, pour y avoir besoingné par 4 jours et demy, chacun jour 3 s. 9 d., valent   16 s. 10 d. ob.

A Gonsalle Trousse pour y avoir besoingné par 3 jours et demy par chacun jour 3 s. 9 d., valent   12 s. 11 d. ob.

A Guillaume Enguerran pour y avoir besoingné par 4 jours et demy a 3 s. 9 d. pour jour, valent   16 s. 10 d. ob.

A Belot Benest pour y avoir besoingné par 3 jours et demy a 3 s. 4 d. pour jour, valent   11 s. 8 d.

A Perrin Alipz pour y avoir ouvré par ung jour et demi a 3 s. 9 d. pour jour, valent 5 s. 7 d. ob.

A Guillaume Lohier pour y avoir besoingné par jour et demy a 3 s. pour jour, valent 4 s. 6 d.

A Simon Denis pour y avoir ouvré par ung jour et demi a 3 s. pour jour, valent   4 s. 6 d.

A Cardin Marie pour 4 jours et demi a 2 s. 3 d. pour jour, valent   10 s. 1 d. ob.

A Richard Coquennier pour 4 jours et demi a 4 s. 6 d. pour jour, valent   20 s. 3 d.

A Lynard Gonnier pour 4 jours et demi a 3 s. 9 d. pour jour, valent   16 s. 10 d. ob.

A Jehan de Banne, pour 4 jours et demi a 3 s. 4 d. pour jour, valent   15 s.

[fol.38v] A[99] Jehan Gille pour 4 jours et demi a 3 s. 4 d. pour jour, valent   15 s.

A Robin Lyard pour 4 jours et demi a 3 s. 4 d. pour jour, valent   15 s.

A Richard Grain pour 4 jours et demi a 2 s. 6 d. pour jour, valent   11 s. 3 d.

A Jehan Grain pour 3 jours a 3 s. 9 d. t. par jour, valent   11 s. 3 d.

A Jehannet de Bannot pour 4 jours et demi a 3 s. pour jour   13 s. 9 d.

A Raol Hancelin pour 4 jours et demy a 2 s. pour jour, valent   9 s.

A Yvonnet Robert pour 4 jours et demy a 2 s. pour jour, valent   13 s. 6 d.

A deux sieurs de long pour y avoir esté par 3 jours a chacun 3 s. pour jour, valent   18 s.

Somme des journees : 79, qui valent aux pris cy desssus escrips   13 l. 4 s. 2 d.t.

Pour la sepmaine commençant le lundi derrain jour dudit moys de may.

A Jehan Alapz pour 6 jours   30 s.

A Julien Lohé pour 6 jours   22 s. 6 d.

A Gonsalle Trousse pour 6 jours   22 s. 6 d.

A Guillaume Enguerren pour 6 jours   22 s. 6 d.

A Belot Benest pour 6 jours   20 s.

A Perrin Alips pour 6 jours   22 s. 6 d.

A Guillaume Lohier pour 6 jours   18 s.

A Simon Denis pour six jours   18 s.

[fol. 39r] A[100] Cardin Macé pour six jours   13 s. 6 d.

---

98. *Toute la page rayée.*
99. *Toute la page rayée.*
100. *Toute la page rayée.*

A Richard Coquonnier pour 6 jours	27 s.
A Lienard Gonner pour six jours	22 s. 6 d.
A Jehan de Beauvaiz pour 6 jours	20 s.
A Jehan Gilles pour 6 jours	20 s.
A Robin Lyart pour 6 jours	20 s.
A Richard Grain pour 6 jours	15 s.
A Jehannet de Banne pour 6 jours	18 s.
A Raoul Hancelin pour 6 jours	12 s.
A Yvonnet Robert pour 6 jours	18 s.
Aux deux sieurs pour chacun 4 jours	24 s.

Somme : 116 journees d'omme qui aux pris desssus declairez valent 19 l. 6 s.

Pour la sepmaine commençant le lundi 7ᵉ jour de juing

Jean Alapz pour 4 jours et demy	22 s. 6 d.
A Julien Lohé pour 4 jours et demy	16 s. 10 d. ob.
A Gonsalle Trousse pour 4 jours et demi	16 s. 10 d. ob.
A Guillaume Engren pour 4 jours et demi	16 s. 10 d. ob.
A Belot Benest pour 4 jours et demy	11 s. 8 d.
A Perrin Alips pour 4 jours et demy	15 s. 10 d. ob.
A Guillaume Lohier pour 3 jours et demy	10 s. 6 d.
A Simon Denis pour 4 jours et demi	13 s. 6 d.
A Cardin Marc pour 4 jours et demi	10 s. 1 d. ob.
A Richard Coquonnier pour 4 jours et demi	20 s. 3 d.
A Lienard Gonnier pour 4 jours et demi	16 s. 10 d. ob.
[fol. 39v] A[101] Jehan de Banne pour 4 jours et demi	15 s.
A Robin Lyart pour 4 jours et demi	15 s.
A Jehan Gilles pour 4 jours et demi	15 s.
A Richart Grain pour 4 jours et demi	11 s. 3 d.
A Jehannet de Banne pour 4 jours et demi	13 s. 6 d.
A Raol Hamelin pour 4 jours et demi	9 s.
A Yvonnet Robert pour 4 jours et demi	13 s. 6 d.
Aux deux syeurs d'aez pour deux jours et demy	15 s.

Somme : 83 jours et demi qui valent 13 l. 19 s. 3 d.

Aux charpentiers pour avoir ouvré et besoingné pour deux jours commençans le lundi 14ᵐᵉ jour de juing aux pris et sommes devant declairez   6 l. 3 s. 2 d.t.

Item, a ung autre charpentier qui mis a esté avecques les dessus nommez pour haster l'œuvre
                                                                                            15 s.

Item, a deux sieurs d'aez et ung charpentier qui pareillement ont besoingné pour haster icelluy ouvrage par marché fait en tache
                                                                                            57 s.

---

101. *Toute la page rayée.*

Somme de ces trois parties : 9 l. 15 s. 2 d.

[fol. 40r] Pour[102] deux hommes de Honnefleu pour estre alez par deux foiz a Harfleu querir ung batel emprunté pour ladicte crevelle et l'avoir amené pource qu'elle n'en avoit pour aler dehors   25 s.

Pour la despense desdits charpentiers qui y ont vacqué par 20 jours ouvrables et mesmement de ceulx de dehors qui ont eu leurs despens aux jours de feste aussi bien que aux ouvrables pour tout et mesmement pour les charretiers   40 l.

Pour 8 pieces de toille qu'on appelle ollonnes achetees pour fere ung papefil a ladicte crevelle au pris de six escus cinq d'icelles pieces et les trois autres au pris de 4 escus piece, valent 64 l.

Pour deux autres pieces achectees de Jehennequin de Gaillarboz pour faire une bourset a 4 escus piece, valent   12 l.

Pour la façon d'iceulx pappefil et bonnecte   7 l. 10 s.

Pour la façon du bourset, 2 escuz et demi   75 s.

Pour deux livres de cire a cirer le fil   2 s. 6 d.

Pour meugieres   30 s.

Aux callefateurs qui ont callefaté les chasteaux et autres lieux neccesaires de ladicte nef   6 s.

A Jehan le Seigneur, mercier, pour demy cent de clou a tillac   3 s.

A Jehan Fobinsson demourant a Guerarville pour une pompe pour ladicte nef et une double poulye   50 s.t.

[fol. 40v] Audit[103] Jehan le Seigneur dessus nommé pour demy cent de clou a demi tillac 18 d.

Item, pour une livre de fil a tref   3 s. 4 d.

A Thomas Morain, mareschal, pour 367 livres de fer par lui ouvré et livré pour ladicte nef tant en cloux, chevilles, clin comme en autres choses a 12 d. la livre. Valent   18 l. 7 s.

A luy pour six livres de fer mis et employé a reffaire ung canon de ladicte nef   6 s.

A lui pour avoir amendé 4 vindas   10 s.

A Jehan Berengier, mercier, pour deux cens d'autre clou a tillac   12 s.

A lui pour ung cent et demy de clou a demy tillac   14 s. 6 d.

A Guillaume Langloiz pour 14 livres 3 quarterons de fil a tref a 3 s. 4 d. la livre   49 s. 2 d.

A lui pour demy quarteron de cire a cirer ledit fil   9 d.

A lui pour cinquante livres de bray   18 s. 9 d.

A lui pour ung baril de goutren   55 s.

A lui pour ung cent de clou   20 l. 3 s.

A lui pour 4 livres de fil a roy   13 s. 4 d.

A Gillot le Seigneur, mercier, pour autre fil a tref, esguilles a coutre icellui tref, grant quantité de clou de diverses sortes et dont partie a esté porté en ladicte nef, pour tout   73 s. 9 d.

A Martin le Bermen, faiseur d'arbalestres pour avoir amendé 4 arbalestres d'acier de ladicte nef 10 s.

[fol. 41r] A[104] Thomas le Sueur, cordier, pour 330 l. de corde baillés et livrés pour faire habiller le tref, bonnectes, boursectes et autres habillemens de ladicte nef a 66 s. 8 d. le cent, valent   11 l.

---

102. *Toute la page rayée.*
103. *Toute la page rayée.*
104. *Toute la page rayée.*

A lui pour 38 livres d'estouppes baillees pour ladicte nef a 4 d. ob. la livre, valent   14 s. 2 d.

Somme[105] de toute la despense faicte pour ladicte nef : 257 l. 11 s. 1 d.

[fol. 41v] Advitaillement[106] fait pour la crevelle de monseigneur le grant seneschal de Normendie pour le voyage du moys de juing 1456

Primo

Pour assembler les mariniers pour leurs singlaiges	24 l.
Pour 400 livres de suyf a 75 s. le cent	15 l.
Pour le suiage et vin des compaignons	10 l.
Pour un cent d'estrain pour suer la nef	20 s.
Pour 700 12aines de pain de 4 d. piece, valent la 12e 4 s., qui se monte	140 l.
Pour la char de dix beufz achetez de Naguet	48 l.
Pour 20 tonneaux de sildre achetez de luy et de son pere	150 l.
Pour demye poise de sel	4 l.
Pour le mesurage et portaige d'icellui	10 s. 6 d.
Pour cent livres de chandelle	100 s.
Pour deux cens livres de burre saallé a 9 d. la livre	7 l. 10 s.
Pour 20 costez de lart	21 l.
Pour buche a ardoir	6 l.
Pour deux bouquetz a eaue	4 s.
Pour deux queues a mettre sildre et eaues a 7 s. 6 d. la piece	4 l. 10 s.
Pour menage et arrivage d'eaue	10 s.
Pour façon de 3 douzaines de pastez	9 s.
[fol. 42r] Pour[107] poivre a mectre en iceulx patez	4 s. 6 d.
Pour une double poulye	3 s.
Aux compaignons qui ont saallé la char	7 s. 6 d.
Aux varlés du boulengier	5 s.
Au monnier de la ville pour garder l'eaue pendant qu'on suoit	2 s. 6 d.

Pour avoir tiré les sildres hors du celier et menez sur le ryvage de la mer et porté la gloe 52 s. 6 d.

Au tonnelier pour avoir enfoncé la char, rabatu plusieurs fustailles a mettre sildres et eaues et y avoir mis des cerceaux et fait de neuf plusieurs fons   55 s.

Somme toute : 424 l. 13 s. 6 d.

Qui[108] est pour moitié : 212 l. 5 s. 9 d.

[fol. 42v] Mises[109] et despenses faictes pour artillerie achectee a Rouen le 6e jour de juing mil 456 pour mettre en la crevelle de Monseigneur

---

105. *En marge* : Ceste somme de 257 l. 12 s. 1 d. est prinse cy devant en despense et pour ce *nihil* cy et rayees.
106. *Toute la page rayée.*
107. *Toute la page rayée.*
108. *En marge* : Ceste somme est portee cy devant et prinse en despens et pour ce *nihil* cy et rayee.
109. *Toute la page rayée.*

Primo

Pour ung millier de trait commun	13 l.
Pour 24 trousses de fleiches a 15 s.t. la trousse	18 l.
Pour troys windas a doubles poulies et une grosse arbaleste d'acier	6 l.
Pour la brodeure de la marmoture de ladicte crevelle	6 l.
Pour le drap d'icelle ycy neant pour ce qu'il est compté sur Henry Hurel, pour ce	neant
Pour autres 11 trousses de fleiches au pris de 9 s. la trousse	4 l. 19 s.
Pour dix livres de fil d'Anvers	40 s.

Pour l'amenage par eaue de trois queues de vin, artillerie et choses dessus declairees
30 s.

A Mahiet [un blanc] messagier a pié pour aler a Bezu prez Gisors querir Robinet de Manneville et ses compaignons le 2ᵉ jour de juing
15 s.

Somme de ces mises :[110]

[fol. 43ro] Le[111] prouffit et revenue des gaingz de guerre faiz par ladicte crevelle durant le voyage dessus declairé ouquel furent prins le *Gost* de Londres et le *George* du Houlle, icelluy voyage assouvy en juillet 456, ainsi que par l'estat du compte sera cy aprés declairé, monte la somme de
76 l. 6 s. ob. picte

Et les mises comme devant appert montent
522 l. 2 s. 10 d.

Ainsi excede la mise plus que la recepte en tout pour ledit voyage
445 l. 16 s. 9 d. ob. demie picte

Estat du butin

Les laynes[112] appartenant a ladicte crevelle et a la *Jacqueline* dont par poix a esté trouvé quatre cens soixante dix huit livres, ont esté vendues au pris de 19 l. le cent et valent en somme
90 l. 15 s. 3 d.

Dont a esté paié au cappitaine des gens d'armes de ladicte crevelle pour 70 paies au pris de 3 s. ob. pour paye
10 l. 13 s.

Au maistre de ladicte crevelle pour 96 paies des mariniers audit pris
14 l. 8 s.

Item, pour le corps de la crevelle et les vitailles
25 l. 4 s. 9 d.

[fol. 43v] De[113] laquele somme appartient a mondit seigneur a cause de ladicte crevelle pour son droit le quart qui monte
6 l. 6 s. 3 d.

Demeure a partir entre les vitaillers de la dicte somme de 25 l. 4 s. 11 d.
18 l. 18 s. 4 d.

De laquele somme appartient a mondit seigneur a cause de ses vitailles la moictié, qui monte
9 l. 9 s. 4 d.

Somme qu'il est deu a mondit seigneur a cause desdictes laynes : 15 l. 15 s. 7 d.

Item, pour ladicte crevelle, vitaillers, gens de guerre et mariniers a esté receu du plomb gaigné oudit voyage pour leur part
2 milliers 75 livres

Dont pour lesdictes gens de guerre et mariniers a esté payee la moictié montant

1037 livres et demie

110. *En marge* : Cest somme est comprinse en despense cy devant. Pour ce *nihil* cy et rayees.
111. *Toute la page rayée. En marge* : Ces parties acollees sont prinses cy devant en l'abregé du 5ᵉ voyage et rayees.
112. *En marge* : Ces parties acollees sont prinses cy devant en l'estat abregé du 5ᵉ voyage et rayees.
113. *Toute la page rayée.*

Demeure pour ladicte crevelle et vitaille semblable somme de plomb montant

1037 livres et demie

Dont pour le droit de ladicte crevelle fait a rabatre le quart qui monte   259 l.

Demeure a partir entre les vitaillers   778 livres plomb

Dont a mondit seigneur a cause des vitailles appartient la moictié montant 389 livres plomb

Somme du plomb appartenant a mondit seigneur :   648 livres

[fol. 44r] Lequel[114] plomb a esté vendu avecques celluy des autres au pris de 20 l. le millier, pour ce ycy au prouffit de mondit seigneurr   12 l. 19 s. 2 d. ob.

Par le butin fait le 23ᵉ jour de juillet mil 456 entre les maistres et autres ayans gouvernement pour les quatre grans navires de la prinse dessus declairee, c'est assavoir la crevelle en laquelle avoit 166 paies, la *Jacqueline* ou il y avoit 132 paies, la nef de monseigneur le bailli de Rouen ou il y avoit 133 paies et la *Belle* ou il y avoit 138 paies, qui sont en somme 569 payes, la nef nommee le *Gost* a eulx appartenant par partage fait avecques le petit navire, fut vendue audit butin au plus offrant et derrain encherisseur 170 escuz, pour ce   170 escus

De laquelle somme a esté rabatu par le droit du maistre qui aborda ledit *Gost*   6 escus

Item, pour partie de la despense faicte par les maistres lorsqu'ilz choisirent leur admiral

4 escus

Item, a Petit Jehan Enault pour avoir admené de la mer ledit *Gost* jusques devant Villarville et pour Jehan Boulard, lodmen, pour l'avoir aconduit jusques a Honnefleu   10 escuz

Somme des rabatz : 20 escuz

[fol. 44v] Demeure[115] a partir entre lesdits 4 navires   150 escus

De laquelle somme fait a rabatre pour le droit de monseigneur l'admiral   15 escuz

Demeure venant ausdits 4 navires 135 escus qui valent   202 l. 10 s.t.

De laquelle somme partie en 569 payes estans esdits 4 grans navires au pris de 7 s. 1 d.t. pour paye appartient les sommes qui ensuivent,

C'est assavoir partir a ladicte cervelle   68 l. 15 s. 10 d.

A la *Jaqueline*   46 l. 15 s.

A la nef de mondit seigneur le bailli   47 l. 2 s. 1 d.

A la *Belle*   48 l. 17 s. 6 d.

Et par compte fait le jour dessusdit entre les devant nommez il revient a partage entre les 4 grans navires des prisonniers du *Gost* et du *George*, comprins le prest a eulx fait et les despens payez pour iceux prisonniers 251 escus et demi qui vallent   377 l. 5 s.

Item, pour six escus prins sur la haulte somme dont l'on a tenu compte a Coulomp pour moictié de 12 escuz receuz par ung nommé 4 visaiges, pour ce cy   9 l.

     Somme de ces parties : 386 l. 5 s.t.

[fol. 45r] Dont[116] fait a rabatre pour reste du 10ᵉ de monseigneur l'admiral   48 l. 18 s.

Demeure a partir entre lesdits 4 navires   337 l. 7 s.

Item, pour la vendue du *Gost* dont dessus est faicte mention   202 l. 2 s.

---

114. *Toute la page rayée.*
115. *Toute la page rayée.*
116. *Toute la page rayée.*

Somme de ces parties : 539 l. 17 s.

A partir comme dessus en 569 paies, valent pour chaque paye	18 s. 10 d. ob.
Qui est pour 166 livres estant en ladicte crevelle	157 l. 8 s. 1 d.
De laquele somme fait a rabatre pour singlaiges et suaiges	63 l.
Demeure	94 l. 7 s. 1 d.
Dont aux gens d'armes et mariniers appartient la moictié montant	47 l. 3 s. 6 d. ob.
Et a la nef et vitailles pareille somme de	47 l. 3 s. 6 d. ob.
De laquele somme fait a rabatre pour le droit de la crevelle appartenant a mondit seigneur le quart qui monte	11 l. 15 s. 10 d. picte
[fol. 45v] Demeure[117] pour les vitailles	35 l. 7 s. 8 d.
Et pour les singlaiges et suaiges	63 l.
Item, pour le 10ᵉ prins pour monseigneur l'admiral	6 l. 6 s.

Somme pour lesdictes vitailles : 104 l. 13 s. 8 d. picte

Dont a mondit seigneur a cause de la moictié desdictes vitailles appartient la moictié montant	52 l. 6 s. 10 d. demie picte
Et pour le quart appartenant a ladicte nef ainsi que dessus	11 l. 15 s. 10 d. picte
Somme desdictes parties deues et appartenant a mondit seigneur tant pour iceulx prisonniers et navires comme autrement	64 l. 2 s. 8 d. picte et demie

Somme[118] que les prouffiz et gaingz de guerre du voyage ouquel furent prins les *Gost* et *George* tant pour laines, plomb que pour la finance des prisonniers et vendue dudit *Gost* montent en somme selon les parties devant declairees 76 l. 6 s. ob. picte et demye

[fol. 46r] Mises[119] faictes pour ladicte crevelle pour ung voyaige encommencié ou moys de decembre[120] mil 400 cinquante six et assouvy ou moys de janvier ensuivant.

Premierement[121]

Pour toille tainte en bleu pour faire deux grans estandars a la devise de Monseigneur payé a Jehan du Four, chasublier, demourant a Rouen	7 l. 10 s.
A Guillaume Errenoult, paintre, pour paindre iceulx estandars, payé	10 l.
Item, payé pour douze trousses de fleiches achatees a Rouen et portees a Honnefleu pour les rendre a Perot de Salenove, lieutenant dudit lieu, qui ouparavant avoit presté semblable nombre de trousses a mondit seigneur et ses gens ou penultieme voyage achetees de Richard fleschier au pris de 12 s.t. chacune trousse, valent	7 l. 4 s.
Item, payé pour ung petit coffre ouquel furent mis iceulx estandars pour les porter plus sceurement	12 s. 6 d.
Item, payé pour ung autre coffre a mectre et porter lesdictes fleiches	10 s.t.

[fol. 46v] Aultres[122] mises faictes pour ladicte crevelle pour icelluy voyaige

Premierement

---

117. *Toute la page rayée.*

118. *En marge* : Ceste somme est portee cy devant sur le 5ᵉ voyage et rayee cy.

119. *Toute la page rayée.*

120. Novembre : *barré.*

121. *En marge* : Ces parties acollees montant 57 l. 2 s. 6 d. sont prinses es despenses cy devant sur la 6ᵉ grosse et pour ce rayés cy.

Pour maugieres	30 s.

Pour deux journees de 4 hommes charpentiers qui ont mis et assis en ladicte crevelle deux courbes au pris de 3 s. 6 d. pour jour   30 s.

Pour la despense desdits 4 charpentiers pour iceulx deux jours pour chascun 2 s. 6 d., valent   20 s.

Pour 4 chevilles de fer pesans 25 l. pour chacune livre 12 s. valent	25 s.
Pour clou de plusieurs sortes, grant et petit, pour la provision de la nef	35 s.
Pour six livres de fil a tref	18 s.
Pour 10 aulnes de toille a tref	30 s.
Pour une bonnette	75 s.
Pour demy cent de bray	12 s. 6 d.
Pour deux cens de tappons a canon	6 s.
Pour une ferreure pesant 25 l. mise au gouvernail	25 s.
Pour une batelles de lestage apportee de Harfleu	22 s. 6 d.

Pour reffaire trois grans ancres de ladicte crevelle qui estoient rompues et cassees par marchié fait a Thomas de Thony, mareschal   12 l.

[fol. 47r] A[123] Morant, voicturier par eaue, pour avoir porté icelles ancres a Rouen et rapportees a Honnefleu   65 s.

Somme de ces mises	57 l. 10 s. 6 d.
Somme des mises et repparacions de ladicte nef	57 l. 10 s. 6 d.

Autres[124] mises faictes par Jehan le Marchant, maistre de ladicte crevelle, pour l'advitaillement d'icelle, icellui advitaillement fait ou moys de decembre dessus escript

Premierement

Pour singlaiges et suaiges	36 l.
Pour 400 livres de suyf pour suer icelle crevelle a 75 s. le cent, valent	15 l.
Item, pour 600 douzaines de pain a 10 escus le cent, valent	90 l.
Item, pour 33 pippes de biere a 60 s. la pippe	99 l.
Item, pour 10 beufz a 70 s. piece, valent	35 l.
Item, pour 12 costez de lart	13 l.
Item, pour dix barilz de harent a 4 l. le baril, valent	40 l.
[fol. 47v] *Item*[125], pour la despense des compaignons qui suerent ladicte crevelle	10 l.
Item, pour sel a saaler lesdits buefz	8 l.
Item, pour paille a suer ladicte nef	20 s.
Item, pour boys a ardoir	6 l.
Item, pour cent livres de chandelle	100 s.

Item, pour dix fustz de pippe pour mectre les eaues et boissons en

---

122. *Toute la page rayée.*

123. *Toute la page rayée.*

124. *En marge* : Ces parties acollees montant pour la part de monseigneur le grant seneschal 184 l. 3 s. sont prinses cy devant en despense sur la 6ᵉ grosse somme et rayés cy.

125. *Toute la page rayée.*

partie	67 s. 6 d.
Item, pour le tonnelier qui a mis a point ladicte fustaille et enfoncé les chars	35 s.
Item, aux bermens qui ont porté le boys	6 s.
Item, pour demi cent de burre	37 s. 6 d.
Item, au lodmen qui a amené ladicte crevelle du Quief de Caux a Honnefleu	60 s.

Somme des vitailles dessus declairees : 368 l. 6 s.

Dont Monseigneur doict la moictié qui monte	174 l. 3 s.
Et pour les repparacions et mises	57 l. 10 s. 6 d.

Somme[126] de ces deux parties deues par mondit seigneur : 241 l. 13 s. 6 d.

[manque le fol. 48]

[fol. 49r] *Mises*[127] faictes par Jehan le Marchant pour la reparation de la crevelle *Marquise* pour le voyage fait en may 1457 et achevé en juing ensuivant.

A Guillaume[128] le Flament, callefacteur, pour avoir callefaté en ladicte crevelle par 5 jours a 4 s. pour jour	20 s.
A Guillaume le Breton, semblable callefateur, pour avoir callefaté par 4 jours	13 s. 6 d.
A Estienne de Labee, callefateur, pour 3 jours	11 s. 3 d.
A Jehan de Brest, pour 2 jours	6 s.
Pour demy baril de bray baillé par le maistre	30 s.
Item, pour 30 livres d'autre bray	10 s.
Item, pour estouppes a callefater et porter en ladicte crevelle	60 s.
Pour fil a tref et aguilles, pour ce	16 s.
Item, pour despense des callefateurs qui y ont besoingné par 14 jours	28 s.
Pour une ytaque paié par le maistre	50 s.t.
Pour clou baillé par ledit maistre pour mectre es membres de ladicte crevelle, non comprins le clou que le mareschal a baillé paié par le maistre	10 s.
A une femme qui a recousu les estandars	2 s. 6 d.
Pour la despense des compaignons qui aiderent a mettre ladicte crevelle	20 s.
[fol. 49v] *Item*[129], donné au monnier de la ville qui a tenu l'eaue	2 s. 6 d.
Pour vrilles et percouers	4 s.
A Thomas le Sueur pour 36 l. de corde a faire hallebans a 9 d. la livre	27 s.
Pour petit clou prins quiex Girot	7 s. 6 d.
Pour deux pieces de boys pour mectre en rappareil pour la crevelle	4 s. 6 d.
Aux charpentiers pour y avoir besoingné par ung jour, lui et son varlet	6 s. 3 d.
A Mathew pour avoir empenné partie des viretons de la nef et mis des fers ou il en falloit	7 s. 6 d.
Audit Mathew pour deux bottes de viretons ferrez achetez de luy	30 s.

---

126. *En marge* : Ceste partie est prinse cy devant comme despense et pour ce *nihil* et rayés cy.

127. *Toute la page rayée. En marge* : 7ᵉ voyage.

128. *En marge* : Ces parties acollees montant 38 l. 9 s. 3 d. sont prinses cy devant en la 7ᵉ grosse somme et pour ce rayés cy.

129. *Toute la page rayée.*

A luy pour 8 douzaines de fleiches	4 l.
A la trompette pour aler haster les gens d'armes	5 s.t.
Pour les despens de ladicte trompette paiez a son retour	2 s. 6 d.
Au Prince pour clou par lui baillé et acheté a Rouen	35 s.
A lui pour 500 de virettons envoyez de Rouen	6 l. 15 s.
Pour 3 douzaines de cordes a arc achetez par luy	13 s. 6 d.
Pour l'admendement d'une arbaleste	37 s. 6 d.
Pour cuir a crappes	4 s. 6 d.
[fol. 50r] Pour[130] 4 douzaines d'esguilles a tref apportez de Rouen	6 s.
Pour ceulx qui ont lané (?) les caables	15 d.
Au callefateur pour sa gouge	2 s. 6 d.
A Jehannequin de Gaillarbos pour 60 pieces de viretons de dondaine	20 s.
A Thommas l'Archier, serrurier, pour plusieurs cloux, serreures, admendemens de canons et autres choses	60 s.

Somme de ce chappitre : 38 l. 9 s. 3 d.t.

[fol. 50v] Aultres[131] mises et despense faictes pour vitailler ladicte crevelle pour le voyage encommencié le 20e jour de may 457 et assouvy le samedi 25e jours de juing en l'an dessusdit.

Premierement

Pour deux muys de blé fourniez a Rouen a 17 l. le muy	34 l.t.
Pour avoir fournié et cuit le dit blé	35 s.
Pour 30 pippes wydes au pris de 7 s. 6 d. la piece, valent	11 l. 5 s.
Aux bremens pour avoir porté au batelier Morant lesdictes pippes, lart, pain et suif	20 s.
Audit Morant pour avoir porté les choses dessusdictes a Honnefleu en son ballenier	4 l. 10 s.
Pour deux cens livres de suyf	8 l.
Pour ung cent et demy de beurre saallé	6 l. 15 s.
Au tonnelier pour avoir enfoncé et deffoncé lesdictes pippes	10 s.
Pour les singlaiges et suaiges 15 escus, valent	22 l. 10 s.t.
Pour 3 muys de blé envoyez a Jehan de Losmone sur le pain qu'il a livré au pris de 17 l.	61 l.
Pour le menage et batelaige d'iceulx trois muys de blé	50 s.
[fol. 51r] Pour[132] avoir mesuré et porté icelluy blé et mis au batel	28 s. 6 d.
Pour nates pour couvrir icellui blé	2 s. 6 d.
A Jehan de Losmone pour pain par lui livré pour ladicte nef outre et par dessus les 3 muys de blé envoyé de Rouen dont dessus est mencion faicte, 23 escus, valent	34 l. 10 s.
Pour 19 pippes de biere au pris de 60 s.t. piece	57 l.
Pour reliage des pipes et barilz	15 s.
Pour bidons, seilles, pos a boire	30 s.

130. *Toute la page rayée. En marge* : Ceste somme de 38 l. 9 s. 3 d. est prinse en despense cy devant sur la 7e grosse somme et pour ce *nihil* et rayees cy.

131. *Toute la page rayée. En marge* : 7e voyage. *Puis* : Ces parties acollees montent pour la part de Monseigneur pour la part 224 l. 17 s. 7 d. ob. sont portees cy devant en la 7e grosse somme et rayees cy.

132. *Toute la page rayée.*

Pour dix lars	18 l.
Pour deux barilz de harent	8 l.
Pour cinq pipes de sildre	17 l. 10 s.
A Jehan Enault pour une pippe de char	60 s.
Pour clou a meugiere	7 s. 6 d.
Pour deux bouquetz a tirer l'eaue	5 s.
Pour aller querir le pain frez en l'ostel Jehan de l'Osmone en ung passagier	7 s. 6 d.
Pour 15 pippes de biere avoir porté a bord et le boys aussi	15 s.
A Vacorin batelier pour avoir porté le pain recuit	10 s.
Aux bermens pour avoir porté a bord 19 pippes de biere et char	22 s. 6 d.
A maistre Guillaume le Barbier pour avoir des onguemens	21 s.
Pour fourmage	5 s.
[fol. 51v] Pour[133] despense faicte avecques les maistres et cappitaines du navire de Bretaigne	65 s.
Item, pour le lamen	60 s.
Pour 4 barilz de char	18 l.

Aultres vitailles faictes par Jehan le Marchant, maistre de ladicte crevelle

Pour singlaiges	22 l. 10 s.
Pour 250 livres de suyf	60 l.
Pour la boisson du suiage	10 l.
Pour feurre et peaux a fere vadeaux	30 s.
Pour 60 livres de chandelle	60 s.
Pour boys	60 s.
Pour 15 pippes de biere	45 l.
Pour le reliage des pippes	13 s. 6 d.
Pour pierre a canon	25 s.
Pour tampons	5 s. 3 d.
Pour maugieres	30 s.
Pour oefz	10 s.

[fol. 52r] Autres[134] parties de vitailles par Jehan d'Évreux

Pour deux barilz de harenc	9 l.
Pour 4 barilz de char	18 l.
Item, par Perrenot du Manoir pour aler querir des gens d'armes a Touque	8 s.
Item, par ledit du Manoir au Picart pour cas pareil	30 s.
Item, pour reliages de pippes par luy	20 s.
Item, pour deux pos de vin blanc	6 s.
Item, pour despense faicte par les gens d'armes a leur venue	30 s.

---

133. *Toute la page rayée.*
134. *Toute la page rayée.*

Item, pour le batel qui les porta a bord	10 s.
Au carpentier pour apporter ses habillemens	3 s.
Pour envoyer querir les gens d'armes de Dyve	12 s.
Pour un cheval loué pour ce faire	3 s.

Pour les voyages du boursier faiz a Rouen par trois foiz pour le fait des vitailles et pour estre allé a Manny derrainerement   60 s.

Somme totalle desdictes vitailles, 449 l. 15 s. 3 d. qui est pour la moictié d'icelles pour Monseigneur   224 l. 17 s. 6 d. ob. t.

(fol. 52v vierge)

[fol. 53r] Estat[135] du butin dont dessus est mencion faicte entre les gens et officiers de monseigneur l'admiral d'une part et ceulx de monseigneur le grant seneschal d'autre, le 7ᵉ jour de juillet l'an mil 457 de la prinse de la *Marie des Angelz* et des cuirs estans en icellui, icelle prinse faicte par la *Marquise* en son voyage asouvy en juing 457.

Il a esté trouvé par les tailles et escroes et par les jurez que ont faiz les marchans les cuirs prins en ladicte *Marie* qu'il y en avoit le nombre de 41 last et neuf taques qui furent venduz au pris de 80 escus le last, valent 3316 escuz. Pour ce ycy   3316 escus

Item, de cuirs secz a esté trouvé environ 2000 lastz et demi a compter trois cuirs pour deux qui est pour last 300 cuirs, le tout vendu en tache par la compaignie pour 150 escus. Pour ce ycy 150 escus

Item, 12 pacquetz de cuirs de veau secz venduz comme dessus pour 14 escus. Pour ce ycy   14 escus

Somme des trois parties cy dessus escriptes : 3480 escus qui valent   5220 l.

[fol. 53v] Sur[136] laquelle somme sont a deffalquer les parties qui ensuivent

P°

Pour singlaiges et suaiges 70 escus qui valent	105 l.
Item, pour despense, dons et avoyeries	399 l. 14 s. 7 d.

Somme de ces deux parties : 504 l. 14 s. 7 d.

Demeure : 4715 l. 5 s. 5 d.

De laquele somme fait a rabatre pour le 10ᵉ de monseigneur l'admiral	471 l. 10 s.
Ainsi demeure a partir	4243 l. 15 s. 7 d.
Dont aux gens de guerre et mariniers appartient la moictié montant	2121 l. 17 s. 6 d.
Et pour les vitailles et navire pareille somme de	2121 l. 17 s. 6 d.

De laquelle somme appartient a mondit seigneur a cause de sa nef le quart qui monte la somme de   530 l. 5 s.

Demeure a partir pour les vitaillers   1590 l. 15 s.

De laquelle somme appartient a mondit seigneur la moictié pour sesdicts vitailles qui monte   795 l. 7 s. 6 d.

[fol. 54r] *Item*[137], appartient a mondit seigneur pour la moictié des singlaiges et suaiges   52 l. 10 s.

Item, lui appartient a cause du butin fait en la mer   30 l. 10 s. 7 d. ob.

---

135. *Toute la page rayée. En marge* : Le proffit de ce butin est rendu cy devant sur le 7ᵉ voyage en une grosse somme et pour cy rayé cy.

136. *Toute la page rayée.*

137. *Toute la page rayée.*

Somme toute de ce qui appartient a mondit seigneur :   1408 l. 13 s. 1 d. ob.

Sur laquele somme sont a rabatre les parties qui ensuivent.

C'est assavoir pour les repparacions dont dessus est faicte mencion   38 l. 9 s. 3 d.

Pour la moictié des vitailles dont semblable mencion est cy dessus faicte   224 l. 17 s. 7 d. ob.

Pour la moictié de la *Rommaine* achectee ou voyage precedent qui monte 340 escus. Pour ce pour icelle moictié   255 l.

Pour 7 prisonniers mariniers angloiz dont les deux furent par mondit seigneur donnez a Prinche 42 escus, valent   63 l.

Payé pour 4 quarteniers de ladicte crevelle pour eulx et leurs compaignons pour leur part et porcion d'un Florentin achetté pour mondit seigneur   30 l.

[fol. 54v] *Item*[138], payé aux compaignons et gens de guerre pour leur part et porcion de ce qui leur pourroit appartenir a cause de ce que demandent et poursuivent par procez Petit Jehan Enault et autres pour le petit ballenier par marchié fait avecques eulx, present Guillaume de Valee, 40 escus qui vallent   60 l.t.

Item, payé tant en deniers comptans baillez aux quarteniers de ladicte crevelle comme en despence faicte avecques eulx et autres plusieurs de leurs compaignons et mariniers pour avoir leur droit et part de la *Marie des angelz*, lesquelz droit et part ilz delaisserent et donnerent audit le Prince, 60 escus. Pour ce   90 l.

Monseigneur a eu la nef toute scienne dont la mise de ceste partie s'est ensuyt

Item, payé par ledit le Prince pour despense faicte a Honnefleu par Monseigneur et ses gens, lui estant illec   21 l. 10 s. 3 d.

Item[139], pour autre despence faicte audit lieu de Honnefleu par madamoiselle Marguerite et Louyse d'Abecourt tant en venant de Mannye a Honnefleu comme audit lieu de Honnefleu ou elles furent l'espasse de 15 jours, en ce comprins 2 escus payés pour le passage13 l. 2 s. 6 d.t.

[fol. 55r] *Item*[140], pour autres despense faicte audit lieu de Honnefleu par icellui Guillaume de Valee, ledit Prince et autres suyvans ledit cappitaine en faisant le butin   28 l. 12 s. 4 d.

Item, a Jehan Vignay qui puis six ans a esté et vacqué continuelment en ladicte crevelle et a la garde es hables ou elle a esté pour le acquiter envers Chrestien Dufour auquel icellui Vignay estoit obligié a cause de ce que ledit Dufour l'avoit acquité et mis hors de prison par le commandement de mondit seigneur, 12 escus qui valent   18 l.

Item, baillé par le commandement de mondit seigneur a Jehan d'Arragon pour avoir et acheter pourpoint, chausses et autres ses neccessitez pour soy entretenir a la garde de la dicte crevelle 4 escus, valent   6 l.

Item, payé pour une sallade, une baviere, une paire de ganteletz, ungz croissant, ung vouge achetez par Pieres Subtil pour ledit Jehan d'Arragon par le commandement de mondit seigneur   8 l. 7 s. 6 d.

[fol. 55v] *Item*[141], baillé par le commandement de mondit seigneur a Alfonce Lespaignol qui par longue espasse de temps a servy en ladicte crevelle tant a la garde es hables et en la mer comme autrement   18 l.

---

138. *Toute la page rayée.*

139. *Article barré. En marge* : Raié du consentement du Prince pour ce qu'il est en [la ?] 10e du 6ᵉ et derrenier journal de la despense de l'ostel.

140. *Toute la page rayée. En marge* : A parler a Guillaume de Vallee sur ceste partie. Du consentement des procureurs de Monseigneur le Prince a esté adjuré et promis sur le damnation de son ame les avoir loyalement payez et pour ce passe.

141. *Toute la page rayée.*

Item, baillé a mondit seigneur a Manny le 16ᵉ jour de juillet pour donner a ung Navarroys nommé Gillet de Lesparea et a ung autre 15 escus, valent   22 l. 10 s.

Item[142], paié pour le quart des vitailles mises en la *Rommaine* et des repparacions qui y furent faictes ou moys de juillet 400 cinquante sept qu'elle partist pour aler en guerre dont elle retourna le 6ᵉ jour d'aoust ensuivant, ouquel voyage y eust perte ainsi que cy aprés est declairé   88 l. 16 s. 8 d.

Item, payé pour ung quartier des repparacions et vitailles de ladicte *Romaine* qui partit le 18ᵉ jour de juillet 457 pour aler en guerre et dont elle retourna le 6ᵉ jour d'aoust ensuivant de perte clere pour icellui voyage   56 l. 1 s. 6 d.

[fol. 56r] *Item*[143], payé a ung armurier pour avoir fourni les cuirasses et harnoys de jambes dudit Jehan d'Arragon   45 s.

Item, baillé a Crainston le 22ᵉ jour de juillet 400 cinquante sept par le commandement de mondit seigneur 20 escuz, valent   30 l.

Item, payé pour ung esturgon fraiz acheté a Honnefleur a envoyé à Madame a Manny ledit 22ᵉ jour de juillet   35 s. 6 d.

Item, payé pour le portage d'icellui   15 s.

Item, baillé par le commandement de Monseigneur a ung grant Escossays nommé Melton pour acquiter son harnoys qui estoit en gaige a Honnefleu   45 s.

Item, baillé a Alfonse Espaignol a Harfleu par le commandement de mondit seigneur pour acheter illec des drogueries pour la mulle de mondit seigneur 2 escus valent   60 s.

Somme de ces mises :   1069 l. 5 s. 2 d. ob.

Et le prouffit venu et yessu dudit voyage monte   1408 l. 13 s. 1 d. ob.

Ainsi plus receu que mis de la somme de 339 l. 8 s. 11 d. que doit le Prince a Monseigneur.

Item, est chargé de 44 l. 17 s. 4 d.t. pour trop mis en despense es 2 parties acollees cy devant pour le quart des avitaillemens et repparations faictes en la *Romaigne*. Pour ce 44 l. 17 s. 4 d.

[fol. 56vo] *Item*[144], sera chargé de la somme de 200 escus qui vallent 300 l. par appointement fait a Monseigneur pour la part du balleinier nommé le *Georget* pour le voyage dessus dit, pour ce   300 l.

         Somme qu'il doit en troiz parties acollees cy devant: 684 l. 6 s. 3 d. t. [145]

[fol. 57r]

La Rommaine

Declaracion des vitailles mises en la Rommaine pour ung voyage encommencé en mars mil 457 avant pasques que petit Jehan Enault mena les dames d'Escoce en icelluy pays

P°

Pour 500 douzaines de pain, 50 escuz   75 l.

Pour 30 pippes de cildre, 30 escus   45 l.

---

142. *En marge* : De ses 2 parties acollees a esté parlé a Monseigneur et passe sauf a veoir l'estat estant en la main de Jehan Petit Enault qu'il redit estre escript de la main de Prince. *Puis* : Jehan Petit Enault et Jehan le Chandellier ont esté ouys sur ces 2 parties acollees en la presence de Jehan Gonel (?) et Evrart Labé a esté trouvé que a leur advis la despense est trop grande de 44 l. 17 s. 4 d., de laquelle somme le Prince est chargé cy aprés en recette. *Puis* : Fait.

143. *Toute la page rayée*.

144. *Toute la page rayée*.

145. *En marge* : Ceste somme de 684 l. 6 s. 3 d.t. est portee cy devant en 3 parties sur le 7ᵉ voyage de la *Marquise* cy devant et pour ce rayee cy comme devant.

Pour 12 barilz de harenc, 37 escus	40 l. 10 s.
Pour boys	60 s.
Pour chandelle	75 s.
Pour 300 de suif pour sirer la nef	16 l. 2 s. 6 d.
Pour suaiges et boissons	10 l.
Pour singlaiges, 32 escus	48 l.
Pour peaulx et paille	30 s.
Pour maugieres et clou	30 s.
Pour reliage de fustaille	40 s.
Pour les bremenz	30 s.
Pour beurre	100 s.
Pour I masterel a mizaine	40 s.
Pour oefz	15 s.
Pour poix et feves	30 s.
Pour une pippe de char	12 l.
Pour bidons et pos de terre	17 s. 6 d.
Pour vin en faisant le compte	10 s.

     Somme desdictes parties : 270 l.[146]

Qui est pour le quart de Monseigneur : 67 l. 10 s.[147]

[fol. 57v] Et[148] du prouffit d'icelluy voyage Monseigneur a receu en une obligacion de messire Guillaume Meny Peny, chevalier, la somme de 200 escuz d'or dont audit Jehan le Prince et Abraham Thorelot appartient le quart pource qu'ilz avoient le quart es nef et vitaille qui vault 50 escuz. Pource ycy audit le Prince pour la moictié d'icellui quart   37 l. 10 s.t.

*

[feuillet détaché]

Monsr de Briouse, je me recommande tourjours a vostre grace. Plaise vous savoir que j'ay baillé a Jaquez Vitou   74 l. 15 s.

Item a Machiet pour Loviers	10 s.
Item au porteur Mace	57 l. 5 s.

    Somme : 142 l. 10 s.

Et j'ay receu de vous 74 escus d'or qui vallent	151 l.
Item, l'avantage	30 s.

    Somme : 142 l. 10 s.

Item, a lui	10 l.

    Par ce quitte a vous sinon de vostre amour.

*

---

146. *Barré.*

147. *Barré. En marge* : Ceste somme paiee pour la part de Monseigneur est portee cy devant pour la partie de ladicte *Rommaigne.*

148. *Toute la page barrée. En marge* : Raié pour ce que Jehan Enault en a tenu compte audit Prince.

Glossaire[149]

Bermen : valet, portefaix.

Bonnette : voile supplémentaire ajoutée à une voile principale pour offrir une plus grande surface au vent.

Bouquet : récipient pouvant contenir un liquide.

Bourset : voile établie sur le mât de hune.

Brai : dernier résidu des sucs résineux du pin et du sapin, utilisé pour le calfatage.

Chantepleure : robinet, siphon.

Cinglage, singlage : ensemble d'ustensiles pour l'équipement d'un bateau.

Clin : ici sans doute clou pour ajuster un bordage à clin, formé de planches qui se recouvrent.

Courbe : pièce de bois de forme arquée servant à fortifier différentes parties d'un navire.

Crappe : ?

Demyon : mesure de liquide, plus petite qu'une pinte.

Frainte (du verbe fraindre) : rompue.

Ginbelet : vrille, petit outil de fer pour percer un tonneau.

Gloe : petit bois, bûche.

Goudren : goudron.

Guindage : action de charger et de décharger des marchandises à l'aide d'un palan.

Guinderesse : qui sert à hisser.

Halleban : hauban.

Lamen, lodman : pilote chargé de conduire le navire dans les ports ou tous passages difficiles.

Lectage : ?

Maugiere, mangiere : petite manche, petit tuyau de toile ou de cuir cloué autour de l'ouverture d'un dalot.

Marmoture : flamme ou pavois de hune.

Masterel : petit mât.

Olonne : forte toile à voile.

Papefil : voile de cape ou de tourmente.

Sercher : parcourir en tous sens, inspecter.

Seulle : fond du navire marchand, fond de cale.

Suaige : opération dont le but est de donner un nouveau suif à un navire pour protéger la carène.

Tappon, tampon : morceau de bois qu'on entre à force dans la gueule d'un canon pour contenir la poudre avant qu'elle n'explose.

Tillac, tillat : pont.

Tref : voile.

Vadeau : sorte de tampon d'étoupe ou petit balai composé de bouts de corde.

Vuidas, windas, guindeau, guindas : gros treuil à axe horizontal.

Ytaque, itague : manœuvre courante située entre l'élément sur lequel un effort doit être fait et un palan.

---

149. Pour l'établissement de ce glossaire, j'ai bénéficié de l'aide précieuse de M. Jacques Paviot, professeur à l'université de Paris XII.

Conclusions

Mathieu Arnoux[*]

À distance d'une décennie, des historiens français et anglais se retrouvent pour parler à nouveau des rapports entre Normandie et Angleterre : est-ce la volonté de créer une tradition, à partir du précédent du colloque de Reading, et d'ouvrir un chantier commun? La présence de nombreux collègues britanniques et l'assistance d'étudiants ont démontré à qui en douterait que la question valait d'être reposée et rediscutée en 2001. Les communications présentées ont mené les auditeurs dans trois directions, leur faisant parcourir dans le long terme des années 1000-1450 l'histoire d'une relation complexe, les interrogeant sur la définition possible d'une identité «anglo-normande» encore mal connue, leur signalant des pistes de recherches prometteuses ou les rappelant à des problèmes encore non résolus.

La question de la naissance et de la mort d'une relation anglo-normande a reçu de la part des communicants un traitement remarquablement cohérent, qui nous permet d'espérer un jour prochain la parution d'une véritable synthèse sur le sujet. David Bates avait attiré notre attention dans son introduction sur la complexité de cette histoire, envisagée, à titre d'exemple, pour la période antérieure aux Plantagenêts. Il y montrait la succession d'un moment de domination «française» (1066-vers 1090), suivi d'une période d'échanges intenses (1090-1125) ; à partir de 1125, la tendance était plutôt à l'éloignement. Dans son panorama des recherches récentes, il nous signalait l'importance de la période antérieure à la conquête et s'interrogeait sur nos connaissances de l'après 1204. Au terme de la rencontre, et comme il est de coutume chez les historiens, la multiplication des approches et des points de vue a compliqué les problèmes et enrichi les solutions.

La chose est patente pour la période antérieure à 1066, où la relecture sans cesse plus précise de sources rares permet de faire progresser notre connaissance. Pour Richard Gameson, c'est avant la conquête que l'influence anglaise est à son maximum dans le monde normand. Il n'est pourtant pas indifférent que le style dominant dans le monde anglo-saxon à la fin du Xe siècle soit fondamentalement un style carolingien. Dans bien des domaines en effet, l'usage carolingien constitue un caractère commun entre la jeune Normandie et le monde anglais. La comparaison

* Professeur, Université Paris VII-Denis Diderot-EHESS.

La Normandie et l'Angleterre au Moyen Âge, p. 359-363, Publications du CRAHM, 2003

menée par Jacques Le Maho entre Rouen, Winchester et Londres en est un
exemple. Des deux côtés de la Manche, une monarchie (plus forte sur le continent qu'on ne le dit généralement) produit sur un site urbain de tradition antique
une ville d'un genre nouveau, densément peuplée, économiquement dynamique,
étroitement contrôlée par l'État. Il n'y manque que les hommes capables d'en
assurer le gouvernement. Rollon et son fils Guillaume Longue-Épée sont le produit de ce phénomène singulier : la gestation au sein de la noblesse franque d'un
homme vraiment nouveau, viking et carolingien, capable de se faire entendre
aussi bien des hommes du Nord que des princes et souverains de Francie. Il nous
reste encore beaucoup à apprendre sur ce travail discret (au moins dans les
sources continentales) qui, au cours du xᵉ siècle rapproche progressivement
l'Angleterre et la Normandie. Essentielle est, de ce point de vue, la période ouverte
par le mariage d'Emma, fille du duc Richard Iᵉʳ, avec le roi Éthelred II[1] et qui se
conclut par l'union du royaume et du duché en 1066.

À écouter ce qui nous a été dit de la monarchie normande (1006-1135), on
est frappé de l'importance du facteur politique dans la vie de l'État anglo-normand. La chose apparaît dès l'origine, selon Pierre Bauduin, dans l'image que
le duc Guillaume voulut donner de lui dans ses actes. L'attention respectueuse
prêtée avant la conquête à la comtesse Mathilde, régente virtuelle de la Normandie,
y témoigne de la préparation minutieuse de l'expédition de 1066. Au lendemain
de celle-ci, c'est la proclamation de la parenté du nouveau roi avec son prédécesseur Édouard qui façonne durablement le visage, résolument anglais, du pouvoir royal. S'interrogeant sur les mécanismes qui permirent à Guillaume de
contrôler l'ensemble du territoire anglais, Katharine Keats-Rohan a étudié les
hommes qui prêtèrent au roi leur soutien efficace. Au-delà des «compagnons»,
qui furent la seule véritable noblesse du royaume, elle tourne son attention vers
le groupe des ministres subalternes qui vinrent du duché pour se substituer aux
thegns d'Harold, assumant leurs fonctions, s'emparant de leur patrimoine, s'in-
troduisant dans leur parenté. Cette opération, qui réussit sans doute au-delà de
toute attente, redoubla l'engagement personnel du souverain, assurant à terme
une véritable anglicisation des officiers normands plus que la création d'un
groupe «anglo-normand.»

Duc normand en Normandie, roi anglais en Angleterre. Guillaume est donc un
«anglo-normand» bien problématique. On pensait tenir en Henri Beauclerc un
véritable représentant de l'espèce. Judith Green nous le montre pourtant divisé et
complexe, sans doute méfiant à l'égard de son duché, dont il aime à se dire le gardien plutôt que le duc. Plus grave, peut-être, c'est lui qui, dès 1124 le livre au
pouvoir des Plantagenêts, mettant fin *ipso facto* à tout projet de construction politique anglo-normande. Les relations de confiance qu'il établit avec les bourgeois
de Rouen et de Caen dès le lendemain de la victoire de Tinchebray montrent que

---

1. Peut-être ne faut-il pas restreindre notre étude aux seules Angleterre et Normandie : Emma, qui
fut peut-être la petite-fille du roi Henri de Germanie, et qui portait un prénom si typiquement saxon
dut-elle ses deux couronnes au prestige de son père Richard ou à son appartenance à la parentèle
ottonienne ?

c'est à ce groupe de marchands-bureaucrates, plutôt qu'à une noblesse mal contrô-lée et rétive, qu'est confiée la liaison si importante du royaume et du duché.

David Bates s'était montré inquiet dans son introduction pour notre connais-sance de la période plantagenêt et du XIIIᵉ siècle. Il est sans doute, comme tous les auditeurs, rassuré sur ce point : les acquis sont considérables et les progrès constants. Les voies explorées par les chercheurs sont diverses, mais conver-gentes. Vincent Moss s'est plongé avec héroïsme dans la documentation aride de l'Échiquier de Normandie. Il y trouve les preuves de l'efficacité de l'administra-tion ducale, plus performante et plus redoutable que celle du royaume. Il nous livre sans doute par là même un indice-clé pour notre compréhension du drame de 1204. Comme Nicholas Vincent, il nous invite à mesurer ce que notre connais-sance du royaume doit au *Dialogue de l'Échiquier*, et à rêver à tout ce que pour-rait nous apporter un *Dialogue* normand. L'édition en cours des actes d'Henri II Plantagenêt permet pourtant à ce dernier de s'approcher au plus près de la déci-sion royale, distinguant parmi les membres de la noblesse les proches du sou-verain et les exclus du pouvoir, traçant à sa manière une carte du monde politique des Plantagenêts.

On se prend à songer au texte unique qui pourrait résulter des recherches de Kathleen Thompson, Daniel Power et Olivier de Laborderie : chacun éclaire un aspect du naufrage de l'idée anglo-normande après 1204. Sans apporter une réponse définitive à la question de l'existence effective d'une société anglo-nor-mande, ils montrent à quel point, après 1204, le souvenir a pu en rester dou-loureux. Si on n'oublie pas qu'une époque porte en elle la mémoire des époques révolues, le XIIIᵉ siècle se montre donc comme une période extrêmement riche, par-delà son apparent statisme. En Normandie, c'est l'émigration d'une part impor-tante du groupe baronnal qui assure la promotion collective de la noblesse de rang inférieur ; elle allège d'autant le poids de l'autorité seigneuriale pesant sur les communautés paysannes. On s'interroge sur l'effet symétrique qu'a pu avoir sur la société anglaise et sur ses marges irlandaises, galloises ou écossaises l'ar-rivée dans l'île d'Anglo-Normands devenus des seigneurs anglais à plein temps. Quoi qu'il en soit de ses conséquences, le traumatisme ne s'effaça pas facile-ment. Une génération passa avant que les victimes renoncent à en conjurer les effets : il fallut attendre 1240 pour que les derniers tenants d'une continuité de la relation anglo-normande abandonnent leur rêve d'une société unissant les deux rives de la Manche. Une autre génération s'écoula avant que le traité de Paris, en 1259, en tire les conséquences politiques. C'est alors que les rouleaux généalogiques anglais en racontent l'histoire, proclamant à leur manière le deuil achevé.

Désormais, on ne peut plus parler d'un groupe, d'une société ou d'un monde anglo-normand. Même si l'on doit s'interroger sur son contenu, la logique des déci-sions, de part et d'autre de la Manche devient nationale, française ou anglaise : les événements du XVᵉ siècle en témoignent très clairement. Aux dires de Jean-Philippe Genet, c'est dans la perspective de la construction d'un consensus natio-nal anglais qu'il faut considérer l'expédition normande d'Henri V, dont le succès fonde la légitimité. Le sort réservé à Harfleur, tel que le décrit Anne Curry, montre combien l'idée anglo-normande s'est effacée dans l'esprit des acteurs : Harfleur doit, comme Calais et peut-être Caen, devenir une ville anglaise, comptoir commercial et place militaire, sans arrière-pays ni influence régionale. À Rouen, étudié par Philippe Cailleux, le projet d'anglicisation ne semble pas avoir jamais été avancé sérieusement, faute de soutien de la part d'un patriciat urbain peu soucieux de s'inscrire dans une logique aussi brutalement étatique.

Le parcours biographique de Raoul d'Eu, présenté par Émilie Lebailly est bien la preuve qu'aux XIVᵉ et XVᵉ siècles, il n'y a plus de place pour des identités régionales ou supranationales : présent dans les deux royaumes par sa parentèle et par ses possessions, le connétable d'Eu ne parvient pas à surmonter ses contradictions (mais songeons au sort de son contemporain Godefroy d'Harcourt, exécuté en 1346 précisément en raison de sa fidélité à une identité anglo-normande désormais hors de saison!).

Une identité anglo-normande a-t-elle existé, avant de disparaître? La question apparaît plus complexe encore à l'issue de cette rencontre : parmi les souverains évoqués, seuls Emma-*Ælfgifu* et son fils Édouard, qui n'exercèrent jamais de pouvoir sur le continent, paraissent participer véritablement aux deux identités. De fait, même la définition d'un espace de diffusion de cette identité fait problème : celles que les Français appellent les Îles anglo-normandes deviennent en anglais *Norman Islands*. Ni citoyenneté ni appartenance ethnique ni projet politique, l'identité politique est surtout virtuelle, parfois réalisée. L'espace virtuel occupé par les Anglo-Normands est avant tout celui de la mémoire et de l'histoire, il apparaît ainsi sous la plume des scribes du cartulaire de Préaux, étudié par Dominique Rouet. Il est aussi celui de l'exil, révélé par Elisabeth Van Houts, qui nous rappelle que l'espace anglo-normand, d'où proviennent les exilés, n'apparaît jamais aussi clairement que lorsqu'on le replace dans le paysage européen qui est celui de l'errance des bannis et des fugitifs : c'est auprès du roi de France, sur les champs de bataille de la *Reconquista* ou dans les terres d'Italie du Sud que l'identité anglo-normande prend sa véritable dimension. Lue dans cette perspective, l'histoire de l'idée anglo-normande s'inscrit dans le champ de la nostalgie partagée, loin d'être un projet vécu et accompli en commun. Cette histoire européenne de l'identité anglo-normande est à peine ébauchée : elle permettra de donner tout leur sens à quelques itinéraires personnels peu ou pas évoqués durant cette semaine, comme ceux d'Anselme du Bec ou de Thomas Becket. Il reste à dire ce que fut la réforme grégorienne dans le duché et dans le royaume, et à évaluer la part de la société anglo-normande dans la diffusion des idéaux réformateurs.

L'économie fut peut-être l'un des lieux où l'espace anglo-normand trouva, incomplètement, la possibilité de se réaliser. Les analogies entre l'économie du duché et celle du royaume sont nombreuses et permettent d'opposer de manière pertinente un espace normand, très fortement monétarisé, à celui du royaume de France, moins «moderne» dans ses formes de développement économique. Ici encore, la saisie des caractères originaux ne peut se faire que dans une perspective plus largement européenne, qui mettrait en particulier en lumière l'importance des espaces flamand et rhénan dans les dynamiques d'évolution de l'ensemble anglo-normand : dans le long terme, la complémentarité de l'Angleterre et du comté de Flandre apparaît clairement par rapport à la concurrence qui oppose le royaume et le duché, qui interdit la constitution d'un espace drapier anglo-normand. Malgré les contradictions qui minent l'espace plantagenêt, on peut penser que les marchands, sur lesquels reposait la cohésion de l'ensemble, furent un vecteur de l'identité anglo-normande : songeons à ce personnage éminemment «transmanchial» (pour reprendre le néologisme proposé par David Bates) que fut la vicomtesse Emma, fermière dans les années 1170 du port de Southampton et de la Vicomté de l'eau de Rouen. Il n'est pas interdit de penser que les archives normandes ou anglaises nous permettront un jour d'approcher un membre de ce groupe, comme il fut possible à Nathalie Fryde d'approcher Terri le Tuit, marchand de Cologne établi à Londres et Stamford[2].

International et européen dès le xɪᵉ siècle, l'espace anglo-normand survit en le devenant toujours plus. La destruction des archives d'Harfleur, et de bien d'autres, nous a sans doute privés d'une part de cette histoire européenne de la Manche, que le xvɪᵉ siècle nous montre si centrale et essentielle. Dès 1450, comme le montre l'aventure de corsaire menée par Pierre de Brézé, Normandie et Angleterre ne sont plus les pôles du monde atlantique : le jeu se joue désormais entre Séville, Lisbonne, Bruges et Anvers, autant et plus qu'à Londres, Rouen et Southampton. L'un des enjeux futurs de l'histoire anglo-normande consistera sans doute à mesurer l'intégration et le poids de cet espace dans l'évolution de l'Europe.

---

2. N. FRYDE, *Ein Mittelalterlicher deutscher Grossunternehmer. Terricus Teutonicus de Colonia in England, 1217-1247*, Stuttgart (VSWG Beihefte, 125), 1997.

TABLE DES ILLUSTRATIONS

Table des matières

Centre Culturel International de Cerisy-la-Salle

Le Centre Culturel International de Cerisy organise, chaque année, de juin à septembre, dans le cadre accueillant d'un château du XVIIème, monument historique, des colloques réunissant artistes, chercheurs, enseignants, étudiants, mais aussi un vaste public intéressé par les échanges culturels.

Une longue tradition culturelle

– Entre 1910 et 1939, Paul Desjardins organise à l'abbaye de Pontigny les célèbres **décades**, qui réunissent d'éminentes personnalités de l'époque pour débattre de thèmes artistiques, littéraires, sociaux, politiques. Entre autres : Bachelard, Curtius, Gide, Groethuysen, Koyré, Malraux, Martin du Gard, Oppenheimer, Sartre, Schlumberger, Valéry, Wells.

– En 1952, Anne Heurgon-Desjardins, remettant le château en état, crée le **Centre Culturel de Cerisy** et, grâce au soutien des «Amis de Pontigny-Cerisy», poursuit, en lui donnant sa marque personnelle, l'œuvre de son père.

– Depuis 1977, ses filles, Édith Heurgon et Catherine Peyrou, ont repris le flambeau et donnent une nouvelle ampleur aux activités du Centre. Les sujets se sont diversifiés, les formules de travail perfectionnées et les installations modernisées.

Un même projet original

– Accueillir dans un cadre prestigieux, éloigné des agitations urbaines, pendant une période assez longue, des personnes qu'anime un même attrait pour les échanges, afin que se nouent, dans la réflexion commune, des liens durables. Ainsi, la caractéristique de Cerisy, comme de Pontigny autrefois, hors l'intérêt, certes, des thèmes choisis, c'est la qualité de l'accueil ainsi que la convivialité des rencontres, «le génie du lieu» en somme, où tout est fait pour l'agrément de chacun.

– Les propriétaires, qui assurent aussi la direction du **Centre**, mettent gracieusement les lieux à la disposition de l'**Association des Amis de Pontigny-Cerisy**, sans but lucratif et reconnue d'utilité publique, dont le Conseil d'Administration est présidé par Jacques Vistel, conseiller d'État.

Une régulière action soutenue

– Le **Centre Culturel** a organisé plus de **400 colloques** abordant aussi bien les œuvres et la pensée d'autrefois que les mouvements intellectuels et les pratiques artistiques d'aujourd'hui, avec le concours de personnalités éminentes. Ces colloques ont donné lieu, chez divers éditeurs, à près de **300 ouvrages**, dont certains, en collection de poche, accessibles à un large public.

– Le **Centre National du Livre** assure une aide continue pour l'organisation et l'édition des colloques. Les **collectivités territoriales** (Conseil Régional de Basse Normandie, Conseil Général de la Manche, Communauté de Communes de Cerisy) ainsi que la Direction Régionale des Affaires Culturelles, apportent leur soutien au fonctionnement du centre. Ne se limitant pas à son audience internationale, l'Association peut ainsi accueillir un public local nombreux dans le cadre de sa **coopération** avec l'**Université de Caen** qui organise et publie plus de deux rencontres annuelles.

Renseignements : CCIC, 27 rue de Boulainvilliers, F - 75016 PARIS
Paris : tél. 01 45 20 42 03, le vendredi a.m.
Cerisy : tél. 02 33 46 91 66, fax. 02 33 46 11 39
Internet : www.ccic-cerisy.asso.fr Courriel : info.cerisy@ccic-cerisy.asso.fr

RENCONTRES DE CERISY
ORGANISÉES AVEC L'UNIVERSITÉ DE CAEN

Cycle « Normandie médiévale »
*Organisation : Office Universitaire d'Études Normandes
et Centre de Recherches Archéologiques et Historiques Médiévales*

Aux Presses Universitaires de Caen

Les Normands en Méditerranée dans le sillage des Tancrède, 1994, rééd. 2001
Les Évêques normands du xie siècle, 1995
L'Architecture normande au Moyen Âge (coédition Ch. Corlet), 1997, rééd. 2002
Manuscrits et Enluminures dans le monde normand (x^e-xve siècles), 1999
Les Saints dans la Normandie médiévale, 2000
Frédéric II et l'Héritage normand d'Italie méridionale (1194-1250), 2000
L'Architecture de la renaissance en Normandie (co-édition Corlet), 2003
La Tapisserie de Bayeux : l'art de broder l'histoire, 2003

Chez d'autres éditeurs

Culte et pèlerinage à Saint-Michel : les trois monts dédiés à l'archange,
École Française de Rome, 2003
L'Angleterre et la Normandie au Moyen Âge, Publications du CRAHM, 2003
Les Fondations scandinaves en Occident, Publications du CRAHM, 2004

Centre de recherches « texte, histoire, langage »

Aux Presses Universitaires de Caen

Le stéréotype : crise et transformations, 1994
L'auteur, 1996
Voix, Traces, Avènement : l'écriture et son sujet, 1999
Saint-Évremond entre Baroque et Lumières, 2000
Le récit d'enfance et ses modèles, 2003

Chez d'autres éditeurs

Éloquence et vérité intérieure, Honoré Champion, 2002

Centre d'études et de recherche en Sciences de l'Éducation

Le sens de l'école et la démocratie, Peter Lang, 2001

Conception - Réalisation

Publications du CRAHM
Esplanade de la Paix
F-14032 Caen Cedex

Tél. 02 31 56 56 09
Fax 02 31 56 54 95

E-mail : crahm.publications@unicaen.fr
Internet : http://www.unicaen.fr/mrsh/crahm/publications